W0063649

**Für registrierte Leser halten wir
zusätzliche Informationsangebote bereit.**

Buchregistrierung

Registrierungscode

Jetzt registrieren

Bitte geben Sie Ihren Code auf der
Verlagswebsite ein:
www.galileodesign.de

**Ihr persönlicher
Registrierungscode**   05GP61011193

Leseproben · Artikel · Angebote · Newsletter · BuchScanner · Foren · Glossar

Liebe Leserin, lieber Leser,

wir freuen uns, dass Sie sich für ein Buch der Reihe Galileo Design entschieden haben.

Galileo Design ist die Reihe für professionelle Screen-, Web- und Grafik-Designer und Experten im Prepress-Bereich. Unsere Bücher zeigen, wie man es macht – strikt aufgabenbezogen und mit Beispielmaterial professioneller Designer erschleißen sie die Anwendung aller relevanten Tools und Techniken. Sie vermitteln das technische Know-how, und sie sind Ideengeber und überraschen mit originellen und inspirierenden Lösungen. Wissen teilt sich nicht nur sprachlich, sondern auch visuell mit. Satz und Layout tragen dem Rechnung. Und wo immer es dienlich ist, ist ein Buch vierfarbig gestaltet. Unsere Bücher sind eine Augenschule: indem sie gefallen, setzen sie Kreativität frei. Denn Designer lesen anders.

Jedes unserer Bücher will Sie überzeugen. Damit uns das immer wieder neu gelingt, sind wir auf Ihre Rückmeldung angewiesen. Bitte teilen Sie uns Ihre Meinung zu diesem Buch mit. Ihre kritischen und freundlichen Anregungen, Ihre Wünsche und Ideen werden uns weiterhelfen.

Wir freuen uns auf den Dialog mit Ihnen.

**Ihre Ruth Wasserscheid**
Lektorat Galileo Design

ruth.wasserscheid@galileo-press.de
www.galileodesign.de
Galileo Press · Gartenstraße 24 · 53229 Bonn

Andreas Asanger

# Cinema 4D 9 Studio

Modelling, Texturing, Animation
und Rendering mit allen Modulen

Galileo Design

Die Deutsche Bibliothek – CIP-Einheitsaufnahme
Ein Titeldatensatz für diese Publikation ist bei der
Deutschen Bibliothek erhältlich

ISBN 3-89842-610-2

© Galileo Press GmbH, Bonn 2005
1. Auflage 2005

Der Name Galileo Press geht auf den italienischen
Mathematiker und Philosophen Galileo Galilei
(1564–1642) zurück. Er gilt als Gründungsfigur der
neuzeitlichen Wissenschaft und wurde berühmt
als Verfechter des modernen, heliozentrischen
Weltbilds. Legendär ist sein Ausspruch Eppur se
muove (Und sie bewegt sich doch). Das Emblem
von Galileo Press ist der Jupiter, umkreist von den
vier Galileischen Monden. Galilei entdeckte die
nach ihm benannten Monde 1610.

**Lektorat** Ruth Wasserscheid
**Einbandgestaltung**
Hannes Fuß, www.exclam.de
Vulkan-Foto: Copyright Tom Pfeiffer,
www.decadevolcano.net
**Herstellung** Vera Brauner
**Korrektorat** Sandra Gottmann, Münster
**Satz** Andreas Asanger, gesetzt aus der Linotype
Syntax mit InDesign CS
**Druck und Bindung** J.P. Himmer, Augsburg

# Orientierung

Um Ihnen beim Lesen die Orientierung zu erleichtern und ein besonderes Lesevergnügen zu ermöglichen, hat der Verlag für die Reihe Galileo Design ein spezielles Layout entwickelt.

Durch visuelle Hilfen wurde der Text in Funktionseinheiten gegliedert:

Durch das farbige Registriersystem ist es Ihnen ein Leichtes, auf die einzelnen Kapitel und Teile des Buchs zuzugreifen.

In Blau gehaltene Texte beinhalten Zusatzinformationen, Denkanstöße oder besondere Hinweise

Texte mit roten Überschriften kennzeichnen Beispiele bzw. Schritt-für-Schritt-Anleitungen.

Spezielle Symbole in der Marginalspalte machen auf besonders wichtige Textstellen aufmerksam:

### Achtung-Icon
Diese Abschnitte sprechen eine Warnung aus.

### Tip-Icon
Hier verraten unsere Autoren Tipps und Tricks zur Erleichterung Ihrer Arbeit.

### Hinweis-Icon
Weiterführende Hinweise werden Ihnen so nahe gebracht.

### Step-Icon
Schritt für Schritt können Sie unsere Beispiele nachvollziehen.

### CD-Icon
Die CD zu diesem Buch sollten Sie jetzt griffbereit haben.

Bitte beachten Sie auch die Webseiten des Verlags unter www.galileodesign.de, auf denen Sie als registrierter Käufer dieses Buchs weiterführende Informationen finden.

# Inhalt

# Vorwort
## *Über dieses Buch*

*Nach dem Buch ist vor dem Buch. Schön, dass
wir uns auf den Fleiß der Programmierer stets
verlassen können.*

Seltsamerweise schreibt man ein Vorwort erst
dann, wenn der ganze Berg Arbeit bereits
hinter einem liegt. Obwohl man ziemlich
genau weiß, was einem bevorsteht, wenn
Maxon ein paar Monate zuvor mit berechtig-
tem Stolz eine neue Version vorgestellt hat.

Gottlob lassen sich die Friedrichsdorfer
Cinema 4D-Erfinder stets ein bis zwei Jahre
Zeit, bis das Füllhorn an neuen Funktionen
und Werkzeugen geleert wird. Aber bereits
eine Woche, nachdem man die fertigen
Dateien des Buch-Layouts bei der Druckerei
abgegeben hat, kommen die nächsten Ideen,
die man unbedingt im nächsten Buch verwirklichen möchte und hofft, dass die Neuerungen
einer Version X doch bitte genau diese interessante Problematik erschlägt.

Das Herz dieses Buches ist ein gemeinsames
Projekt, in das viele dieser Ideen und täglich
auftretende Aufgabenstellungen eingeflossen
sind. Ein gemeinsamer Workshop, der sich am
bewährten Cinema 4D-Workflow orientiert
und auf den Sie schrittweise in den einzelnen Theorie-Kapiteln herangeführt werden.
Ein umfangreiches Tutorial, in dem so viele
Werkzeuge und Funktionen von Cinema 4D

und seiner Module wie möglich zum Einsatz
kommen, um Sie in kurzweiliger und trotzdem
nachvollziehbarer Weise mit dem riesigen
Funktionsumfang vertraut zu machen.

Der theoretische Teil am Anfang jedes Kapitels soll Ihnen die Konzepte hinter den Werkzeugen und Funktionen vermitteln, ohne dabei
in trockene Featurebeschreibungen abzudrif-
ten. Dieser Part soll Ihnen auch nach dem
Lesen des Buches als tägliche Hilfestellung
bereitstehen, um Ihr Wissen schnell und prag-
matisch aufzufrischen.

Theorie und Praxis sind so angelegt, dass
Einsteiger in Cinema 4D kein Vorwissen benötigen. Gleichsam finden Aufsteiger von älteren
Versionen sofort alle neuen Funktionen und
Tools, um sich so schnell wie möglich in der
jüngsten Version von Cinema 4D Studio wohl-
zufühlen und deren Werkzeugumfang ohne
lange Anlaufzeit nutzen zu können.

### Das Projekt
Unser Projekt soll Sie an die Hand nehmen
und mit Ihnen Schritt für Schritt die Stationen Modelling, Texturing, Inszenierung und
Animation bearbeiten, bis Sie am Ende das

◄ **Abbildung 1**
Das Buchprojekt

Rendering Ihres eigenen Filmes anstoßen können. Hauptakteur des Buchprojekts ist der Dinosaurier Griso inmitten einer lebendigen, weil aktiven Vulkanlandschaft (Abbildung 1). Seine Faszination für den entdeckten Kaktus wird abrupt durch den ausbrechenden Vulkan gestört, dessen Lavamassen sich bedrohlich der floralen Schönheit nähern. Griso findet aber einen Weg, den Kaktus vor dem zerstörerischen Lavastrom zu bewahren.

Nach der Lektüre dieses Buches halten Sie Wissen und Werkzeug in der Hand, um aus der kurzen Episode von Dinosaurier, Kaktus und Vulkan eine Geschichte frei nach Ihren Ideen und Vorstellungen zu kreieren.

Damit Sie einen ersten Eindruck von unserem gemeinsamen Projekt bekommen, sehen Sie sich vielleicht als Einstieg die fertige Animation auf der beiliegenden CD-ROM an. Diese CD-ROM ist ein wichtiger Bestandteil dieses Buchs. Neben dem Appetitanreger finden Sie dort alle wichtigen Beispieldateien zu den Kapiteln und Workshops sowie Demo-Versionen der verwendeten Programme.

Ich hoffe, dass ich Sie mit diesem Buch beim Erlernen und bei Ihrer Arbeit mit Cinema 4D wertvoll unterstützen kann. Mit dem anstehenden Projekt möchte ich Ihnen einen Einstieg in die faszinierende Welt von Cinema 4D bieten, der Ihnen hoffentlich ebensoviel Freude bereitet wie mir.

## Danke

Es ist ein tolles Gefühl, von seinen Lesern unterstützt und motiviert zu werden. Ein großes Dankeschön an die Cinema 4D-Anwendergemeinde – Ihr wisst, wer Ihr seid!

Meiner Lektorin Ruth Wasserscheid danke ich wie immer für die spürbare Begeisterung, Motivation und die schöne Zusammenarbeit – dieser Dank gebührt auch allen von Galileo Press, die an diesem Buch gearbeitet haben.

Herzlichen Dank an Joe Heller, Michael Giebel, Marco Tillmann, Jörn Gollob und Björn Marl von Maxon für die freundschaftliche Unterstützung und stete Hilfsbereitschaft.

Vielen Dank an Gerhard Hufnagl für die Sounds!

Meiner Frau Tanja und meinen Sohn Manuel danke ich für euer Interesse und eure tollen Ideen, eure Geduld, viel Verständnis und für eure Liebe.

# Grundlagen

# Über Cinema 4D

## Revolution oder Evolution?

*Cinema 4D ist ein modulares 3D-Modelling- und Animationspaket, dessen Funktionsumfang sich nach den individuellen Bedürfnissen der Grafiker, Designer, Animatoren und Artists anpassen lässt.*

Wer heutzutage vor der Entscheidung steht, welche 3D-Software sich am besten mit den eigenen Vorstellungen und der Dicke des Geldbeutels verträgt, hat die Qual der Wahl.

Viele High-End-Applikationen wie Maya oder Softimage XSI, die man vor kurzer Zeit noch in fünfstelligen Preisregionen handelte, buhlen mit Kampfpreisen um die Anwenderschaft, während Cinema 4D preislich relativ stabil blieb, funktional aber überproportional zulegte.

Was zeichnet Cinema 4D gegenüber der Konkurrenz aus?

Zunächst wohl die leichte Erlernbarkeit und der beispielhafte Workflow. Mit Version 6 im Jahre 1999 hat Cinema 4D seine letzte optische Überarbeitung erfahren, seither präsentiert sich das Programm äußerlich nahezu unverändert. Der Umstieg auf eine nächste Version gestaltet sich daher in der Regel problemlos, neue Funktionen oder auch Module fügen sich nahtlos und intuitiv in die Bedienoberfläche ein. Die flache Lernkurve ermöglicht es auch Einsteigern, nach kürzester Einarbeitungszeit beeindruckende Ergebnisse zu erzielen.

Bekannt ist Cinema 4D für seine sprichwörtliche Stabilität und die hervorragende Produktpflege. Den Status der unerschütterlichen Absturzsicherheit versucht Maxon mit aller Kraft aufrechtzuerhalten, auch wenn der Wildwuchs an Grafikkarten und deren Treibern den Friedrichsdorfern manchmal einen Strich durch die Rechnung macht. Nach jeder großen Revision stehen einige kleinere Updates an, die sich stets nicht nur wegen der Bugfixes, sondern auch immer durch praktische neue Funktionen empfehlen.

Cinema 4D besticht außerdem durch die Fähigkeit, komplexen Herausforderungen wie Charakteranimation, Dynamics oder auch nicht-fotorealistischem Rendern (Sketch and Toon) mit durchdachten, verständlichen, aber dennoch mächtigen Werkzeugen entgegenzutreten.

Jedes große Programm-Update kennzeichnet einen Meilenstein in der Evolution von Cinema 4D. Version 6 brachte neben seiner völlig überarbeiteten Bedienoberfläche Neuerungen wie Metaballs, parametrische Objekte, Deformatoren und HyperNURBS mit sich.

◄ **Abbildung 1**
Der Splash-Screen von Cinema 4D

Die siebte Version stand ganz im Zeichen des verbesserten Renderers, der globale Illumination mit Radiosity und Lichtreflexionen durch spiegelnde und transparente Oberflächen (Caustics) berechnen konnte.

Seit Version 8 ist Cinema 4D modular aufgebaut. Modularität bedeutet dabei die nahtlose Integration der Module in das Basisprogramm, auch dies zählt zu den hervorstechenden Merkmalen von Cinema 4D. Das mächtige Update wartete unter anderem mit dem praktischen Attribute-Manager, HyperNURBS-Wichtungen, F-Kurven und dem grafischen Expression-Editor XPresso auf.

Den Zwischenschritt auf Version 8.5 nutzte Maxon, um einen überarbeiteten Material-Editor mit neuen Shadern einzuführen, ein verbessertes Boole-Objekt vorzustellen und dem Advanced Renderer Subsurface Scattering beizubringen.

Dieses Buch will Ihnen die Version 9 näher bringen, zu dessen Highlights die neuen Editorfunktionen, ein umfangreiches Paket an Modelling-Werkzeugen, MOCCA 2 mit der Stoffsimulation Clothilde und das Sub Poly Displacement des Advanced Renderers zählen.

Der Einstieg in Cinema 4D beginnt mit dem preiswerten Basispaket Cinema 4D R9, dessen Funktionsumfang sich jeder Anwender wunschgemäß durch zahlreiche weitere Module gestalten kann. Dazu gehören BodyPaint 3D 2, Dynamics, MOCCA, Pyrocluster, Thinking Particles, Sketch and Toon, Advanced Renderer und NET Render. So lässt sich Cinema 4D paket- oder schrittweise an die individuellen Anforderungen anpassen, ohne den Kontostand unnötig zu belasten.

Zwei Modul-Bundles hat Maxon bereits vorab geschnürt: das XL-Paket mit MOCCA, Advanced Renderer, Thinking Particles, Pyrocluster und einer 3er-Lizenz NET Render sowie das Studio-Paket, das neben einer unbegrenzten NET Render-Lizenz die Module Dynamics, BodyPaint 3D 2 und Sketch and Toon mitbringt.

Im folgenden Kapitel möchte ich Ihnen einen Vorgeschmack geben, was sich zwischen den nackten Versionsnummern 8 und 9 alles getan hat und worauf Sie sich auf den kommenden knapp 450 Seiten in diesem Buch freuen können.

# Von 8 nach 9

## Alles für den schnellen Umstieg

*Nicht nur der große Satz auf Version 9, auch die kleinen Zwischensprünge dorthin verdienen Beachtung. Für den schnellen Umstieg auf »Hydrogen« finden Sie hier alle wesentlichen Neuheiten aufbereitet.*

In den knapp zwei Jahren nach der Vorstellung von »Oxygen«, dem achten Release von Cinema 4D, hat sich einiges getan. Egal, ob Sie jeden Zwischenschritt verfolgt oder erst einmal abgewartet haben – hier erfahren Sie alles, was Ihnen entgangen ist oder noch bevorsteht.

### Neu in 8.1 bis 8.5

Beim ersten Wartungs-Update, Cinema 4D 8.1, setzte Maxon gleich an mehreren Stellen im Programm an.

Im Basisprogramm kann seither gezielt Phong-Shading (Glättung) vergeben werden, um unerwünschte Kantenbildung zu vermeiden. Im Modelling-Sektor gesellte sich das Werkzeug KANTEN SCHMELZEN zur Umwandlung unerwünschter Dreieckspolygone in Viereckspolygone zur Werkzeugpalette. Über 20 neue XPresso-Nodes erweitern die Möglichkeiten des mächtigen grafischen Programmierwerkzeugs. Unter anderem stehen nun Nodes zur gezielten Ansteuerung von Splines, zur Kollisionserkennung, zur adaptiven Punkte-Wich-

tung und zur Integration von C.O.F.F.E.E.-Expressions zur Verfügung. Dem Thinking-Particles-Partikelsystem spendierte Maxon drei Nodes für spektakuläre Effekte. So zerlegt beispielsweise der P Blurb-Node ein ihm zugeordnetes Ausgangsobjekt in Fragmente und führt es gleichermaßen fragmentweise in ein anderes Objekt über. Mit dem Matterwaves-Node werden Partikeleigenschaften wie Erzeugung, Geschwindigkeit oder Flugrichtung mit der Textur eines Basisobjektes verknüpft. Wer Partikel nicht generieren lassen, sondern lieber selbst zeichnen will, kann dies mit dem neuen P Zeichnen-Node interaktiv im Editor erledigen. Klares Highlight des 8.1-Updates ist aber die voll funktionsfähige HDRI-Unterstützung im Advanced Renderer. HDRI-Bilder können unter Zuhilfenahme von Radiosity als komplette Szenenausleuchtung benutzt werden, was sich in wesentlich knackigeren Spiegelungen und Glanzlichtern bei den Renderings zeigt (Abbildung 1).

Obwohl das Update auf Cinema 4D 8.2 mehr ein Wegbereiter für BodyPaint 3D Release 2 war, durften sich die Anwender auch hier über einige praktische Neuerungen

▲ **Abbildung 1**
HDRI-Rendering in Version 8.1

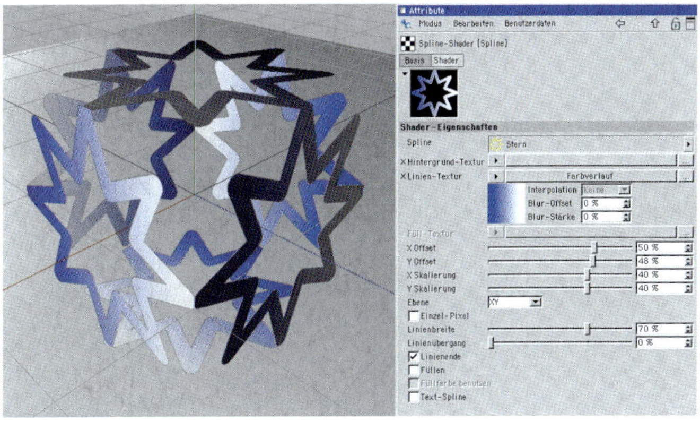

▲ **Abbildung 2**
Beispiel des neuen Spline-Shaders

freuen. Ein überarbeiteter Farbwähler und -Manager brachte Cinema 4D mit BodyPaint 3D auf einen Nenner, der Attribute-Manager erhielt Verlaufs-Buttons, Materialien lassen sich seither in Gruppen einteilen und erstmals als Liste anzeigen. Das Stop-Tag ist mit Version 8.2 auch für Deformer verwendbar, Objekte können nach den ihnen zugeteilten Textur-Tags ausgewählt werden, und das Standardlicht lässt sich individueller einstellen. Auch für die Erweiterung der Lichtabnahme-Optionen fand sich Zeit.

Cinema 4D 8.5 war das erste kostenpflichtige Nachpunkt-Update, rechtfertigte den Preis aber durch die Vielzahl lang ersehnter Verbesserungen.

Der von Grund auf renovierte Material-Editor (Abbildung 2) enthält Navigationspfeile mit History-Funktion, beherrscht die Mehrfachselektion und lässt seine Parameter elegant per rechtem Mausklick animieren. Die Materialvorschau ist in Art und Größe weitestgehend frei definierbar, auf Wunsch zeigt der Editor sogar eine animierte Version der Vorschau an.

Die Shader der SLA-Reihe wurden vollständig in das Materialsystem integriert. Zu den bereits vorab frei verfügbaren Dirt- und Baker-Shadern sind auch neue Shader hinzugekommen: der Ebenen-Shader, mit dem sich Texturen, Shader und Effekte beliebig nach Photoshop-Manier mischen lassen, sowie der Spline-Shader, mit dem sich Splines als Textur verwenden lassen (Abbildung 2). Für Besitzer des Advanced Renderers lohnte sich das Upgrade in besonderer Hinsicht. Das Update verleiht dem Renderer die Fähigkeit, Subsurface Scattering (SSS) zu simulieren. Eine neue Art der Bewegungsunschärfe, das Vector Motion Blur, ergänzt die bereits vorhandenen Szene- und Objekt-Unschärfemethoden. Probleme beim Rendering von animierten Szenen mit Radiosity beseitigt die neue Methode Objekt-Animation weitestgehend.

Zu den vielen kleineren Neuerungen zählen ein neues Kamera-Mapping, mit dem sich Texturen noch besser frontal auf Objekte projizieren lassen, und eine Film-Offset X/Y genannte Kameraoption. Dabei wird die Kamera gezielt

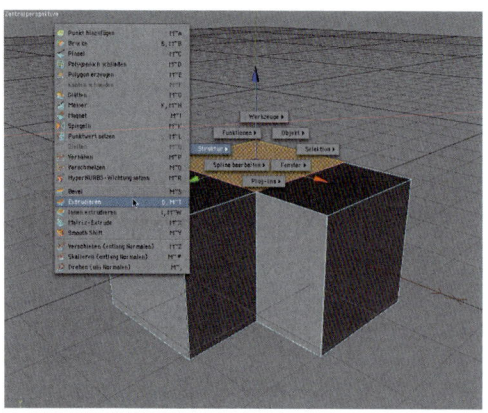

▲ Abbildung 3
Hotbox

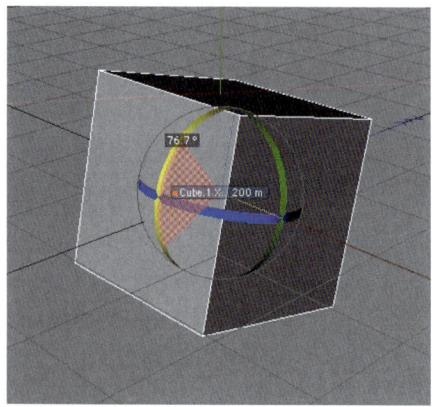

▲ Abbildung 4
Neue Greifbänder zum Rotieren eines Objekts

versetzt, um beim Rendering neben der originalen Kameraansicht auch die daneben oder
darüber liegenden Ausschnitte auszugeben.

## Neu in Version 9

### Editor und Manager

Viele Neuheiten und Verbesserungen im Editor
und in den Managern sorgen dafür, dass sich
die Funktionen und Werkzeuge intuitiver
bedienen und noch besser an die individuellen
Bedürfnisse anpassen lassen.

Zum Beispiel mit den abreißbaren Menüs:
Ein Klick auf den Menügriff genügt, und alle
Menüfunktionen stehen als schwebende
Palette zur Verfügung. Unnötige Wege mit
der Maus ersparen auch die neue Hotbox und
die Multi-Shortcuts. Die ein wenig an Maya
erinnernde Hotbox (Abbildung 3) stellt nach
Druck der Taste V alle in Frage kommenden
Werkzeuge und Manager übersichtlich als
Buttons um den Mauszeiger bereit. Für den
schnellen Werkzeugwechsel und als Lernhilfe
erweisen sich die Multi-Shortcuts als äußerst

praktisch. Über die Taste M blendet man ein
Menü mit allen gängigen Modelling-Tasten-
kürzeln ein. Ein weiterer Tastendruck wählt
das gewünschte Werkzeug aus, und die Arbeit
kann fortgesetzt werden.

Äußerst komfortabel ist auch das Head Up
Display (HUD) im Editor. Szeneneinstellungen
wie Bildrate, Projektion oder Kamera, Szenen-
informationen wie Polygon- oder Objektanzahl
und sogar beliebige Attribute eines Objekts
lassen sich in kleinen Info-Boxen innerhalb des
Editorfensters anzeigen und so während der
Arbeit im Auge behalten und steuern.

Die vormals in den Programm-Voreinstellungen befindlichen Parameter sind in globale
und fensterspezifische Ansichts-Voreinstellungen gerutscht, wo gleichzeitig Hintergrund-,
Head Up Display- und umfangreichere Anzei-
gefilter-Optionen bereitstehen.

Neue Darstellungsmodi unter anderem für
Gouraud- und Quick-Shading erlauben einen
feineren Detaillierungsgrad, damit man während der Arbeit störende Objekt- bzw. Szenenbestandteile ausblenden bzw. wichtige Elemente deutlicher sichtbar machen kann. Der

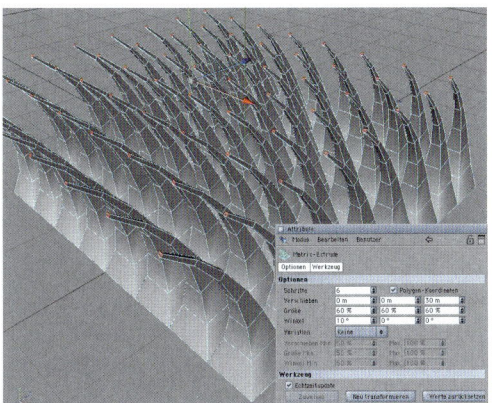

▲ **Abbildung 5**
Verbesserte Werkzeuge mit Echtzeit-Vorschau

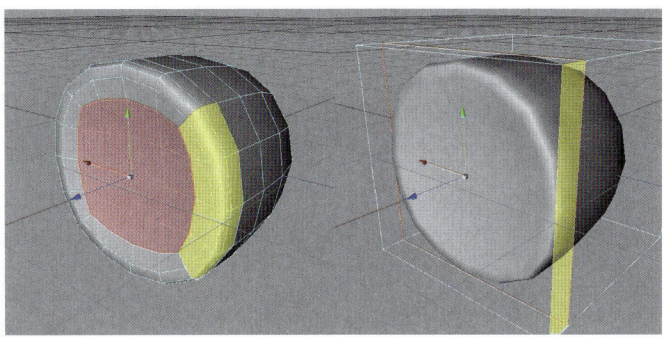

▲ **Abbildung 6**
Arbeiten mit aktivem (links) und inaktivem Isoline-Editing

in Version 8 eingeführte Attribute-Manager gewinnt in Version 9 weiter an Stellenwert. Er erlaubt nun direkt, Keyframes und Spuren zu setzen, auszuschalten und zu löschen. Wer viel mit komplexen Szenen zu tun hat, freut sich über die Suchfunktion im Objekt-Manager. Sie erlaubt die komfortable Suche über den Namen, die Art oder das Tag von Objekten.

## Modelling

Herausstechendstes Merkmal der Modelling-Offensive von Release 9 sind die N-Gons, also Polygone mit mehr als vier Stützpunkten.

Eine erneuerte Modellierachse erlaubt die Auswahl und Ausrichtung der Modifikationen entlang über- und untergeordneter Achsrichtungen wie Welt-, Objekt-, Selektions-, Punkt- oder Kameraachse. Während des Verschiebens oder Rotierens eines Elementes zeigt die Achse im Editor jetzt den Versatzwert an, Greifbänder ermöglichen zusätzlich ein besseres Gefühl bei der Arbeit (Abbildung 4).

Ein neuer Selektionsmechanismus zeichnet bzw. füllt die unter dem Mauszeiger liegenden Punkte, Kanten und Polygone farblich aus.

Loop- und Ring-Selektionen können über den Attribute-Manager vordefiniert und durch den Mechanismus bereits vor der eigentlichen Auswahl beurteilt werden. Eine Umriss- und Füllungsselektion vervollständigen die Auswahlwerkzeuge. Auch zwei neue Auswahlmodi (Auto-Selektion bzw. Tweak-Modus) greifen dem Anwender unter die Arme.

Alle vorhandenen Modelling-Werkzeuge wurden maßgeblich überarbeitet, hier punkten besonders das Messer-Tool mit umfangreich definierbaren Schnittoptionen sowie alle extrudierenden Werkzeuge mit einstellbaren Unterteilungs- und Variationsparametern (Abbildung 5). Zu den Neuzugängen in der Werkzeugkiste zählen unter anderem der Pinsel zum »Verstreichen« von Punkten und Polygonen, ein Polygonloch-schließen-Werkzeug, Glätten zum Ausgleich von ungewünschten Unebenheiten, das Gleiten-Tool zum Verschieben von Punkten und Kanten entlang ihres Gitters sowie Werkzeuge zum Verschmelzen und Vernähen.

Isoline-Editing ermöglicht die direkte Bearbeitung der HyperNURBS-Linien am geglätteten Objekt (Abbildung 6). Ähnlich funktioniert

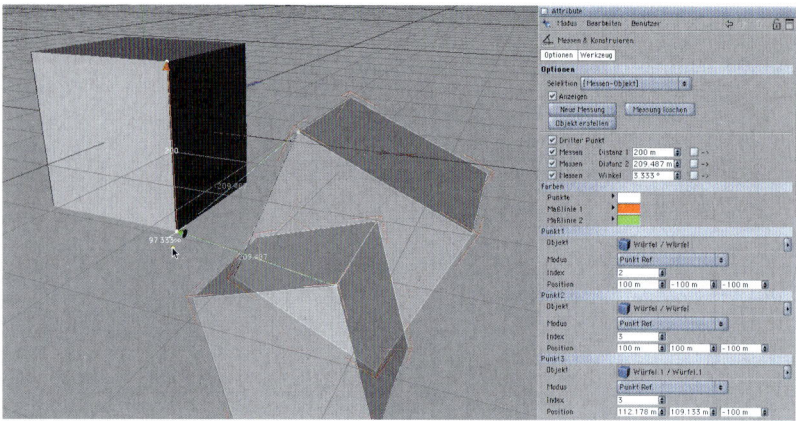

▲ **Abbildung 7**
Messen und Setzen von Distanzen mit dem Werkzeug MESSEN UND KONSTRUIEREN

das Deformed Editing, welches das Bearbeiten eines Objektes vor und nach seiner Deformation gestattet.

Mit dem Werkzeug MESSEN UND KONSTRUIEREN lassen sich zwischen Punkten, Kanten, Polygonen bzw. Objekten die Distanzen und Winkel messen, einstellen und festsetzen (Abbildung 7).

### Rendering und Performance

Eine beeindruckende Neuerung im Advanced Renderer ist das Sub-Polygon Displacement (SPD, Abbildung 8). Diese Option generiert exzellent scharfe Reliefstrukturen auf den Objektoberflächen – genau dort, wo eigentlich keine Punkte oder Polygone zum Bilden einer Struktur vorhanden wären. Das Rendern der Materialien mit Sub-Polygon Displacement erfolgt erstaunlich schnell und in einer Qualität, die auch extreme Nahaufnahmen erlaubt.

Auch der Standard-Renderer wartet mit neuen Funktionen auf. Die Strahlentiefe beim Rendern kann man bis zu einem (wohl eher theoretischen) Wert von 500 hochschrauben.

Zur schnelleren Verarbeitung werden Schattenmaps nun in einen Extra-Cache gelegt. Für Mac-Anwender ist die Optimierung des Renderers an den G5-Prozessor erfreulich.

Wer eine schnelle bzw. aktuelle Grafikkarte aufweisen kann, wird sich über einige neue OpenGL-Features wie schnellere Hintergrundbilder und Shared Textures freuen. Die vormals systembedingt ausschließlich Windows-Anwendern vorbehaltenen Dual Planes funktionieren nun – eine entsprechende Grafikkarte vorausgesetzt – endlich auch am Macintosh.

### MOCCA 2

In seiner zweiten Inkarnation bekam MOCCA zahlreiche kleine und große Verbesserungen verpasst.

Neue Icons im Objekt-Manager erleichtern den Überblick über aktive bzw. inaktive IK-Tags sowie Anker, Ziele, Up-Vektoren und Limits. Der Posemixer zum Mischen und Überblenden von Posen wie Gesichtsausdrücken oder Körperstellungen liegt nunmehr als hierarchisch unabhängiges Tag vor. Bessere Steuerungs-

▲ **Abbildung 8**
Sub-Polygon Displacement

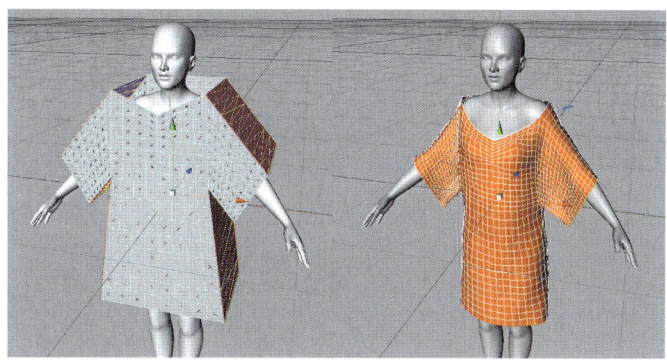
▲ **Abbildung 9**
Ankleiden eines Characters mit MOCCA Clothilde

optionen insbesondere bei der Arbeit mit Keyframes werten den wichtigen Posemixer zusätzlich auf. Das etwas glücklose MoMix-Werkzeug zum Vermischen zweier Bewegungen hat Maxon durch eine neue MotionBlend-Spur ersetzt, die Drag & Drop unterstützt und den Bewegungsübergang im Editor darstellen kann. Die beiden Animationsarten Forward und Inverse Kinematik (FK und IK) sind in MOCCA II sehr elegant verquickt. Nicht nur das Springen zwischen beiden Methoden, auch das Mischen beider Animationen ist möglich. Zu den kleinen, aber wertvollen Highlights zählen die Quaternion-Expression, die eine natürlichere Interpolation bei rotierenden Bones vereinfacht, die Unterstützung von Mehrfachauswahlen beim Zuweisen von Zielen und Up-Vektoren, die Anzeige der IK-Kette im Editor und die schnellere Performance bei Soft- und Hard-IK im Editor. Die Zusammenarbeit mit Kaydara's Animationsformat FBX wurde ebenfalls erweitert.

Klares Glanzstück in MOCCA II ist die neu entwickelte Cloth-Engine zur naturgetreuen Animation von Kleidung, Überzügen oder Vorhängen. Dank überschaubarer Tag- bzw. Optionsanzahl und raffinierter Automatismen geht das Einkleiden eines Characters sehr zügig vonstatten (Abbildung 9). Selbstverständlich werden auch Eigenschaften des Stoffes wie Steifigkeit, Biegsamkeit und Federung, das Wirken von Kräften wie Gravitation und Wind, primäre Einflüsse wie Selbstkollision, Nähte und Gürtel sowie Spezialeffekte wie das Zerreißen des Stoffes ab einem bestimmten Grenzwert berücksichtigt. Alle Stoff- und Kraftparameter sind problemlos animierbar.

Soweit eine kleine, aber natürlich nicht vollständige Zusammenfassung der Neuheiten, mit denen Maxon uns den Sprung von der Version 8 auf die 9 schmackhaft gemacht hat. Erwähnenswert erscheint mir an dieser Stelle noch, dass kostenlose Updates bei Cinema 4D generell nicht nur aus Fehlerbereinigungen bestehen, sondern stets auch viele praktische und teilweise spektakuläre Funktionen umfassen. Halten Sie also immer wieder nach diesen Gratisgaben Ausschau, andere Softwarehäuser setzen eine Jahreszahl oder ein »CS« hinter ihr Produkt und möchten Geld von Ihnen!

# Oberfläche

## Ansichten, Paletten und Manager

*Kaum eine Softwaregattung hat so viele unterschiedliche Oberflächenkonzepte hervorgebracht wie die 3D-Applikationen. Cinema 4D wirkt aufgeräumt, ist übersichtlich und schnell zu begreifen.*

Nehmen wir uns zunächst einmal die wesentlichen Fenster und Paletten vor, die Ihnen bei der Arbeit mit Cinema 4D begegnen: das eigentliche Arbeitsfenster, die 3D-Ansicht ❶, die Befehls-Paletten am oberen und linken Rand ❷, die zusammengruppierten Objekt-Manager, Struktur-Manager und Browser ❸, der Attribute-Manager ❹, der Koordinaten-Manager ❺, der Material-Manager ❻ und die Zeitleiste ❼ mit der zugehörigen Zeit-Manager-Palette ❽.

Alle Paletten und Fenster sind in der Oberfläche verankert; wird also ein Element vergrößert oder dessen Rand verschoben, reagieren die umliegenden Elemente ebenfalls.

Neben der Cinema 4D-Oberfläche besitzt auch jedes Fenster bzw. jeder Manager eine eigene Menüleiste. In diesen Menüs finden Sie die für den jeweiligen Manager verfügbaren Einstellungen, sei es nun die Auswahl der Kameraperspektive im 3D-Ansichtsfenster oder auch die Erstellung eines neuen Materials im Material-Manager. Menüeinträge, die in der Breite des Fensters keinen Platz finden, sind über einen Menüpfeil am Rand der Leiste abrufbar.

Sollten Sie eines der abgebildeten Elemente vermissen, so finden Sie im Menü FENSTER (Abbildung 2) alle in Cinema 4D enthaltenen Manager aufgelistet. Mit den angegebenen Kurzbefehlen können Sie Fenster in den Vordergrund holen oder auch frei schwebende Fenster zu- und wegschalten.

Damit keine kostbaren Pixel des Arbeitsbereiches unnötig verschenkt werden, besitzt jedes Fenster seit Version 9 die Option, den Fenstertitel auszublenden (Abbildung 3). Wer erst wenig Erfahrung mit Cinema 4D gesammelt hat, sollte sich etwas Eingewöhnungszeit gönnen, bevor er von dieser Möglichkeit Gebrauch macht.

Nutzen Sie auch die vielfältigen Optionen, um sich die Bedienoberfläche so einzurichten, dass Sie sich bei der Arbeit rundum wohl fühlen. Cinema 4D bietet vorgefertigte Schemata (Abbildung 4) an, lässt Ihnen aber auch freie Wahl bei der Gestaltung der Menüschriften, Dialogfenster, Regler, Elementfarben und vieles mehr. Wie Sie dabei vorgehen und welche Layouts Ihnen Maxon gleich mitliefert, erfahren Sie im Kapitel »Cinema 4D einrichten«.

◀ 40
Cinema 4D
einrichten

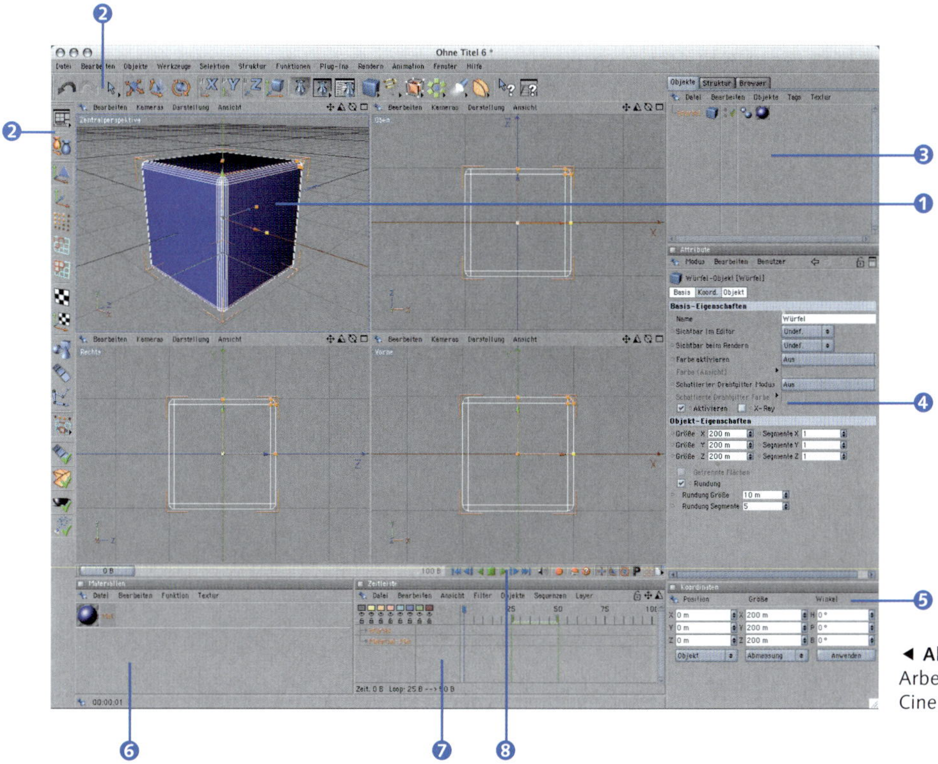

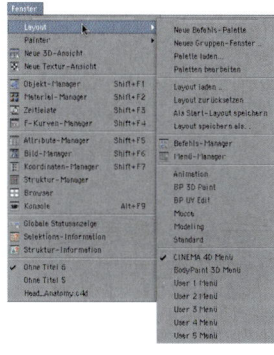

◄ **Abbildung 1**
Arbeitsumgebung von
Cinema 4D

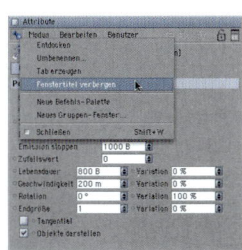

◄ **Abbildung 2**
Zugriff auf alle
Manager, Fenster und
Layouts

◄ **Abbildung 3**
Platz sparen durch Verzicht
auf Fenstertitel

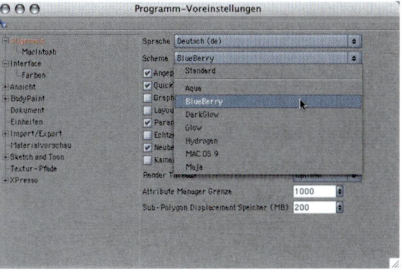

◄ **Abbildung 4**
Feintuning der
Bedienoberfläche
über die Programm-
Voreinstellungen

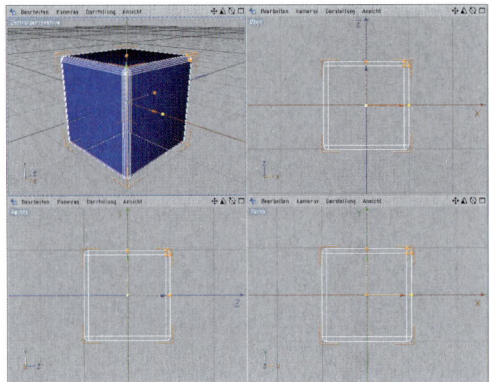

**Abbildung 5** ▶
3D-Ansicht. Von
links oben nach
rechts unten: die
Zentralperspektive,
die Ansicht von
oben, von der Seite
und von vorne

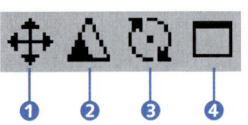

◀ **Abbildung 6**
Ansichts-Bedienelemente

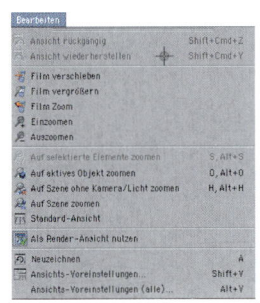

◀ **Abbildung 7**
Menü Bearbeiten

◀ **Abbildung 8**
Menü Kamera

# 3D-Ansicht

Die 3D-Ansicht ist Ihr Arbeitsfenster. Mit
den Bedienelementen jedes Ansichtsfensters
können Sie den Kamerablick verschieben
❶, hin- und wegzoomen ❷ und rotieren ❸
– halten Sie dabei Ihre Maustaste gedrückt.
Das Fenstersymbol ❹ wechselt zwischen den
Ansichten – der perspektivischen Ansicht, der
Ansicht von oben, von der Seite, von vorne
und der Darstellung mit allen Ansichten.

Die Modifikation des Kamerablickes ohne
perspektivische Änderung machen die Film-
Werkzeuge im Menü Bearbeiten (Abbildung
7) möglich. Genauso wie Arbeitsschritte
rückgängig gemacht werden können, lassen
sich auch Veränderungen der Ansichten im
Menü zurücknehmen. Neben gezieltem Zoom
auf bestimmte Szenen und Objekte bietet
das Menü auch den Befehl Neuzeichnen
zur Aktualisierung der aktiven Ansicht. Dies

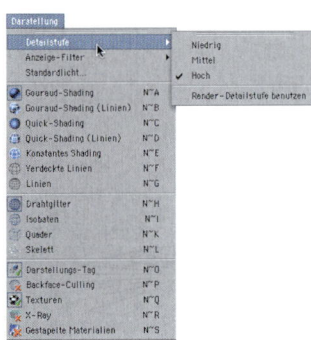

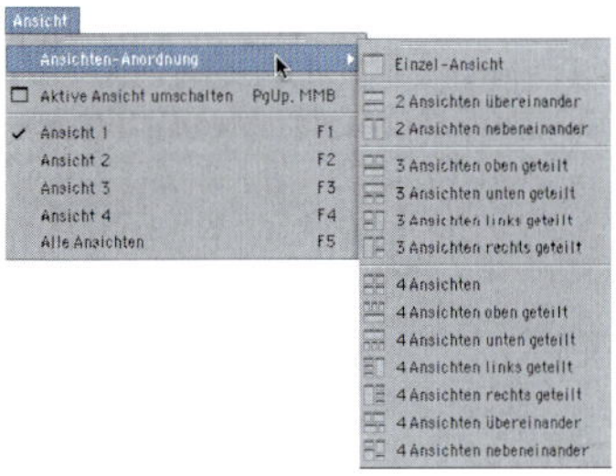

◀ **Abbildung 9**
Menü Darstellung

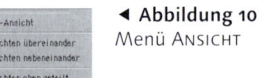

◀ **Abbildung 10**
Menü Ansicht

## Ansichten wechseln

Für gewöhnlich ziehen Sie die gerade nötige
Ansicht mit dem Mauszeiger größer. Noch
schneller und bequemer ist es aber, mit den
Funktionstasten F1 bis F5 umzuschalten.

behebt beispielsweise Darstellungsfehler, wenn sich Änderungen und Bildschirm-Refresh in die Quere gekommen sind.

Die ANSICHTS-VOREINSTELLUNGEN können Sie seit Version 9 wahlweise ansichtsspezifisch oder global definieren. Alles Weitere hierzu im Kapitel »Cinema 4D einrichten«.

Im Menü KAMERA (Abbildung 8) lässt sich zwischen Kameras und deren Perspektiven wechseln. Sobald Sie weitere Kameras für das Modellieren und Animieren angelegt haben, erscheinen diese hier.

So gerne man mit der bestmöglichen Darstellungsqualität arbeitet – für den Rechner bzw. Ihre Grafikkarte bedeutet dies Schwerstarbeit. Schalten Sie deshalb bei komplexen Szenen über das Menü DARSTELLUNG (Abbildung 9) lieber einen Gang zurück, damit die Arbeit flüssiger vonstatten geht. Rechts sehen Sie die unterschiedlichen Optionen und ihre Auswirkung auf die Editordarstellung aufgelistet (Abbildungen 11–21). Das einstellbare STANDARDLICHT herrscht, bis Sie Ihrer Szene eine Lichtquelle spendiert haben.

Zur Beschleunigung des Editors können Sie außerdem die Auswertung der DARSTELLUNGS-TAGS deaktivieren, die Darstellung von Texturen und gestapelten Materialien verbieten oder das Backface-Culling anschalten (Abbildung 22) – dabei werden die aus dem jeweiligen Blickwinkel verdeckten Elemente des Körpers nicht berechnet. Bei aktivierter X-Ray-Darstellung (Abbildung 23) wird das ausgewählte Objekt halb transparent gezeichnet, wodurch Sie die der Kamera abgewandten Flächen besser beurteilen können.

Im Menü ANSICHT (Abbildung 10) lassen sich die einzelnen Ansichten bestimmen und zwischen einer Vielzahl oft gebrauchter Anordnungen auswählen.

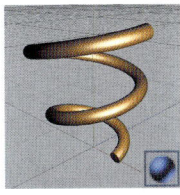

◀ **Abbildung 11**
GOURAUD-SHADING. Szenenlichter werden ausgewertet

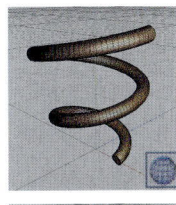

◀ **Abbildung 18**
DRAHTGITTER

◀ **Abbildung 12**
GOURAUD-SHADING (MIT LINIEN)

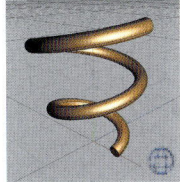

◀ **Abbildung 19**
ISOBATEN. Nur Isobaten-Linien werden dargestellt

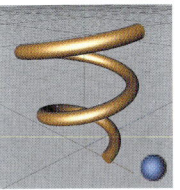

◀ **Abbildung 13**
QUICK-SHADING. Nur Standardlicht wird ausgewertet

◀ **Abbildung 20**
QUADER. Ausmaße des Objektes in Quaderform

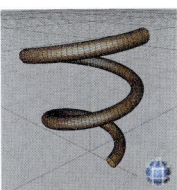

◀ **Abbildung 14**
QUICK-SHADING (MIT LINIEN)

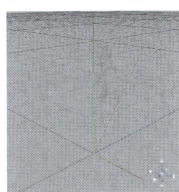

◀ **Abbildung 21**
SKELETT. Objekthierarchie wird durch Linien dargestellt

◀ **Abbildung 15**
KONSTANTES SHADING. Statt Shading nur Farbe

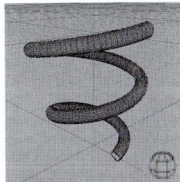

◀ **Abbildung 16**
VERDECKTE LINIEN. Liniendarstellung ohne verdeckte Linien

◀ **Abbildung 22**
Auswertung des Darstellungs-Tags, Backface-Culling, Texturen darstellen, X-Ray, Gestapelte Materialien

◀ **Abbildung 17**
LINIEN. Alle Linien in Texturfarbe.

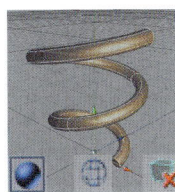

◀ **Abbildung 23**
Gouraud-Shading mit Isobaten im X-Ray-Modus

## Objekt-Manager

Im Objekt-Manager haben Sie Zugriff auf alle Objekte Ihrer Arbeit. Er teilt sich in drei Spalten auf – die linke Spalte zeigt die Hierarchie der Objekte und den Objekttyp, die mittlere Spalte kümmert sich um Anzeige und Aktivierung der Elemente, und die rechte Spalte beherbergt die Objekteigenschaften wie Texturen und Glättung, die den Objekten mit kleinen Symbolen, den so genannten Tags, angehängt werden.

Die Hierarchie der Objekte ❶ stellt sich in einer Baumstruktur dar. Besitzt ein Objekt mindestens ein Unterobjekt, so lässt sich dieses durch Aufklappen des übergeordneten Objektes erreichen. Hierarchische Objekte entstehen beispielsweise durch Gruppierung mehrerer zusammengehöriger Objekte aus Gründen der Übersichtlichkeit, durch Manipulation von Objekten mit Deformatoren und sind Basis von allen generierten Objekten.

Um einen Objektnamen oder Objekttyp zu bearbeiten, genügt ein Doppelklick auf den Namen bzw. das Symbol. Sie können Objekte per Drag & Drop verschieben und so auch zu Unterobjekten machen. Ist dabei die `Strg`/`Ctrl`-Taste gedrückt, duplizieren Sie die Auswahl. Die zugehörigen Symbole geben Aufschluss über die Beschaffenheit bzw. den Typ des Objektes, wie etwa parametrische Objekte, Lichtquellen, Kameras etc.

Mit Hilfe der mittleren Spalte und deren »Ampelschaltern« ❷ können Sie Objekte je nach Wunsch anzeigen oder verschwinden lassen. Der obere Punkt betrifft dabei die Anzeige im Editor, der untere Punkt die Anzeige beim Rendering. Ist der Punkt standardgemäß grau ❸, so ist das Objekt immer sichtbar, es sei denn, ein übergeordnetes

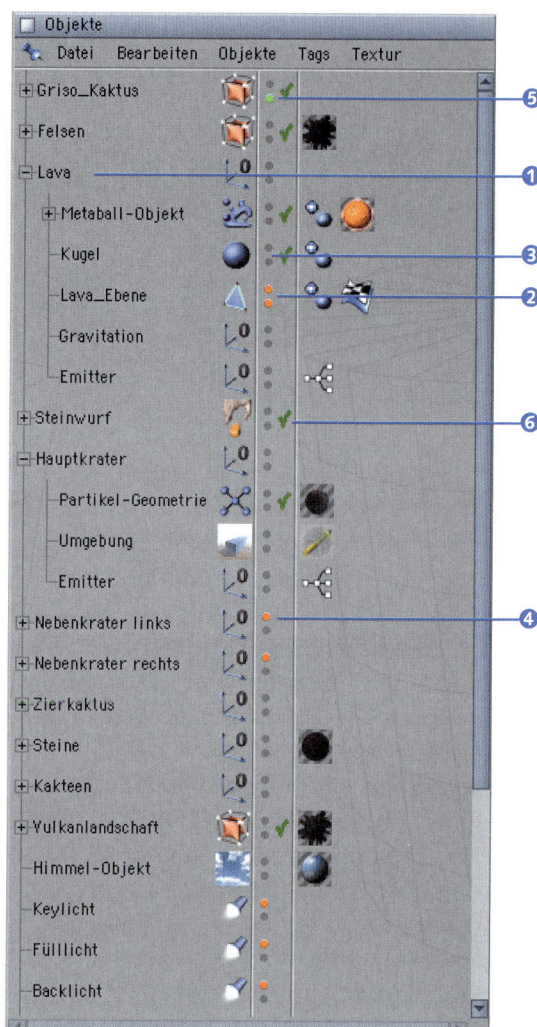

▲ **Abbildung 24**
Objekt-Manager

Objekt besitzt andere Einstellungen ❹. Ein grüner Punkt ❺ bedeutet »immer sichtbar«. Das Objekt wird angezeigt, auch wenn ein Überobjekt auf unsichtbar gestellt ist. Mit dem roten Punkt ❹ blenden Sie Objekte aus.

In derselben Spalte steht Ihnen außerdem noch ein Aktivierungsschalter ❻ zur Verfügung, mit dem Sie die Generierung von

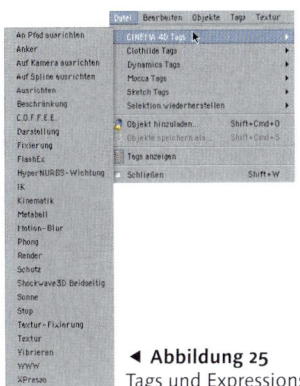

▶ **Abbildung 25**
Tags und Expressions

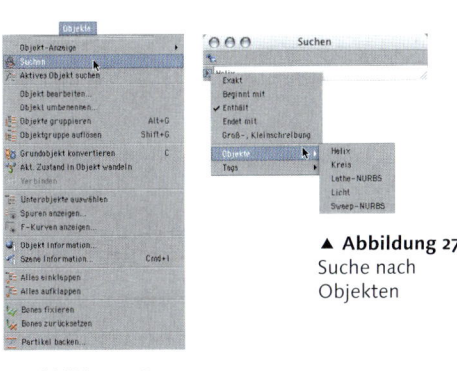

▲ **Abbildung 26**
Objektverwaltung

▲ **Abbildung 27**
Suche nach
Objekten

▲ **Abbildung 28**
Textur-Bearbeitung

Objekten abschalten können. Eine äußerst praktische Funktion, wenn Sie beispielsweise einen Spline-Pfad bearbeiten, der durch einen NURBS-Generator optisch nur schwer im Editor auszumachen ist.

Alle Eigenschaften der Objekte wie Darstellung, Glättung, Texturen, Rendereinstellungen etc. sind in den Tags in der dritten Spalte des Objekt-Managers beschrieben. Diese Tags entstehen entweder durch Zuweisen von Eigenschaften per Drag & Drop (z. B. aus dem Material-Manager) oder durch Auswahl im Menü DATEI (Abbildung 25), wo alle Tags und Expressions nach Herkunft bzw. Funktion sortiert vorliegen. Zur Verwaltung der Objekte ist das Objekte-Menü (Abbildung 26) hilfreich – hier können Sie Objektgruppen erstellen und auflösen, Informationen über Objekte und Szenen einholen, Bones vor der Animation festsetzen und lösen sowie Partikel backen. In Version 9 ist ein komfortabler Suchdialog (Abbildung 27) hinzugekommen, mit dem sich Objekte und Tags über den Namen oder über eine Objekt- bzw. Tagliste selektieren lassen.

Das Textur-Menü (Abbildung 28) ermöglicht, Texturen auf Objekte anzupassen und UVW-Koordinaten zu erzeugen. UVW-Koor-dinaten bestimmen die dreidimensionale Platzierung einer Textur auf einem Objekt und verhindern das Verzerren von Texturen bei der Bearbeitung oder Animation von Objekten.

Für die Erstellung der Abbildungen habe ich übrigens absichtlich die Studio-Version verwendet, um Ihnen zu zeigen, wie problemlos sich die Erweiterungsmodule in die Menüs und Paletten einordnen.

### Arbeiten mit dem Objekt-Manager

Gewöhnen Sie sich aus Gründen der Übersichtlichkeit an, den Objekten sinnvolle Namen zu geben und so weit wie möglich in Gruppen zusammenzufassen. Dazu wählen Sie einfach alle entsprechenden Objekte aus und gruppieren sie über das Objekt-Manager-Menü OBJEKTE · OBJEKTE GRUPPIEREN bzw. Alt-G.

### Ampelschalter

Beim Gruppieren werden die einzelnen Ampel-Einstellungen meist vergessen. Sollte ein Objekt beim Rendering aus unerfindlichen Gründen einmal sichtbar oder unsichtbar bleiben – prüfen Sie die Unterobjekte.

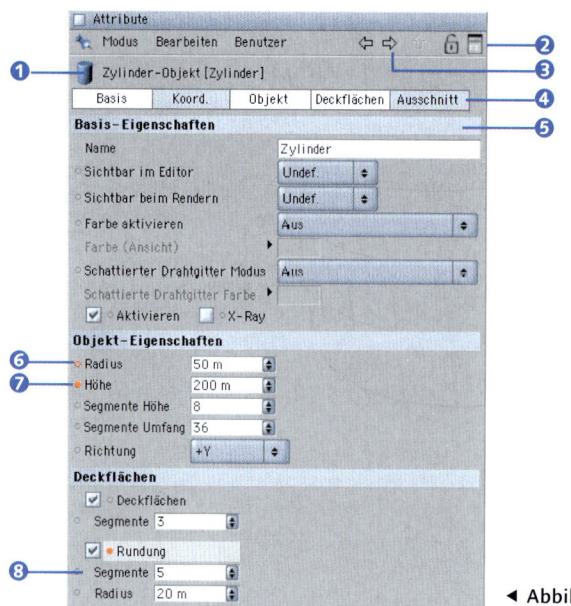

◀ **Abbildung 29**
Attribute-Manager

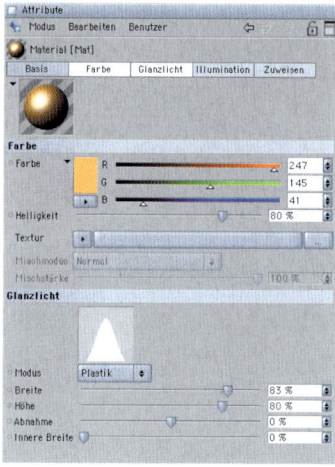

**Abbildung 30** ▲
Bearbeitung von Materialien im
Attribute-Manager

# Attribute-Manager

Dieses mächtige Instrument bietet Ihnen alle Freiheiten zur interaktiven Definition und Bearbeitung von Objekten, Tags, Nodes etc. Dabei unterstützt der Attribute-Manager auch Mehrfachselektionen, um Parameter miteinander ver- und angleichen zu können. Seine Funktionalität reicht über die Erstellung von Spuren und Keyframes für die Animation bis hin zur Definition von Anführern und Verfolgern für die Vorbereitung von XPresso-Expressions.

◀ 322
XPresso

Die Objektzeile ❶ verrät Ihnen stets, welche(s) Objekt(e) gerade aktiviert ist/sind. Um Objektparameter gut abstimmen und vergleichen zu können, sperren Sie einfach den aktuellen Parameter-Dialog oder öffnen einen neuen Attribute-Manager. Dies geschieht über das Schloss- bzw. Manager-Icon ❷. Die intel-

ligenten Verlaufsbuttons ❸ merken sich die zuletzt aktivierten Objekte, so dass Sie während der Änderungen komfortabel vor- und zurückspringen können. Um eine Hierarchie nach oben zu gelangen, verwenden Sie den dritten, nach oben zeigenden Verlaufsbutton. Alle Parametergruppen ❺ der aktivierten Elemente zeigt der Attribute-Manager als Buttons ❹ an. Mit gedrückter ⓐ-Taste erweitern Sie die Liste der angezeigten Gruppen, mit gedrückter Ctrl-Taste (bzw. der rechten Maustaste) entfernen Sie eine Gruppe aus der Liste. Wenn ein Objekt Animationsspuren besitzt, deutet Ihnen der Attribute-Manager dies durch einen roten Kreis ❻ an, ein Keyframe wird durch einen roten Punkt ❼ signalisiert. Sämtliche mit einem kleinen Kreis vor dem Namen versehenen Objektparameter ❽ sind über den Attribute-Manager animierbar.

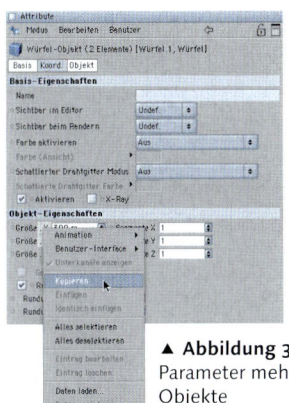

▲ **Abbildung 31**
Parameter mehrerer
Objekte

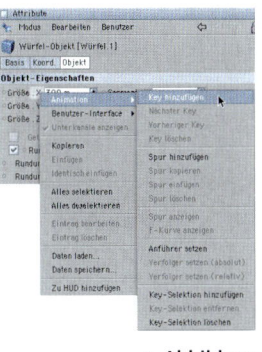

▲ **Abbildung 32**
Animation der Objekt-
parameter aus dem
Kontextmenü

▲ **Abbildung 33**
Generieren von
benutzerspezifischen
Eingabeelementen

▲ **Abbildung 34**
Anzeigemodi im
Attribute-Manager

Je nachdem, welcher Objekttyp, welches Tag oder Werkzeug gerade aktiv ist, präsentiert sich der Attribute-Manager in einem anderen Erscheinungsbild (Abbildung 30). Mit Version 9 sind die vormals separaten Werkzeug-Manager und Snap-Einstellungen in den flexiblen Attribute-Manager aufgegangen.

Mehrere gleichzeitig ausgewählte Objekte werden in einem einzigen Fenster dargestellt. Dabei erkennen Sie unterschiedliche Parameter an den blau unterlegten Feldern (Abbildung 31). Wenn Sie für zwei Objekte identische Parameter (gleicher y-Wert oder Radius) festlegen möchten, geschieht dies automatisch bei der Eingabe eines Wertes in ein blaues Feld. Sie können sogar mehrere Parameter eines Objektes gleichzeitig auf ein anderes Objekt übertragen. Halten Sie dazu die ⬆-Taste gedrückt, und wählen Sie alle Parameter aus, die kopiert werden sollen. Klicken Sie mit gedrückter Ctrl-Taste (bzw. der rechten Maustaste) auf einen Parameter, so öffnet sich ein Kontextmenü (Abbildung 32), mit dem Sie dann ganz nach Belieben KOPIEREN, EINFÜGEN, SELEKTIEREN und DESELEKTIEREN sowie DATEN IMPORTIEREN und EXPORTIEREN können.

Im Untermenü ANIMATION finden Sie Befehle zum Erstellen und Entfernen von Spuren, Keys und Key-Selektionen – ganz ohne Zeitleiste! Um Abhängigkeiten zwischen zwei Objekten zu schaffen, verkuppeln Sie die Parameter als einen ANFÜHRER und VERFOLGER. Dies kann ABSOLUT (einheitlicher Wert) oder auch RELATIV (gleicher Offset) geschehen. Entsprechende Nodes können Sie dann mit XPresso weiter bearbeiten. Mehr zu XPresso aber in einem späteren Kapitel.

**322 ▶**
XPresso

Über den Eintrag BENUTZER-INTERFACE wählen Sie aus, mit welchem GUI-Element (Feld oder Regler) ein Wert einzugeben ist. Eigene Eingabeelemente erstellen Sie über das Menü BENUTZERDATEN HINZUFÜGEN (Abbildung 33). Auch dies ist für die spätere Weiterverarbeitung in XPresso sinnvoll.

Da Objekte unterschiedliche Eigenschaftsgruppen (Materialien, Tags etc.) besitzen können, ist es über das Menü MODUS (Abbildung 34) möglich, nur bestimmte Gruppen wie Objekte, Tags und Nodes anzeigen zu lassen.

▲ **Abbildung 35**
Material-Manager

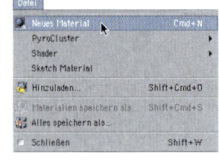

**Abbildung 36 ▶**
Material erstellen

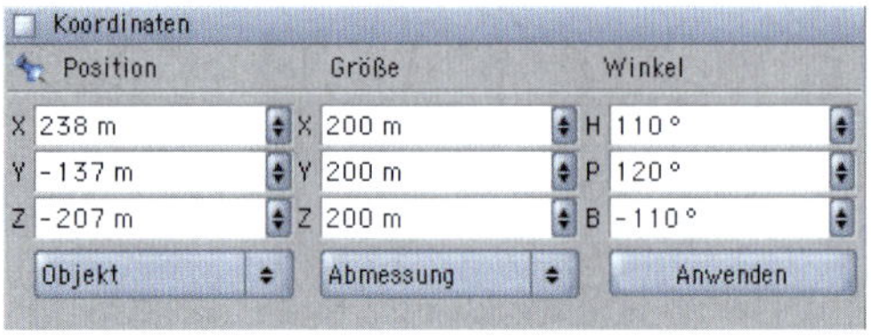

▲ **Abbildung 37**
Koordinaten-Manager

# Material-Manager

Der Material-Manager (Abbildung 35) verwaltet alle Materialien und Shader, die den Objekten zugewiesen werden.

Ein neues Material bzw. einen Shader erstellen Sie über das Menü DATEI · NEUES MATERIAL (Abbildung 35), alternativ können Materialien auch über DATEI · HINZULADEN aus einem anderen Dokument übernommen werden.

Angewählte Materialien sind automatisch im Attribute-Manager bearbeitbar, ein Doppelklick auf das Materialsymbol öffnet stattdessen zur Bearbeitung den Material-Editor. Durch Doppelklick auf den Materialnamen lassen sich die Materialien umbenennen. Möchten Sie die Reihenfolge der Einträge vertauschen, ziehen Sie das Material mit der Maus an die gewünschte Stelle – bei gedrückter ⌐Strg⌐/⌐Ctrl⌐-Taste legen Sie ein Duplikat des Materials an.

Um nun einem Objekt ein fertiges Material zuzuweisen, ziehen Sie das Material aus dem Manager einfach auf das Objekt in der 3D-Ansicht oder in den Eintrag im Objekt-Manager.

# Koordinaten-Manager

Im Koordinaten-Manager (Abbildung 37) finden Sie die Koordinateninformationen über Punkte, Polygone und Objekte. Über ihn lassen sich Objekte durch Eingabe von Werten in Position, Größe und Rotation verändern. Auch relative Angaben als Formeln (+50 m, * 2) zur verhältnismäßigen Positionsänderung und Skalierung sind erlaubt.

Als Bezugssystem lassen sich das Objekt- oder das Welt-Koordinatensystem auswählen. Im rechten Aufklappmenü können die Objektgrößen ermittelt und verändert werden. Dabei gilt die Achsenlänge beim Eintrag GRÖSSE, die Abmessungen des aktiven Objekts bei ABMESSUNG und die Abmessung des Objekts inklusive eventueller Unterobjekte bei der Einstellung ABMESSUNG +.

| Punkt | X | Y | Z | <- X |
|---|---|---|---|---|
| 0 | -755.601 | 62.641 | 0 | 0 |
| 1 | -426.738 | -532.445 | 0 | -106.485 |
| 2 | 191.837 | -595.086 | 0 | -151.679 |
| 3 | 1053.145 | 62.641 | 0 | -177.831 |
| 4 | 1319.367 | 242.732 | 0 | -65.991 |
| 5 | 1671.719 | -39.15 | 0 | -87.766 |
| 6 | 2415.577 | -313.203 | 0 | -177.262 |
| 7 | 2767.929 | 790.836 | 0 | 72.43 |
| 8 | 2360.767 | 963.099 | 0 | 110.527 |

| Polygon | A | B | C | D |
|---|---|---|---|---|
| 0 | 9 | 8 | 0 | |
| 1 | 8 | 2 | 0 | |
| 2 | 8 | 3 | 2 | |
| 3 | 8 | 4 | 3 | |
| 4 | 8 | 9 | 4 | |
| 5 | 4 | 9 | 6 | |
| 6 | 6 | 9 | 7 | |
| 7 | 9 | 0 | 7 | |
| 8 | 11 | 10 | 1 | |
| 9 | 2 | 11 | 1 | |
| 10 | 2 | 3 | 11 | |
| 11 | 3 | 5 | 11 | |
| 12 | 5 | 10 | 11 | |
| 13 | 5 | 6 | 10 | |
| 14 | 6 | 7 | 10 | |
| 15 | 7 | 1 | 10 | |
| 16 | 1 | 7 | 0 | |
| 17 | 2 | 1 | 0 | |
| 18 | 4 | 5 | 3 | |
| 19 | 4 | 6 | 5 | |

Abbildung 38 ▲ ▶
Struktur-Manager

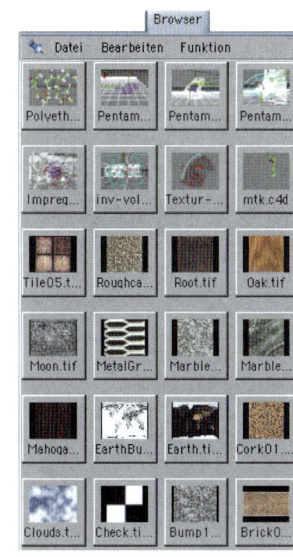

◀ Abbildung 39
Browser

## Struktur-Manager

Der Struktur-Manager (Abbildung 38) listet alle Punkte, Polygone, UVW-Koordinaten, N-Gons und Vertex-Map-Punkte des aktiven Objektes in Zeilen und Spalten gegliedert auf.

Wer sich traut, kann also direkt in den Feldern Punktwerte manuell verändern oder per Drag & Drop zu vertauschen.

3D-Objekte bestehen mehr oder weniger aus einer Ansammlung von Punkten, die miteinander verbunden sind. Diese Punkte, die unser Struktur-Manager so übersichtlich darstellt, lassen sich auch als Text-(ASCII-)Datei exportieren, um sie in anderen Programmen weiterzuverwenden. Ein gemeinsames Export- und Importformat ist für diese Zwecke natürlich die bessere Lösung – ist aber leider nicht immer gegeben. Der umgekehrte Weg lässt sich natürlich auch beschreiten – beide Funktionen finden Sie im Menü des Struktur-Managers Datei · Ascii-Datei hinzuladen bzw. Ascii-Datei exportieren.

## Browser

Mit dem Browser von Cinema 4D (Abbildung 39) legen Sie sich Kataloge mit häufig verwendeten Materialien, Bildern, Animationen, Filmen, Sounds, Szenen etc. an, auf die Sie von jedem Dokument aus zugreifen können.

Um einen neuen Katalog anzulegen, verwenden Sie den Browserbefehl Datei · Neuer Katalog. Mit Datei hinzuladen können Sie dann Ihren Katalog nach Bedarf zusammenstellen und schließlich über Katalog speichern als Katalogdatei mit der Endung .cat sichern.

Benötigen Sie nun Elemente aus Ihrem Katalog in einem neuen Dokument, importieren Sie den Katalog über Katalog öffnen. Nun stehen Ihnen alle Teile des Katalogs im Browser zur Verfügung.

Freunden Sie sich mit dem Browser an, sobald Sie merken, dass Sie häufig Materialien, Objekte etc. aus anderen Dateien wieder verwenden – so sparen Sie sich eine Menge Zeit.

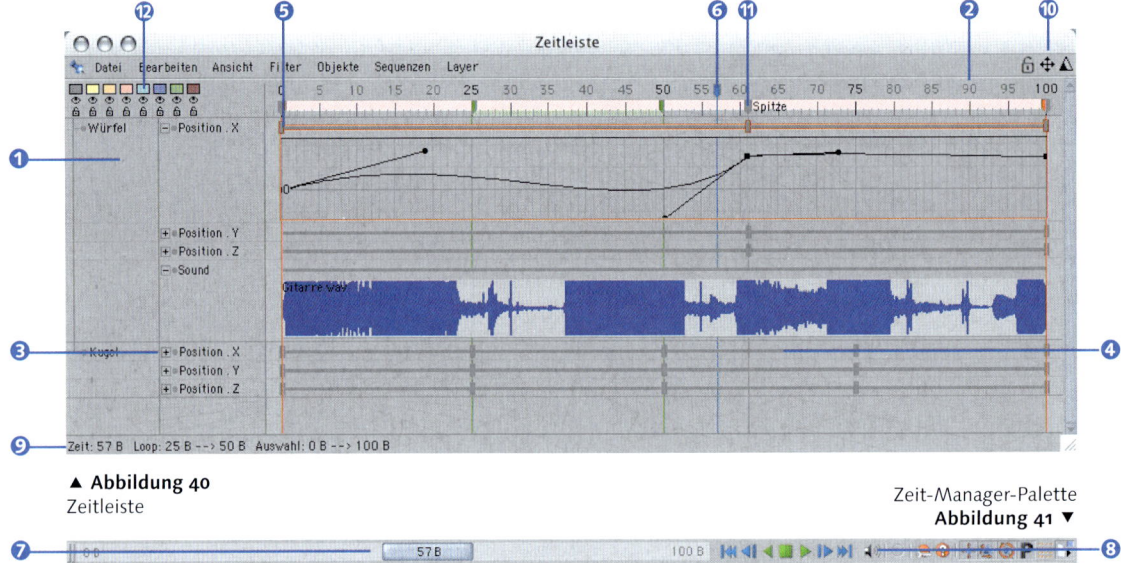

▲ **Abbildung 40**
Zeitleiste

Zeit-Manager-Palette
**Abbildung 41** ▼

## Zeitleiste und Zeit-Manager-Palette

Die Zeitleiste (Abbildung 40) ist die Schaltzentrale, wenn es um die Erstellung und Steuerung von Animationen geht. Sehen wir uns die Elemente der Zeitleiste einmal im Schnelldurchlauf an.

Objekte, die Sie über die Zeitleiste animieren möchten, ziehen Sie per Drag & Drop aus dem Objekt-Manager in die linke Spalte der Zeitleiste ❶. Auf der Horizontalen ❷ sind die Bilder (Frames) aufgetragen – bei einer Geschwindigkeit von 25 Bildern in der Sekunde entspräche demnach jeder 25. Teilstrich einer animierten Sekunde Film.

Bei der Erstellung einer Animation wird objektorientiert vorgegangen. Jedem Objekt der Zeitleiste können Sie per Kontextmenü oder im Menü Datei · Neue Spur eine Animationsspur ❸ zuweisen, welche die Art der Animation beschreibt. Dies können geometrische Animationen wie die Änderung von Position, Größe und Winkel, Spezialeffekte

wie Morphing und Texturänderung, Animationen über Plug-ins und Parameteränderungen der Objekte sein, wie sie sonst über den Objekt-Manager zu erreichen wären. Selbstverständlich kann ein Objekt auch mehrere Animationsspuren enthalten.

Um eine Animation zeitlich festzuhalten, benötigen Sie eine Sequenz ❹. Auch dies ist wieder über das Kontextmenü und über den Menübefehl Datei · Neue Sequenz möglich. Zum Verschieben von Sequenzen genügt es, sie per Drag & Drop an eine andere Stelle zu ziehen, mit gedrückter ⌈Strg⌉/⌈Ctrl⌉-Taste kopieren Sie die angewählte Sequenz auf ein anderes Objekt mit gleicher Spur. Im Menü Sequenzen finden Sie außerdem alle Befehle für das Trennen, Verbinden und genaue Bearbeiten von Sequenzen.

Alle Einstellungen und Parameter der Animation werden in den Keys ❺ beschrieben. Keys sind Schlüsselbilder, also die Zeitpunkte, zwischen denen Objekte ihre Animationen durchlaufen. Sie können Keys über den Menübefehl, das Kontextmenü oder, am bequemsten, per Klick auf die Sequenz mit gedrückter `Strg`/`Ctrl`-Taste erstellen und die Parameter eingeben – das Duplizieren von Keys ist per Drag & Drop wiederum über die `Strg`/`Ctrl`-Taste möglich. Jede Spur kann beliebig viele Sequenzen und Keys aufnehmen, jeder Parameter bis hin zu den Unterkanälen (Position.X, Position.Y, Position.Z) ist einzeln ansprechbar.

Da Soundspuren über die Zeitleiste abgespielt werden, fällt das Angleichen von Sound und Animation (Lippensynchronisierung) relativ leicht. Sogar schnelles Verschieben des Zeitschiebereglers, »Scrubbing«, funktioniert.

### Navigation in der Zeitleiste

Auch auf großen Monitoren wird bei längeren komplexen Animationen der Platz für die Zeitleiste sehr schnell eng. In Cinema 4D stehen Ihnen einige Mittel zur Verfügung, um trotzdem zügig arbeiten zu können.

Der blaue Zeitschieberegler ❻ befindet sich immer am aktuellen Zeitpunkt Ihrer Animation. Durch Verschieben können Sie zu einem anderen Zeitpunkt in der Animation springen, Gleiches gilt für den Schieberegler ❼ der Zeit-Manager-Palette (Abbildung 41). Informationen über den Stand des Reglers und der Auswahl zeigt Ihnen dessen Statusleiste ❾ an.

Mit den Skalierungs- und Verschiebe-Symbolen am rechten oberen Rand ❿ navigieren Sie innerhalb der Zeitleiste. Zwei grüne Regler im Zeitleisten-Lineal begrenzen den Vorschaubereich, eine Art Auswahl, die Sie verwenden können, um Animationen zu straffen oder zu verlängern. Die Befehle zum Einfügen und Löschen befinden sich im Menü Sequenzen.

### Marker und Layer

Marker und Layer helfen Ihnen dabei, die Arbeit in der Zeitleiste zu optimieren. Mit Markern ⓫ können Sie sich in der Zeitleiste zur Orientierung Punkte setzen und diese mit Namen versehen – zum einen, um den Überblick zu behalten, und zum anderen als Hilfe beim Platzieren von Sequenzen und Keys, da Marker magnetisch wirken. Einen neuen Marker legen Sie über Datei · Neuer Marker bzw. per Klick bei gedrückter `Strg`/`Ctrl`-Taste in das Zeitleisten-Lineal an.

Mit Layern ⓬ können Sie die Objekte der Zeitleiste ausblenden oder durch eine Farbcodierung organisieren. Wählen Sie einfach die Objekte in Ihrer Zeitleiste aus, weisen sie mit Klick auf einen der Farbbuttons einem Layer zu, und schalten Sie den Layer mit dem Augensymbol auf unsichtbar oder mit dem Schloss auf gesperrt. Wenn Sie sich eine Farbcodierung für das Layersystem angewöhnt haben, können Sie Ihren Objekten bestimmte farbige Layer zuweisen und sich einfach die Objekte hervorholen, die Sie bei der Animation wirklich benötigen.

### Zeit-Manager-Palette

Die Steuerelemente der Zeit-Manager-Palette ❽ sind Ihnen von Ihrem Videorekorder bekannt.

Mit ihnen können Sie Ihre Animation im Editor abspielen lassen und über die Aufnahmebuttons vorab festlegen, welche Objekt-Eigenschaften als Keyframes aufgezeichnet werden. Außerdem schließen Sie hier Unterobjekte ein bzw. aus und geben die Art der Interpolation zwischen den Keyframes an.

Alles Weitere zur Arbeit mit der Zeitleiste lesen Sie im Kapitel »Animation«.

270 ▶
Animation

# Arbeiten im Editor
## Workflow und Logik

*Cinema 4D bietet mit seinem freundlichen und logischen Benutzer-Interface nicht nur einen exzellenten Workflow, sondern auch einen für Anfänger leicht verständlichen Einstieg.*

## Anzeige und Selektion

Je mehr Objekte sich in Ihrer Szene befinden, desto kniffliger wird es, das richtige Objekt auszuwählen – besonders wenn die Objekte nahe zueinander oder eben hintereinander stehen.

Damit Sie auch wirklich nur die Objekte angezeigt bekommen, die für Ihre Arbeit wichtig sind, besitzt Cinema 4D ANZEIGEFILTER (Abbildung 1). Schalten Sie momentan störende Objekttypen über das Aufklappmenü einfach ab.

Anzeige- und Filtervoreinstellungen lassen sich auch editorweit (lokal) oder global über die Ansichtsvoreinstellungen (Abbildung 2) im Menü BEARBEITEN des Editorfensters vornehmen. Zum Tragen kommen hier die Optionen der Gruppen ANZEIGE und FILTER. An der fetten Auszeichnung erkennen Sie global definierte Parameter, die für das Programm selbst gelten. Die restlichen Parameter gehören zum geöffneten Dokument.

Die Gruppe ANZEIGE spaltet sich in die Bereiche AKTIVES OBJEKT und INAKTIVES Objekt auf. Hier legen Sie fest, wie sich das ausge-wählte und alle übrigen Objekte während der Bearbeitung im Editor präsentieren.

Dabei geht es weniger um die optische Komponente, sondern vielmehr um die Anzeige praktischer Helfer wie eingefärbte Polygonselek-tionen und -normalen, Rotationsbänder und nicht zuletzt um Modelling-Hilfen wie Isoline- und deformierte Bearbeitung.

In der Gruppe FILTER befindet sich so gut wie alles zur Auswahl, was Cinema 4D im Editor darstellen kann. Im Unterschied zum Anzeigefilter werden Ihre Vorgaben hier dauerhaft gespeichert.

Für die Selektion von Objekten, Punkten, Polygonen, Kanten, Punkten etc. stehen unter anderem die bekannten vier Selektionswerkzeuge (Abbildung 3) zur Verfügung: Live-, Rechteck-, Freihand- und Polygon-Selektion.

Mit der Live-Selektion malen Sie wie mit einem Pinsel über die Elemente, die Sie auswählen möchten. Mit Rechteck-, Freihand- und Polygon-Selektion dagegen ziehen Sie Rahmen über die Objekte. Bei gedrückter Strg/Ctrl-Taste ziehen Sie Auswahlteile

**▲ Abbildung 1**
Anzeigefilter

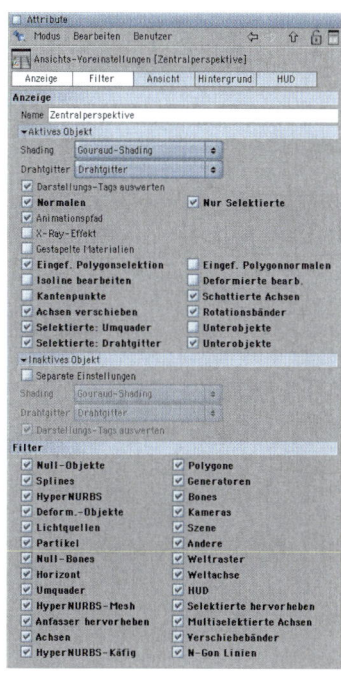

**Abbildung 2 ▶**
Ansichtsvoreinstellungen

**◀ Abbildung 3**
Selektionswerkzeuge
Live-, Rechteck-, Freihand-
und Polygon-Selektion

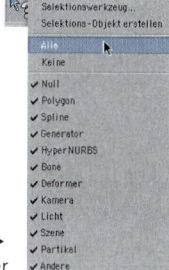

**Abbildung 4 ▶**
Selektionsfilter

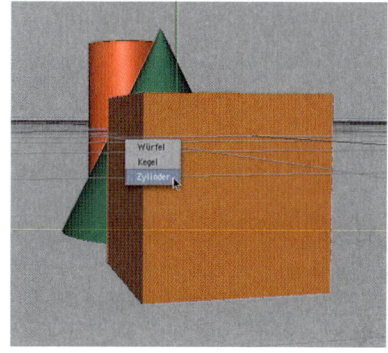

**◀ Abbildung 5**
Sehstrahlselektion

von der Auswahl ab, bei gedrückter ⟨⇧⟩-Taste fügen Sie diese zur Auswahl hinzu.

Auch hier hilft Ihnen ein Filter dabei, nur die erwünschten Objekte in die Auswahl einzuschließen. Über den Selektionsfilter (Abbildung 4) stellen Sie alle Objekttypen ein, die das Selektionswerkzeug im Editor berücksichtigen soll. Sobald Sie ein Selektionswerkzeug ausgewählt haben und im Punkte-, Kanten- oder Polygonmodus arbeiten, bietet Ihnen der Attribute-Manager an, Punkt- und HyperNURBS-Wichtungen auf die Objekte zu malen.

Um verdeckte Objekte, an die Sie eigentlich nur über den Objekt-Manager oder durch eine Änderung der Kameraperspektive herankämen, auszuwählen, bietet sich die Sehstrahlselektion (Abbildung 5) an. Bei gleichzeitig gedrückter ⟨⇧⟩- und ⟨Ctrl⟩- bzw.

rechter Maustaste listet Cinema 4D alle hinter dem Mauszeiger liegenden Objekte in einem kleinen Menü auf, so dass Sie das gesuchte Objekt nur noch im Menü auswählen müssen.

Cinema 4D bietet im Menü SELEKTION noch viele weitere Auswahlarten und Möglichkeiten zur Speicherung und Bearbeitung von Auswahlen an. Zur eleganten Organisation größerer Selektionen dient das Selektions-Objekt, das beliebige Objekte Ihrer Wahl zu einer Gesamtauswahl zusammenfasst, auf die Sie jederzeit zurückgreifen können. Im Kapitel »Modelling« steigen wir noch tiefer in dieses Thema ein.

**52 ▶**
Modelling

◄ **Abbildung 6**
Verschieben-, Skalieren-
und Rotieren-Werkzeug
mit Achsenfreigaben

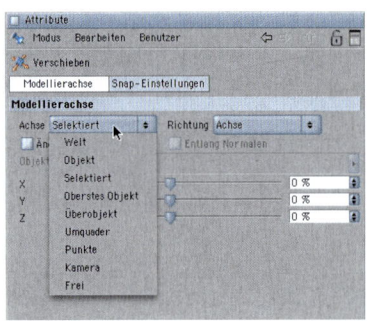

▲ **Abbildung 7**
Einstellungen der Modellierachse

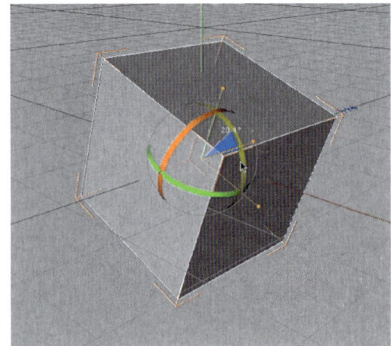

▲ **Abbildung 8**
Rotationsbänder

## Achsen- und Koordinatensysteme

Mit den drei Grundfunktionen Verschieben, Skalieren und Drehen ❶ (Abbildung 6) wird das aktive Objekt an seiner Modelling-Achse modifiziert.

In Version 9 hat die Modellierachse dabei eine wesentliche Überarbeitung erfahren. Für die Arbeit an einem Polygon-Objekt liegt die Modellierachse nun nicht mehr zwangsläufig in der Mitte des aktivierten Elementes, sondern kann auch an einem Eckpunkt oder einer Kante platziert werden, je nachdem, welcher Achspunkt für die Modifikation am günstigsten ist. Sobald eines der Grundwerkzeuge im Punkt-, Kanten- oder Polygon-bearbeiten-Modus aktiviert ist, zeigt der Attribute-Manager das Feld MODELLIERACHSE (Abbildung 7) an, wo Sie separat für Position und Richtung eine der oft benötigten Standardpositionen auswählen oder eine freie Achsenlokation festlegen.

Die drei Koordinatenachsen X, Y, und Z ❷ (Abbildung 6) können mit den Icons wahl-

weise gesperrt oder freigegeben werden. In gedrücktem Zustand ist die Achse für die Manipulation freigegeben. Möchten Sie ein Objekt also proportional manuell skalieren, müssen alle Achsen aktiviert sein.

Rechts neben den Achsensymbolen befindet sich ein Werkzeug zum Wechsel zwischen Objekt- und Weltkoordinatensystem ❸. Soll also beispielsweise ein schräg im Raum stehendes Objekt entlang seiner eigenen Z-Achse verschoben werden, müssen Z-Achse und Objekt-Koordinatensystem ausgewählt sein. Wenn Sie dagegen ein Objekt anhand seiner Raum-Koordinatenwerte platzieren wollen, brauchen Sie das Weltkoordinatensystem. Da während der Arbeit in der Regel oft zwischen den Werkzeugen gewechselt wird, merkt sich Cinema 4D die jeweils zum Werkzeug aktivierten Achsen und stellt bei erneuter Werkzeuganwahl die letzte Kombination wieder her.

Cinema 4D 9 bietet einige praktische Neuerungen bei der Arbeit mit der Modellierachse. Abbildung 8 zeigt die neuen Rotationsbänder, welche die Arbeit mit der Drehen-Funktion

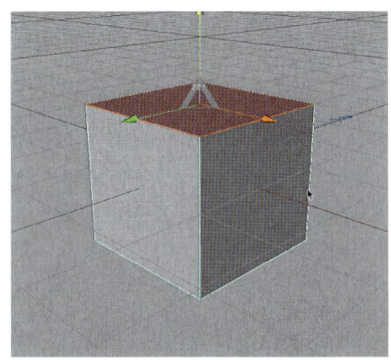

▲ **Abbildung 9**
Relative Änderung beim Verschieben

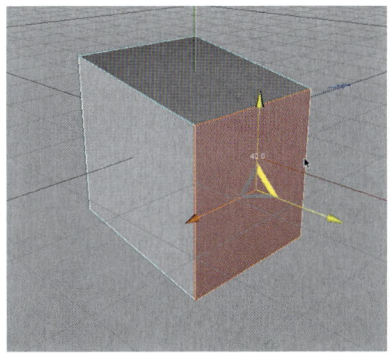

▲ **Abbildung 10**
Verschiebebänder

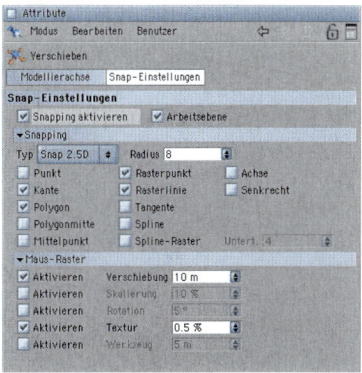

▲ **Abbildung 11**
Snap-Einstellungen

vereinfachen. Zusätzlich wird die relative Änderung des Winkels optisch und nummerisch eingeblendet. Die gleiche Funktionalität ist natürlich beim Verschieben (Abbildung 9) gegeben. Neu sind die Verschiebebänder (Abbildung 10), mit denen Sie ein Objekt im Editor entlang zweier Achsen verschieben, ohne die dritte Achsrichtung zu verändern.

## Snap-Einstellungen

Eine erhebliche Erleichterung für das gezielte Verschieben und Positionieren im Raum bietet die Möglichkeit, Punkte, Polygone, Objekte, Achsen etc. beim Platzieren aufeinander oder an einem definierten Raster einrasten zu lassen. Die nötigen Vorbereitungen treffen Sie in den Snap-Einstellungen (Abbildung 11).

Bei aktiviertem Snapping kommt zunächst der Snapping-Typ zum Tragen. Wollen Sie zum Beispiel einen Punkt exakt auf den anderen verschieben, also auf gleiche X-, Y- und Z-Koordinaten, so ist das 3D-SNAPPING die

richtige Wahl. Beim 2,5D-SNAPPING darf er einen der drei Koordinatenwerte behalten – je nachdem, in welcher Ansicht er verschoben wird. Das 2D-SNAPPING geht noch einen Schritt weiter und lässt nur das Einrasten auf einen Koordinatennenner zu.

Mit RADIUS ist der Wirkungsradius der Zielpunkte gemeint. Je größer der Radius, desto stärker wirken auch die Zielpunkte.

Sie können als Snap-Ziele alle angegebenen Optionen wahlweise aktivieren oder deaktivieren. Beschränken Sie sich aber auf die für Sie wirklich nötigen Bereiche, sonst wird das Einrasten zum Geduldsspiel.

Die Einstellungen des WELT-RASTERS liegen seit Version 9 in den Ansichts-Voreinstellungen. Auch auf diese Standardhilfslinien lassen sich die Elemente einrasten.

Die Gruppe MAUS-RASTER beinhaltet unter anderem die Snap-Möglichkeiten, wenn Sie mit den üblichen Verschiebe-, Skalierungs- und Rotationswerkzeugen interaktiv arbeiten. Damit umschiffen Sie elegant krumme Werte bei der Arbeit im Raum.

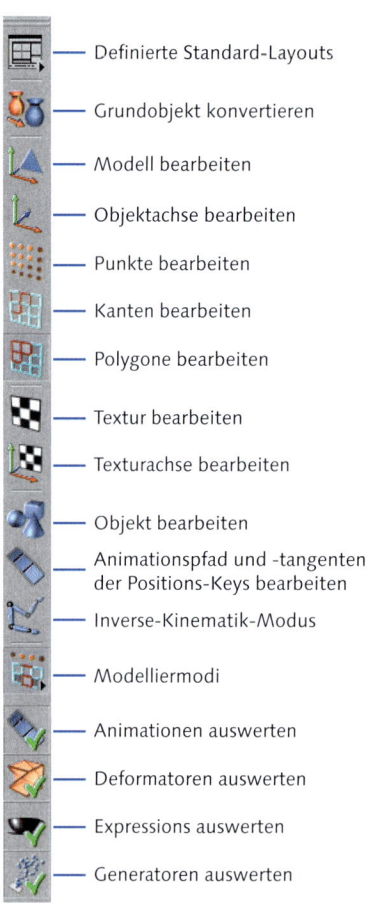

— Definierte Standard-Layouts

— Grundobjekt konvertieren

— Modell bearbeiten

— Objektachse bearbeiten

— Punkte bearbeiten

— Kanten bearbeiten

— Polygone bearbeiten

— Textur bearbeiten

— Texturachse bearbeiten

— Objekt bearbeiten

— Animationspfad und -tangenten der Positions-Keys bearbeiten

— Inverse-Kinematik-Modus

— Modelliermodi

— Animationen auswerten

— Deformatoren auswerten

— Expressions auswerten

— Generatoren auswerten

**Abbildung 12 ▶**
Editorwerkzeuge

◀ **Abbildung 13**
Modelliermodi
ausgeklappt

## Editorwerkzeuge und -modi

Die Editorwerkzeuge (Abbildung 12) arbeiten eng mit den Auswahl-, Achsen- und Objektwerkzeugen zusammen. So können Sie mit dem Verschieben-Werkzeug Punkte, Polygone, Objekte, Objektachsen und mehr bearbeiten – ausschlaggebend ist, welcher Modus bei den Bearbeitungswerkzeugen angewählt ist.

Die Palette der Bearbeitungswerkzeuge beginnt mit einer Sammlung vordefinierter Layouts. Hier haben Sie Zugriff auf Werkzeug-Portfolios, die speziell auf das Modelling oder die Animation eingehen, ohne unnötigen »Werkzeug-Ballast« mitzuschleppen.

Der Befehl GRUNDOBJEKT KONVERTIEREN ist nötig, um parametrische Objekte in polygonale Objekte bzw. Spline-Pfade umzuwandeln – eine Rückumwandlung ist nicht möglich.

Mit MODELL BEARBEITEN und OBJEKT BEARBEITEN modifizieren Sie die Objekte als Ganzes. Die Aufteilung in zwei verschiedene Einsatzzwecke verhindert unerwünschte Effekte durch verzerrte Übersysteme. Verwenden Sie während des Modellings das Modell-Werkzeug, das Objekt-Werkzeug bei der Animation.

OBJEKTACHSE BEARBEITEN ist beim Spline-Modelling und im Besonderen bei der Animation von hoher Bedeutung, mit diesem Werkzeug legen Sie die Dreh- und Angelpunkte der Objekte fest. Das Verschieben der Objektachse funktioniert allerdings ausschließlich bei Objekten, die nicht anhand ihrer Objektachse generiert werden. Das bedeutet: NURBS-Objekte und parametrische Objekte müssen zuerst in ein Grundobjekt konvertiert werden.

Punkte, Kanten und Polygone, seien es nun Ankerpunkte einer Spline-Kurve oder Polygone eines HyperNURBS-Objektes, lassen sich in den Modi PUNKTE, KANTEN bzw. POLYGONE BEARBEITEN verändern.

Materialien mit Bitmap-Texturen müssen an die Trägerobjekte angepasst werden. Dabei helfen Ihnen die Werkzeuge TEXTUR BEARBEITEN und TEXTURACHSE BEARBEITEN.

Um den Wechsel zwischen Bearbeitungsmodus und Werkzeug annehmlicher zu gestalten, besitzt Cinema 4D 9 drei verschiedene Modelliermodi (Abbildung 13). Im GRUND-

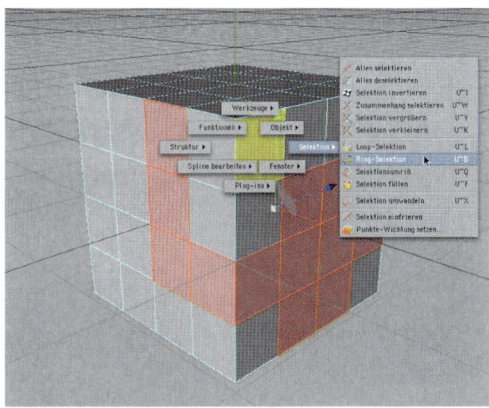

**▲ Abbildung 14**
Hotbox

```
Keys: M
≠ ... Skalieren (entlang Normalen)
, ... Drehen (um Normalen)
A ... Punkt hinzufügen
B ... Brücke
C ... Pinsel
D ... Polygonloch schließen
E ... Polygon erzeugen
F ... Kanten schneiden
G ... Glätten
H ... Messer
I ... Magnet
K ... Spiegeln
L ... Punktwert setzen
O ... Gleiten
P ... Vernähen
Q ... Verschmelzen
R ... HyperNURBS-Wichtung setzen
S ... Bevel
T ... Extrudieren
W ... Innen extrudieren
X ... Matrix-Extrude
Y ... Smooth Shift
Z ... Verschieben (entlang Normalen)
```

```
Keys: U
A ... Normalen ausrichten
B ... Ring-Selektion
C ... Schrumpfen
D ... Ablösen
E ... N-Gons auflösen
F ... Selektion füllen
G ... Retrianguliere N-Gons
I ... Selektion invertieren
K ... Selektion verkleinern
L ... Loop-Selektion
P ... Abtrennen
Q ... Selektionsumriß
R ... Normalen umdrehen
S ... Unterteilen...
T ... N-Gon Triangulation
U ... Un-triangulieren...
W ... Zusammenhang selektieren
X ... Selektion umwandeln
Y ... Selektion vergrößern
Z ... Schmelzen
```

**◄ ▲ Abbildung 15**
Multi-Shortcuts für M und U

MODUS sorgen Sie selbst für den Wechsel zwischen Punkt-, Kanten- und Polygonbearbeitung. Beim AUTO-SELEKTIERUNGS-MODUS schaltet die Live-Selektion selbsttätig auf das unter dem Mauszeiger befindliche Element um. Noch weiter geht der TWEAK-MODUS, er unterstützt Sie bei der Feinarbeit, indem er automatisch zwischen Punkten, Kanten und Polygonen wechselt, danach aber sofort wieder zum gewählten Werkzeug umschaltet.

Animierte Objekte, die Positionsänderungen durchlaufen, besitzen einen Animationspfad und zugehörige -tangenten. Mit dem gleichnamigen Werkzeug können Sie diese Kurven im Editor bearbeiten.

Im INVERSE-KINEMATIK-MODUS folgen die ausgewählten Objekte den Vorgaben, die Sie bei der Definition der Bones und der Kinematik-Objekte angelegt haben.

Die vier Auswertungsmodi geben Ihnen die Möglichkeit, Animationen, Deformationen, Expressions und Generatoren zeitweilig auszuschalten, um Objekte ohne störende Einflüsse der so genannten »Drawing-Pipeline« im Editor zu bearbeiten.

## Hotbox und Multi-Shortcuts

Verzeihen Sie mir, wenn ich für diese zwei tollen Neuerungen die Anglizismen den deutschen Bezeichnungen »Befehlsschnellauswahl« und »hierarchische Tastaturkürzel« vorziehe.

Drücken Sie die Taste [V], um die Hotbox (Abbildung 14) aufzurufen. Sie stellt Ihnen beliebige Befehls-Gruppen um den Mauszeiger platziert zur Verfügung.

Wie man aus der Not eine Tugend macht, beweist Maxon mit den Multi-Shortcuts. Weil die Anzahl der Tastaturkombinationen aufgrund der Vielzahl an Funktionen und Werkzeugen an eine Grenze gestoßen ist, wurden die Multi-Shortcuts eingeführt. Sie bestehen aus zwei hintereinander gedrückten Tasten. In den Menüs sind diese Shortcuts an der Tilde (~) erkennbar. Der Übersichtlichkeit halber wird nach Aufruf der ersten Tasten [U] und [M] eine Liste der zugehörigen Befehle angezeigt (Abbildung 15).

Beide Features können Sie übrigens über den MENÜ- bzw. BEFEHLS-MANAGER beliebig erweitern oder verändern.

**40 ►**
Cinema 4D
einrichten

Im Befehle-Manager (Abbildung 7) finden
Sie alle in Cinema 4D anwählbaren Befehle.
Außerdem sind im Befehle-Manager auch
die Tastaturkürzel verzeichnet, die im unte-
ren Teil des Managers ❷ zugeteilt werden.
Hier definieren Sie auch eigene hierarchische
Tastaturkürzel (Multi-Shortcuts).

Für Übersichtlichkeit sorgen die zwei
Separatoren (Trennstrich und Lücke) ❸, die
Sie zur sinngemäßen Abtrennung der Icons
einsetzen sollten.

Wie Sie eigene Befehls-Paletten erzeugen
und anpassen, zeige ich kurz am Beispiel des
guten, alten Standard-Partikelsystems, das
seit Version 8 ein wenig beachtetes Dasein im
Objekte-Menü fristet. Dazu erzeugen Sie als
Erstes über FENSTER · LAYOUT · NEUE BEFEHLS-
PALETTE eine leere Befehls-Palette (Abbildung
8). Sie finden diesen Befehl übrigens auch in
jedem Pin-Menü und im Kontextmenü der
Befehlspaletten (Abbildung 9).

Öffnen Sie den Befehle-Manager, aktivieren Sie die Option PALETTEN BEARBEITEN, und
ziehen Sie die zukünftigen Befehle der neuen
Palette in das Fenster.

Das Kontextmenü jeder Befehls-Palette
(Abbildung 10) ist über die rechte Maustaste
bzw. die `Ctrl`-Taste mit Klick auf die
Befehls-Palette aufrufbar. In diesem Menü
finden Sie die Feineinstellungen für die angewählte Palette. Da eine Palette prinzipiell
auch nur ein gedocktes Fenster ist, haben
Sie wieder die bekannten Pin-Befehle zum
Docken und Umbenennen.

Im zweiten Abschnitt folgen die Möglichkeiten zum Bearbeiten und Gruppieren
der Befehle. Hier lassen sich außerdem neue
Befehls-Paletten und Gruppen-Fenster anlegen
sowie Paletten laden und speichern. Befehls-
Gruppen erkennen Sie unter anderem an den

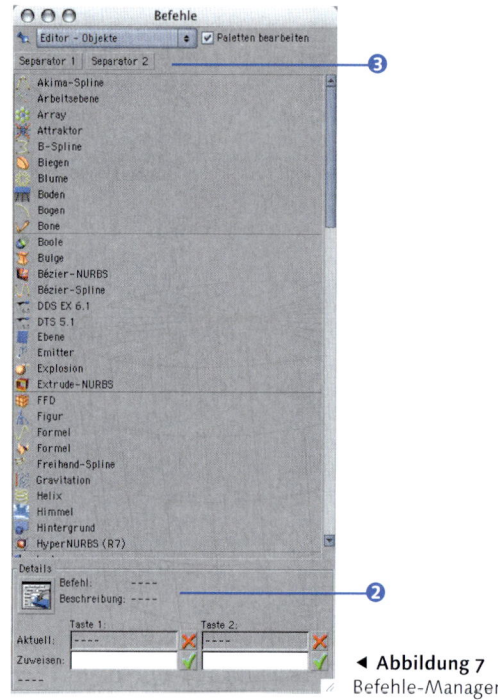

◀ **Abbildung 7**
Befehle-Manager

aufklappbaren Objekt-Paletten. Wandeln Sie
die Palette also in eine Befehls-Gruppe um.

Über BEFEHL FIXIEREN gewährleisten Sie,
dass stets das Befehls-Icon der Befehls-Gruppe
als Gruppen-Icon erscheint. Wenn Sie es für
Ihre Befehls-Gruppe als praktischer empfinden,
wenn immer der zuletzt verwendete Befehl als
Gruppen-Icon angezeigt wird, deaktivieren Sie
BEFEHL FIXIEREN einfach.

Zu jeder Palette steht Ihnen auch frei, nur
die Icons, Icons und Texte oder auch nur
Texte anzeigen zu lassen – die Kombinationsmöglichkeiten sehen Sie im dritten Teil des
Kontextmenüs. Die Ausrichtung der Palette
(horizontal oder vertikal), die Anzahl der
Reihen bzw. Spalten und die Icon-Größe sind
ebenfalls einstellbar.

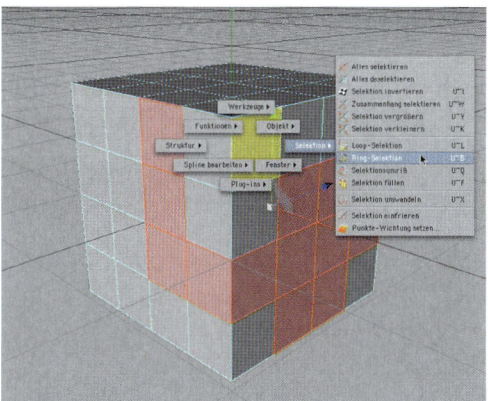

▲ **Abbildung 14**
Hotbox

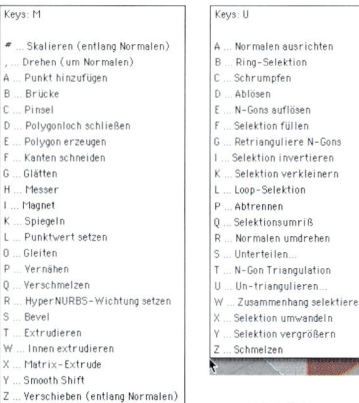

◀ ▲ **Abbildung 15**
Multi-Shortcuts für M und U

MODUS sorgen Sie selbst für den Wechsel zwischen Punkt-, Kanten- und Polygonbearbeitung. Beim AUTO-SELEKTIERUNGS-MODUS schaltet die Live-Selektion selbsttätig auf das unter dem Mauszeiger befindliche Element um. Noch weiter geht der TWEAK-MODUS, er unterstützt Sie bei der Feinarbeit, indem er automatisch zwischen Punkten, Kanten und Polygonen wechselt, danach aber sofort wieder zum gewählten Werkzeug umschaltet.

Animierte Objekte, die Positionsänderungen durchlaufen, besitzen einen Animationspfad und zugehörige -tangenten. Mit dem gleichnamigen Werkzeug können Sie diese Kurven im Editor bearbeiten.

Im INVERSE-KINEMATIK-MODUS folgen die ausgewählten Objekte den Vorgaben, die Sie bei der Definition der Bones und der Kinematik-Objekte angelegt haben.

Die vier Auswertungsmodi geben Ihnen die Möglichkeit, Animationen, Deformationen, Expressions und Generatoren zeitweilig auszuschalten, um Objekte ohne störende Einflüsse der so genannten »Drawing-Pipeline« im Editor zu bearbeiten.

## Hotbox und Multi-Shortcuts

Verzeihen Sie mir, wenn ich für diese zwei tollen Neuerungen die Anglizismen den deutschen Bezeichnungen »Befehlsschnellauswahl« und »hierarchische Tastaturkürzel« vorziehe.

Drücken Sie die Taste V, um die Hotbox (Abbildung 14) aufzurufen. Sie stellt Ihnen beliebige Befehls-Gruppen um den Mauszeiger platziert zur Verfügung.

Wie man aus der Not eine Tugend macht, beweist Maxon mit den Multi-Shortcuts. Weil die Anzahl der Tastaturkombinationen aufgrund der Vielzahl an Funktionen und Werkzeugen an eine Grenze gestoßen ist, wurden die Multi-Shortcuts eingeführt. Sie bestehen aus zwei hintereinander gedrückten Tasten. In den Menüs sind diese Shortcuts an der Tilde (~) erkennbar. Der Übersichtlichkeit halber wird nach Aufruf der ersten Tasten U und M eine Liste der zugehörigen Befehle angezeigt (Abbildung 15).

Beide Features können Sie übrigens über den MENÜ- bzw. BEFEHLS-MANAGER beliebig erweitern oder verändern.

40 ▶
Cinema 4D
einrichten

# Cinema 4D einrichten

*Sich wohlfühlen in Cinema 4D*

*Jeder Anwender hat seine eigenen Vorlieben, was die Platzierung von Paletten, die Voreinstellungen und auch die Verwendung von Kurzbefehlen betrifft. Anhand dieses Kapitels können Sie sich Cinema 4D so zusammenstellen, wie es Ihnen am besten »passt«.*

## Fenster und Manager

Alle Fenster und Manager in Cinema 4D sind standardmäßig in die Oberfläche »eingedockt«.

Sobald ein Fenster verändert wird, passen sich die anderen Elemente in den vorhandenen Platz ein. Damit Sie die Fenster und Manager nach Ihren Vorstellungen anpassen können, befinden sich im Pin-Menü jedes Fensters alle benötigten Befehle (Abbildung 1).

### Pins

Um Fenster als Ganzes zu verschieben oder umzugruppieren, klicken Sie auf den Reißnagel und halten die Maustaste gedrückt – das Fenster wird verschiebbar, und Sie können es an den Ort Ihrer Wahl platzieren. Die graue Einfügemarke zeigt Ihnen den horizontalen bzw. vertikalen Platz und das Ausmaß des neu geordneten Fensters an.

Ein Klick auf den Reißnagel öffnet das Pin-Menü, mit dem Sie Fenster ENTDOCKEN, UMBENENNEN, aus Fenstern ein TAB ERZEUGEN, den FENSTERTITEL VERBERGEN und BEFEHLS-PALETTEN sowie GRUPPEN-FENSTER anlegen. Zum Vergleich sehen Sie in Abbildung 2

ein normal gedocktes Fenster. Abbildung 3 zeigt das Fenster, nachdem es über den Befehl ENTDOCKEN im Pin-Menü aus dem Fensterverbund herausgelöst wurde. Um es wieder einzudocken, ziehen Sie das Fenster mit gedrücktem Pin an die gewünschte Stelle und platzieren es mit der Einfügemarke.

### Tabs

Aus Platzgründen ist es sinnvoll, oft benötigte Manager in ein Fenster zusammenzufassen und zwischen ihnen über Tabs (Reiter) zu wechseln. Dies bietet sich besonders bei Managern an, auf die Sie nicht gleichzeitig zugreifen müssen.

Eine Tab-Dreierkombination ist bereits ins Standardlayout integriert: Objekt-, Struktur-Manager und Browser. Mit dem Befehl TAB ERZEUGEN aus dem Pin-Menü verwandeln Sie gedockte und entdockte Fenster in Manager mit Tab-Symbol, die Sie mit gedrücktem Pin per Drag & Drop anderen Fenstern zuordnen können. Die Reihenfolge der Tabs richtet sich nach der Position, an der Sie Ihr Fenster loslassen – möchten Sie die Reihenfolge ändern, genügt das Verschieben mit dem Pin.

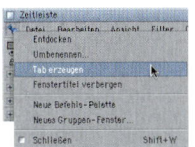

▲ **Abbildung 1**
Pin-Menü

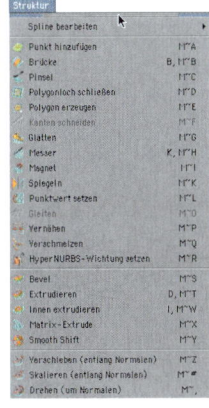

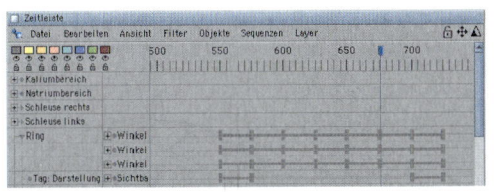

◄ **Abbildung 2**
Normales,
gedocktes Fenster

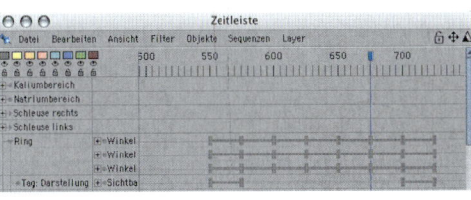

◄ **Abbildung 3**
Entdocktes Fenster

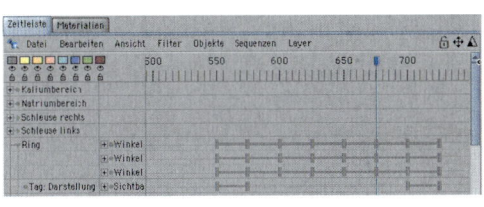

◄ **Abbildung 4**
Fenster als Tab

◄ **Abbildung 5**
Abreißen des Menüs

**Abbildung 6** ►
Bearbeitbare Befehls-Palette

❶

## Abreißbare Menüs

Während der Arbeit lenken die ständigen
Werkzeugwechsel und insbesondere die Wege
in die Menüs besonders von der Arbeit ab.
Wer ungern Tastaturkürzel auswendig lernt,
freut sich mit Sicherheit über die abreißbaren
Menüs aus Cinema 4D 9.

Um den kompletten Befehlssatz eines
Menüs oder einer Palette zur Hand zu haben,
klicken Sie einfach oben auf die schmale
Abreißleiste (Abbildung 5) des Menüs. Schon
stehen alle Werkzeuge und Befehle in einem
schwebenden Fenster bereit.

Dies funktioniert mit allen Menüs, Objekt-
und Befehls-Paletten sowie Befehls-Gruppen
in Cinema 4D.

## Paletten und Befehle

Aufgrund der enormen Anzahl von Befehlen
in Cinema 4D sind im Standardlayout die
wichtigsten Befehle in der horizontalen und
vertikalen Befehls-Palette bereits vorhanden.
Wenn Sie die bereits bestehenden Paletten
verändern möchten, wählen Sie im Menü
FENSTER · LAYOUT · PALETTEN BEARBEITEN. Die
Befehle der Paletten erhalten eine blaue
Umrandung ❶ und können nun bearbeitet
werden. Per Drag & Drop ändern Sie beispielsweise die Reihenfolge der Befehle.

Um neue, zusätzliche Befehle an die
Palette anzuhängen, öffnen Sie den Befehle-
Manager über FENSTER · LAYOUT · BEFEHLE-
MANAGER, suchen den benötigten Befehl aus
der Liste und ziehen das Symbol per Drag &
Drop an die künftige Position des Befehls.

Im Befehle-Manager (Abbildung 7) finden
Sie alle in Cinema 4D anwählbaren Befehle.
Außerdem sind im Befehle-Manager auch
die Tastaturkürzel verzeichnet, die im unte-
ren Teil des Managers ❷ zugeteilt werden.
Hier definieren Sie auch eigene hierarchische
Tastaturkürzel (Multi-Shortcuts).

Für Übersichtlichkeit sorgen die zwei
Separatoren (Trennstrich und Lücke) ❸, die
Sie zur sinngemäßen Abtrennung der Icons
einsetzen sollten.

Wie Sie eigene Befehls-Paletten erzeugen
und anpassen, zeige ich kurz am Beispiel des
guten, alten Standard-Partikelsystems, das
seit Version 8 ein wenig beachtetes Dasein im
Objekte-Menü fristet. Dazu erzeugen Sie als
Erstes über FENSTER · LAYOUT · NEUE BEFEHLS-
PALETTE eine leere Befehls-Palette (Abbildung
8). Sie finden diesen Befehl übrigens auch in
jedem Pin-Menü und im Kontextmenü der
Befehlspaletten (Abbildung 9).

Öffnen Sie den Befehle-Manager, aktivieren Sie die Option PALETTEN BEARBEITEN, und
ziehen Sie die zukünftigen Befehle der neuen
Palette in das Fenster.

Das Kontextmenü jeder Befehls-Palette
(Abbildung 10) ist über die rechte Maustaste
bzw. die `Ctrl`-Taste mit Klick auf die
Befehls-Palette aufrufbar. In diesem Menü
finden Sie die Feineinstellungen für die angewählte Palette. Da eine Palette prinzipiell
auch nur ein gedocktes Fenster ist, haben
Sie wieder die bekannten Pin-Befehle zum
Docken und Umbenennen.

Im zweiten Abschnitt folgen die Möglichkeiten zum Bearbeiten und Gruppieren
der Befehle. Hier lassen sich außerdem neue
Befehls-Paletten und Gruppen-Fenster anlegen
sowie Paletten laden und speichern. Befehls-
Gruppen erkennen Sie unter anderem an den

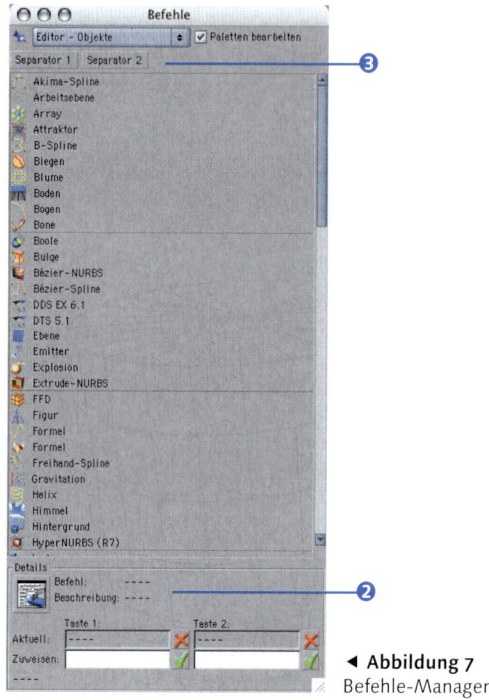

◄ **Abbildung 7**
Befehle-Manager

aufklappbaren Objekt-Paletten. Wandeln Sie
die Palette also in eine Befehls-Gruppe um.

Über BEFEHL FIXIEREN gewährleisten Sie,
dass stets das Befehls-Icon der Befehls-Gruppe
als Gruppen-Icon erscheint. Wenn Sie es für
Ihre Befehls-Gruppe als praktischer empfinden,
wenn immer der zuletzt verwendete Befehl als
Gruppen-Icon angezeigt wird, deaktivieren Sie
BEFEHL FIXIEREN einfach.

Zu jeder Palette steht Ihnen auch frei, nur
die Icons, Icons und Texte oder auch nur
Texte anzeigen zu lassen – die Kombinationsmöglichkeiten sehen Sie im dritten Teil des
Kontextmenüs. Die Ausrichtung der Palette
(horizontal oder vertikal), die Anzahl der
Reihen bzw. Spalten und die Icon-Größe sind
ebenfalls einstellbar.

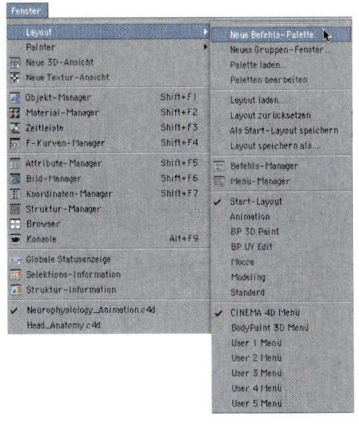

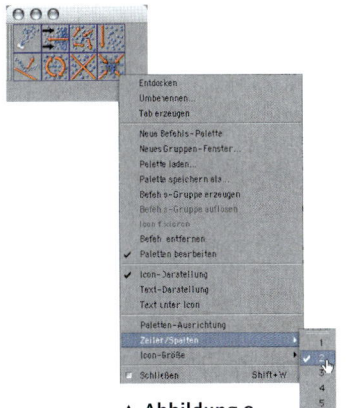

▲ **Abbildung 8**
Anlegen der neuen
Befehls-Palette

▲ **Abbildung 9**
Füllen der Befehls-
Palette

◀ **Abbildung 10**
Zusammenfassen
der Palette in eine
Befehls-Gruppe

◀ **Abbildung 11**
Einordnen der
Befehls-Gruppe
ins Layout

Zu guter Letzt muss die neue Befehls-Gruppe nur noch in das Layout integriert werden. Ziehen Sie dazu das Gruppen-Icon an eine beliebige Stelle in die Hauptpalette (Abbildung 11).

## Menü-Manager

Neben den Befehls-Paletten lassen sich auch die Menüs von Cinema 4D – wenn erwünscht – umgestalten. Um die Werkzeugmenüs der im vorangegangenen Kapitel vorgestellten Hotbox zu ändern, müssen Sie sich ebenfalls in den Menü-Manager, genauer gesagt in dessen Eintrag M_GLOBAL_POPUP, bemühen. Sie erreichen ihn über FENSTER · LAYOUT · MENÜ-MANAGER (Abbildung 12).

Im Pop-up-Menü des Managers wählen Sie aus, welches Menü Sie bearbeiten möchten. Nach erfolgter Auswahl listet Ihnen der Menü-Manager alle Befehle und Separatoren des Menüs auf, die Sie mit den im unteren

Teil befindlichen Buttons oder einfach per Drag & Drop konfigurieren können. Ihrer Fantasie sind im Prinzip keine Grenzen gesetzt, vom Umordnen der Reihenfolge über das Erstellen neuer Untermenüs bis zum Umbenennen der Menüs selbst stehen Ihnen alle Möglichkeiten offen.

### Einrichten eigener Befehls-Paletten
Neue eigene Befehls-Paletten haben dann Sinn, wenn Sie auf ein bestimmtes Set von Befehlen für eine längere Zeit zugreifen wollen. Ein Beispiel wäre eine Extrapalette für das Polygon-Modelling. Alle Befehle bzw. Werkzeuge, die Sie für das Arbeiten mit Polygonen benötigen (EXTRUDIEREN, INVERS EXTRUDIEREN, MESSER etc.), sind dann schnell parat, wenn sie gebraucht werden, und ebenso schnell verschwunden, wenn sie im Weg sind.

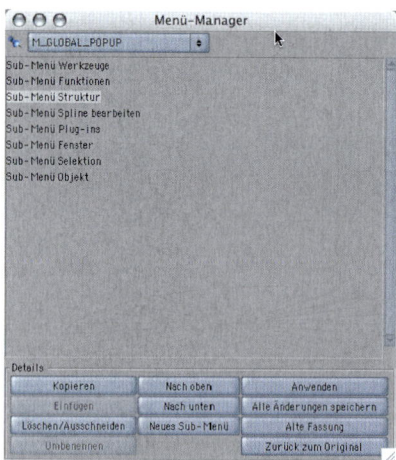

▲ **Abbildung 12**
Menü-Manager

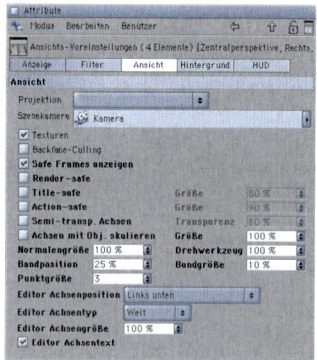

▲ **Abbildung 13**
Ansichts-Voreinstellungen
Ansicht-Seite

Zum Hinzufügen von Befehlen aus anderen Menüs dient der Befehle-Manager. Wie auch schon beim Zusammenstellen der Befehls-Paletten ziehen Sie die Befehle lediglich per Drag & Drop an die vorgesehene Position. Vorsichtige Naturen scheuen sicherlich diese Art, sich Cinema 4D »maßzuschneidern«. Zum einen ist eine vollkommen überarbeitete Oberfläche für einen Kollegen mit anderer Arbeitsweise unzumutbar, zum anderen versagen im Problemfall natürlich auch jedes Handbuch und jeder Telefonsupport.

Doch auch für diese Fälle hat Maxon vorgesorgt, eigene Layouts lassen sich mit dem Befehl FENSTER · LAYOUT · LAYOUT ZURÜCKSETZEN wieder auf die Werkeinstellungen zurücksetzen.

Nichtsdestoweniger: Einmal bewährte Layouts sollten Sie ruhig speichern und im Falle eines Anwenderwechsels einfach über das Menü FENSTER · LAYOUT oder – noch schneller – über die Layout-Palette austauschen.

## Ansichts-Voreinstellungen

In Version 9 haben sich die Ansichts-Voreinstellungen (Abbildung 13) selbstständig gemacht und finden sich nun, da sie für jede Ansicht separat oder global definierbar sind, im Menü BEARBEITEN der 3D-Ansicht.

Auf diese Weise haben Sie wesentlich schnelleren Zugriff auf die umfangreichen Neuerungen im Editor, wie beispielsweise die Anzeige- und Filteroptionen aus dem vorangegangenen Kapitel.

Die dritte Gruppe ANSICHT bestimmt, wie die Objekte, Werkzeuge und deren Elemente wie Texturen, Achsenrichtungen, Achsenanfasser und Bänder im Editor erscheinen und wie sie sich verhalten. Die Parameter RENDER-SAFE, ACTION-SAFE und TITLE-SAFE betreffen die Rahmen, die sich als Hilfestellung im 3D-Fenster anzeigen lassen. Der Render-Safe-Rahmen ist übrigens standardmäßig aktiv – so sehen Sie schnell, ob Objekte im Randbereich abgeschnitten gerendert werden oder im sichtbaren Bildbereich stehen.

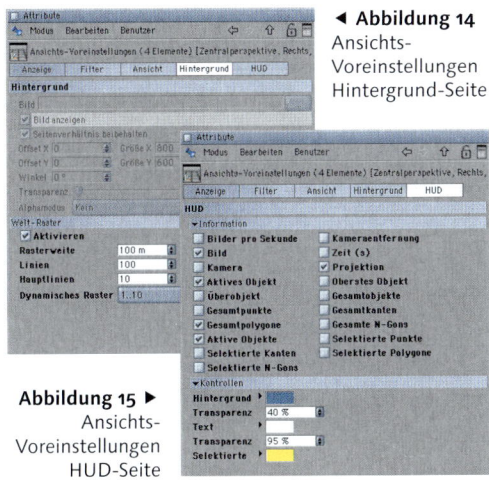

◀ **Abbildung 14**
Ansichts-
Voreinstellungen
Hintergrund-Seite

**Abbildung 15** ▶
Ansichts-
Voreinstellungen
HUD-Seite

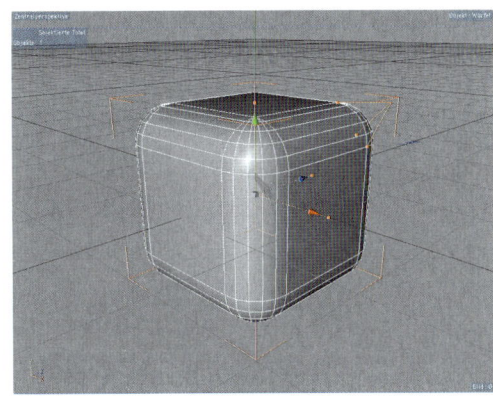

▲ **Abbildung 16**
Head Up Display-
Informationen im Editor

Wer sich das Modellieren durch eine gescannte Vorlage oder ein Foto im Ansichts-Hintergrund erleichtern möchte, kann dies im Feld HINTERGRUND der Ansichts-Voreinstellungen (Abbildung 14) vornehmen. Hier lässt sich außerdem das allgegenwärtige Welt-Raster in Rasterweite und Erscheinungsbild definieren oder gar abschalten.

Im letzten Feld (Abbildung 15) finden Sie die Ansichtseinstellungen für das neue Head Up Display (HUD). Cinema 4D bietet hier die wichtigsten Standardinformationen, die bei der Arbeit im Editor interessant sind, zur Vorauswahl an. Auch die optische Abhebung der HUD-Kontrollelemente im Editor können Sie regulieren.

Lesen Sie einfach weiter, um zu erfahren, wie Sie eigene Informationen in das Head Up Display aufnehmen.

## Head Up Display (HUD)

Es ist praktisch, wenn man weiß, welche Informationen und Parameter man in welchem Fenster oder Manager findet. Noch praktischer ist es aber, die häufig benötigten Informationen in unmittelbarer Nähe, also am besten im Editor, zu haben.

Genau hier setzt das Head Up Display (HUD) an. Zum einen können Sie sich über die Ansichts-Voreinstellungen allgemeine Informationen über die Szene, deren Objekte, das aktuelle Bild etc. anzeigen lassen (Abbildung 16). Sie können das HUD zum anderen aber auch ganz individuell mit Objektinformationen ausstatten.

Als reine Informationsquelle ist das HUD aber viel zu schade. Die Parameter werden nicht nur angezeigt, sie können auch modifiziert und – das Beste an der ganzen Sache – als Keyframes aufgenommen werden. Im Extremfall richten Sie sich also Ihre 3D-Ansicht komplett ein und haben bei der Animation die volle Monitorfläche zur Verfügung.

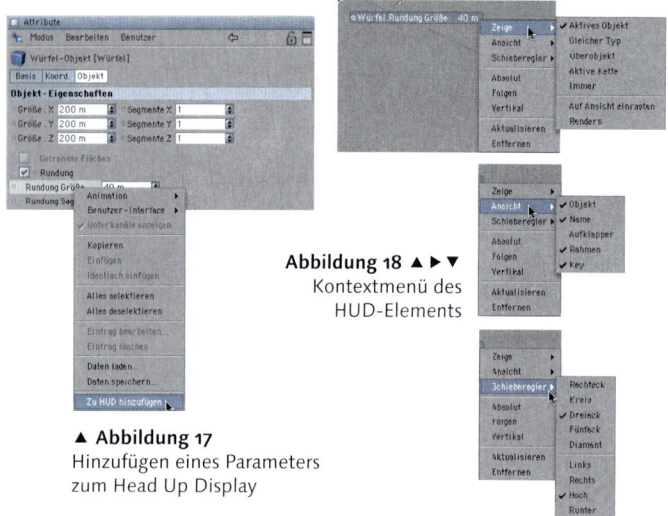

**Abbildung 18** ▲ ▶ ▼
Kontextmenü des
HUD-Elements

▲ **Abbildung 17**
Hinzufügen eines Parameters
zum Head Up Display

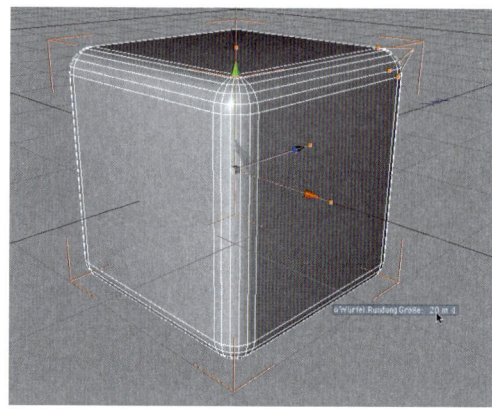

▲ **Abbildung 19**
Kontrolle des Objekt-Parameters
durch das HUD-Element

Um einen oder mehrere Parameter eines Objektes zum Head Up Display hinzuzufügen, selektieren Sie die gewünschten Felder, und rufen Sie mit gedrückter CTRL-Taste bzw. der rechten Maustaste das Kontextmenü des Attribute-Managers auf (Abbildung 17). Der Befehl Zu HUD hinzufügen stellt den Parameter sofort farblich hinterlegt im Editor dar. Mit gedrückter Befehlstaste können Sie das HUD-Element an eine beliebige Stelle der 3D-Ansicht platzieren.

Im Kontextmenü des HUD-Elements (Abbildung 18) legen Sie im Menü Zeige fest, unter welcher Bedingung die Parameter-Box angezeigt wird, außerdem können Sie einen Ansichtstyp wählen sowie Art und Darstellung des Schiebereglers definieren. Die weiteren Optionen bestimmen neben der Rahmenausrichtung, ob das HUD-Element absolut platziert bleibt oder dem Objekt folgt.

So eingerichtet, kontrollieren Sie Objekte direkt im Editor (Abbildung 19) und sparen sich viele Umwege zum Attribute-Manager.

## Dokument-Voreinstellungen

Die Dokument-Voreinstellungen (Abbildung 20) betreffen fast ausschließlich die Zeitleiste. Daher sind die Voreinstellungen außer über das Menü BEARBEITEN des Programmes auch im Menü BEARBEITEN der Zeitleiste erreichbar.

Mit der BILDER-RATE geben Sie an, wie viele Bilder der Zeitleiste in einer Sekunde abgespielt werden. Dies betrifft die Animation der Szene, wie sie in der Zeitleiste angegeben ist. Beim späteren Rendering können Sie ebenfalls eine Bilder-Rate einstellen. Achten Sie darauf, dass beide Einstellungen sich entsprechen, sonst kommt es zu unerwünschten Störungen durch übersprungene oder verdoppelte Bilder.

Die Werte bei MINIMUM und MAXIMUM geben die beiden horizontalen Endzeitpunkte der Zeitleiste an. In der Regel müssen Sie sich um diese Werte nicht kümmern, da sich das Erzeugen bzw. Verschieben einer Sequenz die Grenzzeitpunkte anpassen. Wenn Sie an komplexen, längeren Animationen arbeiten,

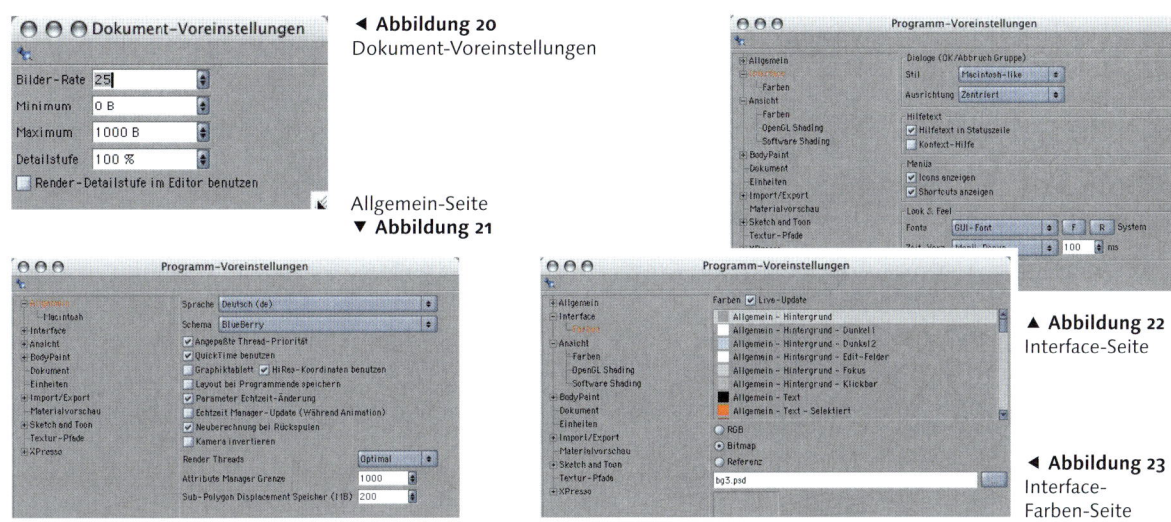

◀ **Abbildung 20**
Dokument-Voreinstellungen

Allgemein-Seite
▼ **Abbildung 21**

▲ **Abbildung 22**
Interface-Seite

◀ **Abbildung 23**
Interface-
Farben-Seite

vergewissern Sie sich hin und wieder über die
DOKUMENT-VOREINSTELLUNGEN, welche Mini-
mum- und Maximumwerte angegeben sind.

Bei den Einstellungen zur DETAILSTUFE geben Sie prozentual an, in welcher Detailliertheit Objekte mit anwählbaren Detailstufen
im Editor angezeigt werden. Diese Angaben
finden Sie bei den jeweiligen Objekten im
Objekt-Manager (NURBS, Metaballs etc.).

## Programm-Voreinstellungen

Die meisten der Programm-Voreinstellungen
sind eigentlich selbsterklärend, deswegen
möchte ich mich in diesem Abschnitt auf die
wichtigen und eventuell problematischen
Bereiche konzentrieren.

**Felder Allgemein/Interface** (Abbildung 21–23)
Unter ALLGEMEIN finden Sie Sprache und
Schema für Fenster und Menüs. Mit LAYOUT
BEI PROGRAMMENDE SPEICHERN sichert Cinema

4D den letzten Stand der Paletten und Fenster
mit ab. Damit der neue Attribute-Manager
die Änderungen in Echtzeit an den Editor
übergibt, aktivieren Sie die entsprechende
Option PARAMETER ECHTZEIT-ÄNDERUNG. Den
umgekehrten Weg können Sie über das ECHT-
ZEIT MANAGER-UPDATE gehen. Simulationen
wie Dynamics und Partikel bereiten Probleme,
wenn die Neuberechnung nicht bei Bild 0
beginnt. Eine erzwungene Neuberechnung
erwirkt die Option NEUBERECHNUNG BEI RÜCK-
SPULEN. Wenn Sie auf einem Rechner mit
mehreren Prozessoren arbeiten, können Sie
festlegen, in wie viele THREADS Cinema 4D das
Rendering aufteilt. Mac-Anwender können im
Untermenü MACINTOSH die gewohnte Ctrl-
Taste zur rechten Maustaste küren.

Im Feld INTERFACE lassen sich unter anderem das Aussehen der Dialoge und Menüs und
die Anzeige von Hilfetexten und Tastaturkür-
zeln definieren. Im Unterpunkt FARBEN sind für
GUI-Elemente in Cinema 4D die Farbcodierun-
gen festgeschrieben.

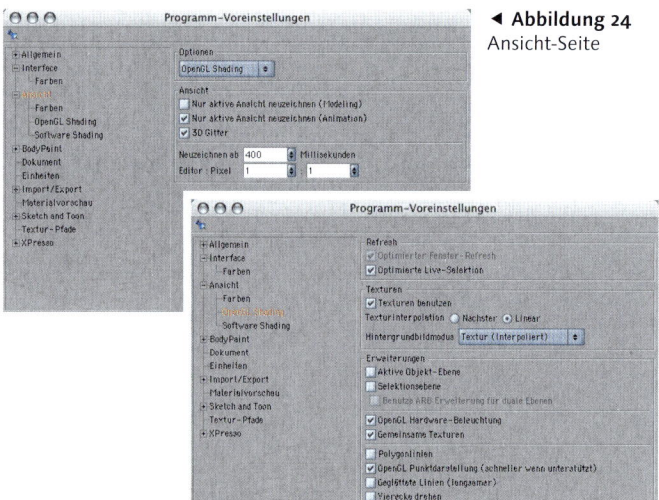

◀ **Abbildung 24**
Ansicht-Seite

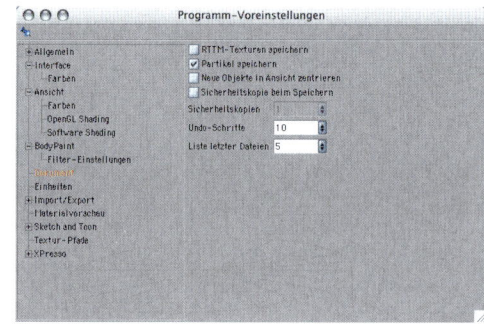

▲ **Abbildung 26**
Dokument-Seite

◀ **Abbildung 25**
Ansicht-Seite mit OpenGL Shading

**Feld Ansicht** (Abbildungen 24 und 25)
Mit OpenGL steht und fällt nicht nur die Editorgeschwindigkeit, sondern auch die Stabilität des Programmes Cinema 4D. Sollte es beim Programmaufruf oder während der Arbeit zu Problemen kommen, starten Sie Cinema 4D einmal mit gedrückt gehaltener ⌂-Taste neu, daraufhin wird zum Software-Shading umgeschaltet.

Unter ANSICHT · OPTIONEN wechseln Sie ebenfalls auf die gewünschte Darstellungs-Engine. Wie bereits bei der 3D-Ansicht erwähnt, schaltet Cinema 4D bei allzu langer Berechnungszeit der Ansicht in eine niedrigere Darstellungsstufe herunter. Im Feld NEUZEICHNEN AB… geben Sie den Schwellenwert an.

In den Unterpunkten OPENGL- und SOFTWARE-SHADING (Abbildung 24) findet sich noch eine Vielzahl an Parametern für die Shading-Methoden, seit Version 9 kommen auch Mac-Anwender bei entsprechend aktueller Grafikkarte in den Genuss der Dual-Planes. Dabei beschleunigt Cinema 4D die

Geschwindikeit des Editors, in dem es nur die Elemente neu zeichnet, die sich geändert haben. Im Unterpunkt FARBEN konfigurieren Sie die Farben der Objekte im Editor.

**Feld BodyPaint**
Wie nicht anders zu vermuten, kümmert sich dieses Feld um die Voreinstellungen des Painting-Moduls BodyPaint 3D. Sollten Sie kein BodyPaint installiert haben, ist dieses Feld für Sie nicht wichtig.

**Feld Dokument** (Abbildung 26)
REAL-TIME TEXTURE-MAPPING (RTTM) bietet in Cinema 4D die qualitativ hochwertige Darstellung von Texturen. Dabei werden die für die Darstellung benötigten Texturen mit in das Dokument übernommen.

Standardmäßig platziert Cinema 4D neue Objekte grundsätzlich im Nullpunkt. Soll Cinema 4D neue Objekte lieber im Zentrum der gerade aktiven Ansicht positionieren, aktivieren Sie die entsprechende Option.

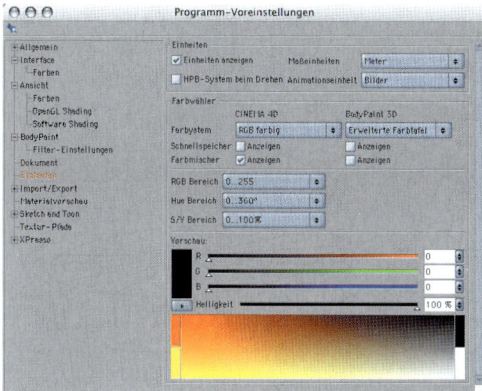

▲ **Abbildung 27**
Einheiten-Seite

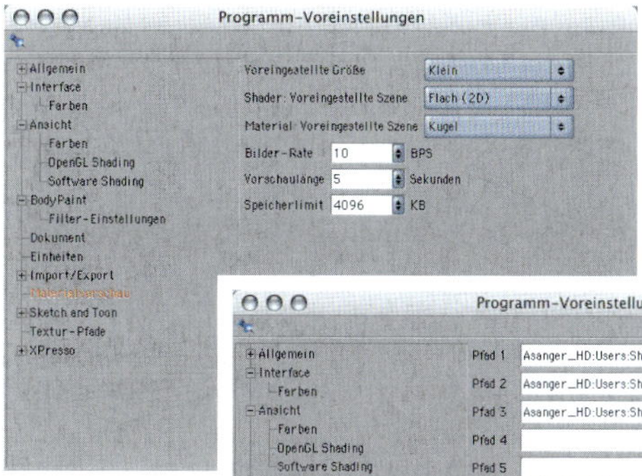

◀ **Abbildung 28**
Materialvorschau-
Seite

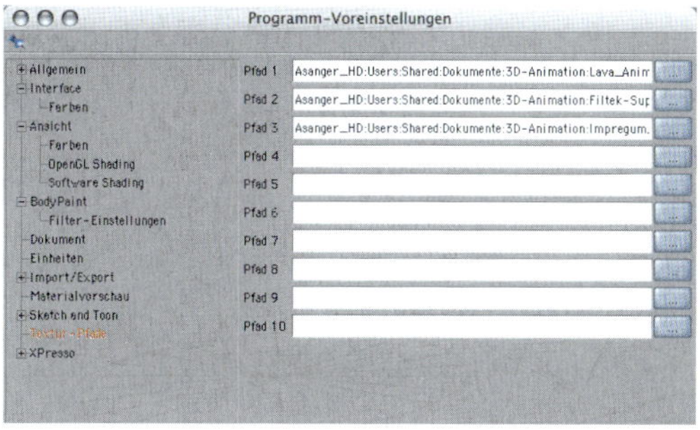

**Abbildung 29** ▶
Textur-Pfade-Seite

Die weiteren Parameter betreffen die
Erstellung von Sicherheitskopien und den
Puffer für das Zurücknehmen von Befehlen.
Geben Sie hier Ihre bevorzugten Werte ein,
bedenken Sie aber, dass irgendwann auch der
freie Arbeitsspeicher einmal zur Neige geht.

### Feld Einheiten (Abbildung 27)

Im Einheiten-Feld befinden sich die Präferen-
zen für alle Maßeinheiten und die Einheiten-
systeme von Cinema 4D. Wenn Sie also lieber
in Millimeter arbeiten oder die Zeitleiste in
Sekunden unterteilen möchten, tragen Sie
hier Ihre Standards ein.

Zusätzlich suchen Sie sich hier den Farbmi-
scher und ein Farbsystem Ihrer Wahl aus.

### Feld Import/Export

Wie Sie bereits an der langen Liste erkennen, unterstützt Cinema 4D eine Vielzahl
von Dateiformaten. Im Kapitel »Import und
Export« erfahren Sie alles Wissenswerte über
den Datenaustausch mit Cinema 4D.

### Feld Materialvorschau (Abbildung 28)

Wie sich die Materialien standardmäßig im
Manager präsentieren, können Sie hier detailliert festlegen.

### Feld Sketch and Toon

Sollten Sie über Sketch and Toon verfügen,
finden Sie hier die zugehörigen globalen Voreinstellungen für das Shading-Modul.

### Feld Textur-Pfade (Abbildung 29)

Cinema 4D speichert die Pfade zu den in der
Szene verwendeten Texturen nicht.

Cinema 4D hat drei vordefinierte Pfade, die
es beim Rendering absucht: das Verzeichnis,
in dem sich das Dokument selbst befindet,
der Ordner Tex im Verzeichnis des Dokuments
und der Ordner Tex im Programmordner von
Cinema 4D. Darüber hinaus ist es möglich, bis
zu zehn Pfade im Texturen-Feld anzugeben,
die Cinema 4D beim Suchen berücksichtigen
soll. Erst wenn alle bekannten Pfade erfolglos
abgesucht wurden, erscheint eine Fehler-

**436** ▶
Import und
Export

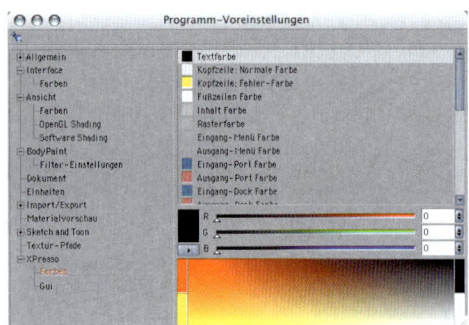

▲ **Abbildung 30**
XPresso-Farben-Seite

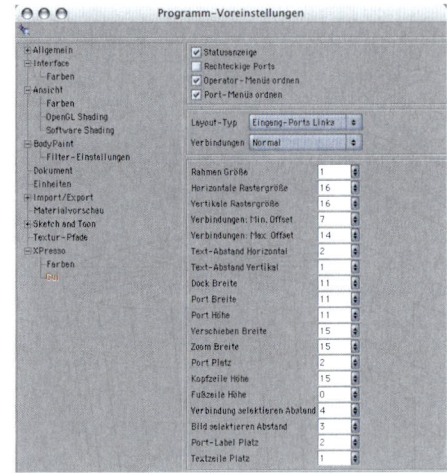

**Abbildung 31** ▶
XPresso-GUI-Seite

meldung, die Ihnen auflistet, welche Texturen zum Rendern fehlen.

Gewöhnen Sie sich lieber an, zu Ihren Dokumenten einen Ordner Tex mit Ihren Texturen anzulegen, so bleibt alles kompakt und ist auch problemlos zu handhaben. Nichts ist ärgerlicher als eine Szene, die aufgrund einer einzigen fehlenden Textur nicht oder nur unvollständig gerendert werden kann.

**Feld XPresso** (Abbildungen 30 und 31)
Cinema 4D wäre nicht Cinema 4D, wenn Sie nicht wirklich alle GUI-Vorgaben nach Ihrem eigenen Geschmack und Ermessen festlegen könnten. Der neue grafische Expression-Editor XPresso macht da keine Ausnahme.

Im Feld Farben können Sie wie gewohnt die Farb-Richtlinien für alle XPresso-Elemente definieren. Das GUI-Feld wiederum beherbergt alle Vorgaben für die Größen und Abstände innerhalb des XPresso-Fensters.

Alles Weitere zu XPresso und seinen unendlichen Möglichkeiten erfahren Sie im Kapitel »XPresso«.

◀ 322
XPresso

## Layouts und Templates

Wenn in den Programm-Voreinstellungen nichts anderes vermerkt ist, speichert Cinema 4D den Stand der Paletten und Fenster beim Programmende mit ab.

Cinema 4D bietet mit den Layouts eine noch bessere Möglichkeit, die Programmoberfläche dauerhaft oder auf Abruf den situationsbedingten Ansprüchen anzupassen.

Anwender, die sich einen Rechner teilen, schalten beim Wechsel einfach auf das selbst erstellte und gespeicherte Layout um und fühlen sich sofort »heimisch«. Für die Arbeit mit Layouts befinden sich alle benötigten Befehle im Menü Fenster · Layout. Layoutdateien mit der Endung .l4d liegen im Prefs-Verzeichnis des Cinema 4D-Ordners.

Im Layout-Paletten-Werkzeug (Abbildung 32) und im Menü Fenster · Layout (Abbildung 33) finden Sie einige Layout-Vorschläge, die Ihnen Maxon ab Werk mitliefert – jede mit den für die jeweilige Situation oder das Programm notwendigen Werkzeugen und

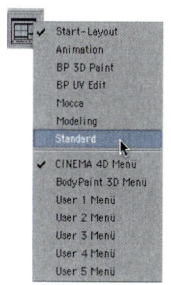

▲ **Abbildung 32**
Layout-Palette

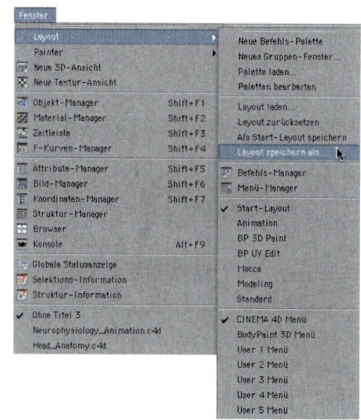

◀ **Abbildung 33**
Menü FENSTER · LAYOUT

Paletten bestückt. Diese Dateien finden Sie übrigens im Ordner LIBRARY · LAYOUTS im Cinema 4D-Ordner.

Mit dem Befehl LAYOUT LADEN… können Sie ein selbst erstelltes Layout aufrufen. LAYOUT ZURÜCKSETZEN stellt das Layout wieder auf die »Werkeinstellungen« zurück. Dies ist insbesondere dann sinnvoll, wenn Sie Hilfe aus dem Handbuch oder per Telefon benötigen. Ein zuvor zusammengestelltes Layout sollten Sie natürlich vorher abspeichern.

Speichern Sie das Layout mit dem zugehörigen Befehl als Startlayout, so steht Ihnen das aktuelle Layout beim Start von Cinema 4D sofort zur Verfügung. Layouts für spezielle Ansprüche sichern Sie über den Befehl LAYOUT SPEICHERN ALS… ab. Diese Layouts erscheinen im Layout-Menü als Menüeinträge, auf die Sie jederzeit umschalten können.

Cinema 4D kann über bestimmte Initialisierungsdateien vom Programmstart an oder beim Erstellen einer neuen Szene auf oft benötigte Voreinstellungen von Ansichten, Bild-Raten etc. zurückgreifen:

▶ **New.c4d**
Möchten Sie beim Erzeugen eines neuen Dokumentes immer dieselben Dokument- oder Rendereinstellungen haben, sichern Sie eine Datei dieses Namens in den Cinema 4D-Programmordner.

▶ **Template.c4d**
Wenn Sie beim Programmstart immer dieselben Dokument- oder Rendereinstellungen haben wollen, sichern Sie eine Datei dieses Namens in den Cinema 4D-Programmordner.

▶ **Template.cat**
Wie Sie bereits wissen, weist die Endung .cat auf einen Katalog hin, der über den Cinema 4D-Browser geladen wird. Ein Katalog dieses Namens im Cinema 4D-Programmordner steht beim Start des Programmes sofort bereit.

▶ **Template.l4d**
Diese Datei beinhaltet das Startlayout von Cinema 4D, das über den Menübefehl bzw. bei aktivierter Option in den Voreinstellungen gesichert wird.

# Modelling

# Modelling mit Cinema 4D

## Von der Idee zum Modell

*Cinema 4D bietet mit NURBS, N-Gons und HyperNURBS eine moderne und leistungsfähige Modelling-Ausstattung, deren Möglichkeiten nur durch die Fantasie der Anwender eingeschränkt sind*

Auch ohne hellseherische Fähigkeiten konnte man erahnen, dass sich Maxon beim Update auf Version 9 besonders im Bereich Modelling engagieren würde.

Schwerpunkte der Modelling-Offensive sind zum einen die Einführung von N-Gons, die Überarbeitung der vorhandenen Funktionen sowie die Erweiterung der Modellierwerkzeuge. Dabei hat sich aber auch herauskristallisiert, dass Cinema 4D das Modelling mit Polygonen respektive HyperNURBS in den Mittelpunkt stellt. Splines und NURBS sollen, so sie das zu modellierende Objekt nicht selbst erbringen können, als Ausgangsbasis dienen.

N-Gons, also Polygone mit mehr als vier Stützpunkten, unterstützen diesen Arbeitsansatz. Deswegen gibt es eigentlich kein Entweder oder von Polygonen und NURBS mehr, die Techniken verschmelzen vielmehr miteinander.

Mit Cinema 4D 9 haben Sie ein modernes und leicht erlernbares Modelling-System zur Hand, mit dem Sie so schnell nicht an Grenzen stoßen werden. Letztendlich ist auch nicht die nackte Zahl an Funktionen und Werkzeugen der Indikator für die Güte eines Modellers, sondern nur willkommener Helfer.

Anwender A ist es gewohnt, sein Objekt Punkt für Punkt, Polygon für Polygon zusammenzufügen. Anwender B nimmt als Ausgangsbasis grundsätzlich einen Würfel, den er geschickt unterteilt, schneidet und formt. Anwender C versucht, die Form des gewünschten Objektes so weit wie möglich aus Splines und NURBS zu generieren, um erst die letzten Details nach der Umwandlung in ein Polygon-Objekt anzubringen. All diese Wege sind richtig, wenn sie das gewollte Ergebnis in zumutbarer Zeit erbringen.

Diesem Umstand möchte ich auch mit der Struktur dieses Modelling-Kapitels Rechnung tragen. Im ersten Teil dieses Kapitels gehen wir auf die Grundobjekte ein, die im Standardrepertoire von Cinema 4D enthalten sind. Hier erfahren Sie auch alles über die interaktiven Bearbeitungsmöglichkeiten an den Objekten und über den Attribute-Manager.

Darauf folgen die zwei wichtigsten Modelling-Methoden in Cinema 4D, das NURBS- und das Polygon-Modelling. Zu jeder Methode finden Sie einen Basisteil, der Ihnen die Idee hinter der Modelling-Technik un die zugehörigen Objekte aus Cinema 4D vorstellt. Außer-

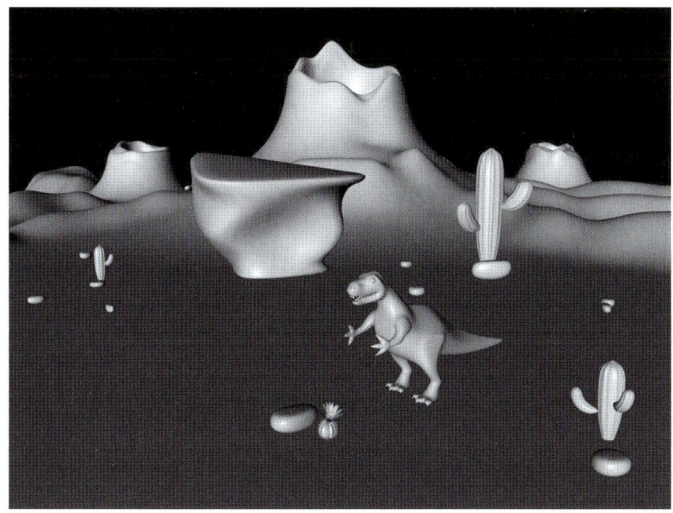

◄ **Abbildung 1**
Modelling-Workshop

dem erfahren Sie alles über die Stärken und Schwächen der einzelnen Modelling-Methoden.

Mit den Modelling-Werkzeugen steigen wir dann in die eigentliche Arbeit am Modell ein. Hier lesen Sie, wie die Werkzeuge funktionieren und welches Werkzeug sich für welche Technik eignet.

Modelling-Objekte gehören zum täglichen Brot bei der Modellierarbeit. Zu ihnen gehören die Boole-Operationen und die Symmetrie sowie arbeitserleichternde Hilfsobjekte wie Instanzen, Arbeitsebenen und das neue Werkzeug Messen und Konstruieren aus Cinema 4D Version 9.

Deformatoren verformen die Geometrie der Objekte, egal ob es sich um Grundobjekte, NURBS- oder Polygon-Objekte handelt. Von geometrischen Deformationen über Effekte wie Explosion und Schmelzen bis hin zu den Bones und den neuen Spline-Deformatoren können Sie bereits beim Modellieren alles auf die spätere Animation vorbereiten.

In unserem abschließenden Beispielprojekt wenden wir die vorgestellten Techniken und Werkzeuge endlich an. Dabei sind die Workshops grundsätzlich so gestaltet, dass so gut wie alle Funktionen und Werkzeuge, insbesondere die Vielzahl an Neuerungen von Cinema 4D 9, besprochen werden.

Die Schritt-für-Schritt-Anleitung ist so ausgearbeitet, dass die Aufgabenstellung komplett nachvollziehbar gelöst wird. Sie sind jedoch herzlich eingeladen, wo immer Sie können und wollen, Ihre eigenen Ideen einzuarbeiten.

Falls Sie doch einmal während der Arbeit irgendwo hängen bleiben sollten, finden Sie alle modellierten Objekte komplett mit der Szene des Workshops auf der beiliegenden CD-ROM.

# Grundobjekte

*Grundobjekte dienen meist als Ausgangsobjekt für das Polygonmodelling. Cinema 4D liefert Ihnen in der Palette der Grundobjekte eine Auswahl der meistgebrauchten »Primitives« mit.*

## Parametrische Objekte

Parametrische Körper bestehen nicht aus Polygonen oder Spline-Kurven, sondern aus einer mathematischen Definition bzw. Formel. Daher müssen Sie, bevor Sie ein parametrisches Objekt weiterbearbeiten können, dieses zuerst über den Befehl GRUNDOBJEKT KONVERTIEREN bzw. mit Taste C in ein Objekt aus Fleisch und Blut – respektive Polygone und Punkte bzw. Splines – umwandeln.

Um ein Grundobjekt zu erstellen, suchen Sie sich entweder aus der zugehörigen Befehls-Palette (Abbildung 1) oder dem Menü OBJEKTE · GRUNDOBJEKTE (Abbildung 2) den gewünschten Körper aus.

Der Attribute-Manager zeigt automatisch alle zugehörigen Parameter des aktivierten Grundobjektes an. Auf der rechten Seite (Abbildung 3) sehen Sie ein paar der Dialogfenster der Grundobjekte – zu den wichtigsten Optionen hier eine kurze Erläuterung:

### Breite · Höhe · Tiefe · Radius

Wie nicht anders zu erwarten, stellen Sie anhand dieser Werte ❶ die Ausdehnung der Körper ein. An die Art des Objektes sind Sie aber natürlich nicht gebunden – allein durch Variation der Werte lassen sich beispielsweise Kegelschnitte erreichen.

### Segmente

Der Eintrag SEGMENTE ❷ gibt die Unterteilung der jeweiligen Komponente des Körpers an. Je mehr Unterteilungen ein Körper hat, desto feiner ist er auch aufgelöst – ergibt aber auch entsprechend viele Polygone bei der Umwandlung. Basierend auf den Unterteilungseinstellungen des Körpers werden die Polygone bei der Konvertierung zum Grundobjekt erzeugt. Empfehlenswert ist wie immer die goldene Mitte – so viele Unterteilungen wie nötig, aber so wenige wie möglich.

### Richtung

Mit RICHTUNG ❸ bestimmen Sie, entlang welcher Achse sich ein Objekt aufbaut.

Wenn Sie diese Einstellung gleich bei der Erstellung des Objektes berücksichtigen, müssen Sie später keine Rotation mehr vornehmen und mit unhandlichen Winkelwerten weiterarbeiten.

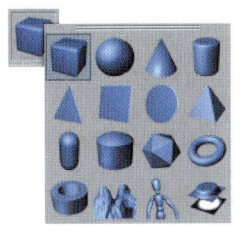

▲ **Abbildung 1**
Grundobjekte-Palette

▲ **Abbildung 2**
Grundobjekte-Menü

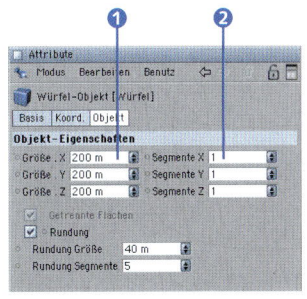

◄ **Abbildung 3**
Einstellungen für
Würfel-Objekte

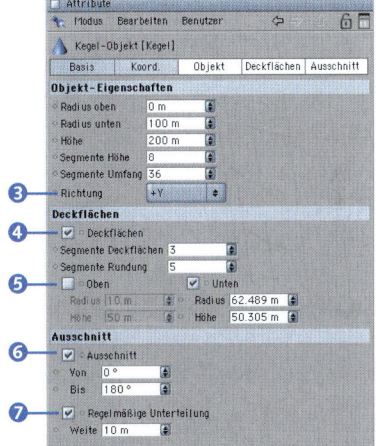

◄ **Abbildung 4**
Einstellungen für
Kegel-Objekte

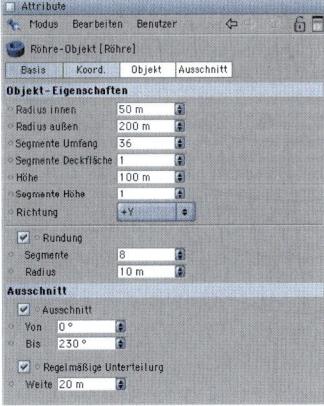

◄ **Abbildung 5**
Einstellungen für
Röhren-Objekte

## Deckflächen

Mit den DECKFLÄCHEN ❹ werden die Enden
des Objektes verschlossen. Beachten Sie, dass
auch Deckflächen insbesondere für spätere
Weiterbearbeitung eine brauchbare Segmentierung benötigen.

## Rundung

Die Rundungsoptionen ❺ geben Ihnen die
Möglichkeit, Rundungen an den Kanten der
Grundobjekte zu definieren. Sowohl Größe
(Radius) als auch die Feinheit der Rundung
(Segmentierung) lassen sich gezielt festlegen.

Stellen Sie bei allen Objekten zumindest
eine kleine Rundung ein. Körper mit perfekt
scharfen Kanten sind nicht nur unrealistisch,
sie wirken auch so. Rundungen und Fasen
entstehen nicht nur unabsichtlich durch den
üblichen Herstellungsprozess, sondern auch
absichtlich, damit keinerlei Verletzungsgefahr
besteht. Nun sind wir bei 3D-Objekten zwar
keinem Verletzungsrisiko ausgesetzt, dennoch sind die Rundungen und Fasen auch
hier wichtig. Auf diesen Abrundungen oder
auch »Bevels« wird das Licht reflektiert, je
nach Härte des Materials in spitzeren oder

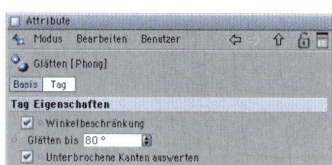

▲ **Abbildung 6**
Glättung durch Phong-Tag

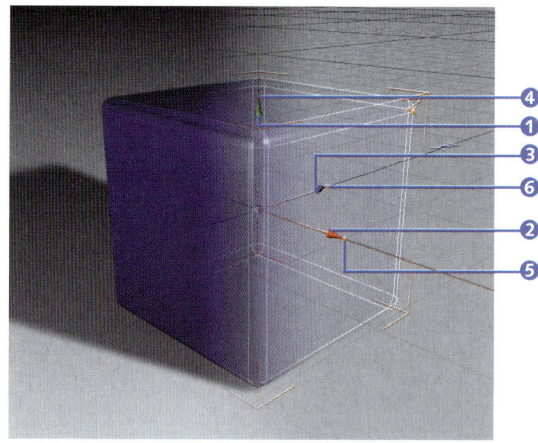

▲ **Abbildung 7**
Achsen und Parametergriffe eines Würfelobjekts

weicheren Lichtern. Besitzt ein Objekt keine Reflexionen dieser Art, kann unser Auge auch keine Materialeinschätzung abgeben – und empfindet den Körper als unrealistisch.

Wenn Sie allerdings vorhaben, das Objekt später in ein Polygon-Objekt umzuwandeln, können Sie in den meisten Fällen auf die Rundung verzichten. Für jede Rundungsunterteilung entstehen an den Kanten Polygone, welche die Arbeit unnötig erschweren. Zur Abrundung polygonaler Objekte wird später ein HyperNURBS-Käfig verwendet.

### Ausschnitt
Über das Ausschnittskontrollfeld ❻ (Abbildung 4) ist es möglich, in Tortendiagramm-Manier Stücke aus Objekten herauszuschneiden. Die eingetragenen Werte geben an, welcher Teil vom Objekt übrig bleiben soll.

### Regelmäßige Unterteilung
Diese Unterteilung ❼ (Abbildung 4) bezieht sich auf den Objekt-Ausschnitt selbst.

### Glättung
Zur Glättung der Oberfläche besitzen viele Grundkörper bereits ein Phong-Tag im Objekt-Manager (Abbildung 6). Ohne dieses Tag braucht ein Objekt eine wesentlich feinere Unterteilung, was sich entsprechend negativ auf die Rechenzeit niederschlägt. Um eine manuelle Glättung bei Polygon-Objekten zu erlauben, aktivieren Sie die Option UNTERBROCHENE KANTEN AUSWERTEN. Sie können Objekte wenn nötig auch nachträglich mit dem Tag ausstatten – über den Objekt-Manager mit DATEI · NEUES TAG · PHONG-TAG.

## Interaktives Arbeiten

### Allgemein
Jedes aktive Objekt (Abbildung 7) zeigt seine Objektachsen in den Farben Grün (Y-Achse) ❶, Rot (X-Achse) ❷ und Blau (Z-Achse) ❸ an. Sie können diese Achsen jederzeit an den Spitzen anfassen und – auch ohne aktiviertes

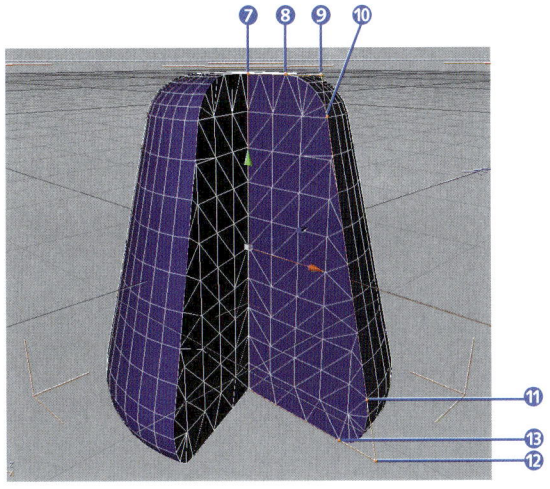

**▲ Abbildung 8**
Interaktives Arbeiten mit den Griffen

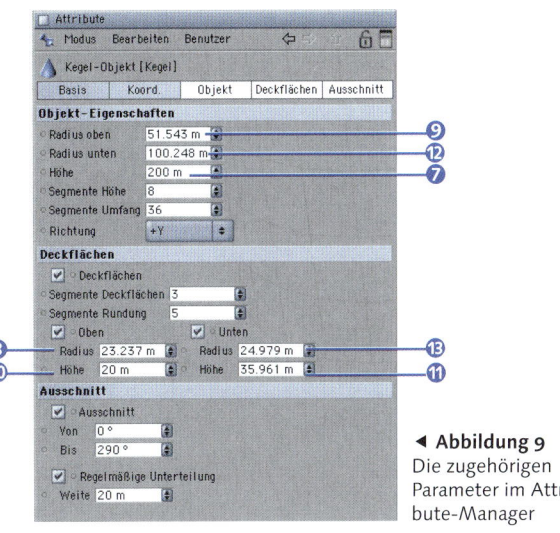

**◄ Abbildung 9**
Die zugehörigen
Parameter im Attri-
bute-Manager

Verschiebewerkzeug – Objekte verschieben.
Dies funktioniert auch bei gesperrten Achsen.
Bei aktiviertem Skalierungs- oder Rotations-
werkzeug verändern sich die Anfasser ent-
sprechend in Würfel (Skalierung) oder Kugeln
(Rotation).

Die Veränderungen sehen Sie in Ihrer 3D-
Ansicht stufenlos in Echtzeit, die aktuellen
Werte können Sie dem Koordinaten-Manager
oder dem Attribute-Manager entnehmen.
Damit bei den Modifikationen keine allzu
»krummen« Ergebnisse entstehen, ändern Sie
in den SNAP-EINSTELLUNGEN · MAUS-RASTER
die entsprechende Snap-Stufung auf ein
geeignetes Maß.

### Parametergriffe

Parametrische Grundobjekte besitzen orange
Griffe, an denen Sie viele Einstellungen des
Objektdialoges im Editor in Echtzeit vorneh-
men können.

Je nachdem, um welches Objekt es sich
handelt und welche Optionen aktiviert sind,
variiert die Anzahl der Parametergriffe (orange
Punkte in Abbildung 7). Mit den Griffen ❹, ❺
und ❻ kann der Würfel in Höhe, Breite und
Tiefe verändert werden.

Der rote Kegel (Abbildung 8) verfügt über
wesentlich mehr Griffe, an denen Modifikationen möglich sind. Unter anderem lassen sich
neben der Höhe und Breite des Kegels oben
und unten auch die Rundungsradien und
-höhen interaktiv bestimmen. Im Dialogfeld
daneben (Abbildung 9) sehen Sie anhand der
Nummerierung die mit den Griffen korrespon-
dierenden Einträge.

### Attribute-Manager

Auch Änderungen, die Sie im Attribute-
Manager vornehmen, zeigt Cinema 4D Ihnen
in Echtzeit im Editor-Fenster.

Halten Sie beim Verschieben der Buttons
einfach die Maustaste gedrückt, und beobachten Sie, wie das Objekt auf Ihre Veränderungen reagiert.

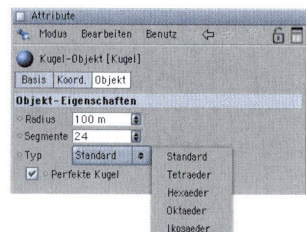

Abbildung 10 ▶
Einstellungen für
Kugel-Objekte

▲ **Abbildung 11**
Landschaftsobjekt

## Spezialfälle

### Kugel-Objekt

Im Einstellungsdialog des Kugel-Objektes
(Abbildung 10) taucht in den Objekt-Eigenschaften die Option PERFEKTE KUGEL auf.
Wenn das Objekt nicht weiter verändert werden soll, bekommen Sie mit dieser Einstellung
die schnellsten und besten Ergebnisse, achten
Sie nur darauf, dass die Kugel genügend Unterteilungen bzw. Segmente besitzt.

Schalten Sie die Option PERFEKTE KUGEL
unbedingt aus, wenn Sie die Oberfläche Ihres
Objektes mittels Sub-Polygon Displacement
generieren möchten. Mehr dazu im Kapitel
»Advanced Render«.

◀ 404
Advanced
Render

Der Kugeltypus ist dann von Belang, wenn
Sie das Kugel-Objekt später modifizieren
möchten. Eine Kugel ist oftmals die Ausgangsbasis beim Polygon-Modelling. Mit der Einstellung HEXAEDER stellen Sie sicher, dass bei
der Konvertierung des Objektes ausschließlich
Vierecke entstehen. Cinema 4D 9 unterstützt

zwar N-Gons, fangen Sie die Modelling-Arbeit
aber lieber mit einer übersichtlichen Anzahl
von Polygonen und Polygon-Seiten an.

### Landschaftsobjekte

Mit den Landschaftsobjekten (Abbildung 11)
erzeugen Sie im Handumdrehen Gebirgszüge
und Täler. Ebenso ist es möglich, kugelför-
mige Objekte entstehen zu lassen. So steht
der schnellen Erzeugung von Meteoriten und
Schneebällen nichts mehr im Weg.

### Relief-Objekt

Das Relief-Objekt erzeugt aus den Grauwert-
Informationen einer Bitmap-Datei ein Höhen-
Relief. Dazu müssen Sie lediglich im Dialog
des Relief-Objektes eine Bitmap-Datei auswählen.

Cinema 4D errechnet aus den Farbinfor-
mationen die entsprechenden Höhenwerte
– je heller ein Bildpunkt ist, desto höher liegt
auch der Y-Wert des Punktes. Umgekehrt
ergibt ein schwarzer Bildpunkt den tiefst-

◀ **Abbildung 12**
Das Figur-Objekt und andere
Grundobjekte

gelegenen Punkt der Relief-Landschaft. Es
ist vollkommen egal, ob Sie eine Farb- oder
Graustufen-Datei für das Relief verwenden,
Cinema 4D rechnet die Farbwerte in die kor-
respondierenden Grauwerte um.

Im Unterschied zum Sub-Polygon Displacement, das Advanced Render für die Erstellung
von Reliefs und Oberflächen anbietet, kann
das Relief-Objekt echte Polygongeometrie
erzeugen. Dazu wandeln Sie den geformten
Relief-Körper über den Befehl GRUNDOBJEKT
KONVERTIEREN in ein Polygon-Objekt um.

Auf manchen Internet-Seiten lassen sich
Landschaftsinformationen in Form von Grau-
stufen-Bildern herunterladen. Zur Umsetzung
dieser Dateien in dreidimensionale Landschaften eignet sich das Relief-Objekt hervorragend. Natürlich können Sie aber auch
normale Bilder, Logos oder Bitmap-Muster in
das Relief-Objekt laden – oft entstehen sehr
interessante Effekte und Landschaften daraus.

## Figur

Das Figur-Objekt (Abbildung 12) eignet sich
ideal für Ihre ersten Gehversuche mit der inversen Kinematik. Nach seiner Konvertierung
steht eine sofort animierbare Figur mit bereits
angelegter Hierarchie bereit.

Klappen Sie die Objekthierarchie der Reihe
nach bis zu den IK-Anfassern auf, aktivieren
Sie das Inverse-Kinematik-Werkzeug, und
beobachten Sie, wie die Figur auf das Verschieben der IK-Anfasser reagiert.

Sehen Sie sich per Doppelklick auf die Tags
im Objekt-Manager an, welche Inverse-Kinematik-Einstellungen vorliegen, welche Winkelbeschränkungen und Anker eingesetzt sind.

Dies schon einmal als kleinen Vorgeschmack auf das spätere Kapitel »Animation«,
in dem die IK dann ausführlich besprochen
wird.

404 ▶
Advanced
Render

270 ▶
Animation

Grundobjekte    **61**

# NURBS-Modelling
## Splines, NURBS und Generatoren

*Das Modelling mit **N**on-**U**niform **R**ational **B**-**S**plines (kurz: NURBS) ist eine relativ unkomplizierte und außerdem noch sehr leistungsfähige Modelling-Methode, mit der man schnell zu ansehnlichen Ergebnissen kommt.*

Die aus technischer Sicht größten Stärken der NURBS liegen in der Skalierbarkeit, da sie weitgehend auflösungsunabhängig definiert werden. Die Spline-Kurven ermöglichen eine hohe Genauigkeit beim Modellieren, weshalb Splines sich besonders für technische Dinge (Autos, Maschinen, Werkzeug etc.) eignen.

NURBS-Objekte sind aber auch hervorragend als Ausgangsbasis bzw. Rohmodell für das polygonale Modelling zu verwenden.

Zudem ist die NURBS-Generierung in Cinema 4D animierbar, was man für spektakuläre Effekte nutzen kann.

Aus den erwähnten Stärken resultieren aber auch ein paar Schwächen. Die hohe Genauigkeit und die oftmals perfekte glatte Oberfläche ist bei organischen Objekten eher nicht erwünscht. Wer beim Modellieren auf maximale Detailliertheit (menschlicher Körper, Tiere) angewiesen ist, der greift häufiger zum Polygon-Modelling.

Basis beim Modellieren von NURBS-Objekten sind die so genannten Splines – Kurven, die sich mathematisch durch Punkte und Tangenten definieren lassen. Um nun aus diesen Kurven dreidimensionale Objekte zu erzeugen, werden Generatoren benötigt. Durch Extrusion, Rotation, Morphing und Pfadverschiebung entstehen mittels dieser Generatoren die 3D-NURBS-Objekte.

## Splines

Um in Cinema 4D ein Spline zu erzeugen, benutzen Sie entweder das passende Objekt aus der Palette SPLINE-TYPEN bzw. SPLINE-GRUNDOBJEKTE (Abbildung 1) oder suchen sich den entsprechenden Befehl aus dem Menü OBJEKTE (Abbildung 2) aus.

Ein Spline ist im Grunde genommen ein offener oder auch geschlossener Pfad, der dazu verwendet werden kann, Objekte zu erstellen, auszurichten und zu animieren. Die Anfangs- und Endpunkte der Splines erkennt man an der Färbung der Spline-Linie – von Gelb nach Rot.

### Spline-Typen
In der 3D-Welt herrschen verschiedene Definitionen, wie sich eine Spline-Kurve aus den zugehörigen Punkten aufbaut.

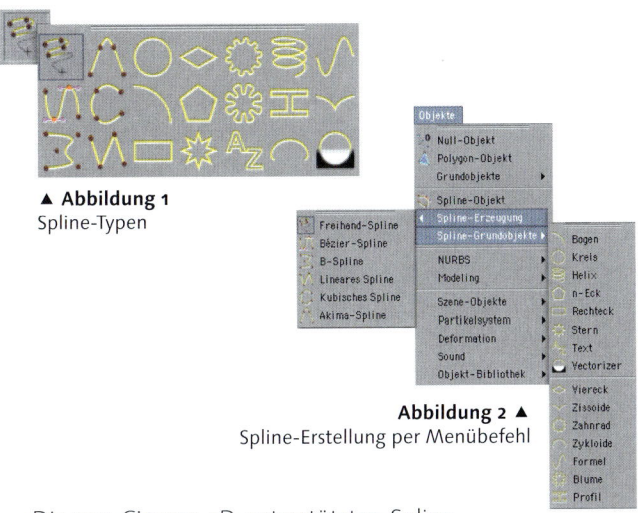

▲ **Abbildung 1**
Spline-Typen

**Abbildung 2** ▲
Spline-Erstellung per Menübefehl

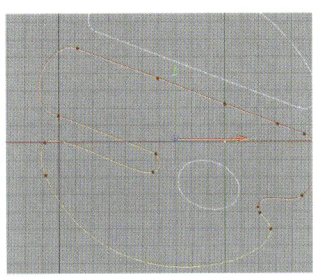

◄ **Abbildung 3**
Bézier-Spline

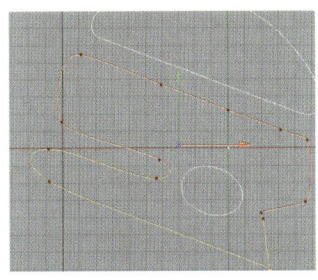

◄ **Abbildung 4**
Akima-Spline

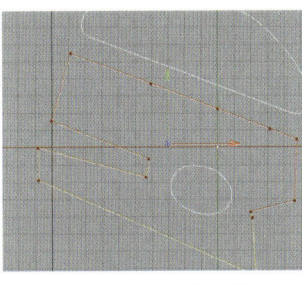

◄ **Abbildung 5**
Linear-Spline

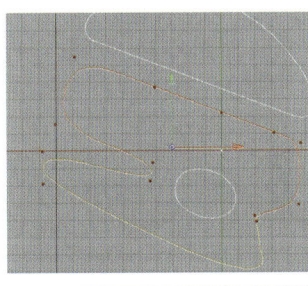

◄ **Abbildung 6**
B-Spline

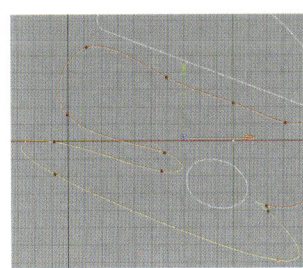

◄ **Abbildung 7**
Kubischer Spline

Die von Cinema 4D unterstützten Spline-Typen sehen Sie in den Abbildungen 3 bis 7 aufgereiht. Bézier-Splines kennen Sie aus den gängigen Vektorgrafikprogrammen, sie lassen sich über Ankerpunkte und Tangenten steuern und sind der wohl meistverwendete Spline-Typ. Die anderen Spline-Arten zeichnen sich durch ihr Kurvenverhalten bei den Punkten aus. Beim B-Spline arbeiten die Stützpunkte eher als magnetische Greifer, Akima- und kubische Splines halten sich dagegen genau an die Punktvorgabe.

Wofür nun die unterschiedlichen Spline-Arten? Für Konstruktion bzw. Modelling ist es natürlich anzuraten, auf die Bézier-Splines und Linear-Splines zurückzugreifen, aber auch die anderen Typen haben ihre Daseinsberechtigung. So eignen sich B-Splines und generell Splines mit weichem Kurvenverlauf wesentlich besser für ausgewogene Kamerafahrten.

## Spline-Grundobjekte

Damit Sie Ihre Zeichenkünste nicht für jedes einfache Grund-Spline strapazieren müssen, liefert Cinema 4D die wichtigsten Formen als Spline-Grundobjekte (Abbildung 1) mit.

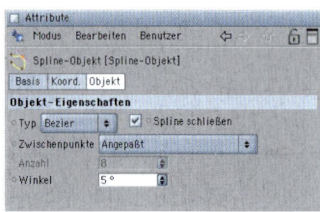

▲ **Abbildung 8**
Spline-Parameter

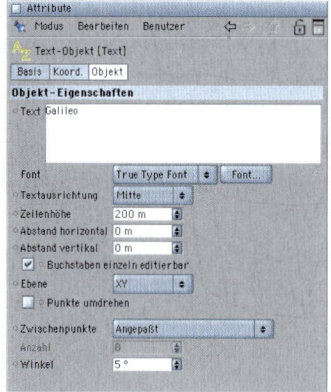

▲ **Abbildung 9**
Einstellungsdialog für Text-Spline

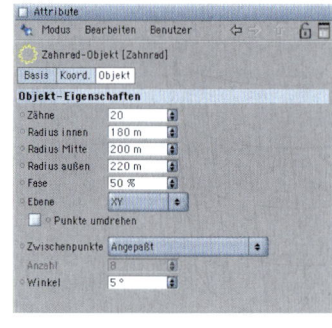

▲ **Abbildung 10**
Einstellungsdialog für Zahnrad-Spline

Außer den Standardformen wie Kreis und Rechteck, Sonderformen wie Blume, Zahnrad, Helix, Zykloide und Zissoide steht Ihnen mit dem Formel- und Text-Spline-Objekt auch die Möglichkeit offen, Kurven mathematisch zu definieren oder Splines aus Text generieren zu lassen. Interessant ist auch die Option, die Spline-Konturen aus Pixelbildern erzeugen zu lassen.

Die über die Spline-Grundobjekte erstellten Splines sind – Sie kennen das schon von den 3D-Grundobjekten – parametrisch. Um diese Objekte an den Ankerpunkten bearbeiten zu können, müssen Sie die Spline-Objekte zuerst über den Befehl STRUKTUR · GRUND-OBJEKT KONVERTIEREN bzw. C umwandeln.

### Spline-Dialog

Jeder Spline zeigt nach Klick auf sein Symbol im Objekt-Manager oder in der 3D-Ansicht seine Parameter im Attribute-Manager an, in dem Sie – abhängig von der Art des Spline-Objektes – die Parameter für das Objekt und die Parameter für den Spline festlegen (Abbildungen 8 bis 10).

Solange Sie noch mit Spline-Grundobjekten arbeiten, können Sie auf die objektspezifischen Parameter wie RADIEN, FASEN, RUNDUNG etc. Einfluss nehmen (Abbildungen 9 und 10). Nach ihrer Konvertierung in ein normales Spline-Objekt verhalten sich die Grundobjekte wie selbst erstellte Spline-Pfade (Abbildung 8). Hier lässt sich auch der Spline-Typus wählen und der Pfad öffnen und schließen.

Allen Dialogfenstern gemeinsam ist die Interpolationsrubrik, unter der Sie Einstellungen für die Aufteilung und Anzahl der Spline-Punkte vornehmen können.

Bei den Zwischenpunkten sind die Optionen KEINE, NATÜRLICH, GLEICHMÄSSIG und ANGEPASST wählbar. Die gleichmäßige Aufteilung bewirkt eine rechnerisch exakte Aufteilung der Räume zwischen den Punkten, bei natürlicher Interpolation passen sich die Punkte dem Kurvenverlauf an. Bei angepasster Interpolation bestimmt Cinema 4D anhand der Winkelabweichung, ob ein Punkt gesetzt wird oder nicht; dabei kann man zwar auf den Winkel, nicht aber auf die Punktanzahl Einfluss nehmen. Qualitativ ist diese Interpola-

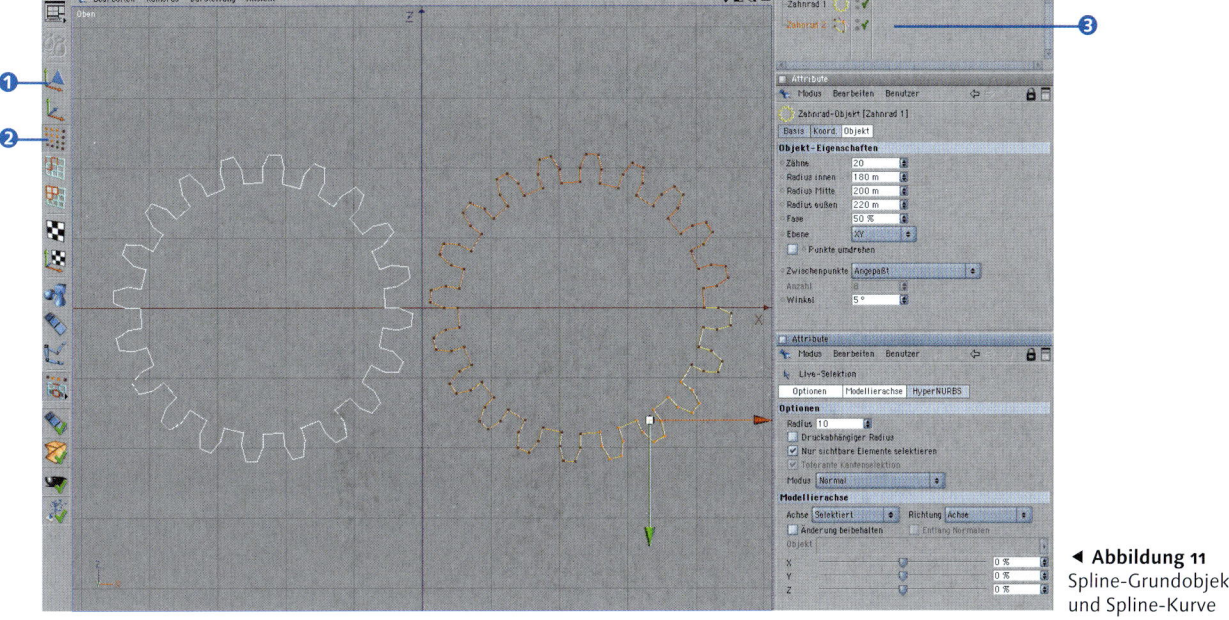

◄ **Abbildung 11**
Spline-Grundobjekt
und Spline-Kurve

tionsmethode zu bevorzugen – und deswegen auch voreingestellt.

### Splines bearbeiten

Ein Spline ist in Cinema 4D grundsätzlich ein Grundobjekt wie jedes andere auch.

Möchten Sie also einen ausgewählten Spline als Ganzes verschieben, skalieren oder rotieren, aktivieren Sie das Modell-bearbeiten-Werkzeug ❶ und die gewünschte Funktion, schalten Sie die Achsen nach Bedarf frei, und vollziehen Sie die Änderung. Selbstverständlich kann auch der Koordinaten-Manager zur Bearbeitung verwendet werden. Wenn Sie dagegen die Punkte des Splines bearbeiten wollen, so benötigen Sie dazu das Punkte-bearbeiten-Werkzeug ❷.

In Abbildung 11 sehen Sie zwei Zahnrad-Splines – das linke Objekt liegt noch im para-metrischen Modus vor; auch bei aktiviertem Punkte-bearbeiten-Werkzeug würden keine bearbeitbaren Punkte erscheinen. Im Objekt-Manager ist auch am Symbol zu erkennen, dass es sich noch um ein Spline-Grundobjekt handelt.

Der rechte Spline ist angewählt und liegt bereits als konvertiertes Spline-Objekt vor. Beachten Sie das Spline-Symbol im Objekt-Manager ❸. Die Punkte des Splines sind sichtbar und lassen sich ausgewählt und einzeln bearbeiten. Ist der aktivierte Spline ein Bézier-Spline, so zeigen ausgewählte Punkte ihre Tangentenanfasser. Mit gedrückter ⇧-Taste beschränken Sie die Modifikationen auf den Teil, dessen Anfasser Sie benutzen.

Für die Generierung von NURBS-Objekten ist es unerheblich, ob die Objekte als Grund-objekte oder als Spline-Pfade vorliegen.

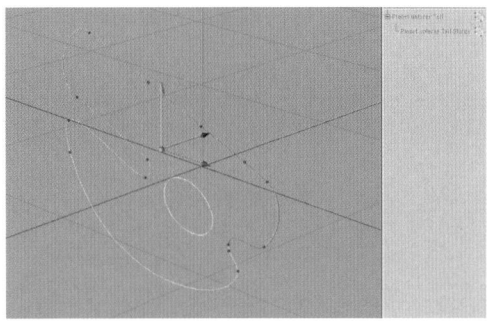

▲ Abbildung 12
Haupt- und Loch-Spline gruppiert

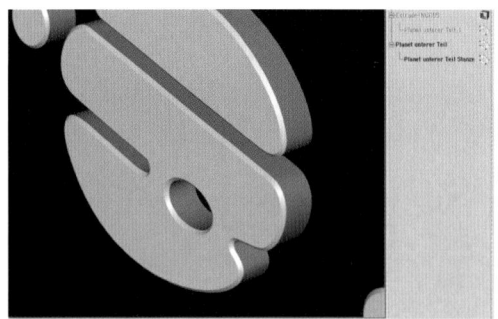

▲ Abbildung 13
NURBS-Objekt aus verschmolzenem Spline-Pfad

Anders sieht die Lage aus, wenn Sie an Spline-Objekten bestimmte Funktionen durchführen und mit Spline-Werkzeugen arbeiten möchten.

Cinema 4D bietet für diese Fälle spezielle Werkzeuge an, mit denen Sie Spline-Pfade unter anderem verbinden, zertrennen und optimieren können. Und sollten Sie sich trotz aller Mühe einfach nicht mit den Spline-Werkzeugen anfreunden können, steht es Ihnen auch jederzeit frei, Objektpfade in Grafikprogrammen vorzubereiten und in Cinema 4D zu importieren.

### Schnittmengen

Vielleicht haben Sie während des Lesens eine Funktion vermisst, die beim Arbeiten mit Grafikprogrammen normalerweise zum Standardrepertoire gehört – boolesche Pfadoperationen.

Leider ist es bei Cinema 4D nicht so elegant möglich, Schnittmengen und Aussparungen zu bilden, wie Sie es aus Vektorgrafikprogrammen kennen. Die booleschen Funktionen in Cinema 4D beschränken sich auf die 3D-Objekte – dort aber sind sie sehr komfortabel anzuwenden. Doch nach ein paar Übungen mit den Spline-Werkzeugen, die wir später kennen lernen, sollte auch das kein Hindernis sein.

Eine Möglichkeit, zwei Splines voneinander abzuziehen, um ein Loch zu schaffen, haben Sie aber – Spline-Unterobjekte gelten als »Loch«. Einzige Voraussetzungen: Der Loch-Spline muss innerhalb des Objekt-Splines liegen, und beide dürfen sich nicht berühren. Es funktioniert auch mit zwei gruppierten Splines in einem Null-Objekt, das hierarchisch untere Spline wird vom oberen subtrahiert (Abbildung 12). Um diese Spline-Operation durchzuführen, müssen die Objekte aber über VERBINDEN verschmolzen sein.

Es entsteht ein neues Objekt, das nun zur NURBS-Generierung verwendbar ist (Abbildung 13) – für nachträgliche Änderungen ist es ratsam, die Ursprungs-Spline-Gruppe aufzuheben.

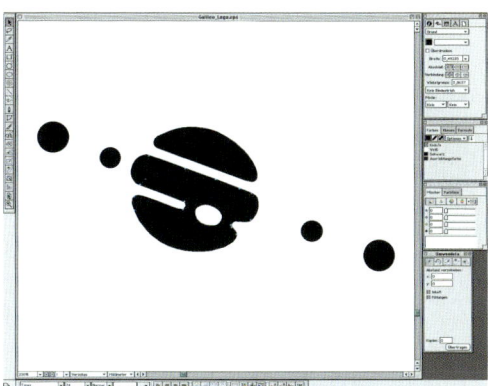

▲ **Abbildung 14**
Vektorgrafik aus einem 2D-Grafikprogramm

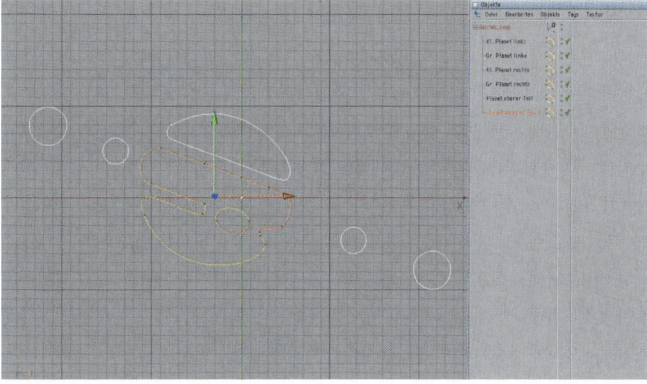

▲ **Abbildung 15**
Umsetzung in Splines nach dem Import in Cinema 4D

## Spline-Import

Wem die Werkzeuge in seinem Grafikprogramm für komplexere Spline-Arbeiten lieber sind, der kann selbstverständlich auch Vektordaten als Splines importieren. Dies geschieht über die Befehle DATEI · HINZULADEN bzw. DATEI · ÖFFNEN.

Ein Paradebeispiel für die Umsetzung für 2D-Vektordaten in die dritte Dimension ist die Verarbeitung eines Firmenlogos. In Abbildung 14 sehen Sie das Galileo-Logo in FreeHand vorbereitet, in Abbildung 15 das importierte und umgearbeitete Ergebnis.

Importierte Vektorpfade liegen als einzelne Bézier-Splines innerhalb einer Gruppe, die nach der Importdatei benannt ist, vor. Zwar importiert Cinema 4D die Daten brav, für die Unterscheidung der Pfade in Loch-Splines und Umrandung müssen jedoch Sie sorgen.

Achten Sie vor dem Import der Vektorgrafik in jedem Fall darauf, dass die Import-/Export-Parameter bei den PROGRAMM-VOREINSTELLUNGEN für Illustrator-Dateien korrekt angelegt sind. Dort können Sie neben dem

Faktor auch festlegen, ob die Splines verbunden oder gruppiert sein sollen. Wichtig ist außerdem, dass ein EPS als Illustrator-Datei vorliegt. Zwar importiert Cinema 4D auch normale EPS-Dateien, dabei ist aber meist mehr Nacharbeit nötig.

Wer auf Daten aus 2D-Programmen zurückgreifen kann, sollte dies auch unbedingt nutzen – die Überarbeitung hält sich zumeist in Grenzen, und die Zeitersparnis ist enorm.

### Spline-Werkzeuge organisieren

Leider fristen die Spline-Werkzeuge in einigen Untermenüs ein eher verstecktes Dasein. Werkzeuge, die Sie aus den üblichen 2D-Grafikprogrammen kennen, finden Sie hier in der zweiten oder dritten Ebene und dort nur als Befehlstext. Tun Sie doch etwas dagegen! Wenn Sie viel mit den Spline-Werkzeugen arbeiten, stellen Sie sich Ihre eigene Spline-Werkzeug-Palette zusammen, Sie sparen sich viel Zeit durch unnötiges Suchen.

◀ Abbildung 16 ▶
HyperNURBS (s/w),
Extrude-, Lathe-,
Loft-, Sweep- und
Bézier-NURBS

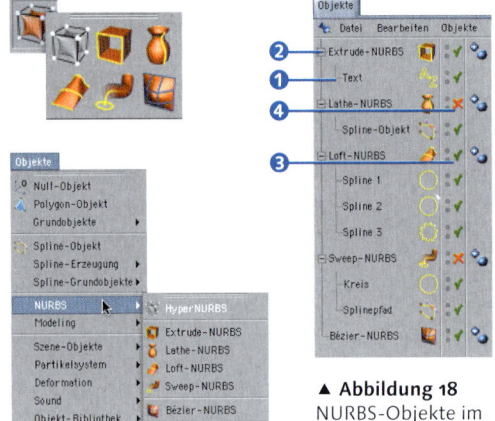

◀ Abbildung 17 ▶
NURBS-
Generatoren-Menü

▲ Abbildung 18
NURBS-Objekte im
Objekt-Manager

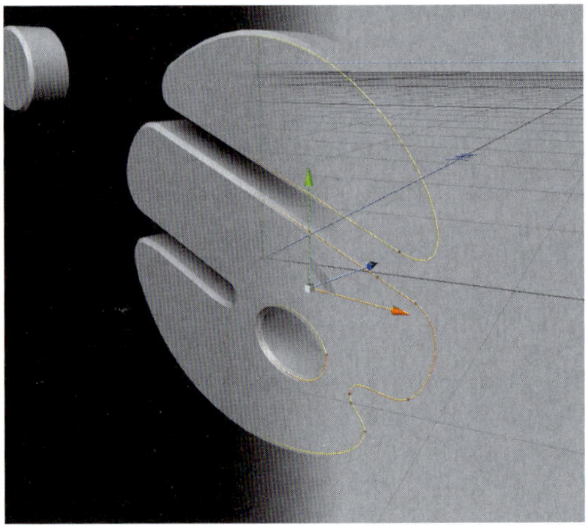

▲ Abbildung 19
Extrude-NURBS

## NURBS

Damit aus den erstellten Spline-Pfaden 3D-Objekte werden, sind NURBS-Generatoren nötig.

In der NURBS-Palette (Abbildung 16) und im Menü OBJEKTE · NURBS (Abbildung 17) finden Sie vier NURBS-Objekte, die durch Extrusion (Extrude), Rotation (Lathe), Morphing (Loft) und Pfadverschiebung (Sweep) der Splines dreidimensionale Objekte formen, und das Bézier-NURBS, das ohne Pfad auskommt. HyperNURBS gehören zum Polygon-Modelling und werden dort detailliert besprochen.

◀ 74
Polygon-
Modelling

Um aus dem Ausgangs-Spline ein NURBS-Objekt zu erstellen, wählen Sie aus der Palette oder dem Menü den gewünschten NURBS-Generator aus, und ziehen Sie das Ausgangs-Spline auf das Generatorobjekt.

Der Spline ❶ ist nun Unterobjekt eines Extrude-NURBS-Generators ❷. Dabei darf der Spline – wenn keine komplexen Änderungen erforderlich sind – auch noch in seinem parametrischen Ursprung verbleiben. Wenn Sie die Spline-Pfade aber modifizieren oder verbinden möchten, ist eine Konvertierung erforderlich (Werkzeug-Palette oder C ). Für ein Lathe- und Extrude-NURBS-Objekt ist mindestens ein Spline notwendig, Loft- und Sweep-NURBS verlangen immer mindestens zwei Spline-Objekte.

Wenn die NURBS-Generierung im Objekt-Manager (Abbildung 18) bzw. in der Palette aktiv ist, sehen Sie jede Änderung der Splines und das resultierende NURBS-Objekt in Echtzeit in Ihrer 3D-Ansicht. Per Klick auf das Häkchen-Symbol ❸ im Objekt-Manager können Sie die NURBS-Generierung deaktivieren ❹, um bei der Arbeit den Überblick zu bewahren.

Alle Einstellungen für die NURBS-Objekte befinden sich im NURBS-Dialog, den Sie mit Doppelklick auf das NURBS-Symbol aufrufen.

### Extrude-NURBS

Beim Extrudieren wird das Spline-Objekt in die »Tiefe« verschoben. Dabei können X-, Y- und Z-Achse sowohl einzeln als auch (für schräge Extrusionen) gemeinsam als Verschiebeachse

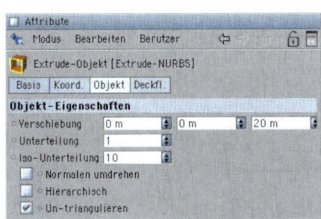

◀ **Abbildung 20**
Extrude-NURBS-
Dialog

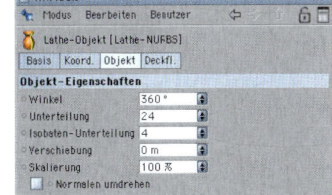

**Abbildung 21** ▶
Dialog
Lathe-NURBS

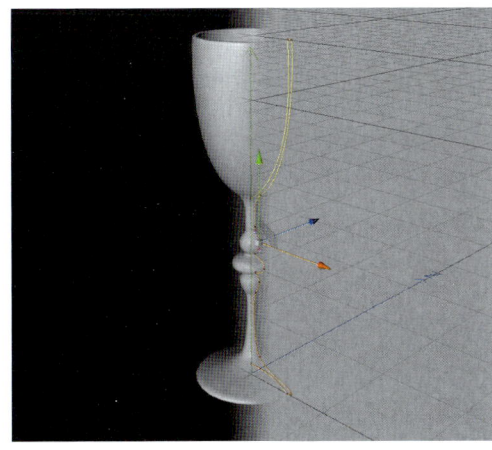

▲ **Abbildung 22**
Lathe-NURBS

fungieren. Die Achsenangaben im Dialog beziehen sich auf die Objektachsen des Splines. Wurde der Spline während seiner Erstellung rotiert, wirkt sich diese Drehung natürlich auch auf die Lage der Extrusionsachsen aus.

Löcher in den Objekten (Abbildung 19) stellen Sie her, in dem Sie ein Loch-Spline als Unterobjekt des Haupt-Splines anordnen und beide vor dem Extrudieren verbinden.

Im Feld UNTERTEILUNG definieren Sie, in wie vielen Schritten der Versatz erfolgen soll – je mehr Unterteilungen Sie hier angeben, desto mehr Polygone entstehen später bei einer eventuellen Umwandlung.

Die ISOBATEN-UNTERTEILUNG kümmert sich bei aktiviertem Isobaten-Darstellungsmodus um entsprechend viele Isobaten-Linien bei der Anzeige in Ihrer 3D-Ansicht. Die Einstellungen für Deckflächen und Rundungen der Extrusion geben Sie im Deckflächen-Abschnitt an, der auf Seite 73 gesondert betrachtet wird.

Sollten bei offenen Splines Unstimmigkeiten bei der Erzeugung der NURBS-Hülle auftreten, ist es möglich, die Normalen über

das Kontrollfeld NORMALEN UMDREHEN auszurichten.

Mit aktivierter Hierarchie-Funktion können Sie mehrere Spline-Objekte in Ihren NURBS-Generator legen, die dann alle mit den eingestellten Parametern extrudiert werden. Stellen Sie sich diesen NURBS-Generator dann einfach als Container vor, der alle seine Unterobjekte mit Extrusionen versieht.

**Lathe-NURBS**

Ein Lathe-Objekt rotiert das ihm untergeordnete Spline stets um die eigene Y-Achse des Spline-Objektes.

Achten Sie schon beim Zeichnen des zu drehenden Splines auf die Lage der Achsen. Da für die Rotation stets die Y-Achse verwendet wird, eignet sich die XY-Ansicht für die Konstruktion am besten. Wichtig ist auch, dass Sie den Punkten der Spline-Kurve an offenen Körpern – wie zum Beispiel dem Glas in Abbildung 22 – genügend Material zugestehen, sonst entstehen ungewollte Löcher im Objekt. Im Feld WINKEL (Abbildung 21) geben Sie den

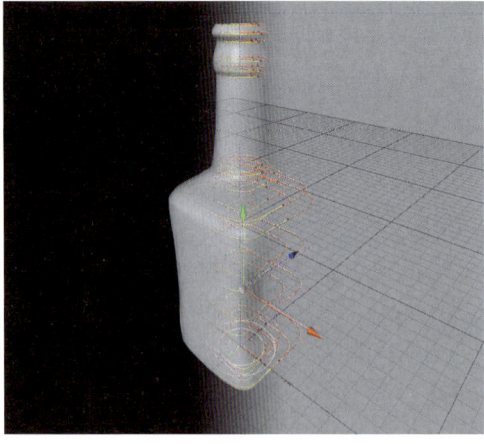

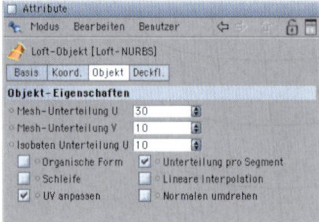

**Abbildung 24** ▶
Dialog
Loft-NURBS

◀ **Abbildung 23**
Loft-NURBS

Rotationswinkel an; aus Werten unter 360° resultieren angeschnittene Objekte, Werte über 360° sind bei schraubenartigen Objekten sinnvoll – in Verbindung mit einer Verschiebung des Spline-Pfades.

Diese Verschiebung können Sie im gleichnamigen Feld festlegen – so wird aus dem ursprünglichen Kreis, den der rotierende Spline beschreibt, eine Helix.

Das Feld UNTERTEILUNG kümmert sich wiederum um die Anzahl der Unterteilungsschritte des Objektes, was insbesondere bei Nahaufnahmen und bei späterer Polygonbearbeitung von Bedeutung sein kann.

Zu den Rundungen und Deckflächen lesen Sie mehr auf Seite 73. Wie bei den Extrude-NURBS ist es auch hier möglich, die Isobaten-Darstellung zu beeinflussen und die Normalen bei Bedarf umzudrehen.

### Loft-NURBS

Das Loft-Objekt erzeugt ein 3D-Objekt durch Morphing zwischen Spline-Objekten.

Werfen Sie alle Splines, die beim »Lofting« berücksichtigt werden sollen, in den Loft-NURBS-Generator. Die Reihenfolge der Splines im NURBS-Objekt legt die Reihenfolge beim Morphing fest. Parametrische Spline-Objekte, Löcher durch verbundene Spline-Gruppen und Öffnungen im Objekt durch offene Splines werden allesamt unterstützt (Abbildung 23).

Beachten Sie stets die Richtung der Achsen, schon bei der Auswahl der Splines. Bei den Spline-Grundobjekten können Sie bereits bei der Definition ihre Richtung bestimmen. Später rotierte Objekte besitzen modifizierte Achsen, die bei der NURBS-Erzeugung Probleme bereiten – die Objekte enthalten dann z. B. Verdrehungen.

Beim Morphen zwischen konstruierten Splines ist es ratsam, eine konstante Punktanzahl einzuhalten. Kopieren Sie dazu den Ausgangs-Spline, und erstellen Sie daraus den jeweiligen Folge-Spline, bis Sie beim letzten Spline angelangt sind.

Bei den Loft-NURBS können Sie die Unterteilungen für U- und V-Richtung getrennt festlegen, ebenso, ob die Unterteilung für das gesamte Objekt oder nur für die Segmente

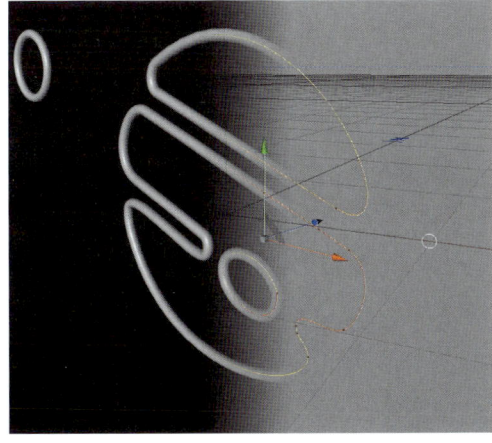

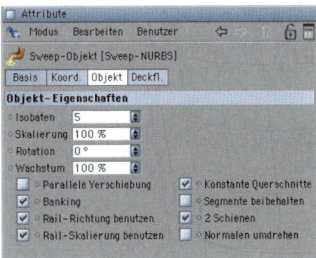

**Abbildung 26 ▶**
Dialog
Sweep-NURBS

**◀ Abbildung 25**
Sweep-NURBS

(zwischen zwei Splines) gelten soll. Beim Beispiel der Flasche wäre die Y-Achse die V-Richtung, der Flaschenboden bzw. die Öffnung die U-Richtung.

Das Kontrollfeld ORGANISCHE FORM sorgt für einen toleranteren Umgang mit den Spline-Punkten und bewirkt dadurch eine natürlichere, weniger technische Formung. Bei LINEARER INTERPOLATION entstehen harte, gerade Verbindungen zwischen den Splines. Möchten Sie, dass Anfangs- und End-Spline miteinander abschließen, aktivieren Sie die Option SCHLEIFE.

UV ANPASSEN kümmert sich um die segmentweise Projektion der Textur in V-Richtung – ist diese Funktion deaktiviert, gilt das komplette Objekt als Projektionsfläche.

## Sweep-NURBS

Das Sweep-Objekt (Abbildung 25) führt den Ausgangs- bzw. Kontur-Spline entlang eines Pfades.

Zusätzlich lässt sich die Verschiebung noch durch ein zweites Pfad-Spline (Rail-Spline) steuern. Damit kann der Kontur-Spline während der Verschiebung skaliert oder auch wie auf Schienen (Rail) geführt werden.

Die Reihenfolge im Sweep-Objekt ist festgelegt: Das erste Element definiert den Kontur-Spline, das zweite Element den Pfad-Spline und ein drittes Element den Rail-Spline. Für die Platzierung im Raum ist der Pfad-Spline verantwortlich, es gibt den Anfang und das Ende des Objektes vor. Der Kontur-Spline wird mit seiner Z-Achse entlang des Pfad-Splines geführt. Die Unterteilung des Objektes ergibt sich aus den Punkten des Pfad-Splines.

Das Sweeping kann auch ohne zweites Spline modifiziert werden, so sind SKALIERUNG und ROTATION im Dialogfenster (Abbildung 25) einstellbar, über WACHSTUM lässt sich die Erzeugung des NURBS-Objektes animieren.

PARALLELE VERSCHIEBUNG und BANKING schließen einander aus. Bei der parallelen Verschiebung bleiben die Achsen des Kontur-Splines starr, beim Banking dagegen verursacht jede Kurvenkrümmung auch gleichzeitig, dass sich der Kontur-Spline »in die Kurve legt«. KONSTANTE QUERSCHNITTE verhindern an kritischen Stellen (starken Krümmungen)

NURBS-Modelling **71**

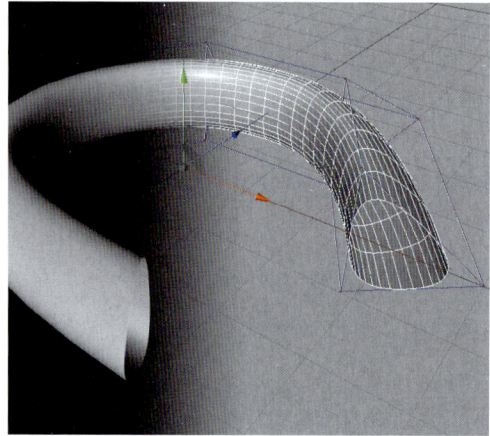

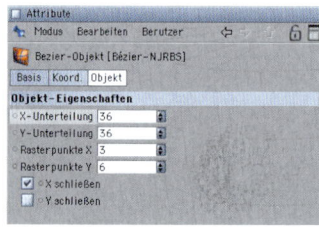

Abbildung 28 ▶
Dialog
Bézier-NURBS

◀ Abbildung 27
Bézier-NURBS

ungewollte Quetschungen im Objekt. Bei aktiviertem Kontrollfeld SEGMENTE BEIBEHALTEN gelten für das Wachstum die unterteilten Punkte im Pfad-Spline; ist die Option deaktiviert, läuft das Wachstum weich ab.

Mit RAIL-RICHTUNG BENUTZEN richtet sich die Drehung des Kontur-Splines am Rail-Spline aus, mit RAIL-SKALIERUNG BENUTZEN passt sich die Kontur der vorgegebenen Skalierung an. Pfad- und Rail-Spline können aber auch als Schienen-Splines verwendet werden, zwischen denen sich das Kontur-Spline einpasst. Dafür muss das Feld 2 SCHIENEN aktiviert sein.

Deckflächen- und Rundungsoptionen können Sie auf der separaten Deckflächen-Seite vornehmen, auf Seite 73 erfahren Sie mehr darüber. Beim Sweep-Spline sind zwar Deckflächen, aber keine Rundungen bei den Wachstumszwischenstadien möglich.

### Bézier-NURBS

Im Unterschied zu den anderen NURBS-Generatoren benötigen Bézier-Objekte kein Spline, aus dem sie ein 3D-Objekt generieren, sondern bestehen aus einer Art Plane, die sich nach Bedarf unterteilen und über ihre Ankerpunkte aufspannen, verbiegen und verdrehen lässt.

Bézier-NURBS-Objekte (Abbildung 27) eignen sich sehr gut für saubere und weiche, geschwungene Flächen, für die Konstruktion von Auto-, Flugzeugteilen etc. Bei diesem Beispiel kommen auch gleich die Einstellungen im Attribute-Manager ins Spiel, die Sie per Klick auf das Bézier-NURBS-Symbol im Objekt-Manager erreichen (Abbildung 28).

Bézier-NURBS müssen keineswegs »plane« Objekte bleiben, mit dem Schließen-Kontrollfeld können Sie die Seiten auch verbinden und zu einer Hülle umformen. Dafür muss die zu schließende Seite mindestens einen Rasterpunkt mehr besitzen. Die Rasterpunkte sind die Kontrollpunkte, mit denen Sie Aussehen und Form des Objektes bestimmen. Je mehr Rasterpunkte Sie zuteilen, desto mehr Kontrollpunkte haben Sie, es wird aber auch zugleich schwieriger, die Formung zu steuern.

Die Unterteilungen in X- und Y-Richtung bestimmen die Oberflächeneinheit. Viele Unterteilungen geben dem Resultat zwar ein

Abbildung 29 ▶
Dialog Deck-
flächen und
Rundung

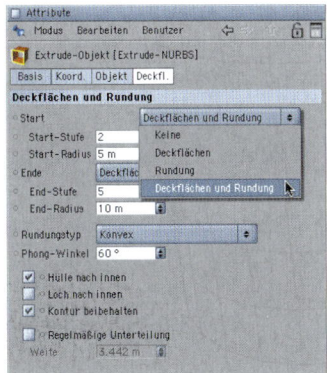

filigraneres Erscheinungsbild, die Komplexität des Objekts nimmt aber auch rapide zu.

### NURBS-Details

Was nun bei den Extrude-, Lathe-, Loft- und Sweep-NURBS noch fehlt, sind die Deckflächen und Rundungen. Dies geschieht auf der Deckflächen-Seite (Abbildung 29).

Die linke und mittlere Reihe der Abbildung 30 zeigt die verschiedenen Rundungen: Konvex (Wölbung nach außen), Konkav (Wölbung nach innen), Linear (Fase), Halb-kreis, 1 Stufe, 2 Stufen und Eingelassen.

Wichtig für die Rundungen sind die Radien und Stufen (Unterteilungen) am Anfang und Ende des Objektes. So benötigt z. B. eine konvexe oder konkave Rundung Unterteilungen, um die Rundung anzubringen – sonst entsteht eine Fase. Natürlich müssen sich die Rundungs-radien sinnvoll mit den Objektmaßen ergänzen – zu große Rundungen ergeben unschöne Über-schneidungen der Oberflächen.

Die Rundungsglättung stellen Sie mit dem Phong ein.

Hülle nach innen und Loch nach innen sind wohl die am häufigsten missverstande-nen Optionen in Cinema 4D. Zur Erläuterung Folgendes: Mit der Erstellung Ihrer Splines für das NURBS-Objekt haben Sie die Maße Ihres Objektes festgelegt. Da jetzt aber noch eine Rundung gewünscht ist, muss Cinema 4D wissen, ob die Rundung durch eine Wölbung nach außen (also Hülle nach innen) oder durch eine Wölbung nach innen (keine Hülle nach innen) erzielt werden soll.

Gleiches gilt für die Option Loch nach innen, wenn Sie Loch-Splines verwenden. Die rechte Reihe von Abbildung 29 zeigt verschie-dene Hüllen- und Locheinstellungen.

Wenn Sie nicht möchten, dass die Außen-maße Ihres Objektes dadurch verändert, also »aufgeblasen« werden, aktivieren Sie die Option Kontur beibehalten.

Mit Regelmässige Unterteilung sorgen Sie dafür, dass bei Deckflächen und Rundungen möglichst viele Vierecke entstehen – diese erzeugen bei einer Konvertierung und Wei-terbearbeitung weniger Artefakte als Dreiecke.

# Polygon-Modelling

## Polygone, N-Gons und HyperNURBS

*Das Modellieren mit Polygonen, der »Urmasse« von dreidimensionalen Objekten, ist die älteste Technik zur Formung von 3D-Objekten. Besonders Cinema 4D 9 beweist, dass diese Modelling-Technik ganz hoch im Kurs steht.*

Beim Modellieren mit Polygonen gibt es viele verschiedene Methoden und Techniken. Manche bevorzugen es, Polygon-Objekte durch den Aufbau eines Punktegitters zu erstellen. Andere nehmen sich ein einfaches Grundobjekt als Basis und extrudieren und bearbeiten die Polygone und Punkte, bis das Modell schließlich den Vorstellungen entspricht.

Die Grundidee beim Polygon-Modelling ist, aus einem einfachen Grundobjekt durch gezielte Polygonmanipulation ein niedrig aufgelöstes Objekt zu schaffen, das durch Unterteilung in ein hoch aufgelöstes Objekt transferiert wird. Dort, wo man Details benötigt, können die Unterteilungen bzw. die Polygonanzahl höher ausfallen, an den anderen Stellen belässt man es bei einer groben Struktur, die später durch Unterteilung und gezielte Punkte-Wichtung geglättet und optimiert wird. Für diese Zwecke verwendet Cinema 4D die so genannten HyperNURBS-Generatoren.

Als Basis dienen Grundobjekte wie Würfel, Kugel oder NURBS-Objekte, die über den Befehl GRUNDOBJEKT KONVERTIEREN ([C]) in ein Objekt aus Punkten, Kanten und Polygonen umgewandelt werden.

Die Punkte, Kanten und Polygone lassen sich anschließend mit den zahlreichen Modelling-Werkzeugen modifizieren. In Version 9 hat sich die Palette dieser Tools extrem verbessert.

Polygon-Modelling verlangt Übung und anfangs auch etwas Geduld, belohnt aber jeden Schritt mit immer besseren und schnelleren Ergebnissen. Vielleicht macht diese Modelling-Methode auch deswegen so viel Spaß: Mit jedem Modell ändert sich die Denk- und Herangehensweise. In keiner anderen Modelling-Technik ist der Bezug zum Modell und zur Form so stark wie bei den Polygonen. Lernen Sie erst die Werkzeuge kennen – wann sie anzuwenden sind und ganz besonders: was sie bewirken. Ganz wichtig: Sie sollten sich auch manchmal ein Herz fassen können und ein Objekt, bei dem Sie feststecken, ruhen lassen und einen Neuaufbau wagen.

HyperNURBS eignen sich hervorragend für organische Objekte mit detaillierten Oberflächen wie Menschen, Tiere, Pflanzen und Bäume (Abbildung 2). Je technischer und akkurater die Modelle ausfallen müssen, desto mehr Vorarbeit bzw. Hirnschmalz sollte auch in die Konstruktionsphase investiert werden.

Abbildung 2 ▶
Beispiel für Modelling
mit Polygonen

## Polygone

Polygone sind durch Stützpunkte und lineare Kanten beschriebene zweidimensionale
Flächen. Sie bestehen in Cinema 4D aus mindestens drei, idealerweise aus vier Punkten
bzw. Kanten und sind grundsätzlich einseitig.

Diese Tatsache kommt insbesondere dann
zum Tragen, wenn Sie Modifikationen an den
Polygonen durchführen. Die Polygonoberseite
eines Objektes liegt normalerweise immer
außen am Objekt. Ein gelber Pfeil zeigt stets
die Richtung der Normalen des angewählten
Polygons an. Es kann nun vorkommen, dass
durch Operationen am Objekt die Normalen
nach außen gedreht werden – was zu vermeiden ist, da sonst Löcher im Objekt entstehen.

Wie bereits an anderer Stelle erwähnt, sind
Vierpunkt-Polygone den Dreipunkt-Polygonen
vorzuziehen. Dreipunkt-Polygone haben den
Nachteil, dass sie eine höhere Datenmenge
(zur Darstellung eines Vierecks sind zwei Dreiecke erforderlich) hervorrufen, zum anderen
treten öfter Löcher im Objekt auf, und schließlich sind sie beim Modellieren schlechter zu
handhaben als ihre vierseitigen Vertreter.

Um Polygone, Polygon-Kanten und deren
Punkte zu bearbeiten, müssen Sie wahlweise in
den Polygon-, Kanten- bzw. Punkte-bearbeiten-Modus (Abbildung 1) umschalten.

Weil Polygone ausschließlich gerade Kanten
besitzen, müssen Polygon-Objekte, wenn die
Polygonanzahl nicht in astronomische Zahlen
schnellen soll, geglättet werden. Diese Aufgabe übernimmt der HyperNURBS-Käfig, dem
das Polygon-Modell untergeordnet wird.

## N-Gons

Seit Version 9 ist es endlich auch bei Cinema
4D so weit: N-Gons, Polygone mit mehr als
vier Stützpunkten (Abbildung 3) sind erlaubt.

Wie sehr sich diese Änderung auf die tägliche Arbeit auswirkt, dürfte jeder Anwender
anders empfinden. Manch einer (da nehme
ich mich nicht aus) ist so an die saubere und
überlegte Herangehensweise beim Schneiden
und Unterteilen gewöhnt, dass man sogar
etwas Überwindung braucht, um N-Gons
manuell oder per Menübefehl zu erzeugen. In
jedem Fall hat sich die Arbeit mit Polygonen

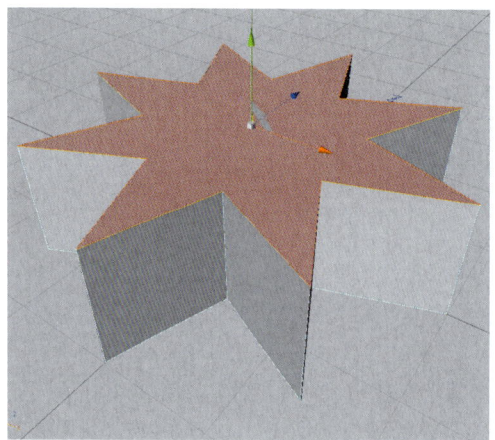

▲ Abbildung 3
Sternförmiges N-Gon

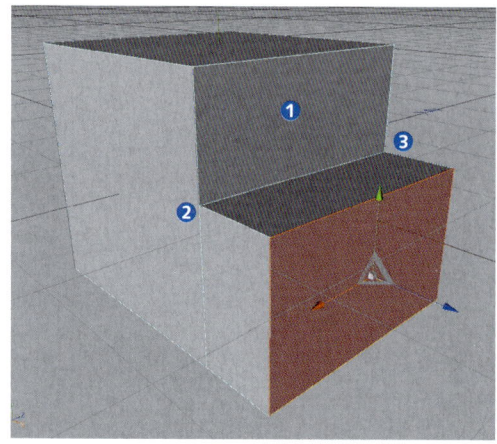

▲ Abbildung 4
N-Gons durch Messerschnitt

durch die Einführung von N-Gons vereinfacht, weil bei der Anwendung von Werkzeugen wie dem Messer nicht mehr so akribisch auf die umliegenden Polygone und Kanten geachtet werden muss. Ein unüberlegter Schnitt bedeutete oftmals langwieriges Aufräumen und Rückwandeln von entstandenen Dreiecks-Polygonen.

N-Gons sind allerdings kein ABS für unbedachtes Drauflosmodellieren. Ein prüfender Nachgang sollte jedem Modell zugestanden werden. Auch wenn die Polygone im Editor makellos erscheinen, spätestens beim Rendern löst Cinema 4D die N-Gons in Dreiecke auf. An Ihnen ist es deshalb, dafür zu sorgen, dass bei dieser internen Umwandlung keine unerwünschten Artefakte entstehen.

Wie schnell und selbstverständlich man auch als Einsteiger auf N-Gons zurückgreift, soll Abbildung 4 verdeutlichen. Mit dem Messer wurde das Polygon ❶ in zwei Hälften zerteilt, um eine Extrusion der unteren Hälfte anzubringen. Damit hat das einfache Modell bereits zwei (zugegebenermaßen unproble-

matische, weil planare) N-Gons: Durch den Schnitt haben die beiden seitlichen Würfelpolygone einen zusätzlichen, fünften Punkt bekommen (❷ bzw. ❸). In den Cinema 4D-Versionen vor 9 wären die Seitenpolygone in mehrere Dreiecke aufgeteilt worden.

## HyperNURBS

Unverzichtbarer Bestandteil des Polygon-Modellings in Cinema 4D sind die schon mehrfach erwähnten HyperNURBS-Objekte. Mit ihnen ist es überhaupt erst möglich, polygonale Objekte durch einen speziellen Unterteilungsalgorithmus zu runden und organische Objekte zu formen.

In der 3D-Branche existieren viele Verfahrensweisen und Bezeichnungen für diese Arbeitsmethodik. Letztendlich basieren aber alle mehr oder weniger auf derselben Idee: »Subdivision Surfaces«. Hintergrund dieser Methode ist, ein durch Polygone grob strukturiertes Objekt durch sich wiederholende

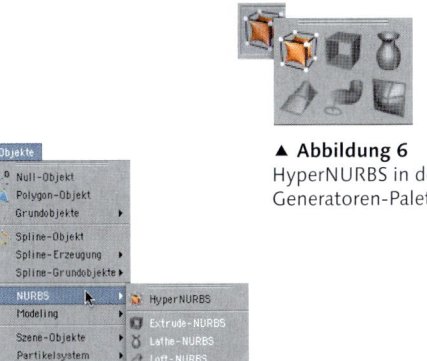

▲ **Abbildung 6**
HyperNURBS in der
Generatoren-Palette

◀ **Abbildung 5**
HyperNURBS im
Objekt-Menü

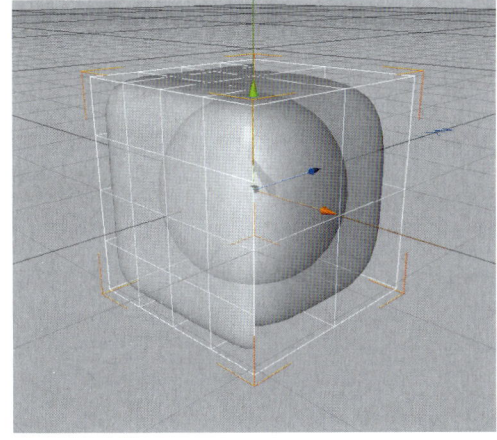

▲ **Abbildung 7**
Auswirkung der Unterteilungen im HyperNURBS-Käfig

Unterteilungen und Glättung in ein weiches, hoch aufgelöstes Objekt zu transferieren.

Maxon verwendet für die Umsetzung der Idee das HyperNURBS-Generatoren-Objekt. Seit Version 8 erlauben Cinema 4Ds Hyper-NURBS das Anbringen von Wichtungen an Punkten, Kanten und Polygonen. Aus Kompatibilitätsgründen wird natürlich weiterhin das alte HyperNURBS-Objekt aus Version 7 mitgeliefert.

### HyperNURBS-Objekte

Das HyperNURBS-Objekt lässt sich aus dem Menü OBJEKTE · NURBS · HYPERNURBS (Abbildung 5) oder aus der Generatoren-Palette (Abbildung 6) hervorholen.

Um ein Objekt durch HyperNURBS zu unterteilen, ziehen Sie es im Objekt-Manager auf den HyperNURBS-Generator. Damit ist das Polygon-Objekt Unterobjekt des Generators, das gerundete Ergebnis sehen Sie sofort in Ihren Ansichten.

Parametrische Objekte, egal ob Grund- oder NURBS-Objekte, lassen sich übrigens auch mit HyperNURBS runden, mangels Polygonen können Sie aber nicht weitermodellieren.

Wie sich die Anzahl der manuellen Unterteilungen auf einen HyperNURBS-Würfel auswirkt, sehen Sie in Abbildung 7. Ein einfacher Würfel liegt in einem HyperNURBS-Objekt – die Renderunterteilung im HyperNURBS-Dialog ist konstant. Ohne manuelle Unterteilung entsteht eine Kugel (innen), da zur weiteren Interpolation keine Polygone verfügbar sind. Mit einer einzigen angebrachten Unterteilung ergibt sich der rechte Würfel, die Kanten sind sehr rund, und der Größenunterschied vom Ausgangswürfel ist immer noch beträchtlich. Nach einer weiteren Unterteilung nimmt der Würfel schon mehr Gestalt an, durch die höhere Anzahl an Polygonen liegt auch eine größere Auflösung vor.

Ist das HyperNURBS-Objekt selektiert, zeigt Ihnen der Attribute-Manager die objektspezifischen Unterteilungseinstellungen (Abbildung 10). Hier können Sie auch festlegen, ob die Rundungsdarstellung in Ihrem Editor dem des

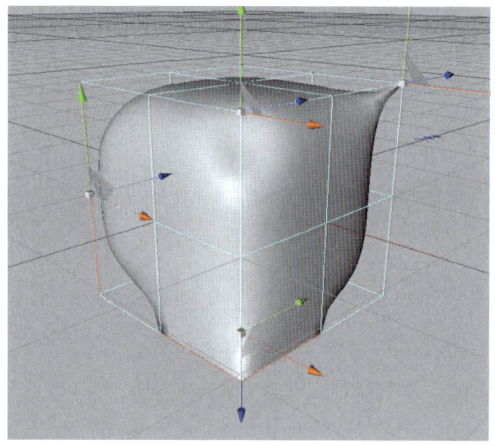

▲ Abbildung 8
Würfel mit HyperNURBS-Wichtungen

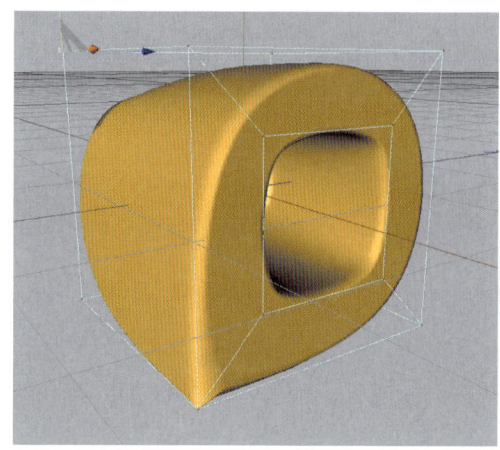

▲ Abbildung 9
Objekt mit verschiedenen HyperNURBS-Wichtungen

Rendererergebnisses entsprechen soll. Für das Arbeiten im Editor genügt oft eine gröbere Variante, und auch der Rechner wird etwas entlastet. Die Unterteilungsparameter des HyperNURBS-Objektes beziehen sich übrigens nicht auf die Unterteilungen des Objektes selbst, sondern auf die Renderunterteilungen im Editor und Bild-Manager.

Für das Modellieren brauchen Sie eigene, echte Objektunterteilungen. Im Menü STRUKTUR · UNTERTEILEN rufen Sie den Dialog auf und geben die Anzahl der benötigten Unterteilungen an.

### HyperNURBS-Wichtungen

Damit eine stellenweise Erhöhung der Modellauflösung nicht durch belastende Unterteilungen angebracht und durch eine hohe Polygonanzahl bezahlt werden muss, gibt es die HyperNURBS-Wichtungen.

Mit ihnen lassen sich Wichtungen an Punkten, Kanten und Polygonen festlegen, die ohne zusätzliche Polygonlasten scharfe Ausarbeitungen an den Punkten und Kanten ermöglichen.

In Abbildung 9 sehen Sie ein Objekt mit unterschiedlichen HyperNURBS-Wichtungen. Wie Sie bemerken, ist die Polygonanzahl äußerst gering, lediglich für das Loch wurde ein Polygon zweimal extrudiert. Die Kante am Loch bekam lediglich eine Wichtung von 80% zugewiesen. Natürlich können auch negative Wichtungen aufgetragen werden, um Objekten weiche Übergänge und Kanten zu spendieren. In vielen Fällen erübrigt sich auf diese Weise der Einsatz des Messers bzw. einiger Extrusionen.

HyperNURBS-Wichtungen lassen sich sowohl interaktiv als auch über Parameter vornehmen. Für das interaktive Arbeiten wählen Sie im jeweiligen Bearbeiten-Modus zuerst die gewünschten Punkte, Kanten oder Polygone an.

Geben Sie im Attribute-Manager wenn nötig ein Minimum oder Maximum für die Wichtung ❶ vor. Mit gedrückter Punkt-Taste ⸚ ziehen Sie nun mit der Maus im Editor – das Objekt bildet die Wichtungseinflüsse in Echtzeit aus.

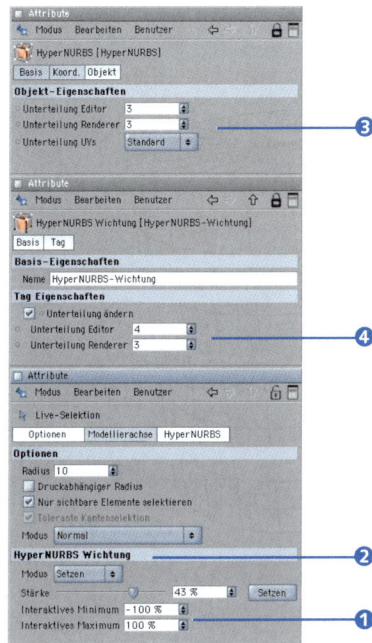

▲ **Abbildung 10**
HyperNURBS im Attribute-Manager

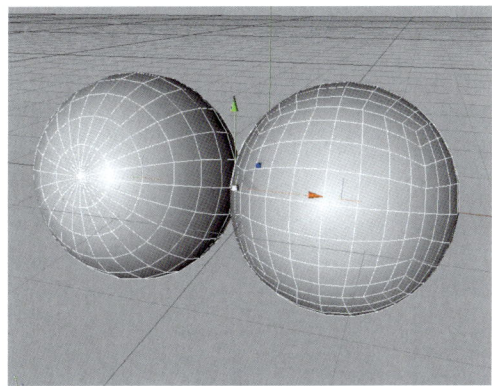

▲ **Abbildung 11**
Kugeltypen

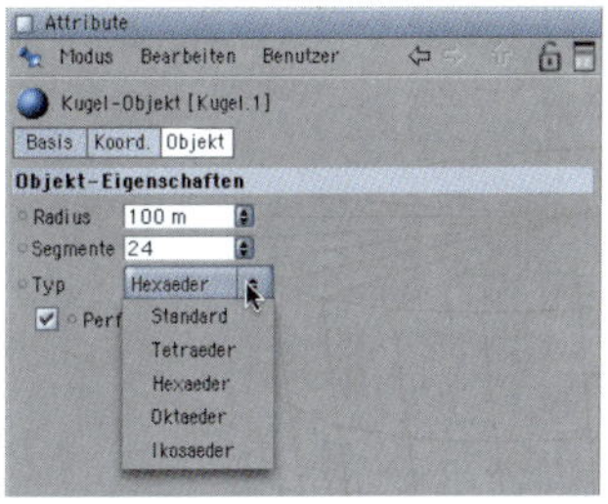

**Abbildung 12 ▶**
Einstellungen für
Hexaeder-Kugel

Wenn Sie zusätzlich die ⬦-Taste festhalten, berücksichtigt das Werkzeug auch die Eckpunkte bzw. angrenzenden Kanten. Bei gedrückter Strg/Ctrl-Taste beeinflussen Sie alle zwischengelagerten Kanten bzw. Schnittpunkte. Wenn Sie im Polygon-Modus sind, erreichen Sie durch die Tastenkombination die Wichtung der Polygone mitsamt der enthaltenen Punkte.

Wer die Wichtungen lieber als Werte eingeben möchte, kann dies im Feld HYPER-NURBS-WICHTUNG tun ❷. Außerdem bestimmen Sie hier, ob die Werte als solche gesetzt oder ob sie zum Ausgangswert addiert oder von ihm subtrahiert werden.

Sobald ein Polygon-Objekt Wichtungen besitzt, trägt es ein eigenes Wichtungs-Tag, in dem Sie, unabhängig von den Einstellungen

im HyperNURBS-Objekt ❸, spezifische Render-Unterteilungen ❹ definieren können.

**Sonderfall Kugel-Objekt**

Ein beliebtes Ausgangsobjekt für das polygonale Modellieren ist die Kugel. Cinema 4D bietet im Grundobjekte-Dialog der Kugel bereits an, die Kugel im hexaedralen Typus (Abbildung 12) aufzubauen, was Ihnen bei der Konvertierung des Grundobjektes ausschließlich Vierecke beschert und für die Weiterbearbeitung von großem Vorteil ist.

Die zwei Kugeln in Abbildung 11 zeigen den Unterschied: Beim Standardtypus laufen die Polygone an den Polen in einem Punkt zusammen – es entstehen Dreiecke. Die rechte Kugel dagegen mit Hexaeder-Typus löst sich in Vierecke auf.

# Modelling-Werkzeuge
## Splines und Polygone bearbeiten

*In diesem Abschnitt finden Sie alle Tools versammelt, die Ihnen bei der Modelling-Arbeit an Punkten, Kanten, Polygonen oder den Objekten selbst begegnen.*

Cinema 4D hat in Version 9 im Bereich Modelling-Werkzeuge stark zugelegt. Nicht nur neue Werkzeuge sind hinzugekommen, auch alte Bekannte wurden maßgeblich verbessert, indem sie nun mehr Optionen bieten, über den Attribute-Manager in Echtzeit steuerbar und noch intuitiver im Editor benutzbar sind.

Gemäß dem Modelling-Workflow von Cinema 4D finden Sie in diesem Kapitel zunächst alles Wissenwerte über die Erstellung von Selektionen und über die Nutzung von Spline- und Polygon-Werkzeugen.

## Selektionen

Bevor Sie eine Selektion erstellen, entscheiden Sie über die Auswahl des korrekten Bearbeitungsmodus, ob Sie Punkte, Kanten, Polygone, Objekte, Texturen etc. selektieren und bearbeiten möchten.

Seit Cinema 4D 9 ist es möglich, die Selektionswerkzeuge auf mehrere markierte Objekte anzuwenden. Das bedeutet beispielsweise, dass die Polygone unterschiedlicher Objekte gleichzeitig bearbeitet werden können.

Mehr zu den optischen, aber trotzdem praktischen Neuerungen gehört die farbliche Hervorhebung bzw. Füllung ausgewählter Punkte, Kanten und Polygone unter dem Mauszeiger in der 3D-Ansicht.

Neben den vier Standard-Selektionswerkzeugen Live-, Rechteck-, Freihand- und Polygon-Selektion befindet sich noch eine Vielzahl weiterer praktischer Auswahlfunktionen im Menü SELEKTION (Abbildung 1).

Die jeweiligen Einstellungen für das Selektionswerkzeug zeigt Ihnen der Attribute-Manager (Abbildung 2). Besonders häufig im Einsatz ist die Option NUR SICHTBARE ELEMENTE SELEKTIEREN. Mit ihr bestimmen Sie, ob nur die im Editor sichtbaren Elemente ausgewählt werden können. Überdeckte oder auf der Objektrückseite befindliche Teile werden je nach Einstellung berücksichtigt oder ignoriert.

Bei aktivierter toleranter Kantenselektion genügt die Berührung der Kante mit dem Mauszeiger, andernfalls müssen drei Viertel der Kante bemalt werden, bevor sie als ausgewählt gilt. Fein abgestufte Selektionen sind über die Option WEICHE SELEKTION möglich. Insbesondere mit einem Grafiktablett lassen sich hier

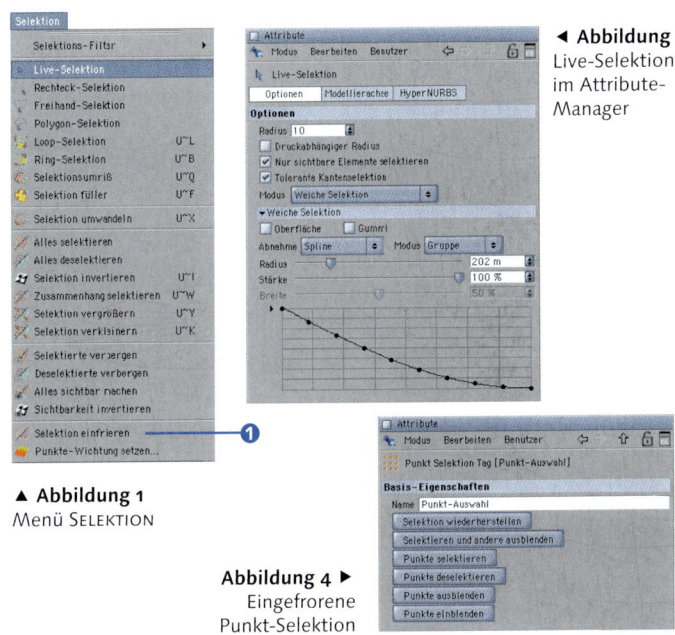

▲ **Abbildung 1**
Menü SELEKTION

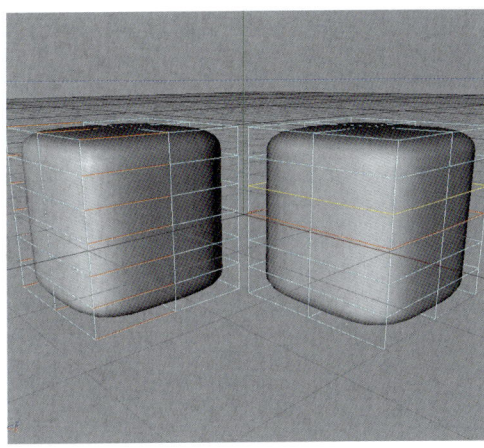

◄ **Abbildung 2**
Live-Selektion
im Attribute-
Manager

▲ **Abbildung 3**
Ring- (links) und Loop-Selektion (rechts)

**Abbildung 4** ►
Eingefrorene
Punkt-Selektion

weich auslaufende Auswahlen an den Elementen vornehmen.

Zwei speziell für diffizile Modelle geeignete Auswahlverfahren bilden die LOOP- und RING-SELEKTIONEN (Abbildung 3). Die Befehle orientieren sich an den Winkeln der angrenzenden bzw. benachbarten Kanten und erstellen daraus die neue Selektion.

Der SELEKTIONSUMRISS wählt eine umlaufende Kantenselektion aus einer vorliegenden Polygonselektion aus, umgekehrt wählt der SELEKTIONSFÜLLER aus einer bestehenden Kantenselektion die innerhalb befindlichen Polygone aus.

Neben den üblichen Auswahlverfahren und Umkehrungen lassen sich Selektionen im Zusammenhang vergrößern und verkleinern. Über den Befehl SELEKTION UMWANDELN konvertieren Sie zwischen Punkt-, Kanten- und Polygonauswahlen hin und her. Hier lege

ich Ihnen aber einen wesentlich schnelleren und sogar leicht zu merkenden Weg ans Herz: Halten Sie die [Strg]/[Ctrl]-Taste gedrückt, während Sie in einen anderen Bearbeitungsmodus wechseln. Die momentane Auswahl wird daraufhin automatisch in den neuen Bearbeitungstyp überführt.

Um Selektionen dauerhaft abzuspeichern, »frieren« Sie die Auswahl mit dem gleichnamigen Befehl ein ❶. Die gesicherte Auswahl liegt als Punkt-, Kanten- bzw. Polygon-Auswahl-Tag im Objekt-Manager und kann über die Optionen im Attribute-Manager (Abbildung 4) wiederhergestellt, ausgeblendet oder eingeblendet werden. Wenn Sie eine zusätzliche Auswahl abspeichern möchten, achten Sie darauf, dass kein Selektions-Tag im Objekt-Manager aktiv ist. Ansonsten überschreibt Cinema 4D die gesicherte Auswahl ohne Rückfrage.

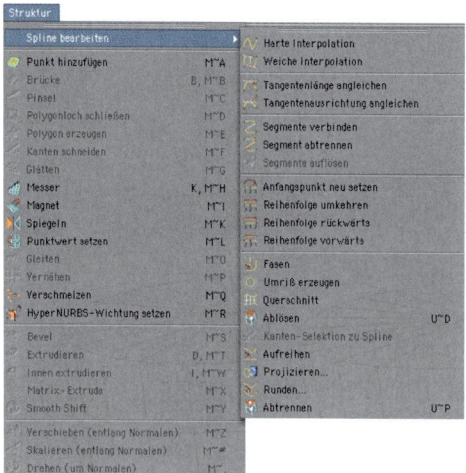

▲ **Abbildung 5**
SPLINE BEARBEITEN im Menü STRUKTUR

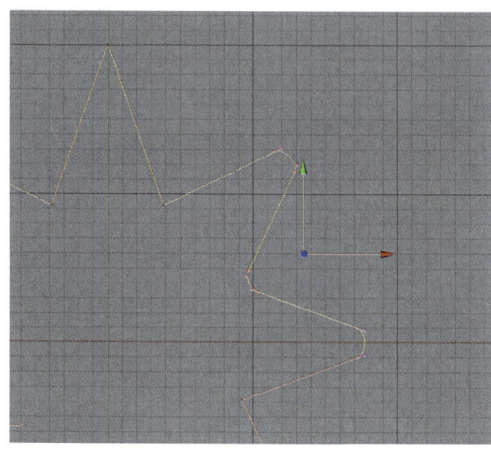

▲ **Abbildung 6**
Abrundung der Sternspitzen durch Fasen

## Spline-Werkzeuge

Im Menü STRUKTUR befindet sich neben den universell einsetzbaren Befehlen MESSER, MAGNET, SPIEGELN, PUNKTWERT SETZEN und VERSCHMELZEN, die wir bei den Polygon-Werkzeugen näher betrachten, auch ein Extramenü ausschließlich für die Spline-Bearbeitung (Abbildung 5).

Bei Bézier-Splines ist es möglich, die Interpolation und Tangentenführung selbst einzustellen. Mit den Funktionen zur harten und weichen Interpolation ändern Sie das Kurvenverhalten in den Punkten entsprechend um, die Tangentenlängen und deren Ausrichtung sind ebenso per Menübefehl anpassbar.

Des Weiteren finden Sie in diesem Menü Befehle zum Verbinden und Trennen von Spline-Segmenten (nicht Splines!) und zur Veränderung der Punktreihenfolge.

Es folgen drei interaktive Werkzeuge: Beim FASEN ziehen Sie aus einem beliebigen Punkt eine gerundete oder auch lineare Fase (Abbildung 6), mit UMRISS ERZEUGEN erstellen Sie eine Linie, die sich mit einstellbarem Abstand entlang des aktiven Splines legt, und mit QUERSCHNITT wird aus einer Spline-Gruppe innerhalb der aktuellen Ansicht an einer beliebigen Stelle ein Querschnitt erzeugt. Wie bei Werkzeugen üblich, können Sie im Attribute-Manager die Parameter einstellen.

ABLÖSEN verwenden Sie dann, wenn Sie ein Teilstück eines Splines ohne Verlust eines Punktes abschneiden möchten, im Gegensatz zum ABTRENNEN, wo zwischen dem letzten ausgewählten und dem Nachbarpunkt eine Lücke entsteht.

KANTEN-SELEKTION ZU SPLINE wandelt alle selektierten Kanten eines polygonalen Körpers in eine Bézier-Spline-Kurve um, die Sie dann zu NURBS-Objekten oder zu Spline-Deformationen verarbeiten können.

Der Befehl AUFREIHEN richtet alle zwischen zwei selektierten Punkten liegenden Spline-Punkte auf einer Linie aus. Sehr vielfältig verwendbar ist die Projizieren-Funktion. Damit

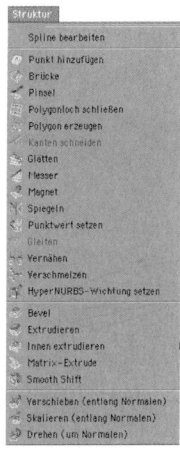

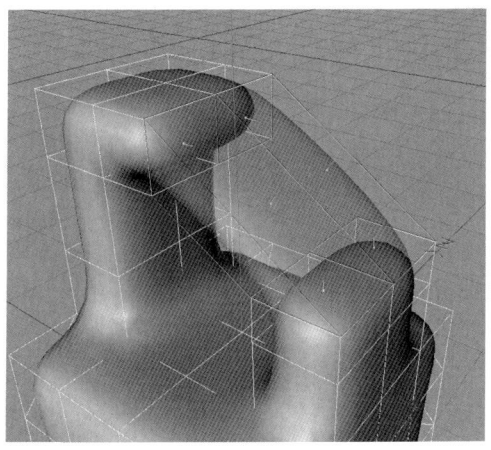
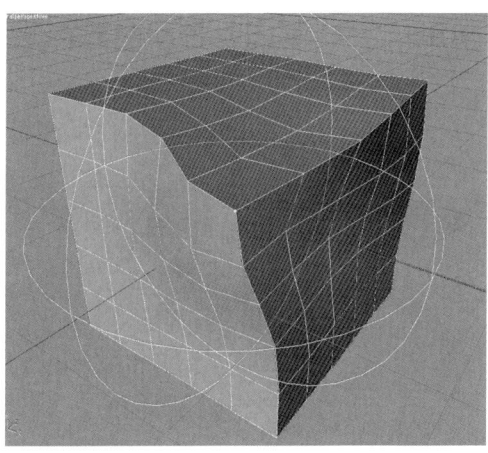

▲ **Abbildung 7**
Menü STRUKTUR

▲ **Abbildung 8**
Brücke-Werkzeug

▲ **Abbildung 9**
Pinsel-Werkzeug

projizieren Sie ein Spline auf ein beliebiges Objekt und erhalten einen neuen Spline, der sich aus dem Schnitt des Splines mit der Objektoberfläche aufbaut. Auf diese Weise lassen sich sehr elegant Bewegungspfade für Objekte erzeugen oder auch Flanschverbindungen vorbereiten. Die Projektion geschieht punktweise – je mehr Punkte Sie dem Spline zuweisen, desto exakter das Ergebnis.

Mit RUNDEN werden die Punkte der Selektion mit einstellbarer Punktanzahl und Interpolation gerundet.

## Polygon-Werkzeuge

Je nach aktiviertem Bearbeiten-Modus zeigt das Menü STRUKTUR die verwendbaren Werkzeuge bei der Arbeit mit Polygon-Objekten.

### Punkte hinzufügen
Dieses Werkzeug fügt den Flächen und Kanten des Objektes im Punkte-, Kanten- und Polygon-bearbeiten-Modus weitere Punkte hinzu. Achten Sie beim Anbringen der Punkte auf vermeidbare Dreiecke oder N-Gons.

### Brücke
Mit Brücken können Sie aus Punkten Polygone erzeugen oder unverbundene Objektteile durch neue Polygone verbinden.

Das Brücken-Werkzeug macht sich durch ein Brückensymbol neben Ihrem Mauszeiger bemerkbar. Verbinden Sie zwei adäquate Punkte der gegenüberliegenden Polygonflächen mit dem Werkzeug, und Cinema 4D erzeugt die gewünschte Brücke (Abbildung 8). Halb transparent erkennen Sie die aus den selektierten Polygonen gebildete Brücke.

Unterscheidet sich die Anzahl der zu überbrückenden Polygone, so erzeugt Cinema 4D an den kritischen Stellen Dreiecke.

### Pinsel
Mit dem Pinsel-Werkzeug (Abbildung 9) verformen Sie alle innerhalb des gelben Aktions-

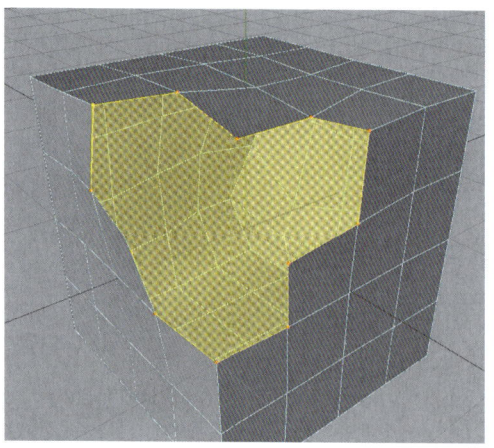

▲ **Abbildung 10**
Polygone erzeugen mit N-Gons

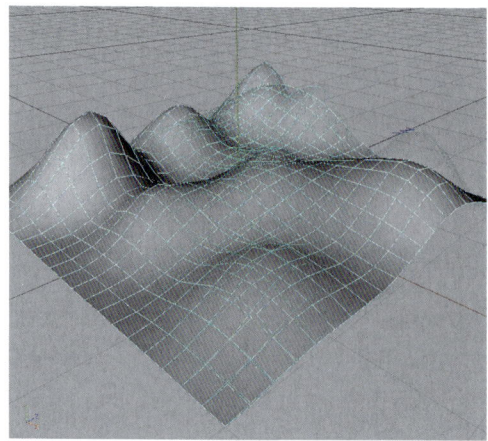

▲ **Abbildung 11**
Abflachen eines Objekts mit dem Glätten-Werkzeug

radius liegenden Objektteile. Im Prinzip malen Sie die Verformung auf. Abnahmeart, Malmodus und Stärken können Sie in den Optionen des Attribute-Managers festlegen, über die gedrückt gehaltene ⎡Strg⎤/⎡Ctrl⎤-Taste kehren Sie den Stärke-Wert zeitweilig um.

Vertex-Maps, welche die Verformung des Meshs durch Deformatoren regeln, können mittels Pinsel-Werkzeuge ebenfalls gemalt und bearbeitet werden.

### Polygonloch schließen

Löcher im Mesh lassen sich einfach mit dem Werkzeug POLYGONLOCH SCHLIESSEN flicken.

Fahren Sie mit dem Mauszeiger über das zu schließende Gitterloch. Cinema 4D erkennt das Loch und verfärbt den Vorschlag gelblich. Nach Bestätigung per Klick wird das Loch mit einem entsprechenden Polygon, im Zweifelsfall mit einem N-Gon, gefüllt.

### Polygone erzeugen

Ähnlich wie beim Brücken-Werkzeug ziehen Sie eine Werkzeuglinie der Reihe nach über die Punkte, um sie zu einem Polygon zusammenzuschließen (Abbildung 10). Über die Werkzeug-Einstellungen des Attribute-Managers bestimmen Sie, ob N-Gons dabei erstellt oder unterteilt werden.

### Kanten schneiden

Dank N-Gons kann das Schneiden der Kanten ohne größeres Kopfzerbrechen ablaufen. Selektieren Sie die zu schneidenden Kanten mit einstellbarem Offset, Skalierung und Unterteilung.

### Glätten

Seit Cinema 4D 9 verfügt die Werkzeugkiste über ein interaktives Bügeleisen. Mit dem Glätten-Werkzeug können Sie Unebenheiten im Mesh schnell und sogar interaktiv abflachen (Abbildung 11).

### Messer

Das Messer gehört zu den meistverwendeten Polygon- bzw. Spline-Werkzeugen und hat mit Version 9 die größte Überarbeitung erfahren.

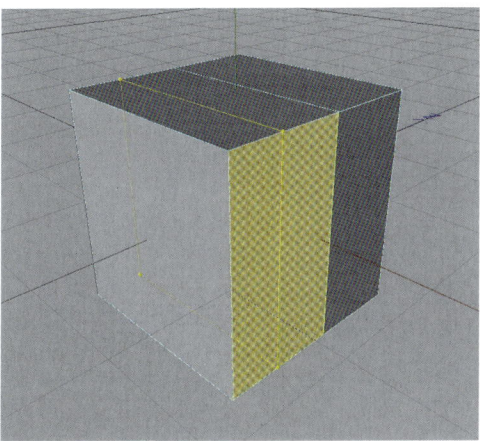

▲ **Abbildung 12**
Ebenen-Schnitt mit dem Messer-Werkzeug

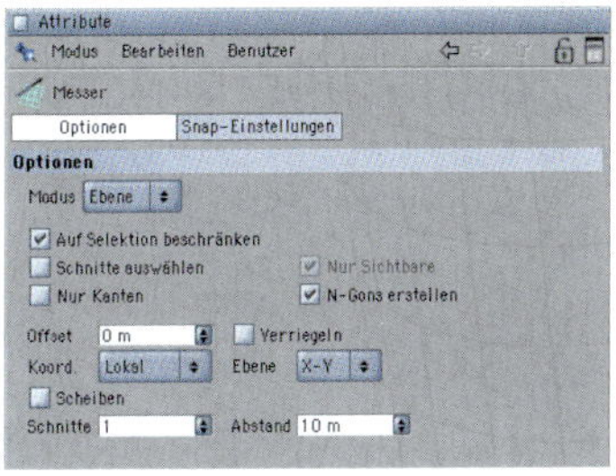

▲ **Abbildung 13**
Messer-Werkzeug im
Attribute-Manager

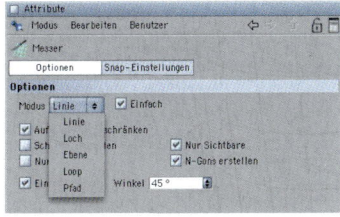

Abbildung 14 ▶
Einstellungen für
Linien-Schnitte

   Durch Schnitte unterteilen Sie die Flächen-objekte manuell (Abbildung 12). Damit erhö-hen Sie gezielt die Polygonzahl an den Stellen, die Sie schärfer ausarbeiten möchten. Dank der HyperNURBS-Wichtung können Sie auf den Einsatz des Messer-Werkzeuges aber manchmal auch verzichten.

   Für die Arbeit mit dem Messer lassen sich je nach Schnittart unterschiedliche Modi wählen (Abbildung 14). Im Modus LINIE schneiden Sie alle unter der Schnittlinie befindlichen Elemente einfach durch. Der Loch-Modus erlaubt, innerhalb eines Polygons Löcher zu schneiden. Dazu zeichnen Sie das freizuschnei-dende Stück im Editor in das Ausgangspoly-gon. Im Loop-Modus findet das Messer-Werk-zeug automatisch Kantenloops, die sich durch weitere Messerschnitte gezielt verfeinern oder erweitern lassen. EBENEN-Schnitte (Abbildung 12) schneiden ein Objekt grundsätzlich entlang der enthaltenen und im Attribute-Manager (Abbildung 13) definierten Ebenen auf.

   Im Pfad-Modus verwenden Sie eine Kanten- oder Polygon-Selektion, durch die das Messer-Werkzeug mittels gelber Vorschau eine Schnittlinie legt.

   Neben den Schnittmodi bietet das Messer auch einige Selektionsoptionen. Mit AUF SELEKTION BESCHRÄNKEN bzw. NUR SICHTBARE schneidet das Messer nur die momentan akti-ven bzw. sichtbaren Elemente, mit SCHNITTE AUSWÄHLEN werden alle Schnittlinien als Kanten selektiert.

   Außerdem lassen sich die Schnitte auf KANTEN und WINKEL beschränken, indem Sie die Einschränkung aktivieren und im Editor die ⬙-Taste gedrückt halten.

## Magnet

Der Magnet wirkt auf Punkte, Kanten und Polygone. Mit ihm ziehen Sie mit einstellbarer Kraft und Formung Punkte und Flächen aus dem Ursprungsobjekt heraus.

   Weil die Wirkung des Magnet-Werkzeugs am besten in der 3D-Ansicht zu beurteilen ist, halten Sie beim Ziehen im Editor die ⬙-Taste gedrückt, damit die Elemente senkrecht verschoben werden.

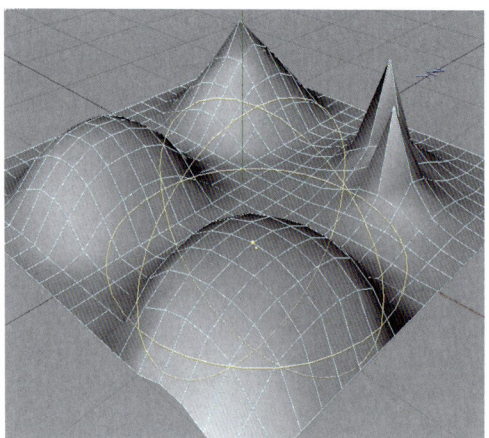

▲ **Abbildung 15**
Magnet-Werkzeug

◀ **Abbildung 16**
Magnet-
Werkzeug im
Attribute-
Manager

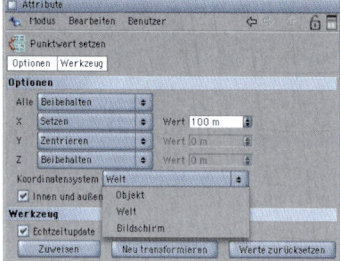

**Abbildung 17** ▶
Punktwerte setzen

Um eine Verformung nur dann stattfinden zu lassen, wenn ein expliziter Punkt aktiviert ist, schalten Sie die Option NÄCHSTER PUNKT aus. Die Option OBERFLÄCHE bewirkt, dass nur der Bereich der Objektoberfläche die Wirkung des Magneten spürt. Über die X-, Y- und Z-Koordinaten können die Modifikationen auch nummerisch mit Hilfe des Welt-, Objekt- oder Kamerakoordinatensystems angebracht werden. Mit STÄRKE, RADIUS und BREITE definieren Sie die Stärke und den Einflussbereich im Ganzen bzw. dessen Abnahme.

Hinter dem MODUS verbirgt sich letztendlich die Form, die aus dem Objekt herausgezogen wird (Abbildungen 15 und 16).

### Spiegeln

Punkte und Flächen von Splines und Polygonen spiegeln Sie mit dem gleichnamigen Struktur-Werkzeug. Im Attribute-Manager definieren Sie neben Koordinatensystem und Spiegelebene auch, was mit den Punkten passieren soll, die durch die Spiegelung doppelt vorhanden sind.

Das Spiegeln kann auch interaktiv mit der Maus geschehen. Wichtig ist dabei, dass Sie sich, bevor Sie in die Arbeitsfläche klicken, zum horizontalen bzw. vertikalen Rand hin orientieren. Daran richtet sich nämlich die Spiegelachse aus, die Sie mit gedrückter Maustaste an die vorgesehene Stelle platzieren. Sollten Sie aus Versehen eine falsche Spiegelachse erhalten, drücken Sie die ESC -Taste, das Werkzeug wird sofort zurückgesetzt, und Sie müssen keine falsche Spiegelung rückgängig machen.

### Punktwert setzen

Ein vielfältig benutzbares Werkzeug, mit dem die Koordinaten der selektierten Punkte zueinander zentriert, per Punktwert gesetzt oder beibehalten werden (Abbildung 17).

Das vormals separate Knittern-Werkzeug ist nun als Option in das Werkzeug PUNKTWERT SETZEN eingeflossen.

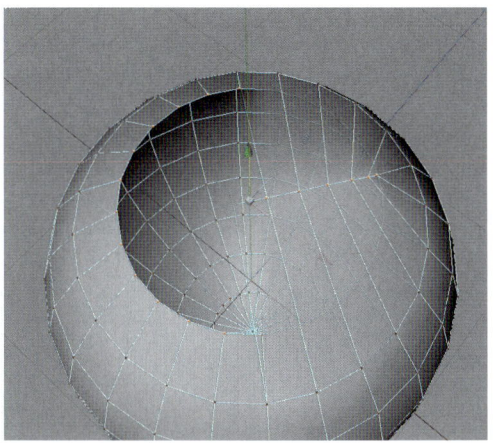

▲ **Abbildung 18**
Vernähen-Werkzeug

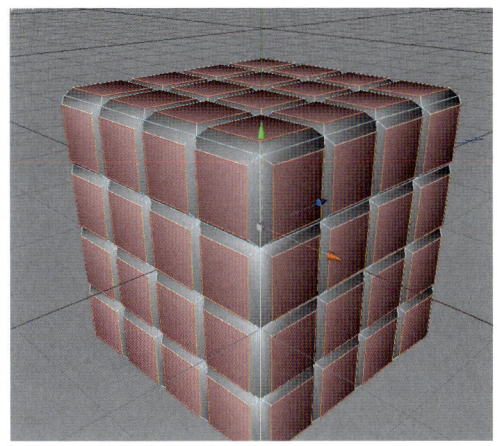

▲ **Abbildung 19**
Bevel-Werkzeug

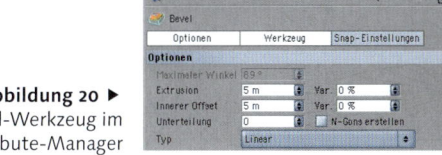

Abbildung 20 ▶
Bevel-Werkzeug im
Attribute-Manager

## Gleiten

Mit dem Gleiten-Werkzeug verschieben Sie
selektierte Punkte und Kanten entlang ihrer
zugehörigen Kanten.

Das Verschieben eines Punktes ist maximal
bis zum nächstliegenden Punkt erlaubt, Kanten
dürfen bis zu den benachbarten Grenzpunkten
verschoben werden.

## Vernähen

Das Vernähen-Werkzeug reduziert bzw. verbindet die ausgewählten Punkte oder Kanten
auf eine einzige Punktereihe (Abbildung 18).

Bei gedrückter ⌂ -Taste kommt stattdessen ein N-Gon als »Flicken« zum Einsatz, bei
gedrückter Strg / Ctrl -Taste werden die
Punkte der selektierten Kanten in der Mitte
der Punktepaare vernäht.

## Verschmelzen

Verschmelzen geht noch einen Schritt weiter.
Es verschmelzt die ausgewählten Punkte auf

einen per gelber Editorvorschau bestimmba-
ren Zielpunkt.

## Bevel

Das Bevel-Werkzeug kümmert sich bei den
Polygonen um die Abkantung (Abbildung 19).
Dabei zieht das Werkzeug die Polygone etwas
nach außen und extrudiert sie anschließend
nach innen.

Es ist möglich, bestimmte Werte über die
Werkzeug-Einstellungen vorzugeben (Abbildung 20) und natürlich auch das Bevelling
interaktiv mit der Maus zu steuern.

Über die Einstellungen im Attribute-Manager legen Sie unter anderem fest, welche
Extrusionshöhen, welcher Versatz (OFFSET) der
inneren Extrusion und wie viele Unterteilungen sich ergeben sollen. Auch hier haben Sie
mit zwei Variationsfeldern wieder die Option,

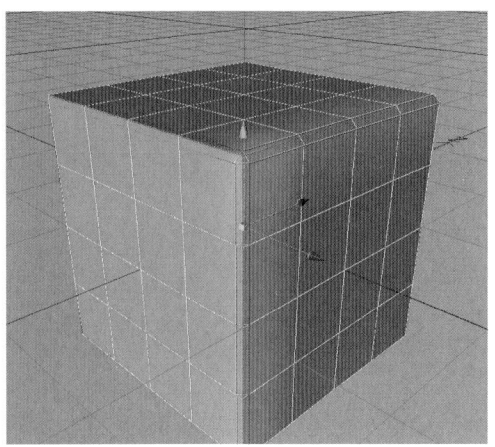

▲ **Abbildung 21**
Bevelling von Polygonkanten

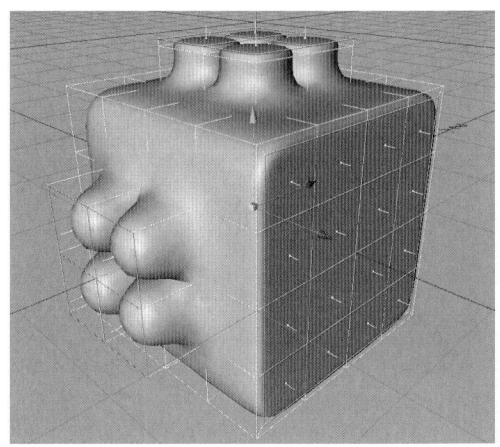

▲ **Abbildung 22**
Werkzeug EXTRUDIEREN und INNEN EXTRUDIEREN

unregelmäßige Operationen durchzuführen. Wenn GRUPPEN ERHALTEN aktiviert ist, werden zusammenhängende Polygone als Ganzes gebevelt, ansonsten gilt das Bevelling für jedes Polygon einzeln.

Besonders interessant ist das Bevel-Werkzeug für die Abkantung von geschnittenen oder »gebooleten« Polygonkanten, die ansonsten zu scharfkantig und unrealistisch aussehen würden (Abbildung 21).

### Extrudieren und Innen extrudieren

Beim Extrudieren werden die ausgewählten Punkte, Kanten oder Polygone dupliziert und entlang der Flächennormalen in die gewünschte Richtung verschoben. Bei INNEN EXTRUDIEREN werden die Polygone dagegen nach innen senkrecht zur Flächennormalen versetzt.

Dies kann interaktiv mit der Maus erfolgen, für exakte Kontrolle des Versatzes steht Ihnen wie immer der Atribute-Manager zur Verfügung. Dabei spielen auch wieder die Option GRUPPEN ERHALTEN und ebenfalls auf Wunsch

regulierbare Variationen eine gewichtige Rolle. Etwas gewöhnungsbedürftig, aber logisch ist die Tatsache, dass anders als beispielsweise beim Verschiebe- und Skalierungswerkzeug die Operation mit dem Loslassen der Maustaste endet. Was bedeutet, dass beim erneuten Ziehen mit der Maus bereits eine neue Extrusion beginnt.

Drei Extrusionen hat der HyperNURBS-Würfel in Abbildung 22 mitgemacht: auf der oberen Seite die mittleren vier Polygone mit eingeschalteter Option GRUPPEN ERHALTEN, links ohne. Rechts wurden alle Seitenpolygone nach innen extrudiert, um eine Kante zu schaffen.

Maximale Kontrolle beim Extrudieren gewährt der Attribute-Manager (Abbildung 23). Neben dem maximalen Winkel, bei dem die Option GRUPPEN ERHALTEN beibehalten wird, können Sie den Versatz (Offset) und die Variation des Ergebnisses regeln. Außerdem können Sie die Extrusion automatisch gleichmäßig unterteilen lassen.

◀ **Abbildung 23**
Extrudieren-Werkzeug im Attribute-Manager

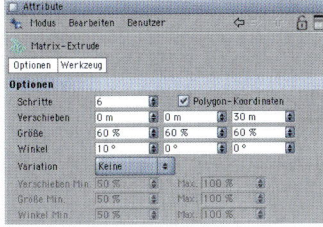

**Abbildung 24** ▶
Matrix-Extrude im Attribute-Manager

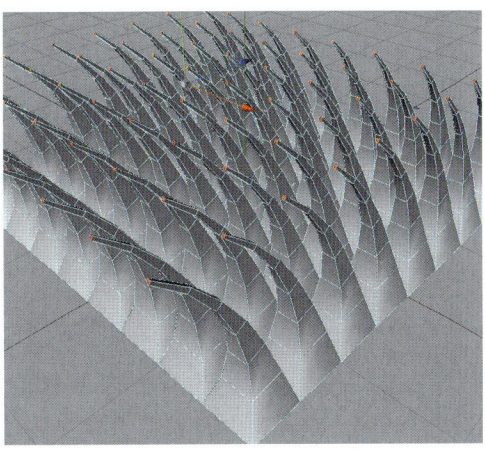

▲ **Abbildung 25**
Matrix-Extrude-Werkzeug

## Matrix-Extrude

Matrix-Extrude ist eine Art Mischung aus den Extrude- und Klonen-Befehlen mit der zusätzlichen Feinheit, dass die ausgewählten Flächen nicht direkt geklont, sondern in Klonschritten extrudiert werden (Abbildung 25).

Die im Attribute-Manager angebotenen Parameter SCHRITTE, Versatz (VERSCHIEBEN), GRÖSSE, WINKEL und VARIATION können Sie seit Cinema 4D 9 ausprobieren und sofort in Echtzeit im Editor begutachten. Mit Matrix-Extrude lassen sich komplexe Objekte wie Fell und Grasflächen relativ unkompliziert bewerkstelligen.

## Smooth Shift

Smooth Shift extrudiert zusammenliegende Flächen zusammenhängend.

Die Extrusion erfolgt entlang der Flächennormalen, aber unter Berücksichtigung der Normalen der angrenzenden Polygone – die Extrusion ist weicher (smooth). Flächen, die bei normaler Extrusion auseinander gerissen würden, füllt Smooth Shift mit Polygonen auf.

## Verschieben/Skalieren/Drehen (entlang/um Normalen)

Die Werkzeuge arbeiten so, wie Sie es vom normalen Verschieben, Skalieren und Rotieren gewohnt sind, nur eben mit dem Unterschied, dass die Modifikation sich an den Normalen der selektierten Polygone orientiert – womit es sich für gekrümmte und schräge Flächen anbietet. Die Flächennormale erkennen Sie immer am gelben Pfeil, der die Richtung der Normalen anzeigt.

Wie gewohnt können Sie, statt interaktiv zu modifizieren, die Parameter im Attribute-Manager eintragen.

## Modelling-Funktionen

Im Menü FUNKTIONEN befinden sich weitere wertvolle Modelling-Funktionen, die für die Arbeit mit Splines, Polygonen und Objekten von großer Bedeutung sind (Abbildung 26).

Über ANORDNEN richten Sie eine Gruppe von Objekten (oder auch Splines) entlang

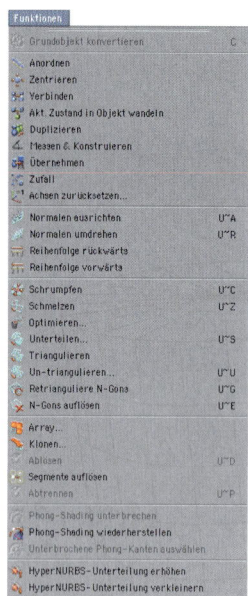

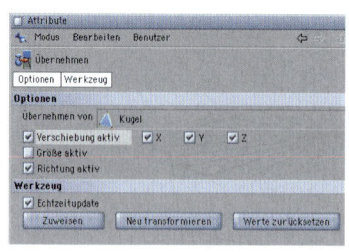

▲ **Abbildung 27**
Übernehmen-Funktion

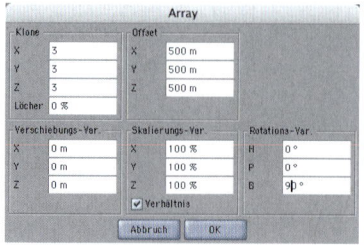

▲ **Abbildung 29**
Array-Funktion

◄ **Abbildung 28**
Unterteilen-Funktion

◄ **Abbildung 26**
Menü FUNKTIONEN

**Abbildung 30** ►
Klonen-Funktion

eines zu definierenden Splines aus. Objekt-orientiertes Ausrichten ist mit dem Befehl ZENTRIEREN möglich. Mit VERBINDEN verschmelzen Sie zwei oder mehr Objekte miteinander. Dabei werden aber keine Pfade verbunden, die Objekte oder Splines ergeben auch, wenn sie sich nicht überschneiden oder berühren, ein gemeinsames Objekt. Oft ergeben sich bei der Arbeit brauchbare Zwischenstadien, die Sie für andere Zwecke weiterverwenden wollen. Der Befehl AKTUELLEN ZUSTAND IN OBJEKT WANDELN tut genau das – egal ob Objekt oder Spline.

DUPLIZIEREN Sie ein Objekt, so können Sie vorab einstellen, wie viele Objekte wie oft und mit welchen Verschiebe- und Rotationsdaten am Ende vorliegen sollen.

Die Übernehmen-Funktion adaptiert – je nach Wahl – Position, Größe und Richtung eines anderen Objektes. Sinnvoll ist dies in erster Linie bei gleichartigen, korrespondieren-den Objekten und Splines (Abbildung 27).

ZUFALL platziert Ihnen eine Anzahl von Objekten wie zufällig in den Raum. Verzerrte Objektachsen bringen Sie durch ACHSEN ZURÜCKSETZEN wieder in Ordnung.

Wenn Sie feststellen, dass beispielsweise aus Punkten erzeugte Polygone fehlerhaft erscheinen, korrigieren Sie die Normalen über die Befehle NORMALEN AUSRICHTEN oder NORMALEN UMDREHEN.

SCHRUMPFEN skaliert die selektierten Punkte, Kanten und Polygone auf null und verschmelzt sie miteinander.

Wenn wir schon beim Schmelzen sind: Der so lautende Befehl schmelzt Punkte, Kanten und Polygone weg, um sie im Zweifelsfall durch N-Gons zu ersetzen.

Über OPTIMIEREN untersucht Cinema 4D die aktive Selektion nach doppelten oder überflüssigen Punkten oder Flächen. In vielen Fällen lassen sich dadurch der Speicherbedarf optimieren und Störfaktoren ausschalten.

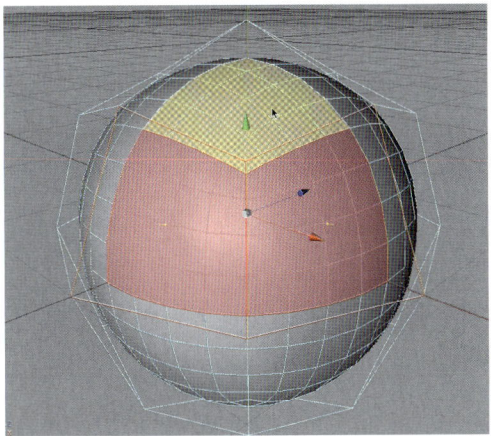

▲ Abbildung 31
Arbeiten an HyperNURBS-Polygonen mit Isoline-Editing

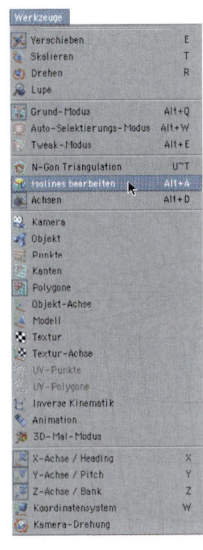

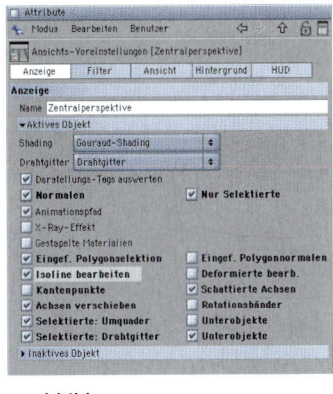

▲ Abbildung 33
Aktivieren der Isoline-Bearbeitung in
den Ansichts-Voreinstellungen

◀ Abbildung 32
Aktivieren der Isoline-Bearbeitung im
Werkzeuge-Menü

Mit UNTERTEILEN (Abbildung 28) zergliedern Sie Objekte und Splines nach Bedarf. Die Option HYPERNURBS-UNTERTEILUNG sorgt dafür, dass die Teilung nach programminternen idealen HyperNURBS-Vorgaben geschieht, mit entsprechender Rundung und Konvertierung in möglichst viele Viereckspolygone.

TRIANGULIEREN wandelt die Vierecke einer Selektion bzw. eines Objektes in Dreiecke um. Möchten Sie dagegen vorhandene Dreiecke in Vierecke umwandeln, so ist der Befehl UN-TRIANGULIEREN einen Versuch wert. Er funktioniert aber nur, wenn die Dreieckspolygone nebeneinander plan sind.

Wie Sie bereits wissen, werden N-Gons intern in Dreiecke bzw. Vierecke umgewandelt. RETRIANGULIERE N-GONS stellt sicher, dass auch beim Verschieben von N-Gon-Punkten anhand des internen Triangulierers gearbeitet wird. Über N-GONS AUFLÖSEN können Sie manuell N-Gons in drei- bzw. vierseitige Polygone auflösen, um gegen spätere Überraschungen gefeit zu sein.

ARRAYS (Abbildung 29) und KLONE (Abbildung 30) bieten mehr Optionen als das normale Duplizieren. Beiden Funktionen gemeinsam ist die Tatsache, dass die selektierten Punkte oder Polygone dupliziert und mit einstellbarem Versatz, Skalierung, Rotation und zugehörigen Variationswerten platziert werden. Beim Array haben Sie zusätzlich die Möglichkeit, die Aufstellung der Klone genau zu steuern.

## Isoline-Editing

Maxon hat sich bei Version 9 wohl gedacht, dass Arbeiten mit Polygonen und HyperNURBS schon genug abstraktes Denken verlangt, warum also nicht das Modellieren durch eine realistische geglättete Anzeige anstatt des rohen Polygon-Modells erleichtern?

Diese Funktionalität ermöglicht Ihnen das Isoline-Editing, ein Beispiel sehen Sie in Abbildung 31. Vor Version 9 wären gerade einmal

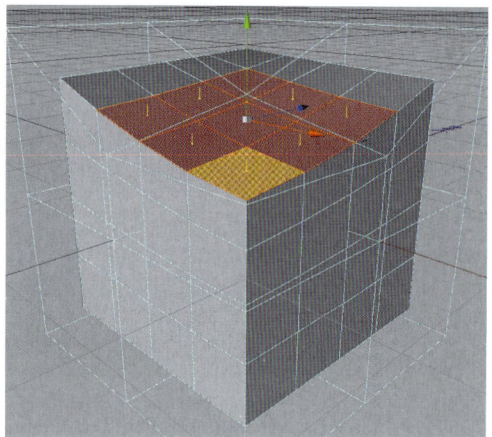

▲ **Abbildung 34**
Arbeit an deformierten Polygonen mit Deformed Editing

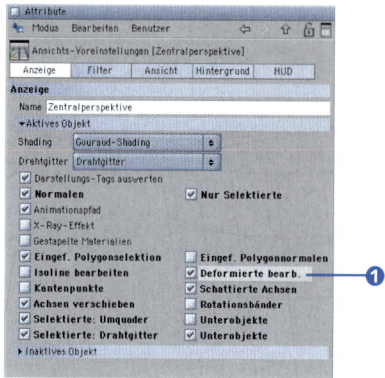

▲ **Abbildung 35**
Aktivierung von Deformed Editing
über die Ansichts-Voreinstellungen

die selektierten Vierecke sichtbar gewesen, Isoline-Editing zeigt dagegen die per Hyper-NURBS geglätteten Polygone sauber an.

Um diese Anzeige- bzw. Bearbeitungsfunktion zu aktivieren, finden Sie im Menü Werkzeuge die Funktion Isolines bearbeiten (Abbildung 32). Alternativ können Sie auch in den Ansichts-Voreinstellungen (Abbildung 33) definieren, dass Isolines stets angezeigt werden sollen.

Nicht alle Werkzeuge arbeiten mit dem geglätteten Darstellungsmodus zusammen. Erschrecken Sie also nicht, wenn Cinema 4D zur Darstellung das Isoline-Editing zwischenzeitlich abschaltet.

## Deformed Editing

Ähnlich wie beim Isoline Editing verhält es sich mit dem Deformed Editing. Es ist einfach wesentlich einfacher und übersichtlicher, am deformierten Objekt zu arbeiten, als sich mit Verzerrungsvorstellungen zu plagen.

Mit Deformed Editing zeigt Ihnen Cinema 4D durch Deformatoren wie FFD, Bones, Biegen, Verdrehen etc. verformte Objekte mitsamt allen Objektinformationen im Editor an (Abbildung 34).

Um die Anzeige der deformierten Polygone anzuschalten, rufen Sie die Ansichts-Voreinstellungen auf und aktivieren den Punkt Deformierte bearbeiten **1**.

Wie auch beim Isoline-Editing schaltet der Editor zeitweise das Deformed Editing ab, wenn ein Werkzeug nicht mit dem Darstellungsmodus zurechtkommt.

## Messen und Konstruieren

Dieses mächtige, neue Werkzeug aus dem Menü Funktionen habe ich mir separat für den Schluss aufgehoben.

Natürlich kann es lediglich zum Messen und Abspeichern von Distanzen und Winkeln verwendet werden, seine volle Funktionalität entfaltet das Werkzeug Messen und Kon-

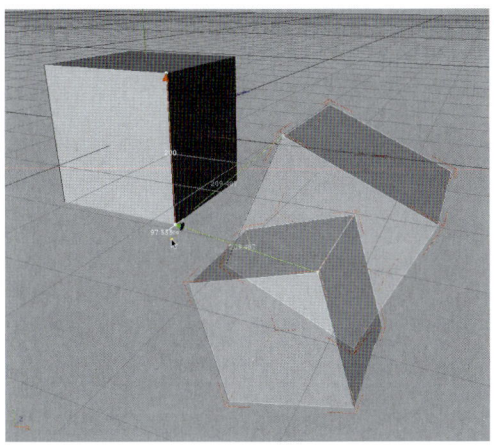

**▲ Abbildung 36**
Werkzeug MESSEN UND KONSTRUIEREN

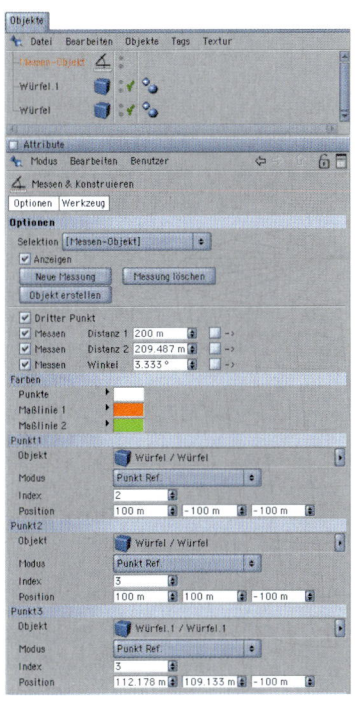

◀ **Abbildung 37**
Optionen MESSEN UND
KONSTRUIEREN im
Attribute-Manager

STRUIEREN aber erst mit der Möglichkeit zum interaktiven bzw. nummerischen Verändern der an bzw. zwischen den bis zu drei unterschiedlichen Objekten liegenden Distanzen und Winkel (Abbildung 36).

Die Arbeit mit dem Messen-Werkzeug ist anfangs etwas gewöhnungsbedürftig. Das bzw. die an der Messung beteiligten Objekte müssen im Objekt-Manager selektiert sein, sonst schnappen die Pfeilspitzen und -enden der Maßlinien nicht ein. Mit aktivem Werkzeug MESSEN UND KONSTRUIEREN verschieben Sie nun entweder die sichtbare Standard-Maßlinie oder setzen die Distanz mit gleichzeitig gedrückter ⬦ - und Strg / Ctrl -Taste neu fest. Die an der Messung beteiligten Objekte, Distanzen und Winkel werden in die entsprechenden Felder des Attribute-Managers eingetragen (Abbildung 37).

Das Messen-und-Konstruieren-Werkzeug hätte seinen Namen aber nicht verdient, wenn sich die Distanzen und Winkel nicht interaktiv verändern ließen. Dazu klicken Sie im Editor auf den gewünschten Anzeigewert und ziehen ihn mit der Maus entsprechend kleiner oder größer (Abbildung 36).

Wenn Sie die Maßlinien weiterverwenden möchten, halten Sie die ⬦ -Taste gedrückt, um die rote Pfeilspitze zu verschieben, bzw. die Ctrl -Taste gedrückt, um die grüne Pfeilspitze zu versetzen.

Ein Klick auf den Button OBJEKT ERSTELLEN genügt, um die Messung in ein eigenes Objekt zu übertragen, das Sie im Objekt-Manager jederzeit aufrufen können. Über die Buttons NEUE MESSUNG bzw. MESSUNG LÖSCHEN erstellen bzw. löschen Sie die bis dahin im Menü SELEKTION zwischengespeicherten Messungen.

# Modelling-Objekte
*Boole, Metaballs, Instanzen, Symmetrien ...*

*Hinter den Modelling-Objekten verbergen sich neben kleinen Helferlein, die das Arbeiten mit Cinema 4D wesentlich erleichtern, auch so essenzielle Modelling-Tools wie Metaballs und boolesche Operationen.*

Modelling-Objekte unterstützen Sie weniger beim Modellieren selbst, sondern eher beim Umgang mit modellierten Objekten. Besonders wenn es sich um zeitraubende Tätigkeiten wie dem Handling vieler Duplikate oder dem Erstellen von symmetrischen Formen handelt, kommen sie zum Einsatz (Abbildung 1 und 2).

**Array-**, **Instanz-** und **Symmetrie-Objekte** sorgen durch Duplizieren, Anordnen oder auch Spiegeln von Objekten dafür, dass Sie beim Umgang mit sich wiederholenden Objekten oder Geometrien keine Doppelarbeit leisten müssen. Ihnen ist gemeinsam, dass sie die Objekte nicht verändern, sondern Duplikate bzw. Spiegelungen der Ausgangsobjekte erstellen und verwalten.

Boolesche Operationen und Animationen erledigt das **Boole-Objekt**. Seine Ausgangsobjekte sind nachträglich und in Echtzeit manipulier- und austauschbar, was das Arbeiten sehr flexibel und die Animation logisch und überschaubar macht. Nach einer ausgiebigen Public-Beta-Phase ergänzt der überarbeitete, qualitativ wesentlich bessere »Better Boole«-Algorithmus seit Cinema 4D 8.5 das in die Jahre gekommene alte Boole-Objekt.

**Metaballs** vertreten in manchen Programmen eine eigenständige Modelling-Architektur. Die Einsatzmöglichkeiten der Metabälle sind beim Modelling ziemlich eingeschränkt, dafür spielen sie ihre Stärken besonders bei der Animation von Flüssigkeiten in Zusammenarbeit mit dem internen Partikelsystem oder dem Modul Thinking Particles aus.

Aus der Reihe fällt das **Arbeitsebenen-Objekt**, das Ihnen eine frei definierbare Hilfsebene bereitstellt.

Das **Atom-Array** baut aus dem ihm zugeordneten Objekt im Handumdrehen ein aus dem gefürchteten Chemie-Unterricht bekanntes Atom-Gebilde.

Das **Null-Objekt** ist ein Tausendsassa. Sorgt es im einen Fall durch die Gruppierung von Objekten für Übersicht, verleiht es im nächsten Fall einem Objekt eine zusätzliche Achse, um dann einem anderen Objekt wie einer Lichtquelle zu einer eigenen Geometrie zu verhelfen.

Dies als kleiner Überblick zu den verschiedenen Modelling-Objekten. Was Sie im Einzelnen beim Umgang berücksichtigen sollten, erfahren Sie auf den folgenden Seiten.

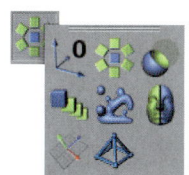

◄ **Abbildung 1**
Modelling-Objekte:
Null-Objekt, Array,
Boole, Instanz, Meta-
ball, Symmetrie,
Arbeitsebene,
Atom-Array

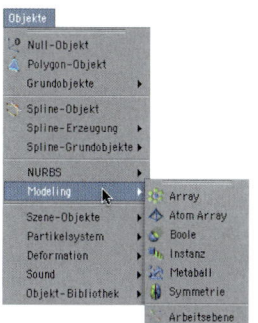

▲ **Abbildung 2**
Modelling-Objekte-
Menü

▲ **Abbildung 3**
Array

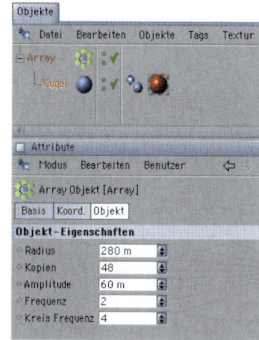

▲ **Abbildung 4**
Array, Ausgangsobjekt und
Einstellungen

# Array

Das Array-Objekt erzeugt aus dem ihm untergeordneten Objekt (Abbildung 4) Duplikate,
die von oben betrachtet kreisförmig und von
der Seite betrachtet wellenförmig angeordnet
werden.

Der Clou an der Sache: Die Y-Position
der einzelnen Array-Elemente – also die
Welle – ist animiert. Abbildung 3 zeigt ein
Array aus roten Kugeln in Aktion mit den
Dialogeinstellungen aus Abbildung 4.

Wie oft in der Sekunde jedes Objekt einen
Wellendurchlauf vollführen soll, geben Sie im
Feld FREQUENZ an. Die AMPLITUDE definiert
den kompletten Ausschlag (Y-Richtung) der
Array-Elemente.

Wie viele Wellenspitzen sich im Umlauf
des Kreises befinden, lässt sich im Feld KREIS-
FREQUENZ angeben.

Als Achsenmittelpunkt verwendet das
Array-Objekt den Ursprungspunkt des untergeordneten Ausgangsobjektes.

Die gesamten Animationseinstellungen
(Frequenz und Amplitude) erfolgen über den
Einstellungsdialog, die Animation läuft also
zeitleistenunabhängig. Variationen und Feineinstellungen können aber sehr einfach über
die Parameterspur der Zeitleiste vorgenommen werden.

Abbildung 6 ▶
Boolesche Operationen

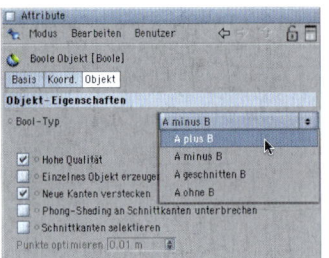

◀ Abbildung 5
Boole-Optionen

## Boole

Die boolesche Operation gehört zu den bekanntesten und meistverwendeten Modelling-Objekten.

Zwei Objekte, die sich im Boole-Objekt befinden, werden gemäß den Einstellungen des Boole-Objektes (Abbildung 5) verrechnet. Abbildung 6 zeigt die vier Möglichkeiten nebeneinander, dabei ist der rote Würfel Objekt A, die orange Kugel Objekt B.

Aus den Objekten können wahlweise eine Subtraktion (A MINUS B, links), eine Vereinigung (A PLUS B, Mitte links), eine Schnittmenge (A GESCHNITTEN B, Mitte rechts) oder ein einfacher Schnitt (A OHNE B, rechts) entstehen. Die Schnittflächen der Körper behalten ihre zugewiesene Farbe. Cinema 4D greift zur Verrechnung der Objekte auf deren Oberflächen zurück. Die Oberflächenanteile, die vom Kugel-Objekt stammen, behalten also ihr oranges Material. Sollten Sie Objekten vor der booleschen Operation schon Materialien zugewiesen haben, müssen Sie das Material neu bzw. eben dem Boole-Objekt zuweisen. Meh-

rere Boole-Objekte dürfen selbstverständlich ineinander verschachtelt sein; und wollen Sie zum Beispiel mehrere Objekte von einem Ausgangsobjekt abziehen, so gruppieren Sie die jeweiligen Objekte einfach.

Zur Verwendung des hochwertigen Boole-Algorithmus aktivieren Sie HOHE QUALITÄT in den Einstellungen des Boole-Objekts (Abbildung 5). Je höher die Objekte unterteilt sind, desto höher fällt auch die Qualität des Boole-Ergebnisses aus.

Die Option EINZELNES OBJEKT ERZEUGEN generiert eben dieses über den Befehl AKTIVEN ZUSTAND IN OBJEKT WANDELN. NEUE KANTEN VERSTECKEN lässt die optisch etwas chaotisch wirkenden Dreieckskanten des Booles im Editor verschwinden. Wenn die Phong-Glättung an den Schnittkanten unterbrochen werden soll, aktivieren Sie die gleichnamige Option. Um die Schnittkanten nach Anwendung des Booles weiterzubearbeiten, lassen Sie die Schnittkanten automatisch selektieren. PUNKTE OPTIMIEREN fasst bei der Erzeugung

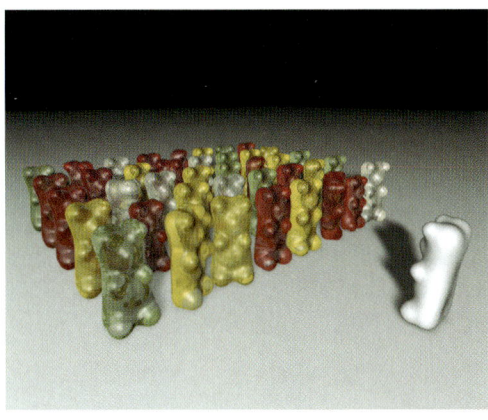

▲ **Abbildung 7**
Der Originalbär (rechts) und seine Instanzen

Abbildung 8 ▶
Instanzen beim
Duplizieren erstellen

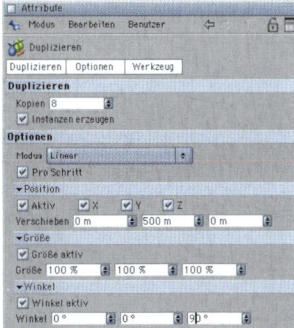

Abbildung 9 ▶
Instanz-Option

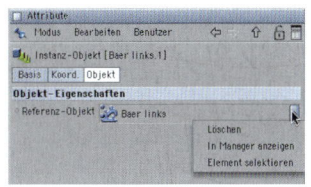

eines einzelnen Objekts Punkte innerhalb einer Toleranzgrenze zu einem einzigen Punkt zusammen.

## Instanz

Eine Instanz ist ein Abbild eines ihm zugeordneten Objektes. Das Erstellen einer Instanz geschieht entweder über das Modelling-Objekt INSTANZ aus der zugehörigen Palette oder dem Menübefehl oder auch bei Verwendung der Duplizieren-Funktion (Menü FUNKTIONEN · DUPLIZIEREN, Abbildung 8).

Im Instanz-Dialog (Abbildung 9) des Instanz-Objektes ist lediglich vermerkt, welches Objekt als Bezugsobjekt dienen soll. Ein Instanz-Objekt besitzt im Prinzip keine eigene Geometrie; ändern Sie also das Mutterobjekt ab, so wird diese Modifikation automatisch auf alle Abbilder (Instanzen) übertragen, die das gleiche Mutterobjekt als Bezugsobjekt haben. Möchten Sie später jedoch statt Instanzen lieber gänzlich eigenständige Objekte modifi-

zieren, wandeln Sie die Instanzen einfach über den Befehl GRUNDOBJEKT KONVERTIEREN (Taste C ) um.

Trotzdem beinhalten die Instanzen genug Eigenleben für individuelle Gestaltung. Positions-, Größen- und Rotationsänderungen am Mutterobjekt berühren die Instanzen nicht.

Alle anderen Eigenschaften wie Aussehen (Modellierung), Material etc. überschreiben, sobald sie definiert sind, die Eigenschaften des Instanz-Objekts.

Sehen wir uns als Beispiel die Abbildung 7 an. Mutterobjekt ist der weiße Bär rechts. Die anderen 64 Bären sind allesamt Instanzen des Mutterobjektes. Sie besitzen unterschiedliche Positionen, Rotationen und Größen sowie verschiedene Materialeigenschaften. Änderte man nun das (nicht definierte) Material des Bären in ein Rot, Gelb oder Grün, so übernähmen alle Instanzen diese Modifikation, auch wenn ihnen ein separates Material zugeordnet ist. Skalieren Sie dagegen das Mutterobjekt, blieben die Instanzen davon unberührt.

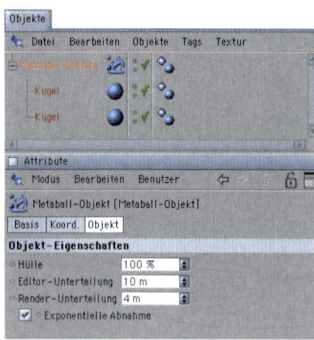

▲ **Abbildung 10**
Metaball-Objekt und -Einstellungen

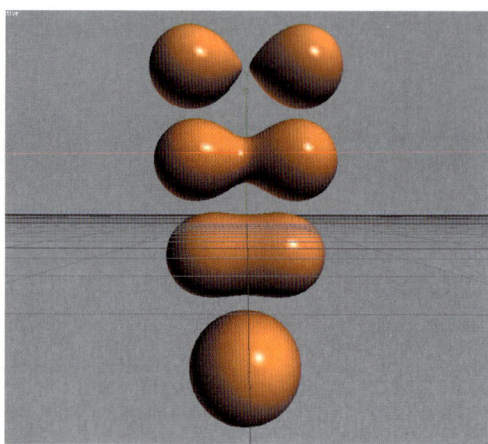

▲ **Abbildung 11**
Metaball-Objekte mit positivem Einfluss

# Metaballs

Die Grundidee der Metaballs reicht bis an den Anfang der Achtzigerjahre zurück, als man versuchte, chemisch-physikalische Zusammenhänge mit Hilfe von sich gegenseitig anziehenden, verschmelzenden oder abstoßenden Grundkörpern zu visualisieren.

Das Metaball-Objekt in Cinema 4D stellt eine Art Hülle zur Verfügung, die sich je nach Einstellung mehr oder weniger genau über dessen Unterobjekte zieht. Dabei können Sie parametrische Objekte, Splines und Polygon-Objekte als Unterobjekte (Abbildung 10) verwenden. Punktinformationen, wie sie beispielsweise beim Würfel-Grundobjekt, bei Splines und Polygon-Objekten vorkommen, interpretiert das Metaball-Objekt als Kugeln.

Mit Klick auf das Metaball-Symbol im Objekt-Manager lassen sich die zugehörigen Optionen (Abbildung 10) einstellen. Der HÜLLE-Wert gibt an, mit welcher Genauigkeit die Hülle über die einzelnen Metaball-Objekte

gestülpt wird. Die Render- und Editor-Unterteilungen kümmern sich um die Darstellung bzw. Glättung der Objekte. Da dies massiven Einfluss auf die Performance Ihres Rechners ausübt, versuchen Sie, die Editor-Unterteilung nicht zu fein anzusetzen.

Natürlich sollten beide Werte auch nicht allzu weit auseinander liegen, sonst differieren Arbeitsobjekt und Ergebnis zu sehr. Die Option EXPONENTIELLE ABNAHME bezieht sich auf die Hülle, die dadurch zwischen den Punkten etwas enger anliegt und ein organischeres Aussehen annimmt.

### Positive und negative Einflüsse

Alle Elemente, die sich als Unterobjekte im Metaball-Objekt befinden, üben zunächst standardmäßig positiven Einfluss aufeinander aus. Dies bedeutet, dass Objekte, die nahe zusammenliegen, optisch miteinander verschmelzen (Abbildung 11).

Neben der Positionierung liegt eine weitere Steuerungsmöglichkeit der Metaball-Objekte

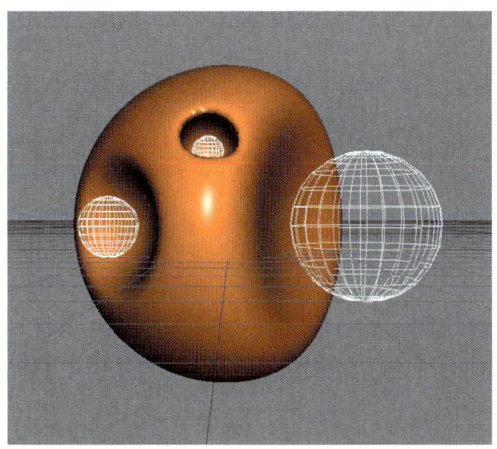

▲ **Abbildung 12**
Metaball-Objekt mit negativem Einfluss

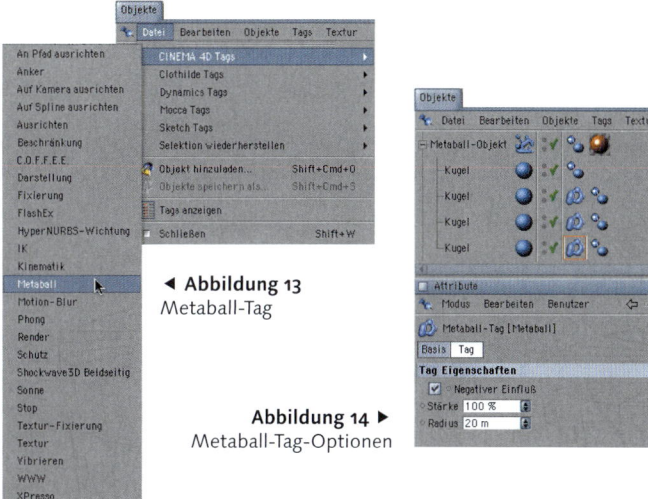

◀ **Abbildung 13**
Metaball-Tag

**Abbildung 14** ▶
Metaball-Tag-Optionen

im Variieren der Größe der Elemente. Je größer das Unterobjekt ist, desto mehr nimmt es auch Einfluss auf das spätere Aussehen des gesamten Metaball-Objekts.

Wenn es eine positive Anziehung von Metaball-Elementen gibt, muss es auch eine negative Anziehung – also eine Abstoßung zweier Objekte – geben. Abbildung 12 zeigt zwei Metaball-Objekte, die mit Unterelementen von negativem Einfluss versehen sind.

Cinema 4D stellt im Editor nur die Objekte mit positivem Einfluss dar. Die obere Kugel verformt sich aufgrund einer anderen gleich großen Kugel mit negativem Einfluss. Bei der unteren Kugel sitzt links eine negative Kugel innerhalb des Radius der großen Kugel sowie eine kleine Kugel rechts mit relativ geringem Einfluss – eine kleine Deformation in Form einer Delle entsteht.

**Metaball-Tags**

Um den Objekten einen negativen Einfluss zu verleihen und um die Einzelelemente noch genauer kontrollieren zu können, benötigen Sie ein Metaball-Tag.

Metaball-Tags erstellen Sie über den Objekt-Manager im Menü DATEI · NEUES TAG · METABALL-TAG (Abbildung 13) oder auch über das Kontextmenü per rechter Maustaste bzw. Ctrl-Taste. Diese Tags weisen Sie den Unterobjekten des Metaball-Objekts zu und stellen für jedes Element die gewünschten Parameter ein (Abbildung 14).

Außer einem Feld zur Aktivierung von NEGATIVER EINFLUSS befinden sich im Tag-Einstellungsdialog zwei Felder zur Festlegung der STÄRKE und des RADIUS, mit denen das Objekt auf die Hülle wirken soll.

Wie alle anderen Tags lassen sich auch die Metaball-Tags mit gedrückter Befehlstaste auf andere Objekte kopieren.

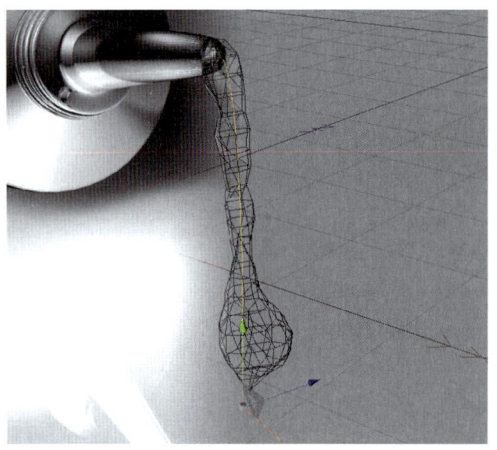

▲ Abbildung 15
Verschiedene Meta-Splines

▲ Abbildung 16
Ein aus Metabällen modellierter Gummibär

### Meta-Splines

Eine Besonderheit bieten die Meta-Splines, also Splines, die sich als Unterobjekte im Meta-ball-Objekt befinden. In Abbildung 15 wurde ein Spline verwendet, um einen Klebstofffaden zu simulieren. Ein Partikelsystem mit Metaballs sorgt für die Animation des flüssigen Klebstoffs entlang des Meta-Splines.

### Mit Metaballs modellieren

Natürlich ist es möglich, die Metabälle auch zum Modellieren herzunehmen. Als potenzielle Modelle eignen sich in erster Linie klebrige oder gar flüssige Objekte, ballonartige Gebilde und allgemein Körper ohne echte Kanten, die ein rundes, blasenförmiges Aussehen haben dürfen oder gar müssen. Die Anzahl der Unterobjekte steigt allerdings sehr schnell in Dimensionen, die dann nur noch sehr schwer zu verwalten und zu kontrollieren sind.

Ein Beispielmodell, für dessen Erstellung sich Metaballs wirklich anbieten, zeigt Ihnen Abbildung 16. In der linken Hälfte sind die

Metaball-Unterobjekte sichtbar, aus denen sich der Gummibär zusammensetzt. Der Rückenteil besteht aus einem geschlossenen, ausgearbeiteten Spline; Gesicht, Bauch und Extremitäten aus entsprechend platzierten Metaball-Kugeln. Rot (und im Editor normalerweise nicht zu sehen) sind die Kugeln mit negativem Einfluss zur Formung des Bauches eingefärbt.

Apropos Gummibärchen: Es ist wirklich unglaublich, welche Resonanz ich auf das modellierte Gummibärchen erleben durfte. Zahlreiche E-Mails und Empfehlungen verbieten mir eindringlich, mich an ein anderes Beispiel für Metaballs in diesem Buch zu wagen.

Insofern wünsche ich Ihnen weiterhin viel Freude mit der Cinema 4D-Datei des Bären, die Sie auf der beiliegenden CD finden.

### Mit Metaballs animieren

Hier liegen die Stärken der Metabälle. Die Animation von Flüssigkeiten lässt sich mit den Metaballs in Verbindung mit den Partikelsystemen sehr überzeugend lösen.

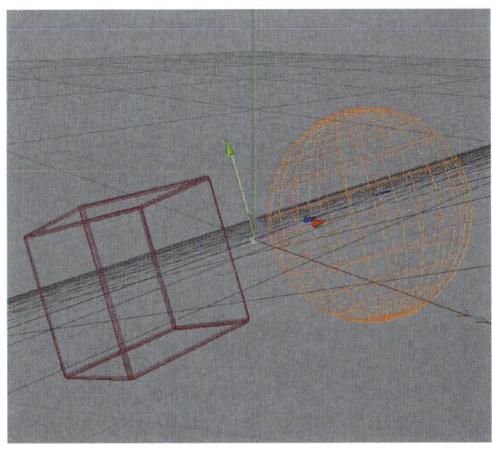

▲ **Abbildung 17**
Arbeitsebene mit platzierten Objekten

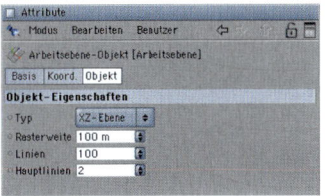

▲ **Abbildung 18**
Arbeitsebenen-Dialog

◄ **Abbildung 19**
Snap-Einstellungen
zur Arbeitsebene

## Arbeitsebene

Was in 2D-Programmen die Hilfslinie ist, stellt in Cinema 4D die Arbeitsebene dar – nur eben dreidimensional.

Sie ist ein ideales Hilfsmittel, wenn Objekte schräg im Raum zu positionieren sind. Der Vorteil der Arbeitsebene liegt auf der Hand: Als normales Objekt kann sie verschoben, skaliert, gedreht und bei Bedarf ein- bzw. ausgeblendet werden.

Sobald eine Arbeitsebene vorhanden und nicht ausgeschaltet ist, überdeckt sie das Welt-Raster. Zum Vergleich sind in Abbildung 17 die Arbeitsebene mit bereits platzierten Objekten und im Hintergrund die Welt-Rasterebene zu erkennen.

Die Optionen für die Arbeitsebene (Abbildung 18) zeigen sich wie üblich nach Klick auf das Symbol im Attribute-Manager. Neben der Ebenenausrichtung können Sie auch RASTERWEITE und die Anzahl der Linien festlegen. Diese Parameter berücksichtigt Cinema 4D dann bei aktiviertem Snapping. Bei den SNAP-EINSTELLUNGEN (Abbildung 19) können Sie das Snapping dann für die Arbeitsebene geltend machen.

Selbstverständlich ist es auch denkbar, mehrere Arbeitsebenen zu benutzen. Aktiv ist immer die im Objekt-Manager oberste sichtbare Arbeitsebene.

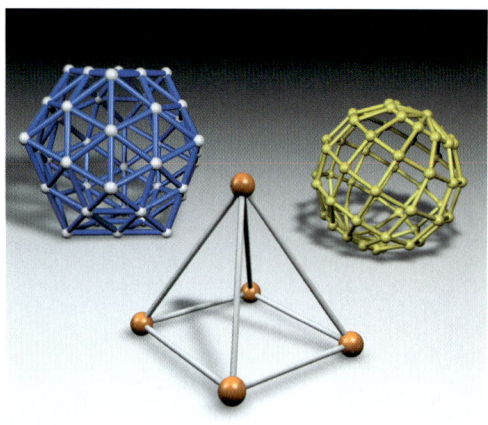

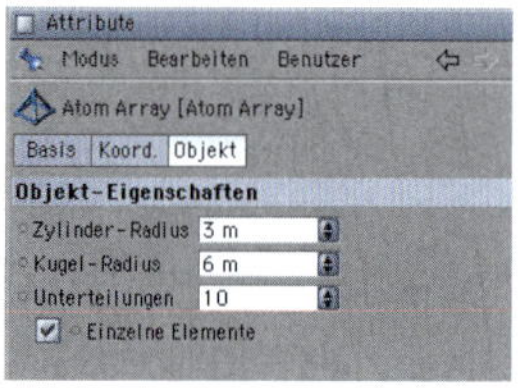

▲ **Abbildung 21**
Atom-Array-Optionen

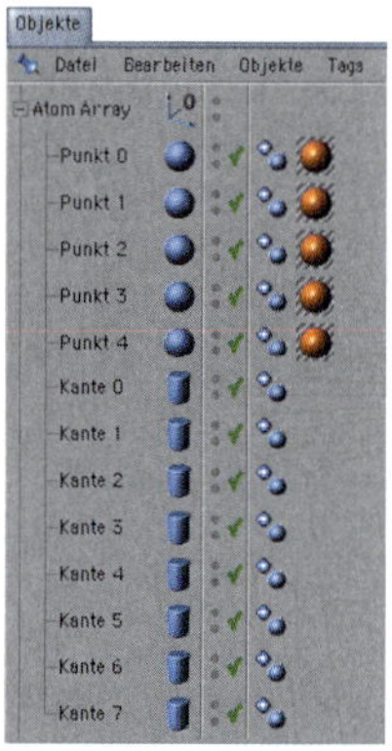

◄ **Abbildung 20**
Drei Beispiele für
Atom-Arrays

▲ **Abbildung 22**
Konvertiertes
Atom-Array

## Atom-Array

Ein Atom-Array-Objekt reduziert das ihm
untergeordnete Objekt auf seine Gitter-
struktur. Eine Art Molekularstruktur entsteht
(Abbildung 20).

Die Unterteilungen und Segmente des
Körpers dienen dabei als Kanten des Atom-
Objektes und werden von Zylindern abgelöst,
die Eckpunkte setzt das Array in Kugeln um.
Die Stärke und Größe beider Elemente lassen
sich im Dialog des Atom-Arrays (Abbildung 21)
angeben.

Je mehr Unterteilungen oder auch Polygone ein Objekt besitzt, desto komplexer
baut sich das Atom-Array auf. Verändern Sie
also die Unterobjekte des Arrays, um die Segmentierung der Objekte zu reduzieren. Die
Unterteilungen im Array-Dialog beziehen sich
nämlich auf die Render-Unterteilungen des
Atom-Arrays.

Der eigentliche Clou an diesem Modelling-
Objekt kommt aber erst durch Aktivierung der
Option Einzelne Elemente und anschließende

Konvertierung des Atom-Arrays in ein Grundobjekt (Taste C) zum Vorschein. Nach dieser
Aktion liegt das komplette Gittermodell in parametrischen Einzelteilen aus Zylindern (Kanten)
und Kugeln (Punkte) vor und lässt sich unein-
geschränkt weiterbearbeiten, wie zum Beispiel
mit unterschiedlichen Materialien versehen
(Abbildung 22).

Wie oft Sie das Atom-Array im Einsatz
haben werden, hängt natürlich stark von der
Art Ihrer Aufträge und den persönlichen Inte-
ressen ab. Aus eigener Erfahrung kann ich
Ihnen sagen, dass früher der Aufbau einer
komplexen Molekularstruktur mit all seinen
Winkeln und Positionen eine fürchterlich
zeitraubende Tätigkeit war – trotz ausgeklü-
gelter Duplikations-Vorarbeiten. Im Idealfall
können Sie mit dem Atom-Array bei Ihren
Kunden richtig Eindruck schinden und haben
als Chemie-Freak ein praktisches 3D-Werkzeug
in petto.

**▲ Abbildung 23**
Symbol des Null-Objektes

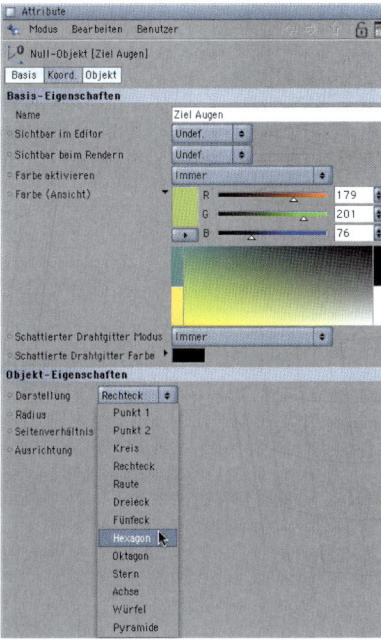

**◄ Abbildung 24**
Einstellungsdialog
Null-Objekt

# Null-Objekt

Ein Null-Objekt (Abbildung 23) entsteht zum einen durch das direkte Erstellen im Menü OBJEKTE · NULLOBJEKT, zum anderen beim Gruppieren von Objekten im Objekt-Manager (Taste Alt + G ) oder auch bei der Anwendung spezieller Modelling-Funktionen wie VERBINDEN oder DUPLIZIEREN. Zum Auflösen einer solchen Objektgruppe verwenden Sie am besten den Kurzbefehl ⇧ + G .

Null-Objekte besitzen nichts außer einer Objekt-Achse, und eben diese kann sich unter Umständen als echter Lebensretter erweisen. Ein Paradebeispiel ist das Problem, ein im 3D-Raum quer liegendes Objekt rotieren zu lassen. Mit dem Null-Objekt haben Sie eine eigene neue Achse für das untergeordnete Zielobjekt zur Verfügung, an der Sie die gewünschte Rotation übersichtlich vornehmen können,

ohne sich mit abstrakten Winkelgesetzen herumschlagen zu müssen. Sehr beliebt ist das Null-Objekt auch als Geometrie-Spender für Lichtquellen etc.

Damit die oft gebrauchten Null-Objekte im Editor besser erkenn- und bearbeitbar sind, können Sie über ihren Einstellungsdialog (Abbildung 24) in ihrem Aussehen individuell angepasst werden.

Außer der Objekt-Farbe in den Basis-Eigenschaften lässt sich für das Null-Objekt eine spezielle Form im Feld DARSTELLUNG auswählen, deren Radius und Seitenverhältnis sich ebenfalls bestimmen lassen.

Über das Feld AUSRICHTUNG legen Sie fest, ob sich die Null-Objekt-Form stets in Richtung der Kamera oder in einer der Achsenrichtungen zeigt.

# Deformationsobjekte

*Biegen, FFDs, Explosionen, Bones, Polygonreduktion …*

*Deformatoren machen ihrem Namen alle Ehre:
Sie verformen Objekte auf verschiedenste Art
und Weise. Neben rein geometrischen Verformungen sind in dieser Palette aber auch
Spezialeffekte und die für die Animation wichtigen Bones enthalten.*

Deformationsobjekte unterscheiden sich von den Generator- und Modelling-Objekten in vielerlei Hinsicht.

Deformatoren generieren oder verrechnen keine ihnen zugewiesenen Objekte, Deformatoren werden den Objekten zugeteilt, die sie verformen sollen. Alle Objekte, die sich der Verformung widmen, sind in der Deformatoren-Palette (Abbildung 1) untergebracht.

Ein großer Vorteil, der sich durch die hierarchische Zuweisung ergibt, ist die wesentlich eingängigere Erstellung und Manipulation von Spezialeffekten wie den Explosionen. Deren Erzeugung und Steuerung kann nun konsequent mit den Deformationsobjekten im Objekt-Manager und der Parameterspur in der Zeitleiste erfolgen – was die Handhabung wesentlich erleichtert. Damit wären wir schon beim Haupteinsatzzweck der Deformatoren angelangt – der Animation.

Die Deformatoren sind über die gleichnamige Palette (Abbildung 1) oder über das Menü OBJEKTE · DEFORMATION (Abbildung 2) zu erreichen. Damit die Verformung stattfinden kann, muss das Deformationsobjekt Unterobjekt des zu verformenden Objektes sein – werfen Sie

also einfach den Deformator auf das Ausgangsobjekt (Abbildung 3) oder alternativ: Gruppieren Sie beide Objekte.

Selbstverständlich können auch mehrere Deformationsobjekte auf ein Ausgangsobjekt angewandt werden; dabei entscheidet die Reihenfolge der Deformatoren im Objekt-Manager über die Abarbeitung (von oben nach unten) der Verformung.

Wie Sie es auch schon von den NURBS- und Modelling-Objekten gewohnt sind, verändern die Verformungsobjekte die Ursprungskörper nicht wirklich, durch Ausschalten über die Aktivierungsleiste im Objekt-Manager oder durch Herauslegen oder Löschen des Deformers erhält das Ausgangsobjekt wieder seinen Anfangszustand. Damit Sie für das Bearbeiten deformierter Objekte den Deformator nicht zwingend ausschalten müssen, sondern direkt am verformten Körper editieren können, hat Maxon in Version 9 das Deformed Editing implementiert.

Wenn Sie das verformte Objekt als Einzelobjekt für eine eventuelle Weiterbearbeitung verwenden möchten, können Sie über den Befehl FUNKTIONEN · AKTUELLEN ZUSTAND IN

▲ **Abbildung 1**
**Deformationsobjekte**
Biegen, Verdrehen, Bulge, Scheren, Stauchen,
Bone, FFD, Formel, Wind, Explosion,
ExplosionFX, Schmelzen, Splittern, Wickeln,
Polygonreduktion, Kugel, Spline-Rail und
Spline

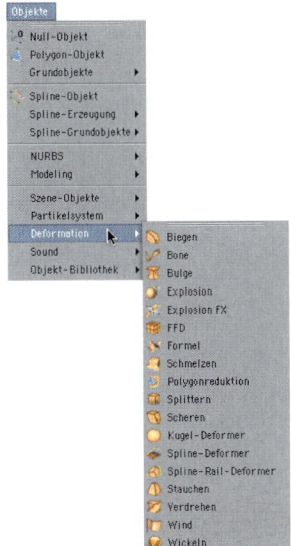

▲ **Abbildung 2**
Deformations-
objekte-Menü

▲ **Abbildung 3**
Deformationsobjekte im
Objekt-Manager

OBJEKT VERWANDELN ein neues Objekt aus dem verfremdeten Zustand erstellen. Der Befehl GRUNDOBJEKT KONVERTIEREN bewirkt in diesem Fall nur die Umwandlung des Ausgangsobjektes in einen Polygonkörper.

Damit die Verformung ohne Überraschungen stattfinden kann, sollten Sie die Objekte zuvor etwas vorbereiten. Bei den Ursprungsobjekten gehört dazu eine ausreichende Unterteilung, die Sie bei den parametrischen Objekten in den Feldern SEGMENTE definieren. Eine Verbiegung sieht nur dann wunschgemäß aus, wenn genügend Teile vorhanden sind, auf die sich die Verbiegung aufteilen kann, eine Explosion in »tausend Teile« benötigt natürlich (fast) ebenso viele Bestandteile.

Auch bei den Deformatoren können Sie ein wenig Vorarbeit leisten. Überprüfen Sie zunächst, ob die Richtung der Verformung in Ordnung ist und ob der Deformationskäfig in

Größe und Position zum Ausgangsobjekt passt. Dabei kann Ihnen der Befehl FUNKTIONEN · ÜBERNEHMEN übrigens viel Arbeit ersparen, wenn das zu deformierende Objekt bereits verschoben wurde.

Auf den folgenden Seiten erfahren Sie mehr über die einzelnen Deformationsobjekte. Dabei habe ich die Elemente willkürlich in geometrische (Biegen, Stauchen, Verdrehen etc.) und Effektdeformatoren (Explosion, Wind, Schmelzen, Kugel-Deformer etc.) zusammengefasst, die Ausnahmefälle wie FFDs, Bones, Spline- und Spline-Rail-Deformer, ExplosionFX und die Polygonreduktion werden separat beleuchtet.

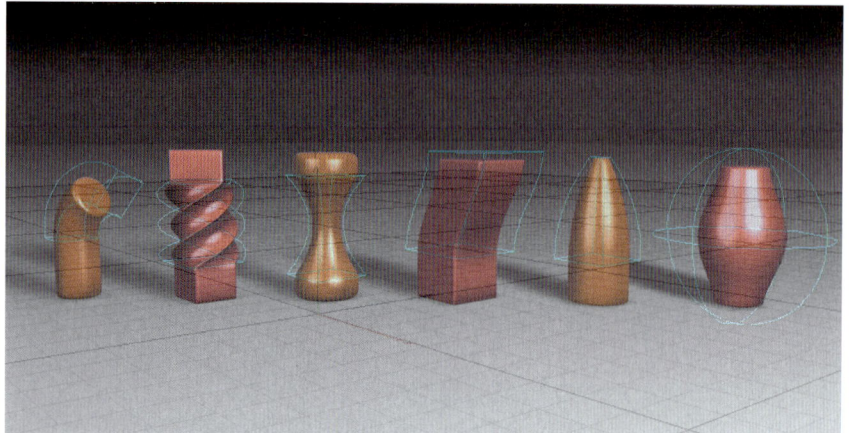

▲ Abbildung 4
Die Deformatoren Biegen, Verdrehen, Bulge, Scheren, Stauchen und Kugel in Aktion

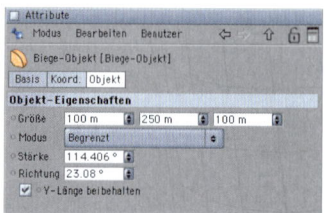

▲ Abbildung 5
Einstellungsdialog des Biege-Deformators

## Geometrische Deformatoren

Zu den geometrischen Deformatoren greifen Sie, wenn Sie Objekte biegen, verdrehen, ausbeulen, scheren, stauchen oder kugelförmig deformieren möchten.

Der Einflussbereich der Deformatoren ist durch den blauen Käfig gekennzeichnet (Abbildung 4). Ein oranger Greifer erlaubt Ihnen, die Deformation interaktiv vorzunehmen.

In der Abbildung sind alle sechs Deformationsobjekte aufgereiht. Zur besseren Verständlichkeit ist die Editor-Darstellung mit den Deformationskäfigen darüber geblendet.

Im Attribute-Manager haben Sie alle Einstellungsmöglichkeiten einer gewählten Deformation parat (Abbildung 5). Dabei stimmen die Optionen der verschiedenen Objekte größtenteils überein.

◀ 270
Animation

Über die Größenangabe definieren Sie den Käfig (blaue Box) und gleichzeitig den Einflussbereich des Deformationsobjektes.

Über den MODUS geben Sie anschließend an, ob sich die Deformation streng an die Ausmaße der Box halten soll (INNERHALB BOX), was in den meisten Fällen zu harten Abrissen führt, ob das Objekt außerhalb der Box undeformiert weitergeführt wird (BEGRENZT) oder ob sich das komplette Objekt deformiert (UNBEGRENZT).

Die weiteren Parameter kümmern sich um die Verformung selbst und sind von der Art des Objektes abhängig.

Sowohl die Parameter der Box als auch der Verformung lassen sich über die Parameterspur in der Zeitleiste, interaktiv über die orangen Anfasser und den Aufnahmeknopf und auch über den Attribute-Manager animieren, doch dazu mehr im Kapitel »Animation« des Buches.

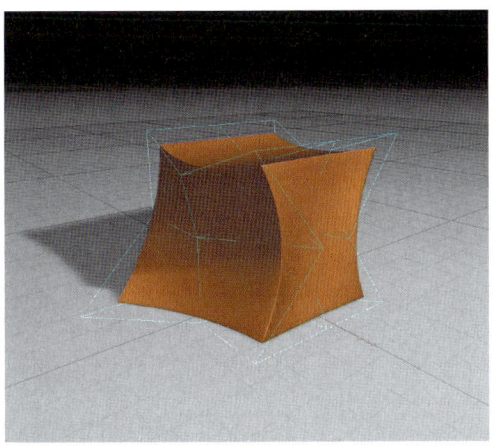

▲ **Abbildung 6**
FFD-Deformator

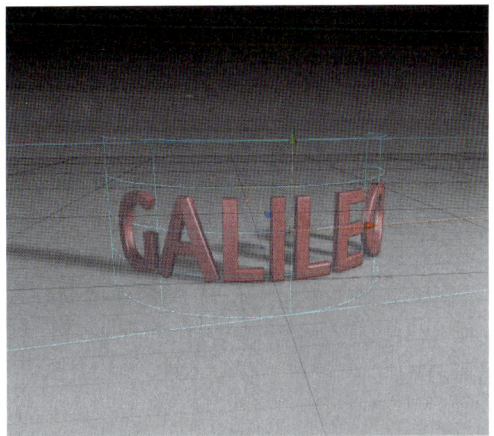

▲ **Abbildung 7**
Wickel-Deformator

## FFD

Das Frei-Form-Deformationsobjekt ist wohl das am meisten verwendete Deformationsobjekt, da es punktgenau die feinsten und subtilsten Deformationsmöglichkeiten bietet (Abbildung 6).

Die Anzahl der Punkte ist im Einstellungsdialog des FFD-Objektes festzulegen. Ändern Sie die Punktzahl des FFD-Käfigs nachträglich, erhalten Sie einen neuen, unverformten Käfig. Entscheiden Sie also am besten vorher, wie viele Punkte Sie benötigen – allzu viele sollten es nicht sein, da mit steigender Anzahl der Punkte auch die Komplexität des Objektes zunimmt, Sie kennen das vom Polygon-Modelling.

FFDs dienen bei der Animation in der Regel als Target-Objekte, zwischen denen ein Morphing stattfindet. Als Ausgangsbasis für die Target-Objekte dient stets der unverformte FFD-Käfig, den Sie auch genauso jungfräulich als Unterobjekt definieren.

## Wickeln

Mit dem Wickeln-Objekt wickeln Sie das Überobjekt wahlweise zylinder- oder kugelförmig auf einen in den Ausmaßen und im Radius definierbaren Körper (Abbildung 7).

Speziell bei dieser Verformung ist es wichtig, dass Deformations- und Ausgangsobjekt aufeinander abgestimmt sind. Hier hilft meist Ausprobieren weiter. Wäre der Text aus Abbildung 7 länger, müsste man also beispielsweise den Zylinderradius anpassen.

LÄNGE und BREITE geben an, ob die Wicklung des Ausgangsobjekts komplett oder nur zum Teil um das Deformationsobjekt geschieht. Über VERSCHIEBUNG kann eine spiralförmige Wicklung und über Z SKALIEREN und SPANNUNG eine Biegung erreicht werden.

Achten Sie unbedingt darauf, wie viele Unterteilungen das zu wickelnde Objekt besitzt. Sollte es zu Glättungsproblemen kommen, erhöhen Sie die Anzahl der Unterteilungen nach Bedarf.

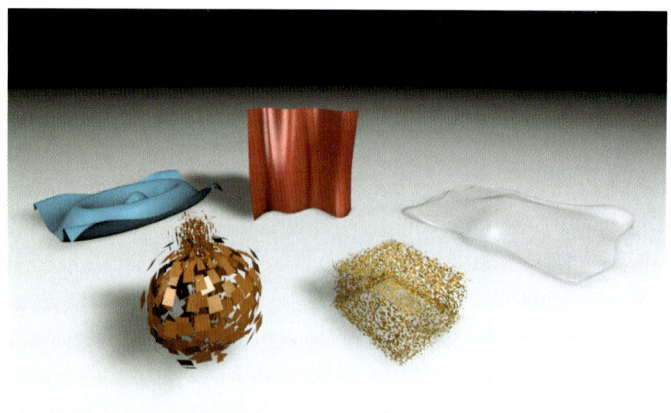

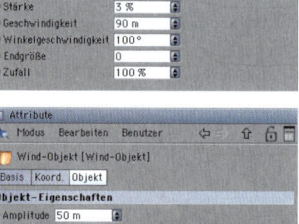

▲ **Abbildung 8**
Die Deformatoren Explosion, Splittern, (vorne),
Formel, Wind und Schmelzen (hinten von links)

▲ **Abbildung 9**
Explosions- (oben) und Wind-
Deformatoren-Parameter (unten)

## Effektdeformatoren

Zu den Effektdeformatoren gehören die Deformationsobjekte, die Ihnen erlauben, Objekte explodieren, zersplittern, schmelzen, im Wind flattern und per Formel verformen zu lassen.

In Abbildung 8 sind die fünf Effekte zusammengestellt. Alle Deformatoren können exakt per Attribute-Manager (Abbildung 9) und auch – mit etwas eingeschränkteren Optionen – mittels orangen Anfassern kontrolliert werden.

Beim Explosions- und Splitter-Objekt lässt sich bestimmen, ob und wie stark die Explosion bzw. Splitterung ausfällt und welche Geschwindigkeiten und Größen die Polygone bei der »Verformung« durchlaufen.

Die zeitliche Gestaltung erfolgt über die Parameterspur der Zeitleiste. Mit Keyframes legen Sie dort fest, welche Werte zu welchem Zeitpunkt gelten sollen. Eine Implosion unterscheidet sich von einer Explosion nur durch zeitlich vertauschte Keyframes bzw. Werte. Wer die Deformation anhand einer Formel

definieren möchte – was sich beispielsweise für Wellenbewegungen anbietet – kann dies über das Formel-Objekt tun. Die Verformungsfunktionen lassen sich im Dialogfenster (Abbildung 9) als Komplettfunktion oder für alle Achsenrichtungen separat eingeben.

Wellen, die vom Wind stammen, erzeugt das Wind-Objekt. Geschwindigkeit (FREQUENZ) und TURBULENZEN können Sie genau einstellen. Ist die FLAGGE-Option aktiviert, stehen die Punkte in Y-Richtung still, ein Fahneneffekt entsteht.

Bei Anwendung des Schmelzen-Objektes sollten Sie darauf achten, dass der Deformator unter dem Objekt sitzt und die Endgröße nicht zu klein ist.

Für alle Effektdeformatoren gilt: Geizen Sie nicht mit den Unterteilungen (Segmenten) der Ausgangsobjekte, sonst wirken die Resultate (und natürlich auch die animierten Zwischenstadien) kantig und unnatürlich. Die Zufalls-

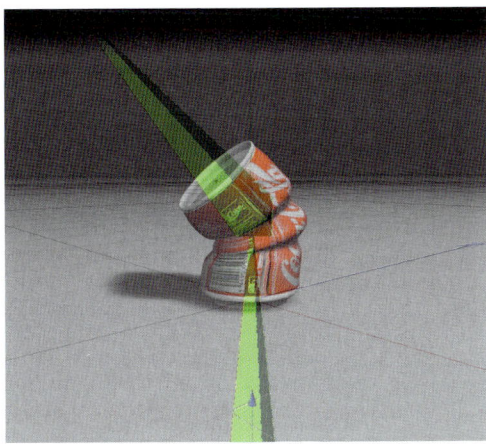

▲ **Abbildung 10**
Verformung einer Dose durch Bones

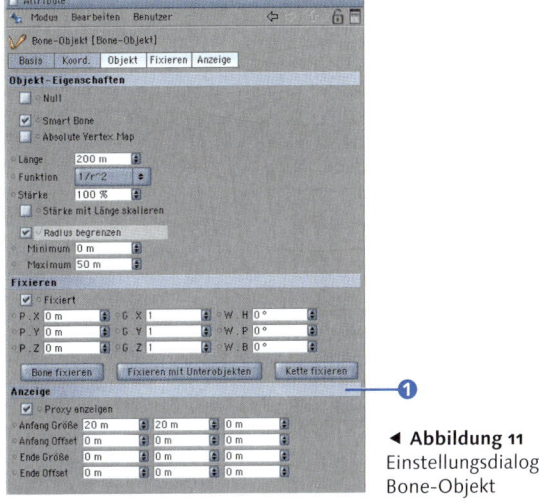

◀ **Abbildung 11**
Einstellungsdialog
Bone-Objekt

werte, die sich in den meisten Fällen ebenfalls vergeben lassen, unterstützen auch die Glaubhaftigkeit der Effekte.

## Bones

Eigentlich gehören Bones komplett in das Animations-Kapitel. Da ein Bone-Objekt aber auch eine Deformation (Abbildung 10) mit sich bringt und auch in Cinema 4D zu den Deformationsobjekten zählt, möchte ich es an dieser Stelle zumindest kurz anreißen.

Bones kümmern sich bei der Animation um mehrere Dinge. Zum einen liefern Bones ein selbst konstruier- und definierbares Knochengerüst, das einmal erstellt und einem Objekt zugewiesen wird – bei der späteren Animation können Sie sich zur Kontrolle dann auf die Bones konzentrieren. Zum anderen ist mit Bones genau regulierbar, welche Deformation an welchen Stellen des Überobjektes statt-

finden darf. Zu diesem Zweck besitzen Bones Abnahmefunktionen und Wirkungsradien, die sich entweder im zugehörigen Einstellungsdialog (Abbildung 11) oder auch interaktiv anhand der gewohnten orangen Anfasser anpassen lassen. Um die Wirkungen von Bones noch exakter steuern zu können, haben Sie die Möglichkeit, die Verformung mit Selektionen oder auch mit Vertex-Maps einzuschränken.

Die meisten der ausführlicheren Parameter, Eigenschaften (als Tags) und Befehle befinden sich im Objekt-Manager (BONES FIXIEREN, ANKER, INVERSE KINEMATIK).

Bones werden den zu verformenden Objekten ebenfalls untergeordnet, sind aber die einzigen Vertreter der Deformatoren, die auf das Objekt fixiert werden müssen.

Die neue Option ANZEIGE ❶ gestattet es, den Bones ein zum Überobjekt entsprechendes und gefälligeres Aussehen zu verleihen (Abbildung 11). Mehr zu den Bones lesen Sie im Kapitel »Animation«.

**270 ▶**
Animation

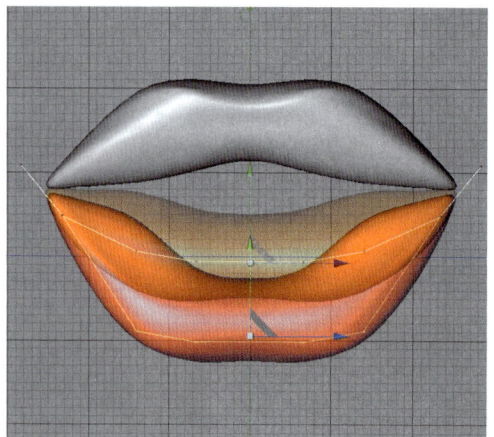

▲ **Abbildung 12**
Animation von Lippen mit dem Spline-Deformer

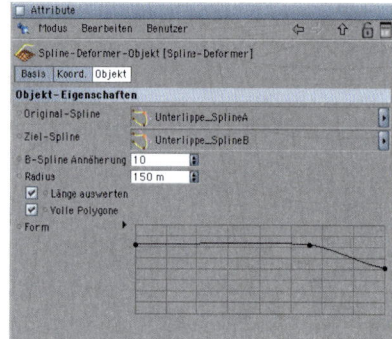

▲ **Abbildung 13**
Einstellungen Spline-Deformer

## Spline- und Spline-Rail-Deformer

Die Spline- und Spline-Rail-Deformatoren bilden eine besondere Einheit innerhalb der Deformationsobjekte. Mit ihnen verformen Sie Objekte anhand von Spline-Kurven.

### Spline-Deformer

Ausgangspunkt bei der Deformation mit dem Spline-Deformer ist ein ORIGINAL-SPLINE, das mit dem zu verformenden Objekt in Bezug steht.

In Abbildung 12 zieht sich das Original-Spline durch die gelb gefärbte Unterlippe. Um aus dem Polygon-Objekt zu diesem Spline zu gelangen, wurden die entsprechenden Polygon-Kanten im Kanten-bearbeiten-Modus ausgewählt und über den Menübefehl STRUKTUR · SPLINE BEARBEITEN · KANTEN-SELEKTION ZU SPLINE in eine Spline-Kurve konvertiert.

Um ein Spline an ein Objekt anzupassen, bietet sich alternativ auch das PROJIZIEREN (Menü STRUKTUR · SPLINE BEARBEITEN) an.

Aus einer Kopie des Ausgangs-Splines entstand die Ziel-Spline-Kurve, die sich durch die rot gefärbte Unterlippe zieht. Dabei habe ich lediglich ein paar Spline-Punkte nach unten gezogen und verschoben.

Bei ausgewähltem Spline-Deformer zeigt der Attribute-Manager die Einstellungen für die Deformation (Abbildung 13) an. Per Drag & Drop lassen sich die beiden Splines in die vorgesehenen Felder ziehen.

RADIUS gibt den Wirkungsradius der Verformung an. Alle Punkte der Unterlippe innerhalb dieses Wertes nehmen an der Verformung teil. Weil mit dieser Einstellung noch kleine Schönheitsfehler auftraten, wurde die Deformation über VOLLE POLYGONE zusätzlich auf die Polygone selbst ausgeweitet.

Die Option LÄNGE AUSWERTEN ist generell hilfreich, wenn Original- und Ziel-Spline nicht die gleiche Anzahl an Punkten besitzen. In diesem Fall gleicht der Deformer bei beiden Spline-Kurven die fehlenden Spline-Punkte über die Gesamtlänge aus.

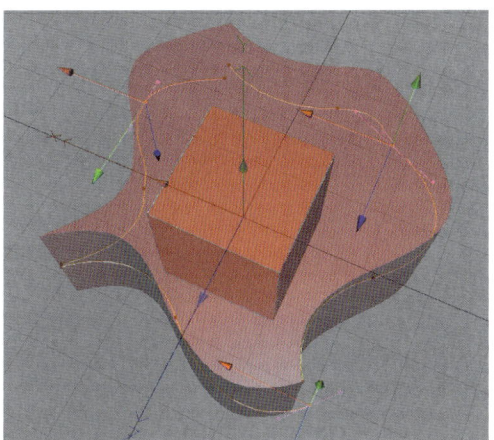

▲ **Abbildung 14**
Mit dem Spline-Rail-Deformer verformter Würfel

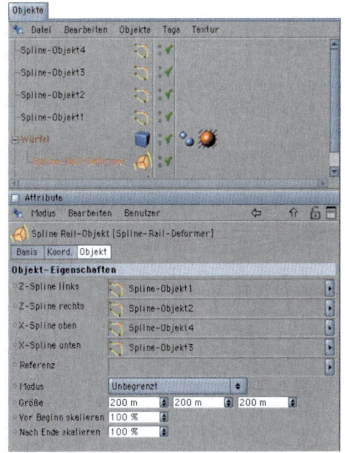

▲ **Abbildung 15**
Einstellungen Spline-Rail-Deformer

Mit dem Form-Graphen, dem Rundungs-Schieberegler und dem Feld PUNKTEZAHL im Spline-Deformer-Dialog kann die Verformung sauber und weich austariert werden.

Wie das Lippen-Beispiel schon andeutet, eignet sich der Spline-Deformer hervorragend für die Lippenbewegung bei einer Charakter-Animation.

### Spline-Rail-Deformer

Der Spline-Rail-Deformer passt ein Objekt horizontal und vertikal an bis zu vier Begrenzungspfade an. Er bietet sich beispielsweise an, um Objekte in eine bestimmte Form oder (bei der Animation) durch eine Form zu zwängen (Trichter, Walzen etc.).

In Abbildung 14 sehen Sie in der Mitte einen roten Würfel, der in die vier umliegenden Spline-Pfade hineinverformt wurde – das Resultat der Verformung ist hellrot zu erkennen.

Der erste Schritt, die Erstellung der Spline-Pfade, bietet zugleich die größte Fehlerquelle. Arbeiten Sie beim Zeichnen der Splines aus-

schließlich in der XZ-Ebene ⌊F3⌋, und benennen Sie die Splines logisch.

Die Z-Splines (Abbildung 15) orientieren Sie möglichst parallel zur Z-Achse, die X-Splines folgerichtig parallel zur X-Achse. Die Spline-Rail-Verformung wirkt standardmäßig in Richtung des Spline-Rail-Objektes. Mit einem beliebigen Objekt als Referenzobjekt können Sie diese Ausrichtung ändern.

Über die Felder GRÖSSE und MODUS definieren Sie, wie auch bei den geometrischen Deformationen, eine Box mit dem Wirkungsbereich der Verformung. Bei unbegrenzter Wirkung lässt sich für Beginn und Ende der Verformung eine Skalierung vornehmen.

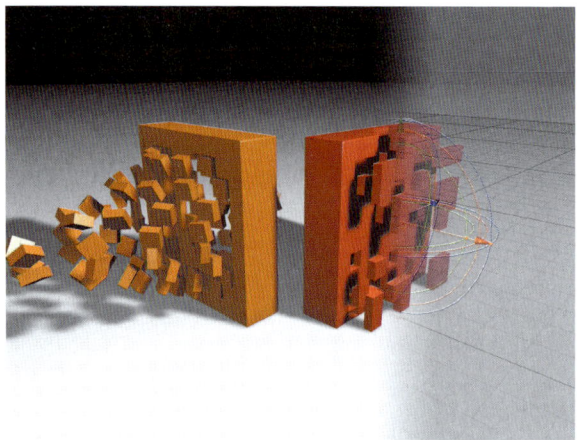

◀ **Abbildung 16**
ExplosionFX-Deformation mit polygonaler (links) und selektionsweiser
(rechts) Fragmentur

## ExplosionFX

Sprengungen mit ExplosionFX bieten – im
Gegensatz zum einfachen Explosionsobjekt
– herausgesprengte Teilchen mit Volumen
(Abbildung 16).

Die Animation der Sprengung erfolgt wie
gewohnt mit der Zeitleiste über die Parameterspur oder über den Attribute-Manager.
Außer über den umfangreichen ExplosionFX-
Dialog, den Sie nach Klick auf das ExplosionFX-Objekt im Attribute-Manager sehen,
können Sie einige Parameter auch interaktiv
über Parameter-Greifer bestimmen.

Mit dem roten Radius legen Sie die Reichweite der Explosion fest. Alle Objektteile
innerhalb dieses Radius werden von der
Sprengkraft erfasst. Der blaue Radius markiert
die Reichweite der Gravitation, die auf die Teilchen wirkt. Der grüne Radius zeigt den aktuellen Stand der Druckwelle. Über die Druckwelle
bestimmen Sie den zeitlichen Rahmen der
Explosion.

Im Einstellugsdialog des ExplosionFX-
Deformators (Abbildung 17) steuern Sie das

Aussehen und den Ablauf der Explosion in
insgesamt sechs Sektionen. Im Objekt-Feld ❶
haben Sie mit dem prozentualen Zeitwert die
Möglichkeit, eine Vorschau des Fortschritts der
Sprengung zu begutachten.

Das Feld EXPLOSION ❷ hält alle die Explosion betreffenden Parameter bereit. Darunter
fallen die Kraft (STÄRKE), die RICHTUNG, die
EXPLOSIONSDAUER, die DRUCKWELLENGE-
SCHWINDIGKEIT und die REICHWEITE. Die Parameter beeinflussen sich sowohl innerhalb eines
Optionsfeldes als auch andere Felder. Ist zum
Beispiel die Stärke der Explosion im Vergleich
zu den Fragmentdichten und -größen gering,
verläuft die Sprengung relativ träge. Damit die
Explosion natürlicher wirkt, lassen sich zusätzlich Abnahme- und Zufallswerte bestimmen.

Das faszinierendste am ExplosionFX-Objekt
ist, dass Sie selbst festlegen können, welche
und wie viele Teilchen herausgesprengt
werden. Dafür benötigt das zu sprengende
Objekt Polygone bzw. Selektionen. Ist das
Objekt wunschgemäß vorbereitet, legen Sie in
der Sektion FRAGMENTE ❸ die Eigenschaften
der Teilchen fest.

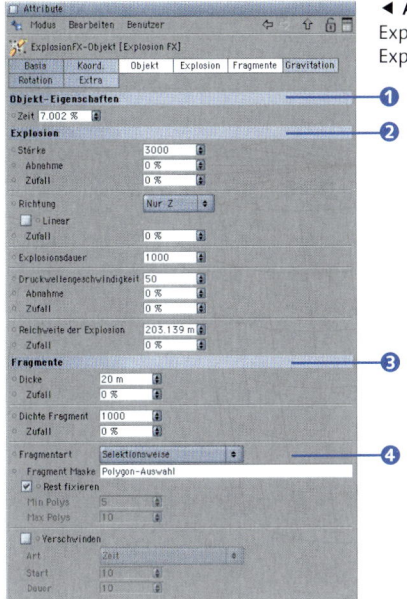

◀ **Abbildung 17**
ExplosionFX-Einstellungen Objekt,
Explosion und Fragmente

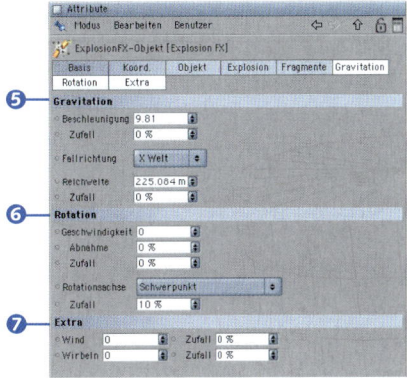

◀ **Abbildung 18**
ExplosionFX-
Einstellungen
Gravitation, Rotation
und Extra

Anhand des Dicke-Wertes erhalten die Selektionen Volumen, ein entscheidender Faktor für das realistische Aussehen der Explosion. DICHTE und VOLUMEN ergeben das Fragment-Gewicht. Stimmen Sie beide Parameter mit der Explosionskraft (STÄRKE) im Feld EXPLOSION ❷ ab, damit die Fragmente physikalisch korrekt gesprengt werden. In der Zeile FRAGMENTART ❹ suchen Sie aus, welche Bestandteile des Objektes von der Explosion betroffen sind. Bei der polygonalen Fragmentierung entstehen die Teilchen ausschließlich aus den Polygonen (Abbildung 16 links). Die selektionsweise Fragmentierung hält sich an die Selektionen des Objekts (Abbildung 16 rechts). Eine Kombination beider Auswahlarten ist ebenfalls möglich. Wer die Fragmentbildung lieber dem Zufall überlässt, kann durch AUTOMATISCH einen minimalen und maximalen Wert vorgeben, zwischen denen die Polygone dann selbsttätig gebildet werden. Bei aktivierter Option REST FIXIEREN bleiben alle übrigen Bestandteile an Ort und Stelle, unabhängig davon, ob sie im Einflussbereich der Explosion liegen oder nicht. Selektionen, die bei der Explosion nicht berücksichtigt werden sollen, tragen Sie in die MASKE ein. VERSCHWINDEN bewirkt die Skalierung der Fragmente bis zur Unsichtbarkeit.

Im Feld GRAVITATION ❺ (Abbildung 19) definieren Sie BESCHLEUNIGUNG, FALLRICHTUNG und REICHWEITE der Gravitationskraft. Damit die Explosion möglichst glaubwürdig aussieht, sollten die Fragmente während des Flugs rotieren. Das Feld ROTATION ❻ birgt Einstellungsmöglichkeiten für die GESCHWINDIGKEIT und ROTATIONSACHSE. Hier kommt es dem Realismus sehr zugute, wenn Sie mit den Zufallswerten arbeiten.

Zu guter Letzt bietet das Feld EXTRA ❼ an, zusätzlich WIND und WIRBEL in den Explosionsvorgang einzubeziehen.

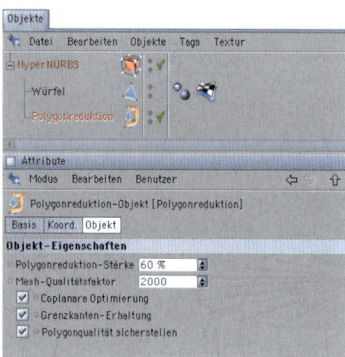

▲ Abbildung 19
Polygonreduktions-Objekt im Objekt-Manager

▲ Abbildung 20
Original-Hai ohne Reduktion, 1760 vierseitige
Polygone, entsprechend 3520 dreiseitige Polygone

## Polygonreduktion

Ein Objekt aus vielen Polygonen besticht zwar durch seine komplexe und filigrane Gestalt, belastet aber häufig auch den Rechner unnötig durch hohe Datenmengen und langsame Darstellungsgeschwindigkeit. Das Polygonreduktions-Objekt bietet eine bequeme Lösung, um den Datenballast loszuwerden.

Es gibt viele Einsatzgebiete, wo es wichtig wird, die Polygonanzahl zugunsten höherer Geschwindigkeit zu verringern. Aufwändige 3D-Spiele und mit VRML oder Shockwave 3D erstellte Webinhalte laufen umso flüssiger, je weniger Polygone sie verarbeiten müssen. Auch das Arbeiten an Ihrem Rechner können Sie auf diese Weise beschleunigen. Beispielsweise haben Sie ein 3D-Modell aus einem anderen Programm importiert oder eine Szene gebaut, in der sich viele Objekte mit hoher Polygonzahl befinden.

Um ein Objekt durch Polygonreduktion zu entschlacken, legen Sie den Deformator in das zu reduzierende Polygon-Objekt – bei Hyper-

NURBS-Objekten, wie in Abbildung 19 gezeigt, auf eine Ebene mit dem Polygon-Objekt. Nach Klick auf das Reduktionsobjekt im Objekt-Manager legen Sie über den Attribute-Manager die Parameter der Reduktion fest.

Das Polygonnetz (Mesh) wird bei der Polygonreduktion in dreiseitige Polygone umgewandelt, anschließend auf Überlappungen untersucht und optimiert. Die Polygonanzahl steigt also zunächst einmal an, da jedes vierseitige Polygon in zwei dreiseitige Polygone aufgeht. Dieser Schritt lässt dann aber eine bessere Reduzierung zu.

Die Genauigkeit der Optimierungsüberprüfung geben Sie mit dem Mesh-Qualitäts-faktor an – je höher der Wert, desto genauer verläuft die Prüfung. Coplanare Optimierung beschleunigt die Optimierung von Objekten mit vielen gleich gerichteten Polygonen. Die Optionen Polygonqualität sicherstellen und Grenzkanten-Erhaltung wirken sich zusätzlich auf die Qualität des Polygonnetzes aus. Denn eines muss klar sein: Den Idealfall, dass keine qualitativen Verluste bei der Reduktion

◀ 442
Flash und
Shockwave

▲ **Abbildung 21**
Hai mit 30%iger Polygonreduktion, 2464 Polygone

▲ **Abbildung 22**
Hai mit 70%iger Polygonreduktion, 1056 Polygone

hinzunehmen sind, gibt es in den seltensten Fällen. Oft fallen diese Verluste aber gar nicht auf (insbesondere im Spielstress!) oder werden zugunsten besserer Performance bei der Arbeit gerne in Kauf genommen.

Nehmen wir uns als Beispiel für eine Polygonreduktion den Polygon-Hai aus einem Vorgänger-Buch vor. In Abbildung 20 sehen Sie den Original-Hai, der im Ausgangszustand exakt 3520 dreiseitige Polygone enthält.

Die 30%ige Reduktion (Abbildung 21) wirkt sich stark auf das Haifischgebiss aus. Allzu filigrane Polygon-Komplexe verschwinden zusehends. Die Augenpartie ist noch komplett vorhanden. Das Beispiel mit 70%iger Reduzierung (Abbildung 22) soll zeigen, welche Objektbeschaffenheiten sich für die Reduktion gut eignen – die Flossenpartien und der Haifischkörper kommen auch mit sehr wenigen Polygonen aus.

Ein Patentrezept gibt es freilich nicht. Manche Objekte lassen eine starke Reduzierung, andere wiederum nur eine geringe Reduzierung zu.

Wie jedes andere Deformationsobjekt kann auch die Polygonreduktion durch simples Herausnehmen des Deformators aus der Objekthierarchie zurückgenommen werden. Wenn Sie Polygon-Objekt und Deformator in ein einzelnes Polygon-Objekt umwandeln möchten, verwenden Sie den Befehl AKTUELLEN ZUSTAND IN OBJEKT WANDELN aus dem Menü FUNKTIONEN.

Achten Sie schon beim Modellieren auf die Anzahl der verwendeten Polygone. Gehen Sie also bereits bei der Arbeit am Modell sparsam mit Messer-Werkzeug, Extrusionen und automatischen Unterteilungsschritten um. Wenden Sie, so oft es geht, die neuen HyperNURBS-Wichtungen an, sie helfen ebenfalls dabei, das Polygonnetz übersichtlich und speicherschonend aufzubauen.

# Workshop Teil I
## Modelling in Cinema 4D

*Die Objekte, Werkzeuge und Methoden für
das Modelling in Cinema 4D haben Sie im
Laufe dieses Kapitels kennen gelernt. In diesem
Praxisteil kommen sie endlich zum Einsatz!*

In unserem gemeinsamen Projekt setzen wir die verschiedenen Modelling-Methoden, Werkzeuge und Objekte abwechselnd und in Kombination ein – je nachdem, welche Methode sich am besten eignet. In Abbildung 1 und 2 sehen Sie die Szene mit den Objekten, die wir in diesem Workshop der Reihe nach umsetzen wollen.

Wir beginnen mit der Vulkanlandschaft, die wir mit HyperNURBS aus Polygonen formen. Natürlich können Sie statt der drei Krater und den Hügeln auch mehr Lavaspeier in die Szene modellieren. Beachten Sie aber, dass für den eigentlichen Aktionsraum noch genügend Platz zur Verfügung stehen muss.

Im Anschluss modellieren und formen wir Felsen und Steine, mit denen wir die Szene zusätzlich um wichtige, wenn auch nicht ganz so augenfällige Details erweitern.

Zur weiteren Ausstattung zählen große Kakteen, die einfach zu einer trockenen, wüsten Landschaft gehören. Dieser Unterworkshop zeigt Ihnen, wie Sie schnell und ohne größeren Aufwand Objekte modellieren, die keiner Nahaufnahme standhalten müssen, die gesamte Szene aber wesentlich aufwerten.

Richtig ins Detail gehen wir dann allerdings beim Zierkaktus, der sich auch vor einem extremen Close-up nicht scheuen muss. Dabei kombinieren wir die Besonderheiten und Vorzüge von Polygon- und NURBS-Modelling zu einem stimmigen Gesamten.

Den Höhepunkt des Workshop-Abschnitts erreichen wir am Schluss beim Character-Modelling von Griso, unserem Dinosaurier (Abbildung 2).

Dinosaurier gehören zu der Kategorie von Charaktern, die zwar eine große Faszination auslösen, aufgrund ihres Körperbaus und dem Furcht erregenden Erscheinungsbild nicht unbedingt als liebenswerte Gesellen durchgehen. Filme, in denen CG-Dinosaurier eine Rolle spielen, hatten zuletzt ja einen Stammplatz in den Wohnzimmern, wobei sie dabei eher den Part der unnahbaren gefährlichen Lebewesen innehatten.

Wir schlagen uns dagegen auf die Seite der Dinosaurierfreunde und versuchen, unserem Modell durch ein im Körperbau realitätsnahes, im Detail aber comichaftes Äußeres einen freundlichen und munteren Charakter einzupflanzen.

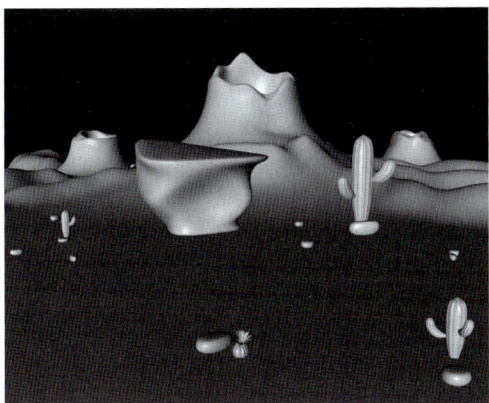

▲ **Abbildung 1**
Die modellierte Szenerie

▲ **Abbildung 2**
Modellierter Hauptdarsteller: Griso

Die einzelnen Stationen und Objekte des Modelling-Workshops steigern sich kontinu- ierlich im Schwierigkeitsgrad, so dass Sie sich zuerst an die Werkzeuge und Befehle gewöh- nen können, um sich dann schließlich voll auf das Modelling zu konzentrieren und nicht ständig darüber nachdenken zu müssen, in welchem Modus oder welcher Ansicht Sie sich befinden. Das erspart mir auch, Sie ständig mit sich wiederholenden Arbeitsanweisungen zu konfrontieren.

Für den Fall, dass Sie bei einer der Aufgaben stecken bleiben sollten, finden Sie natürlich alle Dateien auf der CD-ROM im Ordner Modelling zusammengestellt.

Bevor wir loslegen, noch ein paar **Tipps**, die insbesondere das Character-Modelling betref- fen. Wenn Sie zum ersten Mal vor einer solch komplexen Aufgabe stehen, nehmen Sie sich genügend Zeit mit und haben Sie auch Geduld mit sich selbst.

Speichern Sie jeden wichtigen Zwischen- schritt, mit dem Sie zufrieden sind, unter verschiedenen Versionsnummern ab. Sicher- heitshalber können Sie auch die Anzahl der Undo-Schritte in den Programm-Voreinstellun- gen erhöhen.

Rendern Sie das Ergebnis eines markanten Arbeitsabschnitts, klopfen Sie sich auf die Schulter, und machen Sie gleich weiter.

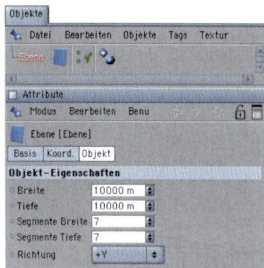

**Abbildung 3 ▶**
Ebenen-Grund-
objekt für die
Landschaft

**Abbildung 4 ▶**
Auswahl des
Hauptvulkan-
Polygons

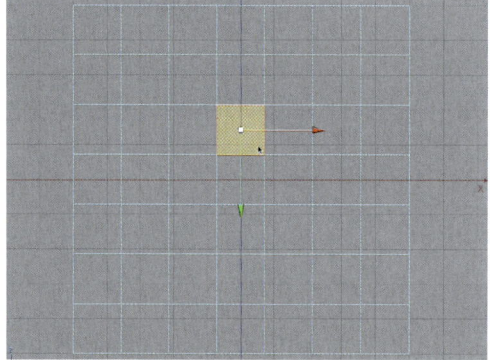

**Abbildung 5 ▶**
Extrusion des
Kraters

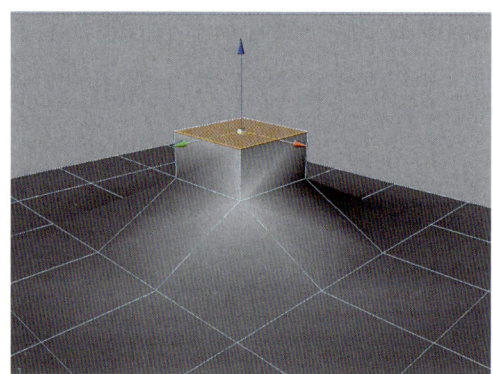

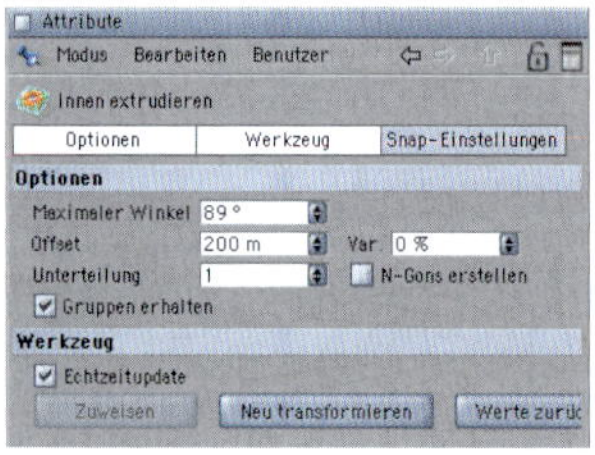

◀ **Abbildung 6**
Innere Extrusion des Kraters

**Abbildung 7 ▶**
Extrusion des Kraters nach unten

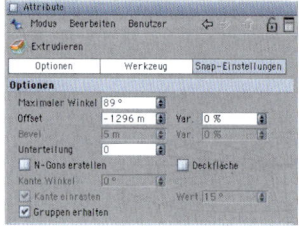

### 1. Modelling der Vulkanlandschaft

Als Basis für die Vulkanlandschaft soll uns ein
Ebenen-Grundobjekt dienen.

Erstellen Sie ein Ebenen-Grundobjekt mit den
in Abbildung 3 gezeigten Ausmaßen und Segmenten.

Wandeln Sie das parametrische Objekt über
den Grundobjekt-konvertieren-Befehl oder Taste
[C] in ein Polygon-Objekt um.

Beginnen wir mit dem Hauptvulkan. Wechseln Sie über die Taste [F2] in die XZ-Ebene
(Aufsicht), aktivieren Sie den Polygon-bearbeiten-Modus, und wählen Sie mit dem Selektionswerkzeug ein Polygon im oberen Drittel als
Hauptkrater aus (Abbildung 4).

In der 3D-Ansicht (Taste [F1]) ziehen Sie das
gewählte Polygon mit dem Verschieben-Werkzeug etwa 900 m nach oben. Die Offset-Anzeige
im Editor hilft Ihnen dabei, beim richtigen Wert
zu stoppen.

Dieses Polygon extrudieren Sie nun zusätzlich
um 600 m. Zum Extrudieren-Werkzeug gelangen
Sie am einfachsten über die Taste [D]. Geben Sie
entweder im Attribute-Manager den Wert 600
als Extrusionswert ein, oder vollziehen Sie die
Extrusion im Editor (Abbildung 5).

Der Rand des Kraters verlangt nach einer
inneren Extrusion. Die Taste [I] aktiviert das
gewünschte Werkzeug. Eine innere Extrusion
von 200 m sollte genügen (Abbildung 6).

Eine normale Extrusion sorgt für das Kraterloch. Nehmen wir diesmal den Multi-Shortcut
[M] und anschließend [D], um das Werkzeug
aufzurufen. Ein negativer Wert von ca. 1300 m
sorgt für ein ausreichend tiefes Kraterloch
(Abbildung 7).

Glätten wir das Polygon-Mesh endlich. Holen Sie ein HyperNURBS-Objekt aus der NURBS-Palette, und legen Sie die Vulkanlandschaftsebene hinein (Abbildung 8).

Bei der Gestaltung der Krater haben Sie vollkommen freie Hand. Aktivieren Sie dazu die Option NUR SICHTBARE ELEMENTE SELEKTIEREN für die Live-Selektion im Attribute-Manager.

Wählen Sie den Polygon-bearbeiten-Modus, selektieren Sie eines der Randpolygone des Kraters, und ziehen Sie das Polygon ein Stück nach oben. Wechseln Sie in den Punkte-bearbeiten-Modus, selektieren Sie beliebige Randpolygone, und formen Sie den Hauptkrater (Abbildung 9).

Bevor wir an die Detailarbeit gehen, bereiten wir noch die Nebenkrater vor. In der Aufsicht (Taste F2) suchen Sie sich zwei Polygone dazu aus und selektieren diese im Polygon-bearbeiten-Modus.

Weil die Nebenkrater kleiner als die Hauptkrater werden sollen, extrudieren wir sie zunächst ein Stück nach innen. Aktivieren Sie das Innen-extrudieren-Werkzeug mit Taste I, und verkleinern Sie damit die Nebenkrater-Polygone um ein gutes Drittel (Abbildung 10).

Analog zur Erstellung des Hauptkraters ziehen Sie die selektierten Polygone zunächst ein Stück nach oben, extrudieren das Polygon heraus und formen die Basis des Nebenkraters über einen Innen-extrudieren-Schritt (Taste I) für die Kraterkante und einen folgenden Extrudieren-Schritt nach unten (Taste D) für das Kraterloch (Abbildung 11).

◀ **Abbildung 8**
HyperNURBS-Käfig für die umgewandelte Ebene

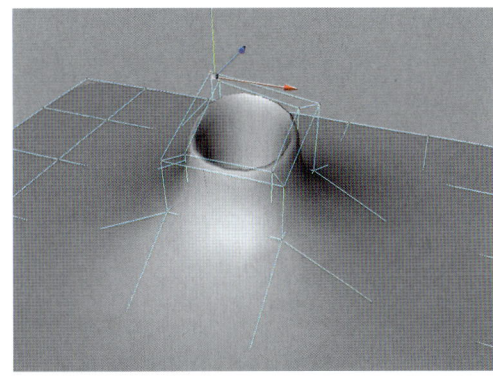
◀ **Abbildung 9**
Formung des Hauptkraters

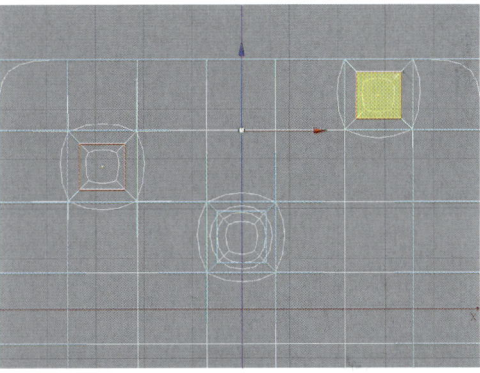
◀ **Abbildung 10**
Auswahl und innere Extrusion der Nebenkrater

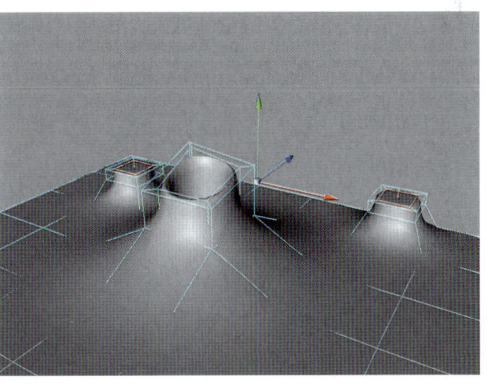
◀ **Abbildung 11**
Extrusion der Nebenkrater

**Abbildung 12 ▶**
Formung der
Nebenkrater

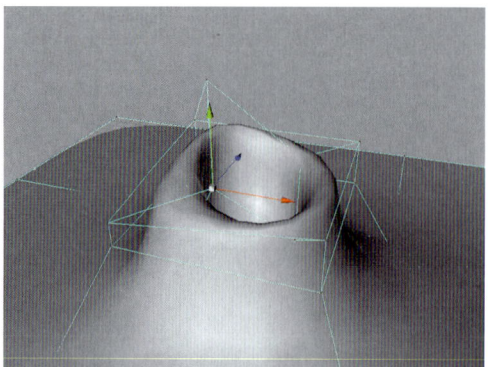

Wiederum geht es an die Grobformung der
Krater, nehmen Sie sich die beiden Nebenkrater
im Einzelnen vor, und gestalten Sie die Lava-
spucker im Polygon- bzw. Punkte-bearbeiten-
Modus durch Ziehen der selektierten Polygone
und Punkte (Abbildung 12).

**Abbildung 13 ▶**
Drehen des
Kraterlochs

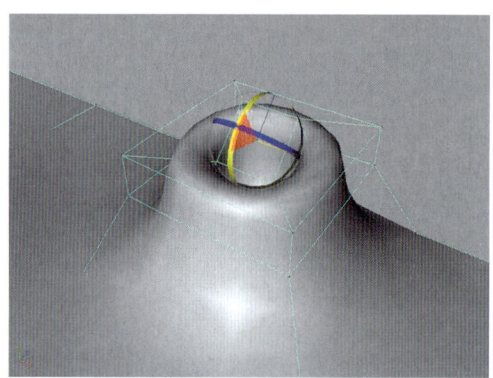

Bringen Sie eine individuelle Note an den Kratern an, indem Sie die Löcher mit den Skalieren-
und Rotieren-Werkzeugen verfremden und ver-
dicken (Abbildung 13).

**Abbildung 14 ▶**
Unterteilungs-
Dialog

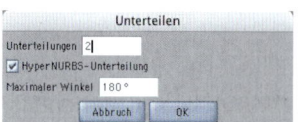

**Abbildung 15 ▶**
Unterteilte
Vulkanlandschaft

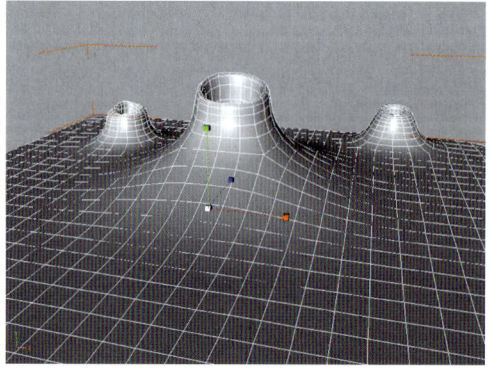

Damit die Feinmodellierung der Vulkanlandschaft richtig beginnen kann, brauchen wir
unbedingt ein feiner unterteiltes Polygongitter.
Rufen Sie den Befehl FUNKTIONEN · UNTERTEILEN
auf (Multi-Shortcut ⎡U⎤, dann ⎡S⎤), und wenden
Sie eine zweifache HyperNURBS-Unterteilung an
(Abbildung 14).

Die Vulkanlandschaft wirkt nun wesentlich
glatter und filigraner, in der Polygonanzahl allerdings auch um das Achtfache gestiegen (Abbildung 15).

Die vorliegende Unterteilung reicht aber
für unsere Zwecke vollkommen aus, den Rest
an Glättungsarbeit erledigt das HyperNURBS-
Objekt.

*Die erhöhte Polygonanzahl verlangt auch etwas mehr Aufmerksamkeit bei der Selektion und Modifikation von Polygonen und Punkten.*

*Achten Sie bei der Detailarbeit an den Kratern darauf, dass für das jeweilige Selektionswerkzeug im Attribute-Manager die Option NUR SICHTBARE ELEMENTE SELEKTIEREN aktiviert ist (Abbildung 16).*

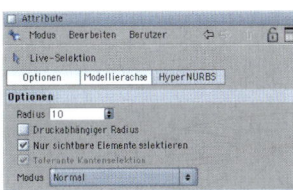

◄ **Abbildung 16**
Selektion nur sichtbarer Elemente

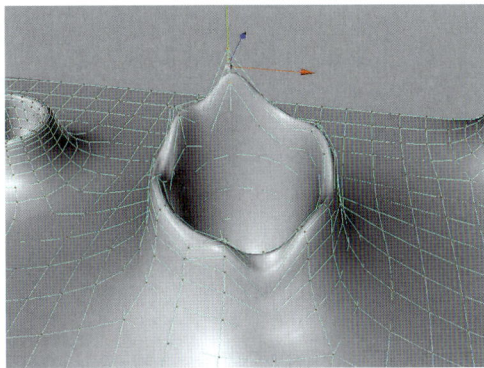

◄ **Abbildung 17**
Detailformung des Hauptkraters

*Seien Sie kreativ! Formen Sie den Hauptkrater durch Ziehen und Verschieben von Polygonen und Punkten, so dass ein ausgebrochener, fast schon lädierter Krater entsteht (Abbildung 17).*

*Bei der Formung der Nebenkrater lassen wir uns von Cinema 4D-Werkzeugen unter die Arme greifen.*

*Da wir die Kraterränder als Ganzes auswählen müssen, deaktivieren wir die Selektion ausschließlich sichtbarer Elemente (Abbildung 18).*

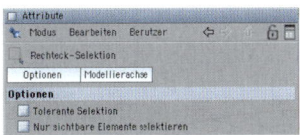

◄ **Abbildung 18**
Selektion aller Elemente

*Wechseln Sie in den Punkte-bearbeiten-Modus, suchen Sie eine für die Erstellung der Auswahl gut verwendbare Ansicht aus, und selektieren Sie die oberen Kraterpunkte, wahlweise auch für beide Nebenkrater (Abbildung 19).*

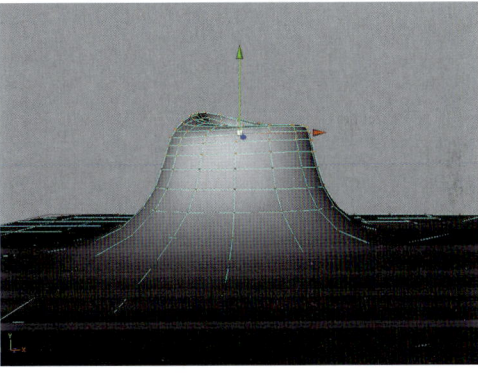

◄ **Abbildung 19**
Selektion der kraternahen Punkte

*Das Knittern der selektierten Punkte erledigt das Werkzeug STRUKTUR · PUNKTWERT SETZEN, in dessen Funktionalität der frühere Knittern-Befehl aufgegangen ist. Sie rufen das Werkzeug am schnellsten über den Multi-Shortcut* M*, dann* L *auf.*

*Im zugehörigen Einstellungsdialog (Abbildung 20) definieren Sie ein axiales Knittern am Y-Wert, maximal bei 50–60 m.*

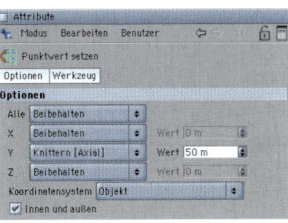

◄ **Abbildung 20**
Knittern der selektierten Punkte

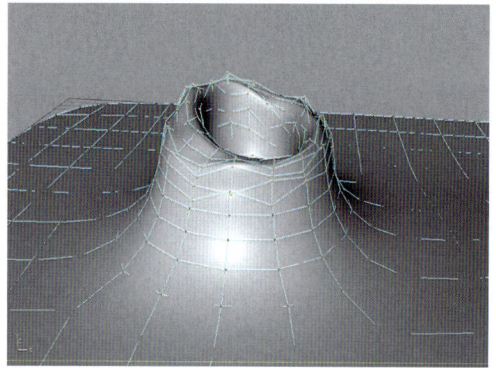

**Abbildung 21 ▶**
Ergebnis der
Knitterung

Die geknitterten Kraterränder sollten nun in
etwa der Abbildung 21 gleichen.

Optimieren Sie die Nebenkrater wenn nötig
noch ein wenig, bevor wir die Formung der
Krater abschließen.

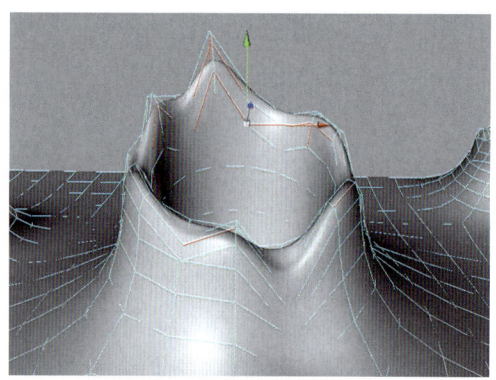

**Abbildung 22 ▶**
Selektion der
Kraterkanten

Die Kanten des Hauptkraters sind nämlich
noch etwas stumpf und sollen durch gezielte
HyperNURBS-Wichtung schärfer ausfallen.

Aktivieren Sie den Kanten-bearbeiten-Modus,
und selektieren Sie, am besten in der 3D-Ansicht,
die Kanten des Kraters mit der Live-Selektion
(Abbildung 22). Dabei müssen Sie nicht explizit
jede Kante erwischen, etwas Abwechslung bzw.
Asymmetrie trägt sehr zur Realitätsnähe bei.

Die aktive Live-Selektion bietet schon die
Funktion, die wir zur Wichtung der Polygonkanten brauchen.

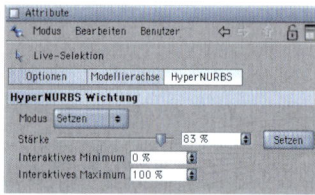

**Abbildung 23 ▶**
HyperNURBS-
Wichtung mit der
Live-Selektion

Im Feld HYPERNURBS (Abbildung 23) wählen
Sie den Wichtungsmodus SETZEN. Eine Wichtungsstärke von 80–90 % sollte ausreichend
sein, um die Kanten schärfer ausfallen zu lassen.

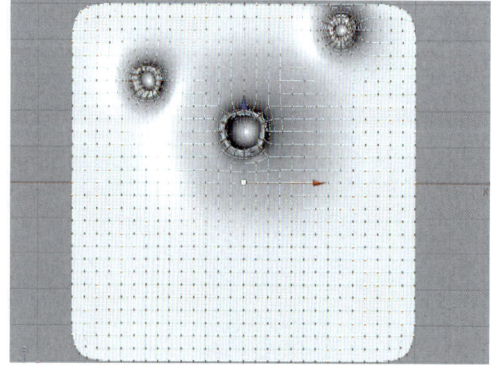

**Abbildung 24 ▶**
Selektion beliebiger
Hügelpunkte

Damit ist die Modellierung der Vulkankrater
so weit abgeschlossen.

Der Rest der Landschaft soll natürlich nicht
eintönig flach bleiben, ein paar Erhebungen und
Hügel tun hier gut.

In der Aufsicht (Taste F2 ) haben Sie den
besten Überblick. Im Punkte-bearbeiten-Modus
malen Sie mit der Live-Selektion über die Bereiche, die als Erhöhungen umgesetzt werden sollen
(Abbildung 24). Lassen Sie aber den Bereich zwischen Hauptkrater und unterer Mitte frei.

Aktivieren Sie das Verschieben-Werkzeug, und ziehen Sie die selektierten Punkte in der 3D-Ansicht (Taste F1) nach oben (Abbildung 25).

Lassen Sie die Punktselektion bestehen, und wenden Sie, wie auch schon bei den Nebenkratern, den Punktewert-setzen-Befehl mit Knitterung an der Y-Achse an. Die Hügel sind damit nicht mehr so gleichmäßig.

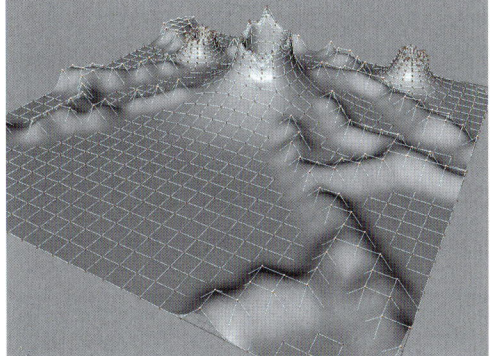
◄ **Abbildung 25**
Verschieben der Hügelpunkte

Gehen wir noch einen Schritt weiter gegen die Gleichförmigkeit vor und bringen wir noch etwas mehr Zufälligkeit in die Hügelstruktur.

Das Pinsel-Werkzeug (Abbildung 26) ist dazu bestens geeignet. Sie erreichen es über STRUK-TUR · PINSEL bzw. den Multi-Shortcut Taste M, dann C.

Der Pinsel soll auf die OBERFLÄCHE wirken und die Punkte dabei Drehen. Die STÄRKE reduzieren Sie auf etwa 10 %, sonst wird mehr verformt, als Ihnen lieb ist.

Zurück in der Aufsicht malen Sie mit dem Pinsel über die bereits vorbereiteten Hügelpunkte (Abbildung 27).

◄ **Abbildung 26**
Pinsel-Werkzeug-Einstellungen

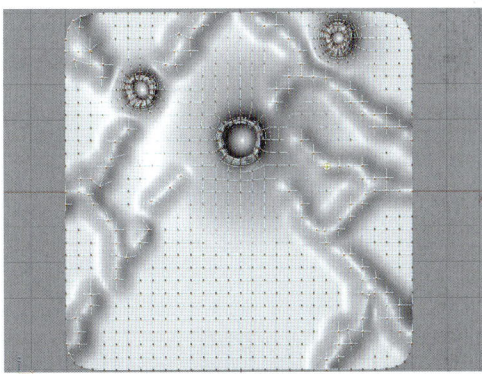
◄ **Abbildung 27**
Verschieben der Hügelpunkte mit dem Pinsel-Werkzeug

Damit lassen wir es mit der Modellierung der Vulkanlandschaft bewenden und belohnen uns mit einem Rendering des Zwischenstands (Abbildung 28).

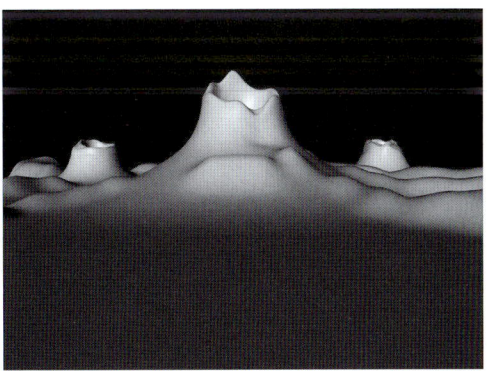
◄ **Abbildung 28**
Rendering der Vulkanlandschaft

**Abbildung 29 ▶**
Würfel-Objekt für
den Felsen

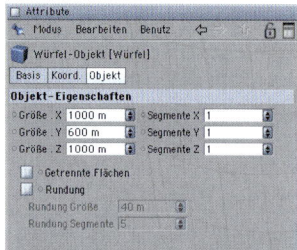

## 2. Modelling des Felsens

Ein Felsen oder Findling soll noch etwas mehr
Abwechslung in die Szenerie bringen. Schalten
Sie während der Arbeit am Felsen die Vulkanlandschaft über den Objekt-Manager am besten
auf IM EDITOR NICHT SICHTBAR.

Als Ausgangsbasis dient uns hier ein Würfel-
Objekt mit den in Abbildung 29 gezeigten Parametern.

**Abbildung 30 ▶**
Vorbereitung des
konvertierten
Würfels

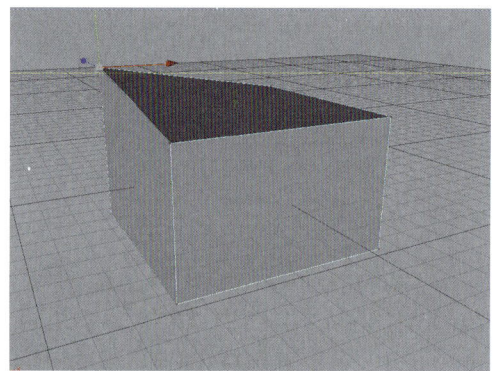

Konvertieren Sie den parametrischen Quader
über die Taste ⎡C⎤ in ein Polygon-Objekt.

Im Punkte-bearbeiten-Modus können Sie den
Felsen schon von der Grobform festlegen. Verschieben Sie dazu beispielsweise links den hinteren Punkt etwas nach oben, den vorderen etwas
nach unten (Abbildung 30).

So schnell erstellt man ein nichtplanares Polygon! Weil wir den Quader aber noch weiterbearbeiten und unterteilen werden, müssen wir uns
darüber keine Sorgen machen.

Bringen wir zunächst mit dem Messer-Werkzeug einige manuelle Unterteilungen an. Sie
aktivieren es mit der Taste ⎡K⎤.

Als Modus kommt die EBENE zum Einsatz, als
Schnittebene wählen Sie X–Z aus (Abbildung 31).

**Abbildung 31 ▶**
Messer-Werkzeug-
Einstellungen

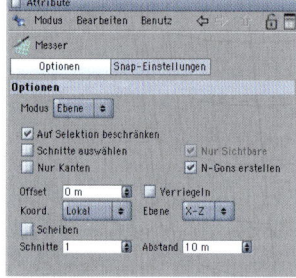

**Abbildung 32 ▶**
Unterteilungs-
schnitte mit dem
Messer

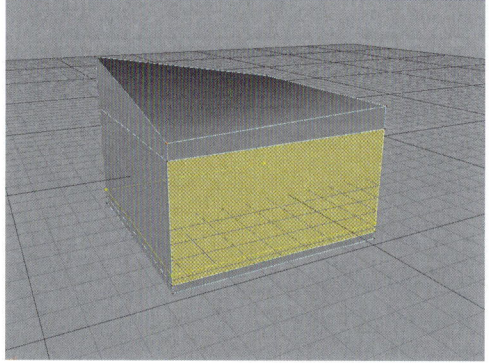

Die Schnitte können Sie problemlos in der 3D-
Ansicht anbringen. Unterteilen Sie das Felsenob-
jekt durch einige Schnitte im oberen und unteren
Bereich, um die Grobstruktur des Felsens vor der
allgemeinen Unterteilung festzulegen (Abbildung
32).

Aktivieren Sie den Modell-bearbeiten-Modus und führen Sie über den Befehl UNTERTEILEN im Menü FUNKTIONEN eine einfache Unterteilung ohne HyperNURBS-Option durch (Abbildung 33).

Durch die deaktivierte HyperNURBS-Unterteilung wirkt der Felsen etwas kantiger und mechanischer, was in unserem Fall erwünscht ist.

Legen Sie das polygonale Würfelobjekt in einen HyperNURBS-Käfig, bevor Sie mit der Weiterbearbeitung fortfahren (Abbildung 34).

Nun ist wieder Ihre Kreativität gefragt. Verschieben und modifizieren Sie nach Herzenslust Punkte, Kanten und Polygone, bis der Felsen Ihren Vorstellungen entspricht und als Findling in einer Vulkanlandschaft durchgeht (Abbildung 35).

Bevor wir den Felsen in der Szene positionieren, erstellen und verteilen wir noch ein paar zusätzliche Steine.

### 3. Modelling und Verteilung von Steinen

Ähnlich dem Felsen wird wieder ein Würfel-Objekt der Grundstock für einen Stein sein. Entnehmen Sie die Einstellungen dafür einfach Abbildung 36.

Was die Formung von Landschaften und Felsen angeht, kann Ihnen sowieso niemand etwas vormachen. Konvertieren Sie das Würfel-Objekt also in ein Polygon-Objekt, fügen Sie noch eine Extrusion an der Oberseite an, und unterteilen Sie den Stein einmal.

Schließlich legen Sie das Stein-Polygon-Objekt noch in einen HyperNURBS-Käfig.

◀ **Abbildung 33**
Unterteilen-Dialog

◀ **Abbildung 34**
HyperNURBS-Käfig für den Felsen-Würfel

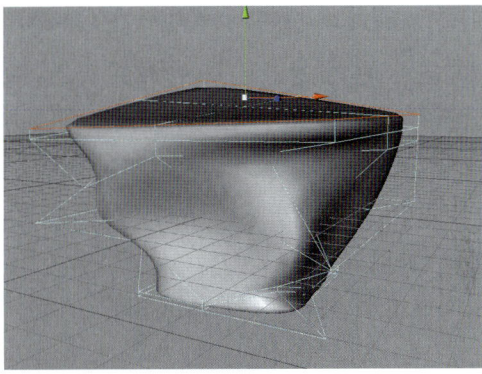
◀ **Abbildung 35**
Formung des Felsens

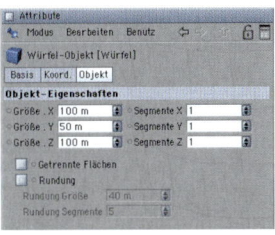
◀ **Abbildung 36**
Würfel-Objekt für die Steine

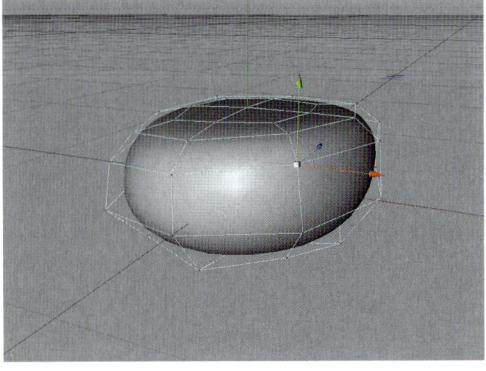
◀ **Abbildung 37**
Formung des Steins

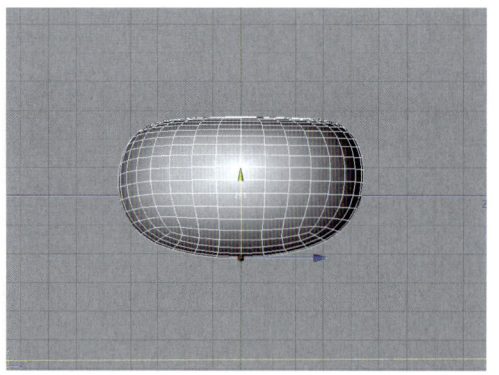

**Abbildung 38** ▶
Verschieben der
Objektachse

Für den letzten Vorbereitungsschritt aktivieren Sie den Achsen-bearbeiten-Modus und
wechseln in die Seitenansicht (Taste F3 ).
Damit die platzierten Steine nicht die Vulkanlandschaft durchdringen, muss der unterste
Punkt des Steins als vertikaler Achsenursprung
definiert werden. Mit dem Verschieben-Werkzeug ziehen Sie die Objektachse des Steins entlang der Y-Ausrichtung nach unten (Abbildung
38).

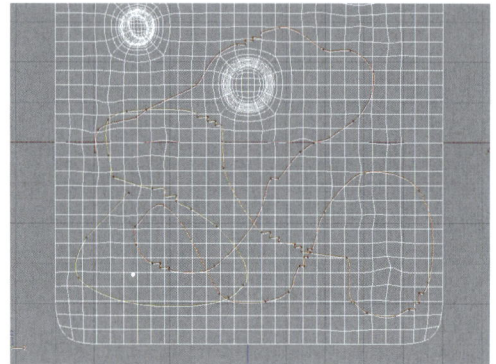

**Abbildung 39** ▶
Zeichnen der
Steinverteilung
mittels Spline

Damit ist der Stein so weit vorbereitet und
kann in die Landschaft verstreut werden. Natürlich wäre es viel zu mühsam, Kopien des Steins
anzufertigen und manuell in der Landschaft zu
verteilen. Wir lassen dies lieber von Cinema 4D
erledigen.

Wechseln Sie mit der Taste F2 in die Aufsicht, wählen Sie das Freiform-Spline-Objekt aus
der Spline-Palette, und malen Sie ein heilloses
Durcheinander auf die Vulkanlandschaft (Abbildung 38).

Verschieben Sie das gesamte Spline in der
Seitenansicht so weit nach oben, bis es komplett
überhalb der Vulkanlandschaft liegt.

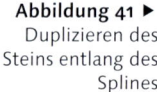

**Abbildung 40** ▶
Dialog
SPLINE PROJIZIEREN

Der Befehl STRUKTUR · SPLINE BEARBEITEN ·
PROJIZIEREN sorgt nun dafür, dass sich das Spline
an die darunter liegende Landschaft anpasst. Die
XZ-Ebene legen Sie als Projektionsart fest (Abbildung 40).

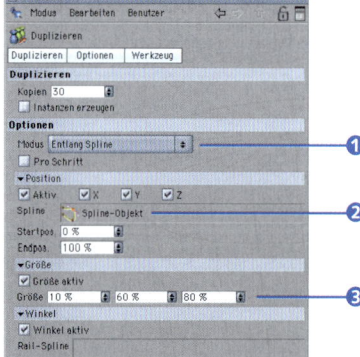

**Abbildung 41** ▶
Duplizieren des
Steins entlang des
Splines

Nun werden insgesamt 30 Steine entlang des
Splines dupliziert (FUNKTIONEN · DUPLIZIEREN) ❶.
Unter POSITION ❷ ziehen Sie das zuvor projizierte
Spline in das dafür vorgesehene Feld.

Damit die Steine in der Größe ordentlich variieren, geben Sie entsprechend unterschiedliche
Parameter ❸ an.

Ein Klick auf ZUWEISEN genügt, und die Steine haben sich in der Landschaft verteilt (Abbildung 42).

Prüfen Sie abschließend noch nach, ob sich ein paar Steine an ziemlich unglaubwürdig steilen Orten befinden, und löschen oder verschieben Sie diese gegebenenfalls.

## 4. Modelling des großen Kaktus

Was wäre eine trockene, hitzegeschädigte Landschaft ohne Kakteen? Für die Ausstattung unserer Szene werden wir ein paar Riesenkakteen modellieren.

Die Kakteen sollen über Loft-NURBS mit Splines erstellt werden. Holen Sie dazu ein Stern-Objekt aus der Spline-Palette, und übertragen Sie die Parameter aus Abbildung 43 auf Ihr Stern-Objekt.

Wandeln Sie das Spline-Grundobjekt über die Taste [C] in einen Spline um. Aktivieren Sie den Punkte-bearbeiten-Modus, und selektieren Sie die äußeren Punkte des Stern-Splines.

Mit dem Befehl STRUKTUR · SPLINE BEARBEITEN · FASEN runden Sie die Spitzen des Sterns ein wenig ab, damit die Kanten nicht zu scharf aussehen (Abbildung 44).

Erstellen Sie insgesamt vier Kopien des Stern-Splines, und positionieren Sie diese, wie in Abbildung 45 gezeigt, übereinander.

Selektieren Sie den obersten Spline, wechseln Sie in den Modell-bearbeiten-Modus, und aktivieren Sie das Skalieren-Werkzeug. Schalten Sie die X- und Z-Achse zur Bearbeitung frei, und skalieren Sie den obersten Spline stark.

Dieser verkleinerte Spline soll als Spitze des großen Kaktus fungieren.

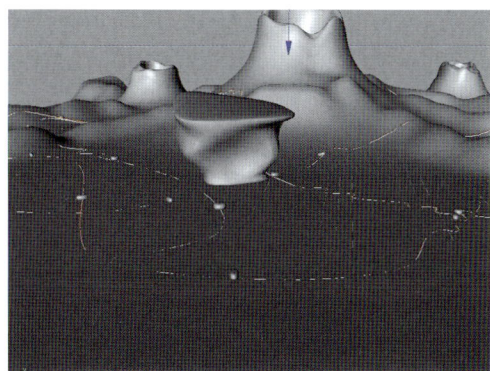

◀ **Abbildung 42**
Am Spline entlang duplizierte Steine

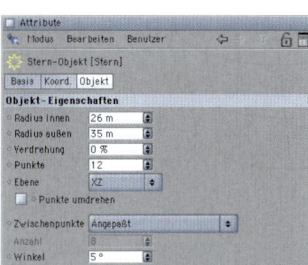

◀ **Abbildung 43**
Stern-Objekt-Spline für den großen Kaktus

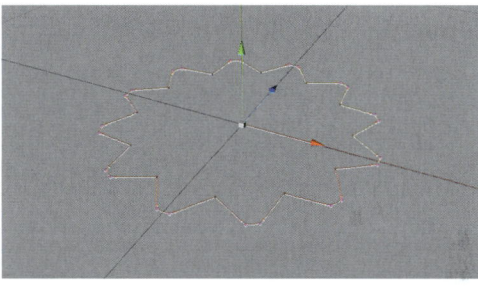

◀ **Abbildung 44**
Abfasen der Sternspitzen

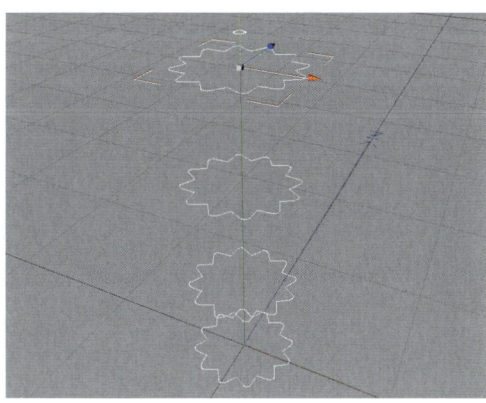

◀ **Abbildung 45**
Verteilung der Stern-Splines

**Abbildung 46 ▶**
Loft-NURBS mit
den Stern-Splines

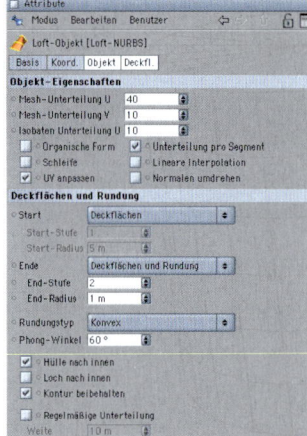

**Abbildung 47 ▶**
Loft-NURBS
Einstellungen

**Abbildung 48 ▶**
Weitere Formung
des großen Kaktus

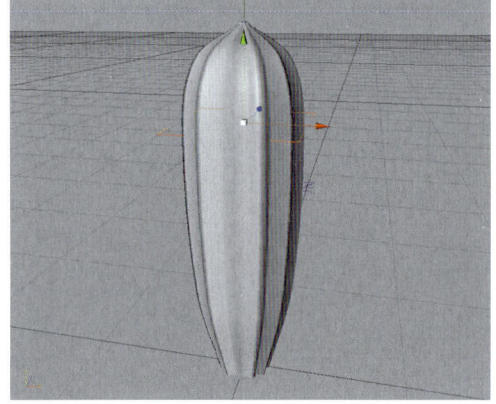

**Abbildung 49 ▶**
Duplikat des
Kaktusstamms

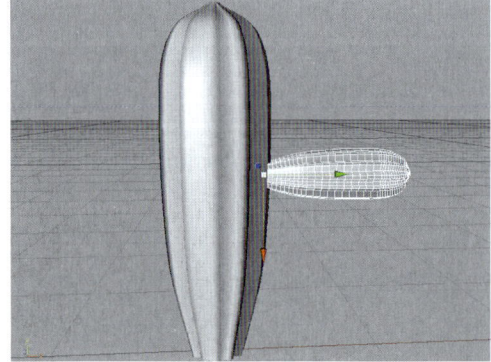

**Abbildung 50 ▶**
Skalierung und
Positionierung des
Kaktusarms

Holen Sie einen Loft-NURBS-Generator aus der NURBS-Palette, und legen Sie die fünf Splines der Reihe nach hinein (Abbildung 46).

Im Einstellungsdialog des Loft-NURBS-Generators (Abbildung 47) erhöhen Sie die Mesh-Unterteilung in U-Richtung um 10–20 Einheiten. Damit sind genügend Unterteilungen vorhanden, um die Form der Splines gut nachzuzeichnen. Das kantige Aussehen kommt uns gerade recht, die Option ORGANISCHE FORM kann deshalb deaktiviert bleiben.

Die Generierung von Deckflächen können Sie erlauben, achten Sie aber an der Kaktusspitze auf einen sehr kleinen Radius, sonst entsteht ein unansehnliches Knäuel.

Das Loft-NURBS-Objekt hat aus unseren Splines einen recht ansehnlichen Kaktus geformt. Optimieren Sie die Form noch etwas, indem Sie einzelne Splines etwas skalieren oder in Y-Richtung verschieben (Abbildung 48). Eine sanfte Drehung eines oder mehrerer Splines kann ebenfalls nicht schaden, weil die Rillenzeichnung in der Realität alles andere als strikt vertikal verläuft.

Als Kaktusarme nehmen wir einfach Kopien des Kaktusstammes, die wir auf die passende Größe verkleinern.

Duplizieren Sie den Kaktusstamm (Abbildung 49), und drehen Sie diese Kopie mit dem Rotieren-Werkzeug oder über den Attribute-Manager um 90°.

Anschließend skalieren Sie den Arm noch, bis er sich gut am Kaktusstamm macht (Abbildung 50). Die Biegung des Kaktusarms könnten wir natürlich durch das Drehen der einzelnen Splines erreichen, ich möchte aber lieber das Biege-Objekt verwenden. Erstens, damit ich Ihnen den

Biege-Deformator vorstellen kann, zweitens, weil die gebogene Form fast natürlicher aussieht als ein zu perfektes Loft-NURBS, und drittens, weil wir uns beim späteren Texturieren eine Menge Arbeit ersparen.

Holen Sie sich also ein Biege-Objekt aus der Deformatoren-Palette, und passen Sie die Ausmaße des Biege-Käfigs an den Kaktusarm an (Abbildung 51). Den Biege-Modus stellen Sie auf BEGRENZT, damit die Verformung nicht auch den Ansatz des Armes erfasst. Die Y-Länge des Objektes soll dabei beibehalten werden.

Positionieren Sie das Biege-Objekt im Editor wie in Abbildung 52 gezeigt um den Kaktusarm. Selektieren Sie Arm und Biege-Deformator im Objekt-Manager, und gruppieren Sie die beiden Objekte über den dortigen Menübefehl OBJEKTE · OBJEKTE GRUPPIEREN.

Ein leichter Zug am Biege-Griff des Deformators sollte genügen, und der Kaktusarm windet sich nach oben.

Kopieren Sie den gebogenen Arm, und setzen Sie das Duplikat an eine passende Stelle auf der gegenüberliegenden Seite des Kaktusstammes (Abbildung 53).

Räumen wir die Kaktusteile etwas auf, damit wir uns beim Platzieren in der Szene leichter tun. Markieren Sie alle Kaktusteile im Objekt-Manager, und gruppieren Sie die drei Objekte zu einem gemeinsamen Kaktus-Objekt (Abbildung 54).

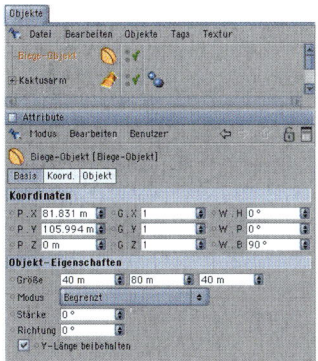

◄ **Abbildung 51**
Biege-Objekt für den Kaktusarm

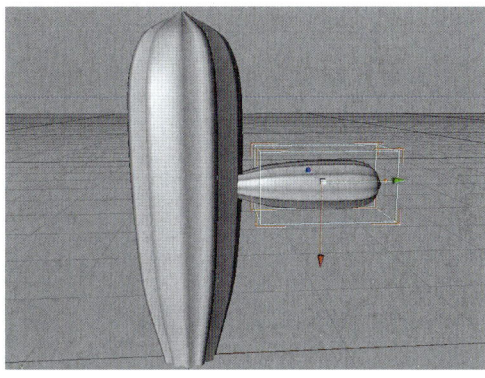

◄ **Abbildung 52**
Anpassung des Biege-Objekts

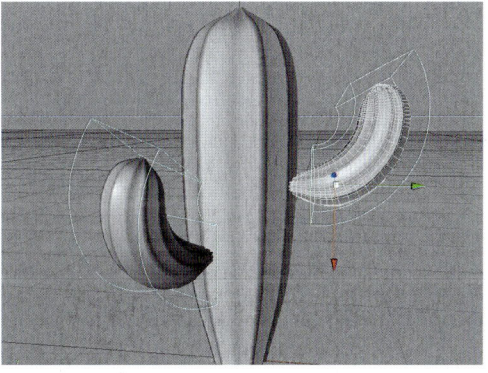

◄ **Abbildung 53**
Biegen der Kaktusarme

◄ **Abbildung 54**
Gruppieren der Kaktusteile

**Abbildung 55** ▶
Skalieren und
Positionieren der
großen Kakteen

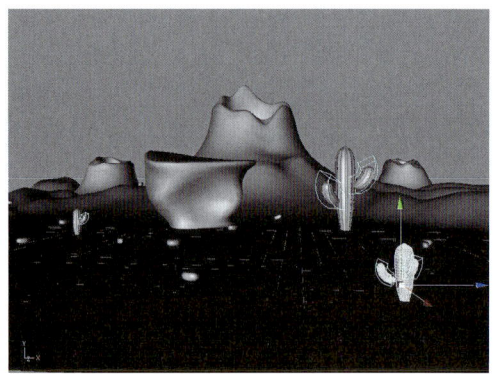

Schalten Sie die anderen Szenenbestandteile wieder auf sichtbar, und erstellen Sie einige Kopien des großen Kaktus.

Variieren Sie die Anzahl der Arme etwas, und verkleinern oder vergrößern Sie die Großkakteen, indem Sie die jeweilige Kaktusgruppe selektieren und über den Modell-bearbeiten-Modus mit dem Skalieren-Werkzeug skalieren.

Nun können Sie die Kakteen in der Vulkanlandschaft verteilen (Abbildung 55).

**Abbildung 56** ▶
Kugel-Objekt für
den Zierkaktus

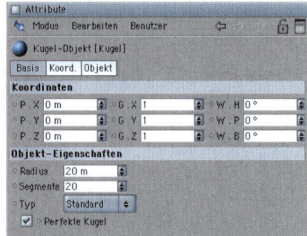

## 5. Modelling des Zierkaktus

Als Tüpfelchen auf dem i soll nun noch ein blühender Zierkaktus die Szene beleben. Schalten Sie die Elemente der Szene auf unsichtbar, damit wir uns voll auf das Modelling dieses Blickfangs konzentrieren können.

Die Basis des Kaktuskörpers ist ein Kugel-Objekt mit den in Abbildung 56 angegebenen Maßen und Segmenten. Verwenden Sie die Standardeinstellung als Kugeltyp, damit sich die Isobaten kreisförmig um das Kugel-Objekt ziehen.

**Abbildung 57** ▶
Selektion der
Kanten mit der
Loop-Selektion

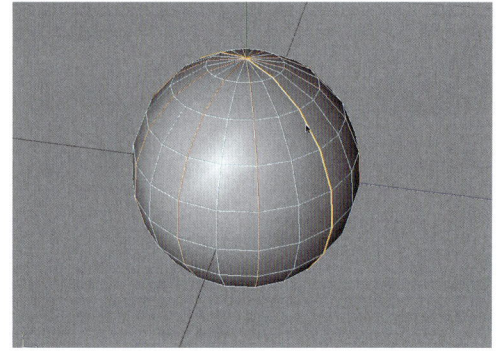

Wandeln Sie das Kugel-Objekt mit der Taste C in ein Polygon-Objekt um. Nun soll jeder zweite vertikale Kantenring selektiert werden. Wir verwenden dazu die Loop-Selektion im Menü SELEKTIONEN bei aktiviertem Kanten-bearbeiten-Modus.

Fahren Sie mit dem Selektionswerkzeug an die vertikalen Kanten, und wählen Sie jeden zweiten Ring mit gedrückt gehaltener ⇧-Taste aus (Abbildung 57).

**Abbildung 58** ▶
Deselektion der
Kopf- und
Fußbereiche

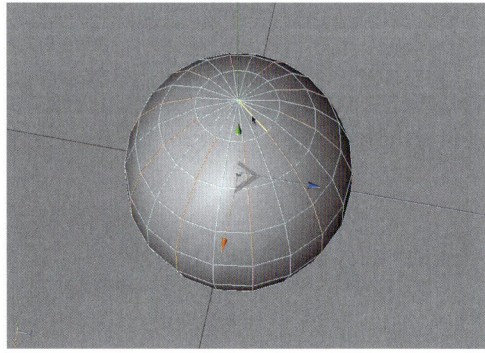

Die Kopf- und Fußbereiche ziehen wir von der Selektion ab. Wechseln Sie zur Live-Selektion, und halten Sie die Strg/Ctrl-Taste gedrückt, während Sie über die Bereiche ober- und unterhalb der Kugel streichen (Abbildung 58).

Jetzt widmen wir uns der Formung des Kaktuskörpers. Aktivieren Sie das Skalieren-Werkzeug, schalten Sie alle Achsen zur Bearbeitung frei, und ziehen Sie mit der Maus, bis die Kantenbereiche, wie in Abbildung 59 gezeigt, weit genug vergrößert sind.

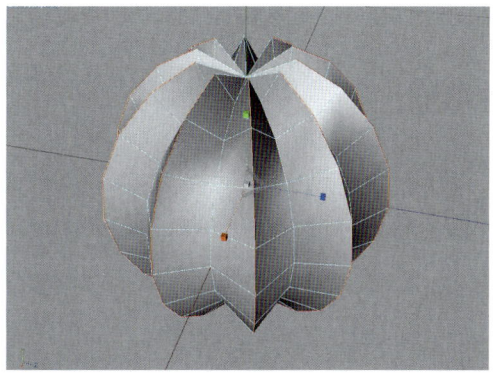

◄ **Abbildung 59**
Skalierung der
selektierten Kanten

Die Glättung des arg scharfkantigen Kaktus übernimmt ein HyperNURBS-Käfig. Holen Sie ein HyperNURBS-Objekt aus der NURBS-Palette, und legen Sie das Polygon-Objekt des Kaktus hinein (Abbildung 60).

◄ **Abbildung 60**
HyperNURBS-Käfig
für den Zierkaktus

Das Ergebnis gleicht nun schon eher einem Kaktuskörper (Abbildung 61).

Zwischen Mesh und geglätteter Form ist aber noch ein zu großer Unterschied, mit dem wir es schwer hätten, die Stacheln vernünftig bzw. automatisch anzubringen.

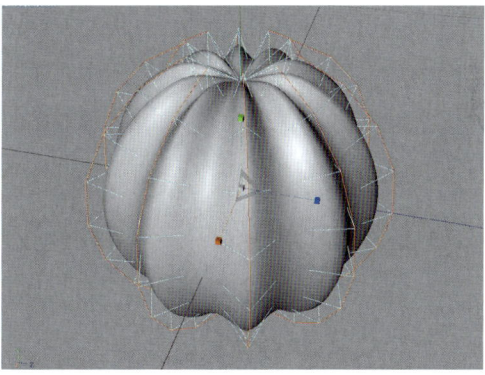

◄ **Abbildung 61**
Geglätteter
Zierkaktuskörper

Zur Unterteilung wechseln Sie in den Modellbearbeiten-Modus und rufen den Befehl UNTERTEILEN im Menü FUNKTIONEN auf.

Im Unterteilungsdialog bestätigen Sie eine einfache Unterteilung nach HyperNURBS-Manier (Abbildung 62).

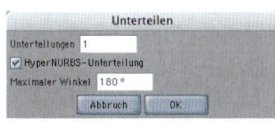

◄ **Abbildung 62**
HyperNURBS-
Unterteilung

Der Kaktuskörper ist nun feingliedrig genug, dass wir seine Polygonkanten als Positionierungshilfe für die Stacheln hernehmen können.

Aktivieren Sie den Kanten-bearbeiten-Modus, nehmen Sie das Live-Selektions-Werkzeug bei eingestellter Option NUR SICHTBARE ELEMENTE SELEKTIEREN, und wählen Sie den eingeschränkten Kantenbereich aus, der direkt auf der Z-Achse liegt (Abbildung 63).

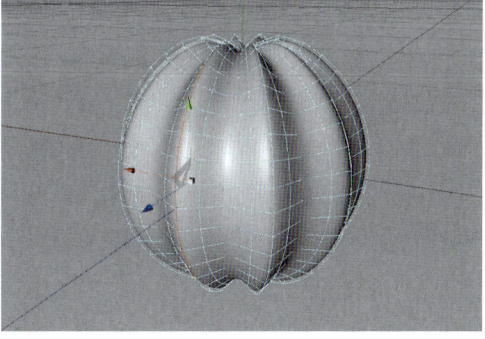

◄ **Abbildung 63**
Auswahl einer
Kaktuskante

▲ **Abbildung 64**
Spline der Kaktus-
kante

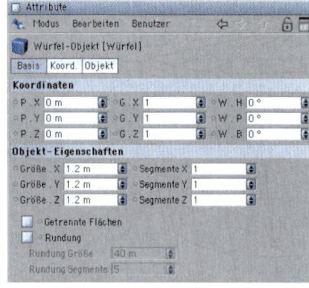

**Abbildung 65** ▶
Würfel-Objekt für
die Stacheln

**Abbildung 66** ▶
Selektion von fünf
Würfelseiten

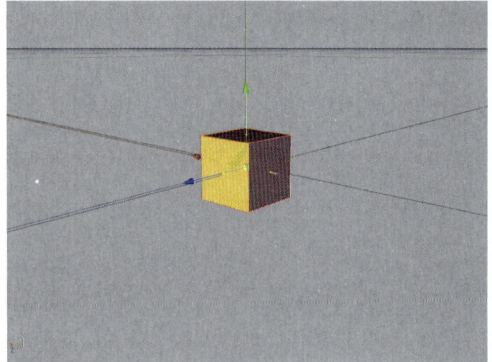

**Abbildung 67** ▶
Erste Extrusion der
Würfelseiten

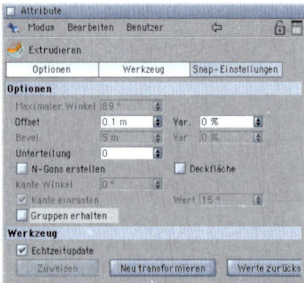

**Abbildung 68** ▶
Geglätteter Würfel

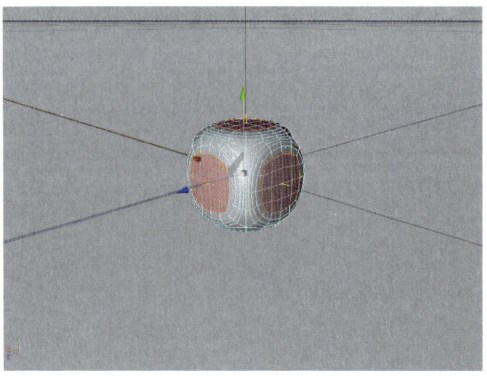

*Diese selektierte Polygonkante wandeln wir nun in einen Spline um. Den Befehl dazu finden Sie im Menü* STRUKTUR · SPLINE BEARBEITEN · KANTEN-SELEKTION ZU SPLINE.

*Geben Sie dem entstandenen Spline (Abbildung 64) noch einen aussagekräftigen Namen, dann können wir uns dem Modellieren der Stacheln widmen.*

*Basis für den* **Stachel** *ist ein relativ kleines Würfel-Objekt (Abbildung 65).*

*Wandeln Sie das parametrische Würfel-Objekt in ein Polygon-Objekt um (Taste* C *). Aktivieren Sie den Polygon-bearbeiten-Modus, und selektieren Sie mit dem Live-Selektions-Werkzeug die vordere und die vier darum befind-lichen Würfelseiten. In der 3D-Ansicht (Taste* F1 *) wird Ihnen dies am leichtesten von der Hand gehen (Abbildung 66).*

*Aktivieren Sie das Extrudieren-Werkzeug mit der Taste* D *, und geben Sie den sehr kleinen Extrusionswert am besten über den Attribute-Manager ein (Abbildung 67). Die Option* GRUP-PEN ERHALTEN *bleibt deaktiviert.*

*Werfen Sie das Polygon-Objekt in einen HyperNURBS-Käfig, und aktivieren Sie doch, wenn nicht sowieso schon geschehen, die Option* ISOLINES BEARBEITEN *im Werkzeuge-Menü. Damit haben Sie die bestmögliche Kontrolle über das geglättete Ergebnis Ihrer Arbeit (Abbildung 68).*

*Die fünf selektierten Polygone bleiben nach wie vor ausgewählt.*

Die nächste Extrusion vollziehen wir in der 3D-Ansicht. Lassen Sie das Extrudieren-Werkzeug aktiviert, und extrudieren Sie die fünf Stachelpolygone, wie in Abbildung 69 gezeigt, ein weites Stück aus dem Stachelursprung heraus.

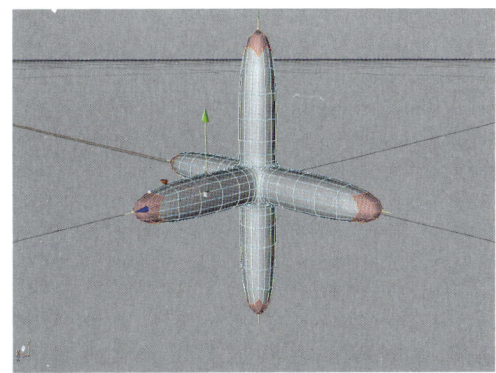

◀ **Abbildung 69**
Zweite Extrusion der Stachelpolygone

Um die Stacheln spitz zu machen, skalieren wir die vorderen, noch ausgewählten Stachelpolygone einfach. Dies geschieht mit dem Werkzeug SKALIEREN (ENTLANG NORMALEN), nicht mit dem Standardskalierungswerkzeug! Sie erreichen es über das Menü STRUKTUR oder auch über den Multi-Shortcut Taste ⎡M⎤, dann ⎡#⎤.

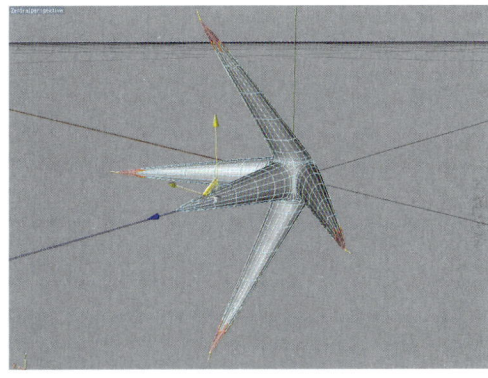

◀ **Abbildung 70**
Skalierung der Polygone an den Spitzen

Nun müssen die seitlichen Stacheln nur noch nach vorne gebogen werden. Mit dem Live-Selektions-Werkzeug und gedrückter ⎡Strg⎤/⎡Ctrl⎤-Taste deselektieren Sie zuvor das mittlere Stachelpolygon. Anschließend ziehen Sie die vier Stachelpolygone einfach über den Achsenanfasser nach vorne (Abbildung 70).

Die Stacheln sind jetzt fertig und können am Spline unseres Kaktus entlang dupliziert werden. Wählen Sie das Stachel-Objekt im Modellbearbeiten-Modus aus, und rufen Sie den Befehl DUPLIZIEREN aus dem Menü FUNKTIONEN auf. Im Einstellungsdialog (Abbildung 71) geben Sie insgesamt 5 Kopien und den Modus ENTLANG SPLINE an. Ziehen Sie den Kaktus-Spline in das dafür vorgesehene Spline-Feld.

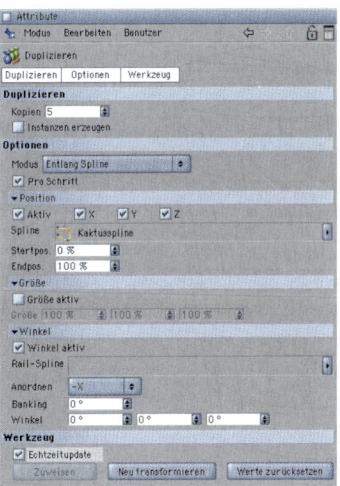

◀ **Abbildung 71**
Duplizieren des Stachels entlang des Kaktus-Splines

Nach erfolgter Duplikation befinden sich die fünf Stachelkopien gruppiert in einem Nullobjekt. Ziehen Sie den originalen Stachel ebenfalls hinein (Abbildung 72), bevor wir uns an die Ausrichtung der Stacheln machen.

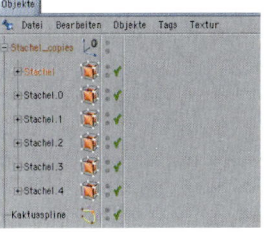

**Abbildung 72** ▶
Duplizierte Würfelkopien

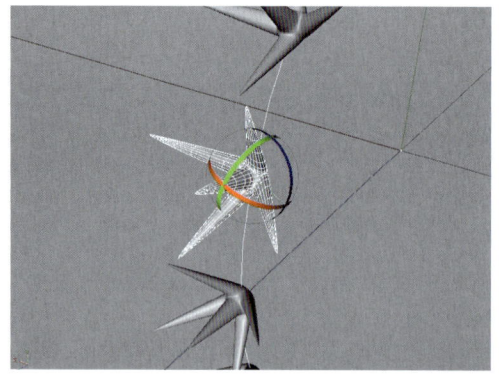

**Abbildung 73** ▶
Anpassung und
Ausrichtung der
Stacheln

Vermutlich haben sich einige Stacheln auf-grund der Ausrichtung des Kaktus-Splines in die verkehrte Richtung gestellt, was aber nicht dramatisch ist, weil wir die einzelnen Stacheln sowieso in ihrer Rotation etwas verändern.

Drehen Sie also die einzelnen Stachelobjekte in die gleiche Richtung, und variieren Sie den Winkel der einzelnen Stacheln, damit die Gruppe nicht zu technisch perfekt wirkt (Abbildung 73).

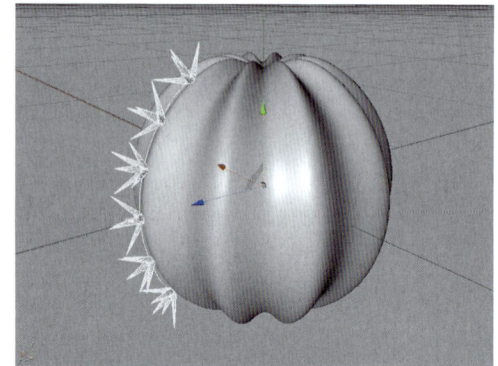

**Abbildung 74** ▶
Verschieben der
Objektachse der
Stachelreihe

Weil wir als Ausrichtung für die Erstellung des Kaktus-Splines eine Achsrichtung verwendet haben, ist die Vorbereitung für die Stachelrei-hen-Duplikation ein Leichtes. Aktivieren Sie den Achsen-bearbeiten-Modus, und verschieben Sie die Achse der Stachel-Gruppe auf den Ursprung. Die Y-Koordinate spielt dabei keine Rolle (Abbil-dung 74).

Wechseln Sie wieder in den Modell-bearbei-ten-Modus, selektieren Sie die Stachel-Gruppe, und rufen Sie wieder den Duplizieren-Befehl im Menü FUNKTIONEN auf.

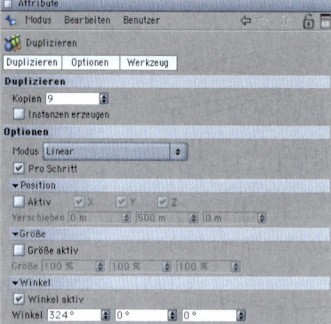

**Abbildung 75** ▶
Duplizieren der
Stachelreihe

Weil unser Kaktus insgesamt zehn Ringe besitzt, benötigen wir neun Kopien der Stachel-reihe. Den Modus stellen Sie auf LINEAR. Die neun Kopien verteilen sich in einem Winkel von exakt 324° um den Stachelkörper, also für jede Kopie eine Zehntel Umdrehung – die Original-reihe haben wir ja schon (Abbildung 75). Bestä-tigen Sie die Duplikation, und der Kaktuskörper besitzt rundherum Stacheln.

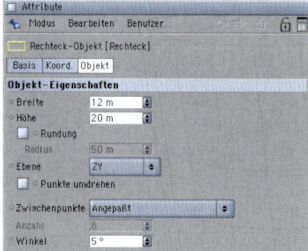

**Abbildung 76** ▶
Rechteck-Spline für
den Blütenstiel

Machen wir gleich beim Stiel weiter, der als Träger für die Blätter und Stängel dienen soll. Modellieren wir den Stiel mit Lathe-NURBS, das ein Spline um seine Achse rotieren lässt.

Holen Sie ein Rechteck-Spline aus der Spline-Palette, und übertragen Sie die Masse und Ebene aus Abbildung 76.

*Wechseln Sie über die Taste* F3 *in die Seitenansicht, und positionieren Sie den Rechteck-Spline gemäß Abbildung 77 oberhalb des Kaktuskörpers.*

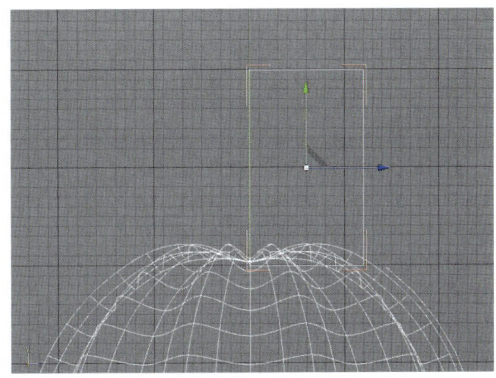

◄ **Abbildung 77**
Positionierung des
Rechteck-Splines

*Wandeln Sie das parametrische Spline-Objekt über den Befehl* GRUNDOBJEKT KONVERTIEREN *(Taste* C *) um, und aktivieren Sie den Punktebearbeiten-Modus.*

*Selektieren Sie die Punkte des Splines, und schaffen Sie über den Befehl* FASEN *im Menü* STRUKTUR · SPLINE BEARBEITEN *zunächst einige zusätzliche Punkte für die Formung des Blütenstiels.*

*Gestalten Sie den Blütenstiel in der Form eines geschwungenen Trichters (Abbildung 78), achten Sie dabei darauf, dass die linken Ansatzpunkte auf der Z-Koordinate 0 bleiben.*

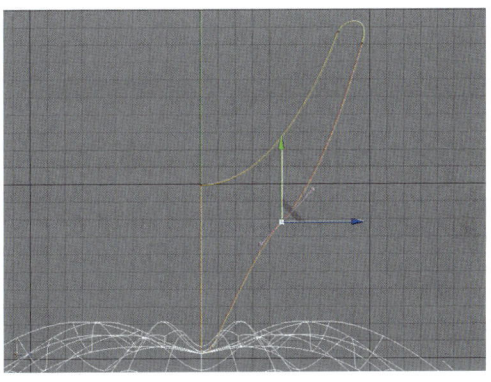

◄ **Abbildung 78**
Formung des
Splines

*Wenn Sie mit dem Ergebnis zufrieden sind, holen Sie sich einen Lathe-NURBS-Generator aus der NURBS-Palette und legen den Rechteck-Spline hinein (Abbildung 79).*

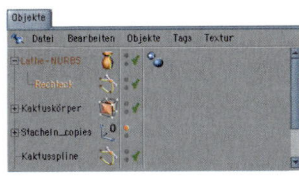

◄ **Abbildung 79**
Lathe-NURBS-
Generator

*Wechseln Sie in die 3D-Ansicht (Taste* F1 *), und positionieren Sie den Blütenstiel auf die Spitze des Kaktuskörpers. Eventuell müssen Sie den Blütenstiel noch etwas verkleinern, damit der Stiel nicht zu wuchtig ausfällt. Dazu selektieren Sie den Rechteck-Spline innerhalb des Lathe-NURBS-Generators bei aktiviertem Modell-bearbeiten-Modus und skalieren den Spline mit dem Skalieren-Werkzeug (Abbildung 80).*

*Mit Splines realisieren wir jetzt auch die Kaktusblätter.*

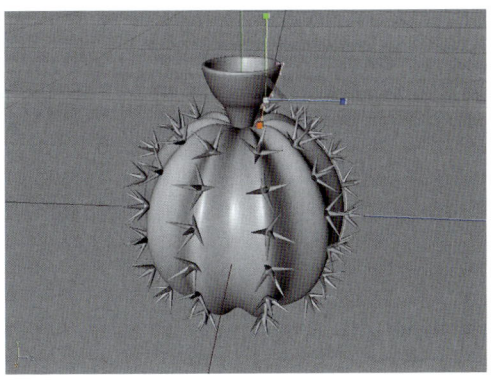

◄ **Abbildung 80**
Platzieren und
Anpassen des
Blütenstiels

**Abbildung 81 ▶**
Rechteck-Spline
als Basis für den
Blattquerschnitt

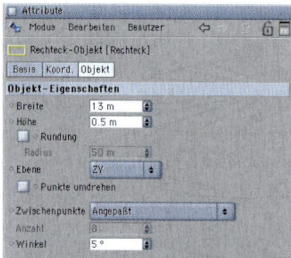

Wieder kommt ein Rechteck-Spline zum Einsatz. Erstellen Sie dieses mit den in Abbildung 81 angegebenen Maßen, und achten Sie auf die Ebenenausrichtung ZY.

Mit dem Befehl GRUNDOBJEKT KONVERTIEREN (Taste [C]) wandeln Sie das Grundobjekt in einen Spline aus Punkten um.

**Abbildung 82 ▶**
Formung des
Blattquerschnitts

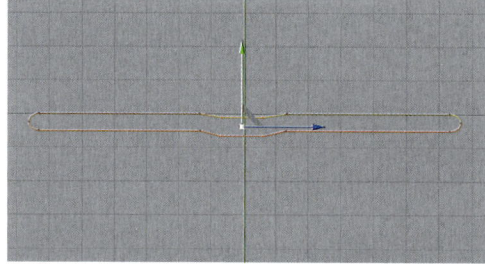

In der Seitenansicht (Taste [F3]) nehmen Sie sich nun den Spline vor. Selektieren Sie die vier Eckpunkte über den Punkte-bearbeiten-Modus mit der Live-Selektion.

Fasen Sie die Eckpunkte ein wenig mit dem Fasen-Werkzeug aus dem Menü STRUKTUR · SPLINE BEARBEITEN ab. Aktivieren Sie das Messer-Werkzeug, und fügen Sie links und rechts vom Spline-Mittelpunkt je zwei vertikale Schnitte an. Wählen Sie die mittleren vier Punkte aus (Abbildung 82), und ziehen Sie die Punkte entlang der Y-Achse ein wenig nach unten. Durch diese Modifikation erhalten die Blätter die Hauptader.

**Abbildung 83 ▶**
Skalierung und
Positionierung
der Splines

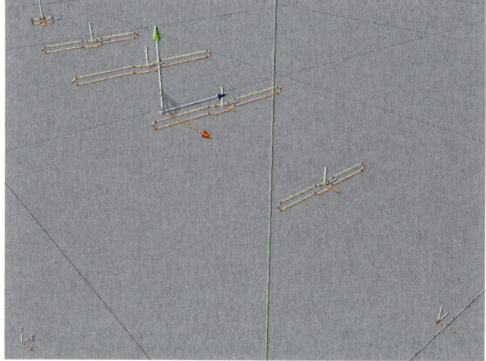

Der eben erstellte Spline soll die breiteste und dickste Stelle eines Blattes markieren. Fertigen Sie im Modell-bearbeiten-Modus insgesamt fünf Kopien dieses Splines an, und verschieben Sie drei Kopien hinter das Original-Spline, die anderen zwei an die spätere Spitze des Blattes.

Aktivieren Sie das Skalieren-Werkzeug, und schalten Sie X- und Z-Koordinate frei. Verkleinern Sie die Kopien bis auf Ende und Spitze ein wenig. Danach nehmen Sie sich Ende und Spitze vor, die Sie auch in der Y-Koordinate skalieren (Abbildung 83).

**▲ Abbildung 84**
Loft-NURBS-
Generator mit
Splines

Werfen Sie die Splines der Reihe nach in einen Loft-NURBS-Generator (Abbildung 84), und optimieren Sie die Form des Blattes. Eine Verschiebung der beiden vorderen Splines bewirkt eine leichte Krümmung des Blattes nach unten (Abbildung 85).

**Abbildung 85 ▶**
Fertiges Loft-
NURBS-Blatt

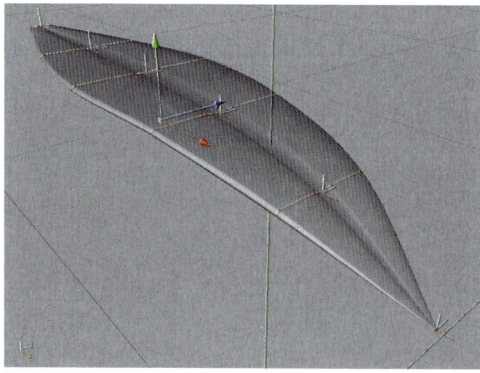

Verschieben Sie das fertige Blatt zum Blütenstiel, aktivieren Sie den Modell-bearbeiten-
Modus sowie das Rotieren-Werkzeug, und rotieren Sie das Blatt über das blaue Rotationsband
(Abbildung 86), bis es sich an der Außenseite gut
an den Blütenstiel anschmiegt.

Dieses Blatt soll nun wieder an einer Achse
dupliziert werden. Weil die Blattachse aber nicht
mehr gerade ausgerichtet ist und wir uns nicht
mit Winkel herumärgern wollen, nehmen wir
einfach ein Null-Objekt zu Hilfe.

Holen Sie ein Null-Objekt aus der Palette der
Modelling-Objekte, und werfen Sie das Loft-
NURBS-Blatt einfach hinein (Abbildung 87).

Das Null-Objekt besitzt nun die Koordinaten
0, 0, 0 als Position, absolut jungfräuliche Winkel,
und eignet sich ohne weiteres Zutun wunderbar
für die bevorstehende Duplikation.

Selektieren Sie das umbenannte Null-Objekt
mit dem Blatt, und rufen Sie den Duplizieren-
Dialog über das Menü FUNKTIONEN auf (Abbildung 88). Lassen Sie acht Duplikate erstellen,
die sich über einen Winkel von insgesamt 315°
um den Blütenstiel verteilen. Der Modus ist wiederum LINEAR.

Abbildung 89 zeigt die um den Blütenstiel
duplizierten Außenblätter. Wer mitgerechnet
hat, wird sich fragen, warum wir eine Kopie zu
viel angefertigt haben. Unser Originalblatt ist
schließlich auch noch da.

Dieses verwenden wir nun als Ausgangsbasis
für die Innenblätter, die allerdings dünner und
schmäler ausfallen sollen.

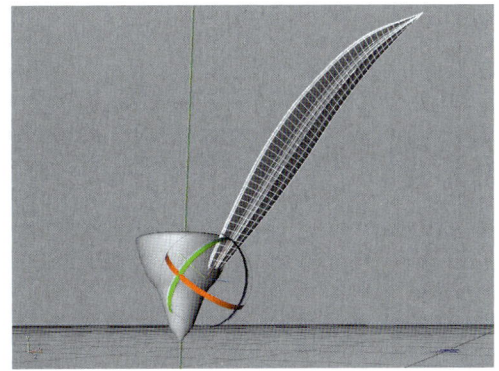

◄ **Abbildung 86**
Platzieren und
Rotieren des Blattes

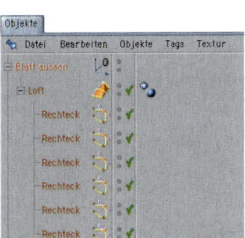

◄ **Abbildung 87**
Null-Objekt als
Duplikationsachse

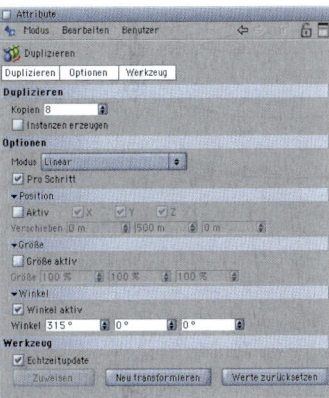

**Abbildung 88** ►
Duplizieren der
Außenblätter

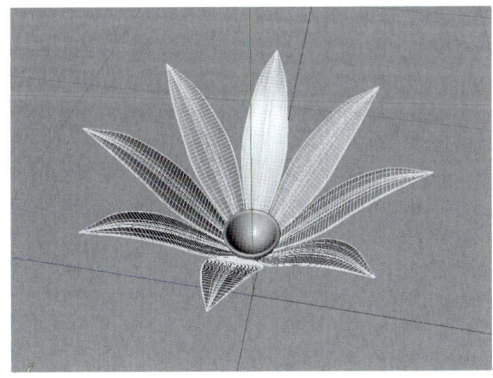

◄ **Abbildung 89**
Duplizierte
Außenblätter

**Abbildung 90 ▶**
Kopie für die
inneren Blätter

Werfen Sie also das originale Loft-Blatt in ein
neues Null-Objekt, das Sie entsprechend benennen (Abbildung 90).

**Abbildung 91 ▶**
Skalierung des
Innenblattes

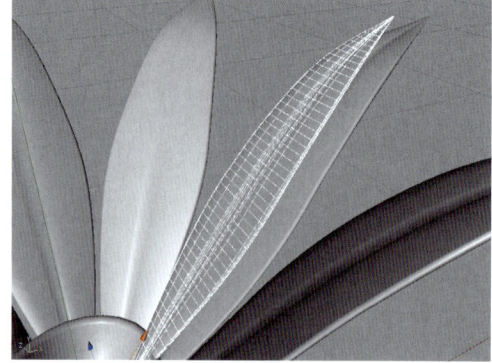

Im Modell-bearbeiten-Modus selektieren Sie
das darin befindliche Loft-NURBS-Objekt und
skalieren die Breite und Höhe des Blattes.
Verschieben Sie das Loft-NURBS-Blatt weiter
Richtung Blütenstiel-Mitte, und stellen Sie,
wenn nötig, auch einen etwas steileren Winkel
ein (Abbildung 91).

**Abbildung 92 ▶**
Duplizieren des
Innenblattes

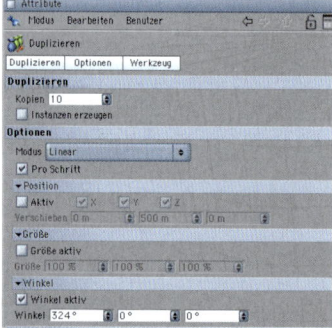

Wenn Sie mit der Position des Innenblattes
einverstanden sind, selektieren Sie wieder das
übergeordnete Null-Objekt, damit wir die Duplikation vornehmen können.

Rufen Sie also wieder den Duplizieren-Befehl
auf, und tragen Sie im zugehörigen Dialog im
Attribute-Manager (Abbildung 92) insgesamt
zehn Kopien bei einem Verteilungswinkel von
324° ein.

**Abbildung 93 ▶**
Duplizierte und
rotierte Innenblätter

Damit haben wir insgesamt zehn Innenblätter über den Winkel verteilt (Abbildung 93).
Diesmal brauchen Sie das Ursprungsblatt nicht
mehr für die nächste Schicht an Innenblättern zu
modifizieren, heben Sie es sich aber trotzdem auf
– schalten Sie es einfach auf unsichtbar.

**Abbildung 94 ▶**
Zweite Kopie der
Innenblätter

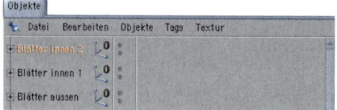

Für die zweite Schicht an Innenblättern
kopieren Sie einfach die Gruppe der zuletzt
erstellten Duplikate (Abbildung 94).

Wählen Sie die Gruppe als Ganzes im Modell-
bearbeiten-Modus aus, und rotieren Sie die
zweiten Innenblätter an der Y-Achse.

Damit es keine Überschneidungen mit den
ersten Innenblättern gibt, aktivieren Sie das Ska-
lierungs-Werkzeug und verkleinern die gesamte
Gruppe ein wenig.

Schieben Sie die beiden Innenblätter-Gruppen
passend in den Blütenstiel, und prüfen Sie in der
3D-Ansicht, ob es irgendwelche Überschneidungen oder Unsauberkeiten gibt (Abbildung 95).

Zu guter Letzt sind noch die Blütenstängel
des Zierkaktus an der Reihe. Erstellen Sie dafür
ein relativ hohes, dafür schmales Würfel-Objekt
(Abbildung 96).

Konvertieren Sie das Würfel-Objekt in ein
Polygon-Objekt (Taste C), aktivieren Sie den
Polygon-bearbeiten-Modus, und selektieren Sie
das oberste Polygon des Quaders.

Werfen Sie das Polygon-Objekt in einen
HyperNURBS-Käfig, und beginnen Sie mit der
Gestaltung des Stängels. Eine Skalierung nach
außen und eine Extrusion nach oben formen aus
der Quaderspitze eine adäquate Stängelspitze
(Abbildung 97).

Passen Sie die Dicke des Stängels wenn nötig
an die Blüte an, kopieren Sie den Stängel einige
Male, und positionieren Sie die Duplikate unre-
gelmäßig versetzt und rotiert in das Innere des
Blütenstiels.

Bei der Anzahl der Stängel haben Sie absolut
freie Hand.

Belohnen Sie sich wieder mit einem Rendering (Abbildung 98), denn unser Zierkaktus ist
damit fertig gestellt.

◄ **Abbildung 95**
Fertige Blüten-
blätter

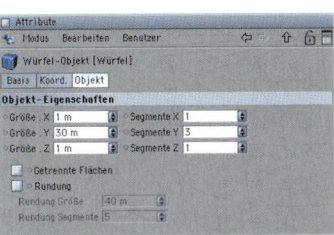

◄ **Abbildung 96**
Würfel-Objekt für
die Stängel

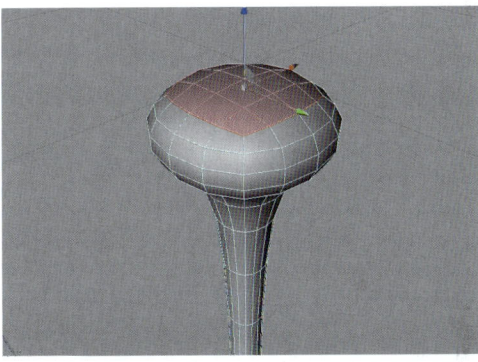

◄ **Abbildung 97**
Extrusion der
Stängelform

◄ **Abbildung 98**
Nach Kopieren und
Positionieren wei-
terer Stängel ist der
Zierkaktus fertig.

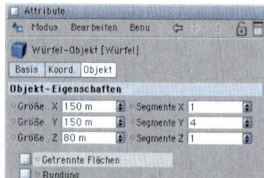

**Abbildung 99 ▶**
Würfel-Objekt für
den Dinosaurier

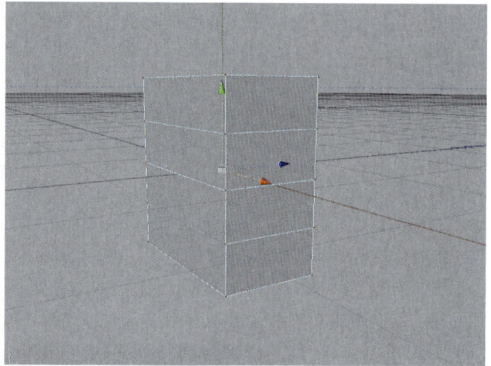

**Abbildung 100 ▶**
In Polygone
konvertiertes
Würfel-Objekt

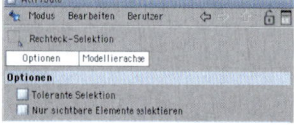

**Abbildung 101 ▶**
Rechteck-Selektion
auch verdeckter
Elemente

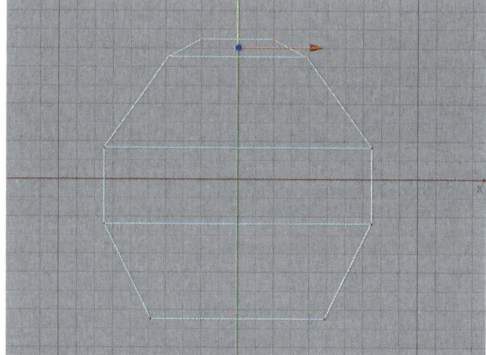

**Abbildung 102 ▶**
Formung des
Körper-Quer-
schnitts

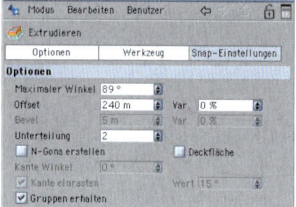

**Abbildung 103 ▶**
Extrusion mit
zweifacher
Unterteilung

## 6. Modelling des Dinosauriers

*Kommen wir zum Höhepunkt der Modelling-
Workshops – zu Griso, dem Dinosaurier. Nehmen
Sie sich Zeit für diesen Workshop, und seien Sie
geduldig. Was am Anfang eher einer Schlange
nahe kommt, entwickelt sich Schritt für Schritt
zu einer passablen Schreckenechse.*

*Funktionieren Sie ein Würfel-Objekt zu einem
Quader um (Abbildung 99), der in Y-Richtung
insgesamt vier Segmente aufweist. Aus dieser
Basis formen wir zuerst den Körperquerschnitt
des Dinosauriers.*

*Mit der Taste* C *konvertieren Sie den
Quader in ein Polygon-Objekt um (Abbildung
100). Wechseln Sie in die Vorderansicht (Taste
F2, und aktivieren Sie die Rechteck-Selektion im Punkte-bearbeiten-Modus. Achten Sie
darauf, dass die Option* NUR SICHTBARE ELEMENTE
SELEKTIEREN *deaktiviert ist (Abbildung 101).*

*Markieren Sie zunächst die waagerechten
Punktepaare, und verändern Sie die vertikalen
Abstände gemäß Abbildung 102. Im gleichen
Schritt oder hinterher skalieren Sie die Punkte-
paare mit dem Skalieren-Werkzeug in X-Rich-
tung, bis die Form des Körperquerschnitts der
Abbildung 102 entspricht.*

*In der 3D-Ansicht (Taste* F1 *) selektieren Sie
mit der Live-Selektion im Polygon-bearbeiten-
Modus die in die positive Z-Richtung weisende
Rückseite der Körperform. Dabei sollen nur die
sichtbaren Elemente selektiert werden.*

*Rufen Sie das Extrudieren-Werkzeug (Taste
D ) auf, und extrudieren Sie den Körperquerschnitt insgesamt 240 m mit zwei Unterteilungen, wie auch in Abbildung 103 gezeigt.*

Die entstandene extrudierte Form sehen Sie in Abbildung 104.

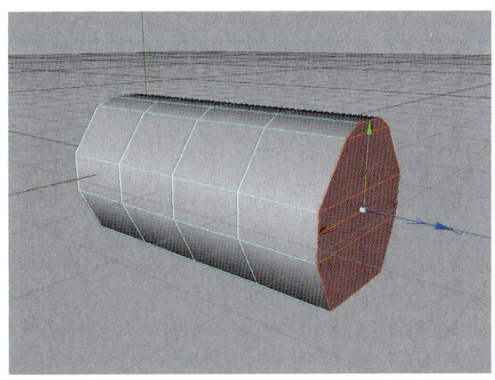

◀ **Abbildung 104**
Extrudierter Körper-Querschnitt

Damit das bisher Geschaffene zumindest ein wenig organischer aussieht, werfen Sie das Polygon-Objekt in einen HyperNURBS-Käfig (Abbildung 105).

◀ **Abbildung 105**
Glättung durch HyperNURBS-Objekt

Wenn die extrudierte Rückseite noch selektiert ist, können Sie gleich fortfahren, ansonsten wählen Sie diese einfach nochmals aus.

Verkleinern Sie die Polygongruppe mit dem Skalieren-Werkzeug und komplett freigeschalteten Achsen, und ziehen Sie die Polygone ein Stück nach unten (Abbildung 106).

Für den Rumpf des Dinosauriers wäre damit der Anfang gemacht.

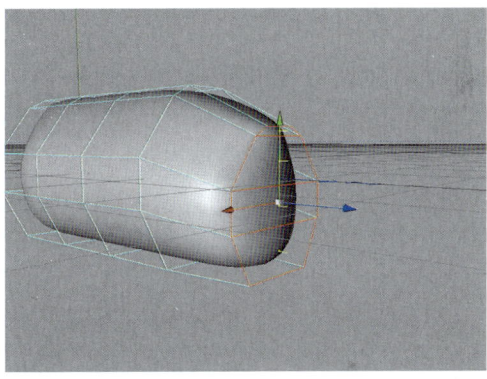

◀ **Abbildung 106**
Skalierung des Rückens

Wiederholen Sie die Skalierung und Verschiebung der Polygongruppe in drei oder vier Schritten (Abbildung 107), bis Sie die hintersten Polygone zu einem spitz zulaufenden Dinosaurierschwanz skalieren können.

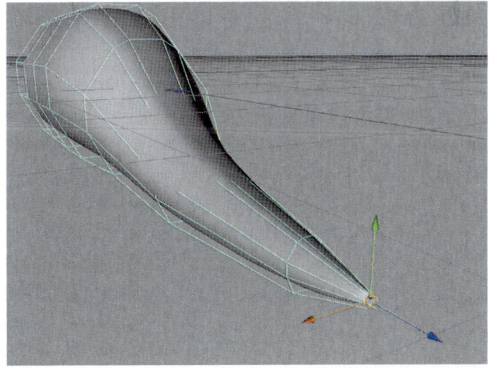

◀ **Abbildung 107**
Mehrfache Extrusion und Skalierung des Dinosaurierschwanzes

**Abbildung 108** ▶
Drehen und
Verschieben der
Rumpfpolygone

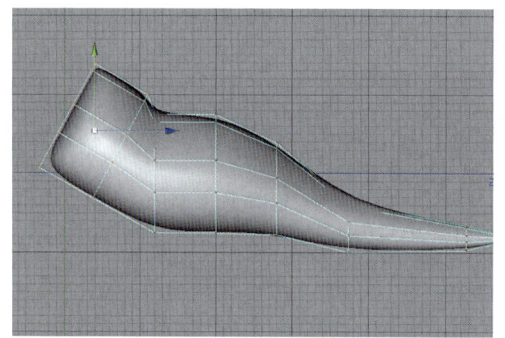

Wenden wir uns der Vorderseite des Dinosauriers zu. Aktivieren Sie den Punkte-bearbeiten-Modus, und wechseln Sie in die Seitenansicht (Taste [F3]).

Jetzt sollen Schulter und Hals des Dinosauriers ihre Form finden. Selektieren Sie entweder die beiden vorderen Punktegruppen gleichzeitig oder hintereinander, drehen Sie die Gruppe entlang der X-Achse, und verschieben Sie die Punkte, wie in Abbildung 108 gezeigt, nach oben.

**Abbildung 109** ▶
Extrusion und
Skalierung der
Halspolygone

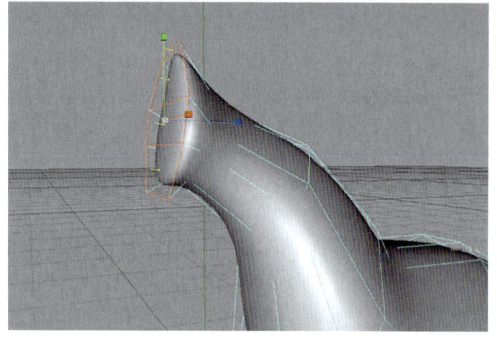

Um mehr Gefühl beim Modellieren des Halses und des Kopfes zu haben, nehmen wir jetzt wieder die 3D-Ansicht (Taste [F1]). Skalieren Sie die Polygongruppen des Halses gemäß Abbildung 109, und richten Sie die Gruppe durch eine Rotation nahezu vertikal aus.

**Abbildung 110** ▶
Vorbereitung des
Kopfes

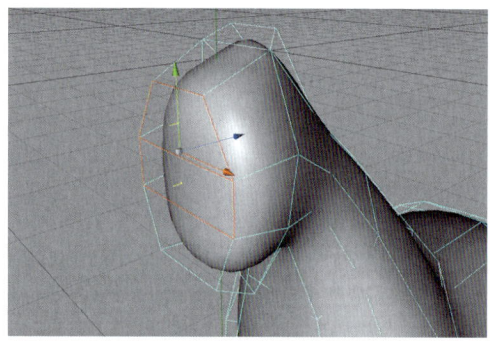

Mit dem Extrudieren-Werkzeug (Taste [D]) extrudieren Sie die aktive Polygongruppe ein Stück nach vorne, bevor wir mit der Erstellung des Kopfes anfangen.

Deselektieren Sie das unterste der markierten Polygone, da wir den Kopf in zwei Schritten modellieren werden (Abbildung 110).

**Abbildung 111** ▶
Extrusion der
oberen Kopfhälfte

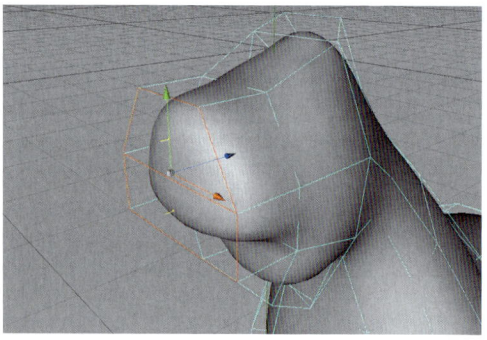

Springen Sie zum Extrudieren-Werkzeug zurück, und extrudieren Sie den oberen Kopfbereich nach vorne (Abbildung 111).

Deselektieren Sie das obere der beiden extrudierten Polygone durch die gedrückt gehaltene Strg/Ctrl-Taste, und verschieben Sie das untere Polygon am einfachsten durch Ziehen an der Modelling-Achse nach vorne (Abbildung 112). Dadurch verlängert sich die obere Kopfhälfte, und die Nase fällt flacher aus.

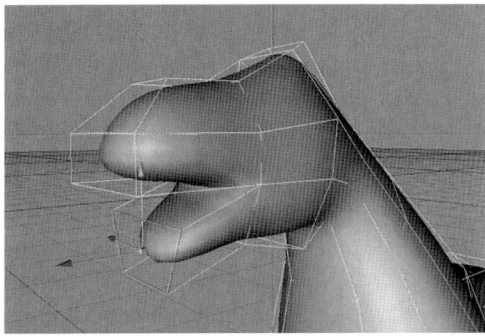

◄ **Abbildung 112**
Verlängern der oberen Kopfhälfte

Wir sind immer noch am Grobmodelling des Dinosauriers, nehmen wir uns also gleich die untere Kopfhälfte vor. Selektieren Sie das in Abbildung 110 deselektierte Polygon im Polygonbearbeiten-Modus, und extrudieren Sie es (Taste D) etwa auf drei Viertel der Länge der oberen Kopfhälfte nach vorne (Abbildung 113).

Langsam lässt sich der Kopf nun schon eher einem Dinosaurier zuordnen.

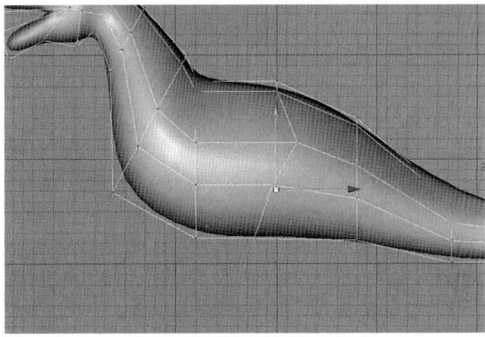

◄ **Abbildung 113**
Extrusion der unteren Kopfhälfte

Fahren wir mit den Dinosaurierbeinen fort. Die folgenden Modelling-Schritte betreffen stets beide Seiten des Modells. Natürlich könnten wir das Dinosauriermodell auch halbieren und über ein Symmetrie-Objekt beidseitig arbeiten, die Modifikationen sind aber problemlos mit ein paar wenigen Auswahlen zu erarbeiten, und wir ersparen uns außerdem eine Erhöhung der Polygonanzahl.

In der Seitenansicht (Taste F3) aktivieren Sie den Punkte-bearbeiten-Modus und verschieben die in Abbildung 114 gezeigten Punkte zu einer Diagonalen. Achten Sie darauf, dass bei der Selektion auch die nicht sichtbaren Punkte eingeschlossen werden.

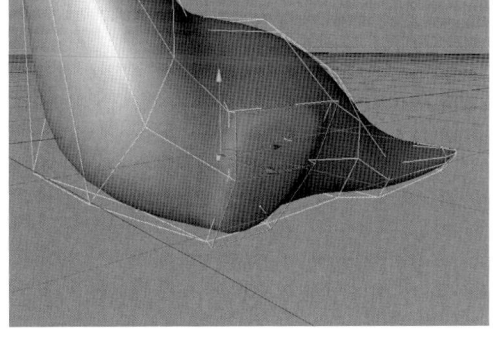

◄ **Abbildung 114**
Vorbereitung der Beinpolygone

Im Polygon-bearbeiten-Modus wählen Sie die beiden Polygone für den Oberschenkel aus und extrudieren sie (Taste D), wie in Abbildung 115 gezeigt, ein Stück nach außen.

◄ **Abbildung 115**
Extrusion des oberen Schenkels

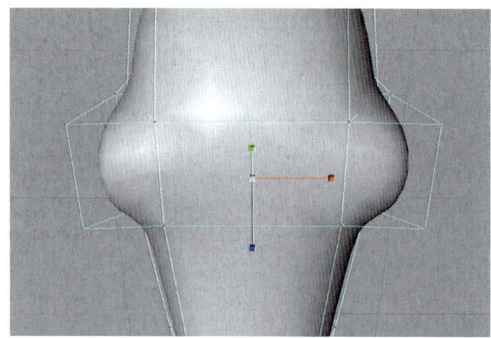

**Abbildung 116 ▶**
Vorbereitung des
Schenkels zur
Extrusion der Beine

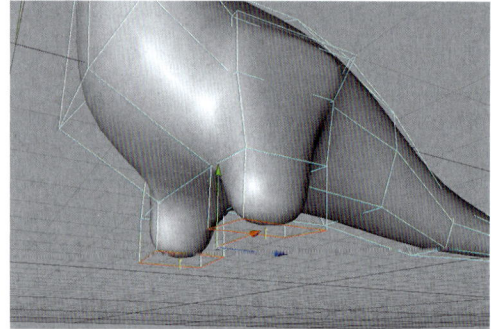

**Abbildung 117 ▶**
Erste Extrusion
der Beine

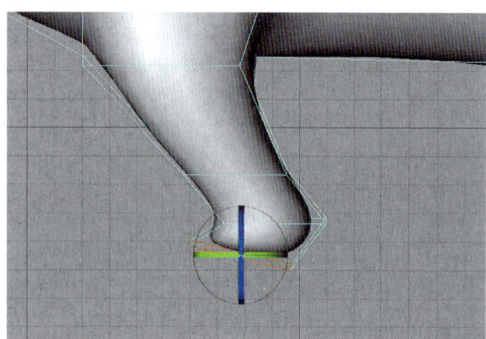

**Abbildung 118 ▶**
Zweite Extrusion
und Rotation am
Gelenk

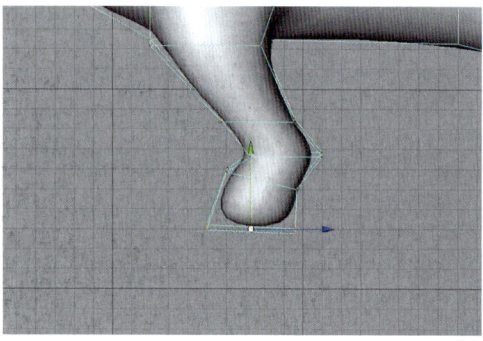

**Abbildung 119 ▶**
Selektion der
Fußpunkte

*Die beiden nach unten ausgerichteten Polygone sind zu schmal, um aus ihnen kräftige Beine zu extrudieren – wir müssen Sie etwas verbreitern.*

*Verschieben Sie die 3D-Ansicht so, dass Sie gut an die Rumpfunterseite des Dinosauriers gelangen, und selektieren Sie im Punkte-bearbeiten-Modus die beiden jeweils außen liegenden Punkte. Aktivieren Sie das Skalieren-Werkzeug, und skalieren Sie die Punktepaare in X-Richtung über den roten Anfasser nach außen (Abbildung 116).*

*Nun können wir uns der Formung der Beine widmen. Selektieren Sie im Polygon-bearbeiten-Modus die beiden vorbereiteten Polygone, und extrudieren Sie die Beine nach unten (Abbildung 117).*

*Lassen Sie die Selektion gleich bestehen, schalten Sie um auf die Seitenansicht (Taste* F3 *), und verschieben Sie die Polygone entlang der Modelling-Achse in Z-Richtung nach hinten.*

*Damit sind wir beim Kniegelenk des Dinosauriers angelangt. Extrudieren Sie die Selektion ein kleines Stück nach unten, aktivieren Sie das Rotationswerkzeug, und drehen Sie die Polygone entlang der X-Achse nach vorne. Verschieben Sie das Kniegelenk danach auch etwas in die gleiche Richtung (Abbildung 118).*

*Gestalten Sie mit diesem Verfahren das Kniegelenk und den Unterschenkel. Kurz vor der Erstellung des Fußes halten wir nochmals an, um diesen folgenden Schritt vorzubereiten.*

*Selektieren Sie die untersten Fußpunkte im Punkte-bearbeiten-Modus (Abbildung 119), und rufen Sie das Punktwert-setzen-Werkzeug aus dem Struktur-Menü auf (Multi-Shortcut Taste* M *, dann* L *).*

Über PUNKTWERT SETZEN wollen wir nun die Y-Werte der selektierten Punkte angleichen. Stellen Sie daher im Attribute-Manager (Abbildung 120) den Modus im Y-Feld auf ZENTRIEREN, alle anderen Felder bekommen den Eintrag BEIBEHALTEN zugewiesen.

◀ **Abbildung 120**
Zentrieren der Y-Werte mit dem Punktwert-setzen-Werkzeug

Die Punkte und dadurch auch die resultierenden Polygone sind nun einheitlich ausgerichtet und bilden eine brauchbare Basis für die Extrusion der Füße. Wechseln Sie in den Polygon-bearbeiten-Modus, und wandeln Sie dabei gleichzeitig die Selektion von Punkten in Polygone um. Halten Sie dazu einfach ⇧ und die Strg/Ctrl-Taste gedrückt, während Sie den Polygon-bearbeiten-Modus auswählen.

Mit dem Extrudieren-Werkzeug (Taste D) extrudieren Sie die Polygone so weit nach unten, wie die späteren Zehen hoch sein sollen (Abbildung 121).

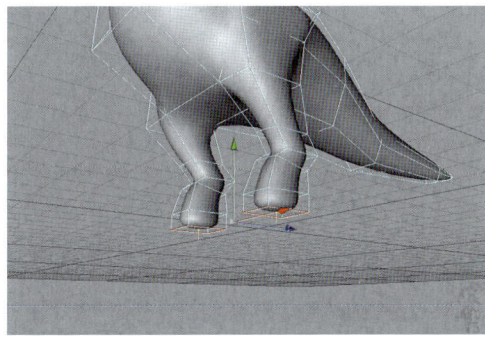

◀ **Abbildung 121**
Extrusion der Füße

Den Ballen hätten wir damit schon. Der Dinosaurier soll drei Zehen bekommen, das vordere Polygon lässt aber eigentlich nur eine Zehe zu. Wir schaffen uns einfach neue Polygone, indem wir die beiden Zehenseiten einmal kurz extrudieren und anschließend mit dem Skalieren-Werkzeug in X-Richtung verkleinern (Abbildung 122).

Achten Sie beim Skalieren darauf, dass die drei Zehen in etwa gleich groß sind. Schließlich modellieren wir einen Dinosaurier und keinen Alien.

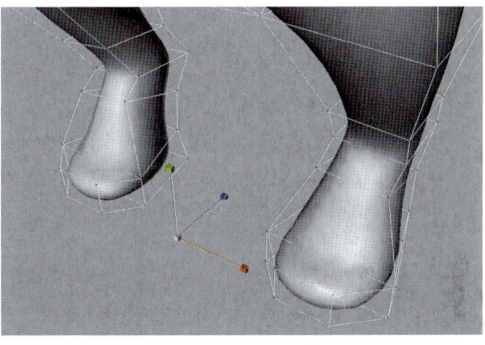

◀ **Abbildung 122**
Vorbereitung der Zehen

Mit der Live-Selektion wählen Sie die drei vorderen Polygone jedes Fußes aus, aktivieren das Extrudieren-Werkzeug (Taste D) und extrudieren die Polygone bei deaktiviertem GRUPPE ERHALTEN nach vorne (Abbildung 123).

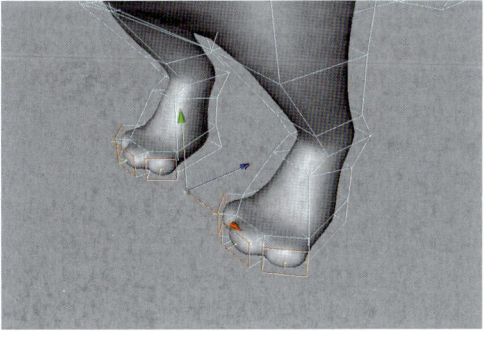

◀ **Abbildung 123**
Extrusion der Zehen

Abbildung 124 ▶
Innere Extrusion
und Verschieben
des Krallen-
ansatzes

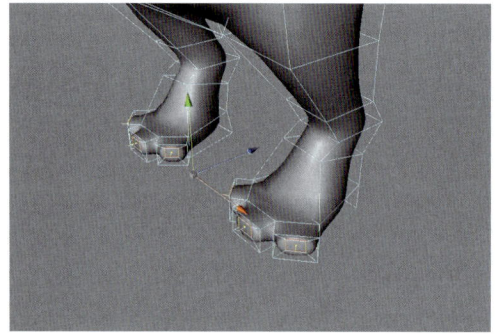

Die eigentlichen Zehen sind damit fertig modelliert, es folgt die Ausarbeitung der Krallen.

Die bestehende Auswahl extrudieren Sie für den Krallenansatz mit dem Innen-extrudieren-Werkzeug (Taste ⏐I⏐) passend nach innen.

Mit dem Verschieben-Werkzeug schieben Sie anschließend die Polygone etwas nach oben, damit die Krallen Platz haben, sich nach unten zu biegen (Abbildung 124).

**Abbildung 125 ▶**
Extrusion der
Krallen

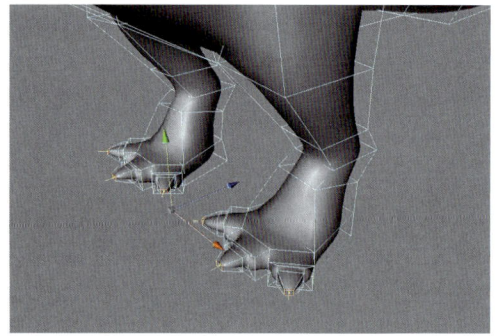

Aktivieren Sie das normale Extrudieren-Werkzeug (Taste ⏐D⏐), und extrudieren Sie die gewünschte Krallenlänge nach vorne.

Um die Krallen spitz zulaufen zu lassen, müssen die Polygone nun skaliert werden. Weil wir jedes Polygon für sich und entlang seiner jeweiligen Normalen verkleinern wollen, brauchen wir das entsprechende Werkzeug STRUKTUR · SKALIEREN (ENTLANG NORMALEN).

Verkleinern Sie die Polygone mit diesem Werkzeug auf eine passende Größe (Abbildung 125).

**Abbildung 126 ▶**
Anpassen der
Krallen

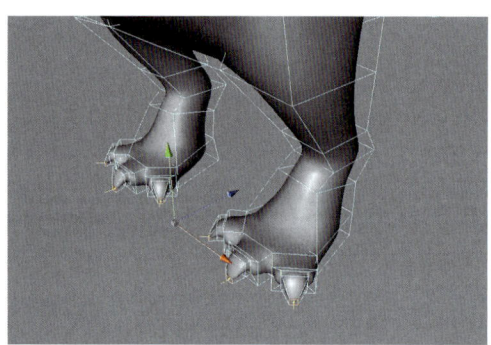

Die noch bestehende Selektion ziehen Sie mit dem Verschieben-Werkzeug an der Modellierachse in Y-Richtung nach unten. Jetzt sind die Krallen auch nach unten gebogen (Abbildung 126).

Mit diesem Schritt sind die Feinarbeiten an den Füßen bzw. Zehen abgeschlossen, und wir können uns um die Ausgestaltung der Arme kümmern. Im Prinzip ähnelt das Modelling der Arme dem eben aufgezeichneten Weg der Beine.

Schaffen wir uns zunächst mit dem Messer-Werkzeug (Taste ⏐K⏐) ein wenig mehr Geometrie, um den Armansatz anzubringen. Stellen Sie in den Messer-Einstellungen den Modus auf LINIE, und schalten Sie in den Modell-bearbeiten-Modus (Abbildung 127).

**Abbildung 127 ▶**
Messer-Werkzeug-
Einstellungen

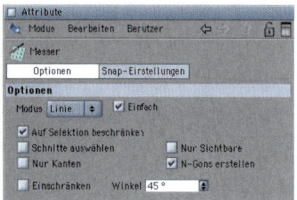

Fügen Sie einen diagonalen Schnitt (in etwa parallel zu den vorhandenen Polygonkanten) auf halber Höhe des Halses an (Abbildung 128).

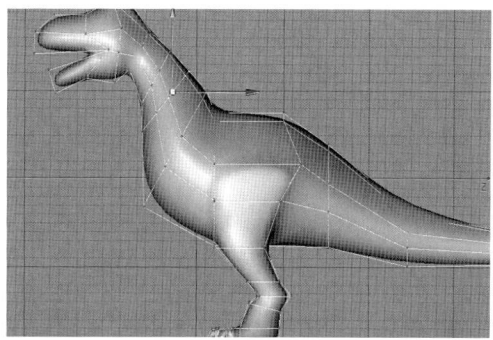

◄ **Abbildung 128**
Messerschnitt für die Arme

Richten wir uns die neu entstandenen und für die Schulter vorgesehenen Punkte etwas zurecht, damit keine Flügel, sondern Arme entstehen können.

Im Punkte-bearbeiten-Modus aktivieren Sie die Live-Selektion (NUR UNSICHTBARE PUNKTE SELEKTIEREN ist deaktiviert), und trimmen Sie die Punkte mit dem Verschieben-Werkzeug gemäß Abbildung 129 für einen kräftigen Schulteransatz.

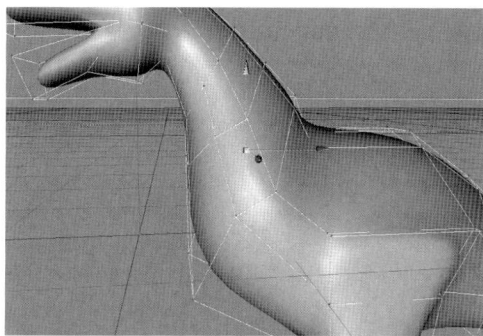

◄ **Abbildung 129**
Vorbereitung der Armpolygone

Zurück im Polygon-bearbeiten-Modus selektieren Sie die Polygone der vorbereiteten Punkte auf beiden Seiten.

Mit dem Extrudieren-Werkzeug (Taste $D$) extrudieren Sie den Schulteransatz ein Stück nach außen (Abbildung 130).

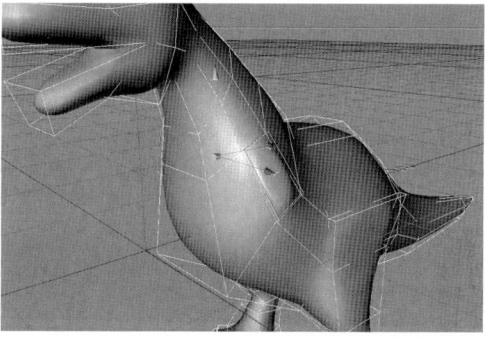

◄ **Abbildung 130**
Extrusion des Armansatzes

Es folgt, wie auch schon bei den Beinen, eine kleine Nachbearbeitung der außen liegenden Punkte, damit für die Extrusion der Arme brauchbare Polygone bereitstehen.

Selektieren Sie im Punkte-bearbeiten-Modus die an den Seiten liegenden Punktepaare, und skalieren Sie diese mit dem Skalieren-Werkzeug, wie in Abbildung 131 gezeigt, nach außen.

Wenn Ihnen die Schulter noch zu schwächlich erscheint, können Sie jetzt gerne noch etwas nachbessern, bevor wir beim Modelling der Arme einsteigen.

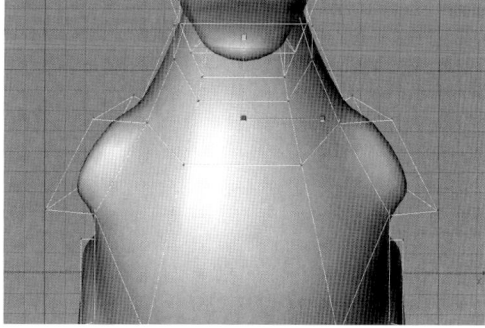

◄ **Abbildung 131**
Skalieren der Punkte für den Oberarm

**Abbildung 132** ▶
Selektion der
Oberarmpolygone

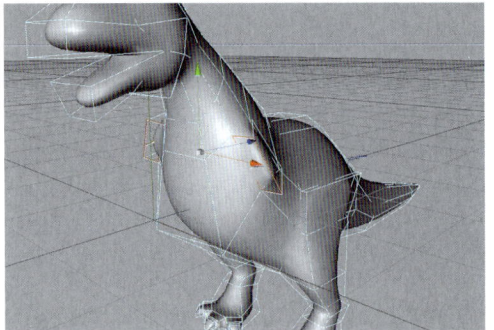

Nun können Sie mit der Extrusion der Ober-arme beginnen.

Wählen Sie zunächst die beiden nach vorne zeigenden Polygone auf jeder Dinosaurierseite im Polygon-bearbeiten-Modus mit der Live-Selektion aus (Abbildung 132).

**Abbildung 133** ▶
Extrusion der
Oberarme

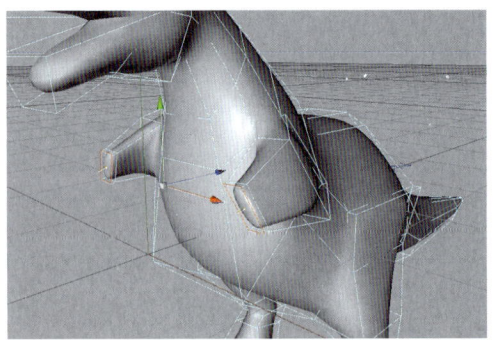

Modellieren Sie den Oberarm durch eine Extrusion (Taste $\boxed{D}$) nach vorne (Abbildung 133).

Mit dem Skalieren-Werkzeug verkleinern Sie die aktiven Polygone auf die Stärke einer Armbeuge. Schieben Sie das Polygon mit dem Verschieben-Werkzeug etwas in Y-Richtung nach unten, setzen Sie eine nächste Extrusion für den Ansatz zum Unterarm an und eine letzte Extrusion, die bis zum gedachten Ansatz des Handgelenks führt.

**Abbildung 134** ▶
Extrusionen und
Anpassen des
Unterarms

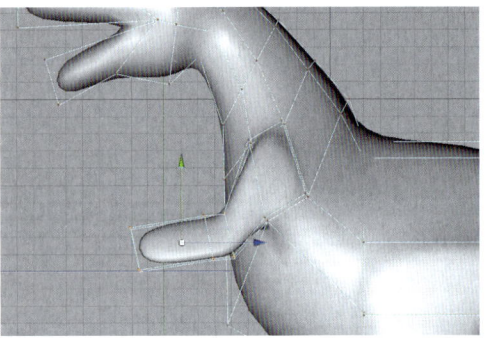

Korrigieren wir vor der Modellierung der Hände die Anatomie und Stellung von Ober- und Unterarm.

Dazu wechseln Sie am besten in den Punkte-bearbeiten-Modus, selektieren die parallel lie-genden Gelenk- bzw. Armpunktepaare und posi-tionieren diese mit dem Verschieben-Werkzeug in eine natürliche, aber für das im Animationsteil folgende Rigging mit Bones gut zugängliche Stellung (Abbildung 134).

**Abbildung 135** ▶
Zentrieren der
Z-Werte für die
Handpolygone

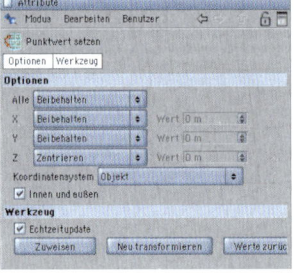

Bevor wir mit den Händen loslegen können, richten wir die Punkte für eine exakte Extrusion der Polygone korrekt aus.

Dazu wählen Sie wieder die vordersten Punkte im Punkte-bearbeiten-Modus aus und bemühen das Punktwert-setzen-Werkzeug, um die Z-Werte der Punkte zu zentrieren (Abbildung 135).

Abbildung 136 zeigt die angepassten Punkte, die sich nun zur Extrusion von Hand und Fingern eignen.

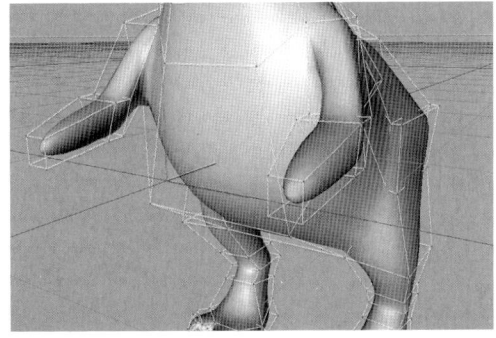
◀ **Abbildung 136**
Korrigierte Punkte
am Handgelenk

Wechseln Sie wieder zum Polygon-bearbeiten-Werkzeug, und selektieren Sie die beiden vorderen Handpolygone mit der Live-Selektion (Abbildung 137).

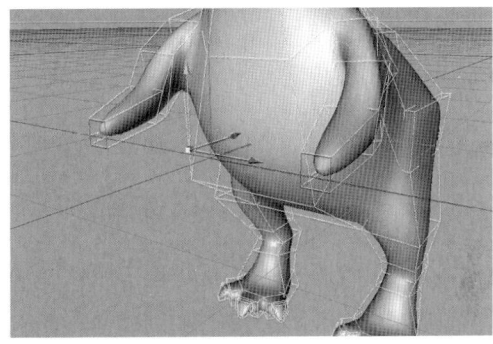
◀ **Abbildung 137**
Selektion der
Handpolygone

Mit dem Extrudieren-Werkzeug formen Sie zunächst den Bereich vom Handgelenk zur Handmitte, indem Sie die selektierten Polygone nach der Extrusion in Y-Richtung mit dem Skalieren-Werkzeug vergrößern.

Im nächsten Schritt extrudieren Sie die Polygone ein zweites Mal um die gleiche Länge, anschließend verkleinern Sie das ausgewählte Polygon aber in Y-Richtung so weit, dass die Relation der anliegenden Polygonflächen oben und unten dem skalierten Polygon entsprechen (Abbildung 138).

So haben wir wieder drei abgewinkelte Polygone zur Extrusion der Finger zur Verfügung.

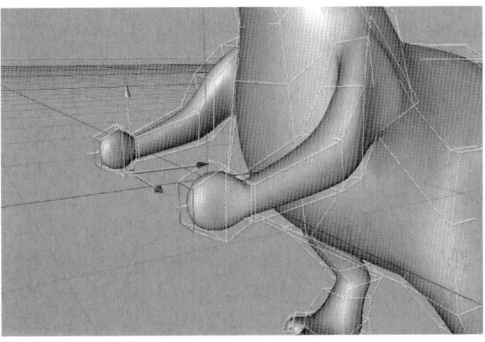
◀ **Abbildung 138**
Extrusionen der
Hand und
Vorbereitung der
Fingerpolygone

Aktivieren Sie das Extrudieren-Werkzeug (Taste D ), deaktivieren Sie die Option GRUPPEN ERHALTEN, und extrudieren Sie die insgesamt sechs Polygone ein Stück von der Hand weg (Abbildung 139).

Dadurch soll die Hand etwas kräftiger wirken, weil die Handfläche nicht so abrupt in den Finger mündet.

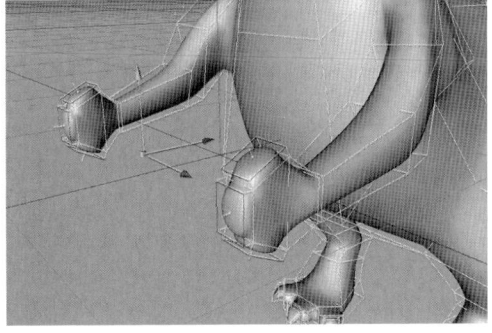
◀ **Abbildung 139**
Erste Extrusion am
Fingeransatz

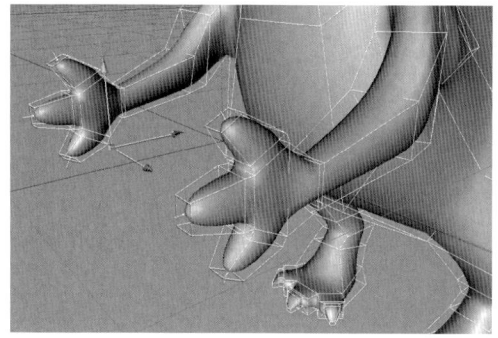

**Abbildung 140** ▶
Extrusion und
Skalierung der
Finger

Nun extrudieren Sie die Finger des Dinosauriers wieder mit dem normalen Extrudieren-Werkzeug.

Um die Polygone nach erfolgter Extrusion etwas zu verkleinern, verwenden Sie das Werkzeug STRUKTUR · SKALIEREN (ENTLANG NORMALEN), damit jedes Polygon für sich und mit seiner eigenen Normalenausrichtung verkleinert wird (Abbildung 140).

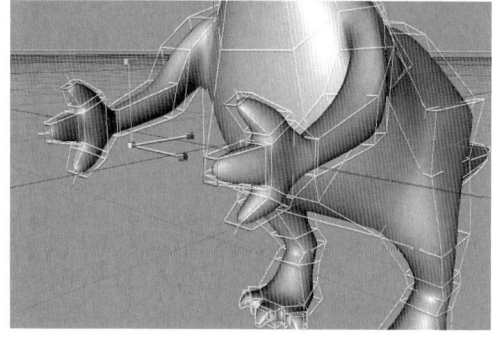

**Abbildung 141** ▶
Anpassen der
Finger

Die Finger wirken noch etwas arg gespreizt. Aktivieren Sie das Verschieben-Werkzeug, und ziehen Sie die gesamte Selektion an der Modelling-Achse in Z-Richtung nach vorne (Abbildung 141).

Das Herausarbeiten der Krallen entspricht der Vorgehensweise bei den Füßen. Extrudieren Sie die Krallen aus den Fingerpolygonen, und skalieren Sie schließlich die Spitzen der Krallen (Abbildung 142) mit dem Werkzeug SKALIEREN (ENTLANG NORMALEN).

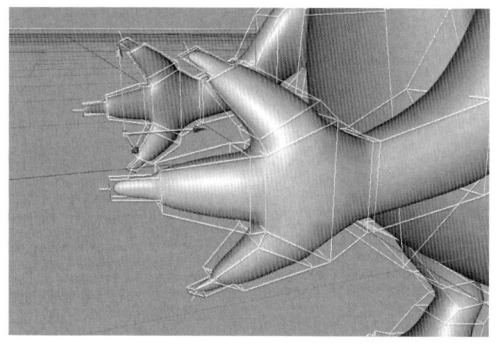

**Abbildung 142** ▶
Extrusion der
Krallen

Prüfen Sie noch die Innenseiten der Handflächen, und ziehen Sie die Kanten des Handballens gegebenenfalls noch etwas nach innen (am besten mit dem Skalieren-Werkzeug), damit die Hände kräftiger werden.

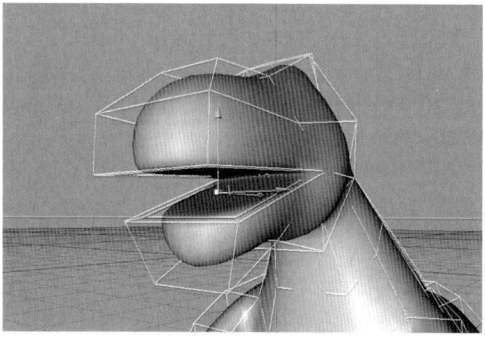

**Abbildung 143** ▶
Innere Extrusion
der Mundpolygone

Endlich ist der **Kopf** des Dinosauriers an der Reihe. Verändern Sie die 3D-Ansicht so, dass Sie gut an die obere und untere Innenseite des Mundes gelangen.

Im Polygon-bearbeiten-Modus wählen Sie mit der Live-Selektion die beiden Polygone des offenen Mundes aus und bringen eine leichte innere Extrusion (Taste ⏶I⏶) für den Mundinnenraum an (Abbildung 143).

Wechseln Sie anschließend zum normalen Extrudieren-Werkzeug (Taste D), und extrudieren Sie den Mundinnenraum (Abbildung 144). Dabei können Sie getrost beide Selektionen gleichzeitig berücksichtigen.

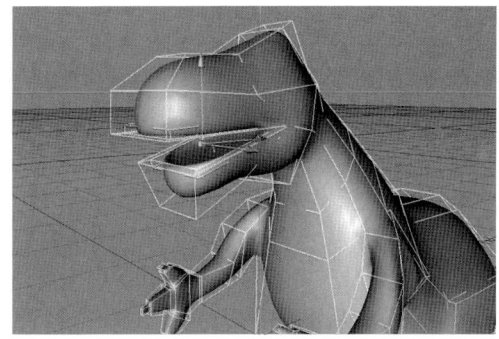

◀ **Abbildung 144**
Extrusion der Mundinnenräume

Die Form des Kopfes wirkt noch sehr grob. Verfeinern wir zuerst die vorliegende Geometrie, indem wir in der Seitenansicht (Taste F3) mit dem Messer-Werkzeug im Linien-Modus eine zusätzliche Punktreihe anbringen (Abbildung 145).

Achten Sie darauf, dass der Schnitt auch auf die nicht sichtbaren Bereiche angewendet wird.

Im Punkte-bearbeiten-Modus ziehen Sie auch gleich die Punkte am Mundwinkel etwas weiter nach hinten, damit der Mund des Dinosauriers weiter geöffnet werden kann.

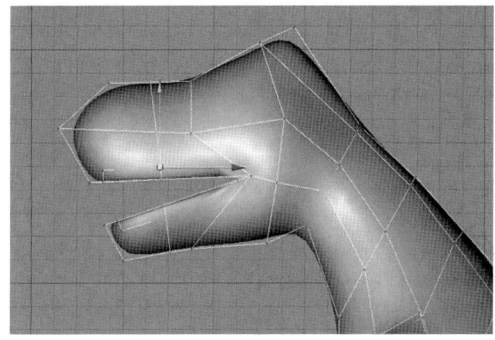

◀ **Abbildung 145**
Messerschnitt für die Nachbearbeitung des Kopfes

Ober- und Unterkiefer sind momentan noch fast gleich groß. Ein Schließen des Mundes wäre momentan aufgrund fehlender Bezahnung zwar nicht schmerzhaft, aber auch noch nicht wirklich möglich.

Selektieren Sie die entsprechenden Punkte des Unterkiefers, und verringern Sie die Breite des Kiefers mit dem Skalieren-Werkzeug in X-Richtung (Abbildung 146).

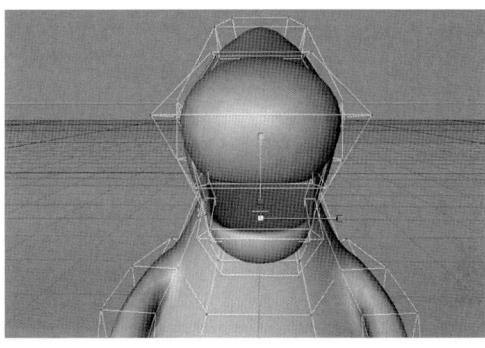

◀ **Abbildung 146**
Skalierung von Ober- und Unterkiefer

Passen Sie mit den bekannten Selektions- und Skalierungs-Werkzeugen Ober- und Unterkiefer des Dinosauriers so an, dass beide problemlos ineinander gedreht werden können (Abbildung 147).

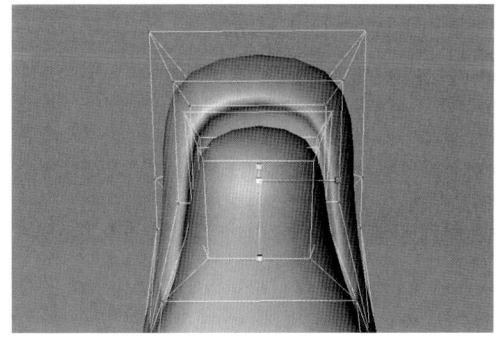

◀ **Abbildung 147**
Skalierung des Unterkiefers

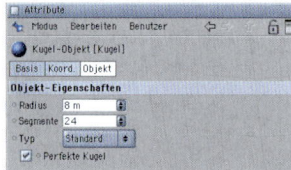

Abbildung 148 ▶
Kugel-Objekt-
Augen als
Modelling-Hilfe

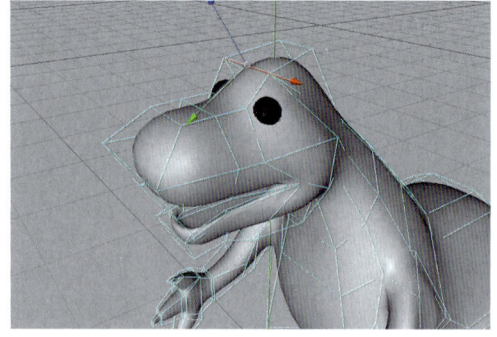

Abbildung 149 ▶
Anpassung des
Kopfes

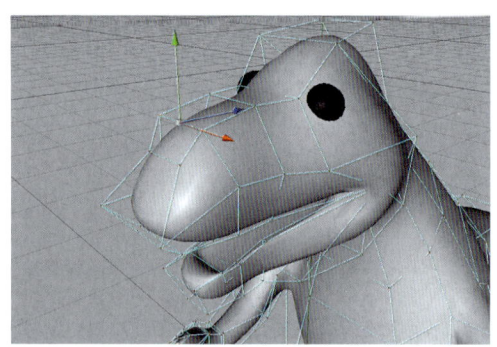

Abbildung 150 ▶
Formung der Nase

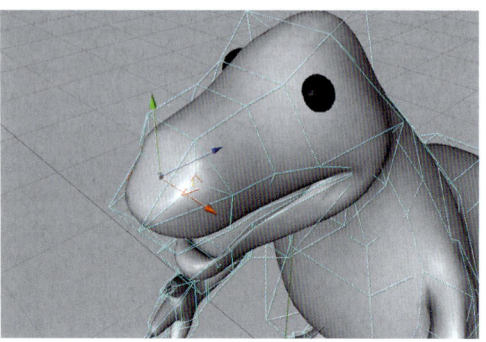

Abbildung 151 ▶
Innere Extrusion
der Nasenlöcher

*Damit wir uns bei der folgenden detaillierten Ausarbeitung des Kopfes leichter tun, erstellen Sie zwei Kugel-Objekte mit den in Abbildung 148 gezeigten Maßen und positionieren sie an den für die Augen vorgesehenen Stellen.*

*Eine sich vom Dinosaurier-Mesh deutlich abhebende Farbe trägt zur Übersichtlichkeit bei.*

*Beginnen wir beim Hinterkopf. Aktivieren Sie den Kanten-bearbeiten-Modus, und wählen Sie die Kante oberhalb der beiden aus.*

*Mit dem Verschieben-Werkzeug ziehen Sie die Kante nach oben und vorne, damit unser Dinosaurier eine prägnantere Stirn bekommt (Abbildung 149).*

*Auch die Nase ist noch zu breit. Selektieren Sie hier die jeweils gegenüberliegenden Nasenpunkte, wo Sie eine Modifikation für nötig halten, und verkleinern Sie deren Abstand mit dem Skalieren-Werkzeug in X-Richtung (Abbildung 150).*

*Die vorderste Punktreihe sollte dabei flach in die Nasenvorderseite übergehen, damit wir uns bei den Nasenlöchern des Dinosauriers leichter tun.*

*Im Polygon-bearbeiten-Modus selektieren Sie die beiden Polygone links und rechts von der Oberkieferspitze, aktivieren das Innen-extrudieren-Werkzeug (Taste I) und extrudieren die Polygone, wie in Abbildung 151 gezeigt, nicht zu knapp nach innen.*

Die eigentlichen Nasenlöcher können Sie nun mit dem normalen Extrudieren-Werkzeug (Taste $\boxed{D}$) anbringen (Abbildung 152).

Dank unserer Augen-Hilfsobjekte wissen wir ja schon, wo wir die Augen platzieren werden. Wir benötigen aber noch Schläfen, damit sich die späteren Augen gut in die Kopfform integrieren.

Selektieren Sie mit der Live-Selektion die beiden Polygone rechts und links an den Augen, wenden Sie eine leichte innere Extrusion (Taste $\boxed{I}$) an, und verschieben Sie die extrudierten Polygone mit dem Verschieben-Werkzeug ein Stück nach oben (Abbildung 153).

Um sicherzugehen, dass die Kiefer zueinander anatomisch passen, spendieren wir unserem Dinosaurier ein Gebiss.

Erstellen Sie dazu ein neues Würfel-Objekt mit den Maßen aus Abbildung 154, und wandeln Sie es per Grundobjekt-konvertieren-Befehl (Taste $\boxed{C}$) in ein Polygon-Objekt um.

Werfen Sie das Objekt in einen HyperNURBS-Käfig, und modellieren Sie einen einfachen Zahn durch eine leichte Extrusion am oberen Ende und eine Skalierung am unteren Ende. Abbildung 154 sollte als Anhaltspunkt reichen.

Jetzt dürfen Sie wieder kreativ werden. Positionieren Sie für je eine Ober- und Unterkieferseite Kopien der Zähne in den Mundinnenraum. Bringen Sie an der Mundspitze einen etwas größeren Zahn an, und seien Sie nicht zu großzügig beim Verteilen der Zähne – es sei denn, Ihr Dinosaurier soll wirklich Furcht erregend aussehen.

Gruppieren Sie die Zähne jeweils eines Kiefers im Objekt-Manager, und legen Sie die Gruppe in ein Symmetrie-Objekt, damit sie automatisch auf die andere Seite gespiegelt wird (Abbildung 156).

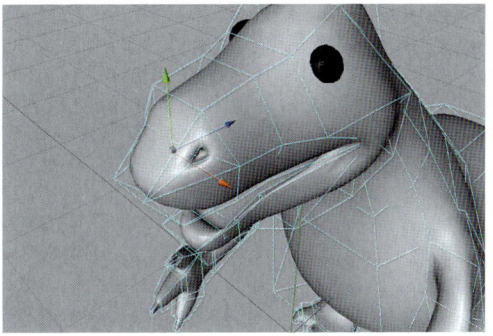

◄ **Abbildung 152**
Extrusion der Nasenlöcher

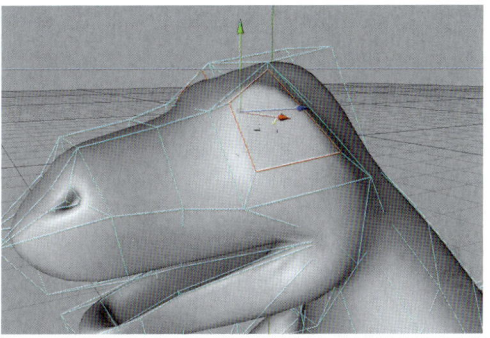

◄ **Abbildung 153**
Innere Extrusion und Formung der Schläfe

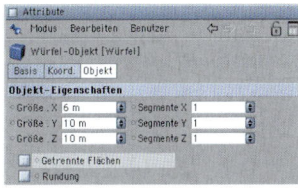

◄ **Abbildung 154**
Würfel-Objekt für die Zähne

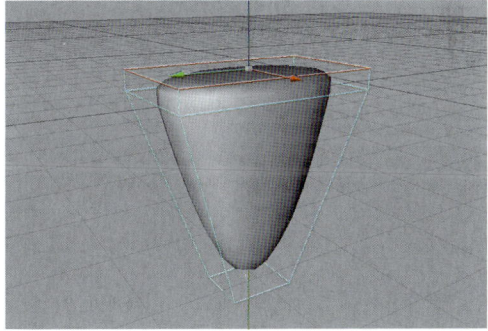

◄ **Abbildung 155**
Formung des Zahnes

**Abbildung 156** ►
Mit dem Symmetrie-Objekt gespiegelte Zahnreihe

**Abbildung 157 ▶**
Fertige Zähne

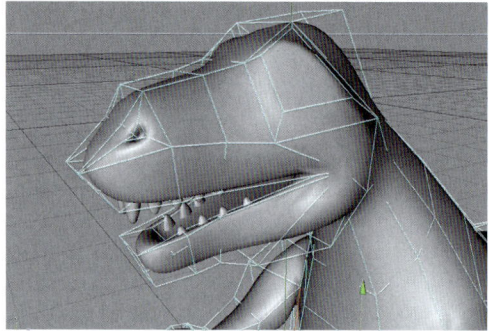

Abbildung 157 zeigt den Dinosaurier mit seinem fertigen Gebiss. Achten Sie darauf, dass die Zähne richtig ausgerichtet sind und auch wirklich im Zahnfleisch stecken.

**Abbildung 158 ▶**
Kugel-Objekt
als Iris

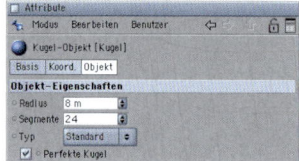

Nun haben wir lange genug mit Platzhalter-Augen gearbeitet, verschaffen wir unserem Dinosaurier nun endlich den richtigen Durchblick.

Während der Modellierung der Augen und -lider schalten Sie den Dino über den Objekt-Manager am besten auf unsichtbar.

**Abbildung 159 ▶**
Erste Hälfte des
Augenlids

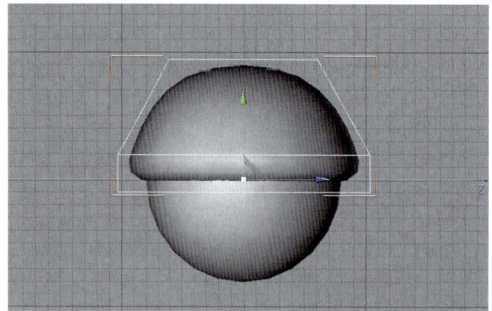

Erstellen Sie zunächst ein neues Kugel-Objekt (Abbildung 158), das Sie vorerst im Koordinatenursprung belassen.

Ein konvertiertes Würfel-Objekt mit 20 m Breite und Tiefe dient uns als Ausgangspunkt für das Augenlid. Verkleinern Sie das obere Polygon, bringen Sie an der unteren Hälfte einen zusätzlichen Schnitt an, und verschieben Sie die Punkte bzw. Polygone gemäß Abbildung 159.

Achten Sie darauf, dass der Achsenmittelpunkt des Augenlid-Objekts dem Ursprung des Iris-Objekts entspricht.

**Abbildung 160 ▶**
Augenlider mit
rotierten
HyperNURBS-
Halbkugeln

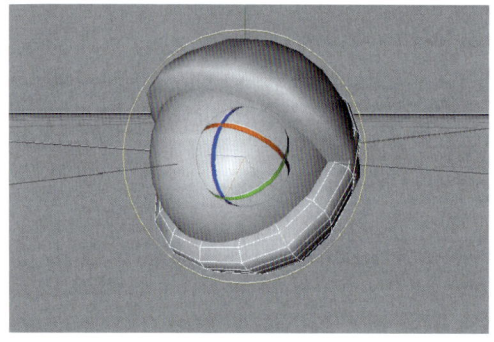

Drehen Sie die Stellung des Lides mit dem roten Rotationsgriffband in eine natürliche Position. Das fertige Lid können Sie nun im Objekt-Manager duplizieren, zusammen mit dem anderen Lid adäquat benennen und wiederum per Rotation in eine passende Ausgangsstellung bringen (Abbildung 160).

**Abbildung 161 ▶**
Aufbau eines
Auges im Objekt-
Manager

Gruppieren Sie das obere und untere Augenlid schließlich zusammen mit der Iris (Abbildung 161).

Den Dinosaurier schalten Sie nun wieder auf sichtbar, damit Sie die Augen platzieren können.

Positionieren Sie das Auge auf eine Seite des Dinosauriers, und drehen Sie den Blickwinkel zur Schläfe passend.

Duplizieren Sie die Gruppe der Augenobjekte, und spiegeln Sie die Kopie auf die andere Seite, indem Sie den X-Wert und den Rotationswinkel mit einem negativen Vorzeichen versehen (Abbildung 162).

Es ist nun an der Zeit, letzte Detailarbeiten am Modell anzubringen.

Damit Nase und Kopf mehr zur Geltung kommen, können Sie beispielsweise die Polygone des Nasenrückens nach innen extrudieren (Abbildung 163).

Drehen Sie sich in der 3D-Ansicht den Dinosaurierrücken zurecht, richten Sie die Punktreihen des Rückens einheitlich aus, und verschieben Sie die Punkte ein Stück nach oben. So kommt der Rücken bzw. das Rückgrat richtig zum Vorschein (Abbildung 164).

Jetzt ist der Dinosaurier endlich fertig modelliert (Abbildung 165).

◄ **Abbildung 162**
Positionierung der Augen

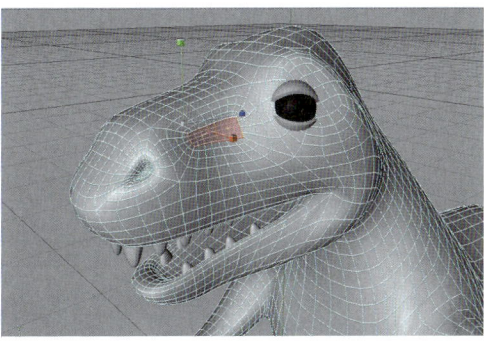

◄ **Abbildung 163**
Innere Extrusion des Nasenrückens

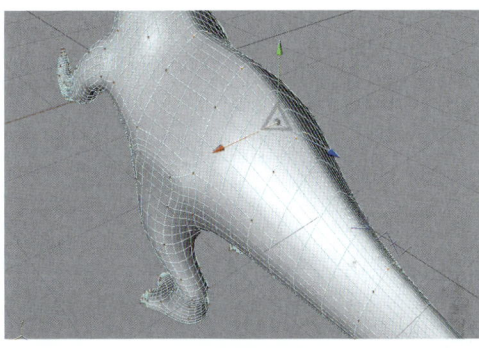

◄ **Abbildung 164**
Formung der Oberseite des Rückens

◄ **Abbildung 165**
Der fertige Dinosaurier

# Texturing

# Texturing mit Cinema 4D
## Materialien, Texturen und Shader

*Unser Auge kann die physikalischen Eigenschaften eines Objektes bereits am Aussehen ziemlich gut beurteilen. Im 3D-Bereich muss das auch genügen, weswegen das Texturing einer der entscheidenden Faktoren ist, ob ein Objekt realistisch oder eher nach »3D« aussieht.*

Bei der Texturierung kommt es nicht alleine auf den geschickten Umgang mit den Werkzeugen von Cinema 4D an. Hier zählen besonders das Auge und das Gefühl des 3D-Designers für Farben, Oberflächen, Struktur und deren Eigenschaften und Besonderheiten.

Weich, hart, elastisch, hölzern, metallisch, gläsern, papieren, organisch, matt, glänzend, lackiert, geschliffen, roh, porös, schuppig, schwammig, glatt, zerknittert, schwer, leicht, alt, neu, gebraucht, gepflegt, wertvoll, rostig, giftig, dreckig, sauber, gesund, steril, gefüllt, hohl, durchsichtig, durchscheinend etc.: All diese und noch viel mehr Eigenschaften müssen über die Texturierung mit Materialien zum Betrachter transportiert werden.

Dabei kommt für den Cinema 4D-Anwender erschwerend oder auch erleichternd hinzu, dass für diesen Transport keine Unmenge an Werkzeugen, sondern lediglich ein gutes Dutzend Materialkanäle im Manager zur Verfügung stehen...

Feingefühl und Beobachtungsgabe sind angesagt. Kein Material ist wirklich glatt und flach. Materialien besitzen Poren, Fasern, Maserungen, Adern, Webstrukturen, Narben, Unebenheiten, Flecken, Nähte, Säume, Nieten etc. Härte und Gewicht werden durch die richtige Materialbestimmung – beispielsweise durch spitze Glanzlichter bei Metallen oder durch breite, weiche Glanzlichter bei elastischen Materialien wie Gummi – ausgedrückt.

Mit dem Zwischen-Update auf Cinema 4D 8.5 hat sich im Bereich der Materialien einiges getan. Der Material-Editor wurde von Grund auf renoviert, die Material-Vorschau ist fast frei definierbar, besser integrierte sowie neue Shader und die komplette Anbindung an Attribute-Manager und XPresso lassen den lange Zeit vernachlässigten Bereich des Texturings in einem anderen Licht erscheinen.

Im ersten Teil dieses Texturing-Kapitels erfahren Sie alles Wichtige über den Umgang mit **Material-Manager** und **Material-Editor** und wie Sie eigene Materialien mit den verschiedenen Materialkanälen und Shadern definieren.

Die überaus beliebten 2D- und 3D-Shader der **Smells like Almonds**-Serie wurden mittlerweile so fest integriert, dass sie ihre Herkunft nur mehr durch vereinzelte, für Erdbewohner etwas schwer verständliche Noise-

◄ **Abbildung 1**
Texturing-Workshop

Arten und Shader bemerkbar machen. Sie bieten rein mathematische, nahtlose Texturen par excellence und ersparen sehr oft den Griff zum Fotoapparat oder Scanner.

Allein mit dem Erstellen der Texturen ist es natürlich noch nicht getan. Das zweite Kapitel zeigt Ihnen, wie Sie die Texturen auf Ihre Objekte bringen.

Dieses so genannte **Mapping** der Texturen wird in den Teilen Texturgeometrie, -kachelung und -Projektion genau beleuchtet. Damit die Texturen auch möglichst exakt auf die Objekte angepasst werden können, stehen Ihnen in Cinema 4D ein paar spezielle Werkzeuge zur Verfügung. Es ist auch kein Problem, mehrere Texturschichten aufzubringen oder die Texturen auf Selektionen zu beschränken – hier lesen Sie, wie es funktioniert.

Beim Texturing von komplexen Körpern kommt man eigentlich nicht mehr daran vorbei, das Objekt im Editor selbst zu bema-

len und mit Texturen zu versehen. Auf diese Aufgaben ist das Modul **BodyPaint 3D**, mittlerweile bei Version 2 angelangt, zugeschnitten. BodyPaint 3D 2 ist Bestandteil des Studio-Bundles und arbeitet nahtlos mit Cinema 4D und vielen anderen 3D-Programmen zusammen, weswegen dieses Buch dem Programm auch ein eigenes Kapitel widmet.

Auch wenn Sie nicht Besitzer von BodyPaint 3D oder des Studio-Bundles sind – schauen Sie sich auch dieses Kapitel an. Sie werden schnell feststellen, dass dieses Modul ein unentbehrlicher Zugewinn für Ihre Arbeit mit den Texturen sein kann. Viele bekannte Namen aus der Film- und Special-Effects-Industrie können ja schließlich nicht irren.

Im **Texturing-Workshop** unseres Projektes statten Sie alle Objekte der Szene und natürlich unseren Hauptdarsteller Griso (Abbildung 1) mit geeigneten Texturen aus Cinema 4D und BodyPaint 3D aus.

# Materialien

## Materialien erzeugen und editieren

*Materialien verleihen den Objekten über die Oberfläche die physikalischen Eigenschaften, die ein Objekt ausmachen. Materialien können aus Bitmap-Texturen, 2D- und 3D-Shadern sowie Volumen-Shadern bestehen.*

Der erste Schritt beim Texturing, die Definition der Materialien, führt Sie gleich in deren zentrale Verwaltungsstelle, den Material-Manager.

## Material-Manager

Der Material-Manager (Abbildung 1) erledigt viele Aufgaben, von der Erstellung und Verwaltung der Materialien bis hin zum Export.

Nach Betätigung des Befehls NEUES MATERIAL ( Strg / Ctrl + N ) haben Sie ein neues Basismaterial erstellt, das als Symbol im Material-Manager liegt. Das Materialbild zeigt eine Vorschau des Materials auf einem Objekt vor gestreiftem Hintergrund (Abbildung 1). Eigenschaften wie Glanzlichter, Spiegelung, Transparenz usw. werden ebenfalls berücksichtigt.

Ein Doppelklick auf das Materialbild öffnet den zum Material gehörigen Material-Editor – hier befinden sich alle Kanäle in einem eigenen Fenster zur Definition des Materials.

Der einfache Klick auf das Material-Icon listet Ihnen alle eingerichteten Material-Kanäle im Attribute-Manager auf. Hier können Sie mehrere Materialien und auch Materialkanäle

gleichzeitig bearbeiten oder auch animieren. Was die Bearbeitung von Materialien betrifft, läuft der Attribute-Manager dem Material-Editor zunehmend den Rang ab.

Wenn Sie auf den Namen des Materials doppelklicken, können Sie das Material umbenennen. Durch Aktivieren und Ziehen der Symbole ändern Sie die Reihenfolge der Materialien. Mit gleichzeitig gedrückter Befehlstaste duplizieren Sie das aktive Material.

Es bestehen zwei Möglichkeiten, einem Objekt ein Material aus dem Manager zuzuweisen: Entweder durch Ziehen direkt auf das Objekt in der Ansicht oder durch Ziehen auf das Objekt-Symbol im Objekt-Manager.

Volumetrische 3D-Shader bilden eine eigene Material-Gruppe. Sie beziehen sich auch auf das Innere eines 3D-Objektes. Im Menü DATEI finden Sie diese Shader unter SHADER (Abbildung 2). Mehr über diese Spezialfälle lesen Sie ein paar Seiten später.

Über HINZULADEN… ebenfalls im Menü DATEI können Sie Materialien aus anderen Szenen importieren. Etwas Vorsicht ist allerdings geboten: Zwischen den Materialien und den enthaltenen Texturen besteht keine echte

▲ **Abbildung 1**
Material-Manager

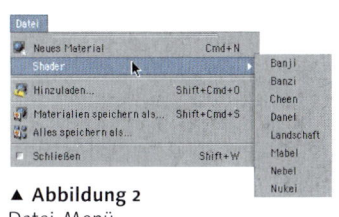

▲ **Abbildung 2**
Datei-Menü

**Abbildung 3** ▶
Bearbeiten-Menü

**Abbildung 4** ▶
Material-Liste

Verknüpfung. Cinema 4D sucht beim Rendering im Verzeichnis der Szene, im Verzeichnis Tex und in den bekannten Pfaden nach den benötigten Texturen. Spätestens beim Rendering oder der Weitergabe von Daten muss also das Texturenverzeichnis der Szene aktualisiert sein.

Mit MATERIALIEN SPEICHERN ALS… und ALLES SPEICHERN ALS… exportieren Sie einzelne Materialien oder ganze Materialbibliotheken.

Die Größe der Material-Vorschau des Material-Managers lässt sich im Menü BEARBEITEN in vier Stufen einstellen (Abbildung 3). Wer statt den Icons eine platzsparende Listendarstellung bevorzugt, kann dies über die Option MATERIAL-LISTE erreichen. Diese Darstellung bietet zusätzlich den Vorteil, dass sich die Materialnamen ungekürzt präsentieren (Abbildung 4).

Im Menü FUNKTION (Abbildung 5) befinden sich weitere Befehle, die für korrekte Darstellung und interne Organisation sorgen.

Alle Materialien des aktiven Objekts bzw. das momentan aktive Material können Sie durch die beiden ersten Befehle im Menü FUNKTION des Material-Managers selektieren. Der Befehl TEXTUR TAGS SELEKTIEREN aktiviert

alle Textur-Tags im Objekt-Manager, die das momentan aktive Material besitzen.

Wenn die Material-Vorschau plötzlich pixelig erscheint, wenden Sie den Befehl AKTIVES MATERIAL BERECHNEN oder ALLE MATERIALIEN BERECHNEN an. Ein Dokument enthält immer auch alle Vorschaubilder des Material-Managers in komprimierter Form. Aufgrund der Komprimierung und Dekomprimierung kann es manchmal zu solchen Unsauberkeiten kommen, die aber keinerlei Einfluss auf die Objekte oder das Renderergebnis haben.

Mit steigender Anzahl der Materialien wird auch der Manager zunehmend unübersichtlicher. Durch MATERIAL-GRUPPEN können Sie Ihre Materialien beispielsweise thematisch oder materialspezifisch organisieren (Abbildung 6). Die Gruppen zeigen sich als Reiter im Material-Manager und werden einfach per Drag and Drop geordnet und bestückt (Abbildung 7).

Die Anordnung der Materialsymbole in alphabetischer Reihenfolge bewirkt der Befehl MATERIALIEN SORTIEREN. In der Regel werden Sie die Sortierung der Materialien aber selbst und per Drag and Drop vornehmen.

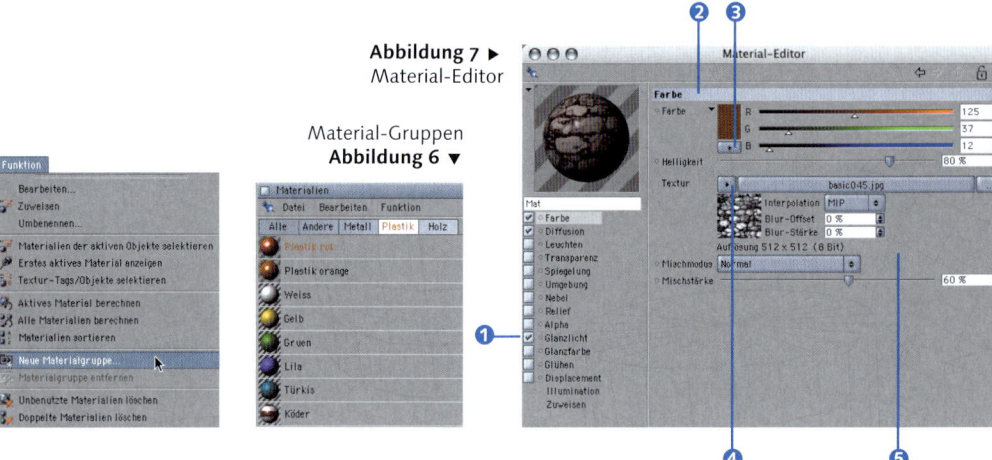

**Abbildung 7 ▶**
Material-Editor

Material-Gruppen
**Abbildung 6 ▼**

**Abbildung 5 ▶**
Funktion-Menü

UNBENUTZTE MATERIALIEN LÖSCHEN empfiehlt sich speziell nach dem Hinzuladen von Materialien aus anderen Szenen. Der Manager ist danach wesentlich übersichtlicher, außerdem reduziert sich auch die Dateigröße, da keine überflüssigen Materialvorschauen in das Dokument einfließen.

## Material-Editor

Der Material-Editor erscheint nach Doppelklick auf ein Materialsymbol und bietet als eigenständiges Fenster einen guten Überblick. Zur Vorstellung des Arbeitsbereichs und der Kanäle verwende ich in diesem Kapitel den Editor, selbstverständlich bietet der Attribute-Manager die gleiche Funktionalität.

Für die Definition der Materialien stehen insgesamt 13 Materialkanäle in der linken Spalte zur Verfügung ❶, die Sie über die Häkchen zu- und wegschalten können. Außerdem stehen ein Illuminationskanal zur Verfügung, der sich um die Radiosity-, Caustics- und

Shading-Parameter kümmert, sowie ein Zuweisen-Kanal, der anzeigt, welche Objekte das aktive Material tragen. Nach Klick auf den Materialnamen zeigt der rechte Teil des Editors alle Einstellungsoptionen für den jeweiligen Kanal an. Die meisten der Kanäle teilen sich in drei Bereiche auf: Farbe, Textur und Mischen.

Jedem Kanal, der eine Farbeinstellung anbietet, kann im Bereich FARBE ❷ über die Schieberegler oder über eine Farbtabelle, die sich über den Pfeilbutton ❸ erreichen lässt, eine Eigenfarbe zugeteilt werden.

Besitzt ein Kanal einen Textur-Bereich, so lassen sich dort ein Bitmap-Bild, ein 2D-Shader oder sogar ein animierter QuickTime- bzw. AVI-Film einbinden. Die Bilder und 2D-Shader liegen im Pfeil-Menü ❹ links vom Bild- bzw. Shader-Button. Der BLUR-OFFSET-Regler zeichnet das importierte Element bei Bedarf weich, die BLUR-STÄRKE regelt die Interpolation.

Mit INTERPOLATION ist die Art gemeint, wie Cinema 4D mit den interpolierten Punkteinflussbereichen der ausgewählten Texturbilder umgeht. Generell sind mit MIP- und SAT-

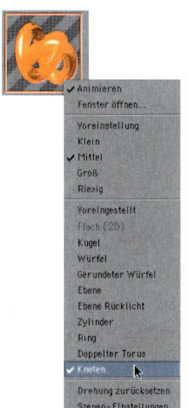

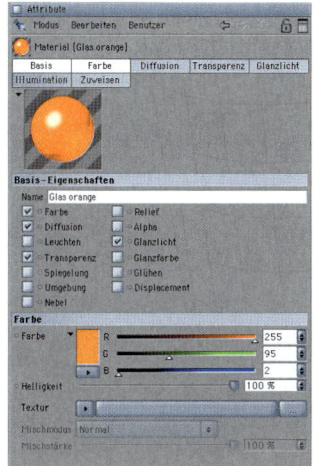

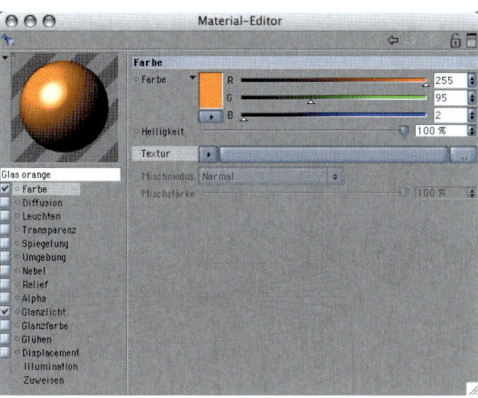

**Abbildung 8** ▲
Material-Vorschau

◀ **Abbildung 10**
Farbe-Seite

Mapping die besten Ergebnisse zu erreichen, in Einzelfällen können sich auch runde (KREIS) oder quadratische (QUADRAT) Einflussbereiche am besten für das Bild oder den Film eignen.

Die MISCHEN-Optionen ❺ schließlich regulieren das Mischungsverhalten der beiden Felder FARBE und TEXTUR zueinander.

Die Beurteilung und Abstimmung der Materialien hängt stark von der Güte der Material-Vorschau ab. Im Kontextmenü des Vorschau-Icons, das Sie per Klick mit der rechten Maustaste bzw. Ctrl-Taste erreichen (Abbildung 8), finden Sie zahlreiche Optionen, um die Preview noch aussagekräftiger zu gestalten. So können Sie die Vorschau auch animiert, in verschiedenen Größen oder auch als eigenes Fenster anzeigen lassen. Besonders schick: Halten Sie die ⇧-Taste gedrückt, und drehen Sie das Vorschauobjekt mit der Maus in alle Richtungen. Die in die Jahre gekommene Kugel kann durch eine Vielzahl aussagekräftigerer Objekte wie RING, TORUS oder KNOTEN ersetzt werden. Je größer und komplexer die Vorschau allerdings ausfällt, desto länger

dauert unter Umständen deren Neuzeichnung im Manager. Sollten die Einstellungen der Szene nicht zur Vorschauermittlung passen, was sich beispielsweise durch eine völlige Verzerrung bei Relief oder Displacement äußert, haben Sie über die SZENEN-EINSTELLUNGEN noch weitere Möglichkeiten zur Vorschaudefinition.

Ob Sie zur Materialerstellung den Material-Editor oder Attribute-Manager (Abbildung 9) nehmen, bleibt Ihnen überlassen. Beide setzen die Änderungen direkt in die 3D-Ansicht um. Für die Erstdefinition des Materials verwende ich meist den Material-Editor, für die weitere Feinabstimmung eher den Attribute-Manager.

**Farbe**

Mit den drei Schiebereglern stellen Sie die Farbe des Materials (Abbildung 10) wunschgemäß im RGB-Modus ein. Wenn Sie lieber mit anderen Farbmodi oder einer Farbpalette arbeiten, klicken Sie auf den Pfeilbutton unter dem Farbfeld. Mit Doppelklick auf das Farbfeld öffnen Sie den Systemfarbdialog.

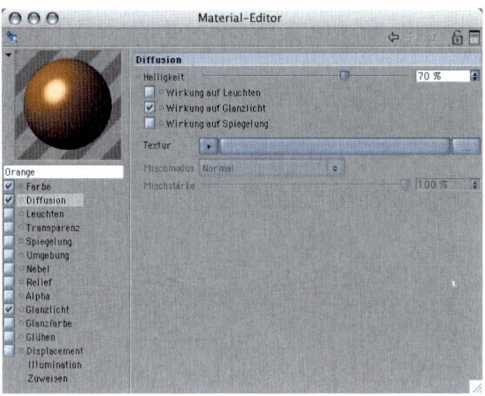

▲ **Abbildung 11**
Diffusion-Seite

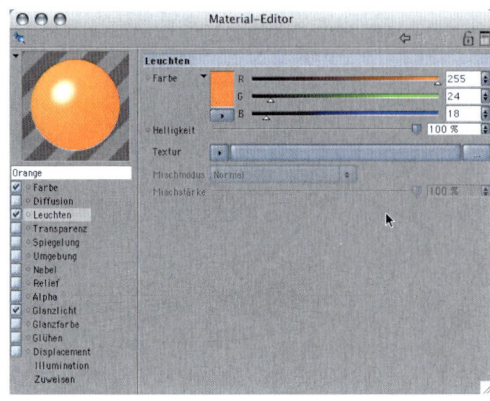

▲ **Abbildung 12**
Leuchten-Seite

Über das Textur-Feld können Sie ein Bild oder einen Film als Textur hinzuladen. Die Mischen-Optionen regulieren die Mischung von Textur und Farbe.

### Diffusion

Da kein Material wirklich glatt ist, sondern immer minimale Unsauberkeiten auf der Oberfläche hat, ist der Diffusion-Kanal (Abbildung 11) eine gute Möglichkeit, eine Diffusion ohne allzu großen Aufwand zu erreichen.

Im Wirkungsfeld lässt sich die Diffusionswirkung auf die Leuchten-, Glanzlicht- und Spiegelungskanäle einschränken oder erweitern. Als Diffusionstexturen bieten sich Strukturbilder an, welche die Perfektion der Oberfläche etwas durchbrechen. Ein 2D-Shader wie Noise kann auch gute Dienste leisten.

◄ 396
Rendering

Diffusion trägt viel zum realistischen Aussehen des Bildes bei, versuchen Sie, diesen Kanal wo immer es geht einzusetzen.

### Leuchten

Mit dem Leuchten-Kanal (Abbildung 12) simulieren Sie ein Leuchten von Materialien.

Hier liegt die Betonung auf »simuliert«, denn es findet keine wirkliche Beleuchtung der Szene statt. Fernseher, Monitore, Handy-Displays und Neonreklamen wären ein paar Anwendungsbeispiele.

Die Einstellungen im Kanal Leuchten arbeiten stark mit den Parametern im Farbe-Kanal zusammen – hier muss auf jeden Fall ein Abgleich stattfinden. Eine Textur im Farbe-Kanal bringt auf Ihren Bildschirm ein »phosphoreszierendes« Bild. Noch besser eignet sich natürlich ein Film, dann ist der Eindruck eines Monitors perfekt.

Mit der Radiosity-Unterstützung des Moduls Advanced Render können Sie mit dem Leuchten-Kanal die Beleuchtungstechnik des Image-based Lighting oder auch HDRI anwenden. Mehr dazu erfahren Sie im Kapitel »Rendering«.

### Transparenz

In diesem Kanal (Abbildung 13) bestimmen Sie über den Helligkeitsregler die Durchsichtigkeit und gleichzeitig die Transparenzfarbe des Materials.

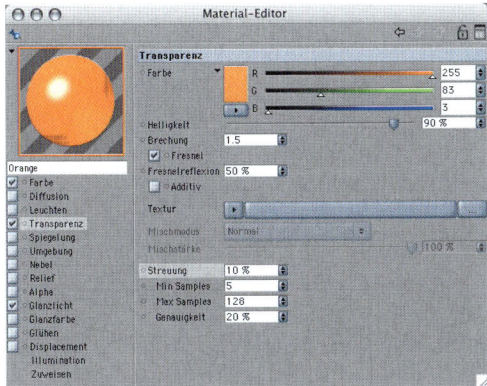

▲ **Abbildung 13**
Transparenz-Seite

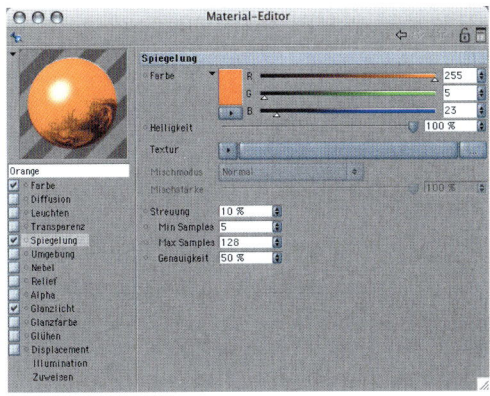

▲ **Abbildung 14**
Spiegelung-Seite

Zur Variation der Durchsichtigkeit bietet sich das Textur-Feld an. Texturen oder Shader im Transparenz-Kanal schaffen geschliffene Verzierungen in Gläsern oder Ähnliches. Der Transparenz-Kanal nimmt direkten Einfluss auf die Farbe im Farbe-Kanal.

Materialien wie Glas, Flüssigkeiten oder Edelsteine brechen Licht anders als Luft. Im Feld BRECHUNG lässt sich eine individuelle Brechung einstellen – eine Auswahl von Indizes finden Sie im Cinema 4D-Handbuch.

Zwei wichtige Punkte beim Texturieren und Rendern von durchsichtigen Gegenständen sind Brechung und Strahltiefe. Nehmen wir als Beispiel ein Weinglas. Das Glas selbst besitzt einen Brechungsindex von ca. 1,44 – für den Wein als Flüssigkeit zählt der Index von Wasser. Wie Sie vielleicht noch aus dem Physikunterricht wissen, ändert sich der Winkel beim Ein- bzw. Austritt in und aus jeder Oberfläche. Der Brechungsindex sorgt für das realistische Verhalten transparenter Materialien.

FRESNEL bewirkt, dass der Winkel von Betrachter, Licht und Oberfläche in die Berechnung von Transparenz und Spiegelung einfließt.

Wie stark sich die FRESNELREFLEXION auf den Materialien äußert, können Sie über den Reflexionsgrad bestimmen.

Die Strahltiefe betrifft das Rendern in Cinema 4D. Bleiben wir bei unserem Weinglas-Beispiel: Insgesamt sechsmal durchstößt der Strahl eine Oberfläche – Ein- und Austritt aus dem Glas, Ein- und Austritt aus dem Wein und letztlich Ein- und Austritt aus dem hinteren Teil des Glases. Ist in den RENDER-VOREINSTELLUNGEN · OPTIONEN eine Strahltiefe niedriger als die Standardeinstellung von sechs angegeben, gibt es beim Rendern Probleme.

Im Feld MATT verleihen Sie dem Material eine Art Milchglas-Effekt. Mit diesen weichen Transparenzen können Sie neben sehr schönen Effekten auch dramatisch ansteigende Renderzeiten erzielen.

### Spiegelung

Im Kanal SPIEGELUNG (Abbildung 14) legen Sie fest, ob und wie stark ein Objekt seine Umgebung widerspiegelt. Die Betonung liegt auf Umgebung, denn wo keine Umgebung ist, kann auch nichts gespiegelt erscheinen.

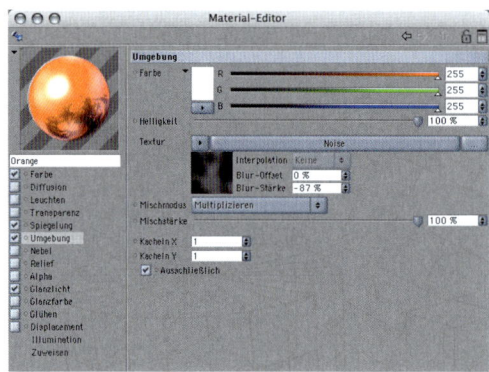

▲ **Abbildung 15**
Umgebung-Seite

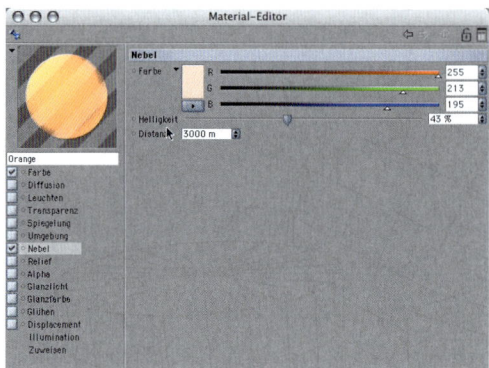

▲ **Abbildung 16**
Nebel-Seite

Oft ist es angebracht, im Feld Textur die Spiegelfähigkeit durch eine Textur einzuschränken. Ein Holztisch mag zwar spiegelnd sauber sein, seine Adern und Fasern variieren bzw. unterbinden eine Spiegelung an bestimmten Stellen.

In den Rendereinstellungen Render-Voreinstellungen · Optionen sollten Sie bei vielen sich spiegelnden Objekten die Spiegelungs- und Schattentiefen überprüfen.

Auch im Spiegelungskanal steht Ihnen ein Matt-Feld zur Verfügung, mit dem Sie weiche Spiegelungen (Reflexionen) erstellen können. Bei der Definition von metallischen Oberflächen ist die Verwendung dieses Feldes fast Pflicht, da eine Spiegelung mit perfekten Umrissen ziemlich unrealistisch wirkt.

### Umgebung

Der Kanal Umgebung (Abbildung 15) bewahrt Sie bei spiegelnden Materialien wie Metallen und Gläsern vor hohem Modelling-Aufwand.

Die Arbeit, nur für die Spiegelung eine Umgebung für die eigentliche Szenerie zu modellieren, steht in keinem Verhältnis zum Ergebnis. Laden Sie besser eine Umgebung

in das Feld Textur. Für kleinere Objekte genügt ein Wolken-2D-Shader oder ein importierter Farbverlauf. Nahaufnahmen sind da etwas kritischer, hier lohnt sich meist ein Bild einer der Szene entsprechenden Umgebung. Experimentieren Sie mit den Kacheleinstellungen, falls Ihnen die Spiegelung zu langweilig erscheint.

Die Option Ausschliesslich bewirkt, dass die Umgebungsspiegelung nur dort entsteht, wo keine durch Szenen-Objekte verursachten natürlichen Spiegelungen stattfinden.

### Nebel

Mit dem Kanal Nebel (Abbildung 16) lassen sich Umgebungen schaffen, die den Lichtstrahl relativ zur Distanz abschwächen.

Über die Schieberegler weisen Sie dem Nebel eine Farbe zu. Die Distanzeinstellung gibt an, nach welcher Strecke der Nebel vollkommen opak ist. An dieser Stelle ist dann nur noch die Eigenfarbe des Nebels maßgebend.

Ein Nebel-Kanal wird in Cinema 4D so ähnlich wie ein Transparenz-Kanal behandelt. Da auch Nebel das Licht bricht, berücksichtigt

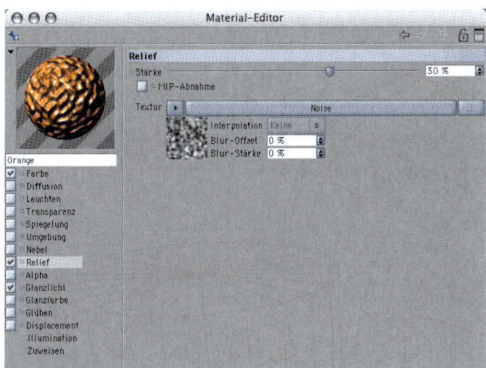

▲ **Abbildung 17**
Relief-Seite

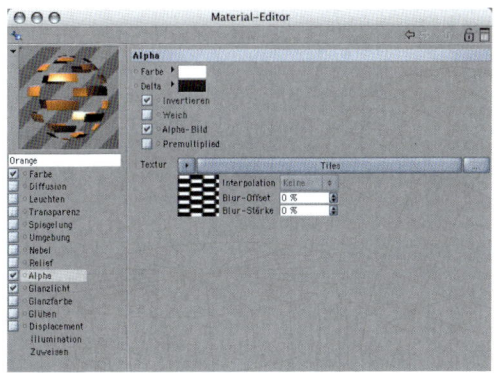

▲ **Abbildung 18**
Alpha-Seite

der Nebel die Brechungseinstellungen im Transparenz-Kanal. Weil die Brechung nur bei geschlossenen Objekten korrekt berechnet wird, sollten Sie bei Nebelobjekten volumetrische Körper verwenden.

### Relief

Der Kanal RELIEF (Abbildung 17) gehört zu den meistverwendeten Materialkanälen.

Der Kanal simuliert ein Relief aufgrund der Grauwertangaben einer Textur. Diese Textur, auch Bump-Map genannt, laden Sie in das Textur-Feld ein. Dabei ist es egal, ob Sie ein Farb- oder Graustufenbild verwenden, Farbbilder rechnet Cinema 4D auf die relevanten Grauwerte um. Anhand der Grauwertinformation setzt Cinema 4D die Höhenwerte für das Relief. 100 % Schwarz gilt dabei als tiefster, 100 % Weiß als höchster Punkt.

Mit dem Regler STÄRKE stellen Sie ein, wie rau oder weich die Texturinformationen von der Reliefstruktur verwertet werden, Angaben über ±100 % sind ebenfalls möglich.

Das Relief entsteht durch Änderung der Normalenvektoren der Oberfläche – die Objektgeometrie ist nach wie vor glatt.

Wenn kein Displacement geplant ist, sollte zumindest ein Bump-Map bei der Simulation strukturierter Materialien zum Einsatz kommen – wenn keine extremen Nahaufnahmen vorgesehen sind. Die Oberflächen wirken glaubwürdiger, und Sie sparen sich eine Menge Arbeit beim Ausmodellieren.

### Alpha

Ein Alpha-Kanal (Abbildung 18) stanzt die Materialtextur über ein Alphabild (Maske) aus. Dort ist entweder das normal definierte Material (weiße Bereiche), eine abgeschwächte Version davon (graue Bereiche) oder eben gar kein Material (schwarze Bereiche) sichtbar – weiches Mapping bietet sanftere Übergänge.

Mit der Funktion ALPHA stellen Sie ein, welche Farbe des Bildes wegfallen soll. Durch die Delta-Regler (dr, dg, db) können Sie die Toleranz beim Freistellen festlegen.

Besser funktioniert es über ein Bildbearbeitungsprogramm wie z. B. Photoshop oder BodyPaint 3D mit einer Maske bzw. einem Schwarz-Weiß-Abbild der auszustanzenden Stellen. In manchen Fällen genügt auch eine invertierte Version des Bildes im Farbe-Kanal.

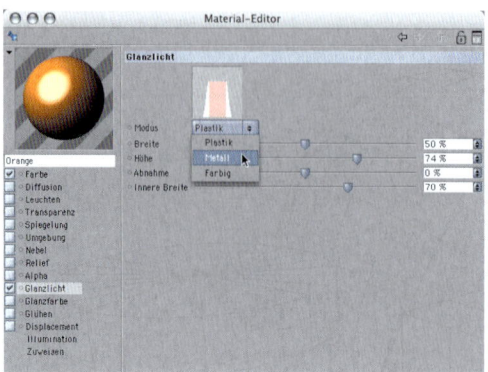

▲ **Abbildung 19**
Glanzlicht-Seite

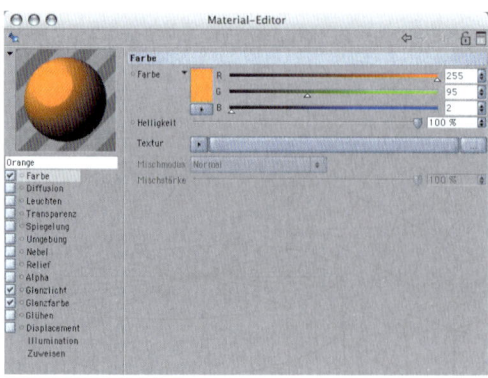

▲ **Abbildung 20**
Glanzfarbe-Seite

Haben Sie mehrere dieser Alphamaterialien auf einem Objekt zusammengestellt, sollte, wie auch schon beim Transparenz-Kanal, die Strahltiefe in den Rendereinstellungen überprüft und gegebenenfalls angepasst werden.

### Glanzlicht

Glanzlichter (Abbildung 19) sagen viel über die Oberflächenbeschaffenheit und Härte eines Materials aus.

Mit den Schiebereglern lassen sich nicht nur die BREITE und HÖHE des Glanzlichtes festlegen, auch die Abnahme an den seitlichen Rändern und die innere Breite des Lichts kann nach Wunsch austariert werden.

Zusätzlich bieten Ihnen die Modi PLASTIK, METALL und FARBIG die Möglichkeit, die Farbe des Glanzlichtes unterschiedlich zu berechnen. Im Plastik-Modus ist die Glanzlichtfarbe unabhängig vom Material Weiß (diese Farbe können Sie im nächsten Kanal definieren). Der Metall-Modus dagegen zieht auch die Materialfarbe zur Berechnung heran – was Metalloberflächen sehr zugute kommt. Der Farbig-Modus beeinflusst dagegen das Diffusions-Glanzlicht.

Weiche, stumpfe Materialien mit rauen Oberflächen sollten ein breites und relativ flaches Glanzlicht bekommen. Harte, glatte Materialien mit glänzend lackierten oder polierten Oberflächen brauchen stattdessen schmale, hohe Glanzlichter.

### Glanzfarbe

Mit dem Kanal GLANZFARBE (Abbildung 20) verleihen Sie dem Glanzlicht zusätzlich zu den Angaben aus dem Farbe-Kanal eine eigene Glanzfarbe.

Anders als beim Glanzlicht selbst können Sie hier mit einer Textur die punktuelle Stärke des Glanzlichtes beeinflussen.

Glanzfarben erzielen auf bestimmten Oberflächen interessante Materialeffekte, die Objekte erhalten eine gewisse Eigendynamik – unabhängig von der Lichtquellenfarbe. Eine gelbe Lichtquelle auf einer roten Kugel (Abbildung 15) mit weißem Glanzlicht färbt das Glanzlicht automatisch gelblich. Dafür brauchen Sie die Glanzfarbe also nicht.

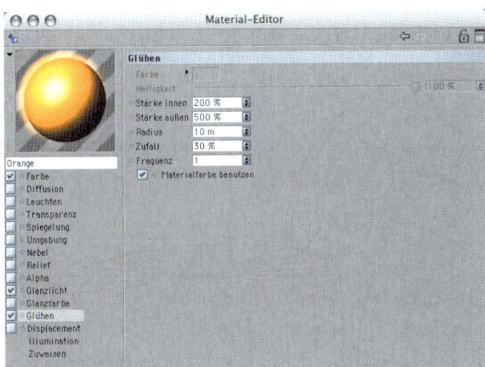

▲ **Abbildung 21**
Glühen-Seite

▲ **Abbildung 22**
Displacement-Seite

## Glühen

Der Kanal GLÜHEN (Abbildung 21) bringt Ihre
Objekte innerlich und äußerlich zum Glühen.
Ebenso wie beim Leuchten-Kanal geht aber
kein wirkliches Licht vom glühenden Objekt
aus, andere Objekte werden also nicht angestrahlt.

Für das Glühen können Sie wahlweise eine
eigene Farbe definieren oder alternativ die
MATERIALFARBE benutzen. Schreiben Sie eine
eigene Farbe vor, so mischen sich Objekt- und
Glühfarbe. Die STÄRKE des Glüheffekts nach
INNEN und AUSSEN sowie der RADIUS lassen
sich getrennt festlegen.

Zwar besitzt der Glühen-Kanal kein Textur-
Feld, in dem das Glühen per Film oder Shader
animierbar wäre, dafür gibt es aber mit den
Feldern ZUFALL und FREQUENZ die Möglichkeit,
die Größe des Glühens (ZUFALL) und die Häufigkeit der Änderung des Glühens (FREQUENZ)
zu animieren.

## Displacement

Beim Displacement (Abbildung 22) wird die
Oberflächenstruktur, ähnlich dem Relief,
anhand von Grau- bzw. Farbwerten erzeugt.

Im Unterschied zum Relief erfolgt diese
Oberflächenänderung aber geometrisch – eine
Deformation ist also tatsächlich vorhanden.
Diese Deformation funktioniert nur bei Objek-
ten, die genügend Unterteilungen besitzen.
Manche parametrischen Objekte müssen
zuerst in Polygon-Objekte umgewandelt ($\boxed{C}$)
und ausreichend unterteilt werden.

Cinema 4D 9 ermöglicht es zusammen mit
dem Advanced Renderer durch SUB-POLYGON
DISPLACEMENT, auf solche speicherintensiven
Modellunterteilungen zu verzichten und die
nötige Unterteilung vor dem Rendern an den
kritischen Stellen automatisch und temporär
anzubringen. Abbildung 22 verrät bereits, welche Optionen hier zur Verfügung stehen. Mehr
über diese faszinierende Neuerung erfahren
Sie im Kapitel »Rendering«.

Wie auch beim Relief-Kanal ist die Angabe
einer Displacement-Map zwingend erforderlich, da sonst keine Grauwertinformationen
vorliegen.

Über einen Regler STÄRKE und das Eingabe-
feld für die MAXIMALE HÖHE können Sie die
Anwendung des Displacements noch etwas
austarieren.

409 ▶
Sub-Polygon
Displacement

▲ **Abbildung 23**
Illumination-Seite

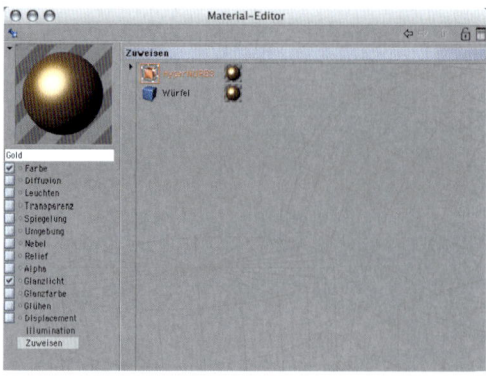

▲ **Abbildung 24**
Zuweisen-Seite

## Illumination

◀ **404**
Radiosity

◀ **411**
Caustics

Das Advanced Render-Modul des XL- und Studio-Bundles verleiht Cinema 4D unter anderem die Fähigkeit, Radiosity und Caustics zu berechnen. Die Seite ILLUMINATION im Material-Editor (Abbildung 23) bereitet die Materialien dafür vor und stellt zusätzlich noch zwei neue Illuminations- bzw. Shading-Modelle zur Verfügung.

So wie Sie für jede Lichtquelle und jedes Objekt einzeln festlegen können, ob es Licht bzw. Schatten generiert oder empfängt, ist es auch für jedes Material möglich, die Radiosity- bzw. Caustics-Optionen an- oder auszuschalten. Die Ring-Ausschnitte in Abbildung 21 zeigen an- bzw. ausgeschaltete Caustics-Berechnung.

In den beiden oberen Feldern geben Sie für das Material an, wie stark die Radiosity- bzw. Caustic-Effekte erzeugt bzw. empfangen werden sollen. Dabei können Sie die Werte auch weit über die standardmäßig eingestellten 100% ansetzen – je nachdem, welchen Effekt Sie erzielen wollen.

Cinema 4D verwendet Photonen für die Berechnung von Radiosity und Caustics. Für die Caustics können Sie einstellen, welche Sample-Distanz und Sample-Anzahl Sie den Photonen zugestehen, um die Effekte zu berechnen. Je mehr Photonen sich in einem Sample befinden, desto schärfer wird das Bild, allerdings kann dies bei zu geringen Werten dazu führen, dass die Photonen selbst sichtbar werden. Mit steigender Sample-Distanz sinkt die Schärfe, das Ergebnis ist weicher.

Beachten Sie bei Radiosity und Caustics auch stets die Parameter in den Licht- und Render-Voreinstellungen. Experimentieren Sie mit den Werten – unpassende Einstellungen resultieren eher in übertrieben hohen Renderzeiten als in bestechenden Ergebnissen.

Illuminationsmodelle oder auch Shading-Modelle befassen sich mit der Art, wie auftreffendes Licht das Aussehen des Materials beeinflusst. Vor Version 7 unterstützte Cinema 4D ausschließlich das Phong-Shading-Modell. Nun stehen Ihnen insgesamt drei Modelle – Phong-, Blinn- und Oren-Nayar-Shading – zur Verfügung. Je nach Art des Materials können Sie durch verschiedene Illuminationsmodelle Materialeigenschaften differenzieren. Die drei bunten Würfel (Abbildung 25) unterscheiden

▲ **Abbildung 25**
Illuminationsmodelle Phong (gelb), Blinn (braun) und Oren-Nayar (blau) sowie aktivierte (links vorne) und deaktivierte (rechts vorne) Caustics-Berechnung

sich vom Material her lediglich in Farbe und Illuminationsmodell.

Das **Phong-Shading** eignet sich gut zur Simulation von glatten und glänzenden Oberflächen. Dabei spielen die Oberflächen-Normale, die Position des Betrachters und die Richtung der Reflexion eine Rolle. Das gelbe Objekt wurde mit Phong-Shading gerendert – das Material erhält einen Plastik-Look.

Auch das **Blinn-Shading** bietet sich zur Simulation von glatten und glänzenden Materialien wie Plastik und Metall an. Blinn-Shading bezieht sich mehr auf die physikalischen Eigenschaften eines Materials. Nach dem Blinn-Modell besteht jede Oberfläche aus kleinsten Facetten, die je nach Materialfarbe und Beschaffenheit unterschiedliche Färbungen und Schattierungen aufweisen. Der braune Würfel in der Mitte des Bildes besitzt das Blinn-Modell und wirkt eher metallisch.

Einen ähnlichen Ansatz verfolgt das **Oren-Nayar-Modell**. Dabei kommt allerdings der raue, stumpfe Charakter eines Materials ausgeprägter zum Ausdruck. Typische Einsatzgebiete für das Oren-Nayar-Shading sind Textilien, Sand und natürliche Oberflächen. Das Material des blauen Würfels ist mit dem Oren-Nayar-Shading belegt und zeigt die weichste, geschmeidigste Oberfläche der drei Würfel.

Die Auflösung der Textur-Vorschau im Editor (bei Hintergründen etc.) stellen Sie im Feld TEXTUR: VORSCHAUGRÖSSE ein.

### Zuweisen

Der Kanal ZUWEISEN (Abbildung 24) listet alle Objekte auf, die das gerade aktive Material besitzen. Per `Ctrl`-Taste bzw. rechter Maustaste können die den Objekten zugewiesenen Tags entfernt oder die Träger-Objekte im Objekt-Manager angezeigt werden.

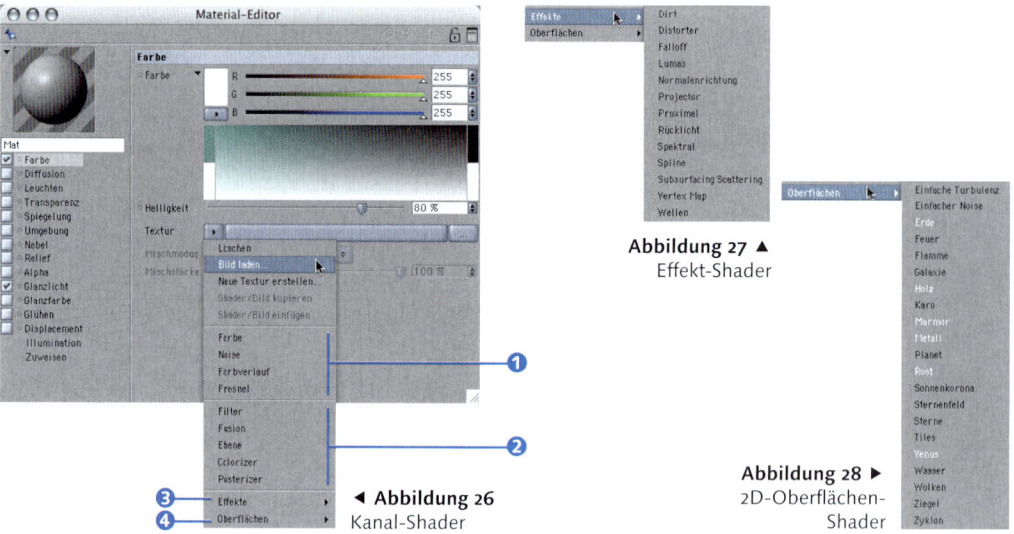

**Abbildung 27** ▲
Effekt-Shader

◀ **Abbildung 26**
Kanal-Shader

**Abbildung 28** ▶
2D-Oberflächen-
Shader

## Texturen und 2D-Shader

Zweidimensionale Shader und Texturen
werden in den unterschiedlichen Kanälen der
Materialien eingesetzt.

Texturen bestehen in der Regel aus Bild-
oder Filmdaten, die Sie in einem externen
Bildbearbeitungsprogramm oder auch in
BodyPaint 3D vorbereitet haben und über
den Material-Editor oder Attribute-Manager
in den Materialkanal laden. Die Integration in
die Kanäle geschieht durch den Pfeilbutton im
Textur-Feld.

◀ 318
C.O.F.F.E.E.

Texturen besitzen, bedingt durch ihre Größe
bzw. Auflösung, Grenzen in ihrer Verwend-
barkeit. Eine zu niedrige Auflösung äußert sich
beim Rendern durch unschöne Treppeneffekte
oder Unschärfen. Hier sind dann größere Texturen gefragt, die allerdings den Speicherbedarf wiederum in die Höhe treiben.

2D-Shader sind mathematisch beschriebene
Texturen, daher sind sie auflösungsunabhängig,
in Cinema 4D individuell konfigurier- und auch

über die Zeitleiste problemlos animierbar. Mit
Cinema 4D 8.5 hat Maxon die Integrationsar-
beiten des Smells like Almonds-Shader-Pakets
so gut wie abgeschlossen. Die meisten SLA-
Shader wurden umbenannt und ersetzen, wo
sinnvoll, ihre Cinema 4D-Pendants. Außerdem
wurde das Shader-Menü der Kanal-Shader
(Abbildung 26) aufgeräumt und logisch sortiert.

Programmierfreudige Anwender können die
Palette der Shader auch durch Eigenkreationen
erweitern. Cinema 4D stellt für solche Erweite-
rungen die C.O.F.F.E.E.-Schnittstelle bereit.

Einen wesentlichen Nachteil haben die 2D-
Shader gegenüber ihren dreidimensionalen
Geschwistern: Sie sind, wie normale Bitmap-
Texturen auch, nur Oberflächen-Shader. Die
mathematische Beschreibung durchzieht nicht
das Volumeninnere und muss stets an die
Form des Objektes per Mapping angepasst
werden.

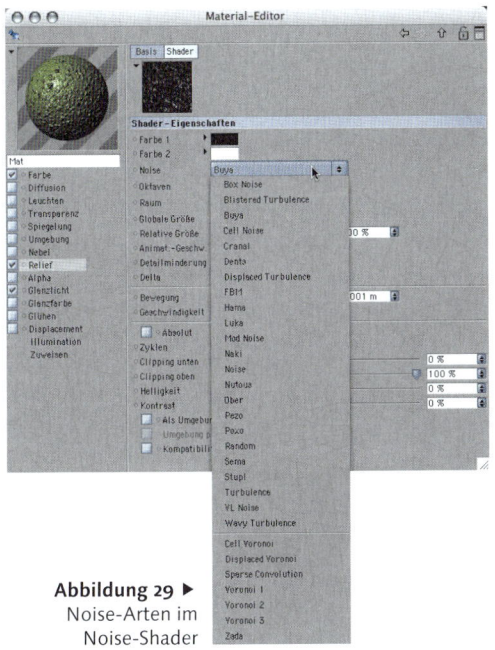

**Abbildung 29 ▶**
Noise-Arten im
Noise-Shader

▲ **Abbildung 30**
2D-Kanal-Shader

Wichtig bei der Anwendung der 2D-Shader ist zudem die Kombination der Material-Kanäle. In vielen Fällen sollten Sie die Shader in mehrere Material-Kanäle einbauen. Eine im Farbe-Kanal animierte Flamme macht erst durch ihre erneute Anwendung der Textur im Transparenz- und Alpha-Kanal richtig Sinn. Damit Sie die Einträge nicht für jeden Kanal wiederholt eingeben müssen, können Sie jeden Textur-Eintrag über die Befehle SHADER/BILD KOPIEREN bzw. EINFÜGEN des Shader-Menüs (Abbildung 26) auf andere Kanäle übertragen.

Die Kanal-Shader sind grob in vier Kategorien aufgeteilt. Auf der obersten Ebene des Shader-Menüs befinden sich die häufig gebrauchten Texturen- und Muster-Shader ❶ sowie Bildbearbeitungs-Shader ❷. In den Untermenüs Effekte ❸ bzw. Oberflächen-Shader ❹ (Abbildung 27 und 28) liegen weitere Spezial-Shader, die sich besonders um die

objektspezifische Steuerung von Materialeigenschaften kümmern und oft benötigte Materialoberflächen bereitstellen.

### Texturen- und Muster-Shader: Farbe, Noise, Farbverlauf, Fresnel

Den **Farbe**-Shader benötigen Sie beispielsweise beim Ebenen- oder Fusions-Shader, wenn Sie eine Texturfarbe berücksichtigen möchten.

Der **Noise**-Shader bietet alle erdenklichen Optionen, um Muster aus Störungen zu generieren (Abbildung 29). Im Noise-Menü finden Sie eine Vielzahl an vordefinierten Störungsmustern, die Sie natürlich nach Belieben verfremden oder weiterbearbeiten können.

Der **Farbverlauf**-Shader generiert über zahlreiche Parameter definierbare weiche und mit Turbulenzen versehene Farbverläufe.

**Fresnel** kennen Sie aus dem Transparenz-Kanal. Es liest die Relation der Flächennorma-

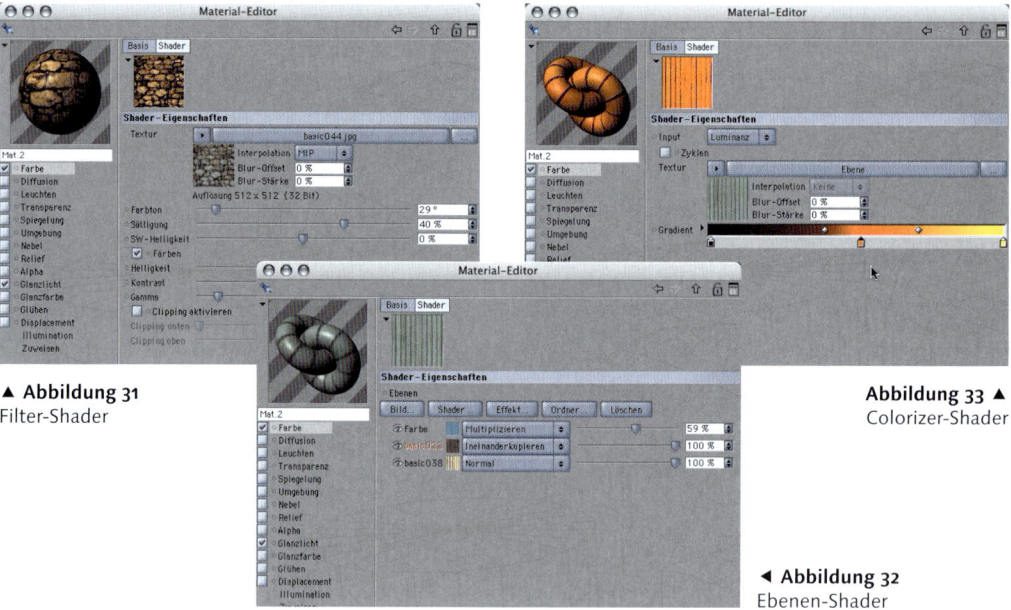

▲ **Abbildung 31**
Filter-Shader

**Abbildung 33** ▲
Colorizer-Shader

◀ **Abbildung 32**
Ebenen-Shader

len zum Winkel der auftreffenden Strahlen aus und legt einen Verlauf dazwischen. Der mittlere Würfel in Abbildung 30 zeigt, wie sich Fresnel im Farbe-Kanal auswirkt. Mit Fresnel lässt sich auch sehr gut die Transparenz eines Glasmaterials feinjustieren. Die beiden blauen Würfel besitzen die gleiche Transparenz, der Größere aber zusätzlich ein starkes Transparenz-Fresnel.

### Bildbearbeitungs-Shader: Filter, Fusion, Ebenen, Colorizer, Posterizer

Diese Shader kennen Sie mit Sicherheit als Filter aus diversen Bildbearbeitungsprogrammen. Sie sollen Ihnen den Weg in ein externes Programm beim Filtern, bei Umfärbungen, Verschmelzungen und der Arbeit mit Ebenen ersparen und bieten Ihnen zusätzlich sogar die Möglichkeit, Farbverschiebungen und -verfremdungen zu animieren.

Mit dem **Filter**-Shader (Abbildung 31) regeln Sie, wie der Name schon sagt, die Helligkeit und den Kontrast einer Ausgangstextur. Zusätzlich können Sie Farbton und Sättigung einer Ausgangstextur wie aus einem Bildbearbeitungsprogramm gewohnt verändern.

Der **Fusion**-Shader ist eigentlich eine kleine Ebenenverwaltung, in der Sie einen Blend- und einen Ausgangskanal miteinander verrechnen lassen. Zusätzlich kann auch eine Maske verwendet werden. Mit diesem Shader können Sie Texturen so oft ineinander verschachteln und verbauen, bis Sie sich selbst nicht mehr auskennen.

Eine ausgewachsene Ebenenverwaltung haben Sie in Form des **Ebenen**-Shaders (Abbildung 32) implementiert, mit dem Sie Bilder, Shader und Effekte ebenenweise über die aus Photoshop und BodyPaint 3D bekannten

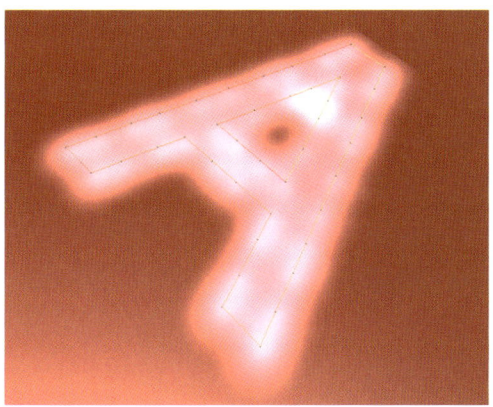

▲ **Abbildung 34**
Steuerung des Proximal-Shaders durch Spline-Punkte

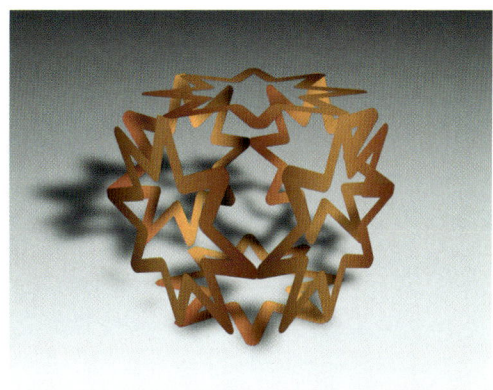

▲ **Abbildung 35**
Spline-Shader im Farbe- und Alpha-Kanal

Verrechnungsmodi wie Multiplizieren und Ineinanderkopieren miteinander kombinieren können.

Der **Colorizer**-Shader (Abbildung 33) erlaubt es Ihnen, ein Ausgangsbild mit beliebigen Farbtönen einzufärben bzw. zu kolorieren.

Mit dem **Posterizer** schließlich setzen Sie die Zahl der Farbabstufungen einer Ausgangstextur gezielt herab.

## Effekt-Shader

Mit den Effekt-Shadern arbeiten Sie die optischen Feinheiten und Eigenheiten bestimmter Materialien heraus oder stellen Abhängigkeiten zwischen Texturen und Objekten her. Die vielfältigen Verwendungsmöglichkeiten dieser Shader sind oft nicht leicht einzuschätzen.

Der **Dirt**-Shader gehört zum Advanced Renderer und generiert mittels Radiosity realistischen Schmutz und Verunreinigungen an exponierten Stellen.

Im **Distorter**-Shader definieren Sie eine Ausgangstextur, die anschließend von einer ebenfalls festzulegenden Distorter-Textur verzerrt wird.

Der **Falloff**-Shader ist eine Art Verlaufs-Shader, der sich zusätzlich aber an einem einstellbaren Vektor und an der Flächennormale des Objektes orientiert.

**Lumas** bietet mehr Möglichkeiten als der Standard-Leuchten-Kanal des Material-Editors. Sie können bis zu drei Glanzlichter definieren und außerdem anisotropische Eigenschaften einstellen.

Der **Normalenrichtung**-Shader berechnet die Oberseiten der Flächennormalen eines Objektes weiß, die Rückseite dagegen schwarz. Er bietet sich zum Aussteuern der Transparenz und Glanzlichter eines Objektes an.

Über den **Projector**-Shader ändern Sie die Projektionsart einer Textur unabhängig von den Einstellungen im Textur-Tag im Objekt-Manager. Damit können Sie für ein und dasselbe Material unterschiedliche Projektionsarten in den Kanälen festlegen.

Mit dem **Proximal**-Shader berechnen Sie die Entfernung eines zu definierenden Objektes zum Träger-Objekt des Proximal-Shaders. Wofür das Ganze? Sie können bestimmte Kanaleigenschaften Ihrer Textur von ande-

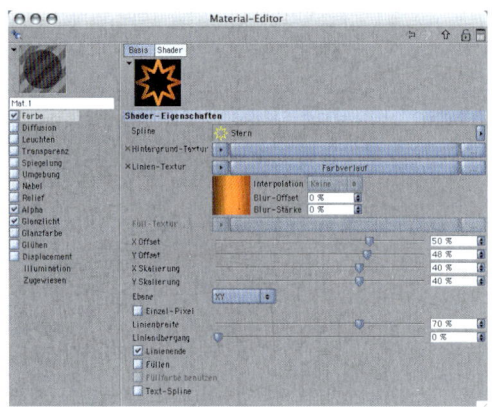

▲ Abbildung 36
Spline-Shader im Material-Editor

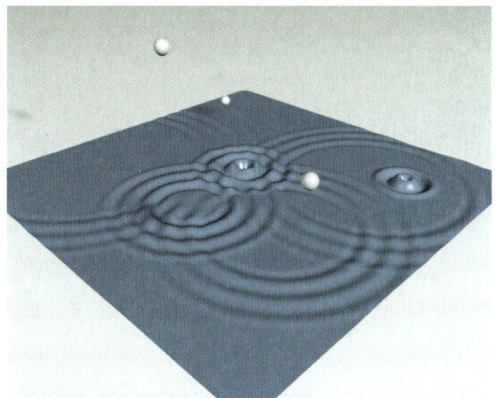

▲ Abbildung 37
Wellen-Shader mit Kugel-Partikeln

ren Objekten oder auch Partikeln abhängig machen. In Abbildung 34 bewirken die Punkte des darüber liegenden Spline-Objekts eine Aufhellung der roten Textur, weil der Proximal-Shader im Leuchten-Kanal des roten Materials auf die Nähe des Splines reagiert.

**Rücklicht** empfängt die Beleuchtung von der Rückseite eines durchscheinenden Objektes. Beispiel: Ein Insekt sitzt auf einem Blatt – auf der Unterseite des Blattes zeichnet sich der Schatten des Insekts ab.

Der **Spektral**-Shader eignet sich hervorragend für schillernde Materialien wie Perlen und CD-ROM-Oberflächen, die im Glanzlicht einen Lichtbrechungseffekt (bunte Glanzlichter) haben sollen.

Mit dem **Spline**-Shader können Sie Texturen aus Splines bzw. Spline-Objekten herstellen (Abbildung 35); eine wunderbare Zeitersparnis, wenn es um das Beschriften oder gezielte Ausstanzen von Objekten geht. Im Shader-Dialog (Abbildung 36) geben Sie wahlweise ein Spline-Objekt an oder definieren einen Text als Text-Spline. Hintergrund, Füllung und Linien lassen sich separat mit Texturen versehen.

Über den Offset und die Skalierung bestimmen Sie die relative Position und Größe des Splines auf dem Material.

**Subsurfacing Scattering** erzeugt leicht durchscheinende Materialien wie Wachs oder Haut, die das Licht unterhalb der Oberfläche weiterleiten und brechen. Mehr dazu im Kapitel »Advanced Render«.

Über **Vertex Maps** steuern Sie eigentlich die Verformung eines Objekts, mit dem gleichnamigen Shader können Sie die Maps aber auch als Graustufen-Texturen verwenden.

**Wellen**, die durch auf die Objektoberfläche auftreffende Objekte oder Partikel verursacht werden (Abbildung 37) erhalten Sie durch den entsprechenden Shader im Relief- oder Displacement-Kanal. Im Shader-Dialog geben Sie unter OBJEKT den Träger des Materials und als PARTIKEL den Emitter an. Leider können Sie die Ergebnisse nicht im Editor-Rendering, sondern nur im Bild-Manager bewundern.

### Oberflächen-Shader: Einfache Turbulenz, einfacher Noise

Aussehen und Struktur dieser zweidimen-

◀ **Abbildung 38**
2D-Oberflächen-Shader

sionalen Shader werden durch Farben, Frequenzen und Turbulenzen bestimmt. Der Noise-Shader eignet sich für einfache, strukturierte Oberflächen im Relief-Kanal.

### Feuer, Flamme, Sonnenkorona

Für animierte Flammen, Feuerwände und Koronen eignen sich die gleichnamigen 2D-Shader hervorragend. Abbildung 38 zeigt links einen Würfel mit angewandtem FEUER-Shader. Der Shader liegt nicht nur im Farben-, sondern auch im Transparenz- und Alpha-Kanal. Die Frequenzen und Turbulenzen sind natürlich einstellbar.

### Galaxie, Planet

Die beiden 2D-Shader simulieren die zyklische Struktur von Planeten und deren Wolken.

### Karo, Sterne, Sternenfeld, Ziegel, Tiles

Diese Shader erzeugen Textur-Muster mit angegebenem Inhalt. Mit Karo- und Ziegel-Shader erstellen Sie beliebige Schachbrett- und Ziegel- oder Fliesen-Muster, die Form und Anzahl der Kacheln passen Sie einfach durch

Variation der Frequenzen in Größe und Aussehen an. Außer in Farbe und Anzahl kann bei den Sternen des Sterne-2D-Shaders auch Zackenzahl und -radius definiert werden. STERNENFELD bietet zwar keinen Options-Dialog, dafür aber eine einfache Möglichkeit, einen Sternenhimmel zu texturieren.

Mit dem Tiles-(Kachel-)Shader generieren Sie alle Arten von Kacheln bzw. sich wiederholenden Mustern. Kachelart, Kachelfarbe, Fugenfarbe und -stärke lassen sich gezielt definieren. Die beiden Kugeln aus Abbildung 38 wurden mit dem Tiles-Shader texturiert.

Der mittlere Würfel zeigt klar die Grenzen der 2D-Shader auf: Weil nur die Oberfläche, nicht aber das Objektinnere texturiert wird, gibt es an kritischen Stellen wie der herausgebooleten Kugel starke Verzerrungen.

### Wasser, Wolken, Zyklon

Mit dem Wasser-Shader im Relief-Kanal (Abbildung 38 rechts) sind animierte Wasseroberflächen kein Problem – Wellenfrequenz und Wind stellen Sie im Dialog ein. Neben ihrer normalen Funktion zur Texturierung eines

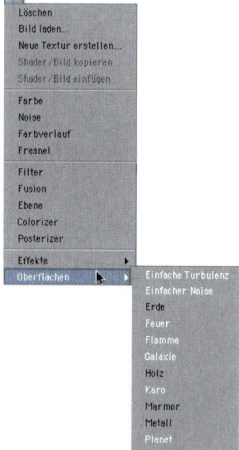

◀ **Abbildung 39**
3D-Kanal-Shader für
Material-Kanäle

**Abbildung 40 ▲**
3D-Kanal-Shader Venus, Rost, Marmor,
Metall und Holz (von links nach rechts)

Wolkenhimmels eignet sich der Wolken-Shader auch gut zur Simulation einer Umgebung
im Umgebung-Kanal.

## 3D- und Volumen-Shader

3D-Shader sind mathematisch beschriebene
Materialien, ebenso wie 2D-Shader sind sie
auflösungsunabhängig und in hohem Maße
konfigurierbar.

Der große Vorteil von 3D-Shadern gegenüber ihren zweidimensionalen Vertretern
besteht in der Volumendurchdringung von Körpern. Die Beschreibung des Materials betrifft
also nicht nur die Oberfläche, sondern auch
das Körperinnere. Am besten vergleichen Sie
den mittleren Würfel aus Abbildung 39 der
vorhergenden Seite mit dem Marmorwürfel in
Abbildung 40. Die mit dem Boole-Werkzeug

herausgeschnittene Kugelfläche wurde beim
2D-Shader verzerrt und passt nicht zur umliegenden Texturierung. Wenn Sie dagegen die
Schnittfläche des 3D-Marmors betrachten,
setzt sich die Struktur fort, das Material ist also
auch für das Körperinnere definiert.

Um interessante Materialeigenschaften wie
Maserungen, Rostflecken etc. auch ein wenig
an das Objekt anpassen zu können, verändern
Sie einfach die Texturachse im Editor durch
Verschieben, Skalieren oder Rotieren.

Cinema 4D unterscheidet bei den 3D-Sha-
dern zwischen **3D-Kanal-(Channel-)Shadern
und 3D-Volumen-Shadern**. Während die
Kanal-Shader (Abbildung 39) beliebig in den
verschiedenen Kanälen eines Trägermaterials
zum Einsatz kommen, repräsentieren die Volumen-Shader ein eigenes Material (Abbildungen
41–43), das Sie im Menü DATEI · SHADER des
Material-Managers erzeugen.

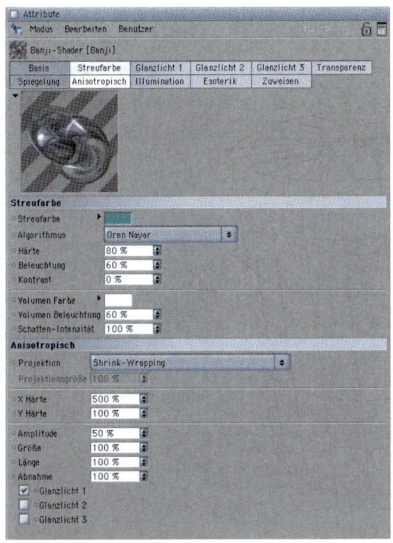

▲ **Abbildung 41**
3D-Volumen-Shader Banji
im Material-Editor

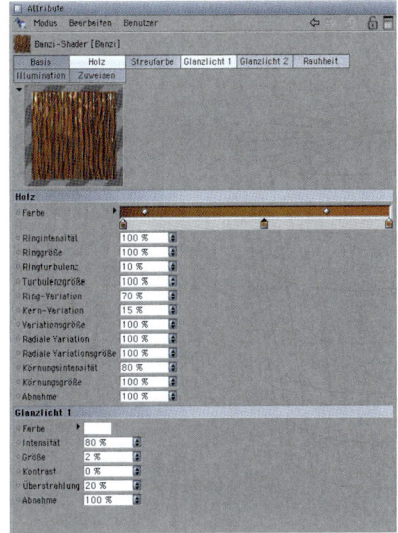

▲ **Abbildung 42**
3D-Volumen-Shader Banzi
im Material-Editor

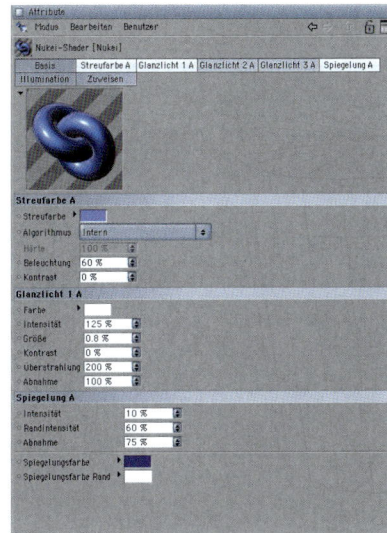

▲ **Abbildung 43**
3D-Volumen-Shader Nukei
im Material-Editor

### Erde (3D-Kanal-Shader)

Dieser 3D-Shader versorgt ein Objekt (vorzugsweise einen Planeten) mit definierbaren Land- und Wasseranteilen. Außer den Farben für Land, Wasser und Gebirge können die Strukturfeinheit (FREQUENZ) und die Höhe des Reliefs festgelegt werden.

### Holz, Marmor (3D-Kanal-Shader)

Einige Strukturvorgaben sind schon vorhanden, die Farben, Frequenzen und Turbulenzen sind selbstverständlich auf die eigenen Bedürfnisse anpassbar. Für Nahaufnahmen eignen sich aufgrund der geringen Farbanzahl Bitmap-Texturen besser.

### Metall, Rost (3D-Kanal-Shader)

Über diese Shader können Sie metallische Oberflächen mit und ohne Rost simulieren. Das Alter und die Roststärke des Metalls lassen sich in Farbe-, Relief- und Reflexionsparametern justieren.

### Venus (3D-Kanal-Shader)

Mit dem Planeten-Shader können Sie die animierten Wolkenstrukturen eines der Venus ähnlichen Planeten nachahmen.

### Landschaft (3D-Volumen-Shader)

Dieser Shader (Menü DATEI · SHADER im Material-Manager) modelliert eine fraktale 3D-Landschaft mittels der eingegebenen Farben und der dafür veranschlagten Höhenangaben.

### Nebel (3D-Volumen-Shader)

Viel Rechenleistung benötigt dieser animierte, volumetrische Nebel (Menü DATEI · SHADER im Material-Manager). Von STRAHLDICHTE über NEBELFARBE bis hin zu den TURBULENZEN ist alles im Dialogfenster vorhanden.

◄ **Abbildung 44**
3D-Volumen-Shader
Banji, Banzi und Cheen

## 3D-Volumen-Shader (SLA)

Smells like Almonds (SLA) war eine Sammlung von 2D- und 3D-Shadern, die mittlerweile so gut wie vollständig in die Funktionalität und Oberfläche von Cinema aufgegangen ist.

Die Volumen-Shader der SLA-Reihe haben sich nicht nur im Namen, sondern auch in der hohen Komplexität noch ein wenig Eigenständigkeit bewahrt. Wir finden sie nun im Material-Manager-Menü DATEI · SHADER.

Es ist schwer, das Potenzial dieser Shader richtig einzuschätzen bzw. es voll auszunutzen – zu groß ist die Vielfalt der Einstellungs- und Kombinationsmöglichkeiten, die den Neuling geradezu erschlägt.

Die einschlägigen Online-Foren und die Internetseiten von Maxon und des damaligen Herstellers erweisen sich immer wieder als gute Anlaufstelle für vorgefertigte Materialien, Ideen, Beispiele und Anregungen, auf die man auch nach intensivem Studium des Handbuchs niemals gekommen wäre. Außerdem finden Sie auf Ihrer Festplatte bei der Cinema 4D-Installation im Ordner mate-rials · Shader einige Materialbibliotheken, die Sie sich als Anschauungsbeispiele hinzuladen können.

Die dreidimensionalen Shader teilen sich in insgesamt sechs Kategorien mit exotischen, aber leider nicht sehr vielsagenden Namen auf: Banji, Banzi, Cheen, Danel, Mabel und Nukei – dies sind weder Schokoriegel noch japanische Kampfschreie, sondern die 3D-Volumen-Shader, von denen jeder für einen anderen Einsatzbereich bzw. eine andere Materialgruppe steht. Ihnen allen gemeinsam ist die Fülle an Einstellungsmöglichkeiten mit bis zu drei Glanzlichtern, anisotropischen Materialeigenschaften, Rauheit und vieles mehr.

Die Abbildungen 41–43 geben einen ersten Eindruck über die Kontrollmöglichkeiten in den Material-Dialogen.

### Banji

Dieser 3D-Shader ist dafür ausgelegt, spezielle Transparenzeigenschaften von Materialien wie Glas nachzuahmen (linker Würfel in Abbildung 44). Banji besticht durch die Berücksichtigung

◀ **Abbildung 45**
3D-Volumen-Shader
Danel, Mabel und Nukei

von rückseitiger Beleuchtung für den Schatten-wurf auf der Vorderseite.

### Banzi

Mit diesem Shader (mittlerer und rechter großer Würfel in Abbildung 44) erzeugen Sie holzartige Materialien. Banzi überzeugt durch ausgefeilte Parameter zur genauen Bestimmung von Maserung und Körnung. Auch farbige, lackierte Hölzer sind kein Problem.

### Cheen

Der Cheen-Shader erlaubt Ihnen, Materialien im Stile von wissenschaftlichen, mikroskopischen Aufnahmen zu erstellen (vordere beiden Würfel in Abbildung 44). Die interessanten Effekte entstehen durch Anwendung von Transparenzverläufen, die Sie von Fresnels her kennen.

### Danel

Für metallische und lackierte Materialien eignet sich der Danel-Shader hervorragend (linker und mittlerer großer Würfel in Abbildung 45). Anisotropische Elemente wie Störungen und Kratzer unterstützen den Realismus.

### Mabel

Marmorierte Steinoberflächen sind die Spezialität des Mabel-Shaders (rechter großer Würfel in Abbildung 45). Ähnlich wie Banzi fällt Mabel durch seine extrem hohe Anzahl an Einstellmöglichkeiten für Farbe, Struktur und Zeichnung des Marmors auf.

### Nukei

Bei zweierlei Oberflächenarten wie bei rostigen Metallen oder bei alten und strukturierten Materialien bietet sich Nukei an (vordere beiden Würfel in Abbildung 45).

Beim Nukei-Shader legen Sie eigentlich nicht einen, sondern sogar zwei Volumen-Shader (Oberfläche A und B) an, die über einen Fusions-Kanal miteinander verschmelzen und sehr realistische, vielschichtige Materialeigenschaften produzieren.

# Textur-Mapping
## Materialien aufbringen und justieren

*Nachdem der Material-Manager nun mit Materialien gefüllt ist, gilt es, die Objekte damit zu versehen. Textur-Geometrien, Kachelungen, unterschiedliche Projektionsarten und Werkzeuge kommen beim Textur-Mapping ins Spiel.*

Einem Objekt in Cinema 4D eine Textur zuzuweisen, ist keine große Herausforderung. Greifen Sie das Materialsymbol im Material-Manager, und ziehen Sie es auf das Zielobjekt – entweder im Editor oder im Objekt-Manager.

Es öffnet sich der Textur-Geometrie-Dialog (Abbildung 1), in dem Sie bestimmen, wie die Textur auf das Objekt aufgebracht werden soll. Solange Sie mit einfachen Objekten zu tun haben, die der Form von Quadern, Zylindern, Kugeln oder Flächen ähneln, kommen Sie mit den Mapping-Methoden in Cinema 4D gut zurecht. Je komplexer die modellierten Körper jedoch werden, desto schwieriger gestaltet sich das korrekte Aufbringen des Materials.

In solchen Fällen ist Erfindergeist gefragt, es schadet auch nie, sich bereits beim Modelling ein paar Gedanken über das spätere Texturieren des Objektes zu machen.

Ein paar Tipps, wie Sie an ein kompliziertes Objekt herangehen sollten:

Wenn irgendwie möglich, versuchen Sie, auf 2D- oder 3D-Shader zurückzugreifen. Bitmap-Texturen sind zwar schnell erstellt und auch auf zahlreichen Texturbibliotheken im Internet verfügbar. Unter Umständen macht es aber mehr Arbeit, die Textur auf Teufel komm raus auf das Objekt zu mappen, als sich mit etwas Ruhe und Überlegung einmal die Shader-Dialoge genauer anzusehen.

Nehmen Sie sich nicht zwanghaft vor, ein Objekt als Ganzes zu texturieren. Das kann klappen, muss aber nicht. Bauen Sie das Objekt einmal gedanklich aus lauter Grundobjekten zusammen. Selektionstexturen und Alpha-Kanäle machen es möglich, Texturen auf bestimmte Objektbereiche zu beschränken.

Die Objekte in Cinema 4D können beliebig viele Texturschichten aufnehmen. Denken Sie an die Möglichkeit, mit Textur-Layern unterschiedlich detaillierte Schichten aufzutragen. So können Sie zum Beispiel als unterste Schicht die »Rohtextur« mit Farbe, Bump- und Spiegelungs-Maps etc. anlegen und darüber liegende Details wie beispielsweise Schmutz, Rost oder Kratzer als frei positionierbare Detailschichten realisieren – mit entsprechend hoher Kontrolle.

Vermeiden Sie Muster mit auffälligen Wiederholungen, wenn Sie Texturen kacheln. Nichts wirkt unrealistischer als ein Parkettboden mit zigfacher Wiederholung einer Maserung. Wenn Sie frühzeitig wissen, dass eine

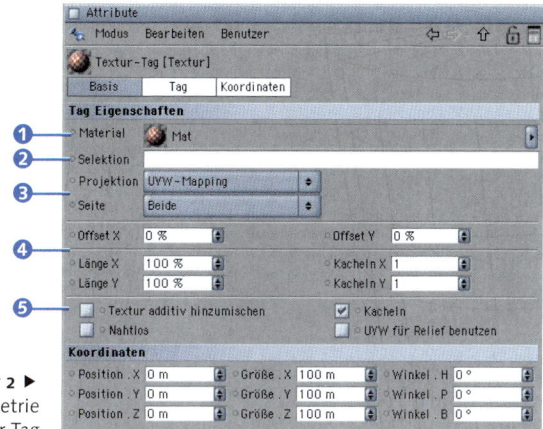

◀ **Abbildung 1**
Textur- und Textur-
Achsen bearbeiten-
Modus

Nahaufnahme mit viel sichtbarer Oberfläche geplant ist, setzen Sie von Anfang an eine größere Bitmap-Textur ein. Alternativ könnten Sie auch eine Textur ohne auffällige Musterung kacheln und den individuellen Schliff darüber als separate Textur aufbringen.

Wenn Sie häufig mit sehr detaillierten, komplexen Objekten zu tun haben, wäre die Anschaffung eines 3D-Mal- und Texturing-Paketes wie BodyPaint 3D empfehlenswert.

Damit Sie Texturen bearbeiten bzw. anpassen können, schalten Sie in Cinema 4D auf den entsprechenden Bearbeitungsmodus um (Abbildung 1). Zum einen können Sie die Textur entlang der zugrunde liegenden Mapping-Achse modifizieren, zum anderen können Sie auch die Position, Rotation und Skalierung der Textur-Achse selbst in das Geschehen mit einbeziehen.

## Textur-Geometrie

Nach dem Zuweisen eines Materials erhält jedes Objekt im Objekt-Manager ein Textur-Tag, in dem Textur-Geometrie hinterlegt ist.

Das zugewiesene Material im Tag-Dialog (Abbildung 2) kann jederzeit im Attribute-Manager verändert werden – praktischerweise unter Beibehaltung der Mapping-Vorgaben. Ziehen Sie dazu ein neues Material in die Zeile, oder wählen Sie es über den Pfeilbutton aus ❶.

Wenn Sie die Textur auf eine eingefrorene Selektion beschränken möchten, tragen Sie deren Namen in die vorgesehene Zeile ein ❷.

Unter PROJEKTION und SEITE ❸ geben Sie die Art des Textur-Mappings an und welche Seiten die Textur erhalten sollen.

Die weiteren Felder beinhalten die Lage und Kachelung der Textur ❹. Sowohl Position, Größe und Winkel als auch die Häufigkeit der Kachelung kann eingestellt bzw. errechnet werden. Hat ein Objekt mehrere Texturen, können Sie diese über TEXTUR ADDITIV HINZU-MISCHEN ❺ miteinander mischen. Andernfalls überdecken sich die Texturen überall dort, wo keine Aussparungen über Alpha-Kanäle angelegt sind.

Damit das Mapping auch für den Relief-Kanal der Materialien optimal übernommen wird, aktivieren Sie die Option UVW FÜR RELIEF BENUTZEN.

▲ Abbildung 3
Textur-Positionierung

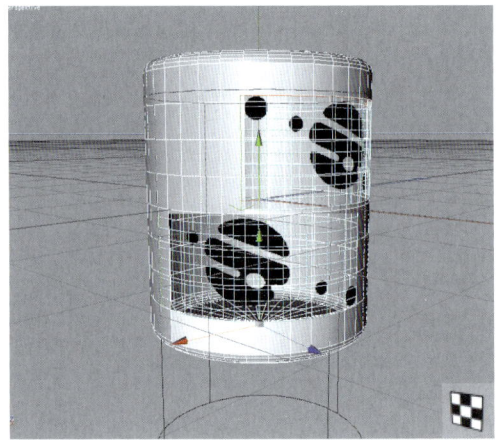

▲ Abbildung 4
Arbeiten im Textur-bearbeiten-Modus

## Textur-Bearbeitung

Im Textur-Geometrie-Dialog ist hinterlegt, in welcher Position, Skalierung und Rotation ein Material auf einem Objekt angebracht ist.

Dafür können entweder die Werte in die Felder des Dialogs geschrieben oder die zwei Bearbeitungsmodi für Textur und Texturachse im Editor verwendet werden.

Sehen wir uns an einem kleinen Beispiel an, was die Felder und Werkzeuge genau tun. Abbildung 3 zeigt einen orangen Zylinder mit platziertem Galileo-Logo. Das Logo liegt als Bitmap im Material-Farbkanal sowie als Maske im Alpha-Kanal, damit das darunter liegende orange Material sichtbar ist. Als Mapping-Art kam Zylinder-Mapping zum Einsatz. Im Feld SEITEN ist die Option VORNE ausgewählt, die Option KACHELN ist deaktiviert. Wie Sie sehen, liegt das Logo auf der uns zugewandten Seite, blaue Linien kennzeichnen im Drahtgitter-modus die Größe und Form der Textur. Durch das Zylinder-Mapping passt sie sich dem Zylin-der-Objekt an.

### Textur bearbeiten

Bei aktiviertem Textur-bearbeiten-Modus (Abbildung 4 unten) oder auch mit den Ein-stellungen OFFSET und LÄNGE im Textur-Geo-metrie-Dialog kann die Textur nun auf diesem Mapping-Zylinder verschoben, skaliert und gedreht werden. Die Textur verschiebt sich also nicht entlang der üblichen Koordinaten-systemachsen, sondern entlang der Achsen im System des Mapping-Zylinders.

In Abbildung 4 sind zwei verschiedene Plat-zierungen der Textur auf dem Mapping-Zylin-der zu sehen. Die schwarzen Isobaten deuten den virtuellen Zylinder des Mappings an.

### Texturachse bearbeiten

Ist das Textur-Achsen-Werkzeug angewählt (Abbildung 5 unten), oder verändern Sie die Angaben POSITION, GRÖSSE und WINKEL im Textur-Geometrie-Dialog, so kann der Textur-Zylinder selbst verschoben, skaliert oder gedreht werden.

Diesen Modus benötigen Sie insbeson-dere bei der Feinjustierung von 3D-Shadern

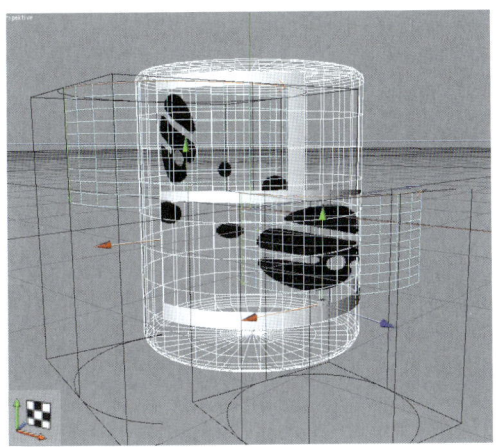

▲ Abbildung 5
Arbeiten im Textur-Achse-bearbeiten-Modus

▲ Abbildung 6
Einfache (links) und nahtlose Kachelung (rechts)

auf Ihren Objekten. Abbildung 5 zeigt zwei verschobene und skalierte Mapping-Zylinder. Deutlich zu erkennen ist auch, dass die Relation von Textur zu Zylinder immer gleich bleibt – was für eine Achsenmodifikation ja nichts Außergewöhnliches ist.

## Kachelung

Die Option KACHELUNG im Textur-Geometrie-Dialog füllt die Texturfläche gemäß den Angaben zur Kachelhäufigkeit mit Kopien der Textur auf.

Bei üblicherweise gekachelten Oberflächenstrukturen wie Ziegelwänden, Fliesen und Putzoberflächen bietet sich diese Möglichkeit an – vorausgesetzt, die Texturränder fügen sich unauffällig aneinander und zeigen kein Wiederholungsmuster.

Der linke Zylinder in Abbildung 6 wurde bei eingeschalteter Kachelung mit Galileo-Logos bedeckt. Natürlich eignet sich diese Textur nicht zum Kacheln, aber es ist gut zu erkennen, wie die Teile aneinander gesetzt sind. Mit den Kachelungseinstellungen lässt

sich wahlweise über die Texturskalierung oder Kachelungshäufigkeit angeben, wie groß bzw. wie oft die Textur in X- und Y-Richtung aufgebracht werden soll.

Um problematische, sich erkennbar wiederholende Texturränder in manchen Fällen trotzdem verwenden zu können, gibt es die Funktion NAHTLOS. Dabei wird jedes zweite Texturteil gespiegelt angestückt. Der rechte Zylinder in Abbildung 6 ist mit nahtloser Kachelung texturiert. Die Nahtlos-Option verringert zwar in den meisten Fällen die Probleme an den Rändern, dafür ist bei aufwändigeren Mustern trotzdem ein Wiederholungseffekt (Schmetterlingsmuster) sichtbar.

Versuchen Sie, die Kachelungsoption nur bei Texturen anzuwenden, die sich für eine Kachelung eignen, also Bilder ohne besondere Merkmale wie Astlöcher, Schrauben etc. Zur Herstellung nahtloser Texturen bieten viele 2D-Bildbearbeitungsprogramme bessere Funktionen an.

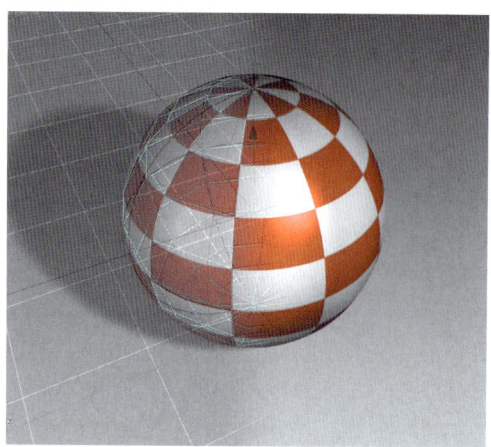

▲ **Abbildung 7**
Kugel-Mapping

▲ **Abbildung 8**
Zylinder-Mapping

## Textur-Projektion

Über die PROJEKTION im Textur-Geometrie-Dialog geben Sie an, wie die Textur auf das Objekt aufgetragen werden soll.

In der Regel suchen Sie einfach unter den Projektionsarten diejenige heraus, die dem Objekt von der Form am nächsten kommt. Auch bei der Verwendung einer 3D-Mal-Software wie BodyPaint 3D ist es wichtig, eine gute Basisprojektion für die spätere Weiterbearbeitung auszuwählen.

Cinema 4D kennt insgesamt neun Projektionsarten. Die Art der Projektion können Sie dem Objekt entsprechen oder auch absichtlich differieren lassen – um spezielle Effekte zu erzielen.

Im Prinzip verläuft das Textur-Mapping eines Objektes wie das Verpacken eines relativ unförmigen Geschenks. Sie haben in Cinema 4D beliebig viele Geschenkpapierrollen in Einheitsgröße zur Hand und ebenso viele Versuche frei. Die Anpassung der Problemstellen erfolgt durch geduldiges Übereinanderlegen und Falten der Textur (Geschenkpapier), in Cinema 4D leider durch Verzerrung. Aber Cinema 4D belohnt Sie wenigstens für Ihre Mühe mit einer perfekt gerenderten Textur, der bzw. die glückliche Beschenkte höchstens mit einem verständnisvollen Blick…

### Kugel-Mapping

Mit dem Kugel-Mapping legen Sie die Textur radial auf das Zielobjekt. Das blaue Gitter in Abbildung 7 zeigt eine Gitterkugel als Textur-Projektion. Die bunte, quadratische Bitmap-Textur wird an allen Stellen des Gitters verzerrt, besonders an den Polen der Kugel, hier laufen die Farbfelder spitz zusammen.

### Zylinder-Mapping

Wie in Abbildung 8 zu sehen, bringt das Zylinder-Mapping die Textur (blaue Linien) zylinderförmig am Zielobjekt an.

Die Form der Farbfelder rings um den Zylinder ist konstant, an den Deckflächen dagegen laufen die Felder wiederum spitz zusammen.

▲ **Abbildung 9**
Flächen-Mapping

▲ **Abbildung 10**
Quader-Mapping

Um dieses Problem zu umgehen, sollten Sie die Deckflächen separat texturieren. Dies kann zum Beispiel über die Selektionstexturen geschehen, die ein paar Seiten weiter behandelt werden. Für diese flachen, getrennten Objekte wäre das Flächen-Mapping von Vorteil.

### Flächen-Mapping

Natürlich ist das Flächen-Mapping (Abbildung 9) in erster Linie für flache Objekte prädestiniert. Es kümmert sich nicht weiter um die Form des Zielobjektes, durch die Krümmung des Zylinders ziehen sich die Farbfelder an den Rändern rechts und links in die Länge.

Das blaue Gitter zeigt, wie groß und aus welcher Richtung die Textur auf das Objekt projiziert worden ist.

An den Deckflächen ist schön zu erkennen, dass die Textur das komplette Objekt und nicht lediglich die aus der Projektionsrichtung sichtbaren Stellen erfasst. Auch für die Deckflächen ist die Projektionsrichtung falsch, eine Projektion von oben wäre hier geeigneter.

### Quader-Mapping

Nicht nur von einer, sondern gleich von allen sechs Seiten bekommt ein Zielobjekt (meistens ein quaderförmiges Objekt) beim Quader-Mapping die Textur projiziert.

Abbildung 10 zeigt, dass der ganze Würfel mit einem Drahtgittermuster überzogen ist. Die im Material definierte Textur wird also sechs Mal auf das Objekt geworfen. Keine der Seiten beeinflusst die anderen Seiten des Objektes, somit haben Sie also sechs gleiche, aber unabhängige Texturkopien um das Objekt platziert.

Wie in der Abbildung 10 leicht zu erkennen, eignet sich das verwendete Schachbrettmuster an einigen, jedoch nicht an allen Stellen zur Texturierung. An der vorderen Kante läuft das obere Muster in das vordere über.

Da das Quader-Mapping ein Objekt zwar von allen Seiten umschließt, die Projektion aber flach ausfällt, müssen Sie bei gerundeten Objekten stets mit Verzerrungen rechnen.

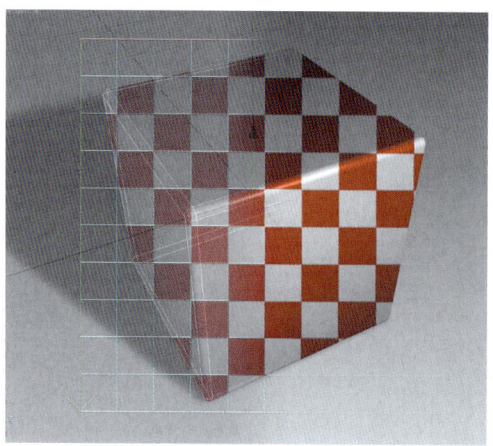

▲ **Abbildung 11**
Frontal-Mapping

▲ **Abbildung 12**
Spat-Mapping

## Frontal-Mapping

Diese Projektionsart entspricht dem Begriff
»Projektion« am besten. Das Frontal-Mapping
wirft die Textur aus der Sicht der Kamera auf
das Objekt (Abbildung 11).

Für die eigentliche Texturierung von Objekten ist diese Mapping-Methode eigentlich
weniger gedacht. Dafür können Sie mit dem
Frontal-Mapping sehr raffinierte Effekte
gestalten. Die Textur sitzt nämlich nicht wie
festgenagelt auf dem Objekt, sondern wird
– wie im Kino – ständig auf den Bereich des
Objektes projiziert. Das macht die Objekt-
Textur zwar einerseits sehr instabil, ist aber für
den gewünschten Effekt Voraussetzung. Auch
wenn Sie das Ziel-Objekt animieren oder verformen, der Eindruck der Projektion bleibt.

## Spat-Mapping

Der Würfel in Abbildung 12 wurde ausgehend
von seiner vorderen Seite mit Spat-Mapping
texturiert.

Wie deutlich zu erkennen, ist die Frontseite
des Würfels identisch zum Flächen-Mapping,

die Texturen der oberen und rechten Seite
des Würfels dagegen verlaufen schräg. Spat-
Mapping ist eine Möglichkeit, etwas gegen die
Monotonie und Gleichmäßigkeit außerhalb der
Flächengrenzen beim Flächen-Mapping zu tun.

Wählen Sie beim Spat-Mapping Texturen
aus, denen Verzerrungen nichts ausmachen.
Einfache Strukturen sind allen Texturen mit
erkennbaren Motiven oder Bildelementen
unbedingt vorzuziehen.

## UVW-Mapping

Das UVW-Mapping berücksichtigt den Körper
in allen drei Dimensionen über ein eigenes
Koordinatensystem.

Der große Vorteil vom UVW-Mapping ist,
dass die Objekte nach getaner Texturierungs-
arbeit eine Textur mit zugewiesenen Koordinaten auf der Objektoberfläche besitzen, die
alle Deformationen durch Manipulation und
Animation mitmachen. Somit ist der Arbeits-
ablauf etwas unterschiedlich – zuerst wird das
Objekt mit der Textur vorbereitet, dann kann
die Weitergestaltung bzw. Animation begin-

▲ **Abbildung 13**
Oberfläche mit UVW-Mapping

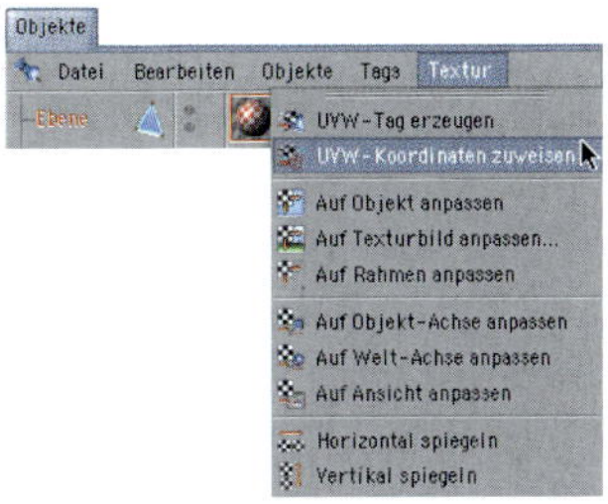

◀ **Abbildung 14**
Erzeugen von
UVW-Koordinaten

◀ **Abbildung 15**
UVW-Tag

nen. BodyPaint 3D braucht zum Bemalen eines Objektes zwingend ein UVW-System, damit die Textur überhaupt aufgebracht werden kann.

Abbildung 13 zeigt eine Fläche, auf die unsere rot-weiße Textur mit Flächen-Mapping aufgebracht wurde. Durch den Befehl GRUNDOBJEKT KONVERTIEREN entstanden Polygonflächen und ein UVW-Tag (Abbildung 15) mit UVW-Koordinaten.

Mit dem Magnet-Werkzeug wurde die Fläche anschließend bearbeitet, dank UVW-Koordinaten macht die Textur alle Verzerrungen der Oberfläche mit – die Textur wirkt wie festgeklebt.

Das UVW-Netz ist sozusagen ein eigenes Koordinatensystem, das sich ausschließlich um das Verhalten der Textur bei Deformation und Animation kümmert, die w-Koordinate übrigens sorgt bei 3D-Shadern um die Tiefentextur.

Jedes Grund- und NURBS-Objekt in Cinema 4D besitzt standardmäßig bereits UVW-Koordinaten. Zwar sehen Sie hier keinen UVW-Koordinaten-Tag im Objekt-Manager hinter

dem Objekt-Symbol, dennoch lässt sich das UVW-Mapping anwenden, und die Textur reagiert auf die Deformation.

Um auf einem Objekt die Textur mit UVW-Koordinaten festzusetzen, werden Punkte benötigt, woran sich das UVW-Netz orientieren kann. Wandeln Sie dazu das Objekt zuerst in ein Polygon-Objekt um ([C]).

UVW-Koordinaten können jederzeit gelöscht und neu erstellt werden. Über den Objekt-Manager-Befehl TEXTUR · UVW-TAG ERZEUGEN (Abbildung 14) teilen Sie einem Objekt neue UVW-Koordinaten zu. Dies könnte zum Beispiel bei importierten Objekten vonnöten sein. Im Objekt-Manager sehen Sie das zugehörige UVW-Tag (Abbildung 15). Als letzten Schritt müssen Sie nur noch sicherstellen, dass als Mapping-Methode UVW angegeben ist.

Das Menü TEXTUR im Objekt-Manager bietet aber noch mehr. Über den Befehl UVW-KOORDINATEN ZUWEISEN haben Sie die Möglichkeit, auf Selektionen eines Objektes unterschiedliche Projektionsarten anzuwen-

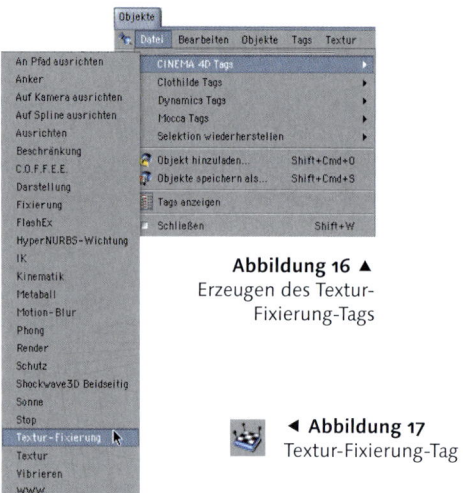

**Abbildung 16 ▲**
Erzeugen des Textur-
Fixierung-Tags

◄ **Abbildung 17**
Textur-Fixierung-Tag

▲ **Abbildung 18**
Shrink-Wrapping

den. Damit fixieren Sie die Textur auf den selektierten Bereich.

Für die allgemeine Anpassung und Bearbeitung von Texturen finden sich auch einige Funktionen in Textur-Menü (Abbildung 14). So können Sie die Textur auf das Ziel-Objekt, bei Flächenprojektion in richtiger Proportion auf das Texturbild oder einen gezogenen Rahmen, auf Objekt- bzw. Welt-Achse und auch auf die Ansicht anpassen lassen. Ebenso stehen Befehle für das horizontale und vertikale Spiegeln zur Verfügung.

Mit dem Textur-Fixierung-Tag sind auch andere Mapping-Arten in der Lage, ihre Texturen auf der Oberfläche zu behalten. Dazu weisen Sie es einfach per Menübefehl im Objekt-Manager DATEI · CINEMA 4D TAGS · TEXTUR-FIXIERUNG-TAG (Abbildung 16) dem Objekt zu.

Der Vorteil gegenüber der UVW-Fixierung ist der niedrigere Speicherbedarf. Das Textur-Fixierung-Tag merkt sich bei Polygon-Objekten ohne umständliche UVW-Koordinaten die Texturierung des Objekts und speichert auch

eventuelle Deformationsobjekte und Morphings mit ab. Bestimmte Texturfixierungen können auf diese Weise aufgenommen und zurückgesetzt werden – per Doppelklick auf das Tag sind diese Funktionen abrufbar. Im Tag festgehaltene Texturen werden auch beim Spiegeln im Symmetrie-Objekt berücksichtigt.

Das Tag ist allerdings abhängig von den Punkten des Objektes. Ändert sich die Punktmenge eines Objektes nachträglich, ist auch der Eintrag im Tag nicht mehr aktuell, deswegen sollte die Texturfixierung immer erst dann stattfinden, wenn das Modelling abgeschlossen ist. Hier spielen die UVW-Koordinaten klar ihre Vorteile aus.

### Shrink-Wrapping

Abbildung 18 zeigt eine Kugel, auf der die Farbfelder-Textur mit Shrink-Wrapping aufgebracht ist, links der Nord-, rechts der Südpol.

Diese Projektionsart ähnelt eher einem Stülpen als einer Wicklung. Alle Eckpunkte der Textur laufen im Südpol zusammen. Die Nähte, die beim Texturieren von kugelförmi-

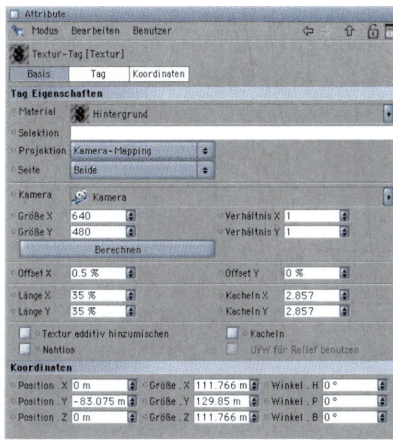

▲ **Abbildung 19**
Kamera-Mapping

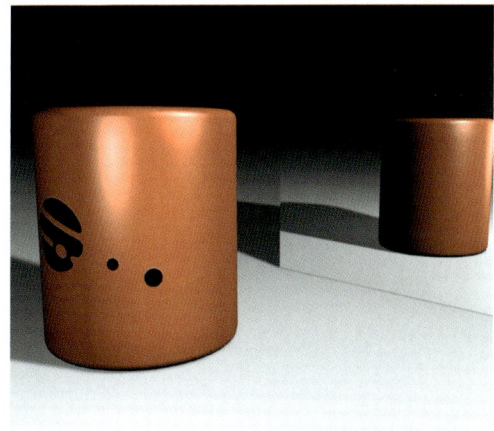

▲ **Abbildung 20**
Seitenprojektion vorne

gen Objekten mit nicht prozeduralen Texturen entstehen, kann Shrink-Wrapping vermeiden und »an den Südpol verlagern«.

### Kamera-Mapping

Kamera-Mapping ist im Prinzip eine erweiterte Form des Frontal-Mappings, das Ihnen rudimentäre Möglichkeiten bietet, ein zweidimensionales Hintergrundbild dreidimensional zu nutzen.

Dazu wird das Bild mittels Kamera-Mapping auf ein Hintergrund-Objekt gemappt und im Textur-Geometrie-Dialog mit der gewünschten Kamera (Abbildung 19) verbunden. Anschließend können Sie die Szene des Hintergrundbildes aus einfachen Objekten zusammensetzen. Wichtig sind in erster Linie die Stellen, an denen der 3D-Effekt zum Tragen kommen soll.

Danach werden die Dummy-Objekte zu einem Gesamtobjekt zusammengefasst und die Textur auf diese neu entstandene Szene übertragen. Damit die Textur auch an Ort und Stelle bleibt, wird sie über UVW-Koordinaten mittels UVW-Tag festgemacht.

### Seite

»Vorne« ist im 3D-Sinn immer dort, wo die Flächen-Normale hinzeigt. Genauer gesagt, der Bereich, der mit unserem Sehstrahl einen Winkel von bis zu 90° bildet – alles darüber hinaus nimmt Cinema 4D als »Hinten« an. Das Feld SEITE im Textur-Geometrie-Dialog gibt an, welche Seiten von der Textur bedeckt sein sollen.

Mit der standardmäßig eingestellten Seitenprojektion BEIDE zieht sich die Textur geradewegs durch das Objekt und schlägt sich spiegelverkehrt auf der Rückseite nieder. Bei Strukturtexturen ist das prinzipiell egal, wenn Sie aber Beschriftungen bzw. Etiketten und dergleichen auf Ihre Objekte anbringen wollen, müssen Sie die Seiteneinstellungen auf vorne bzw. hinten reduzieren, um seitenverkehrte Abbilder zu eliminieren (Abbildung 20).

Bei Problemen suchen Sie anhand der Objektachsen nach dem Vorne des Objektes – nicht immer ist dort, wo Ihre Editorkamera steht, auch da, was Ihr Objekt in Cinema 4D als vorne versteht.

▲ **Abbildung 21**
Textur-Layering

**Abbildung 22** ▶
Selektions-Texturen

## Textur-Layering und Selektions-Texturen

Textur-Layering steht für eine weitere Option, damit Sie bei der Texturierung Ihrer Objekte so wenig wie möglich dem Zufall überlassen müssen.

Ein Objekt kann beliebig viele Textur-Schichten tragen. Ziehen Sie dazu einfach ein weiteres Material auf das Objekt-Symbol im Objekt-Manager. Wenn Sie das Material auf ein bestehendes Textur-Geometrie-Tag werfen, setzen Sie das neue Material in die vorhandene Textur-Geometrie ein und überschreiben das vorhandene Material.

Auf dem Zylinder in Abbildung 21 liegen zwei Materialien. Zur Schichtung der Texturen benutzt Cinema 4D die Leserichtung, die Textur-Geometrien werden nacheinander von links nach rechts aufgetragen. Somit ist das äußerste rechte Material immer die oberste Textur-Ebene.

Damit das Material der unteren Ebenen (Layers) auch sichtbar ist, sollten Sie die darüber liegenden Schichten auf die erwünschten Bereiche des Objektes einschränken.

Die einfachste Möglichkeit besteht darin, eine eventuelle Kachelung auszuschalten und die Textur mit den Werkzeugen zu verkleinern und entsprechend zu platzieren.

Als Nächstes bietet sich der Alpha-Kanal an. Mit ihm können Sie anhand einer Maske den Inhalt der Textur auf das Nötigste reduzieren – die maskierten Bereiche lassen die darunter liegenden Materialien durch.

Auch für additives Mischen von Texturen gibt es eine Lösung bzw. eine Option im Textur-Geometrie-Dialog. Mit TEXTUR ADDITIV HINZUMISCHEN addieren Sie alle oben liegenden (im Objekt-Manager rechts stehenden) additiven Texturen zu der unten liegenden (linken) Textur im Objekt-Manager hinzu. Beachten Sie, dass eine Mischung über den Transparenz-Kanal nicht funktioniert – unter einer transparenten Textur liegende Materialien werden nicht berücksichtigt.

Eine weitere Möglichkeit, die Ausdehnung von Texturen zu kontrollieren, ist die Texturierung von Selektionen. Diese Technik ist

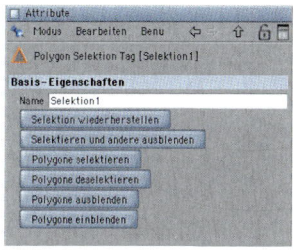

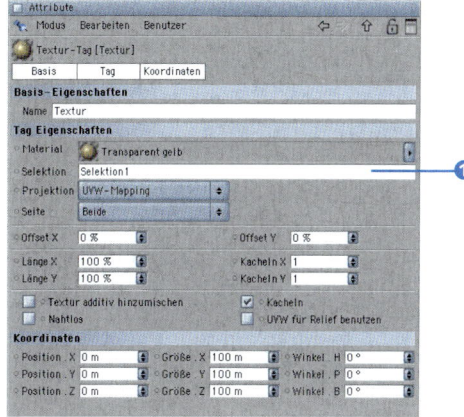

▲ **Abbildung 23**
Selektion einfrieren

▲ **Abbildung 24**
Polygon-Auswahl-Dialog

▲ **Abbildung 25**
Textur auf Selektion beschränken

beispielsweise für Objekte mit Deckflächen, für Einrahmungen und Tischkanten etc. sehr empfehlenswert.

Auf der Kugel in Abbildung 22 befinden sich insgesamt drei verschiedene Texturen, allesamt reine Farb- bzw. Transparenz-Materialien, also ohne skalierbare Bildinformation. Das orange Material ist auf die momentan aktive Selektion beschränkt, das gelblich-transparente Material liegt auf einer anderen Selektion.

Um, wie in diesem Beispiel, eine Polygon-Selektion zur Texturierung heranziehen zu können, muss sie abgespeichert, im Cinema 4D-Jargon »eingefroren« werden. Wie auch die anderen Befehle zur Auswahlbearbeitung finden Sie den Befehl SELEKTION EINFRIEREN im Menü SELEKTION (Abbildung 23).

Nach dem Erstellen einer Auswahl und dem Aufruf des Einfrieren-Befehls hat sich ein neues Symbol für eine Polygon-Auswahl in Form eines roten Dreiecks im Objekt-Manager dazugesellt. Per Doppelklick auf dieses rote Dreieck öffnen Sie den Selektionsdialog der Polygon-

Auswahl (Abbildung 24). Nun sollten Sie der neuen Auswahl als Erstes einen eindeutigen Namen zuteilen. Über die angebotenen Buttons ist es im weiteren Verlauf ein Leichtes, die Auswahl wieder aufzurufen, auszublenden und zu verändern. Den vergebenen Namen tragen Sie auch im Textur-Geometrie-Dialog im Feld SELEKTION ein ❶. Für die Anzahl der Selektionen und der Ihnen zugewiesenen Materialien besteht selbstverständlich kein Limit.

NURBS-Objekte eignen sich übrigens besonders gut für die selektive Texturierung, weil sie von Haus aus ein paar »unsichtbare«, also auch ohne Auswahl-Dialog ansprechbare Selektionen mitbringen: die Deckflächen und Rundungen.

Die Deckflächen eines NURBS-Objekts sind grundsätzlich über die Namen C1 und C2 (Anfang bzw. Ende), die Rundungen über die Namen R1 und R2 (Anfang bzw. Ende) referenzierbar. Bei NURBS-Objekten genügt es, diese Kürzel in den Textur-Geometrie-Dialog einzutragen.

# BodyPaint 3D 2
## Malen und Mappen in drei Dimensionen

*Wem das Texturing mit den herkömmlichen Werkzeugen in Cinema 4D nicht genügend Flexibilität bietet, findet im 3D-Mal- und Mapping-Modul BodyPaint 3D mit Sicherheit das Tool seiner Wahl.*

Wer viel Aufwand in die Modellierung seiner Objekte steckt, möchte auch bei der Texturierung keine Kompromisse eingehen – nichts gewährt bessere Kontrolle als das direkte Malen und Mappen in drei Dimensionen.

BodyPaint 3D ist ein 3D-Mal- und Texturing-Programm, das die Erstellung und das Mapping der Textur mit einem Höchstmaß an Kontrolle in die Hände des 3D-Designers gibt. In die Studio-Demoversion auf der Buch-CD ist BodyPaint 3D als Modul komplett integriert. BodyPaint 3D, das mittlerweile in Version 2 vorliegt, ist aber auch eine eigenständige Software. Außerdem bietet Maxon für die Besitzer anderer 3D-Programme wie Maya, 3ds max oder Lightwave so genannte Exchange Plug-ins an, mit denen die Anwender zum Texturieren ihrer Objekte in BodyPaint überwechseln.

Für Cinema 4D-Anwender ist BodyPaint 3D aber besonders interessant, weil es sich nahtlos in Cinema 4D integriert. Sehen Sie diese Einführung und den später folgenden Workshop aber nicht als Komplettpaket zum Erlernen von BodyPaint 3D, sondern als Crashkurs für die ersten Schritte und als Appetitanreger auf mehr Texturing-Freiheiten.

BodyPaint 3D wird parallel zu Cinema 4D weiterentwickelt und hat mit Version 2 zahlreiche Verbesserungen und neue Funktionen spendiert bekommen. Dazu gehört der Paint-Assistent, der Ihre Mappings und Texturen automatisch anlegt und vorbereitet. Projection Painting bewahrt Sie vor verzerrten UV-Meshes und gestattet unverfälschtes Malen auf den Objekten. Auch die Oberfläche wurde aufgeräumt und überarbeitet, so ging der Ebenen-Manager vollkommen im Material-Manager auf. Neue Mal- und umfangreiche UV-Werkzeuge erleichtern und erweitern die Arbeit mit dem Texturing-Gitter.

Der Workflow entspricht dem gewohnten Vorgehen in Cinema 4D. Nach dem Erzeugen und Zuweisen eines (noch) leeren Materials klinkt sich BodyPaint 3D ein. Die Texturen der einzelnen Materialkanäle lassen sich über den Material-Manager anlegen und bearbeiten. BodyPaint arbeitet mit Ebenen, Ebenenmasken, Alpha-Kanälen, Bitmap-Filtern, Zauberstab- und Radiergummi-Werkzeugen, kurz allem, was man aus den Standardbildbearbeitungen wie Photoshop kennt. Darüber hinaus können neben vielen Bildformaten auch native

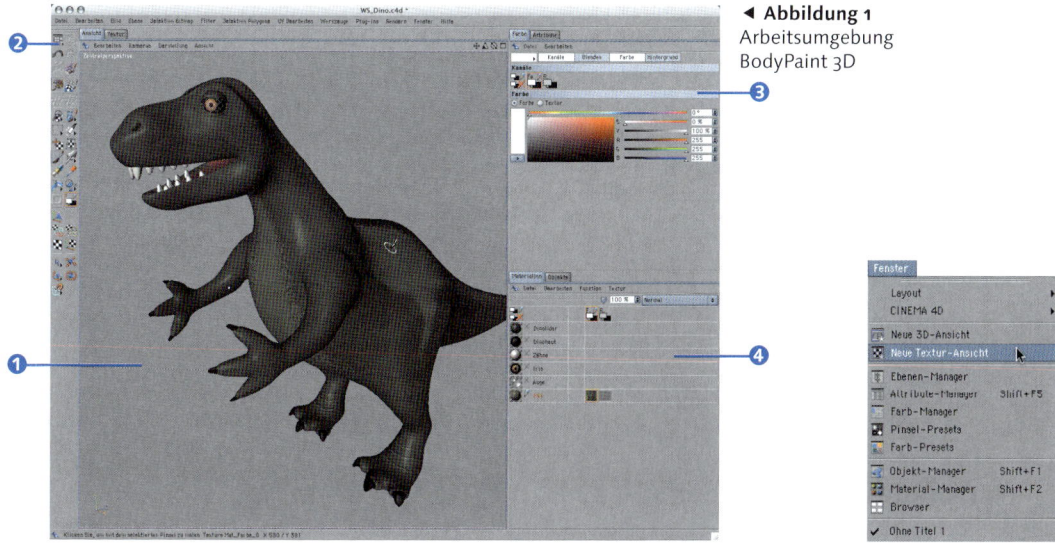

◀ **Abbildung 1**
Arbeitsumgebung
BodyPaint 3D

◀ **Abbildung 2**
BodyPaint 3D –
Fenster und
Paletten

Photoshop-Dokumente unter Beibehaltung aller Ebenen und Ebenenmasken importiert und auch wieder exportiert werden. Sogar Ihre Photoshop-Filter können Sie in BodyPaint 3D wiederverwenden.

Die Kontrolle des Mappings in BodyPaint 3D funktioniert über UVW-Koordinaten respektive UVW-Mapping. Die UV-Hülle des Objektes, die BodyPaint 3D nach einstellbaren Vorgaben abwickelt, kann nach Belieben bearbeitet und für die Texturierung optimiert werden. In der Texturansicht lässt sich das UV-Mesh (Gitter) des Objektes darstellen, bemalen und mit Texturen versehen.

Mal- bzw. Pinsel-Werkzeuge hat BodyPaint 3D mehr als genug. Wer aus Hunderten von vorinstallierten Pinselspitzen und Zeichenarten nicht den richtigen findet, kreiert sich einfach seine eigenen Pinsel – mit einer Unmenge von Optionen zur Pinselerstellung können Sie Ihrer Kreativität freien Lauf lassen. Das Arbeiten mit den Werkzeugen ist natürlich sowohl in der Textur- als auch in der 3D-Ansicht möglich.

Das Malen und Mappen läuft in Echtzeit und bei »geraytracetem« Bild ohne große Qualitätsverluste, dank Maxons Raybrush-Technologie.

## Programmoberfläche

Zu BodyPaint 3D wechseln Sie am schnellsten über die Layouts am oberen Ende der Werkzeug-Palette. Im Mittelpunkt der BodyPaint 3D-Oberfläche (Abbildung 1) stehen die gruppierte 3D- und Textur-Ansicht ❶. Übersichtlich zusammengefasst stehen auch alle Funktionen der Werkzeug-Palette bereit ❷.

Farbe- und Attribute-Manager ❸ ermöglichen schnellen Zugriff auf die Parameter der häufig benötigten Werkzeuge wie Pinsel, Radiergummi, Pipette, Text etc. BodyPaint 3D befördert den Material-Manager zur mächtigen Textur- und Ebenenverwaltung ❹. Alle Manager und Fenster finden Sie, wie üblich, zur freien Gestaltung im Menü FENSTER (Abbildung 2) aufgelistet.

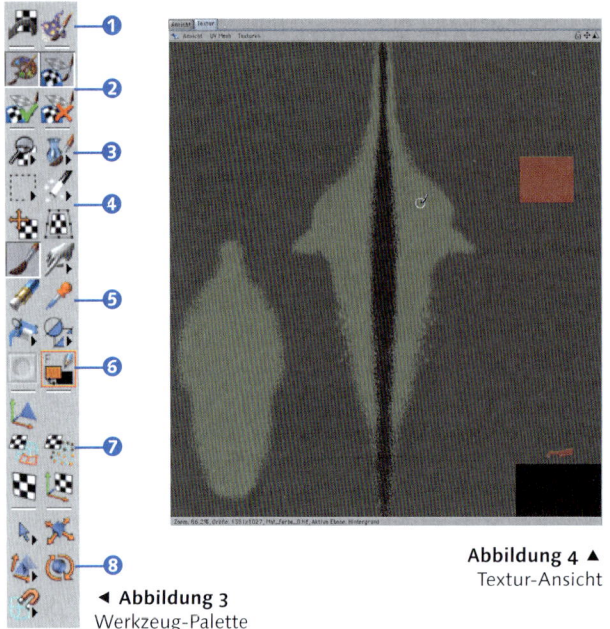

**◄ Abbildung 3**
Werkzeug-Palette

**Abbildung 4 ▲**
Textur-Ansicht

**▲ Abbildung 5**
Materialien und Ebenen

Die überbordende Werkzeug-Palette (Abbildung 3) mag auf den ersten Blick etwas unübersichtlich wirken, prägt sich dank logischer Gliederung aber schnell ein.

Die Palette beginnt mit dem Paint-Assistenten ❶, gefolgt vom 3D-Mal-Modus und den drei Projection-Painting-Optionen ❷. Es folgen die Zoom-Werkzeuge und die Raybrush-Rendering-Befehle ❸. Die nächsten vier Werkzeuge gestatten Bitmap-Selektionen und Transformationen ❹. Sieben Mal- und Zeichenwerkzeuge ❺ sollten für die meisten Ansprüche ausreichen, eine Kanal-Vorschau hilft, den Überblick über den aktiven Kanal zu bewahren ❻. Ob Sie das Modell, die UV-Polygone, die UV-Punkte, die Textur oder Textur-Achse bearbeiten möchten, entscheiden Sie über die entsprechenden Bearbeitungsmodi ❼. Die Standard-Werkzeuge zur Selektion, Modifikation und UV-Bearbeitung ❽ vervollständigen die Werkzeug-Palette.

Die Textur-Ansicht (Abbildung 4) kommt zum Einsatz, wenn es an die zweidimensionale Bearbeitung der Texturen und um die Anpassung und Modifikation des UV-Meshs geht.

## Materialien und Ebenen

Da sich Cinema 4D-Materialien hierarchisch in Material, Kanäle, Texturen und Ebenen zergliedern, liegt es nahe, diesen Aufbau auch im Manager zugrunde zu legen (Abbildung 5).

Die Erstellung neuer Texturen erfolgt sinngemäß über das aus dem vormaligen Ebenen-Manager integrierte Textur-Menü. Hier läuft auch die Verwaltung und Bearbeitung der Texturen, der Ebenen und der Materialkanäle ineinander. Ein Doppelklick auf die Ebene bzw. das Verschieben der Ebene in die Textur-Ansicht ruft die Ebene darin auf. Außerdem kann man im Material-Manager nicht nur die

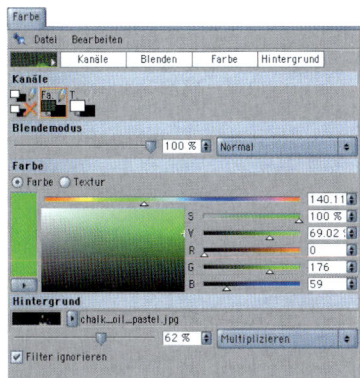

▲ **Abbildung 6**
Farb-Manager

▲ **Abbildung 7**
Bitmap-Selektionsmenü

▲ **Abbildung 8**
Filter-Menü

gewünschten Kanäle an- bzw. ausschalten, sondern zusätzlich gleich den Multibrush-Modus aktivieren bzw. deaktivieren.

Ein Kanal kann beliebig viele Ebenen und Ebenenmasken beinhalten. Die Kopiermodi der Ebenen lehnen sich an Photoshop an, Ebenen und Ebenenmasken importierter Photoshop-Dateien bleiben im Ebenen-Manager erhalten und sogar exportierbar.

## Farb-Manager und -Presets

Farben und Farbmuster werden im Farb-Manager (Abbildung 6) definiert.

Nach der Bestimmung von Farbe oder Muster über die zugehörigen Schieberegler bzw. den Auswahldialog geht es an die Feineinstellung über die Farb- und Musteroptionen. Per Blendemodus (was dem Kopiermodus von Ebenen entspricht) und Deckkraft legen Sie die Stärke und Verrechnung des Farbauftrags

fest. Übersichtlich aufbereitet bietet der Farb-Manager, wie aus dem Attribute-Manager gewöhnt, schnellen Zugriff auf Kanäle, Blenden, Hintergrund-Texturen und -Farb-Presets.

## Mal- und Pinsel-Werkzeuge

Für das Bearbeiten und Bemalen von Texturen stellt BodyPaint 3D eigene Menüs und Werkzeuge, wie beispielsweise das Bitmap-Selektionsmenü (Abbildung 7) und das Filter-Menü (Abbildung 8) bereit.

Seit dem Update auf Version 2 kann man die Werkzeugkiste von BodyPaint 3D als nahezu komplett bezeichnen. Neben einem vernünftigen Verlaufswerkzeug kamen auch gängige Bildbearbeitungswerkzeuge wie Schmieren (Verwischen), Nachbelichter, Abwedler und Schwamm hinzu. Die Transformation von Auswahlen und Ebenenmasken arbeitet jetzt in allen erwünschten Richtungen – in Echtzeit.

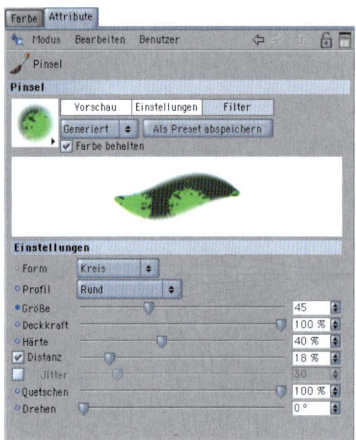

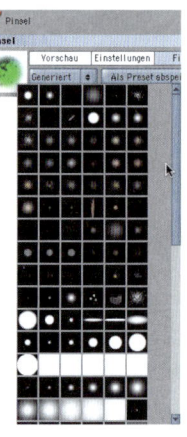

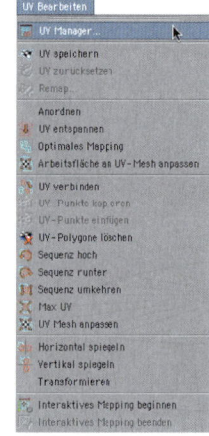

▲ **Abbildung 9**
Pinsel-Werkzeug im Attribute-Manager

▲ **Abbildung 10**
Pinsel-Presets

▲ **Abbildung 11**
UV Bearbeiten-Menü

Außerdem ist es seitdem im Editor möglich, die Form und Größe des ausgewählten Werkzeugs anhand seines Umrisses am Mauszeiger zu beurteilen. Komfortabel fällt auch die Definition des Pinselwerkzeugs aus. Sie erfolgt in einem übersichtlich aufgebauten Menü im Attribute-Manager inklusive Vorschau (Abbildung 9). In der Pinsel-Preset-Palette (Abbildung 10) bietet BodyPaint 3D eine Fülle von Pinselspitzen und Zeichentechniken vom Airbrush über Acrylstifte, Kreide- und Kohletechniken, Filzstifte und Radiergummis bis zu Schmieren und Schwämmen an.

Über die Menübefehle der Palette können Pinsel und ganze Pinsel-Sets erstellt, importiert und exportiert werden. Wer seine eigenen Pinsel erzeugen möchte, kann in den Pinsel-Einstellungen zwischen generierten und Bitmap-Pinselspitzen wählen und diese unter anderem in Form, Profil, Größe, Deckkraft, Härte und Malabstand individualisieren. So vielfältig die Möglichkeiten mit den normalen Pinseln auch sein mögen, der eigentliche Höhepunkt bei den Pinseln gilt den Multi-

brushes. Multibrushes ermöglichen das Malen in mehreren Materialkanälen gleichzeitig. Einmal definiert, gelingt die Simulation von Materialeigenschaften wie Kratzern, Rost, Schrammen, Schweißnähten etc. per einfachem Pinselstrich. In den Pinsel-Presets befinden sich bereits einige Multibrushes, Ihrer Kreativität ist aber auch hier keine Grenze gesetzt.

## UV-Werkzeuge

Während die Mal- und Pinselwerkzeuge eher die kreative Ader ansprechen, gehören die UV-Werkzeuge zum unverzichtbaren Handwerkszeug, wenn es um das Mapping und die Anpassung einer Textur auf ein Objekt geht.

Damit diese Arbeit nicht zur Mühsal wird, hat Maxon sowohl den Werkzeugumfang als auch deren Funktionalität stark erweitert und vereinfacht. Im Menü UV BEARBEITEN (Abbildung 11) finden Sie zahlreiche Tools, um Ihre Textur über das UV-Mesh optimal an Ihr Objekt anzupassen (Abbildung 12). Hier eine

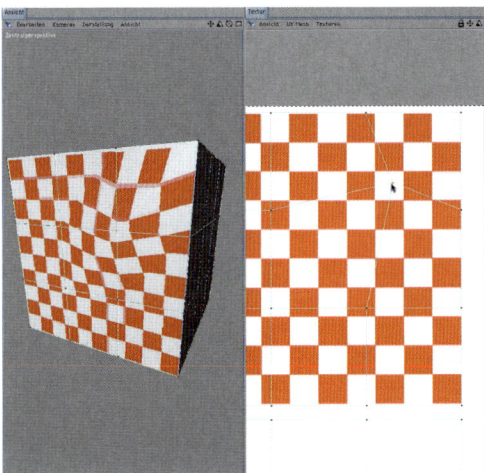

▲ **Abbildung 12**
UV-Gitter bearbeiten in der 3D- und Textur-Ansicht

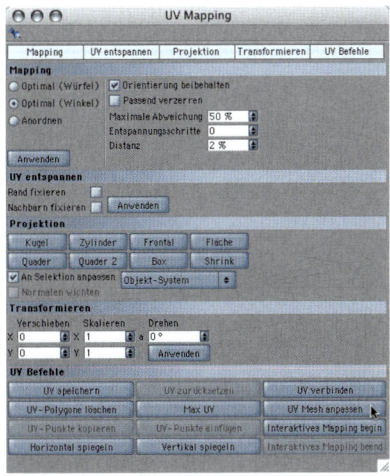

▲ **Abbildung 13**
UV-Manager

kurze Zusammenfassung der Befehle, die neu und nicht selbsterklärend sind:

Den sorglosen Umgang mit UV-Gittern unterstützen die Befehle zum Speichern und Zurücksetzen der UVs. Damit haben Sie, wenn Sie sich bei der Arbeit einmal in eine Sackgasse manövriert haben, stets eine ältere Version zur Hand. ANORDNEN ordnet alle vorhandenen UV-Gruppen neu an. UV ENTSPANNEN optimiert und entzerrt einen selektierten UV-Bereich für optimales Mapping, was insbesondere bei stark überlappenden oder sich überschneidenden Objektzonen wie Gesichtern oder Extremitäten ein wahrer Segen ist. Neben dem bereits bekannten winkelbasierten Optimal-Mapping enthält BodyPaint 3D in Version 2 das würfelbasierte Optimal-Mapping, das dem korrekten Mapping von stark unterschnittenen Körpern zuträglich ist.

Ein abgewickeltes UV-Netz ist immer so lange brauchbar und aktuell, bis sich die Geometrie des Trägerobjektes ändert. UV VERBINDEN sorgt in diesen häufig vorkommenden

Situationen für Abhilfe, indem es die UV-Geometrie korrekt erweitert. Die Sequenzbefehle Hoch bzw. Runter vollziehen im Prinzip eine Drehung der aktiven UV-Elemente im bzw. gegen den Uhrzeigersinn. Das Umkehren einer Sequenz bewirkt folglich die Spiegelung der UV-Polygone. MAX UV vergrößert alle UV-Polygone so weit, dass jedes UV-Polygon die komplette Textur beinhaltet. UV MESH ANPASSEN passt das UV-Gitter der Texturgröße entsprechend an.

Interaktives Mapping erleichtert die Mapping-Arbeit in der 3D-Ansicht. Mit diesem Befehl können Sie für das selektierte UV-Gitter im Textur-Tag eine neue Mapping-Methode auswählen und dieses gleich interaktiv im Editor justieren.

Alle Befehle und Funktionen, die mit dem Mapping, der Anpassung oder der Transformation von UV-Elementen zu tun haben, vereint der UV-MANAGER (Abbildung 13). So haben Sie alle wichtigen Werkzeuge in einem separaten Fenster parat.

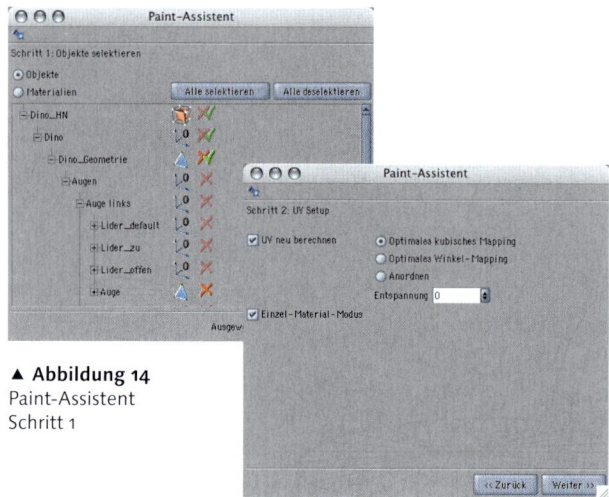

▲ **Abbildung 14**
Paint-Assistent
Schritt 1

▲ **Abbildung 15**
Paint-Assistent
Schritt 2

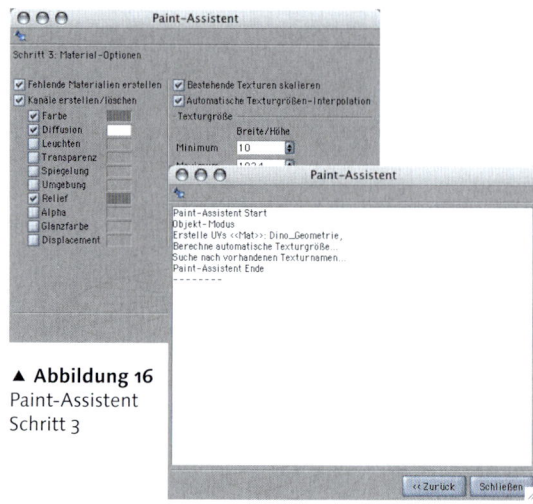

▲ **Abbildung 16**
Paint-Assistent
Schritt 3

▲ **Abbildung 17**
Paint-Assistent
Liste der erfolgten Aktionen

## Paint-Assistent

Wenn Sie sich wie ich eine natürliche Abneigung gegen virtuelle Assistenten und Wizards aller Art zugelegt haben, werden Sie dem Paint-Assistenten wohl auch erst skeptisch gegenüberstehen.

Diese Skepsis ist gottlob unbegründet, denn im Gegensatz zu den Zauberlehrlingen anderer Programme bleibt das Ergebnis des Paint-Assistenten transparent und nachvollziehbar, so dass auch Profis den Paint-Assistenten als wirkliche Erleichterung und nicht als Bevormundung auffassen dürfen.

Bevor man in Bodypaint 3D mit der eigentlichen Texturierung loslegen konnte, stand zunächst ein gehöriges Maß handwerklicher Vorarbeit an. Es galt, Materialien zu erstellen, Kanäle und Texturen anzulegen, eine passende Projektionsmethode auszuwählen sowie UV-Gitter zu erstellen und anzupassen.

Für diese zeitraubenden Tätigkeiten bietet BodyPaint 3D R2 den Paint-Assistenten, eine Art digitaler Malergehilfe, der vorab alle gewünschten Objekte und Parameter abfragt und anschließend automatisch die benötigten Materialien, Kanäle, Texturen, Ebenen und UV-Gitter erzeugt und optimiert aufbringt.

Wer oftmals viele Stunden in die zähe Vorbereitung von UV-Gittern investieren musste, wird verblüfft sein, wie einfach, schnell und doch qualitativ hochwertig die automatisierte Abwicklung und Optimierung eines UV-Meshes ablaufen kann.

Zunächst fragt der Assistent ab, welche Objekte bei Texturierung und Mapping Berücksichtigung finden (Abbildung 14). Anschließend lässt sich die bevorzugte Mapping-Methode definieren und festlegen, ob für jedes Objekt ein einzelnes Material erstellt werden soll (Abbildung 15). Im dritten Schritt bestimmen Sie die gewünschten Kanäle und

▲ **Abbildung 18**
Arbeiten mit dem Pinsel ohne Projection Painting

▲ **Abbildung 19**
Arbeiten mit dem Pinsel mit Projection Painting

deren Eigenschaften (Abbildung 16). Mehr ist nicht zu tun – der Paint-Assistent erstellt daraufhin alle nötigen Materialien, Texturen und UV-Gitter (Abbildung 17), und Sie können mit der kreativen Arbeit loslegen.

## Projection Painting

Auch ein mit viel Zeit und Sorgfalt zerlegtes und optimiertes UV-Netz besitzt problematische Zonen, wo sich ein Pinselauftrag nicht als fein dosierbare Linie, sondern als flächenfüllender Eimerwurf entpuppt (Abbildung 18). Die Lösung für dieses altbekannte 3D-Painting-Problem verspricht das eigentliche Highlight von BodyPaint 3D R2, das so genannte Projection Painting.

Bei dieser neuen Painting-Methode erfolgt der Farbauftrag nicht direkt auf das UV-Gitter, sondern aus Sicht der Kamera auf eine virtuelle Hülle, welche die zu bemalenden Objekte umgibt. Die Verrechnung auf das UV-Gitter erfolgt erst nach ausdrücklicher Bestätigung

des Anwenders. Während der Projection-Painting-Phase hat der BodyPaint-User alle Möglichkeiten, mehrere Objekte übergreifend nahtlos und verzerrungsfrei zu bemalen (Abbildung 19). Auf diese Weise reduziert sich die Gefahr von unstimmigen Ansätzen an unterschiedlichen Objekten auf ein Minimum.

BodyPaint 3D Projection Painting unterstützt ebenso die Anpassung und Transformierung von Bildmaterial in der dritten Dimension und, als Krönung des Ganzen, Kopieren und Einfügen von sämtlichen Mal- und Ebeneninformationen. Vorbei also die Zeiten, in denen ein eingefügtes Bildelement per Blindflug auf das 3D-Objekt gezittert werden musste, nun funktioniert das exakte Verschieben im Editor in Echtzeit.

Das projizierte Malen selbst erfolgt bei bester RayBrush-Qualität über Objekte und Kanten hinweg problemlos und ruckelfrei in Echtzeit. Insgesamt setzt sich BodyPaint 3D damit übrigens bei der funktionellen Implementierung des Projection Paintings von der Konkurrenz ab.

# Workshop Teil II
## Texturing in Cinema 4D und BodyPaint 3D

*Im Texturing-Workshop werden wir die im vorangegangenen Kapitel vorgestellten Werkzeuge und Shader aus Cinema 4D, Smells like Almonds und BodyPaint 3D anwenden.*

Nun haben wir uns lange genug die grauen Objekte der Szene angesehen, bringen wir endlich Farbe und Oberflächen in unser Projekt.

Wir beginnen bei der Vulkanlandschaft, die ein vulkanisch raues, bröckelndes Material erhalten wird. Für Vulkane gibt es keine einheitliche Erscheinungsform. Manche integrieren sich perfekt in eine Gebirgslandschaft und sind nur durch eine Luftaufnahme oder durch den Rauchausstoß auszumachen, während andere sich als mondähnliche Landschaft mit vielen Kratern und Schwefellöchern darstellen. Richten Sie sich also bei der Farbwahl und Oberflächenstruktur am besten nach Ihrem persönlichen Geschmack und Ihrer Vorstellung eines Vulkans.

Die mehr im Szenenhintergrund befindlichen Großkakteen sind aufgrund ihres Einsatzzwecks relativ einfach gestrickt, was uns auch bei der Texturierung entgegenkommt.

Richtig ins Detail gehen wir dagegen beim Zierkaktus, dem wir ja auch schon beim Modelling viel Aufmerksamkeit geschenkt haben. Die Einzelteile des Zierkaktus werden Schritt für Schritt in Cinema 4D mit verschiedensten Materialien aus versehen. Auch beim Zierkaktus haben Sie wieder viel Gestaltungsspielraum, da die Welt der Kakteen und Sukkulenten eine unglaubliche Zahl an Farben und Formen umfasst.

Höhepunkt dieses Workshop-Abschnittes ist natürlich das Texturieren unseres Dinosauriers in BodyPaint 3D (Abbildung 2). Auch wenn Sie nicht Besitzer des Programmes oder eines der BodyPaint 3D umfassenden Bundles sind, probieren Sie die Arbeit in dieser 3D-Mal- und Mapping-Umgebung unbedingt einmal aus. Mehr kreative Freiheiten können Sie beim Texturieren kaum bekommen. Damit Sie trotz Demo-Version mit einer Textur weiterarbeiten können, finden Sie alle Cinema-4D- und Bilddateien im geeigneten Format auf der beiliegenden CD-ROM.

Die wichtigsten Schritte im BodyPaint 3D-Workshop sind zweifelsohne die Vorbereitungsschritte für das UV-Gitter. Der in Version 2 hinzugekommene Paint-Assistent unterstützt Sie bei dieser Arbeit maßgeblich.

Nachdem die Projektionshülle des Objektes brauchbar abgewickelt ist, sollte das Painting und Texturing eigentlich nur noch eine

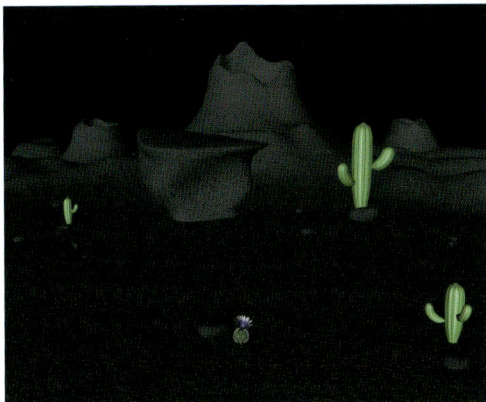

▲ **Abbildung 1**
Die texturierte Szenerie

▲ **Abbildung 2**
Texturierter Hauptdarsteller: Griso

Frage der Kreativität und des persönlichen Geschmacks sein. Das neue Projection Painting bewahrt Sie zusätzlich vor üblen Verzerrungen beim Pinselauftrag, die Sie vorher nur durch geduldiges manuelles Sezieren des UV-Gitters vermeiden konnten.

Der Schwerpunkt dieses Workshops liegt deswegen nicht auf der Vorstellung und Anwendung hundert verschiedener Pinselstriche, sondern auf den Arbeitsabläufen bei der Arbeit mit UV-Polygonen und den meistgebrauchten Werkzeugen.

Beginnen Sie jede Texturing-Phase mit Geduld und Überlegung. Bauen Sie eine Textur von der Basis her auf. Fangen Sie mit der Rohtextur an, und arbeiten Sie sich langsam zu den Details der Textur vor. Photoshop-Anwender sind es gewohnt, mit Ebenen zu arbeiten – übernehmen Sie diese Gewohnheit auch für BodyPaint 3D. Ebenen eröffnen hohe Flexibilität und lassen sich schnell überarbeiten oder verwerfen, ohne dass andere Ebenen in

Mitleidenschaft gezogen werden. Dadurch entsteht auch eine größere Experimentierbereitschaft, was nie von Nachteil ist.

Wenn Ihnen die Werkzeuge in BodyPaint 3D nicht ausreichen oder für einen bestimmten Zweck ungeeignet erscheinen, speichern Sie diese Dateien einfach im Photoshop-Dateiformat oder als TIFF ab, und arbeiten Sie in Ihrem bevorzugten Bildbearbeitungsprogramm weiter. BodyPaint 3D importiert alle gängigen Dateiformate und sogar native Photoshop-Dateien unter Beibehaltung der enthaltenen Ebenen und Mischungsmodi.

Falls Sie die fertigen Materialien der Szene lieber in Ihr Cinema 4D hinzuladen möchten, finden Sie die komplett texturierte Szene auf der beiliegenden CD im Texturing-Ordner. Verwenden Sie für den Import in diesem Fall im Material-Manager den Befehl DATEI · HINZULADEN…, damit nur die Materialien ergänzt und keine Objekte zur Szene hinzugefügt werden.

## 1. Texturing von Vulkanlandschaft und Felsen

Die Vulkanlandschaft und der Felsen sollen ein raues, dunkles, an erstarrte Lava erinnerndes Material erhalten.

Erstellen Sie dazu im Material-Manager über den Befehl DATEI ein NEUES MATERIAL. Abbildung 3 zeigt Ihnen, welche Kanäle Sie über den Attribute-Manager aktivieren.

Für den Farbe-Kanal (Abbildung 4) wählen Sie über den Textur-Button den Shader NOISE und wählen aus den zahlreichen Noise-Shadern NUTOUS. Vergeben Sie der ersten Farbe ein dunkles Anthrazit, die zweite Farbe darf nahezu Schwarz sein. Die globale und relative Größe wurde verändert, damit die Größe des Farbmusters zum Polygonobjekt der Landschaft passt.

Die gleichen Shader-Einstellungen tragen Sie auch in den Relief-Kanal ein, wählen Sie aber hier die Farben Schwarz und Weiß und einen

**Abbildung 3 ▶**
Material für die
Vulkanlandschaft

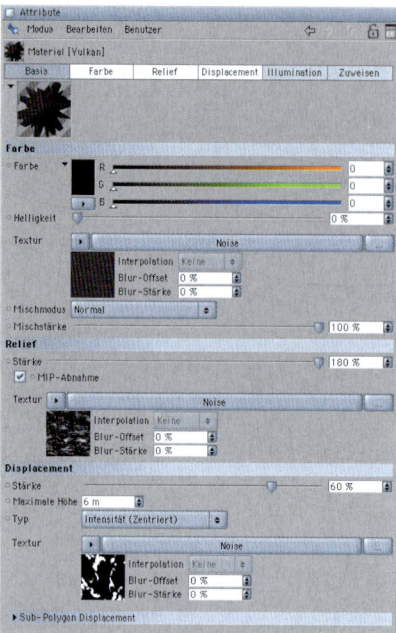

**Abbildung 4 ▶**
Noise-Shader im
Farbe-Kanal

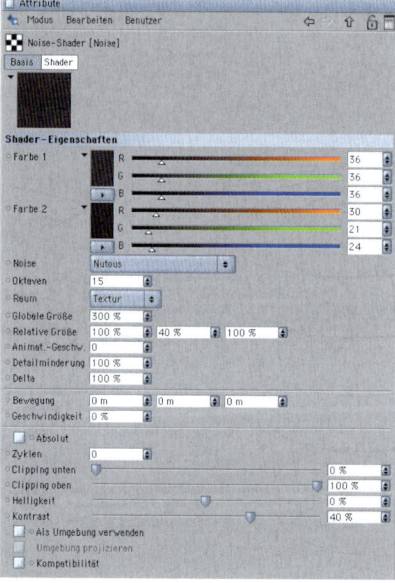

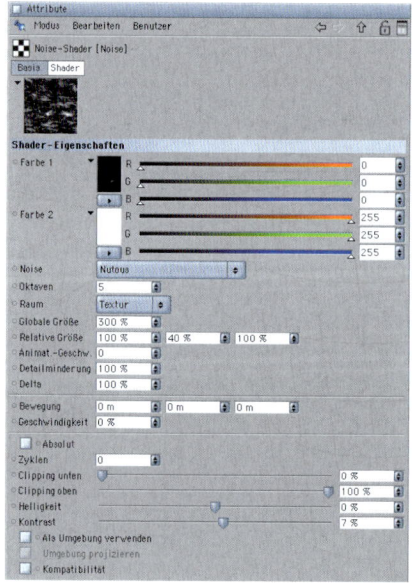

**Abbildung 5 ▶**
Noise-Shader im
Relief-Kanal

etwas niedrigeren Kontrastwert (Abbildung 5).
Am einfachsten kopieren Sie den Shader des
Farbe-Kanals über den Befehl SHADER/BILD
KOPIEREN im Textur-Button.

   Der Displacement-Kanal sorgt für die echten
Einkerbungen im Material. Hier nehmen Sie
den Shader Ober aus dem Noise-Menü bei einer
globalen Größe von 400% und erhöhen den Kontrastwert auf ca. 90 (Abbildung 6).

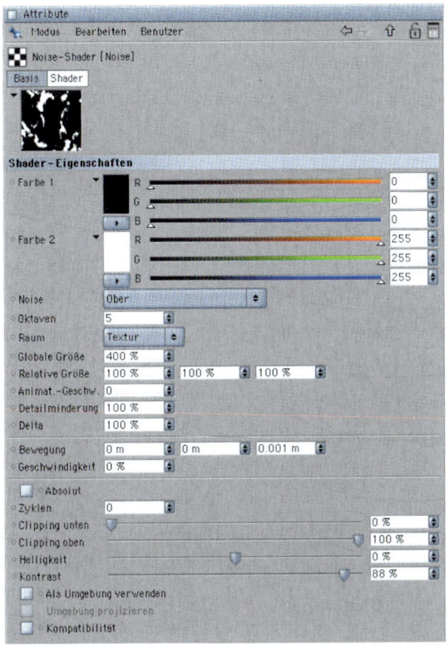

   Weisen Sie das fertige Material der Vulkanlandschaft und dem Felsen durch Drag & Drop
aus dem Material-Manager in den Objekt-
Manager zu (Abbildung 7).

   An den standardmäßig festgelegten Mapping-
Einstellungen brauchen Sie keine Änderungen
vorzunehmen.

◄ **Abbildung 6**
Noise-Shader im
Displacement-Kanal

▲ **Abbildung 7**
Vergabe des Vulkan-
materials an die Objekte

## 2. Texturing der Steine

Als Material für die Steine verwenden wir einfach eine Kopie des Vulkan-Materials und deaktivieren den Displacement-Kanal in den Basis-
Einstellungen ❶.

   Lediglich die Farbe darf ruhig etwas dunkler
ausfallen, da die Steinbrocken aus dem Vulkanin-
neren stammen könnten.

   Um die Textur auf die Steine aufzubringen,
ziehen Sie das Stein-Material auf die Gruppe der
Stein-Objekte (Abbildung 9).

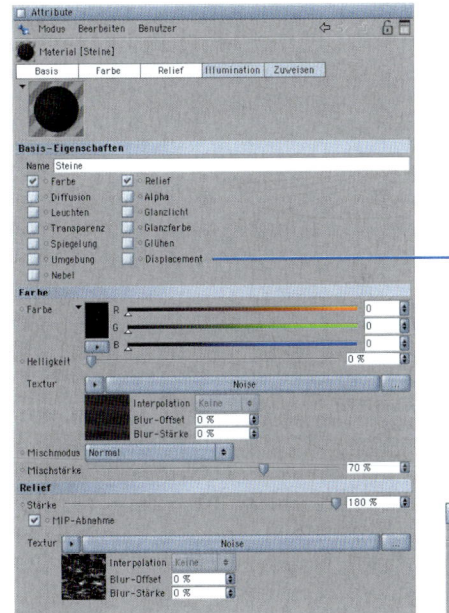

▲ **Abbildung 8**
Material für die Steine

▲ **Abbildung 9**
Vergabe des Vulkan-
materials an die Steine

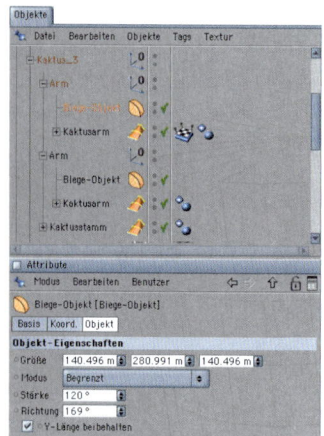

◄ **Abbildung 10**
Parameter der
Kaktusarm-Biege-Objekte

*Das Texturing der Großkakteen wäre kompli-
zierter, wenn wir die Arme modelliert und nicht
mit Biege-Objekten einfach nach oben gebogen
hätten. Wir machen uns die Sache leicht und
biegen uns die Kaktusarme einfach während der
Texturierung nach unten.*

*Wenn Sie die Biegung aller Kaktusarme also
genauso beibehalten möchten, notieren Sie sich
die Parameter der Biegung (Abbildung 10).*

*Erstellen Sie ein neues Material für die Groß-
kakteen, benennen Sie es eindeutig, und aktivieren Sie im Attribute-Manager die Kanäle FARBE
und GLANZLICHT (Abbildung 11).*

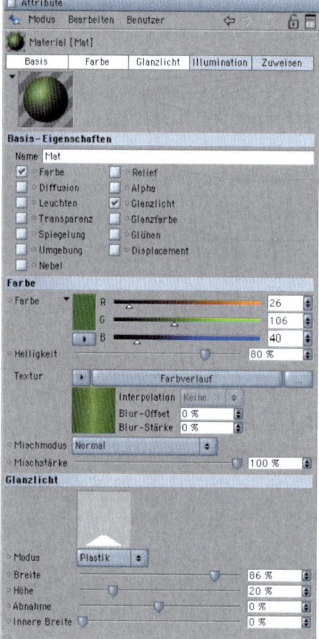

*Die Farbe der Kakteen bestimmt ein Farbver-
lauf, den Sie im Farbe-Kanal über den Textur-
Button zuweisen.*

*Für die beiden Enden des Verlaufs soll es ein
sattes, kräftiges Grün, zur Mitte hin ein helleres,
frischeres Grün sein. Oder Sie suchen sich die
Farbe Ihrer Kakteen einfach selbst aus.*

*Aktivieren Sie auf jeden Fall die Option
ZYKLISCH ❶, damit wir das Material um den
Kaktus kacheln können, und stellen Sie eine
leichte Turbulenz von ca. 5–10 Einheiten ein ❷,
damit der Farbverlauf nicht so technisch wirkt.*

*Im Glanzlicht-Kanal vergeben Sie ein niedri-
ges, breites Glanzlicht.*

**Abbildung 11** ▲
Material für den
Großkaktus

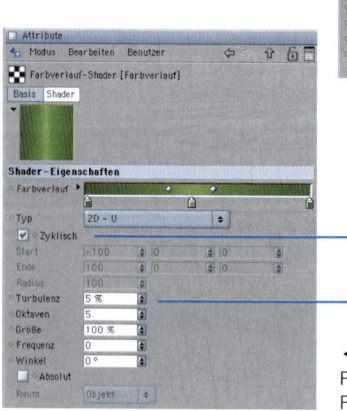

◄ **Abbildung 12**
Farbverlauf-Shader im
Farbe-Kanal

Fangen wir beim Mapping der Kaktusstämme an. Ziehen Sie das Kaktus-Material auf das Loft-NURBS-Objekt des Kaktusstamms (Abbildung 13).

Im Textur-Geometrie-Dialog wählen Sie das Zylinder-Mapping, damit sich das Material zylinderförmig um den Kaktusstamm legt, und stellen als X-Wert der Kachelung den Wert 12 ein.

Somit entspricht die Kachelungszahl der Anzahl an Zacken am Kaktus, und die nach innen versetzten Zackenzwischenräume erhalten das hellere Grün.

Bevor Sie das fertige Textur-Tag des Kaktusstammes auch auf die Kaktusarme kopieren, stellen Sie die Biege-Parameter auf 0 zurück.

Jetzt ziehen Sie das Textur-Tag mit gedrückter [Strg]/[Ctrl]-Taste auf die Kaktusarme.

Auch die Kaktusarme wären damit fertig texturiert, die Textur muss aber vor dem Zurückbiegen erst noch fixiert werden.

Dies geschieht über das Textur-Fixierung-Tag, das Sie im Objekt-Manager-Menü DATEI · CINEMA 4D TAGS finden (Abbildung 15).

Weisen Sie dieses Tag jedem texturierten Kaktusarm zu.

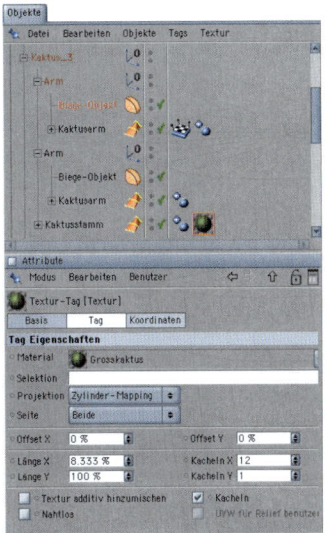

◄ **Abbildung 13**
Mapping des Kaktus-Materials auf die Kaktusteile

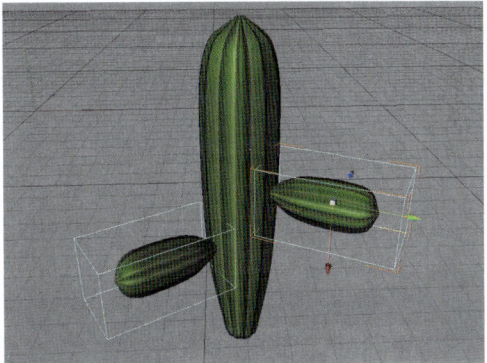

◄ **Abbildung 14**
Texturierte Kaktusteile

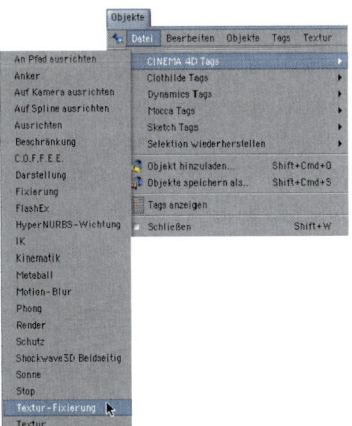

◄ **Abbildung 15**
Textur-Fixierung-Tag

**Abbildung 16 ▶**
Zurückbiegen der
Kaktusarme
nach fixierter Textur

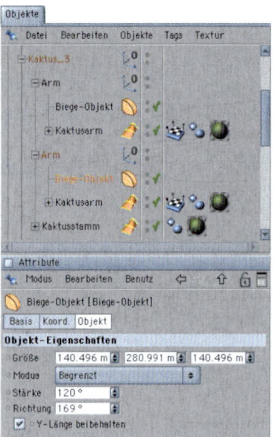

Nachdem die Textur nun fest auf dem Kaktusarm angebracht ist, können Sie die Parameter der Biege-Objekte wieder in den verbogenen Ausgangszustand zurückversetzen (Abbildung 16).

**Abbildung 17 ▶**
Fertig texturierter
Großkaktus

Die Großkakteen sind nach diesem Schritt fertig texturiert (Abbildung 17).

**Abbildung 18 ▶**
Material für den
Zierkaktus-Körper

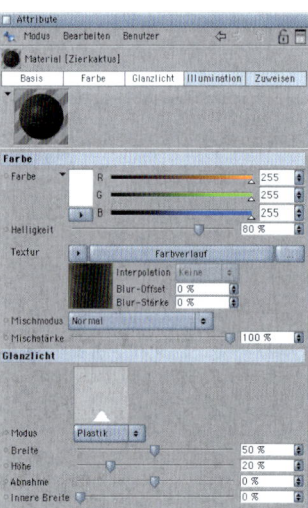

### 4. Texturing des Zierkaktus

Der Zierkaktus ist aufwändiger modelliert, deswegen fällt auch die Texturierung des kleinen Kaktus etwas komplexer aus. Nehmen wir uns zunächst den Kaktuskörper vor.

Das grüne Grundmaterial ähnelt dem Material des Großkaktus.

Duplizieren Sie sich das Kaktus-Material als Ausgangsbasis, oder legen Sie ein neues Material im Material-Manager an.

Im Farbe-Kanal kommt wieder ein grüner Farbverlauf zum Einsatz, das Glanzlicht darf etwas spitzer, aber nicht zu hoch ausfallen (Abbildung 18).

Die Innenräume zwischen den Kaktussegmenten sollen deutlich schmal und hell ausfallen, die Spitzen der Segmente dafür in einem dunkleren Grün (Abbildung 19).

Erhöhen Sie die Stärke der Turbulenz, und aktivieren Sie wiederum die Option ZYKLISCH.

Bei den Kaktusstacheln dürfen Sie Ihre Kreativität walten lassen.

Ich habe für die Stacheln ein helles, gelb-bräunliches Muster im Farbe-Kanal durch einen Noise-Shader erzeugt (Abbildung 20).

Das Glanzlicht sollte im unteren Drittel der Anzeige bleiben.

Für das Mapping der Stacheltextur ziehen Sie das Material einfach auf die gesamte Gruppe der Stachel-Objekte.

Das Material für den Kaktuskörper legen Sie auf das Kaktus-Objekt.

Im Einstellungsdialog der Textur-Geometrie (Abbildung 21) wählen Sie als Projektionsart das Kugel-Mapping **1**, weil die Form des Kaktus ja eher einer Kugel entspricht.

Insgesamt zehn Mal soll sich das Kaktus-Material um den Kaktus kacheln, stellen Sie also den Wert 10 im Kacheln.X-Feld **2** ein.

Schon sind wir mit der Texturierung des Kaktuskörpers fertig (Abbildung 22). Wenden wir uns gleich der Blüte zu.

◀ **Abbildung 19**
Farbverlauf-Shader
im Farbe-Kanal

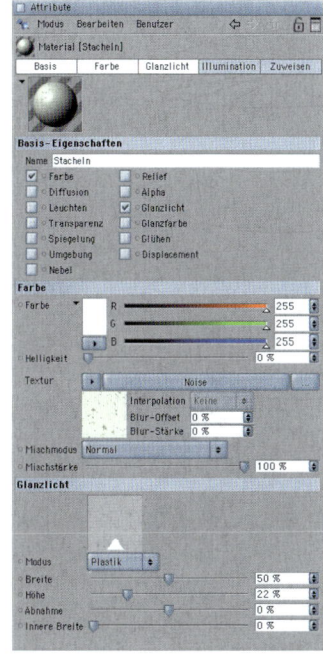

**Abbildung 20** ▲
Material für die
Stacheln

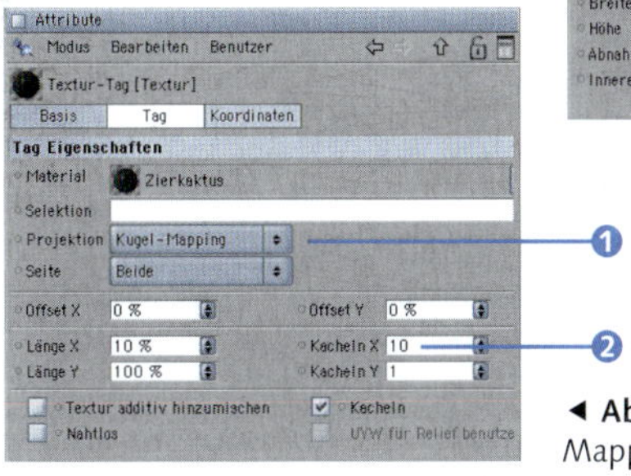

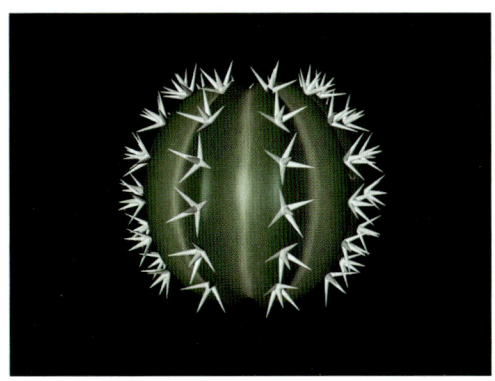

◀ **Abbildung 21**
Mapping der Zierkaktus-Körpertextur

◀ **Abbildung 22**
Fertig texturierter
Zierkaktus-Körper

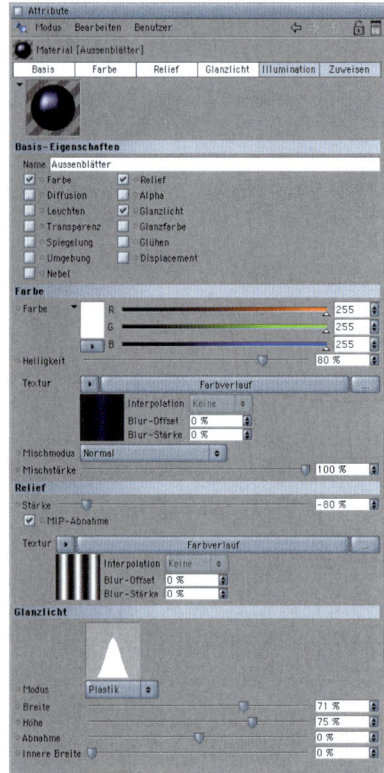

◄ **Abbildung 23**
Material für die Außenblätter

Fangen wir bei den Außenblättern an. Sie sind schon bei der Modellierung etwas dicker angelegt worden und gehören nicht zur eigentlichen Blüte, sondern zu den darum befindlichen grünen Blättern.

Legen Sie ein neues Material für die Außenblätter an, und aktivieren Sie Farbe-, Relief- und Glanzlicht-Kanal im Attribute-Manager (Abbildung 23).

Auch hier sei nochmals gesagt, dass Sie Ihren Kaktus natürlich ganz nach Ihrem persönlichen Geschmack gestalten können. Halten Sie aber die Farbgebung von Außen- und Innenblättern konstant, damit sich die Farben in ihrer Kombination nicht beißen.

Ich habe mich für ein grün-violettes Außenblatt entschieden.

Dazu erstreckt sich im Farbe-Kanal wieder ein in U-Richtung angelegter Farbverlauf, der an den Außengrenzen Dunkelgrün, in der Mitte ein kräftiges Violett aufweist (Abbildung 24).

Wiederum sorgt eine leichte Turbulenz für ein natürlicheres Erscheinungsbild.

Aktivieren Sie die Option ZYKLISCH, wenn sich die Färbung auch auf der Rückseite des Blattes abzeichnen soll.

Im Relief-Kanal (Abbildung 25) wählen Sie ebenfalls den Farbverlauf-Shader, stellen dort aber ein sich wiederholendes Muster eines Schwarz-Weiß-Verlaufs ein.

Das Relief-Muster soll das Blatt zusätzlich zur bereits vorhandenen Hauptader strukturieren.

Das schlanke Glanzlicht des Außenblattes darf in der Höhe gut zwei Drittel der Anzeige ausfüllen, damit das Blatt einen kräftigen, stabilen Charakter erhält.

◄ **Abbildung 24**
Farbverlauf-Shader im
Farbe-Kanal

**Abbildung 25 ▶**
Farbverlauf-Shader
im Relief-Kanal

Zum Mapping der Außenblätter öffnen Sie die Gruppe der Blatt-Objekte und ziehen das Außenblatt-Material auf eines der Objekte.

Stellen Sie eine zweifache Kachelung ein, und duplizieren Sie das Textur-Tag auf die anderen Blatt-Objekte der Gruppe.

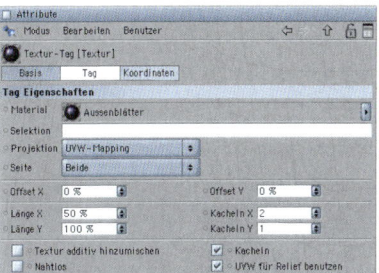

◀ **Abbildung 26**
Mapping des Außenblätter-Materials

Vergeben Sie das Material für die Außenblätter auch an den tragenden Kaktusstiel, und stellen Sie für die Kachelung im Textur-Tag die Anzahl der Außenblätter ein.

Die Außenblätter sind fertig texturiert. Zum Vergleich sehen Sie in Abbildung 27 die Rücken der Blätter, wenn die Option ZYKLISCH in den Farbverlauf-Shadern deaktiviert ist.

Entscheiden Sie, welche Version Ihnen mehr zusagt.

◀ **Abbildung 27**
Texturierte
Außenblätter

Kümmern wir uns um die Innenblätter des Zierkaktus. Sie sollen sich deutlich von den dunklen Außenblättern abheben.

Erstellen Sie ein neues Material für die Innenblätter, und aktivieren Sie im Attribute-Manager des Materials den Farbe- und Glanzlicht-Kanal (Abbildung 28).

Vergeben Sie ein mittelbreites, flaches Glanzlicht, damit die inneren Blätter im Gegensatz zu den Außenblättern weich und geschmeidig wirken.

Im Farbe-Kanal wählen Sie erneut den Farbverlauf-Shader, diesmal aber in V-Richtung, um einen Verlauf von oben nach unten zu erhalten.

Weiß hebt sich gut von den Außenblättern und der dunkelgrauen Vulkanlandschaft ab. Eine starke Turbulenz von ca. 20 Einheiten verwischt den Verlauf schön natürlich (Abbildung 29).

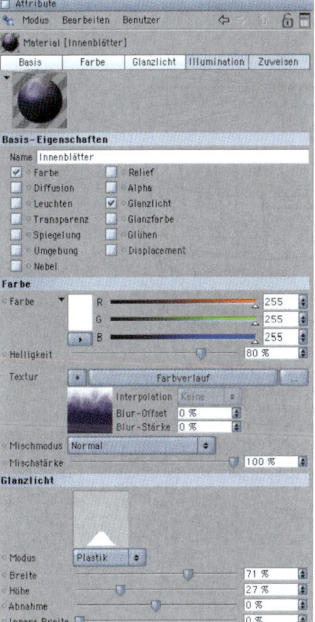

◀ **Abbildung 28**
Material für die Innenblätter

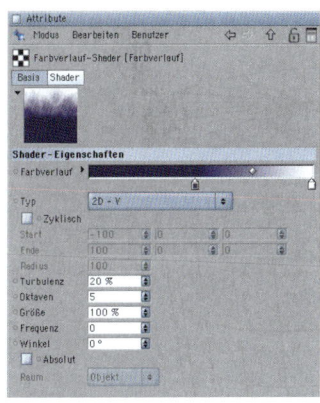

▲ **Abbildung 29**
Farbverlauf-Shader im Farbe-Kanal

**Abbildung 30** ►
Mapping des
Innenblätter-
Materials

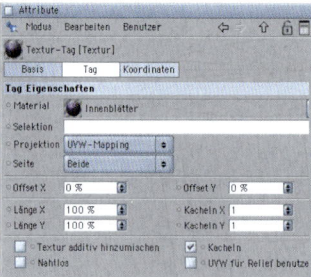

Das Mapping des Materials auf die Innenblätter ist nicht weiter dramatisch.

Ziehen Sie das Material wieder auf sämtliche
Innenblatt-Objekte, eine Kachelung ist nicht
erforderlich (Abbildung 30).

**Abbildung 31** ►
Fertig texturierte
Kaktusblätter

Nachdem alle Blätter texturiert sind (Abbildung 31) fehlt nur noch ein Material für die
Stängel in der Mitte der Blüte.

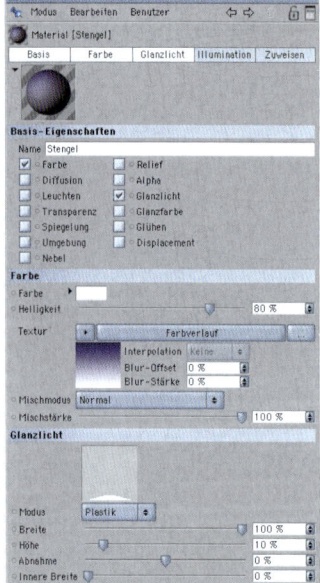

◄ **Abbildung 32**
Material für die Blütenstängel

Duplizieren Sie sich dafür am einfachsten das
Material für die Innenblätter, und reduzieren Sie
das Glanzlicht des Materials auf ein Minimum
(Abbildung 32).

Öffnen Sie den Farbverlauf-Shader im Farbe-
Kanal, und entfernen Sie die Turbulenz vollständig.

Vertauschen Sie außerdem Anfangs- und End-
farbe des Verlaufs, damit sich die Blütenstängel
gut von den darum befindlichen Innenblättern
abheben (Abbildung 33).

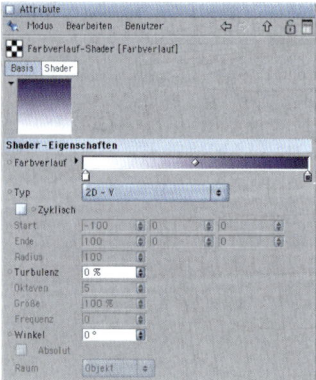

▲ **Abbildung 33**
Farbverlauf-Shader im Farbe-Kanal

Beim Mapping werden wir die Gruppe der Blütenstängel als Ganzes berücksichtigen. Weisen Sie das Material also der Gruppe mit den Stängel-Objekten zu, und definieren Sie im Textur-Geometrie-Tag das Zylinder-Mapping als Projektionsart (Abbildung 34).

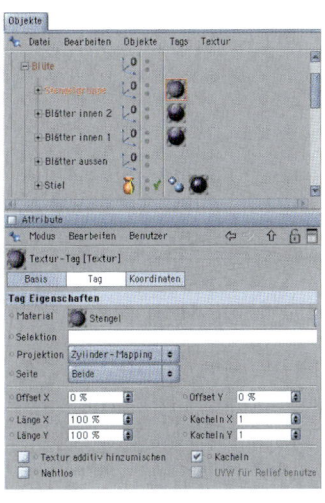

◄ **Abbildung 34**
Mapping des
Blütenstängel-Materials

Für die Anpassung der Textur auf die Objektgruppe bemühen wir den Befehl AUF OBJEKT ANPASSEN aus dem Menü TEXTUR des Objekt-Managers (Abbildung 35).

**Abbildung 35 ►**
Automatisches Anpassen der
Textur auf die Objektgruppe

Nach Anwendung des Befehls haben sich Textur und zugehörige Textur-Achse passend um die Objektgruppe gelegt (Abbildung 36).
Zur weiteren Anpassung der Textur können Sie den Textur- bzw. Textur-Achsen-Modus verwenden und beispielsweise mit dem Verschieben-Werkzeug die Textur in Y-Richtung anpassen.

◄ **Abbildung 36**
Textur-Achse der
Blütenstängel-
Textur

Abbildung 37 zeigt den fertig texturierten Zierkaktus.

◄ **Abbildung 37**
Fertig texturierter
Zierkaktus

◀ **Abbildung 38**
Vorbereitung der Augen

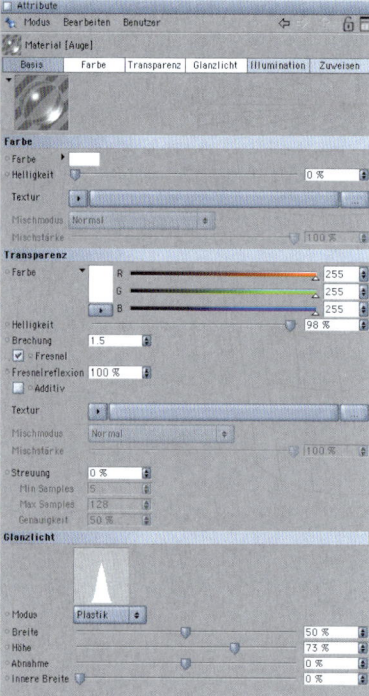

**Abbildung 39** ▶
Transparentes
Material für die
Augen

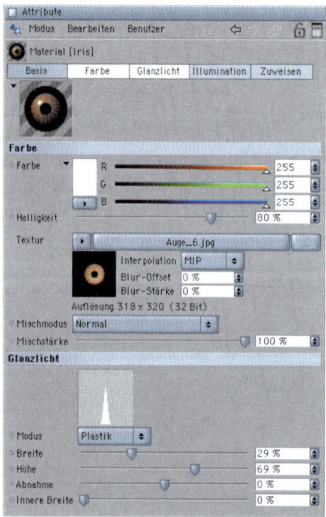

**Abbildung 40** ▶
Material für die Iris

## 5. Texturing des Dinosauriers

Bevor wir uns an BodyPaint 3D wagen, erledigen wir zunächst die Elemente des Dinosauriers, die ihre Texturen in Cinema 4D erhalten.

Beginnen wir mit den Augen, die vor ihrer Texturierung noch eine Untergliederung in Auge und Iris erfahren. Duplizieren Sie dazu die beiden Kugel-Objekte und ordnen Sie pro Auge je eine Iris-Kugel unter (Abbildung 38).

Verkleinern Sie die untergeordnete Iris-Kugel um wenige Zehntel Einheiten. Sie wird die Iris-Textur des Auges erhalten und durch ein transparentes Kugel-Überobjekt einem natürlichen Auge ähneln.

Erstellen Sie für das transparente Auge-Objekt ein neues Material mit Transparenz- und Glanzlicht-Kanal.

Stellen Sie einen hohen Transparenzwert von knapp 100% ein, aktivieren Sie die Option FRESNEL, und vergeben Sie einen Brechungsindex von 1.5 (Abbildung 39).

Vergeben Sie außerdem ein schmales, hohes Glanzlicht, damit das Auge-Material gläsern transparent wirkt.

Für die Iris des Auges benötigen wir wieder ein neues Material, in dessen Farbe-Kanal Sie eine beliebige der insgesamt sechs vorbereiteten Iris-Bitmap-Texturen laden.

Sie finden die Dateien auf der beiliegenden Buch-CD im Ordner tex.

Aktivieren Sie auch hier den Glanzlicht-Kanal, um ein weiteres schmales Glanzlicht für das separate Iris-Objekt zu generieren (Abbildung 40).

Das Mapping der transparenten Augentextur erledigt sich durch eine einfache Zuweisung im Objekt-Manager, mehr ist dabei nicht zu beachten (Abbildung 41 oben).

Bringen Sie anschließend die Iris-Textur auf das untergeordnete Iris-Objekt auf.

Stellen Sie im Textur-Geometrie-Tag der Iris-Textur die Projektionsart Flächen-Mapping ein (Abbildung 41 unten).

Um die Textur richtig auf der Augen-Kugel zu positionieren, aktivieren Sie den Textur-bearbeiten-Modus und verschieben das nun sichtbare Textur-Gitter in der 3D-Ansicht, bis die Iris-Textur in einer natürlichen Position auf dem Kugel-Objekt sitzt.

Vergrößern Sie gegebenenfalls die Textur im Textur-Tag auf ca. 110–120%, bis die runde Iris den Platz zwischen Ober- und Unterlid füllt (Abbildung 42).

Korrigieren Sie, wenn nötig, noch einmal die Position der Iris, und kopieren Sie das Textur-Tag auf das Iris-Objekt des anderen Auges.

Wechseln Sie in der 3D-Ansicht auf die andere Seite des Dinosauriers, und verschieben Sie die Auge-Textur entsprechend ein Stück nach vorne.

Auch die Zähne des Dinosauriers bekommen ein Material aus Cinema 4D zugewiesen.

Erzeugen Sie dazu ein neues Material mit Farbe- und Glanzlicht-Kanal (Abbildung 43).

Im Farbe-Kanal stellen Sie ein leicht gelbliches Grau als Zahnfarbe ein, das Glanzlicht der Zähne sollte schmal, hoch und mit etwas innerer Breite ausfallen.

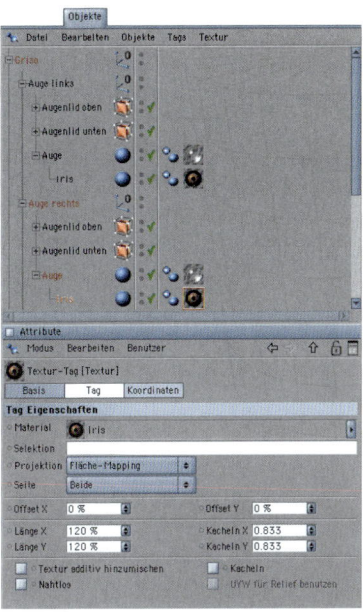

◄ **Abbildung 41**
Mapping der
Augentexturen

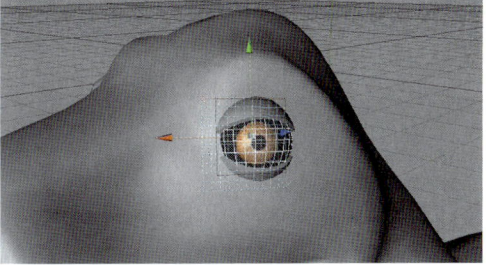

◄ **Abbildung 42**
Mapping der
Augentextur im
Editor

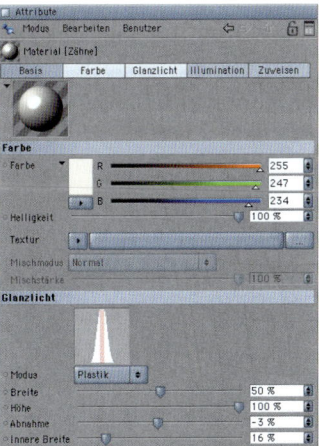

◄ **Abbildung 43**
Material für die
Dinosaurierzähne

**Abbildung 44 ▶**
Texturierte Augen
und Zähne des
Dinosauriers

Werfen Sie das Zahn-Material im Objekt-Manager auf die Gruppe der Zahn-Symmetrien, und schon wirkt das Lächeln unseres Dinosauriers freundlicher (Abbildung 44).

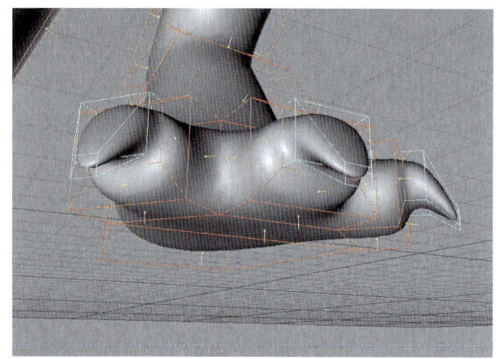

**Abbildung 45 ▶**
Selektion der
Reptilhautfläche

Die Struktur der reptilartigen Haut des Dinosauriers soll auch über ein Material aus Cinema 4D simuliert werden. Es wird die Dinosaurier-Textur, die wir mit BodyPaint 3D erstellen, ergänzen.

Zunächst müssen wir die Bereiche für die Hautstruktur des Dinosauriers definieren. Dazu gehört der komplette Dinosaurier mit Ausnahme der Krallen an Händen und Füßen.

Aktivieren Sie den Polygone-bearbeiten-Modus, und selektieren Sie den kompletten Dinosaurier.

Ziehen Sie anschließend durch Selektion mit gedrückter ⎡Strg⎤/⎡Ctrl⎤-Taste die Polygone der Krallen von der Auswahl ab (Abbildung 45).

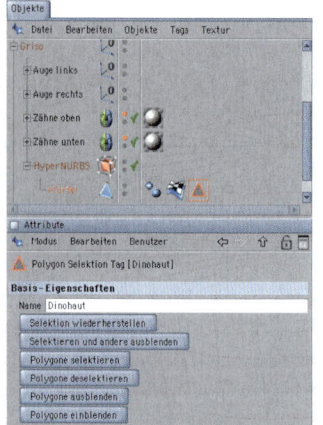

**◀ Abbildung 46**
Eingefrorene
Selektion für die
Reptilhaut

Die fertige Selektion speichern Sie über den Befehl SELEKTION · SELEKTION EINFRIEREN ab und vergeben einen aussagekräftigen Namen im zugehörigen Selektionsdialog im Attribute-Manager (Abbildung 46).

Das Strukturmaterial der Reptilhaut umfasst lediglich Relief- und Glanzlicht-Kanal (Abbildung 47).

In BodyPaint 3D verleihen wir unserem Dinosaurier dann die eigentliche Materialfarbe und einen zusätzlichen Relief-Kanal.

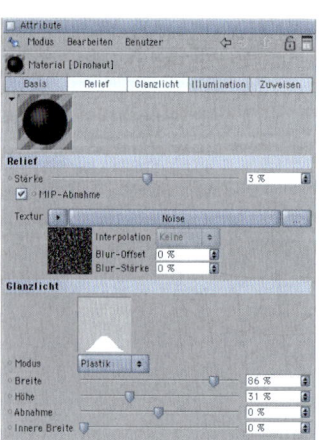

**Abbildung 47 ▶**
Material für die
Reptilhaut

Im Relief-Kanal weisen Sie dem Kanal über den Textur-Button den Noise-Shader zu und wählen in dessen Shader-Dialog den vielsagenden VORONOI 3-Shader aus (Abbildung 48).

Fragen Sie mich nicht nach der Herkunft des Namens, der Shader eignet sich einfach hervorragend für unsere Dinosaurierhaut.

Reduzieren Sie die globale Größe auf ca. 30 %, und setzen Sie, zurück im übergeordneten Materialdialog (Abbildung 47) die Relief-Stärke auf 3 %. Mehr muss nicht sein, da wir unserem Dino lediglich eine feine Hautstruktur verpassen wollen.

Ein im unteren Drittel angesiedeltes Glanzlicht ist vollkommen ausreichend.

Wenden wir uns endlich BodyPaint 3D zu, mit dem wir Griso eine standesgemäße farbliche Erscheinung zukommen lassen. Wechseln Sie über den Layout-Paletten-Eintrag BP 3D PAINT oder über das Menü FENSTER · LAYOUT · BP 3D PAINT in die BodyPaint 3D-Malumgebung.

Bei der Erstellung des Materials lassen wir uns vom Paint-Assistenten unter die Arme greifen. Rufen Sie ihn über die Werkzeug-Palette oder das Menü WERKZEUGE · PAINT-ASSISTENT auf.

Im ersten Dialog geht es um die Definition der Objekte, die bemalt werden. Deselektieren Sie zunächst alle Objekte über den gleichnamigen Button, und wählen Sie das Polygonobjekt des Dinosauriers aus (Abbildung 49).

Im zweiten Dialog aktivieren Sie das optimale kubische Mapping, die restlichen Parameter können Sie belassen (Abbildung 50).

Der dritte Schritt umfasst die Material-Optionen, wo Sie einen Farbe- und Relief-Kanal anlegen lassen. Suchen Sie für die Grundfarbe ein nicht zu grelles Grün aus, und starten Sie den Assistenten durch den Button ENDE.

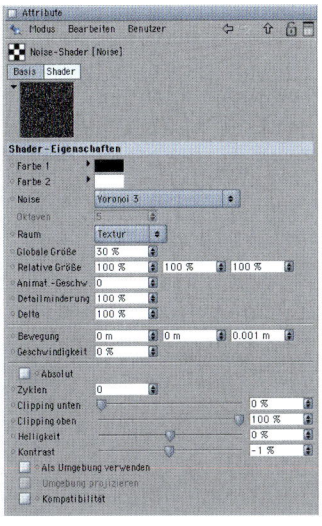

◄ **Abbildung 48**
Noise-Shader im Relief-Kanal

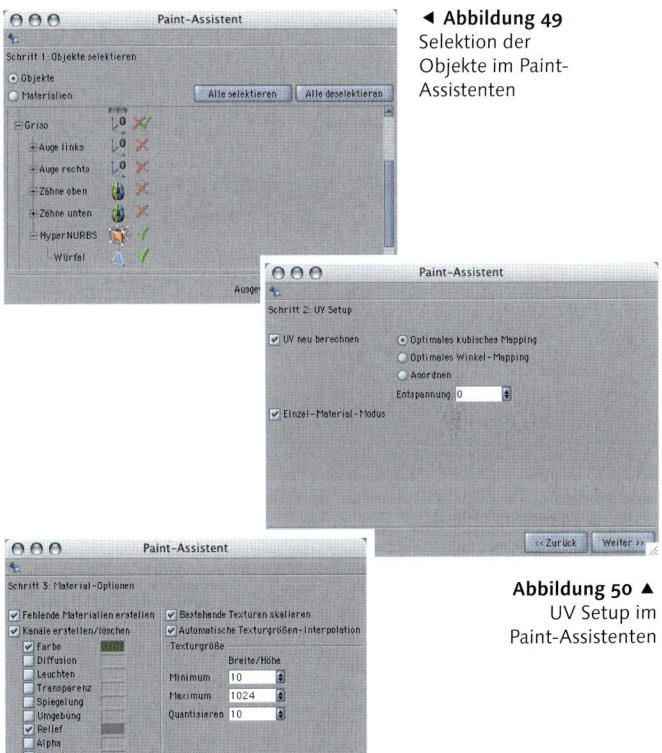

◄ **Abbildung 49**
Selektion der Objekte im Paint-Assistenten

**Abbildung 50** ▲
UV Setup im Paint-Assistenten

◄ **Abbildung 51**
Material-Optionen im Paint-Assistenten

**Abbildung 52 ▶**
Das abgewickelte
UV-Mesh

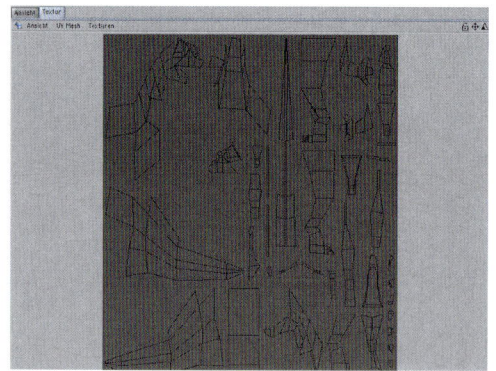

Nachdem Sie den Dialog mit der Auflistung aller angefallenen Arbeiten weggeklickt haben, finden Sie im Fenster der Textur-Ansicht (Abbildung 52) das UV-Mesh des Dinosauriers sauber abgewickelt auf der Textur unserer Wahl.

Nun könnten wir unseren Dinosaurier bereits mit Farbe und Pinsel bemalen. Weil die Körperzeichnung von Tieren aber symmetrisch verläuft, würden wir uns bei der Arbeit mit freier Hand äußerst schwer tun. Wir werden das UV-Mesh also so vorbereiten, dass wir die fertige Texturierung einer Körperseite problemlos auf die andere Seite spiegeln können.

**Abbildung 53 ▶**
Selektion des
Haupttextur-
bereichs

Selektieren Sie im Polygon-bearbeiten-Modus alle Bereiche der oberen Körperhälfte (in meinem Fall von der Stirn bis zum Schwanzende bzw. vom rechten bis zum linken Oberschenkel) alle Bereiche, die zur Haupttextur gehören sollen (Abbildung 53).

**Abbildung 54 ▶**
Anpassen des
Mappings der
Selektion

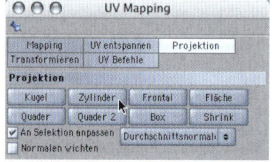

Rufen Sie den UV-Manager im Menü UV BEARBEITEN auf, und vergeben Sie an den ausgewählten Bereich die Zylinder-Projektion als Mapping-Art (Abbildung 54).

**Abbildung 55 ▶**
Separation des
angepassten UV-
Meshs

Wechseln Sie in die Textur-Ansicht, und wählen Sie im Menü UV-Mesh das Polygonobjekt des Dinosauriers aus.

Sie erkennen sofort, wie die UV-Bereiche der Haupttextur sinnvoll zusammengesetzt wurden und nun symmetrisch zur Texturierung bereitstehen. Aktivieren Sie das Verschieben-Werkzeug, und setzen Sie das neue UV-Mesh an eine Stelle, die noch nicht von anderen UV-Polygonen besetzt ist (Abbildung 55).

Die gleiche Vorgehensweise wenden wir nun bei der Vorbereitung des Brustbereiches an.

Selektieren Sie in der 3D-Ansicht die Polygone halsabwärts bis in die Nähe des Schwanzendes (Abbildung 56).

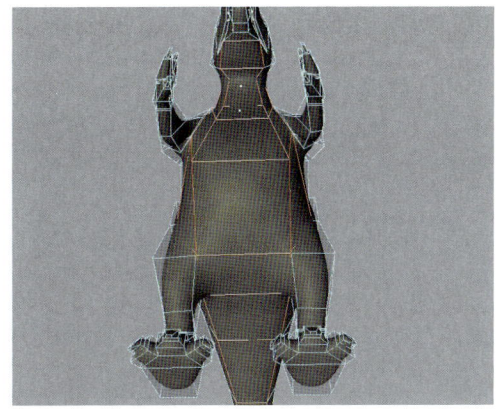

◄ **Abbildung 56**
Selektion des
Brusttexturbereichs

Wieder kommt der UV-Manager (Abbildung 57) zum Einsatz. Wählen Sie diesmal das Fläche-Mapping als Projektionsart, weil der ausgewählte Bereich am ehesten einer Fläche entspricht.

In der Textur-Ansicht wurde das UV-Mesh des Brustbereichs wieder stimmig zusammengefügt, allein die Größe des UV-Gitters will nicht so recht zum Rest des Dinosauriers passen.

Mit dem Skalieren-Werkzeug (Abbildung 58) verkleinern Sie den UV-Brustbereich auf eine sinnvolle Größe und setzen die selektierten UV-Polygone an eine freie Stelle der Textur-Ansicht (Abbildung 59).

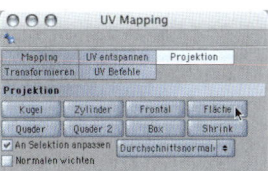

◄ **Abbildung 57**
Anpassung des
Mappings am
Brustbereich

**Abbildung 58** ▲
Skalierung des
Brust-UV-Gitters

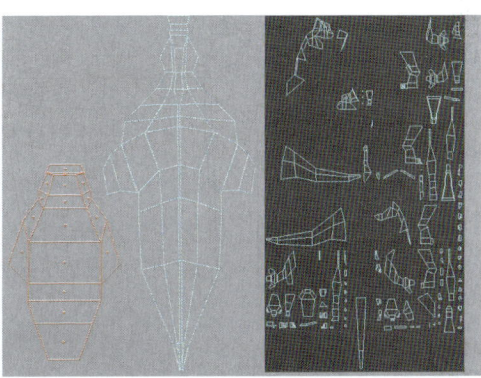

◄ **Abbildung 59**
Separation des
angepassten Brust-
Meshs

Vereinheitlichen wir der Vollständigkeit halber auch die UV-Polygone der Krallen (Abbildung 60).

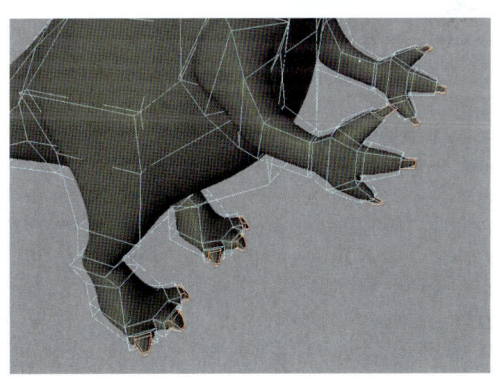

◄ **Abbildung 60**
Selektion der
Krallenbereiche

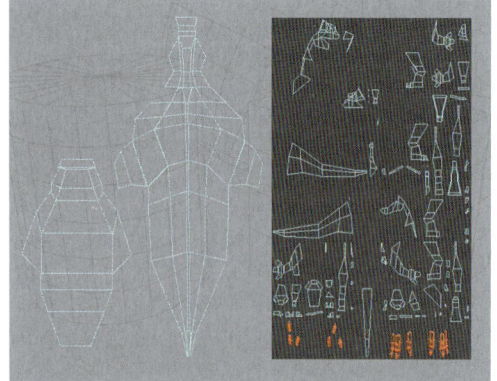

**Abbildung 61** ▶
Separation der
Krallen-UV-
Polygone

Den UV-Manager brauchen wir hier nicht zu bemühen, schieben Sie aber die selektierten UV-Polygone der Krallen an eine freie Stelle der Textur, damit wir sie ungestört mit Farbe versehen können (Abbildung 61).

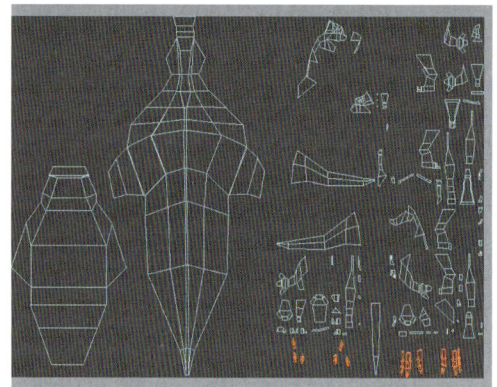

**Abbildung 62** ▶
Anpassen der
Textur an das UV-
Mesh

Nun wissen wir, wie groß unsere Textur sein muss, damit alle UV-Bereiche eingebunden sind. Natürlich können wir die UV-Polygone nach Belieben verkleinern und sie in die vorgegebene Texturgröße zwängen, machen wir uns die Sache aber noch einfacher, indem wir die Textur einfach in ihrer Größe an unser UV-Mesh angleichen.

Den Befehl hierfür finden Sie im Menü UV BEARBEITEN: ARBEITSFLÄCHE AN UV-MESH ANPASSEN. Das Ergebnis sehen Sie in Abbildung 62.

**◀ Abbildung 63**
Farb-Auswahl für
die Krallen

Beginnen wir mit der Bemalung unseres Dinosauriers, genauer gesagt, bei dessen Krallen.

Die zugehörigen UV-Polygone haben wir bereits freigestellt, wir müssen sie also nur noch mit Farbe füllen.

Wählen Sie im Farbe-Manager (Abbildung 63) am besten die Farbe Schwarz aus, und bemalen Sie in der Textur-Ansicht die UV-Bereiche der Krallen. Solange es sich um freigestellte UV-Polygone handelt, müssen Sie hier nicht allzu genau vorgehen. Noch schneller funktioniert es, wenn Sie den zu füllenden Bereich mit der Bitmap-Selektion auswählen und mit dem Farbe-Eimer füllen.

Es kann nie schaden, das Ergebnis in der 3D-Ansicht zu prüfen und gegebenenfalls etwas nachzuarbeiten (Abbildung 64).

**Abbildung 64** ▶
Bemalte Krallen
im Editor

Zu den kleineren Texturbereichen gehören auch die Mundinnenräume des Dinosauriers. Zur Auswahl dieser UV-Polygone verwenden Sie am besten die 3D-Ansicht in der Linien-Darstellung (Abbildung 65).

Selektieren Sie hier die entsprechenden Bereiche in der oberen und unteren Mundhälfte.

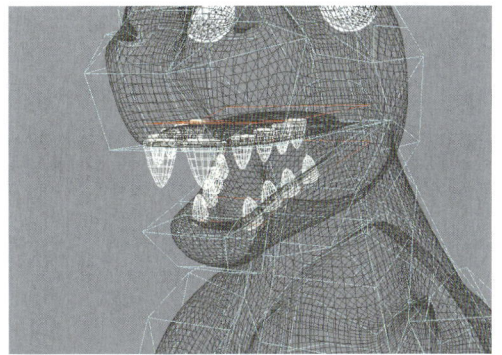

◄ **Abbildung 65**
Auswahl der Mundinnenraum-Polygone im Editor

Suchen Sie sich im Farbe-Manager ein fleisch-farbenes Rot aus, lassen Sie sich die UV-Polygone in der Textur-Ansicht über das UV-Mesh-Menü anzeigen, und füllen Sie die Bereiche wahlweise mit dem Pinsel oder dem Eimer (Abbildung 66).

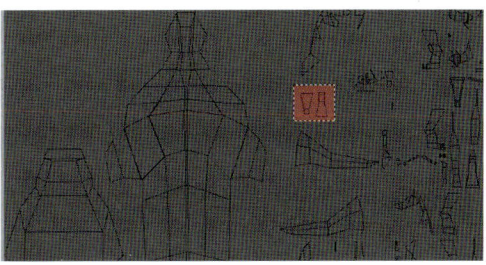

◄ **Abbildung 66**
Füllen der Mundin-nenräume mit dem Füllen-Werkzeug

Für die Bemalung des Mundes reicht das aber noch nicht aus. Der rote Bereich wirkt unna-türlich und abgeschnitten. Verfeinern wir den Grenzbereich zwischen Mundfarbe und Dino-saurierhaut mit einem anderen Pinsel und arbei-ten in der 3D-Ansicht etwas nach.

Rufen Sie die Pinsel-Presets, so sie nicht in ihrem BodyPaint 3D-Layout integriert sind, über das Menü FENSTER auf, und wählen Sie ein gesprenkeltes Pinsel-Muster aus. Aktivieren Sie die Option FARBE BEHALTEN, schließlich wollen wir mit der bereits ausgewählten Farbe weiter-malen (Abbildung 67).

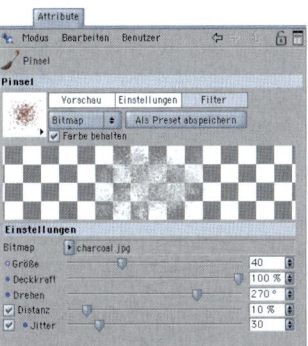

◄ **Abbildung 67**
Auswahl des Pinsels für das Zahnfleisch

Wechseln Sie in die 3D-Ansicht, nähern Sie sich behutsam dem Dinosauriermund, und bemalen Sie die Zahnfleischbereiche zwischen den Zähnen bis hin zur Oberkante des Mundes.

Passen Sie den Pinsel, wenn nötig, ein wenig in der Größe an, damit Sie nur die gewünschten Bereiche bemalen (Abbildung 68).

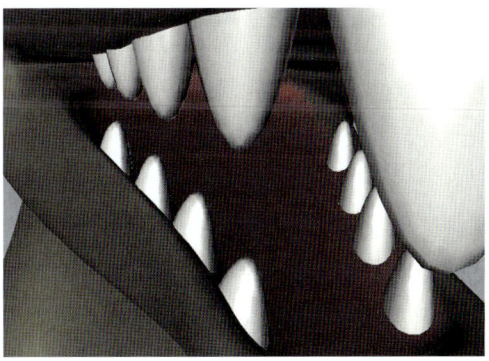

◄ **Abbildung 68**
Bemalen des Zahn-fleisches im Editor

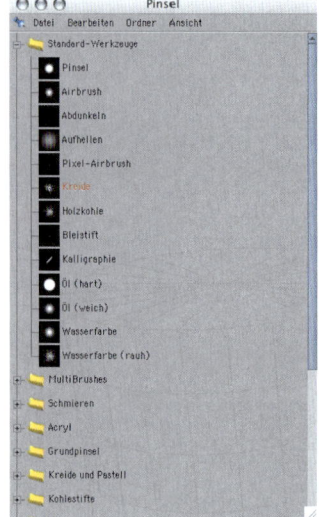

◀ **Abbildung 69**
Auswahl des Pinsels für die
Dinosaurier-Bemalung

Pinsel-Einstellungen
**Abbildung 70** ▼

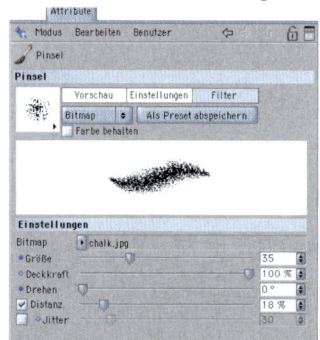

Fangen wir mit der eigentlichen Dinosaurier-Textur, der Körperzeichnung an.

Suchen Sie sich zunächst einen groben Pinsel aus der umfangreichen Pinsel-Presets-Palette aus (Abbildung 69), ich habe mich für den Kreide-Pinsel entschieden.

Deaktivieren Sie in dessen Einstellungsdialog im Attribute-Manager die Option FARBE BEHAL-TEN, weil wir des Öfteren die Farbe wechseln werden.

Nehmen Sie ruhig eine etwas größere Pinsel-sorte, damit der Farbauftrag schneller vonstatten geht (Abbildung 70).

**Abbildung 71** ▶
Bemalen von Rücken
und Brust in der
Textur-Ansicht

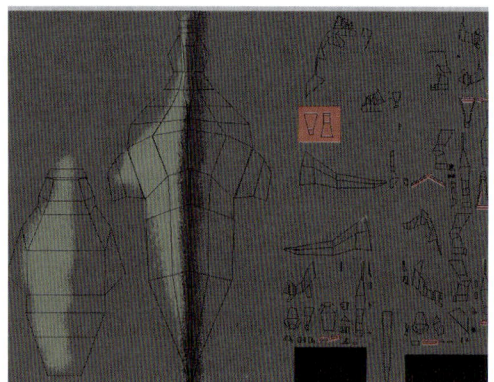

Ob Sie die Bemalung lieber in der 3D-Ansicht oder in der Textur-Ansicht vornehmen, bleibt Ihnen überlassen, ich favorisiere eine Kombina-tion aus beiden.

Bemalen Sie zunächst jeweils eine Hälfte des Rücken- bzw. Brustbereichs mit einer zum Basis-untergrund helleren Farbe.

Für die Hervorhebung des Rückens habe ich die komplette Linie von Schwanz bis zur Stirn mehrmals kräftig mit Schwarz gefärbt (Abbil-dung 71). Vorsicht ist an den Polygonkanten geboten, wo keine Nachbar-UVs angrenzen. Wenn Sie hier über das Ziel hinausschießen, wirkt die Zeichnung logischerweise abgeschnit-ten.

**Abbildung 72** ▶
Bitmap-Auswahl zur
Spiegelung

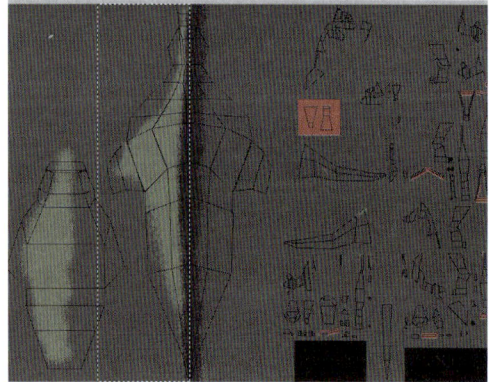

Wenn Sie mit dem Texturierungsergebnis der einen Seite zufrieden sind, können wir die Hälf-ten auf die andere Seite spiegeln.

Dazu grenzen Sie zunächst den bemalten Bereich mit der Bitmap-Selektion ein (Abbildung 72) und kopieren die Selektion in die Zwischenab-lage (Befehl-C) bzw. Menü BEARBEITEN · KOPIE-REN.

Um mit der kopierten Selektion besser hantieren zu können, setzen wir sie in einer neuen Ebene ein.

Legen Sie über den Material-Manager im Menü TEXTUR eine NEUE EBENE für den Materialkanal FARBE an (Abbildung 73). Unter den Ebenen des Farbe-Kanals finden Sie fortan die neue Ebene oberhalb der als Hintergrund angelegten Textur-Ebene positioniert (Abbildung 74).

Setzen Sie den kopierten Texturbereich in die Ebene ein (Befehl-V) bzw. Menü BEARBEITEN · EINSETZEN.

Lassen Sie die Selektion weiterhin aktiv, und rufen Sie das Bitmap-transformieren-Werkzeug in der Werkzeug-Palette auf.

In dessen Einstellungsdialog im Attribute-Manager (Abbildung 75) finden Sie den Button HORIZONTAL SPIEGELN, nach dessen Anwendung sich die Textur in gespiegelter Version vorfindet.

Mit dem Verschieben-Werkzeug können Sie die gespiegelte Textur nun an die richtige Stelle auf der gegenüberliegenden Seite der Ausgangstextur platzieren (Abbildung 76).

Zur Spiegelung der Brusttextur springen Sie über den Material-Manager auf die Hintergrund-Ebene zurück. Umrahmen Sie den zu spiegelnden Bereich mit der Bitmap-Selektion, und kopieren Sie ihn wieder in die Zwischenablage ([Strg]/Befehl-[C]).

Wechseln Sie wieder in die neu angelegte Ebene, und setzen Sie die Kopie dort ein. Nach erneuter Anwendung der Bitmap-transformieren-Spiegelung können Sie den gespiegelten Brustbereich an die richtige Stelle schieben (Abbildung 77).

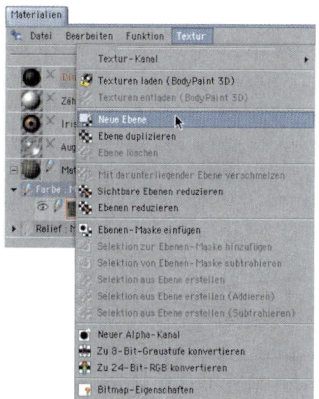

◀ **Abbildung 73**
Neue Ebene für die gespiegelten Flächen

▲ **Abbildung 74**
Neue Ebene im Material-Manager

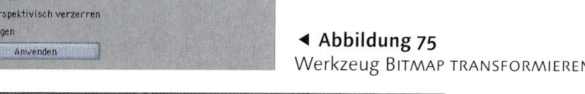

◀ **Abbildung 75**
Werkzeug BITMAP TRANSFORMIEREN

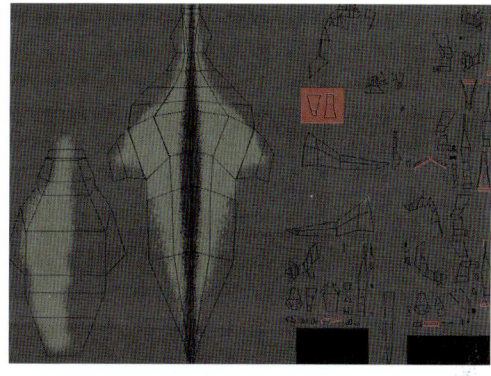

◀ **Abbildung 76**
Anpassen der gespiegelten Rückenbemalung

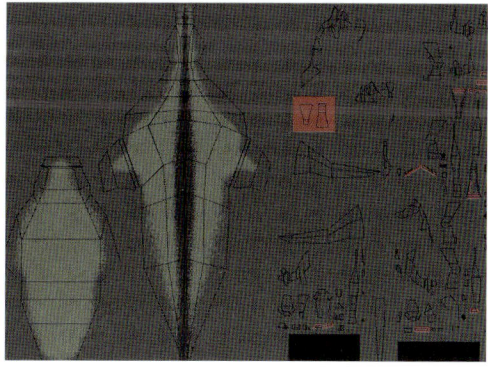

◀ **Abbildung 77**
Anpassen der gespiegelten Brustbemalung

**Abbildung 78** ▶
Bemalter Dino-
saurier

◀ **Abbildung 79**
Material für die
Augenlider

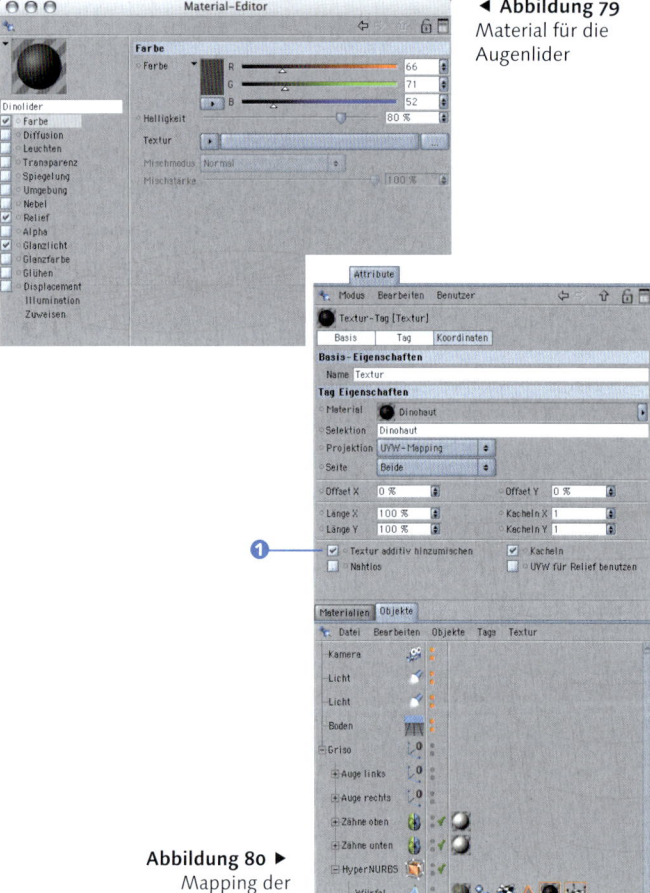

**Abbildung 80** ▶
Mapping der
Reptilhaut

So weit die Arbeit in der Textur-Ansicht. Wechseln Sie sicherheitshalber des Öfteren in die 3D-Ansicht, ob der Farbauftrag auch wie gewünscht an die richtigen Stellen gemappt wird, und bessern Sie auch hier ein wenig mit dem Pinsel-Werkzeug nach. Hier steht Ihnen in der Werkzeug-Palette das PROJECTION PAINTING zur Seite, mit dem Sie verzerrungsfrei auf allen Körperteilen malen können.

Wie in Abbildung 78 unschwer zu erkennen, heben sich die untexturierten Augenlider stark vom durchaus bereits gefälligen Dinosaurier ab. Nachdem wir die Grundfarbe unseres Dinosauriers kennen, können wir auch die Augenlider mit einem adäquaten Material versehen.

Duplizieren Sie das für die Dinosaurierhaut vorgesehene Material mit dem Reptilrelief, schalten Sie den Farbe-Kanal ein, und wählen Sie das Grün der Grundfarbe als Materialfarbe aus (Abbildung 79).

Das Relief der Dinosaurierhaut kann ruhig bestehen bleiben. Weisen Sie das Augenlid-Material den entsprechend gruppierten Objekten im Objekt-Manager zu.

Unseren Dinosaurier haben wir nun schon fleißig bemalt, von der eingangs erstellten Haut-textur haben wir aber noch nichts gesehen. Das soll sich nun ändern.

Ziehen Sie die Dinohaut-Textur auf das Poly-gonobjekt des Dinosauriers, rechts von der in BodyPaint 3D erstellten Dinosaurier-Textur.

Aktivieren Sie die Option TEXTUR ADDITIV HINZUMISCHEN ❶, damit sich die Relief- und Glanzlicht-Informationen mit der in BodyPaint 3D erstellten Textur vermischen (Abbildung 80).

Damit die Relief-Textur auch bei der Anima-tion an der richtigen Stelle bleibt, vergeben Sie zusätzlich ein Textur-Fixierung-Tag.

Zu guter Letzt möchte ich Ihnen noch den MultiBrush-Pinsel vorstellen, mit dem Sie dem Dinosaurier wunderbar Falten, Äderchen und sonstige Unebenheiten verpassen können.

Ein MultiBrush-Pinsel ist nichts weiter als ein Pinsel, der Farbe in mehreren Material-Kanälen gleichzeitig aufträgt.

Aktivieren Sie dazu zunächst die MultiBrush-Funktionalität im Farbe-Manager neben den Kanal-Icons. Suchen Sie sich anschließend für den Farbe- und Relief-Kanal jeweils eine passende Farbe aus (Abbildungen 81 und 82).

Bei der Farbe habe ich mich für ein dunkles Grün und für das Relief für ein nahezu schwarzes Grau entschieden.

Es fehlt nur noch die Auswahl des Pinsels, mit dem Sie in den aktivierten Kanälen arbeiten möchten. Für Hautfalten und -furchen eignet sich ein sehr kleiner Standardpinsel am besten (Abbildung 83).

In der 3D- oder Textur-Ansicht können Sie unserem Dinosaurier nun nach Belieben Falten und Runzeln bescheren (Abbildung 84).

Nach diesem Ausflug in BodyPaint 3D ist der Dinosaurier damit fertig texturiert (Abbildung 85).

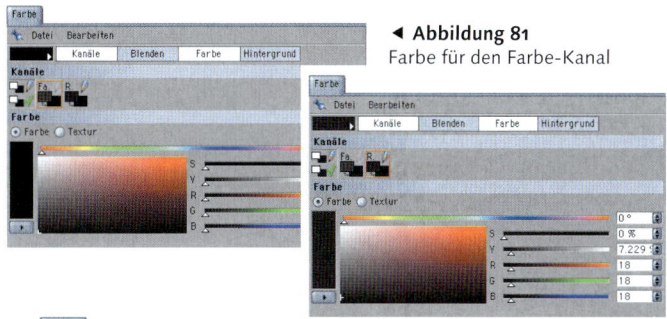

◄ **Abbildung 81**
Farbe für den Farbe-Kanal

**Abbildung 82** ▲
Farbe für den
Relief-Kanal

◄ **Abbildung 83**
Pinsel für den MultiBrush-
Farbauftrag

◄ **Abbildung 84**
Malen von Falten
mit dem
MultiBrush-Pinsel

◄ **Abbildung 85**
Fertig texturierter
Dinosaurier

# Inszenierung, Licht und Sound

# Inszenierung, Licht und Sound

## Arbeiten mit Szenen, Kameras und Lichtquellen

*Der gekonnte Umgang mit Kamera und Licht entscheidet maßgeblich darüber, ob eine Szene gestellt oder natürlich, künstlich oder realistisch wirkt.*

Modelling und Texturing bescheren uns die nötigen Puzzleteile, aus denen wir bei der Inszenierung ein stimmiges Gesamtbild zusammensetzen.

Bei der Arbeit mit Kamera und Licht sind Sie gleichzeitig Kameramann, Fotograf, Beleuchter und Regisseur. Hier schaffen Sie über subtile Werkzeuge erst Ambiente, Stimmungen, Atmosphäre und Emotionen. Kein Bereich in der 3D-Welt gibt Ihnen derartige Möglichkeiten, den Betrachter unterbewusst und emotional anzusprechen.

Kamera, Licht und Sound sowie Animation und Rendering sind eng miteinander verwoben und besitzen im Bereich 3D eine Ausnahmestellung. Nur ein 3D-Programm bietet Ihnen die Chance, Ihre Objekte von allen Seiten zu betrachten und in Szene zu setzen. Beleuchtung und Animation sind keinerlei physikalischen Grenzen unterworfen und belohnen trotzdem und manchmal vielleicht auch gerade deswegen mit hochqualitativen, auch fotorealistischen Ergebnissen.

Solche für uns 3D-Anwender mittlerweile selbstverständlichen Features geben uns eine unglaubliche Fülle von Möglichkeiten an die Hand, der Lernaufwand und die Einarbeitungszeit steigen aber immens an. Wer nicht als Fotograf oder Regisseur in das Thema 3D einsteigt, sollte sich neben der Lektüre der Programmfunktionen auch intensiv mit den Themen Kameraführung und Beleuchtung beschäftigen. Weil sich auch unser Publikum sehr schnell an die technischen Errungenschaften gewöhnt hat, wird der Grat zwischen Fotorealismus und erkennbarem 3D-Look immer schmaler und der Anspruch an uns 3D-Schaffende immer höher.

In diesem Kapitel lesen Sie alles über die Werkzeuge und Funktionen zur Inszenierung Ihrer Objekte und zur Schaffung der darum befindlichen 3D-Welt in Cinema 4D.

Ob Fotograf, Regisseur oder 3D-Designer – alle brauchen für die Arbeit und die Inszenierung eine Kamera. Der erste Teil dieses Kapitels behandelt die Funktionen und Einstellungsmöglichkeiten der Kamera-Objekte in Cinema 4D.

Auch bei den Umgebungsobjekten können Sie mit Texturen arbeiten, um Atmosphäre oder Hintergründe mit Himmel- oder Boden-Objekten zu schaffen.

◄ **Abbildung 1**
Szenen-Workshop

Alles, was Sie über die Beleuchtung respektive die Arbeit mit Lichtquellen und Schatten wissen müssen, erfahren Sie im dritten Teil des Szenen-Kapitels. Gerade weil das Thema Beleuchtung stark mit den Radiosity- und Caustic-Fähigkeiten von Cinema 4D bzw. dem Advanced Renderer verknüpft ist, empfiehlt es sich, zu diesen Spezialthemen parallel auch immer wieder einen Blick in das Kapitel »Rendering« zu werfen.

Zwei wichtige Helfer für die Organisation Ihrer Szene und das Management der enthaltenen Objekte stelle ich Ihnen mit den Szenen-Werkzeugen vor: das Stage- und das Selektions-Objekt.

Cinema 4D kann auch mit Sound umgehen. Audiodateien können nicht nur importiert, sondern auch über die Zeitleiste abgespielt, gestretcht und »gescrubbt« werden – eine entscheidende Voraussetzung für die Synchronisation von animierten Objekten. Zahlreiche animierbare Lautsprecher- und Mikrofonobjekte erlauben außerdem die Erstellung räumlicher Surround-Sounds – alles Wissenswerte zu diesem Thema finden Sie im Sound-Abschnitt dieses Kapitels.

Zu guter Letzt stellen wir im dritten Workshop-Teil unsere Projektszene mit allen noch fehlenden Zutaten wie Kameras, Licht und Umgebung zusammen.

# Kamera

*Das Auge des Betrachters*

*Die virtuellen Kameras in Cinema 4D unterscheiden sich kaum von echten Kameras. Perspektiven, Objektive und Objektivdurchmesser, Brennweite, Tiefenunschärfe – alles da, was zur Ausstattung eines Fotografen gehört.*

Seit Ihren ersten Schritten in Cinema 4D arbeiteten Sie auch mit einer Kamera. Diese Kamera, die so genannte Editor-Kamera, ist für den Inhalt Ihrer 3D-Editor-Ansicht zuständig. Neben dieser standardmäßig implementierten Kamera können Sie beliebig viele weitere Kameras (Abbildung 1) einbauen.

## Kamera-Objekte

### Editor-Kamera

Um Position und Winkel der Editor-Kamera interaktiv zu verändern, verwendeten Sie bereits die Bedienelemente am rechten oberen Rand jedes Ansichtsfensters (Abbildung 2).

Alternativ finden Sie im Menü BEARBEITEN der Editor-Ansicht (Abbildung 3) die Werkzeuge FILM VERGRÖSSERN, FILM VERSCHIEBEN und FILM ZOOM. Mit diesen Tools verändern Sie die Kamera, ohne dabei deren Perspektive anzutasten.

Die Projektion bzw. Perspektive der Editor-Kamera lassen sich über das Menü KAMERAS in jedem Ansichtsfenster individuell bestimmen (Abbildung 4). Die Positions- und Winkeleinstellungen einer Kamera liegen im Koordinaten-Manager, in ganzer Ausführlichkeit im Attribute-Manager.

Für eine Vielzahl von Projekten, insbesondere für Stills, wird Ihnen die Editor-Kamera ausreichen. Schließlich können Sie sich von jeder Kamera über den Befehl FENSTER · NEUE 3D-ANSICHT beliebig viele Ansichten öffnen und darstellen lassen. Das Arbeiten mit mehreren Kameras bietet aber entscheidende Vorteile, wenn es zum Beispiel um die Verwaltung, genaue Ausrichtung, den Funktionsumfang und um Animation geht.

### Eigene Kameras

Ein Kamera-Objekt erzeugen Sie über die Palette der SZENE-OBJEKTE (Abbildung 1) oder über den Menübefehl OBJEKT · SZENE-OBJEKTE · KAMERA bzw. ZIEL-KAMERA.

Damit befindet sich ein neues Kamerasymbol im Objekt-Manager. Als Positions-, Winkel- und Brennweiteneinstellungen übernimmt die gerade erzeugte Szenen-Kamera die aktuellen Parameter Ihrer Editor-Kamera oder einer eventuell gerade aktiven selbst erstellten Kamera.

◀ **Abbildung 1**
Kamera-Objekte

▲ **Abbildung 3**
Kamerasteuerung per Film-Tools

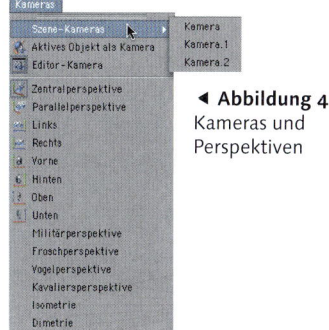
◀ **Abbildung 4**
Kameras und
Perspektiven

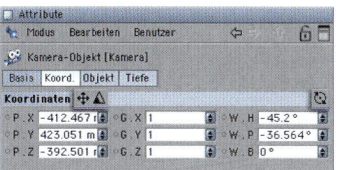
▲ **Abbildung 2**
Kamerasteuerung über Editor

An Ihrer Ansicht bzw. Editor-Kamera ändert sich daraufhin aber noch nichts. Die Kamera steht zwar bereit, will aber erst noch als Kamera für die Ansichtsfenster definiert werden.

Den komfortablen Wechsel von Kamera zu Kamera erledigt das Menü KAMERAS im Ansichtsfenster (Abbildung 4). Hier ist die EDITOR-KAMERA als Standardelement hinterlegt, im Untermenü SZENE-KAMERAS liegen automatisch alle selbst erstellten Kameras für das schnelle Umschalten parat.

Eine momentan aktiv geschaltete Kamera ist im Objekt-Manager am gelb gefärbten Namen erkennbar. Sobald Sie auf eine andere Kamera im Ansichtsfenster gesprungen sind, gelten die Bedienelemente am oberen Fensterrand für eben diese Kamera. Gewöhnen Sie sich am besten an, für das Bearbeiten oder Positionieren von Objekten zur Editor-Kamera zurückzukehren. Nur allzu schnell verliert man durch das unachtsame Verschieben einer Kamera-Ansicht eine vormals mühevoll erarbeitete Kamera-Einstellung. Oder speichern Sie sich interessante Kamera-Einstellungen einfach durch eine schnell erstellte neue Kamera.

Der Szenen- bzw. Kamerawechsel während einer Animation (der »Schnitt«) funktioniert über das so genannte Stage-Objekt, das wir uns bei den Szenen-Werkzeugen genauer ansehen.

Im unteren Abschnitt des Menüs sind alle in Cinema 4D verfügbaren Projektionsarten aufgelistet, also die unterschiedlichen Perspektiven, die in der Konstruktions- und 3D-Welt üblich sind.

Die einer normalen Kamera entsprechende – und damit die im 3D-Bereich gängige – Perspektive ist die schon als Standard eingestellte Zentralperspektive. Zusätzlich sind die unter Konstrukteuren und Architekten bekannten isometrischen und dimetrischen Perspektiven etc. anwählbar.

Da der Mensch eher visuell orientiert ist, ziehen Sie bestimmt eine interaktive Anpassung der Kamera vor, und weil wir uns in der wunderbaren 3D-Welt befinden, sind wir an keinerlei ganzzahlige Werte gebunden.

Eine Kamera ist nicht nur ein Objekt im Objekt-Manager, auch in den Ansichten ist sie als dreidimensionales Objekt sichtbar (Abbildung 5). Die grünen Linien und orangen

**256 ▶**
Szenen-
Werkzeuge

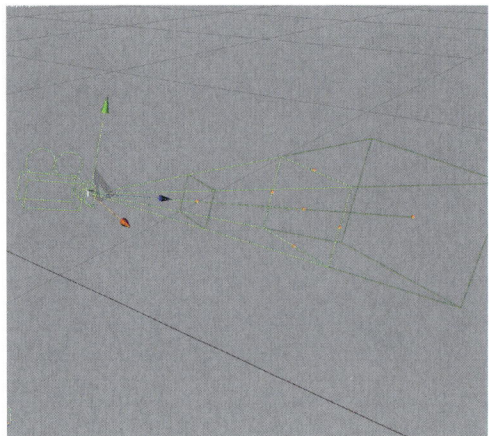

▲ Abbildung 5
Kamera-Objekt im Editor

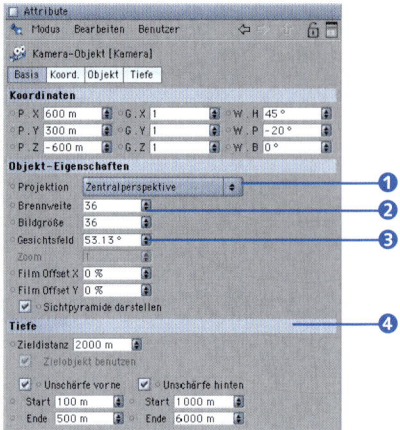

▲ Abbildung 6
Kamera-Einstellungen im Attribute-Manager

Punkte, die aus dem Objektiv der Kamera herausragen, sind die interaktiven Anfasser. Auf der Z-Achse der Kamera liegt die Linie mit dem Greifpunkt für die Ausrichtung. Das darum befindliche hellgrüne Viereck zeigt die Brennpunktebene der Kamera, die mit weiteren vier Anfassern kontrolliert werden kann. Ein Ziehen an den Greifern verändert die Brennweite, mit gedrückter ⬦-Taste verschieben Sie den Brennpunkt der Kamera.

Diese und noch mehr Parameter liegen gebündelt als Kamera-Dialog im Attribute-Manager (Abbildung 6), den Sie wie üblich per Klick auf das Kamerasymbol im Objekt-Manager erreichen. Von der PROJEKTION ❶ und der BRENNWEITE ❷ bis hin zu GESICHTSFELD ❸ und TIEFENUNSCHÄRFE ❹ sind alle Eingaben numerisch möglich. Als kleine Orientierungshilfe sind im Feld PROJEKTION einige Standardobjektive, die sich in der Welt der Fotografie eingebürgert haben, mit eingebracht. Parallel dazu passen sich die Werte von BRENNWEITE, BILDGRÖSSE und GESICHTSFELD an.

◀ 404
Advanced
Render

FILM-OFFSET X und Y versetzen die Kamera um den gewünschten Wert, ohne die Perspektive zu ändern. Im Prinzip verschieben Sie also einfach den Bildausschnitt nach links, rechts, oben oder unten. Auf diese Weise können Sie beispielsweise Bilder absolut passend aneinander setzen, ohne irgendwelchen Größenbeschränkungen zu unterliegen.

**Tiefenunschärfe**

Cinema 4D rendert alle Objekte, egal wie weit sie von der Kamera entfernt sind, gestochen scharf. Dieses Verhalten entspricht nicht dem einer realen Kamera; daher gibt es die Option, entfernungsbedingt Unschärfe zu definieren.

In Version 8 wurde dieser Post-Effekt stark verbessert und überarbeitet, leider aber auch in das Modul Advanced Render ausgelagert. Immerhin bietet Ihnen die Basisversion über das Multi-Pass-Rendering an, einen Tiefe-Kanal auszugeben, den Sie dann mit einem Compositing-Programm wie Adobe After Effects weiterbehandeln können.

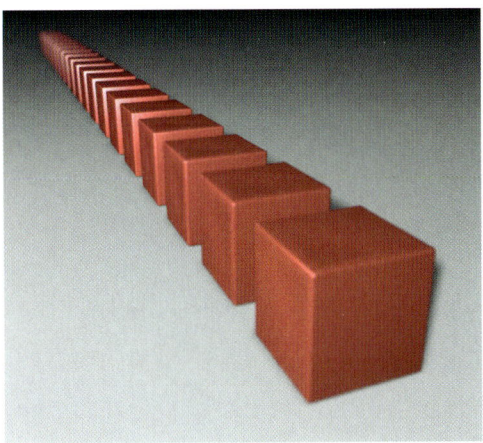

▲ **Abbildung 7**
Tiefenunschärfe

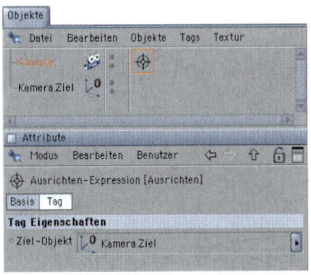

▲ **Abbildung 8**
Kamera mit Ziel-Objekt

Sobald eine Tiefenunschärfe angelegt ist, sind ein bis zwei weitere dunkelgrüne Ebenen zu sehen. Mit den Anfasserpunkten in der Ebenenmitte können Sie die Unschärfegrenzen der Aufnahme regeln.

Im Feld TIEFE ❹ legen Sie fest, ob und mit welchen Grenzwerten eine von fotografischer Linse herrührende Unschärfe angewandt werden soll. Dabei können Sie wählen, welche Bereiche von einer Unschärfe betroffen sind – jeweils für VORNE und HINTEN.

Die Angaben in den Unschärfefeldern halten also fest, bei welcher Entfernung von der Kamera die Tiefenunschärfe den maximalen Wert einnimmt. Abbildung 7 besitzt zwei Tiefenunschärfe-Zonen, unmittelbar bei der Kamera sowie ab dem dritten Viertel der Objektreihe.

In das Feld ZIELDISTANZ tragen Sie ein, welche Objekte scharf abgebildet werden sollen – in Abbildung 7 wäre dies demnach der siebte bis achte rote Würfel. Ermitteln Sie vor der eigentlichen Kameradefinition zumindest

die ungefähre Distanz der Objekte zur Kamera, damit Sie sich beim Eintragen der richtigen Werte leichter tun.

Der Effekt der Tiefenunschärfe trägt sehr zum realistischen Eindruck Ihrer Szene bei und ist ein probates Mittel, um die Aufmerksamkeit der Betrachter gezielt zu lenken.

### Ziel-Kameras

Ziel-Kameras sind nichts weiter als Kameras, denen über eine Zielexpression ein Objekt als Zielobjekt zugewiesen wurde.

Als Hilfestellung liegt zusammen mit der Ziel-Kamera bereits ein Null-Objekt als Ziel im Objekt-Manager (Abbildung 8). Wenn Sie dieses Null-Objekt verschieben, richtet sich die Kamera automatisch danach aus.

Zielexpressions können Sie auch über den Objekt-Manager-Befehl DATEI · NEUE EXPRESSION · AUSRICHTEN-EXPRESSION erstellen. Ziehen Sie dann einfach ein beliebiges Objekt in das Feld ZIEL-OBJEKT des Attribute-Managers – schon sind Ziel und Verfolger festgelegt.

▲ **Abbildung 9**
Over-Shoulder-Shot (OSS)

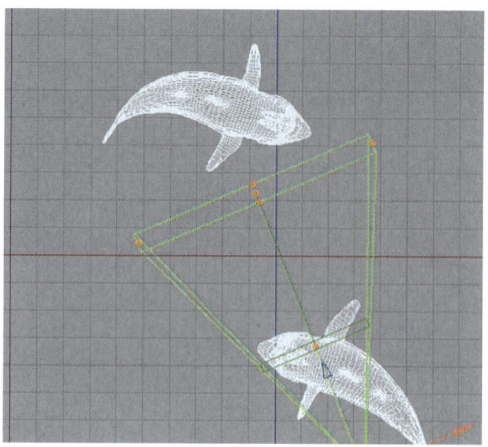

▲ **Abbildung 10**
Kamerapositionierung für OSS

Somit ist es also problemlos möglich, jedes beliebige Objekt auf jedes andere frei wählbare Objekt per Expression auszurichten.

## Inszenierung

Die Positionierung und Einrichtung einer Kamera hängt von zahlreichen Faktoren ab. Zum einen sollten Sie sich zeitig überlegen, ob Sie die Szene eher für eine detaillierte Nahaufnahme oder ein übersichtliches Weitwinkelbild oder gar für beides verwenden wollen. Dies gilt auch für Ihre Texturen, damit beispielsweise eine Relief-Textur nicht durch ein Close-Up unbrauchbar wird.

Sehen wir uns als kleinen Crashkurs in das Thema Kamerapositionierung und -führung eine Beispielszene mit zwei Haien aus einem Vorgängerbuch an.

Zwei Körper, oder Character, die einander einfach gegenüberstehen, wirken statisch und ziemlich langweilig. Als Gegenmaßnahme bietet sich zum Beispiel der klassische Over-

the-Shoulder-Shot (OSS) an (Abbildung 9). Wie der Name schon verrät, blickt die Kamera einem der Objekte praktisch über die »Schulter«. Abbildung 10 zeigt die Anordnung von Objekten und Kamera aus Abbildung 9 von oben. Die Kamera ist kurz hinter dem Körper des vorderen Hais platziert, auf Distanz des Haikopfes liegt die vordere Tiefenunschärfe-Zone, der hintere Hai hingegen wird scharf abgebildet.

Je mehr Kameras Sie verwenden, desto mehr Blickwinkel und Positionen stehen zur Auswahl. Damit kommt Ihnen aber auch ein bisschen mehr Verantwortung dem Betrachter gegenüber zu. Gemeint ist die Aktionsachse oder Aktionsrichtung, die eine unsichtbare Verknüpfung zwischen den Objekten darstellt. In der Haiszene beispielsweise verläuft die Aktionsrichtung entlang der Kamerarichtung. Sie verdeutlicht besonders die Gefahr der Verwirrung – sehen doch beide Objekte ziemlich identisch aus. Stünde die Kamera nun auf der Seite des hinteren Hais, könnte der Betrachter nicht mehr nachvollziehen, welcher Hai von beiden der

▲ **Abbbildung 11**
Bedrohliche Situation durch Kamerapositionierung

▲ **Abbbildung 12**
Friedliche Situation durch Kamerapositionierung

heranschwimmende und welcher der beobachtende Charakter ist. Noch ein anderes Beispiel: Stellen Sie sich eine rasante Verfolgungsjagd vor, in der das flüchtende Auto zuerst von rechts nach links, dann aber von links nach rechts fährt. Aus einer spannenden Jagd kann so schnell ein unfreiwilliger Lacher werden.

Durch die Positionierung der Kamera können Sie viel Emotion und Spannung beim Betrachter wecken. Vergleichen Sie dazu die beiden Abbildungen 11 und 12.

Sie haben Recht, allein aufgrund des aufgerissenen Mauls sieht der linke Hai nicht sonderlich vertrauenswürdig aus, aber auch die Kameraperspektive mit Blick von unten tut ihr Übriges, um die Situation ziemlich bedrohlich aussehen zu lassen.

Rechts sehen Sie den gleichen Hai, nur aus einer anderen Kameraposition. Der Hai macht einen relativ ruhigen Eindruck, als ob ihn so schnell nichts aus der Ruhe bringen könnte. Für einen Artikel über das friedliche Leben dieser Meeresbewohner böte sich wohl eher der rechte Raubfisch an.

Wichtig ist auch die Ausgewogenheit Ihrer Szene. Platzieren Sie die Objekte nicht einfach symmetrisch oder zufällig vor die Kamera, das Endergebnis sieht entsprechend langweilig oder nur seltsam aus. Ihr Auge sollte beim Arrangieren der Objekte die entscheidende Instanz sein, nicht die Werte im Koordinaten-Manager.

Kommt Animation ins Spiel, so läuft diese in den seltensten Fällen nur bei den Objekten ab. Kamerabewegungen und -fahrten können erklären, vertiefen, einbinden und Stimmungen erzeugen. Dabei muss nicht einmal die Kameraposition verändert werden, eine vertikale oder horizontale Bewegung, ein Zoom oder die Veränderung der Tiefenschärfe lassen sich mühelos interaktiv verwirklichen.

Auch hier bestehen viele Betrachtergewohnheiten: Eine Bewegung von links nach rechts oder ein Heranzoomen wirkt einnehmend und vertiefend, eine Bewegung von rechts nach links oder ein Wegzoomen kann gewollt beunruhigen oder eine bedrohliche Situation einläuten bzw. ankündigen.

# Umgebungsobjekte

*Mehr als nur das »Drum herum«*

*Wie weit entfernt ist der Horizont? Wie dicht ist Nebel? Es fällt schwer, diese Fragen mit Zahlen zu beantworten, noch schwerer dürfte es fallen, solche alltäglichen Szenenbestandteile mit herkömmlichen Objekten zu schaffen. Die Lösung heißt: Umgebungsobjekte.*

Unter dem Namen »Umgebungsobjekte« fasse ich in diesem Kapitel die Objekte Boden, Himmel, Umgebung sowie das Vorder- und Hintergrund-Objekt zusammen. Auch wenn das Objekt »Umgebung« ein Teil der Umgebungsobjekte ist, denke ich, dass der Name gut zu diesen Objekt-Spezies passt.

Umgebungsobjekte besitzen die Gemeinsamkeit, dass ihre Ausdehnung praktisch unendlich ist. Wenn Sie also eine Ebene oder einen Himmel erstellen möchten, brauchen Sie sich nicht mehr um die Größe des Objektes zu kümmern, lediglich eine Texturierung und eventuell eine Positionierung des Objektes stehen noch an.

Bei den texturierbaren Umgebungsobjekten spielt die Kachelung im Textur-Tag eine große Rolle – schließlich handelt es sich um Objekte unbegrenzter Größe. Hier stellt sich dann die Frage, wie viele Kacheln man für ein Objekt unendlichen Ausmaßes braucht. Eine extrem große Textur äußert sich eher in einem langsamen Rechner als durch einen positiven Eindruck beim Rendering. Auf der anderen Seite ist durch eine häufige Kachelung die Gefahr der sichtbaren Wiederholung sehr groß.

Um diesen Effekt zu unterbinden, gibt es verschiedene Möglichkeiten. Zum einen sind Sie nicht auf nur ein Boden- oder Himmel-Objekt festgelegt, mit mehreren, ein wenig versetzt und gedreht übereinander liegenden Böden verringern Sie die Wahrscheinlichkeit bzw. Häufigkeit der sich wiederholenden Muster.

Zum anderen hilft Ihnen die Tiefenunschärfe weiter, denn es ist absolut realistisch, wenn ab einer gewissen Entfernung die Texturen am Horizont ineinander verschwimmen.

Keines der Umgebungsobjekte enthält eine im wörtlichen Sinne »greifbare« Geometrie, einen echten Einstellungsdialog finden Sie ausschließlich bei der Umgebung. Demzufolge lassen sich Umgebungsobjekte auch nicht in Polygon-Objekte umwandeln, um zum Beispiel aus einem Boden eine Hügellandschaft zu formen. Ein unendlich gestrecktes Objekt ergäbe eine unendliche Anzahl von Polygonen mit unendlich vielen Punkten – also schlicht unmöglich.

Diese eingeschränkte Antastbarkeit limitiert Sie aber keineswegs. Im Gegenteil, in Verbindung mit dem Stage-Objekt kann zwischen

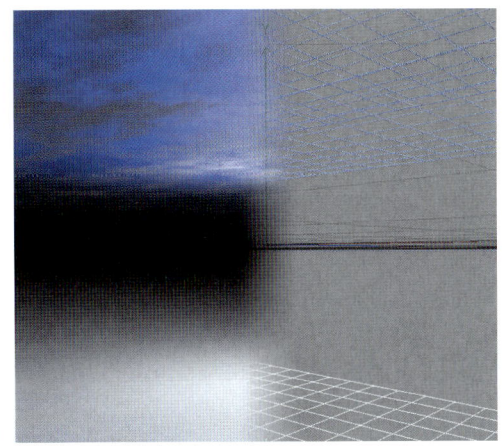

◀ **Abbildung 1**
Umgebungsobjekte

**Abbildung 2** ▶
Boden-Objekt

verschiedenen Umgebungsobjekten problemlos gewechselt werden, sei es nun vom Wolkenhimmel zum Sternenhimmel oder vom fast undurchdringbaren Nebel zum leichten Morgendunst.

Die Umgebungsobjekte befinden sich alle innerhalb der SZENEOBJEKT-PALETTE (Abbildung 1). Alternativ können Sie auch über das Menü OBJEKTE · SZENE-OBJEKTE abgerufen werden.

Die Darstellung der Umgebungsobjekte im Objekt-Manager ist auf das Wesentliche reduziert. Vom Boden-Objekt sehen Sie eine Fläche von ca. 2000 x 2000 Metern, das Himmel-Objekt gibt sich durch seine Achse zu erkennen, und das Umgebungsobjekt macht sich nur durch seinen Eintrag im Objekt-Manager bemerkbar.

## Boden

Das Boden-Objekt entspricht einer in XZ-Richtung unendlich ausgedehnten Ebene. Es lässt sich nicht nur in Y-Richtung verschieben, sondern auch entlang aller Achsen rotieren.

In Abbildung 2 sehen Sie, dass Sie mit dem Objekt nicht unbedingt auf die Erstellung von ebenen Flächen festgelegt sind. Boden-Objekte eignen sich hervorragend zur Simulation von Wolkenhimmeln. Die untere Ebene, also in diesem Fall der wirkliche Boden, ist eine einfache, etwas spiegelnde Textur (weiße Gitterlinien), der Himmel besteht aus zwei versetzten Boden-Objekten (blaue Gitterlinien). Auf der obersten Bodenebene liegt ein zweidimensionaler Wolken-Shader mit hohem Blau- und wenig Wolkenanteil. Die darunter liegende Bodenschicht besitzt einen ausgeglichenen Wolkenanteil und zusätzlich – damit die oberste Schicht überhaupt sichtbar ist – im Alpha-Kanal den gleichen 2D-Wolken-Shader.

Die Schichten wirken nicht nur unterschiedlich entfernt, sie sind es wirklich. Natürlich sind die Böden auch problemlos animierbar.

▲ Abbildung 3
Himmel-Objekt

▲ Abbildung 4
Umgebung-Objekt mit Nebel

## Himmel

Im Unterschied zum Boden ist das Himmel-Objekt keine Ebene, sondern eine unendlich ausgedehnte Kugel. Sie erkennen die Kugelform im rechten Teil von Abbildung 3, die als Kacheln angeordneten Ziegel des Tiles-Shaders verzerren sich zu den Seiten hin.

Als Projektionsarten eignen sich je nachdem, wo Sie mit Verzerrungen leben können, Kugel- und Quader-Mapping oder genauso Shrink-Wrapping, wenn Sie mit der Kamera viel in den Zenit schwenken.

Besonders beim Himmel-Objekt tritt häufig das Kachelmuster-Problem auf, oft ist eine gemischte Verwendung mit Boden-Objekten oder ein sehr großes parametrisches Kugel-Objekt zu bevorzugen. Anders als beim Boden-Objekt ist jeweils nur ein Himmel-Objekt gültig – Objekte, die in alle Richtungen unendlich ausgedehnt sind, lassen sich schließlich nicht verschieben. Mit dem Stage-Objekt können Sie zwischen Himmel-Objekten wählen und umschalten.

## Umgebung

Mit einer Umgebung tauchen Sie eine Szene in eine farbig beleuchtete Umwelt (Abbildung 4). Die Umgebung ist das einzige Umgebung-Objekt, das Ihnen neben der Zusammenarbeit mit dem Stage-Objekt Einstellungsmöglichkeiten bietet.

In ihrem Dialog (Abbildung 5) definieren Sie für die diffuse Umwelt der Szene die Farbe und Helligkeit des Umgebungslichtes.

Im zweiten Teil des Dialogs können Sie eine in Nebel getauchte Umgebung anlegen. Hier stellen Sie die Farbe und Helligkeit des Umgebungsnebels ein. Außerdem legen Sie über das Distanz-Feld fest, nach welcher Strecke der Nebel absolut opak ist und keinen Lichtstrahl mehr durchlässt.

Wie die beiden ersten Umgebungsobjekte Boden und Himmel ist auch die Umgebung unendlich ausgedehnt. Dies bedeutet zudem, dass wiederum nur jeweils eine Umgebung zu einer Zeit aktiv sein kann. Ein aktiver Nebel, dessen Distanz selbstredend spätestens bei der

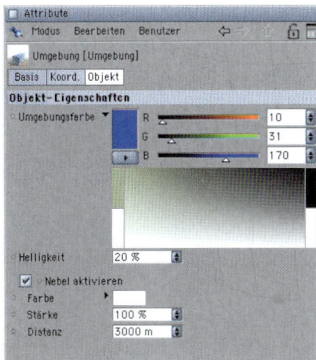

▲ **Abbildung 5**
Einstellungsdialog Umgebung-Objekt

▲ **Abbildung 6**
Vorder- und Hintergrundobjekt

unendlichen Entfernung komplett undurch-
sichtig ist, verdrängt bzw. überdeckt Boden-
und Himmel-Objekte.

Umgebungen eignen sich gut, um eine
Szene mit einem ambienten Licht auszustatten,
sei es nun beim morgendlichen Dunst, in einer
verrauchten Kneipe oder eine stimmungsvolle
Abenddämmerung.

Sie können Umgebung-Objekten auch 3D-
Shader zuweisen, um beispielsweise animierte
Umgebungseffekte zu erzeugen. Dazu ziehen
Sie einfach den gewünschten 3D-Shader auf
das Umgebung-Objekt im Objekt-Manager.

Abbildung 5 zeigt die für das bläuliche
Ambiente und den Nebel aus Abbildung 4
verantwortlichen Parameter des Umgebung-
Objektes. Der Distanzwert des Nebels ist so
eingestellt, dass der hintere rote Würfel gerade
noch gut erkennbar ist.

## Vorder- und Hintergrund

Vorder- und Hintergrundobjekte sind Ebenen,
mit denen Cinema 4D für Sie Texturbilder in
den absoluten Vordergrund bzw. Hintergrund
stellt.

Häufigste Verwendung finden diese Objekte
beim Einbau dreidimensionaler Objekte in ein
2D-Hintergrundbild oder für die Einblendung
von 2D-Elementen im Vordergrund (wie das
TV-Logo in Abbildung 6).

Auch zum Modellieren lassen sich die
Objekte hervorragend benutzen. Ein im Hintergrund liegender eingescannter Bauplan
oder eine Konstruktionsskizze helfen beim
maßstabsgetreuen, proportional exakten
Modelling. Nur Frontal-Mapping lässt sich als
Mapping-Methode verwenden. Die anderen
Projektionsarten sind zwar verfügbar, es funktioniert aber nur die frontale Projektion.

Damit ein Vordergrundobjekt dahinter
liegende Objekte freigibt, benötigt die Textur
einen Alpha-Kanal.

# Lichtquellen
## *Alles über Licht und Schatten*

*Die richtige Ausleuchtung einer Szene ist ein entscheidender Faktor für die Qualität Ihrer Renderings. Die Lichtquellen von Cinema 4D lassen so schnell keine Wünsche offen.*

Hat Ihnen bei der Arbeit in Cinema 4D schon einmal jemand über die Schulter geschaut und Sie gefragt, wie Sie denn die Schatten so hinbekommen haben? Einsteiger warne ich hiermit schon einmal vor: Diese Frage wird auf Sie zukommen und Sie verfolgen.

Wie in aller Welt, wenn nicht durch Lichtquellen, sollte denn der Schatten bitte schön entstanden sein? Bleiben Sie ruhig, und erklären Sie, dass Sie den Schattenwurf durch ein ausgeklügeltes Beleuchtungssystem in mühsamer Detailarbeit und mit Hilfe kompliziertester Werkzeuge berechnet haben.

So übertrieben wie dieser Satz klingt, ist er eigentlich nicht. Obwohl Sie für eine glaubwürdige Beleuchtung nicht viele Lichter und Einstellungen benötigen, haben Sie ein sehr mächtiges Lichtsystem zur Hand, mit dem nicht nur unzählige Parameter zur Feinjustierung, sondern auch etliche Spezialfunktionen zur Überwindung der Naturgesetze zur Verfügung stehen.

Wenn Sie zum Beispiel möchten, dass von fünf Lichtquellen nur zwei einen Schatten erzeugen – kein Problem. Von den Möglichkeiten, Lichtquellen und deren Schatten zu bearbeiten, mit Farbabnahme und Clippings zu versehen, mit volumetrischem Licht zu spielen und per Tastendruck mit Linseneffekten und vielem mehr zu experimentieren, kann jeder Fotograf nur träumen.

Bis dato war für die Beleuchtung unserer Szene das in Maßen einstellbare automatische Standardlicht von Cinema 4D verantwortlich. Solange noch keine echte Lichtquelle erstellt ist oder keine der Lichtquellen Licht abgibt, setzt Cinema 4D dieses Standardlicht ein.

Sobald es aber an diffiziles Texturieren und natürlich an das Einrichten und das qualitative Rendering einer Szene geht, ist mit den herkömmlichen Renderergebnissen der Standardlichtquellen nicht mehr viel anzufangen. Zum einen produziert das Eigenlicht von Cinema 4D keinerlei Objektschatten, zum anderen kommt kaum eine Szene mit nur einer einzigen echten Lichtquelle aus – Globale Illumination einmal ausgenommen. Um Form und Beschaffenheit eines Objektes richtig in Szene zu setzen, brauchen Sie mindestens zwei, besser noch drei oder mehr Lichter.

In der Szene-Objekt-Palette (Abbildung 1) sowie im Menü OBJEKTE · SZENE-OBJEKTE bietet

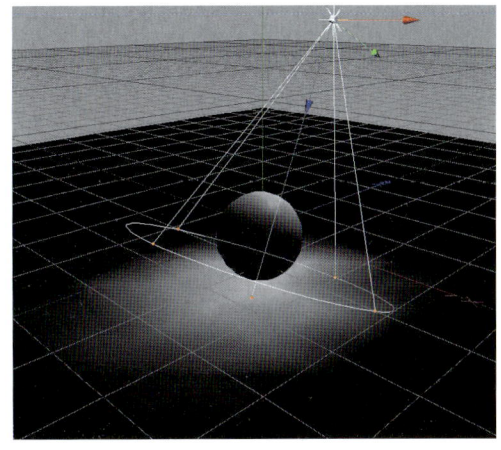

**◄ Abbildung 1**
Lichtquellen

**Abbildung 2 ►**
Lichtquelle im Editor

Cinema 4D seine Lichtquellen an. Neben der normalen Lichtquelle und einer Ziellichtquelle gibt es auch ein Sonne-Objekt oder, besser gesagt, eine Sonne-Expression, welche die Eigenschaften tageszeitbedingter Lichteinstrahlung simuliert.

Nach Anwahl der gewünschten Lichtquelle befindet sich ein neues Licht-Objekt im Objekt-Manager – eine weiße unlimitierte Punkt-Lichtquelle, die im Koordinaten-Ursprung positioniert ist.

Wer zum ersten Mal den Lichtquellen-Dialog im Attribute-Manager sieht, wird sich angesichts der unzähligen Eingabefelder und Parameter etwas verloren vorkommen. Darum gleich an dieser Stelle ein hoffentlich beruhigender Hinweis: Die Kunst des Ausleuchtens einer Szene besteht nicht darin, so viele Einstellungen wie möglich vorzunehmen, sondern aus den vorhandenen Mitteln die besten Optionen herauszufischen und so zu komponieren, dass die Szene mit Leben und Stimmung erfüllt ist.

Sie müssen also diesen Lichtquellen-Dialog nicht auswendig lernen – ich habe auch überhaupt nicht vor, Ihnen die einzelnen Funktionen bis in das letzte Detail auszuformulieren. Dieses Kapitel soll Ihnen einen Überblick über die enormen Möglichkeiten verschaffen, die Ihnen mit Cinema 4D geboten sind.

## Allgemein

Eine Lichtquelle im 3D-Editor präsentiert sich stets mit ein paar Anfassern für die wichtigsten Lichteinstellungen wie Winkel und Richtung.

Je nach Typ und definierten Lichteigenschaften variiert die Anzahl der Greifpunkte und -ebenen. Abbildung 2 zeigt eine runde Spot-Lichtquelle, die auf eine Kugel gerichtet ist. Bereits im Modus GOURAUD-SHADING des Ansichtsfensters können Sie beurteilen, welche Seiten des Würfels das Licht trifft und welche Seiten im Schatten liegen. Die Darstellung im 3D-Fenster berücksichtigt auch das Verschieben oder Rotieren der Objekte in Echtzeit, die Färbung des Lichtes ist ebenfalls schon beim Gouraud-Shading bemerkbar.

Mit den orangen Anfassern lassen sich einige der Lichtparameter interaktiv steuern, in diesem Fall die inneren und äußeren Winkel

▲ **Abbildung 3**
Lichttypen: Punkt-Licht, Spot (rund und eckig), paralleler Spot (rund und eckig), Röhre

zur Lichtkegelbegrenzung. Zur Positionierung und Ausrichtung der Licht-Objekte dienen die gewohnten Verschiebungs-, Skalierungs- und Rotationsfunktionen.

Auf der Allgemein-Seite des Lichtquellen-Dialogs im Attribute-Manager (Abbildung 4) befinden sich die Basiseinstellungen des Licht-Objekts. Viele der anderen Karteireiter des Dialogs im Attribute-Manager beziehen sich mit ihren Optionen auf diese Hauptparameter.

Im oberen Bereich stellen Sie die Lichtfarbe ein. Weil kein echtes Licht reinweiß ist, passen Sie gleich hier die Lichtfarbe an das lichtwerfende Objekt an – Glühbirnen etwa einen leichten Gelbton, Neonröhren driften meistens in einen bläulichen oder rötlichen Ton ab.

Mit den Kontrollfeldern im unteren Bereich wählen Sie den Typ und den Schattenwurf aus. Zudem lässt sich die Sichtbarkeit regulieren, und über NOISE kann man Lichtunregelmäßigkeiten hinzufügen.

Wenn Sie die Lichtquelle nicht zur Beleuchtung nutzen möchten, sondern beispielsweise mit einem Partikelsystem als Sprühnebel oder

Rauch, schalten Sie die Lichtabstrahlung ab. Dies entspricht nicht nur dem normalen Verhalten dieser Effekte, sondern schont auch die Prozessorbeanspruchung. Drei weitere Optionen erlauben es Ihnen, die Darstellung der Lichtquelle im Editor zu beeinflussen. Je nach Bedarf können die Umrisse von Beleuchtung, sichtbarem Licht und Clipping aktiviert oder deaktiviert werden.

Der Cinema 4D-Lichtdialog stellt Ihnen insgesamt neun verschiedene Lichttypen zur Wahl. Abbildung 3 zeigt die sechs Lichtquellen, mit denen sichtbares Licht zur Veranschaulichung möglich ist.

Eine **Punkt-Lichtquelle** (rot, links) funktioniert im Prinzip so wie eine Glühbirne ohne Fassung oder die Sonne. Das Licht wird vom Mittelpunkt in alle Richtungen gleichmäßig ausgestrahlt.

Zwei **Spotlichter** (gelb und rot, links) mit wahlweise rundem oder eckigem Lichtkegel sind gut geeignet, um bestimmte Bildbereiche auszuleuchten oder hervorzuheben, ohne andere Bereiche zu beeinflussen.

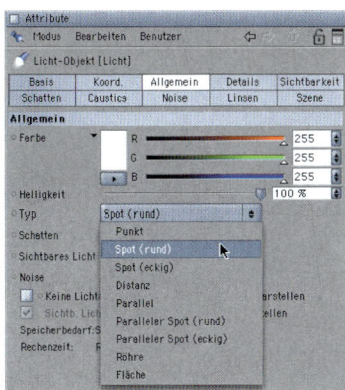

▲ **Abbildung 4**
Allgemein-Seite

▲ **Abbildung 5**
Ausleuchtung mit Flächen-Lichtern

**Parallele Spots** (gelb und rot, links) weisen im Unterschied zu normalen Spots einen gleichförmigen Lichtwurf auf, was sich auch gut zur exakten Kontrolle der Ausdehnung der Lichtränder im Editor anbietet.

**Lichtröhren** (gelb, rechts) orientieren sich an einer Linie, von der das Licht in alle Richtungen strahlt. Wofür Sie diese Objekte verwenden können, muss ich Ihnen nicht sagen.

**Distanz-** und **Parallellichter** geben ihr Licht mittels einer unendlichen Fläche ab, dabei besitzt das parallele Licht einen Ursprung. Mit beiden beleuchten Sie große Flächen bzw. Ebenen. Wenn Sie Sonnenlicht simulieren wollen, achten Sie darauf, dass die Schatten entweder hart oder zumindest nicht allzu weich eingestellt sind.

Die **Flächen-Lichter** spielen für die realistische Ausleuchtung von Szenen eine ganz besondere Rolle. Grundsätzlich sind diese Lichtquellen flächenförmige Objekte, die Licht in alle Richtungen ausstrahlen. Flächen-Lichter sind eine gute Möglichkeit, globale Illumination ohne Radiosity zu simulieren. Zwar ist es

mit dem Advanced Renderer auch in Cinema 4D möglich, mit Radiosity zu rendern. Wenn Sie aber nicht über dieses Modul verfügen, sind die Flächen-Lichter nicht nur eine gute, preiswerte Alternative, sondern halten außerdem die Renderzeiten besser im Zaum.

Cinema 4D bietet mit den Flächen-Lichtern eine sehr elegante, gut steuerbare Lösung an. Der Raum in Abbildung 5 besitzt vor den Wänden je eine schwache rötliche Flächen-Lichtquelle, die keinen Schatten wirft. Nicht nur der Raum wirkt indirekt beleuchtet, auch die Wandfarbe hinterlässt auf dem Würfel ihre Spuren. Für den Schattenwurf und zur Korrektur der Objektfarbe dient eine beliebige, nichtparallele Lichtquelle. Und die Renderzeit der Szene ist im Vergleich zur echten Radiosity-Berechnung sehr genügsam.

Noch mehr zum Thema Globale Illumination und Radiosity erfahren Sie im Rendering-Abschnitt im Kapitel »Advanced Render«.

**404 ▶**
Advanced
Render

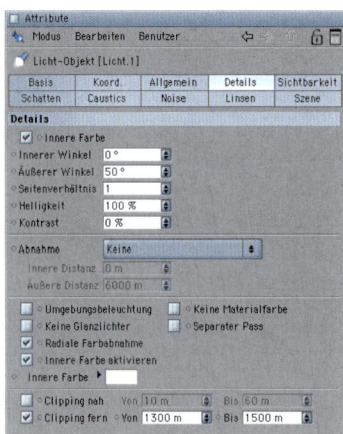

▲ Abbildung 6
Details-Seite

▲ Abbildung 7
Lichtquelle mit innerer Farbe und Clipping

## Lichteigenschaften

Alle Parameter, welche die Form und Abnahme von Lichtquelle und Lichtkegel selbst betreffen, sind in der Details-Seite des Licht-Dialoges festgehalten (Abbildung 6).

Der ÄUSSERE WINKEL beschreibt, wie groß der Lichtkegel ausfällt. Diesen Parameter werden Sie in den meisten Fällen über die Anfasser des Licht-Objektes interaktiv einstellen. Um die Weichheit des Randes zu regulieren, verwenden Sie den INNEREN WINKEL, der angibt, welcher Bereich die volle Lichtkraft aufweist.

Dieser innere Farbbereich kann unabhängig von der eigentlichen Lichtfarbe eine eigene Farbe besitzen (Abbildung 7). Über den Farbchip suchen Sie sich die passende Farbe aus und geben über die RADIALE FARBABNAHME noch an, ob sich die Überblendung radial oder linear auswirken soll.

Mit SEITENVERHÄLTNIS können Sie den Lichtkegel unproportional skalieren. Der Parameter HELLIGKEIT kümmert sich um die Verwendung

der Helligkeit in der Seite ALLGEMEIN. Negative Werte ziehen von der Szene den entsprechenden Anteil ab.

Der Wert KONTRAST bestimmt Weichheit bzw. Härte des Verlaufs von Licht zu Dunkel.

Während Sie über die inneren und äußeren Winkel die Abnahme in X- und Y-Richtung beeinflussen, regeln Sie bei der inneren und äußeren Distanz die Lichtkegeleigenschaften der Z-Richtung, also der eigentlichen Lichtrichtung. Im Feld ABNAHME definieren Sie die Art der Abnahmekurve.

Mit nahem bzw. fernem Clipping sparen Sie innen bzw. außerhalb der Lichtquelle einen beliebigen Bereich aus, der den Werten gemäß weich oder hart überblendet wird.

Bei aktivierter Umgebungsbeleuchtung beleuchten Sie alle Flächen eines Objektes mit gleicher Intensität. Für den Fall, dass Sie beim Ausleuchten keine Veränderung der Materialfarbe oder Glanzlichter wünschen, stehen ebenfalls zwei Optionen bereit.

SEPARATER PASS aktiviert diese Lichtquelle als »selektiert« beim Multi-Pass-Rendering.

◄ 426
Multi-Pass-
Rendering

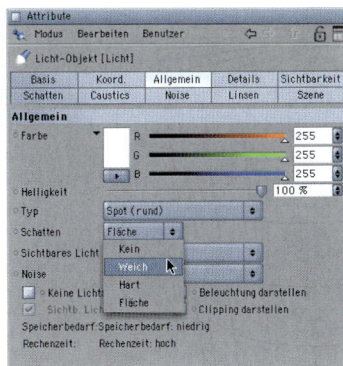

▲ Abbildung 8
Schatten-Definition auf der Allgemein-Seite

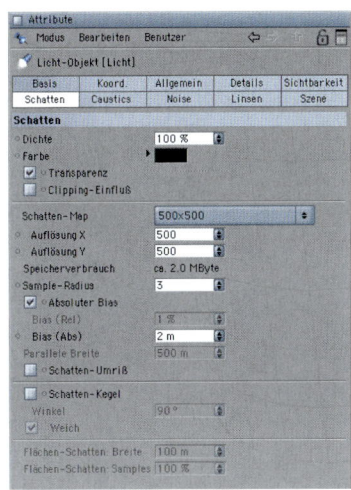

◄ Abbildung 9
Schatten-Seite

## Schatteneigenschaften

Auch bei der Definition der Schatten korrespondieren wieder die Angaben auf der Allgemein-Seite (Abbildung 8) mit den Feindefinitionen auf der Schatten-Seite (Abbildung 9) des Licht-Dialogs im Attribute-Manager.

Auf der Allgemein-Seite wählen Sie die zu werfende Schattenart. Alle Objekte, die vom Licht der Lichtquelle getroffen werden, werfen den hier eingestellten Schattentyp. Abbildung 10 zeigt drei Würfel mit (von links nach rechts) weichem, hartem und Flächenschatten.

**Weiche Schatten** kommen nahe an die in der Realität durch Punkt- und Spot-Lichtquellen erzeugten Schatten heran. Der Übergang zwischen Schatten und normalem Umfeld wird mittels einer so genannten Shadow-Map ermittelt und stufenlos gezeichnet. Für weiche Schatten sprechen schnelle Renderzeiten und gute Ergebnisse.

**Harte Schatten** simulieren in der Regel parallele Lichtquellen, aufgrund der hohen Entfernung darf auch die Sonne als parallele Lichtquelle gelten. Nachteilig wirkt sich die scharfe Kante aus, die den Schatten immer etwas künstlich aussehen lässt. Für Szenen in der Natur eignet sich also trotzdem der weiche Schatten besser – schließlich können Sie die Weichheit der Shadow-Map über die Feineinstellungen anpassen.

**Flächenschatten** beseitigen eine Ungenauigkeit, die bei weichen Schatten entsteht. Sie berücksichtigen die Tatsache, dass Schatten zum Objekt hin schärfer und härter, vom Objekt entfernt aber immer weicher verlaufen.

Die Kanten weicher Schatten verlaufen dagegen konstant. Zur Berechnung dieser Flächenschatten simuliert Cinema 4D mehrere überlagerte Lichtquellen. Den Preis für die hohe Qualität – es werden ja mehrere Lichtquellen nachgeahmt und berechnet – bezahlen Sie durch lange Renderzeiten. Im Normalfall kommen Sie mit weichen Schatten und den richtigen Schatteneinstellungen aus.

Die Schatten-Seite im Attribute-Manager teilt sich in vier Bereiche auf, in denen Sie die Feinjustierungen vornehmen können.

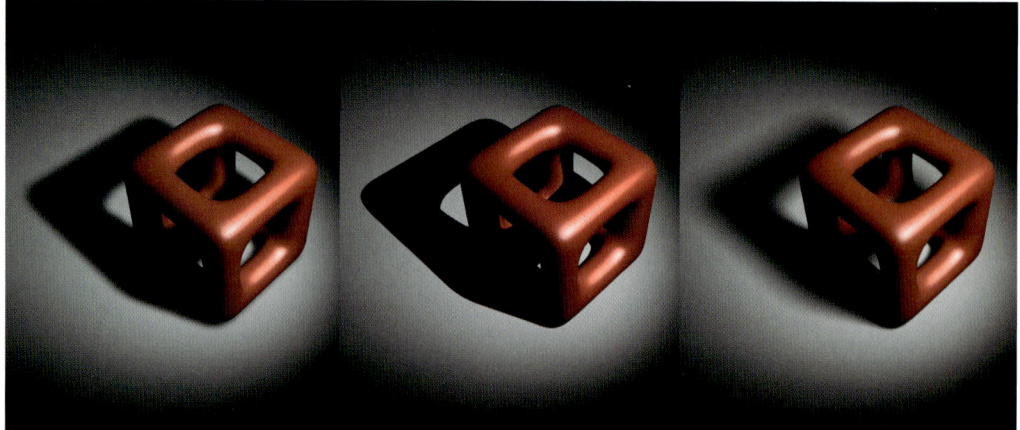

▲ **Abbildung 10**
Schattenarten: weich, hart und Flächenschatten

### Dichte und Farbe

In diesem obersten Feld kontrollieren Sie das allgemeine Aussehen des Schattens.

Der Dichte-Wert betrifft die Opazität des Schattens – 100 % Dichte heißt also absolut lichtundurchlässig.

Nach Klick auf den Farb-Chip können Sie die Schattenfarbe definieren. Je nach Umgebung und Objekt ist dies erforderlich.

Das Kontrollfeld zur Berücksichtigung von transparenten Schatten bei transparenten Objekten ist standardmäßig aktiv, auf Wunsch können Sie auch die Clipping-Einstellungen der Details-Seite in Anspruch nehmen.

### Map und Samples

Die Größe der eingestellten Shadow-Map entscheidet mit über die Weichheit und Genauigkeit des Schattens. Zwar sinken mit niedrigerer Map-Auflösung die Härte und der Speicherbedarf, genauso aber auch die Qualität. Als Gegenmaßnahme setzen Sie den Sample-Radius und damit die Berechnungsgenauigkeit herauf.

Mit Bias korrigieren Sie einen eventuellen Abstandsfehler zwischen Objekt und Schatten. Dabei spielt die Größe des Objekts eine Rolle. Maxon rät zu einem Wert von ein oder zwei Metern, bei extrem großen Objekten sollte der Bias heraufgesetzt werden.

Außerdem können Sie festlegen, welche parallele Breite die Projektionsfläche bei parallelen Lichtquellen hat und ob der Schatten nur als Umriss gezeichnet werden soll.

### Kegel

Hier können Sie einstellen, ob statt der kompletten Berechnung nur ein Schatten-Kegel Verwendung findet.

### Flächen-Schatten

In diesem letzten Feld lässt sich der rechenintensive Flächenschatten modifizieren.

Je größer die Auflösung, desto weicher der Schattenverlauf und höher die Rechenzeit.

Der Sample-Wert bestimmt die Qualität des Flächenschattens – je höher die Samplerate, desto höher die Rechnerbeanspruchung.

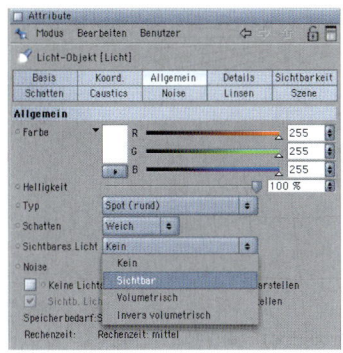

◀ **Abbildung 11**
Sichtbarkeits-
definition auf der
Allgemein-Seite

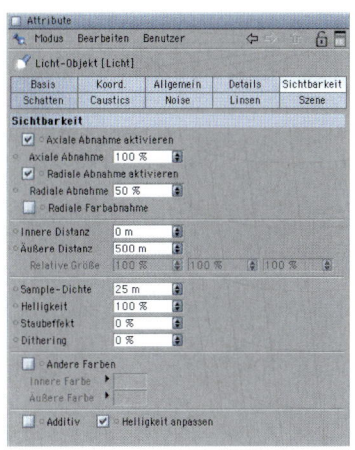

◀ **Abbildung 12**
Sichtbarkeit-Seite

## Sichtbares Licht

Richtig einsetzt, kann sichtbares Licht nicht nur aufsehenerregende Effekte erzielen, sondern die Betrachter regelrecht in seinen Bann ziehen.

Sichtbares Licht unterscheidet sich von normalem Licht grundsätzlich dadurch, dass der komplett definierte Weg des Lichts wie eine Art Schein oder Nebel zu sehen ist. Die Aktivierung des sichtbaren Lichts geschieht wie üblich über die Allgemein-Seite im Attribute-Manager (Abbildung 11). Dort können Sie zwischen drei Arten sichtbaren Lichts wählen.

**Einfaches sichtbares Licht** beschreibt den gesamten Lichtkegel bzw. -radius inklusive aller eingestellten Detail-Parameter. Dabei durchdringt es aber ungestört alle Objekte, die sich im Lichtkegel befinden. Das muss nicht unbedingt von Nachteil sein, diese Funktionalität ist für atmosphärische Effekte sogar notwendig. Mit normalem, sichtbarem Licht können Sie Lichter in geschlossene Objekte hineinsetzen, was die volumetrischen Lichter mit schlichter Dunkelheit quittieren

würden. Ein weiterer Vorteil des Lichts ist die im Vergleich geringe Prozessorbeanspruchung. Zwar ist jedes sichtbare Licht äußerst rechenintensiv, im Vergleich zur volumetrischen Variante ist das einfache sichtbare Licht aber genügsam. Was es auch für einen anderen Verwendungszweck prädestiniert: Mit sichtbaren Lichtquellen können Sie in Zusammenarbeit mit Partikelsystemen Rauch, Nebelschwaden und viele andere Spezialeffekte kreieren. Und im Gegensatz zu volumetrischem Licht erleben Sie das Ergebnis des gestarteten Renderings sogar noch…

So viel zu den abschreckenden Eigenschaften des **volumetrischen Lichts** (Abbildung 13). Es gibt natürlich auch triftige Gründe, die für dieses sichtbare Licht sprechen: Mit ihm lassen sich atemberaubende Lichteffekte generieren. Anders als normales sichtbares Licht durchdringt es die Objekte nicht, die Lichtstrahlen erkennen an der Shadow-Map die Umrisse des Objekts und enden dort, wo der Körper anfängt. Durch diesen zusätzlichen Rechenaufwand steigt freilich auch die Renderzeit an. Kurz: Wenn Sie die Performance Ihres Rech-

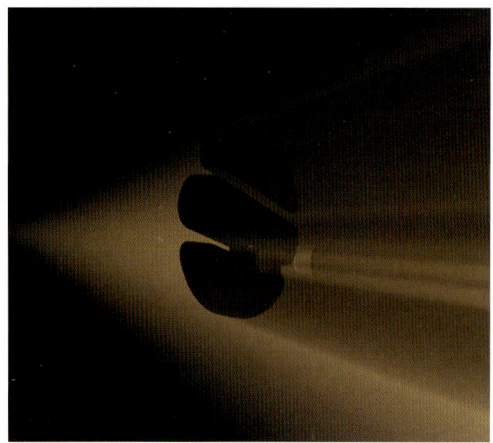

▲ **Abbildung 13**
Volumetrisches Licht

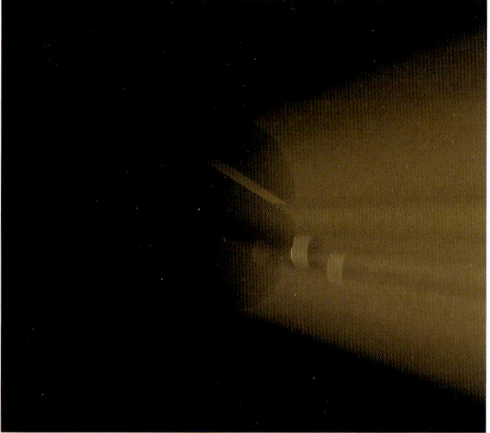

▲ **Abbildung 14**
Invers volumetrisches Licht

ners wirklich testen möchten, tun Sie es mit volumetrischem Licht.

**Invers volumetrisches Licht** dreht den Spieß um, nicht die Lichtquelle wirft das eigentliche Licht, sondern der Objektbereich, der vom Licht angestrahlt wird.

Für die Feineinstellung besitzt auch das sichtbare Licht einen Extrabereich (Abbildung 12). So können Sie explizit für das sichtbare Licht AXIALE und RADIALE ABNAHMEN festlegen. Zur Kontrolle der Dichte des Lichtkegels ist es zudem möglich, allgemeine äußere und innere Distanzen sowie bei Punkt-Lichtquellen Distanzen für die Y- und Z-Achse separat anzugeben.

Nächste wichtige Station ist die SAMPLE-DICHTE. Wie Sie wissen, drückt ein Sample-Wert immer die Genauigkeit aus, mit der eine Berechnung stattfinden soll, seien es nun Lichtstrahlen, Schatten oder das volumetrische Licht. Die Sample-Dichte für das volumetrische Licht legt also fest, wie exakt die Map für die Berechnung herangezogen wird – je feiner die Details, desto kleiner die Sample-Dichte.

Ziehen Sie eine Verkleinerung der Sample-Dichte dann in Betracht, wenn der volumetrische Lichtschein Artefakte aufweist. Auch hier gilt wieder: Je exakter das Sampling, desto höher die Rechenzeit.

Mit den Feldern HELLIGKEIT und STAUB-EFFEKT erreichen Sie den Effekt, der vorher schon zur Sprache kam: Rauch und Qualm über die Partikelsysteme. Mit niedriger Helligkeit und einem Staubanteil entziehen Sie Licht und lassen den Lichtschein dunkel und staubig wirken – ideal als Partikel für einen Rauchemitter.

Wer mit Web- und Screen-Design zu tun hat, kennt das Problem von stufigen, harten Übergängen in Verläufen. Über DITHERING erhält das sichtbare Licht eine zusätzliche Überarbeitung, die diese unerwünschten Artefakte verhindert.

Unabhängig von der eigentlichen Lichtfarbe darf sichtbares Licht eine Eigenfarbe haben, die Sie über das Kontrollfeld ANDERE FARBEN zuschalten und für den inneren und äußeren Bereich getrennt auswählen.

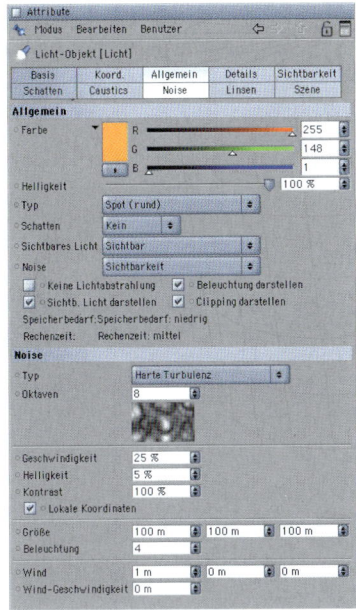

▲ **Abbildung 16**
Sichtbares Licht mit Noise

◀ **Abbildung 15**
Sichtbares Licht mit Noise

# Noise

Animierte Unregelmäßigkeiten, wie sie mit dem Noise-Effekt möglich sind, erhöhen die Glaubwürdigkeit der Szene. Denken Sie nur einmal an den Lichtstrahl eines Autoscheinwerfers in Nebelschwaden.

Diese Noise-Störungen aktivieren Sie über das Noise-Feld auf der Allgemein-Seite (Abbildung 15). Noise können Sie wahlweise auf die beleuchtete Fläche (BELEUCHTUNG), auf das sichtbare Licht (SICHTBARKEIT) oder BEIDES anwenden.

Auf der Noise-Seite (Abbildung 15 unten) finden Sie die aufgeschlüsselten Parameter für den Noise-Effekt. Dankenswerterweise besitzt dieser Dialogteil eine Vorschau zur besseren Beurteilung der Modifikationen. So ahnen Sie schnell im Voraus, inwieweit sich Ihre Veränderungen auf das Licht auswirken (Abbildung 16). Maxon hat auch hier nicht mit den Manipulationsmöglichkeiten geknausert.

Bei der Art der Störung wählen Sie zwischen einfachem Noise, was eine Art Wolkenstruktur mit sich bringt, sowie weichen, harten und wellenförmigen Turbulenzen.

Probieren Sie die unterschiedlichen Werte-Felder einmal durch, und beobachten Sie, wie sich das Vorschaubild verändert. Neben der Körnung (OKTAVEN) der Turbulenzen und der Noise-Geschwindigkeit lassen sich Helligkeit, Kontrast, Größe, Intensität und die Eigenschaften des Windes regulieren.

Durch die Verwendung von lokalen Koordinaten verknüpfen Sie die Störungen mit der Lichtquelle – was im Regelfall nicht erwünscht ist, da Licht mangels Materie naturgemäß keine Nebelschwaden beeinflussen kann.

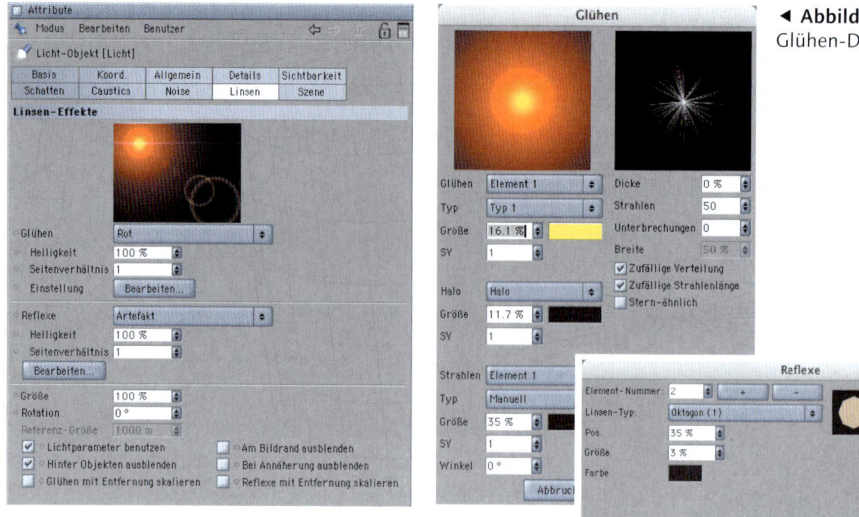

◀ **Abbildung 18**
Glühen-Dialog

**Abbildung 19** ▼
Reflexe-Dialog

**Abbildung 17** ▶
Linsen-Seite

## Linsen

Linseneffekte sind eigentlich Abbildungsfehler, die durch kleinste Materialfehler und resultierende Spiegelungen in den Linsen der Kameras entstehen. Natürlich sind von diesem Problem nur die echten fotografischen Kamerasysteme betroffen.

Um diese beeindruckenden Effekte nachzuahmen und der Szene einen fotografisch realistischen Ausdruck zu verleihen, bietet Ihnen Cinema 4D einen wahren Linseneffekt-Baukasten mit beliebigen Kombinationsmöglichkeiten.

Die Linsen-Seite (Abbildung 17) beherbergt die Grobeinstellungen für den Lichteffekt. Für die Feindefinition kommen die enthaltenen Glühen- (Abbildung 18) und Reflexe-Felder (Abbildung 19) zur Anwendung.

In diesen Feldern finden Sie auch bereits vorgefertigte Sets an Glüh- und Reflexkombinationen. Wenn Sie dort nicht fündig werden, stellen Sie sich einfach Ihre eigenen Sets zusammen. Die Linseneffekt-Dialoge sind eine wahre Spielwiese zum Experimentieren, auch wenn der Umgang mit ihnen etwas gewöhnungsbedürftig ist.

Bevor Sie Ihrem Spieltrieb freien Lauf lassen, noch ein paar gut gemeinte Ratschläge von meiner Seite:

Versuchen Sie, den Linseneffekt realistisch aussehen zu lassen. Eine Szene mit Linseneffekt, der hundert verschiedene Farben und Formen der Reihe nach annimmt, spricht zwar für Ihren Arbeitseifer, stellt aber in Frage, ob Sie jemals einen echten Linseneffekt gesehen haben.

Egal ob Sie den Linseneffekt innerhalb einer Lichtquelle produzieren oder ihn als Beiwerk in die Szene stellen – er ist Resultat eines entgegenkommenden Lichtes. Unterstützen Sie den Effekt durch gleich gerichtete Beleuchtung umliegender Objekte.

Und zu guter Letzt: Übertreiben Sie es nicht mit den Linseneffekten. Jeder zu oft angewandte Effekt wirkt irgendwann langweilig.

▲ **Abbildung 20**
Objektspezifische Beleuchtung durch Lichtausschluss

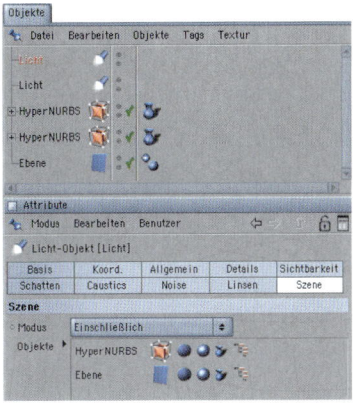

▲ **Abbildung 21**
Lichtausschluss in den Licht-Einstellungen

## Lichtausschluss

Über den Reiter SZENE im Licht-Dialog des Attribute-Managers lässt sich bestimmen, auf welche Objekte eine Lichtquelle wirken soll. Mit diesem neuen, praktischen Feature hat Maxon einen lang gehegten Wunsch vieler Anwender erfüllt.

Zur Veranschaulichung ein kleines Beispiel. In der Szene aus Abbildung 20 befinden sich insgesamt zwei Lichter, eine gelbe sowie eine rote Lichtquelle. Beide Lichter besitzen exakt die gleiche Position und Ausrichtung, sie unterscheiden sich nur in ihrer Farbe und den ihnen zugewiesenen Objekten der Szene. Weil der Boden von beiden Lichtern bestrahlt wird, resultiert ein aus beiden Lichtfarben gemischtes Orange.

Abbildung 21 zeigt, wie die Licht-Exklusionen für die Objekte definiert wurden. Im Szene-Reiter des rote Lichtes befindet sich der obere Würfel. Wie Sie sehen, besitzt dieser nicht einmal eine Textur. Da der Exklusions-Modus auf EINSCHLIESSLICH steht, wirkt die

rote Lichtquelle nur auf den Würfel und das Boden-Objekt. Umgekehrt wurde im Szene-Feld der gelben Lichtquelle der untere Würfel in die Beleuchtung aufgenommen.

Um beliebige Objekte von einer Beleuchtung und den zugehörigen Bedingungen wie Glanzlichtern und Schattenwurf auszunehmen, ziehen Sie einfach die gewünschten Objekte per Drag and Drop aus dem Objekt-Manager in das Objekt-Feld des Szene-Reiters und wählen den gewünschten Exklusions-Modus aus.

Über die vier zusätzlichen Symbole neben dem Icon des Objektes können Sie außerdem ein- bzw. ausschließen, ob bei der Exklusion die Beleuchtung selbst, das Glanzlicht, der Schattenwurf und die untergeordneten Objekte berücksichtigt werden.

Auf diese Weise haben Sie alle Mittel zur Hand, die Beleuchtung durch Ihre Lichtquellen objektorientiert auszusteuern. Möglichkeiten, um die Sie jeder Fotograf wirklich nur beneiden kann…

▲ **Abbildung 22**
Kaktus mit Standardausleuchtung

▲ **Abbildung 23**
Kaktus mit Drei-Punkt-Ausleuchtung

## Szenen ausleuchten

Nachdem wir nun alle Arten von Lichtquellen kennen, setzen wir einmal unseren Zierkaktus als Zimmerpflanze in das rechte Licht.

Bei der Ausleuchtung von Szenen stellt sich zuerst die Frage, welche Art von Lichtquelle in Frage kommt. Die flexibelsten Lichter sind eindeutig die Spot-Lichtquellen, dank ihres eingeschränkten Wirkungskreises behindern oder verfälschen sie selten andere Bereiche. Das Punkt-Licht dagegen ist etwas unhandlicher, aber für Standardzwecke absolut brauchbar. Im Prinzip haben alle Lichtquellen ihre speziellen Aufgaben- bzw. Einsatzgebiete – richten Sie sich hier am besten nach der Art der realen Lichtquelle, die Sie simulieren möchten.

Die eigentliche Arbeit ist nicht das Aussuchen und Aufstellen, sondern das Ausrichten. Bauen Sie jede Lichtquelle einzeln auf, und stellen Sie sie ein. Sind bereits mehrere Lichter in der Szene enthalten, schalten Sie die anderen aus. Testen Sie die Lichter durch hochwertiges Rendering, und denken Sie gleichzeitig an die Produktion von Schatten – gefällt Ihnen der vom Licht erzeugte Schatten nicht, überlegen Sie, ob nicht eine andere Lichtquelle für den Schatten sorgen soll.

Eine raffinierte Möglichkeit, um die Wirkung von Lichtern beurteilen zu können, ist die Einfärbung der Lichtquelle mit gut erkennbaren, eventuell sogar knalligen und falschen Farben. Am Schluss ändern Sie die Farben logischerweise, aber Sie erkennen vorher genau, wo sich Lichter treffen und welche Lichter für welche Objektstellen zuständig sind.

Die so genannte Drei-Punkt-Beleuchtung (Abbildung 23) kann als grundsätzliche Richtschnur Verwendung finden. Dieses Prinzip beruht auf drei Lichtquellen, einem Haupt- oder Key-Licht, einem Fülllicht und einem Back-Licht. Ich persönlich finde die Bezeichnung »Drei-Punkt-Beleuchtung« ein wenig unpassend, da sie assoziiert, man bräuchte oder sollte nur drei Lichter platzieren. Klammern Sie sich also besser nicht an den Begriff, sondern an das Prinzip, mit drei verschiedenen

▲ Abbildung 24
Kaktus mit Haupt- bzw. Key-Licht

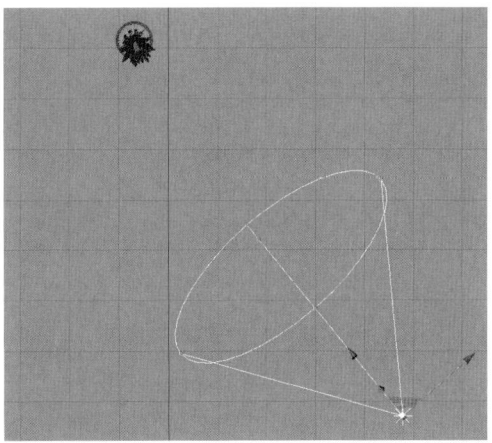

▲ Abbildung 25
Position des Haupt- bzw. Key-Lichtes

Licht-Einsatzzwecken bestimmte Ziele bei der Ausleuchtung zu erreichen. Sie dürfen beliebig viele Füll- oder Back-Lichter einbauen.

Im Folgenden gehe ich auf jeden der drei Licht-Einsatztypen ein und zeige, wie sie eingestellt und positioniert werden – und was Sie damit erzielen können.

### Haupt-, Führungs- oder Key-Licht

Das Key-Licht ist stets das hellste Licht einer Szene, es beleuchtet zumeist das Ganze oder einen Großteil des Objektes (Abbildung 24).

Diesem Licht kommt die meiste Bedeutung zu, da Sie über diese Lichtquelle die Hauptaussage der Szene treffen. Mit ihm arbeiten Sie die wichtigen Details aus dem Objekt heraus, entscheiden Sie also nach dem Objekt, wo Sie das Key-Licht platzieren.

In Abbildung 25 steht das Key-Licht rechts von der Kamera, es beleuchtet den Kaktus von rechts oben und erreicht die ganze Planzenseite mitsamt Blumentopf. Das Licht selbst ist weiß bei einer 90%igen Helligkeit und wirft einen weichen Schatten.

Prinzipiell sollten Sie aufpassen, dass der Winkel zwischen Kamera und Key-Licht sich im Bereich von 15°–45° bewegt, sonst wirkt das Objekt flach, die Glanzlichter liegen dann außerdem zu weit vorne.

Auch für die Position des Key-Lichtes gibt es generell keine Vorschriften, im Gegenteil, durch die geschickte Wahl von Position und Winkel geben Sie der Szene einen charakteristischen Anstrich. Dabei sollten Sie darauf achten, welche Schatten das Objekt durch seine Extremitäten auf sich selbst wirft – oder ob sogar ungewollt dunkle Stellen durch nicht ausreichende Beleuchtung entstehen.

Key-Lichter werfen meist (fast) weißes Licht und den stärksten, dunkelsten Schatten. Der Betrachter nimmt das Key-Licht als erstes und wichtigstes Licht zur Kenntnis, daher ist auch der Schatten des Key-Lichtes der auffallendste und bestimmendste.

### Fülllicht

Mit dem Fülllicht setzen Sie ein Gegengewicht zum Haupt- bzw. Key-Licht. Es dient zur

▲ **Abbildung 26**
Szene um Fülllicht ergänzt

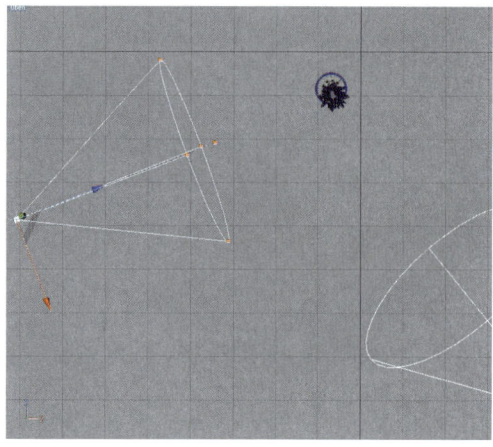

▲ **Abbildung 27**
Position des Fülllichtes

Ergänzung und Erweiterung der vom Key-Licht geschaffenen Beleuchtung. Im Prinzip simuliert das Fülllicht eine Art indirekte Beleuchtung, wie man sie vom Radiosity-Effekt kennt.

Das Fülllicht ist stets dunkler als das Key-Licht, in vielen Fällen auch mit einem Farbton versehen. Je nachdem, wie das Verhältnis der Helligkeiten von Key- und Fülllicht ausfällt, ist das Ergebnis kontrastreicher oder -ärmer.

Dieses Verhältnis ist eine bekannte Größe, im Fachjargon spricht man auch von High-Key- und Low-Key-Bildern. Bei High-Key-Bildern ist der Unterschied von Key- und Fülllicht gering, die Szene ist sehr hell. Low-Key-Bilder dagegen besitzen einen ausgeprägten Unterschied von Key- zu Fülllicht und tauchen die Szene in ein eher düsteres Ambiente. Gutes Fülllicht konkurriert nicht mit dem Hauptlicht, es ist daher dunkler, reicht aber trotzdem, um das Objekt zu beschreiben.

Das Fülllicht in Abbildung 26 ist leicht bläulich gefärbt, es liegt gegenüber dem Key-Licht (Abbildung 27) und leicht unterhalb der Kamera, näher als das Key-Licht. Die Helligkeit

beträgt 60 %, das Keylicht-Fülllicht-Verhältnis ist also ungefähr 1,5:1. Die Stellen, die das Key-Licht alleine nicht ausfüllen konnte, sind nun ebenfalls ausgeleuchtet. Auf Schattenwurf habe ich allerdings verzichtet.

Vorsicht ist in diesem Fall mit dem Schatten geboten, der Schatten des Key-Lichtes sollte nicht vom Fülllicht verwaschen werden. Ob Sie dem Fülllicht einen Schatten zuordnen, bleibt Ihnen überlassen. Er sollte aber hell sein oder zumindest nicht störend wirken.

Es ist durchaus möglich, mit mehreren Fülllichtern zu arbeiten. Daher mein Einwand gegen den Begriff »Drei-Punkt-Beleuchtung«.

### Back-Licht

Das Back-Licht soll das Profil bzw. den Umriss des Objektes nachzeichnen und das Objekt sichtbar vom Hintergrund trennen.

Back-Lichter sind meist farbig, wobei sich die Farbe nach den Objekt- und Hintergrundfarben richtet. Mit einem dunkelblauen Licht können Sie sehr dunkle Objekt- und Hintergrundelemente kaum erkennbar trennen.

▲ **Abbildung 28**
Szene um Back-Licht ergänzt

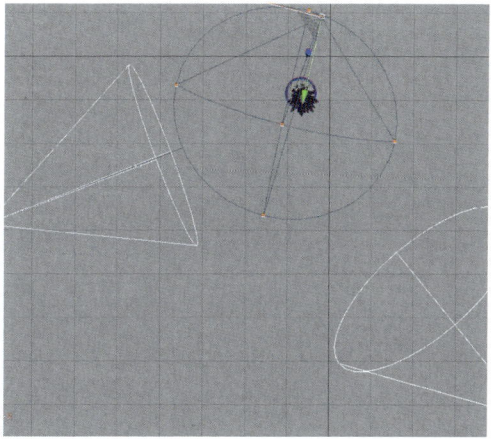

▲ **Abbildung 29**
Position des Back-Lichts

Die Position des Back-Lichtes ist (wie auch der Name besagt) von oben gesehen hinter dem Objekt. Die Beleuchtung erfolgt von oben, in Ausnahmefällen – wo ein Back-Licht oder auch mehrere für interessante Hervorhebungen sorgen – kann das Back-Licht auch in der Höhe variieren.

Nach den beiden ersten Lichtern hat unser Kaktus schon gar nicht schlecht ausgesehen, momentan hebt sich der Umriss der Kaktusblüte allerdings noch schlecht vom schwarzen Hintergrund ab.

Um dem abzuhelfen, sitzt in Abbildung 28 leicht schräg über dem Kaktus ein hellblaues Back-Licht, das die rechte Seite der Blüte hinunter bis zu den Blättern gut herausarbeitet. Die Position sehen Sie in Abbildung 29 genauer.

Back-Lichter sind nicht immer notwendig. Unterscheiden sich Objekt und Hintergrund stark und sind alle Details gut zu erkennen, können Sie darauf verzichten. Trotzdem schaffen Sie mit einem Back-Licht das »Tüpfelchen auf dem i«: Es ist dafür gedacht, schöne Details herauszuarbeiten und zu betonen, die sonst übersehen oder zugedeckt würden. Back-Lichter werfen in der Regel keinen Schatten.

In Weiß ❶ von schräg oben beleuchtet das Key-Licht, in leicht bläulichem Weiß ❷ von schräg unten das Fülllicht und aus nahezu paralleler Richtung von oben in Hellblau ❸ das Back-Licht.

So weit zur Ausleuchtung Ihrer Szenen. Das Licht ist ein unglaublich vielseitiges und schönes »Werkzeug«. Je mehr Sie testen und probieren, desto schneller gewöhnen Sie sich an den Ausleuchtungs-Workflow.

Bewahren Sie Szenen bzw. Aufbauten der Lichtquellen, die Ihnen zusagen, auf. Im Idealfall brauchen Sie für das nächste Projekt nur die Objekte auszutauschen.

# Szenen-Werkzeuge
## Szenen wechseln und selektieren

*Klein, aber fein – Cinema 4D bietet mit dem
Stage- und dem Selektions-Objekt eingebau-
te Regieassistenten, die Ihnen nicht nur bei
der Animation eine große Organisationshilfe
sind.*

Szenen-Werkzeuge sind zwei überaus praktische Helfer-Objekte, die beispielsweise Film-
schnitte, Szene-Objekt-Wechsel und elegantes
Objekt-Management innerhalb von Cinema 4D
ermöglichen: das Stage-Objekt und das Selektions-Objekt.

## Stage-Objekt

Das Stage-Objekt gehört eigentlich voll und
ganz zur Animation. Da es aber eines von den
Szeneobjekten ist und Sie seit den letzten
Kapiteln alles über Szeneobjekte wissen, kümmern wir uns jetzt gleich darum.

Ein Stage-Objekt generieren Sie entweder
über die Szeneobjekt-Palette (Abbildung 1)
oder den Menübefehl OBJEKTE · SZENE-OBJEKTE
· STAGE-OBJEKT. Anhand der Take-Klappe ist
das Stage-Objekt im Objekt-Manager leicht
auszumachen. Nach Klick auf dessen Objekt-
Symbol haben Sie im Attribute-Manager alle
Einstellungsmöglichkeiten vor sich (Abbildung
2).

Damit haben Sie im Prinzip schon den kompletten Steuerungsapparat des Stage-Objektes

kennen gelernt. Wenn Sie sich die Liste der
Objektarten, die als Felder zur Verfügung
stehen, ansehen, fällt Ihnen sicherlich auf,
dass alle Einträge – bis auf das Kamera-Objekt
– globale Umgebungsobjekte sind. Diese
Objekte könnten Sie also weder verschieben,
skalieren noch rotieren.

Es ist zwar möglich, mehrere Himmel- und
Umgebungsobjekte zu kreieren, gültig ist aber
jeweils nur eines – das im Objekt-Manager
oben stehende. Gerade bei Animationen ist es
sinnvoll, zwischen Kameras und Umgebungsobjekten umschalten zu können.

In Abbildung 3 sehen Sie einen Ausschnitt
der Zeitleiste einer Animation, in der zwei animierte Kameras ihre Dienste leisten.

Um nun ein Umschalten zwischen Kameras,
Himmel, Vordergründen, Hintergründen und
Umgebungen zu erwirken, ändern sich die
Parameter in der für das Element des Stage-
Objektes zuständigen Spur. Dafür brauchen
Sie nur über den Attribute-Manager oder über
die Zeitleiste ein neues Keyframe zu erzeu-
gen und das erwünschte neue Kamera- oder
Umgebungsobjekt in das vorgesehene Feld zu
ziehen (Abbildung 2).

◄ **Abbildung 1**
Stage- und
Selektions-Objekt

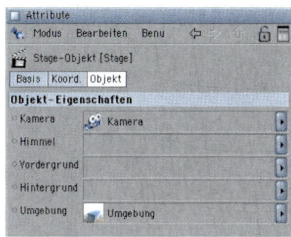

▲ **Abbildung 2**
Stage-Objekt-Parameter

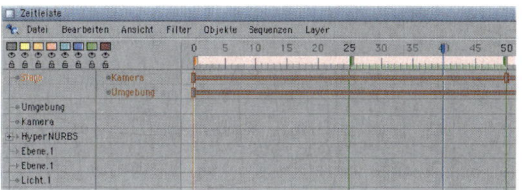

◄ **Abbildung 3**
Stage-Objekt in
der Zeitleiste

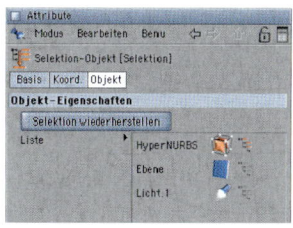

▲ **Abbildung 4**
Füllen des Selektions-Objektes

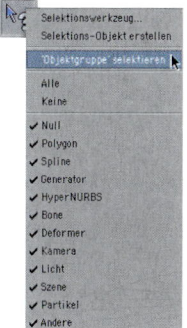

◄ **Abbildung 5**
Anwahl eines definierten
Selektions-Objektes

Ab dem Zeitpunkt des Keyframes stellt das Stage-Objekt alle in den Einträgen vorhandenen Objekte um. Das bedeutet folgerichtig, dass Sie im Extremfall zur gleichen Zeit die Kamera, den Himmel, die Umgebung und den Vorder- bzw. Hintergrund austauschen können – mit nur einem Stage-Objekt.

## Selektions-Objekt

Vom Modelling und Texturing kennen Sie die unbezahlbare Möglichkeit, sich komplexe und oft gebrauchte Punkt- und Polygon-Selektionen über den Befehl SELEKTION EINFRIEREN abzuspeichern.

Mit dem Selektions-Objekt können Sie oft benötigte Auswahlen auch auf unterschied-lichste Objekte oder Objekt-Gruppen ausweiten. Bei Bedarf haben Sie die Objekte dieser Selektion dann schnell zur Hand.

Um ein Selektions-Objekt zu definieren, wählen Sie aus der Palette der Szenenobjekte das Selektions-Objekt aus und füllen es per Drag and Drop aus dem Objekt-Manager in den Attribute-Manager (Abbildung 4).

Wenn Sie die in Frage kommenden Objekte bereits selektiert haben, verwenden Sie den Befehl SELEKTIONS-OBJEKT ERSTELLEN aus dem Menü oder der Palette SELEKTION (Abbildung 5). Über dieses Menü gelangen Sie auch sehr bequem an Ihre gesammelten Selektions-Objekte. Geben Sie den Objekt-Gruppen am besten leicht identifizierbare Namen, dann finden Sie dort all Ihre Selektionen übersicht-lich zum schnellen Zugriff aufgereiht.

# Sound

## Alles für den guten Ton

*Besonders bei der Characteranimation, bei-
spielsweise zur Anpassung von Lippenbewegung und Stimme, ist es wichtig, Bewegung
und Sound aufeinander abstimmen zu können.*

Cinema 4D kann Sound aber nicht nur abspielen, sondern durch 2D- und 3D-Rendering
auch räumlichen Klang schaffen. Die Sound-
Rendering-Fähigkeit von Cinema 4D teilt sich
in zwei Bereiche auf: 2D- und 3D-Sound-Ren-
dering.

Beim 2D-Sound-Rendering geht es um die
Einbindung von Sound in erster Linie zum
Zweck der Synchronisation und Zeitanpassung.
Im Prinzip haben Sie also ein kleines Sound-
Studio in Cinema 4D eingebaut. Sie können
Sounds in Spuren der Zeitleiste importieren
und beispielsweise Lautstärke und Aussteue-
rung anpassen. Cinema 4D spielt den Sound
auch während der Animation ab – vor und
zurück, sogar »Scrubbing«, also schnelles Verschieben der Zeitachse, wird unterstützt.

Das 3D-Sound-Rendering geht noch einen
Schritt weiter, hier können Sie über Lautsprecher und Mikrofone eine Soundszene schaffen,
die eine dreidimensionale Klangerzeugung
ermöglicht. Der Sound passt sich also auch
Entfernungen und Bewegungen an.

Endergebnis eines 2D-Renderings ist eine
geschnittene Sounddatei, Endresultat eines
3D-Renderings sind eine Animation und eine
separate Sounddatei, die Sie mit jedem einfachen Videotool, wie es auch die QuickTime
Pro-Variante ist, zu einem Ganzen zusammenfügen können. Die Berechnung der räumlichen
Daten hat Cinema 4D dann bereits erledigt.

## Sound-Objekte

Die verwendbaren Sound-Objekte finden
Sie im Menü OBJEKTE · SOUND (Abbildung 1).
Dabei sind die Lautsprecher und Mikrofone
sowohl einzeln als auch in vordefinierten Grup-
pen aufgeführt, die den produktionsüblichen
Standards entsprechen.

Mit den Lautsprechern und Mikrofonen statten Sie dann Ihren Raum bzw. Ihre Objekte mit
den nötigen Sound-Objekten aus.

Alle Sound-Objekte sind als 3D-Objekte
in den Ansichten dargestellt – im Rendering
sind sie natürlich verschwunden. Auch im
Objekt-Manager (Abbildung 2) ist jedes einzelne Sound-Objekt aufgelistet und individuell
bearbeitbar. Nach Klick auf das Lautsprecher-
Symbol sehen Sie die Parameter für den Lautsprecher im Attribute-Manager (Abbildung 4).

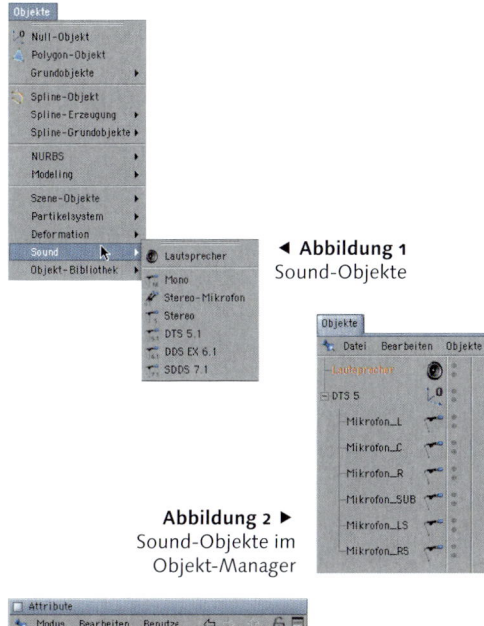

◀ **Abbildung 1**
Sound-Objekte

**Abbildung 2 ▶**
Sound-Objekte im
Objekt-Manager

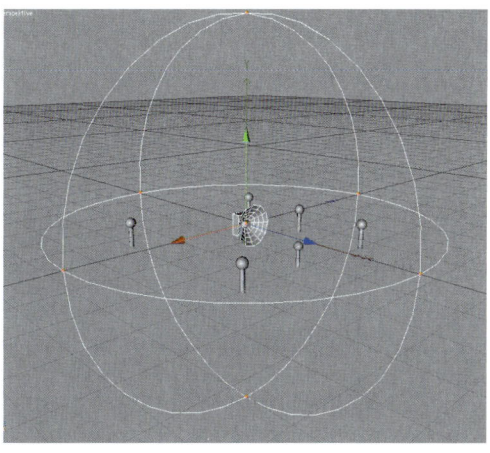

▲ **Abbildung 3**
Sound-Objekte im 3D-Editor

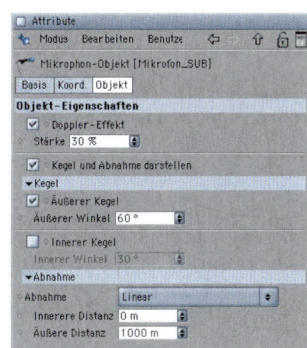

◀ **Abbildung 4**
Lautsprecher-
einstellungen

◀ **Abbildung 5**
Mikrofon-
einstellungen

Die Option KEGEL UND ABNAHME DARSTELLEN sorgt für die Darstellung der Anfasser und Wirkungskreise im 3D-Editor. Über die weiteren Eingabefelder können Sie den inneren und äußeren Winkel des Abstrahlungsbereiches, den Typ der Abnahmefunktion und dessen äußere und innere Distanz festlegen – das Funktionsprinzip kennen Sie bereits von den Lichtquellen.

Die Mikrofoneinstellungen, die Sie auf die gleiche Weise aufrufen (Abbildung 5), enthalten Optionen für die Definition des Aufnahme-

winkels, den Typ der Empfindlichkeitsabnahme und dessen äußere und innere Instanz – hier nur eben nicht für die Klangwiedergabe, sondern für die Klangaufnahme.

Die Sound-Objekte aus den Standardgruppen (Stereo, DTS 5.1, DDS EX 6.1 und SDDS 7.1) enthalten räumlich positionierte Mikrofone, die den Standardspezifikationen des angegebenen Formates entsprechen.

Ein Klick auf eines der Objekte zeigt, dass es sich nicht um spezielle Mikrofone, sondern nur um eine besondere Anordnung handelt.

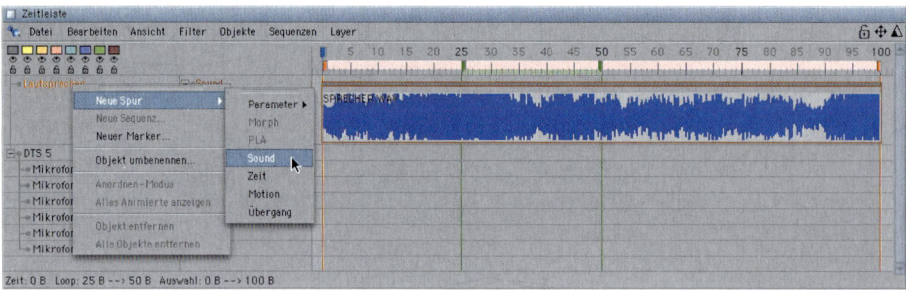

▲ **Abbildung 6**
Anlegen einer Soundspur in
der Zeitleiste

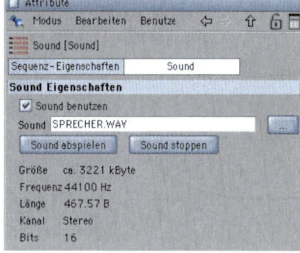

**Abbildung 7 ▶**
Sequenz mit importiertem
WAV-Sound

## Sound-Rendering

Welche Objekte Sie zur Verfügung haben,
wissen Sie nun – wie gehen Sie aber beim Einrichten und Rendern eines Sounds vor?

Einen Sound weisen Sie dem Objekt über
die Soundspur in der Zeitleiste zu. Im Menü
DATEI · NEUE SPUR · SOUND der Zeitleiste
(Abbildung 6) erzeugen Sie eine Soundspur für
das Objekt. Dabei kann es sich theoretisch um
ein beliebiges Objekt handeln.

Nach einem Klick auf die Soundspur in der
Zeitleiste finden Sie die zugehörigen Einstel-
lungen im Attribute-Manager (Abbildung 7).
Hier suchen Sie die benötigte Sounddatei von
Ihrem Speichermedium aus.

Bislang unterstützt Cinema 4D-Soundim-
port nur das in der Windows-Welt verbreitete
WAV-Datei-Format. Konvertieren Sie also
gegebenenfalls Ihre Sounddateien vor dem
Import in Cinema 4D um.

Zusammen mit dem Dateinamen sehen
Sie nach dem Soundimport den Kanalpegel in
Ihrer Zeitleiste (Abbildung 6).

Diesen importierten Sound können Sie sich
entweder separat über den Attribute-Manager anhören oder gleich zusammen mit der
Animation, wenn Sie die Sound-abspielen-
Option in der Abspielsteuerung (Abbildung 8)
aktivieren.

Über Keyframes, die Sie an der Soundspur
anbringen, haben Sie zusätzlich die Möglichkeit, die Lautstärke und Balance des Sounds
über die Sound-Parameter auszusteuern. Und
weil dies in der Zeitleiste geschieht, sind demzufolge auch weiche, animierte Überblendun-
gen und Fadings machbar.

Die Anpassung beispielsweise einer Lippen-
synchronisation setzt voraus, dass Sie die
importierte Datei insbesondere vom Inhalt und
von den Effekten her genau kennen. Es ist in
diesem Arbeitsumfeld üblich, sich vor der 3D-

▲ **Abbildung 8**
Abspielen des Sounds während
der Animation

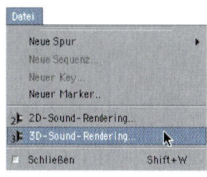

◀ **Abbildung 9**
Menübefehl Sound-
Rendering

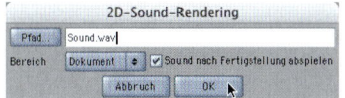

◀ **Abbildung 10**
2D-Sound-Rendering-
Dialog

Arbeit ein Storyboard zurechtzuschneidern, um speziellen Lauten die entsprechenden Lippenbewegungen und -Morphings zuzuordnen. Dank der Abspielfähigkeiten von Cinema 4D kann die optimale Anpassung auch innerhalb des 3D-Programms erfolgen.

Damit Sie nicht die Übersicht verlieren, verwenden Sie besser mehrere, aber dafür kleinere Dateien für den Soundimport. Die verbleibende Arbeit besteht nun darin, anhand der Ausschläge des Kanalpegels die passenden Morphings an den anderen Objekten vorzunehmen.

Wenn die Synchronisations- bzw. Effektarbeit abgeschlossen ist, geht es an das 2D-bzw. 3D-Rendering der Szene. Dies erfolgt über die Zeitleisten-Menübefehle DATEI · 2D-SOUND-RENDERING bzw. 3D-SOUND-RENDERING (Abbildung 9). Geben Sie den Speicher-

pfad (Abbildung 10) an, und wählen Sie die bevorzugte Rendering-Methode aus. Praktischerweise müssen Sie nicht die komplette Soundspur oder die gesamte Szene rendern lassen, sondern können über das Feld BEREICH entscheiden, ob das ganze Dokument, nur der über die Vorschaumarkierungen festgelegte Bereich oder über die angelegten Raytracer-Render-Voreinstellungen Ihres Dokumentes gerendert wird.

Im angegebenen Pfad speichert Ihnen Cinema 4D dann beim 2D-Rendering eine fertig geschnittene Sounddatei ab. Beim 3D-Rendering sichert Cinema 4D die 3D-Animation zuzüglich einer Sounddatei für jedes im 3D-Raum installierte Mikrofon ab.

Das Zusammenfügen von Film- und Sounddatei kann dann in jedem Sound- oder Videoschnittprogramm erfolgen.

# Workshop Teil III
*Inszenierung in Cinema 4D*

*In diesem Workshop-Abschnitt verpassen wir unserer Szene einen Himmel und leuchten die Objekte über zwei verschiedene Methoden aus.*

Unsere Szene spielt in freier Natur, was die Erstellung eines Himmels ebenso unerlässlich wie die korrekte Ausleuchtung mit echtem, schattenwerfendem Licht macht.

»Räumen« Sie aber Ihre Szene zuvor noch etwas auf, indem Sie unglücklich platzierte Objekte aus dem Weg schaffen und die zahlreichen dekorativen Elemente gefällig arrangieren.

Für die Ausleuchtung stelle ich Ihnen zwei unterschiedliche Möglichkeiten vor. Zunächst setzen wir unsere Szene über die Drei-Punkt-Ausleuchtung ins rechte Licht (Abbildung 1). Dabei werden wir im Auge behalten, die Renderzeiten für die im nächsten Kapitel folgende Animation so gering wie möglich ausfallen zu lassen.

Danach probieren wir die Möglichkeit der Ausleuchtung über ein HDR-Bild, also ganz ohne echte Lichtquelle und ohne Scheu vor hohem Rechenaufwand. Aufgrund der massiv steigenden Renderzeit rate ich Ihnen davon ab, diese Ausleuchtungsart bei der später folgenden Animation beizubehalten, für qualitativ hochwertige Stills ist diese Ausleuchtungsart aber kaum zu übertreffen.

Beide Ausleuchtungsmethoden verlangen nach Himmeltexturen – einmal als normales Bitmap-Bild, einmal als High Definition Range Image (HDRI). Auf der beiliegenden CD-ROM finden Sie zu beiden Ansätzen mehrere Beispieldateien. Entscheiden Sie einfach selbst, welcher Himmel zu Ihrer Szene am besten passt.

Der bei der Ausleuchtung von Objekten und Szenen in einem Workshop festzuhaltende mögliche Anteil ist naturgemäß wesentlich geringer als in allen anderen Kapiteln.

Dies liegt in erster Linie daran, dass die eigentlich zeitraubende Arbeit im Experimentieren und Testen der Positionen, Unterteilungen und Auflösungen von Objekten, Lichtquellen und Schatten liegt. Sie können freilich den Workshop Schritt für Schritt übernehmen – aber eines ist sicher: Kein Fotograf und kein 3D-Designer stellen ihre Kamera, die Scheinwerfer (respektive Lichtquellen) und Materialien hin und haben anschließend automatisch das perfekte Bild im Kasten.

Ich schreibe Ihnen deswegen zu jedem Schritt die vorausgegangenen Überlegungen hinzu, mit der Bitte, Sie mögen einfach Ihre

▲ **Abbildung 1**
Die fertige Vulkanlandschaft-Szenerie

▲ **Abbildung 2**
In Szene gesetzter Held und Hauptdarsteller: Griso

eigenen Experimente anhängen. Nehmen Sie sich ruhig die Zeit, und probieren Sie abweichende oder ergänzende Lichtpositionen sowie andere Licht- und Schattenfarben.

Das macht nicht nur Spaß, sondern vermittelt Ihnen einen guten Eindruck, wie die Lichtquellen auf Ihre Modifikationen reagieren. Beobachten Sie dazu auch immer die Schat-

ten, welche die Objekte auf sich selbst oder sich gegenseitig »werfen« – richtig eingesetzte Schattenwürfe ergeben in ihrem Zusammenspiel interessante Effekte.

Sowohl die fertig texturierte Ausgangsszene als auch die komplett ausgestattete und ausgeleuchtete Vulkanlandschaft finden Sie auf der beiliegenden Buch-CD im Szenen-Ordner.

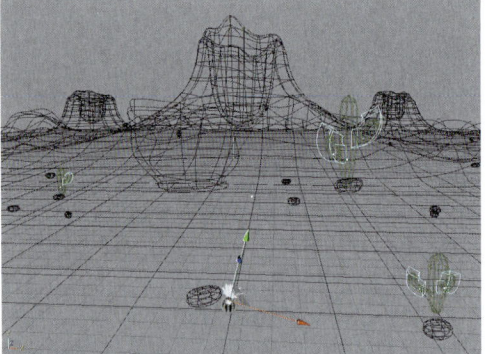

**Abbildung 3 ▶**
Inszenierung der
Szenenelemente

**Abbildung 4 ▶**
Material mit der
Himmeltextur

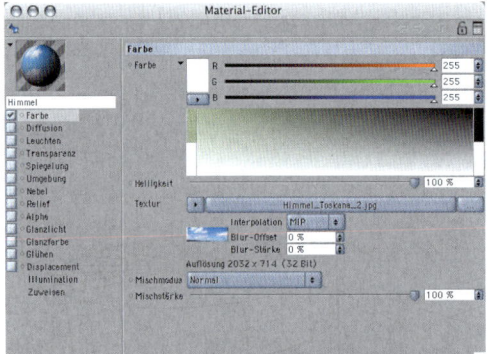

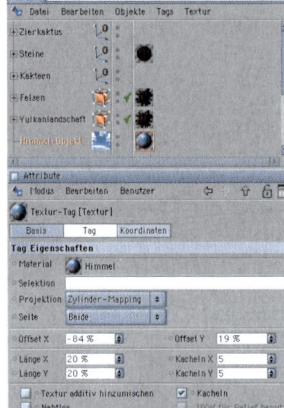

**Abbildung 5 ▶**
Mapping der
Himmeltextur

**Abbildung 6 ▶**
Positionierung der
Himmeltextur im Editor

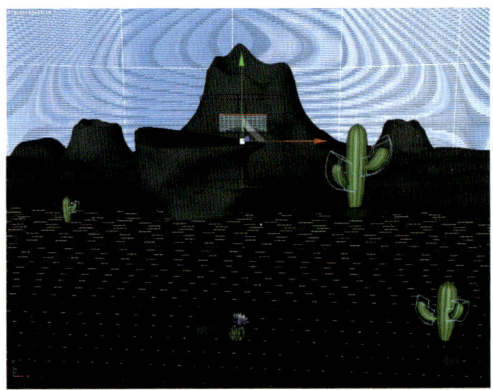

## 1. Inszenierung der Szenenelemente

Bei Modelling und Texturing mussten wir noch
nicht darauf achten, welchen Platz unsere Kreationen in der Szene einnehmen.

Kontrollieren Sie, ob die Kakteen und Steine
sich mit anderen Objekten überlagern, und positionieren Sie die Elemente möglichst natürlich
und zufällig in die Szene (Abbildung 3).

## 2. Erstellen des Himmels

Für den Himmel werden wir ein Himmel-Objekt
mit einer passenden Bitmap-Textur überziehen.

Legen Sie ein neues Material an, in dessen
Farbe-Kanal Sie die Textur eines Himmels Ihrer
Wahl laden. Im Ordner tex auf der Buch-CD
finden Sie einige Bilddateien zur Auswahl.

Holen Sie sich ein Himmel-Objekt aus der
Palette der Szene-Objekte, und ziehen Sie das
Himmel-Material auf dessen Symbol im Objekt-
Manager.

Im zugehörigen Textur-Tag suchen Sie sich
eine geeignete Projektionsart aus und stellen
eine ausreichend hohe Kachelung ein. Die Positionierung der Textur können Sie im Editor über
den Textur-bearbeiten-Modus noch feinjustieren.
(Abbildung 6).

## 3. Ausleuchtung – das Haupt- bzw. Key-Licht

Das erste der insgesamt drei Lichter, die wir in unsere Szene einbauen, ist zugleich das wichtigste, weil es die Lichtrichtung der Szene festlegt und für Schatten sorgt.

Erzeugen Sie ein Licht-Objekt aus der Palette der Szene-Objekte, und öffnen Sie die Allgemein- und Schatten-Seite im Attribute-Manager (Abbildung 7).

Übernehmen Sie die Einstellungen für Farbe und Helligkeit aus der Abbildung, und wählen Sie den Typ PUNKTLICHT.

Aktivieren Sie harten Schattenwurf, und stellen Sie die Farbe des Schattens auf ein dunkles Grau. Aufgrund der weiten Entfernung der Sonne im Vergleich zu anderen Lichtquellen wirken harte Schatten für Szenen in der freien Natur realistischer. Um den Schatten trotzdem nicht zu hart und scharfkantig wirken zu lassen, haben wir die Schattenfarbe auf ein Grau reduziert.

Wechseln Sie zur Positionierung des Key-Lichts in die Aufsicht (Taste F2). Im Modellbearbeiten-Modus verschieben Sie das Key-Licht nach rechts vor die Vulkanlandschaft (Abbildung 8).

Um die horizontale Position des Lichts einzustellen, springen Sie in die Seitenansicht (Taste F3) und schieben das Key-Licht gemäß Abbildung 9 weit oberhalb der Vulkanlandschaft.

Die durch das Key-Licht entstehenden Schatten werden dadurch nicht zu lang in die Szenentiefe geworfen und wirken zudem nicht störend. Die harten Schatten brauchen außerdem die geringste Renderzeit.

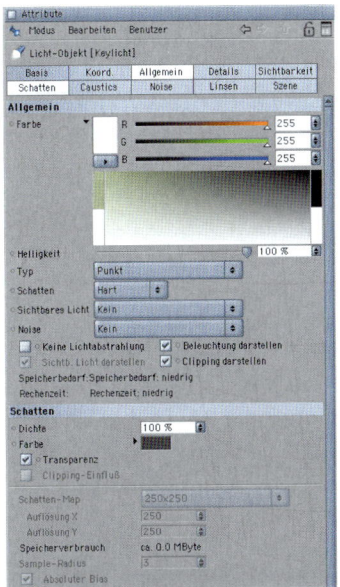

◄ **Abbildung 7**
Parameter des Key-Lichts

◄ **Abbildung 8**
Positionierung des Key-Lichtes in der XZ-Ebene

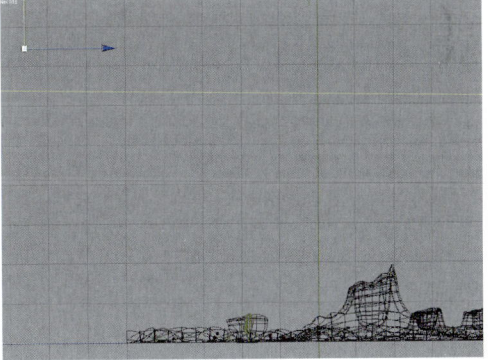

◄ **Abbildung 9**
Positionierung des Key-Lichtes in der YZ-Ebene

**Abbildung 10 ▶**
Parameter des
Fülllichts

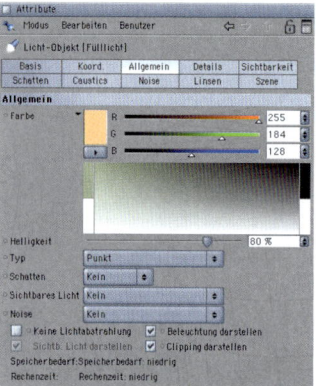

**Abbildung 11 ▶**
Positionierung des
Fülllichts in der XZ-
Ebene

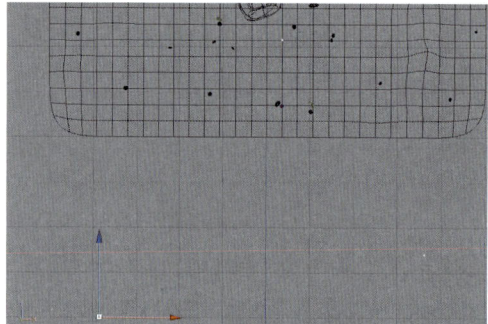

**Abbildung 12 ▶**
Positionierung des
Fülllichts in der ZY-
Ebene

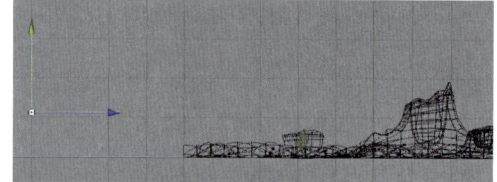

**Abbildung 13 ▶**
Parameter des
Back-Lichts

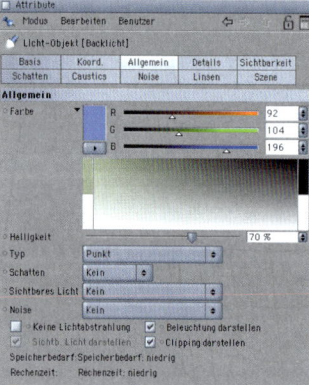

## 4. Ausleuchtung – das Fülllicht

Wer nach der Einstellung des Key-Lichts bereits ein Proberendering gemacht hat, wird bemerkt haben, dass die zur Kamera (3D-Ansicht) gewendete Vorderseite noch ziemlich im Dunklen liegt. Mit dem Fülllicht unterstützen wir das Hauptlicht in diesen Bereichen und bringen zudem einen Schuss Farbe in die graue Szenerie ein.

Holen Sie wieder ein Licht-Objekt aus der Palette der Szene-Objekte und holen Sie den Reiter ALLGEMEIN im Attribute-Manager nach vorne (Abbildung 10).

Auch das Fülllicht führen wir als Punktlicht aus, stellen Sie für diese Lichtquelle ein helles Orange als Farbe ein.

Reduzieren Sie die Helligkeit des Lichts auf ca. 80 %, und belassen Sie es beim deaktivierten Schattenwurf.

Mit dem Fülllicht kümmern wir uns um die Bereiche, an die das Key-Licht nicht herangekommen ist. Verschieben Sie das Fülllicht in der Aufsicht (Taste F2 ) links vor die Vulkanlandschaft (Abbildung 11).

Weil das Key-Licht unsere Szene von oben beleuchtet, nutzen wir das Fülllicht zur seitlichen und frontalen Ausleuchtung. Ziehen Sie das Licht in der Seitenansicht (Taste F3 ) etwa auf die mittlere Höhe des Vulkans (Abbildung 12).

## 5. Ausleuchtung – das Back-Licht

Der Dritte im Bunde der Drei-Punkte-Beleuchtung ist das Back-Licht, mit dem wir der Szene die Blaufärbung des Himmels verleihen und zudem die Rückseite der Objekte ausleuchten.

Auch beim Back-Licht kommt wieder ein Punktlicht zum Einsatz (Abbildung 13).

Wählen Sie als Lichtfarbe ein mittleres Blau, für die Helligkeit des Lichtwurfs genügen ca. 70%. Schatten muss auch das Back-Licht nicht werfen.

Wie vom Namen her nicht anders zu vermuten, beleuchtet das Back-Licht die Szene von hinten.

Abbildung 14 zeigt, wo das Back-Licht in der XZ-Ebene positioniert ist. Vis-à-vis vom Fülllicht verleiht es der Szene den zum Himmel passenden blauen Schein.

Die vertikale Position des Back-Lichts entspricht in etwa der des Key-Lichts (Abbildung 15), damit auch möglichst viele Bereiche der Vulkanlandschaft erreicht werden.

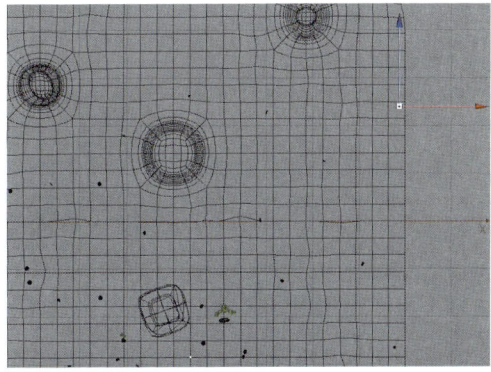

◄ **Abbildung 14**
Positionierung des Back-Lichts in der XZ-Ebene

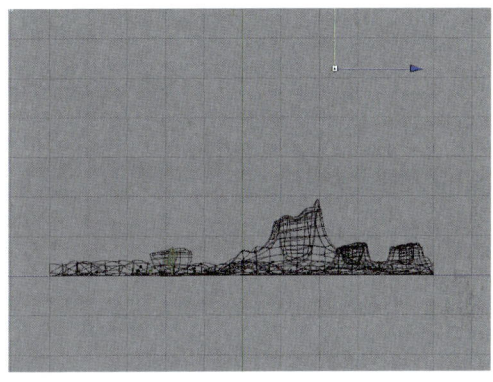

◄ **Abbildung 15**
Positionierung des Back-Lichts in der ZY-Ebene

Nach der Positionierung dieses letzten Lichts ist unsere Szene fertig ausgeleuchtet (Abbildung 16).

◄ **Abbildung 16**
Fertig ausgeleuchtete Szene

Abbildung 17 ▶
Kugel-Objekt für
das HDRI-Material

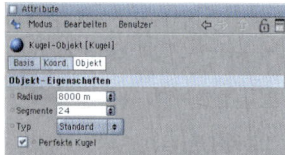

Abbildung 18 ▶
Größenbestimmung
des Kugel-Objekts

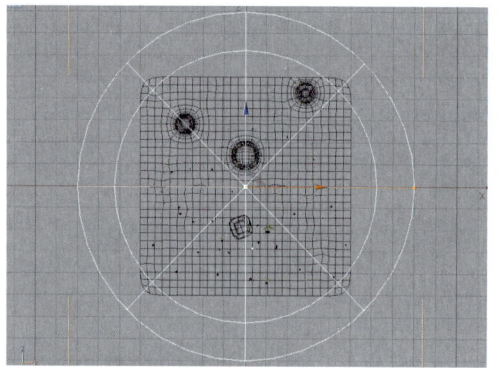

Abbildung 19 ▶
Material mit der
HDRI-Textur

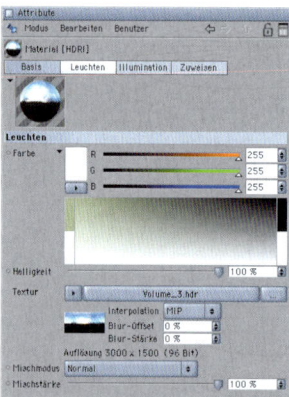

Abbildung 20 ▶
Anpassen der
Radiosity-
Empfindlichkeit

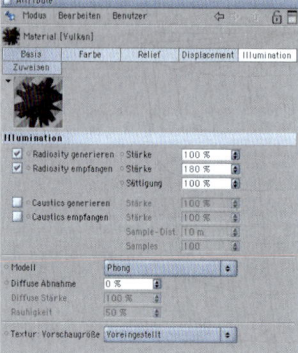

## 6. Ausleuchtung der Szene mit HDRI

Weil die Ausleuchtung unserer Szene so problemlos vonstatten gegangen ist, probieren wir
dies einmal ohne Licht und lediglich unter Zuhilfenahme eines HDR-Images. Ein HDR-Image
kann aufgrund seiner erhöhten Bildinformation
die Ausleuchtung einer Szene übernehmen, Radiosity bzw. Advanced Render vorausgesetzt.

Als Träger des HDR-Images verwenden wir
ein parametrisches Kugel-Objekt (Abbildung 17),
das wir um unsere gesamte Szene legen.

Passen Sie die Größe des Kugel-Objekts am
besten über die Aufsicht (Taste F2 ) an die Vulkanlandschaft an (Abbildung 18).

Die Firma Sachform hat uns erlaubt, Ihnen
einige HDR-Bilder aus ihrer Kollektion auf der
CD zur Verfügung zu stellen.

Suchen Sie sich eines der HDR-Images im
Ordner tex aus, und laden Sie es in den Leuchten-Kanal eines neuen Materials (Abbildung 19).

Unser vulkanischer Boden ist ziemlich dunkel
und soll daher etwas empfindlicher auf die Radi-
osity-Einstrahlung reagieren.

Öffnen Sie die Illumination-Seite des Vulkan-
Materials im Attribute-Manager, und erhöhen
Sie den Wert im Feld RADIOSITY EMPFANGEN auf
ca. 180 %.

Weisen Sie nun das Material mit dem HDR-Image dem Kugel-Objekt zu (Abbildung 21).

Im zugehörigen Textur-Tag-Dialog stellen Sie als Projektionsart KUGEL-MAPPING ein. Die beiliegenden HDR-Images sind speziell für diese Mapping-Art vorbereitet.

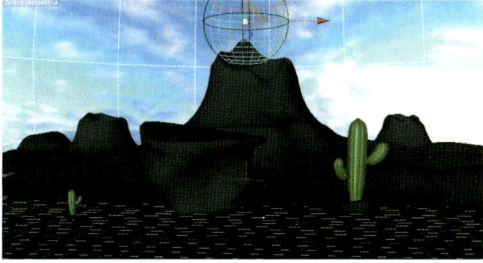

◀ **Abbildung 21**
Mapping des
HDRI-Materials

Wählen Sie in Zusammenarbeit mit der Editoransicht eine passende Kachelungszahl aus, und verschieben Sie das HDRI-Material über den Textur-bearbeiten-Modus, bis Ihnen der Bildausschnitt zusagt (Abbildung 22).

Bevor Sie das Bild rendern, schalten Sie noch in den Render-Voreinstellungen (Abbildung 23) die Berechnung von Radiosity ein.

Eine Stärke von 150 % sollte genügen, die Genauigkeit können Sie auf etwa 40 % herunterfahren.

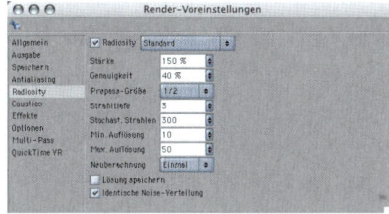

◀ **Abbildung 22**
Mapping des
HDRI-Materials im
Editor

Wenn Sie die Szene nun rendern lassen, werden Sie zwar eine stark gestiegene Renderzeit bemerken, aber mit Sicherheit auch das qualitativ überzeugende Ergebnis (Abbildungen 24 und 25).

◀ **Abbildung 23**
Render-Einstellungen
Radiosity

◀ **Abbildung 24 + 25**
Mit HDRI
ausgeleuchtete
Szene

# Animation

# Animation in Cinema 4D
## *Arbeiten in der vierten Dimension*

*Schon die Basisversion von Cinema 4D bietet mit der Zeitleiste, F-Kurven und XPresso viele Werkzeuge für die Animation. Höheren Ansprüchen wird Maxon mit den Modulen MOCCA 2, Thinking Particles und Dynamics gerecht.*

Animationen sind stets Indikatoren in mehrerlei Hinsicht. Zum einen stellt die Animation Nachlässigkeiten oder Fehler bei Modelling und Texturing gnadenlos zur Schau. Zum anderen trennt sich hier die Spreu vom Weizen, insbesondere, wenn es um Themen wie Character Animation oder Dynamics geht.

Während Sie, egal ob Hobby-3Dler oder Vollprofi Ihre persönlichen Vorlieben und Spezialgebiete haben dürfen, muss Cinema 4D allen Ansprüchen in jeder Workflow-Stufe genügen. Gerade beim Thema Animation gehen die Wünsche und Vorstellungen der Anwender sehr weit auseinander.

Cinema 4D antwortet auf diese Bedürfnisse in dreierlei Richtungen. Hier wären als Erstes die **Basiswerkzeuge** zu nennen, die in Kombination miteinander mehr Problemstellungen meistern, als den meisten Anwendern bewusst ist. An zweiter Stelle stehen die Module wie **MOCCA 2**, **Dynamics** und **Thinking Particles**, die den Funktionsumfang gezielt in Richtung Character Animation, physikalische Simulation und Partikeleffekte erweitern. Was nicht heißt, dass jedes Modul die Möglichkeiten seines Bereichs vollkommen erschlägt, sie sind vielmehr wie auch Cinema 4D Applikationen, bei denen Maxon in Hinsicht auf Verbesserungen und Produktpflege in der Pflicht steht. Wenn auch die verfügbaren Module an der Problemstellung scheitern (den Anwender selbst lassen wir hier außen vor), helfen **Drittanbieter-Programme** wie MotionBuilder oder RPC, für die Maxon den dritten Weg einschlägt: Austauschformate und Plug-ins, welche die Datenübernahme in die jeweils nötige Richtung unterstützen und dem Anwender die Freiheit geben, das Tool zu verwenden, das ihm am besten liegt.

Mit jeder Version von Cinema 4D wird das Thema Animation ausgefeilter, aber auch intuitiver in das Programm integriert. So erlaubt der Attribute-Manager immer komfortabler, Keyframes und Sequenzen zu setzen und zu bearbeiten.

Weil sich jeder Anwender aufgrund der Modularität von Cinema 4D seinen Funktionsumfang selbst zusammenstellen kann, unterliegt auch dieser Buchabschnitt dem Patchwork-Gedanken. Auch wenn Sie nur über das Basispaket verfügen, zeigen Ihnen die Modulausführungen in diesem Abschnitt auf, welche

◄ **Abbildung 1**
Animations-Workshop

Module Ihnen bei der Animation die Arbeit vereinfachen können und damit eine zweite Überlegung wert wären. Dazu zählen die drei wahlweise separat oder in Bundles erhältlichen Module MOCCA 2, Thinking Particles und Dynamics.

Beginnen werden wir aber mit den Basiswerkzeugen aller Animationstypen wie Zeitleiste, Spuren und Keyframes. F-Kurven machen seit Version 8 das Leben mit Beschleunigungs- und Abbremsfunktionen leichter.

Bones und Inverse Kinematik gehören nach wie vor zum Standardrepertoire von Cinema 4D, deren effektive Anwendung mit zahlreichen weiteren Werkzeugen und Funktionen verspricht MOCCA. Wer professionell mit Characteranimation zu tun hat, kommt um dieses Modul eigentlich nicht herum. MOCCA 2 glänzt mit der Clothing- und Textilsimulation Clothilde.

Über Expressions erstellen Sie Abhängigkeiten zwischen Objekteigenschaften und Objekten. Zusätzlich zur internen Sprache

C.O.F.F.E.E. steht für Nichtprogrammierer seit Version 8 der grafische Expressions-Editor XPresso bereit.

Die Basisversion von Cinema 4D enthält das seit Version 6 praktisch unveränderte Standard-Partikelsystem. Das im XL- und Studio-Bundle enthaltene Modul Thinking Particles kann wesentlich mehr und erlaubt Ihnen nahezu grenzenlose Freiheiten bei der Erstellung und Steuerung von Partikelströmen.

Zur Simulation von physikalischen Kräften, Reaktionen und Eigenschaften bietet Maxon das Physics-Modul Dynamics an. Dynamics erlaubt ohne allzu viel Einarbeitungszeit erstaunliche Ergebnisse, die bis dato nur durch mühselige Keyframe-Animationen möglich waren.

Im letzten Workshop-Teil unseres gemeinsamen Projekts erwecken wir Griso endlich zum Leben. In einem umfangreichen Workshop setzen Sie neben den Werkzeugen und Funktionen von Cinema 4D 9 auch die Module des Studio-Bundles ein.

# Zeitleiste

## Spuren, Sequenzen und Keyframes

*Egal ob eine einfache Keyframe-Animation,*
*Deformatoren oder eine komplexe Bewegung*
*mit Bones und Inverser Kinematik ansteht, die*
*Zeitleiste setzt Ihre Wünsche in Taten um.*

Eine Zeitleiste (Abbildung 1) hat sich in Animationsprogrammen aller Art als Standard für die Erzeugung, Kontrolle und Wiedergabe einer Animation etabliert. Um die große Anzahl der Funktionen übersichtlich aufzubereiten, teilt sich die Zeitleiste in insgesamt acht Bereiche auf. Als zusätzliche Palette zur Abspiel- und Aufnahmesteuerung der Animation dient die Zeit-Manager-Palette (Abbildung 2).

Wie Sie es von den Managern in Cinema 4D gewohnt sind, besitzt auch die Zeitleiste eine eigene Menüleiste ❶, in der sich alle Befehle befinden, die Sie zum Erzeugen und Bearbeiten Ihrer Spuren, Sequenzen, Keys, Animationspfade etc. benötigen.

Die Navigation innerhalb der Zeitleiste läuft ähnlich wie auch in den Editor-Fenstern ab. Mit den bekannten Verschieben- und Skalieren-Werkzeugen ❷ bewegen bzw. verändern Sie den sichtbaren Ausschnitt des Spurenbereiches. Die Kurzbefehle ⌨1 für das Verschieben sowie ⌨2 für das Skalieren eines Fensters funktionieren ebenfalls.

Im Zeitlineal-Bereich ❸ finden Sie – je nach Programmeinstellung – die »Zeit« in Bildern, Sekunden oder im SMPTE-Format aufgetragen.

Anhand des blauen Zeigers verschieben Sie den momentanen Zeitpunkt der Animation. Marker, die Sie zur Orientierung in der Zeitleiste anlegen können, finden sich genauso im Zeitlineal-Bereich wie die grünen Zeiger der Vorschauauswahl. Mit den roten Selektionsgreifern verschieben bzw. (bei gedrückter ⌨Strg/⌨Ctrl-Taste) skalieren Sie ausgewählte Sequenzen und Keyframes.

Der Objekt-Bereich ❹ verwaltet alle animierten Objekte. Damit Sie sich unter den vielen Elementen Ihrer Szene auf die animierten Objekte konzentrieren können, lässt sich dieser Bereich durch viele Filteroptionen ganz Ihren Bedürfnissen anpassen.

Zur Organisation stehen außerdem im Layer-Bereich ❺ acht Layer in unterschiedlichen Farben zur Verfügung, die einem ausgewählten Objekt im Objekt-Bereich einfach per Klick auf den Farbbutton zugewiesen werden.

Jedes über die Zeitleiste animierte Objekt hat seine Animationsspuren hierarchisch aufgelistet im Spuren-Bereich ❻ liegen. So kann ein Objekt mehrere Animationen gleichzeitig durchlaufen, im Zweifelsfall ist jedoch die hierarchisch höhere Spur bestimmend.

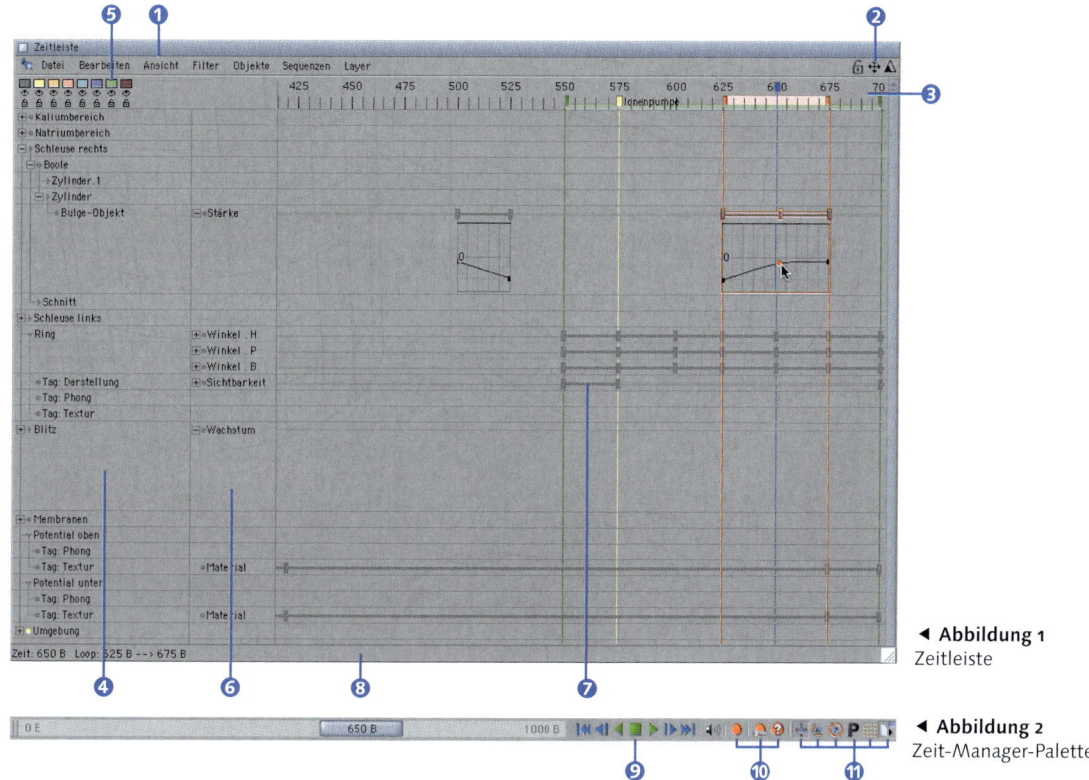

◄ **Abbildung 1**
Zeitleiste

◄ **Abbildung 2**
Zeit-Manager-Palette

Der größte und wichtigste Teil ist natürlich der Sequenzen- und Key-Bereich ❼, der für jede Spur mittels Sequenzen und Keys (Schlüsselpositionen) festhält, wie lange ein Objekt über welche Parameter animiert wird.

Letzter Bestandteil der Zeitleiste ist die Statusleiste ❽, die Ihnen stets den aktuellen Zeitpunkt des blauen Zeigers, die in einer Schleife ablaufenden Bilder (Loop) der Vorschauauswahl und den Bereich der momentan getroffenen Auswahl liefert.

Über die Zeit-Manager-Palette (Abbildung 2) steuern Sie den Ablauf der Animation und die Aufnahme-Optionen. Im linken Bereich ❾ finden Sie die Positionierungssymbole der Abspielsteuerung, zusammen mit dem Ihnen schon bekannten Sound-Aktivierungssymbol.

Daran schließen drei rote Aufnahme-Buttons an ❿: Mit dem linken Button erstellen Sie für die gewählte Spur einen Keyframe, mit dem mittleren Button aktivieren Sie das AUTOKEYING, und der Selektions-Aufnahmebutton dient zur Auswahl eines Selektions-Objekts, das komplett hierarchisch in die Aufnahme eingearbeitet wird. Ein Klick auf diesen Knopf listet Ihnen alle definierten Selektions-Objekte auf.

Mit den Optionsbuttons ⓫ im rechten Teil der Zeit-Manager-Palette legen Sie fest, welche Modifikationen bzw. Parameter durch Klick auf die Aufnahmebuttons als Keys gespeichert werden sollen. Zudem dehnen Sie hier die Aufnahme auf Unterobjekte und Punktebene (PLA) aus. Im letzten Button bestimmen Sie die aufzunehmende Interpolation und Bildrate.

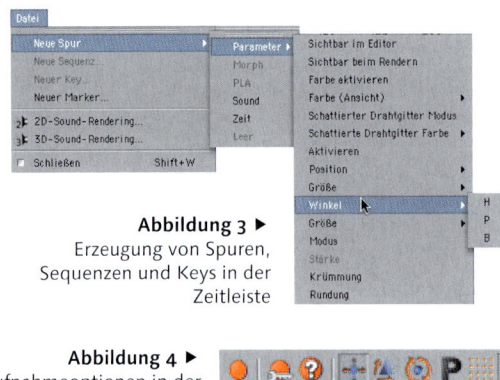

**Abbildung 3 ▶**
Erzeugung von Spuren,
Sequenzen und Keys in der
Zeitleiste

**Abbildung 4 ▶**
Aufnahmeoptionen in der
Zeit-Manager-Palette

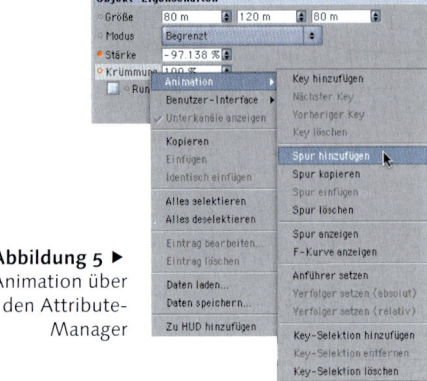

**Abbildung 5 ▶**
Animation über
den Attribute-
Manager

## Spuren, Sequenzen und Keys

Damit ein Objekt über die Zeitleiste animiert werden kann, muss es sich dort als Eintrag befinden. Wenn der AUTOMATIK-MODUS im Menü BEARBEITEN aktiviert ist, finden Sie bereits alle Objekte eingetragen. Ansonsten ziehen Sie die betreffenden Objekte einfach per Drag and Drop in die Zeitleiste.

### Spuren

Mit einer Spur legen Sie fest, welche Art von Animation das Objekt durchlaufen soll. Spuren lassen sich auf verschiedene Weisen erzeugen. Alle Spuren sind im Zeitleisten-Menü DATEI · NEUE SPUR (Abbildung 3) aufgeführt. Sie gliedern sich in die Typen PARAMETER, MORPH, PLA, ZEIT und SOUND auf.

Über die Parameterspuren steuern Sie grundsätzlich alle animierbaren Parameter, die Sie auch im Attribute-Manager sehen, wenn ein Objekt angewählt ist. Im Aufklappmenü der Parameter (Abbildung 3) listet Ihnen die Zeitleiste alle Objekteigenschaften auf, die animiert werden können. Noch komfortabler

und übersichtlicher läuft die Aufzeichnung der Animation über den Attribute-Manager (Abbildung 5). Dazu schieben Sie den Zeitregler einfach an die Position, an der Sie Werte aufnehmen möchten, klicken mit der rechten Maustaste (bzw. der `Ctrl`-Taste) auf den Parameter-Eintrag und wählen aus dem Menü ANIMATION den entsprechenden Befehl für die Erstellung einer Spur oder eines Keys aus.

Seit Version 9 gestaltet sich das Setzen von Spuren und Keyframes im Attribute-Manager sogar noch einfacher. Ein Klick auf den vor der Eigenschaft befindlichen Ring bei gedrückter Befehlstaste setzt im Wechsel Spuren und Keyframes für die jeweilige Eigenschaft an der aktuellen Zeitposition.

Mit den Spuren MORPH UND PLA morphen Sie zwischen unterschiedlichen Objekten und animieren auf Punktebene (PLA).

Aus der früheren Zeitkurve entstand die Zeitspur, mit der Sie das zeitliche Verhalten der Animation beeinflussen.

Über die Spur SOUND integrieren Sie Sound in Ihre Szene. Sie kennen diese Spur bereits aus dem Sound-Kapitel.

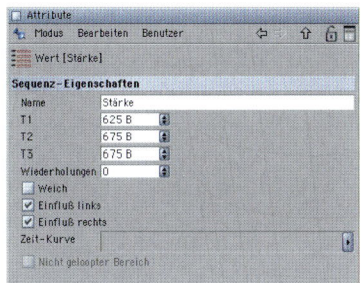

▲ **Abbildung 6**
Sequenz-Eigenschaften

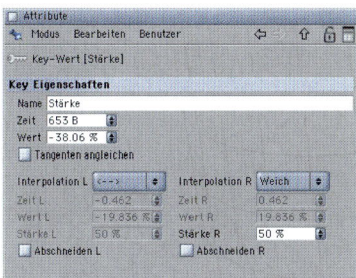

◀ **Abbildung 7**
Key-Eigenschaften
eines Positions-Keys

**Abbildung 9** ▲
Animation bearbeiten

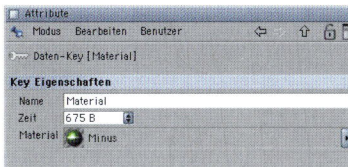

◀ **Abbildung 8**
Key-Eigenschaften
eines Textur-Keys

Sie können Spuren außer über den Menübefehl auch über das Kontextmenü mit der
rechten Maustaste bzw. der `Ctrl`-Taste und
Klick auf das Spuren-Feld produzieren. Einige
häufig gebrauchte Spuren können zudem über
die Aufnahmebuttons und die dazugehörigen
Key-Buttons (Abbildung 4) komplett mitsamt
Sequenzen und Keys erzeugt werden.

### Sequenzen

Sequenzen bestimmen den zeitlichen Rahmen
einer Animation und werden über den Befehl
im Menü DATEI · NEUE SEQUENZ oder über das
Kontextmenü erstellt. Mit gedrückter `Strg`/
`Ctrl`-Taste können Sie neue Sequenzen
auch in die Spuren hinein»zeichnen« – aktive
Sequenzen duplizieren Sie auf diese Weise.

Eine Spur kann beliebig viele Sequenzen
besitzen, Überschneidungen sind aber nicht
erlaubt. Im Sequenz-Dialog (Abbildung 6)
legen Sie Anfang und Ende der Sequenz, die
Art der Wiederholungen bei Loops und die
Einflussbereiche fest. Graue Linien, die links
bzw. rechts von der Sequenz weiterlaufen,

symbolisieren diese Einflussbereiche. Besitzt
ein Objekt mehrere Animationsspuren, so
bedeuten Einflussbereiche stets die Weiter-
führung der Eigenschaften des Objekts – ein
Abschalten der Einflüsse bewirkt die Lösung
von der Sequenz und die Öffnung für die Animation in anderen Spuren.

### Keys

In den Keys nimmt Cinema 4D die Informationen über die Animation der Spuren auf.

Keys entstehen über die Aufnahmebuttons
der Zeit-Manager-Palette (Abbildung 4), mit
den Aufnahmefunktionen im Attribute-Manager (Abbildung 4), über den Zeitleisten-Befehl
DATEI · NEUER KEY, durch Duplizieren von Keys
mit gedrückter Befehlstaste und durch Klick
bei gedrückter Befehlstaste auf die Sequenz.

Für jeden Key lassen sich in den zugehörigen Dialogen des Attribute-Managers
(Abbildungen 7 und 8) die nötigen Parameter
einstellen. Dort definieren Sie auch die Interpolation zur linken und rechten Seite des Keys
innerhalb der Sequenz.

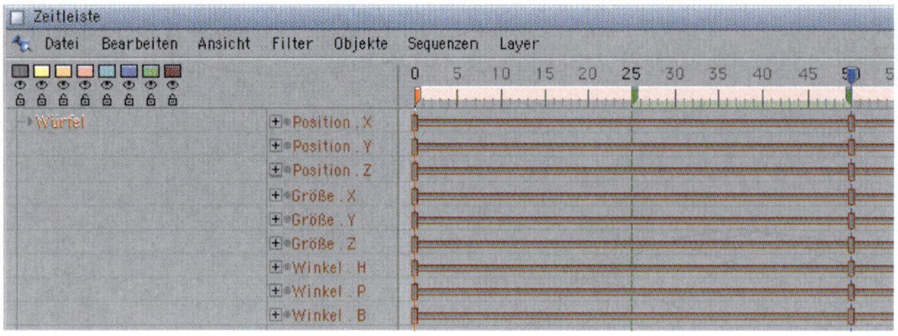

▲ **Abbildung 10**
Geometrische Animation in der Zeitleiste

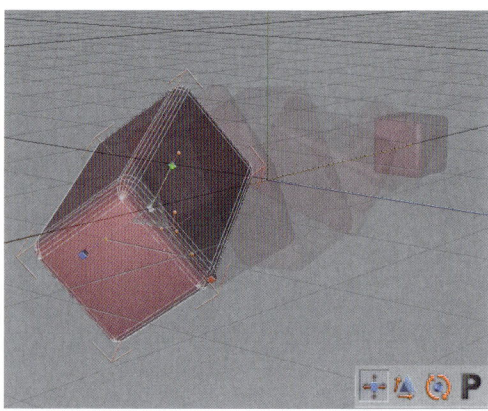

▲ **Abbildung 11**
Geometrische und Parameter-Animation

Bei räumlichen Animationen stellt der Editor die Verbindungsstrecke zwischen den Keys durch gelbe Animationspfade dar. Die Eckpunkte (Keys) und Tangenten können Sie interaktiv im Modus ANIMATION BEARBEITEN (Abbildung 9) modifizieren.

## Animationsarten

Die Arbeitsschritte bei einer Animation sind im Prinzip bei jeder Animationsart die gleichen. In der Regel haben Sie ein Ausgangsobjekt, das über eine bestimmte Zeitvorgabe in einen anderen Zustand versetzt werden soll. Welche Art von Animation Sie erstellen möchten, geben Sie durch die Auswahl der Spur an, die Zeitspannen bestimmen Sie mit den Sequenzen und die Informationen zur Modifizierung mit Hilfe der Keys.

Ob Sie nun letztendlich Ihre Keyframes über die Aufnahmebuttons der Zeit-Manager-Palette, über den praktischen Attribute-Manager, durch Autokeying oder gar durch die neuen Aufnahmeoptionen aus MOCCA erstel-

len, bleibt Ihnen überlassen. Der Attribute-Manager zeigt Ihnen stets, welche Parameter eines von Ihnen angewählten Objektes animierbar sind und ob es bereits Spuren besitzt oder sich gerade auf einem Keyframe befindet.

### Parameter-Animation

Alle Parameter, die Sie aus dem Attribute-Manager von allen Objekten, Splines, NURBS-Generatoren, Deformatoren, Kameras, Lichtquellen etc. kennen, lassen sich über die Parameterspur animieren.

Zwischen zwei Parameter-Keys interpoliert Cinema 4D bei der Animation die Ausgangs- und Endwerte gemäß dem Zeitfortschritt.

Abbildung 10 zeigt die Spuren, Sequenzen und Keys einer einfachen geometrischen Parameter-Animation. In Abbildung 11 wurde der Würfel zusätzlich anhand seiner Objektattribute-Parameter skaliert. Wie viele Veränderungen Sie einem Objekt gleichzeitig zumuten, ist vollkommen Ihnen überlassen. Das Grundprinzip der Parameterspeicherung in den Keyframes ist bei jeder zeitleistenbasierten Animation gleich.

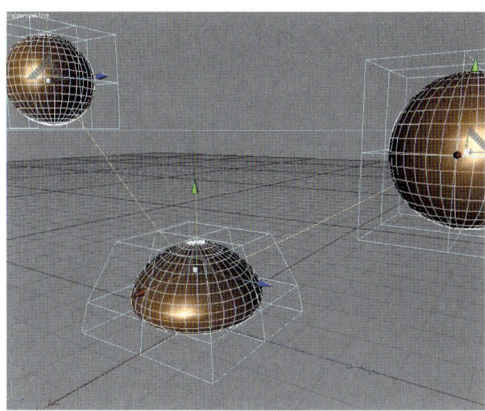

▲ **Abbildung 12**
Morph-Animation mit FFD-Objekten

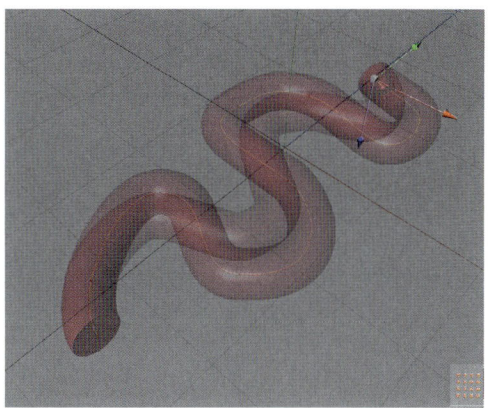

▲ **Abbildung 13**
Point-Level-Animation

## Morphing

Morphing bedeutet, zwei verschiedene Objekte über die Zeit ineinander übergehen zu lassen. Dabei sollten beide Objekte die gleiche Punktanzahl besitzen, damit keine Fehler beim eigentlichen Morphing auftreten.

Für das Morphen können Sie beispielsweise Spline-Kurven, Polygon-Objekte oder auch FFD-Käfige verwenden – alle Objekte, die eine über die üblichen Werkzeuge ansprechbare Reihe an Punkten besitzen.

Sehen wir uns das Beispiel FFD-Animation etwas genauer an. Die FFD-Animation in Abbildung 12 ist eine Kombination aus Parameter- und Morphing-Animation. Der grünen Kugel ist ein FFD-Käfig untergeordnet, beide Objekte vollziehen daher eine Parameter-Animation. Beim Aufprall der Kugel auf den Boden wird sie von einem FFD-Objekt verzerrt. Dies übernimmt die Morphspur, mit der das ursprüngliche FFD-Objekt in ein verzerrtes FFD-Objekt übergeht.

Da das Morphing erst dann beginnen soll, wenn die Kugel den Boden berührt, sitzt kurz vor und hinter dem verzerrten FFD-Käfig ein

weiteres Ausgangs-FFD-Objekt. So bleibt die Kugelform in den Außenbereichen konstant. Beachten Sie, dass insgesamt drei FFD-Käfige Verwendung finden: der unverzerrte Ausgangs-käfig, das verzerrte Abbild und ein »Dummy«, der weiter keine Funktion hat, als für die beiden anderen die Morphing-Basis zu schaffen.

## PLA (Point-Level-Animation)

Die Animation auf Punktebene, nichts anderes bedeutet PLA, ermöglicht es Ihnen, Veränderungen an den Punkten bzw. Polygonen des Objekts in Ihren Keys aufzuzeichnen.

Dabei werden im Unterschied zum Morphing keine weiteren Objekte für die Animation gebraucht. Stattdessen schreibt Cinema 4D auf Knopfdruck den Zustand der kompletten Punktemenge des zu animierenden Objekts in die Keys.

Der Schlauch in Abbildung 13 verändert seine Form durch eine Point-Level-Animation, die dem zugrunde liegenden Spline-Pfad zugewiesen wurde. Ausgangs- und Endzustand befinden sich in den zugehörigen Keys auf der Parameterspur.

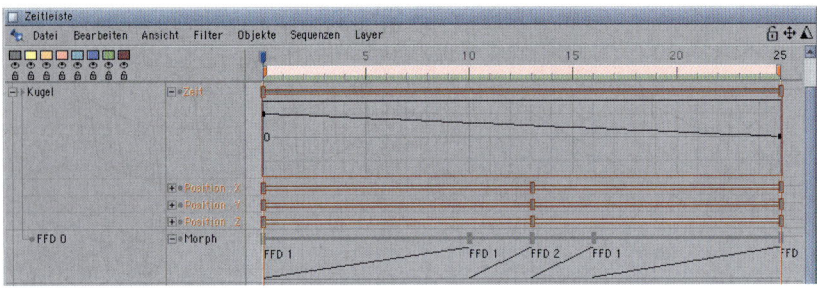

**▲ Abbildung 14**
Animation mit der Zeitspur

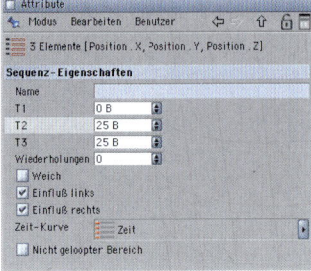

**Abbildung 15 ▶**
Zuweisung einer
Zeitspur

Auch die PLA-Aufzeichnung kann über die Zeit-Manager-Palette (Abbildung 4) erfolgen. Bei der PLA-Aufnahme gelangen die gesamten Punktedaten des Objekts in die Keys. Zwar ist die Datenmenge des Splines noch erträglich, bei Objekten mit großem Datenaufkommen wäre aber ein Abwägen verschiedener Animationstechniken durchaus zu empfehlen.

### Zeit

Die Zeitspur hebt die Beschränkungen der linearen Animation der Zeitleiste auf. Mit der Zeitspur ist es möglich, bestehende animierte Sequenzen in zeitlicher Hinsicht nachzuarbeiten, ohne die Sequenz an sich verändern zu müssen.

Aus dem linearen Ablauf der Zeitleistenanimation können Sie so ohne großen Aufwand nonlineare Wiederholungen (Loops) oder ein Rückwärts-Abspielen der Sequenz erreichen – ohne die vorher mühsam erstellte Sequenz ein weiteres Mal rückwärts zu erarbeiten.

Sehen wir uns als Beispiel die Positionsanimation in Z-Richtung aus Abbildung 14 an.

Beachten Sie, dass sich in der aufgeklappten Positionsspur eine F-Kurve befindet, an der sich der Würfel orientiert. Unabhängig davon besitzt der Würfel eine Zeitspur mit einem zusätzlichen Keyframe, dessen Kurve sich im mittleren Key auf 100 % des Animationsablaufes befindet.

Damit sich die Positionsspur an die vorgegebene Zeitkurve hält, muss diese ihm zugewiesen werden. Dies passiert bei den Sequenz-Eigenschaften der Spur im Eintrag ZEIT-KURVE (Abbildung 15). Ziehen Sie die fertige Zeitspur Ihres Objektes einfach per Drag & Drop in den Attribute-Manager, und die Positionsspur weiß, an welche Zeitvorgabe sie sich halten muss.

Ob einer Spur eine Zeitkurve zugewiesen ist, erkennen Sie an der umrahmten Spurlinie.

### Sound

Selbstverständlich können Sie auch Sound-Spuren integrieren und animieren. Alles Nötige hierzu haben Sie bereits im Sound-Kapitel dieses Buches kennen gelernt.

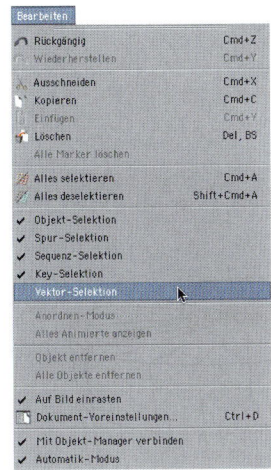

◀ **Abbildung 16**
Bearbeiten-Menü
der Zeitleiste

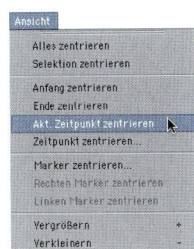

◀ **Abbildung 17**
Ansicht-Menü der
Zeitleiste

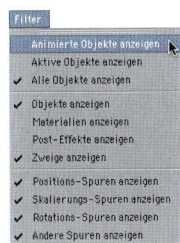

**Abbildung 18** ▶
Filter-Menü der
Zeitleiste

## Arbeiten in der Zeitleiste

Wie eine kleine Anwendung innerhalb Cinema 4D bietet die Zeitleiste eine Menge Funktionen für die Arbeit mit Spuren, Sequenzen und Keys.

### Bearbeiten

Neben den üblichen Funktionen für das Rückgängigmachen, Kopieren etc. bietet das Menü BEARBEITEN (Abbildung 16) verschiedene Befehle für den Umgang mit Selektionen.

Mit einer Art Selektionsfilter lässt sich auswählen, welche Elemente einer Animationsspur Beachtung finden. Über die Vektor-Selektion beispielsweise legen Sie fest, dass stets alle drei (X-, Y- und Z-)Keys in Kombination ausgewählt werden. Außerdem geben Sie hier an, ob Keys und Sequenzen immer auf ganze Bilder einrasten sollen, und haben Zugriff auf die DOKUMENT-VOREINSTELLUNGEN, wo Sie Bilderrate, Minimum/Maximum der Zeitleiste und die Detailstufe der Objektdarstellung finden.

Je nach Geschmack können Sie selbst festlegen, ob sich automatisch alle Elemente des Objekt-Managers in der Zeitleiste tummeln (AUTOMATIK-MODUS aktiviert) oder ob Sie die Elemente selbst in die Zeitleiste ziehen wollen. Sind Objekt-Manager und Zeitleiste verbunden, sind im Objekt-Manager aktivierte Objekte auch in der Zeitleiste angewählt.

### Ansicht

Über die Ansichtsbefehle (Abbildung 17) zentrieren Sie den sichtbaren Bereich der Zeitleiste auf das von Ihnen auszuwählende Element (SELEKTION, ANFANG, ENDE, ZEITPUNKT etc.). Darüber hinaus verkleinern bzw. vergrößern Sie die Ansicht in der Zeitleiste.

### Filter

Die Funktionen des Filter-Menüs (Abbildung 18) helfen Ihnen dabei, sich beim Animieren auf das Wesentliche zu konzentrieren.

Hier können Sie gezielt definieren, welche Bestandteile Ihnen die Zeitleiste anzeigen oder ausblenden soll.

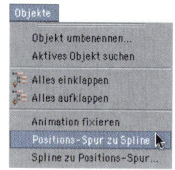

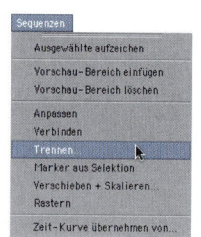

**◀ Abbildung 21 ▶**
Layer-Menü der
Zeitleiste

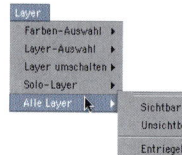

**◀ Abbildung 19**
Objekte-Menü
der Zeitleiste

**◀ Abbildung 20**
Sequenzen-Menü
der Zeitleiste

### Objekte

Die Befehle dieses Menüs (Abbildung 19) beziehen sich auf den Objekt-Bereich der Zeitleiste.

Wer viel mit umfangreichen Dateien und zahlreichen Objekten arbeitet, wird sich über die Möglichkeiten zum Umbenennen, zur Suche sowie zum Auf- und Einklappen der Hierarchien freuen. Der Befehl ANIMATION FIXIE-REN ist eine Art Pendant zum AKTUELLEN ZUSTAND IN OBJEKT VERWANDELN des Funktionen-Menüs. Dabei geht es darum, Objektanimationen jeder Art in Animationen geometrischen Ursprungs (Position, Größe, Winkel) zu verwandeln. Apropos umwandeln: Mit zwei weiteren Befehlen können Sie eine Positionsspur zu Spline und umgekehrt konvertieren.

### Sequenzen

In diesem Menü (Abbildung 20) finden Sie alles, was Sie zum Bearbeiten von Sequenzen und Keys brauchen. Sie können unter anderem über den Vorschau-Bereich Zeit einfügen oder löschen, Sequenzen auf Keys anpassen, Sequenzen verbinden, trennen, verschieben und skalieren.

Um eine Zeitkurve von einer Sequenz auf eine andere zu transferieren, verwenden Sie den Befehl ZEIT-KURVE ÜBERNEHMEN VON…

### Layer

Hier gibt es ein paar nützliche Befehle (Abbildung 21), um Objekten Layer zuzuweisen, über Layer Objekte auszuwählen und um spezifische Layer ein- und auszublenden.

## Organisation – Marker und Layer

Um die Übersicht in der Zeitleiste nicht zu verlieren und die Navigation zu erleichtern, stehen mit Markern und Layern zwei praktische Helfer zur Verfügung.

### Marker

Mit Markern (Abbildung 22) teilen Sie die Zeitleisten-Waagrechte durch senkrechte magnetische Hilfslinien in frei benennbare Abschnitte auf.

Marker erzeugen Sie durch den Menübefehl DATEI · NEUER MARKER oder durch Klick mit der Strg/Ctrl-Taste auf das Zeitlineal.

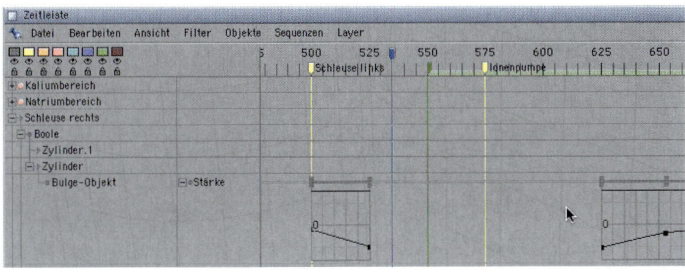

**▲ Abbildung 22**
Marker in der Zeitleiste

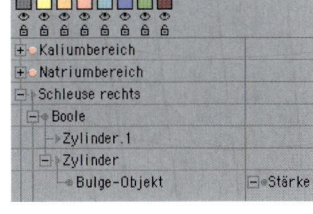

**Abbildung 23 ▶**
Layer-System der Zeitleiste

Wie den Objekten können Sie auch Markern einen Layer zuordnen, sei es, um die farbliche Unterscheidung zu erleichtern oder das Ein- und Ausblenden zu kontrollieren. Zum Löschen eines Markers ziehen Sie den Marker nach oben oder unten, ein Mülleimersymbol teilt Ihnen mit, dass der Marker nach dem Loslassen der Maustaste gelöscht sein wird. Um Zeit, Name oder Layer-Farbe eines Markers zu verändern, klicken Sie den Marker doppelt an. Damit fördern Sie den Marker-Dialog zutage und können Ihre Modifikationen eintragen.

## Layer

Cinema 4D stellt Ihnen acht verschiedenfarbige Layer (Abbildung 23) bereit, denen Sie Elemente der Zeitleiste zuweisen können.

Dies ist nicht weiter schwierig: Wählen Sie dazu das Element aus, und klicken Sie auf den Layer-Button. Daraufhin verfärbt sich das Element in die Layer-Farbe, es gehört nun zum entsprechenden Layer.

Über die Augen- und Schlosssymbole können Sie im weiteren Verlauf die Layer (bzw. deren Elemente) ein- und ausblenden sowie den Zugriff über die Zeitleiste sperren. Dieser

Schutz gilt wortwörtlich nur für die Zeitleiste – im Editor lässt sich ein Objekt weiterhin bearbeiten, die Buttons in der Zeit-Manager-Palette funktionieren ebenso tadellos.

Auch Objekte mit Layern halten sich an die hierarchische Struktur. Blenden Sie also beispielsweise ein übergeordnetes Objekt über Layer aus, werden die Layer-Einstellungen der untergeordneten Objekte übergangen und die Objekte ebenfalls ausgeblendet.

Layer eignen sich hervorragend, um Platz in der Zeitleiste zu schaffen, Objekte der Zeitleiste zu organisieren oder auch um Animationsarten leichter ausfindig zu machen. Eine Farbcodierung lässt sich vom Auge schneller zuordnen und wiederfinden als Objektnamen oder Menüeinträge.

Prüfen Sie am besten, welche Objekte bei der Animation keine Rolle spielen, und blenden Sie diese über die Layer aus. Denken Sie sich ein eigenes System aus, nach dem Sie Ihre Layer vergeben. So wäre es möglich, nach Animationsarten oder auch nach Haupt- und Nebendarstellern zu sortieren. Wenn Sie Keys und Sequenzen in Layer aufteilen, können Sie zudem nach Animationsstadien separieren.

# F-Kurven

## Arbeiten mit Animationskurven

*F-Kurven bereiten die räumlichen Veränderungen der Animation grafisch übersichtlich auf und bieten eine Menge Funktionen, um optimale, glaubwürdige Bewegungsabläufe zu erstellen.*

F-Kurven stellen die Werte einer Objekteigenschaft als Kurve dar. Hintergrund ist also eine mathematische Funktion (das »F«), die alle Werte, die ein animiertes Element zwischen zwei Keyframes annimmt, beschreibt.

So abstrakt und abschreckend die grafische Umsetzung von Bewegungsabläufen zugegebenermaßen klingen mag – Maxon hat bei der Entwicklung der F-Kurven sowohl die Aufbereitung als auch die Bearbeitungsmöglichkeiten wirklich einleuchtend und nachvollziehbar implementiert.

Sie werden die F-Kurven schnell als bereicherndes, filigranes Werkzeug erkennen, um Bewegungsabläufe auf das Genaueste zu definieren. Wie genau, das entscheiden Sie selbst. Bereits jetzt sind Sie problemlos in der Lage, gleichmäßige Animationen aller Art zu erstellen. Sie kennen die Zeitleiste mit den Spuren, Sequenzen und Keyframes.

Was würden Sie tun, wenn Ihnen die Geschwindigkeit oder Beschleunigung eines animierten Objekts immer noch zu technisch oder roboterhaft erscheint? Das einzig echte Handwerkszeug, das Sie bislang in Händen halten, sind die Keyframes. Schon vor der Aufnahme von Keyframes haben Sie bereits die Option, eine weiche oder harte Interpolation vorzubereiten (Abbildung 1).

Keine natürlich wirkende Bewegung besitzt vom Anfang der Bewegung an eine konstante Geschwindigkeit – ein Objekt beschleunigt, hält seine Geschwindigkeit und bremst wieder ab. Um den ruckeligen Effekt einer Animation auch ohne Raum- und Zeitkurven ein wenig abzudämpfen, interpoliert Cinema 4D die Tangenten bei der Aufnahme gemäß diesen Voreinstellungen.

Die Werte und Parameter für die Interpolation links und rechts von jedem Key zeigt Ihnen der Attribute-Manager an, sobald Sie ein Keyframe selektiert haben (Abbildung 2). Cinema 4D bietet neben der manuellen Interpolation auch vordefinierte harte oder weiche Interpolationsarten, die Sie durch den Stärke-Wert fein regeln können. Mit der Option ABSCHNEIDEN verbieten Sie ein Überschwingen der Animation an den Keyframes, was in vielen Fällen, insbesondere bei der Characteranimation, aufgrund der natürlicheren Optik erwünscht ist, manchmal aber ungewollte Objektüberschneidungen verursacht.

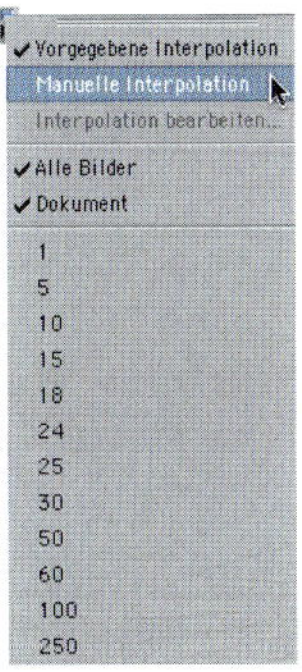

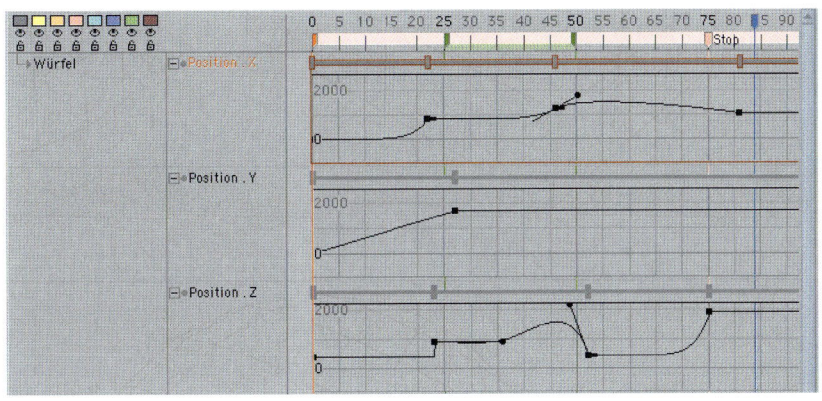

▲ **Abbildung 1**
Interpolations-
Einstellungen
beim Keying

◀ **Abbildung 3**
F-Kurven in der
Zeitleiste

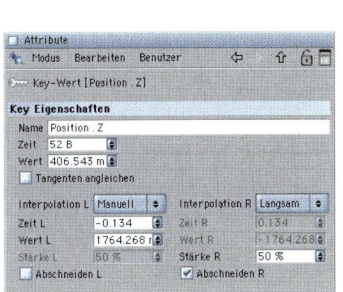

◀ **Abbildung 2**
Interpolation bei
den Keys im Attri-
bute-Manager

**Abbildung 4** ▶
Aufruf des F-Kurven-
Managers über das
Fenster-Menü

Wenn Sie bereits einige kleinere Animationen während des Lesens nachvollzogen haben, sind Sie mit Sicherheit schon mit den F-Kurven in Berührung gekommen – vielleicht ohne es überhaupt bemerkt zu haben. Klappen Sie nämlich die Spur einer animierten Sequenz in der Zeitleiste auf, finden Sie dort die zugehörige F-Kurve (Abbildung 3).

Bei manueller Interpolationsart im Keyframe können Sie sogar in der Zeitleiste an den F-Kurven arbeiten – wenn auch mangels Platz und Werkzeugen stark eingeschränkt. Die Anfangs- und Endpunkte der Kurve repräsentieren dabei die Keyframes, die Sie aufgenommen haben, der Kurvenverlauf spiegelt die Werte wider, die das animierte Objekt je

nach Spurtyp über den zeitlichen Verlauf der Sequenz einnimmt. Dabei hängt es ganz vom Animationstyp ab, ob es sich um Koordinatenwerte, prozentuale Lichthelligkeitswerte oder Rundungsradien eines parametrischen Grundkörpers handelt.

Das Verschieben der Keys und das Bearbeiten der Interpolationskurve wäre also auch direkt in der Zeitleiste machbar. Für die wesentlich exaktere Bearbeitung der F-Kurve besitzt Cinema 4D den F-Kurven-Manager. Über das Menü FENSTER (Abbildung 4) rufen Sie ein solches F-Kurven-Fenster auf.

Sollten Sie längere Zeit mit der Feinabstimmung der Kurven zu tun haben, gruppieren Sie das F-Kurven-Fenster doch mit der Zeitleiste.

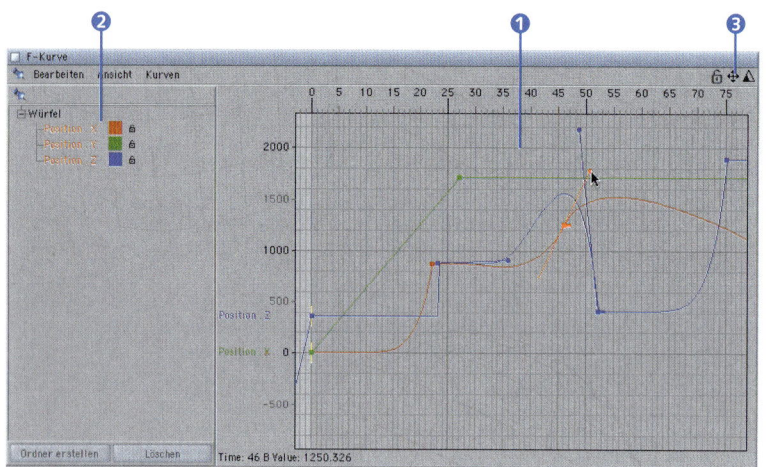

▲ **Abbildung 6**
Bearbeiten-Menü des
F-Kurven-Managers

◀ **Abbildung 5**
F-Kurven-Manager

**Abbildung 7** ▲
Ansicht-Menü des
F-Kurven-Managers

Der F-Kurven-Manager (Abbildung 5) ist fast schon eine Mischung aus Zeitleiste und Grafikprogramm. Im Hauptbereich ❶ finden Sie die vorhandenen F-Kurven eingetragen. Auf der Horizontalen sind wie in der Zeitleiste die Bilder (Frames) verzeichnet, in der Vertikalen können Sie die Parameter-Werte des animierten Objektes ablesen.

Ob Sie in der Zeitkurven-Liste ❷ bereits die Objekte und die zugehörigen Kurven sehen, hängt wieder einmal vom AUTOMATIK-MODUS ab, den Sie über das Menü BEARBEITEN (Abbildung 6) aktivieren. Andernfalls ziehen Sie Ihre Objekte bzw. Spuren einfach aus dem Objekt-Manager oder der Zeitleiste in den F-Kurven-Manager.

Im F-Kurven-Fenster sehen Sie alle Objekte, die in der F-Kurven-Liste ausgewählt sind. So können Sie sich auf Wunsch mehrere Kurven gleichzeitig anzeigen lassen oder sich auf eine einzige Kurve konzentrieren. Für die Organisation der verschiedenen F-Kurven legen Sie über den Button ORDNER HINZUFÜGEN einfach einen Ordner an und ziehen Ihre speziellen F-Kurven hinein.

Die Navigation und das Arbeiten innerhalb des F-Kurven-Managers entsprechen dem gewohnten Schema aus der Zeitleiste. Über die bekannten Ansichtswerkzeuge am Fensterrand ❸ verschieben oder skalieren Sie den sichtbaren Ausschnitt. Noch schneller geht es über die Tastaturkürzel ⌨1 und ⌨2 für das horizontale Verschieben bzw. Skalieren sowie mit ⌨4 und ⌨5 für das vertikale Verschieben bzw. Skalieren des Ausschnittes. Zur Veränderung der Punkte (Keyframes) und Kurven markieren und verschieben Sie die Elemente innerhalb des F-Kurven-Managers. Bei gedrückt gehaltener ⌨Strg/⌨Ctrl-Taste können Sie neue Keyframes in die F-Kurve platzieren.

Spezielle Funktionen für die Selektion und Arbeitsweise des F-Kurven-Managers finden Sie im Bearbeiten-Menü (Abbildung 6).

Im Ansicht-Menü (Abbildung 7) liegen einige praktische Funktionen für die Darstellung der Einheiten und Werkzeuge. Die Option AUTORELATIV rechnet den Umfang der Key-Werte in eine Art prozentuales 0–100-Schema um, mit dem Sie bei extremen Wertausmaßen nicht den Überblick verlieren. Des Weiteren

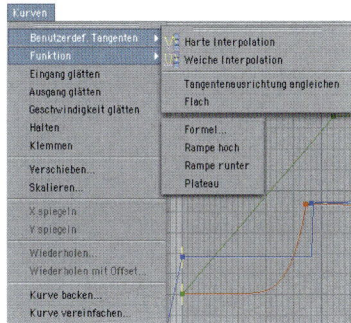

▲ **Abbildung 8**
Kurven-Menü des
F-Kurven-Managers

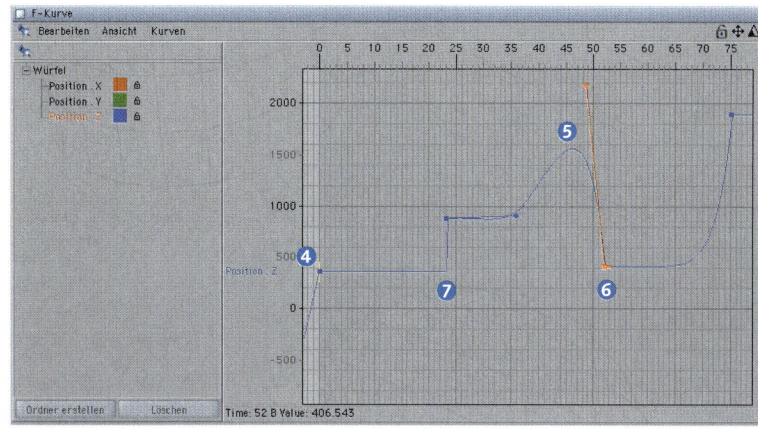

▲ **Abbildung 9**
Arbeiten mit den F-Kurven

können Sie sich zur besseren Kontrolle alle selektierten Keyframes als Fadenkreuz anzeigen lassen und ein Raster zur Orientierung einblenden.

Das Kurven-Menü (Abbildung 8) schließlich enthält eine Vielzahl von Befehlen, die sich rein mit dem Kurvenverhalten bzw. der Interpolation zwischen den Keys befassen.

In den Menüs BENUTZERDEFINIERTE TANGENTEN und FUNKTION befinden sich die aus dem Attribute-Manager bekannten Optionen für die gängigsten Interpolationsarten (harte ❹ bzw. weiche ❺ Interpolation etc.). Möchten Sie eine dieser Interpolationen für Ihre Kurve verwenden, wählen Sie einfach die passende Kurvenart aus – die Kurve im F-Kurven-Manager passt sich sofort dem neuen Profil an.

Richtig interessant wird es mit den Kurven-Befehlen, die Sie natürlich auch auf jedes Keyframe separat anwenden können. Der Eingang eines Keys liegt der logischen Abfolge der Zeitleiste nach auf der linken Seite des Keyframes, der Ausgang folgerichtig auf der rechten Seite des Keys.

In Abbildung 9 ist der Ausgang des selektierten Keys ❻ geglättet. Die Kurve läuft sehr langsam an und steigert sich dann schnell. Der Befehl GESCHWINDIGKEIT GLÄTTEN justiert beide Seiten des Keys auf diese Weise.

HALTEN bedeutet, dass der momentane Wert eines Keyframes bis zum nächsten Key durchgängig beibehalten wird und schließlich ruckartig umspringt ❼. KLEMMEN entspricht der Option AUSSCHNEIDEN aus dem Key-Eigenschaftendialog des Attribute-Managers. Es verhindert das ungewollte Überschwingen im Keyframe. Einen nummerischen Versatz bzw. eine Skalierung erreichen Sie über VERSCHIEBEN bzw. SKALIEREN.

Zur Spiegelung und Wiederholung mehrerer selektierter Punkte respektive Keyframes dienen die gleichnamigen Befehle des Menüs.

Der Befehl KURVE BACKEN entspricht dem Unterteilen-Befehl für Splines. Damit schaffen Sie neue Zwischenpunkte, die Sie weiterbearbeiten können. Umgekehrt erreichen Sie mit dem Befehl KURVE VEREINFACHEN die Beseitigung eventuell unnötiger Punkte.

# Bones und Inverse Kinematik

## Grundlagen für die Characteranimation

*Dieses Kapitel behandelt die Grundlagen der Animation mit Bones und Inverser Kinematik. Alle Objekte und Werkzeuge entstammen der Basisversion von Cinema 4D. Stolze Besitzer des MOCCA-Animationsmoduls finden hier einen Einstieg in die Thematik der Animation mit Bones und Kinematik.*

Zur Animation von komplexen organischen Objekten und Characters (Menschen, Tiere, Figuren etc.) orientiert man sich an den natürlichen Vorbildern: Das Skelett entsteht aus Bones, als hierarchische Bewegungslogik fungiert die Kinematik.

Bei der Kinematik geht es um das Zusammenspiel der Bewegungsabläufe und der Auswirkung der Bewegung auf die anderen Objektbestandteile. Egal ob Schreibtischlampe oder menschlicher Körperbau – es handelt sich stets um ein Ganzes, und die räumliche Veränderung eines Unterobjekts (Lampenschirm, Hand) wirkt sich immer auf die mit ihm verbundenen Teile aus (Gehäuse, Gelenk, Arm).

Mit Cinema 4D Inverser Kinematik teilen Sie den Objekten Ihrer Hierarchie mit, dass eine Verbindung zu anderen Objekten besteht und bei einer Modifikation auch die angeschlossenen Unter- bzw. Über-Objekte zu berücksichtigen sind.

Objekte, die einen Charakter annehmen (auch Schreibtischlampen und Spielzeug kann erstaunlich viel Leben eingehaucht werden), durchlaufen während der Animation viele Deformationen. Muskeln spannen und ent-

spannen sich, Gelenke knicken ein und zurück – damit Sie diese Verformungen nicht mühsam mit morphenden Einzelobjekten erstellen müssen, bietet Cinema 4D Ihnen die Bones an.

Mit Bones verleihen Sie den Objekten ein Skelett, das Sie beliebig animieren können – unter Berücksichtigung von Wirkungsbereichen und Deformationen.

## Bones

Ein Bone ist eigentlich nur ein Deformationsobjekt, das für die Einbettung in eine hierarchische Struktur ausgelegt ist.

Bone-Objekte lassen sich auf alle Objektarten anwenden, ihre Vorzüge kommen natürlich besonders dann zur Geltung, wenn das zu animierende Objekt aus einem Guss besteht. Dann geben Sie dem Objekt eine Ihren Ansprüchen entsprechende Skelettstruktur und animieren die Bones – um das Objekt müssen Sie sich im Idealfall dann gar nicht mehr kümmern.

Besonders gut funktioniert die Zusammenarbeit mit HyperNURBS-Objekten. Aufgrund der

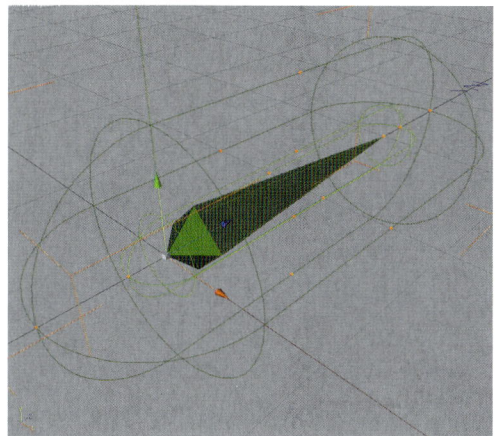

◀ **Abbildung 1**
Bone-Objekt

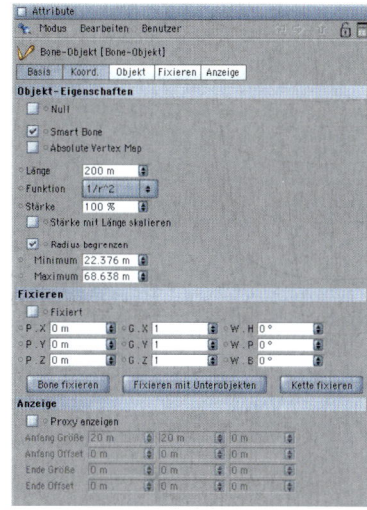

**Abbildung 2** ▶
Bone-Einstellungsdialog

programminternen Reihenfolge der Objektformung deformiert das Bone-Objekt zuerst die Rohversion des Polygon-Objekts, dann erst setzt die Glättung und Rundung des übergeordneten HyperNURBS-Objekts ein. Auf diese Weise ist sichergestellt, dass keine Punkt- und Polygon-Fehler, Knicke etc. auftreten.

Die Erstellung eines neuen Bone-Objekts (Abbildung 1) erfolgt entweder über die Palette der Deformationsobjekte oder über das Menü OBJEKTE · DEFORMATION · BONE.

Mit dem orangefarbenen Anfasser an der Spitze des Bones können Sie die Ausrichtung des Bone-Objekts festlegen. Bei gedrückter Strg/Ctrl-Taste ziehen Sie aus diesem Punkt ein weiteres Bone-Objekt, das dem ursprünglichen Bone untergeordnet ist, heraus. Auf diese Weise erstellen Sie interaktiv eine hierarchische Bone-Struktur.

Die hellgrüne, kapselförmige Umrahmung begrenzt den inneren Wirkungsradius des Bones. Die Aktivierung der Wirkungsradien erfolgt über den Bone-Einstellungsdialog (Abbildung 2), den Sie nach Klick auf das

Bone-Symbol im Attribute-Manager sehen. Alles, was sich innerhalb dieser inneren Kapsel befindet, unterliegt keiner Deformation. Die dunkelgrüne Umrahmung begrenzt den äußeren Wirkungsradius des Bones – eine Verformung findet also nur im Raum zwischen den beiden Kapseln statt.

Die Option SMART BONE aktiviert einen neuen Bone-Algorithmus, der zum einen schneller, zum anderen mit Austauschformaten wie FBX besser zusammenarbeitet. Mit der gleichzeitig verfügbaren Funktion ABSOLUTE VERTEX MAP können Sie eine für alle untergeordneten Bones gültige Vertex Map definieren.

Die Abnahmefunktion steuert die Kraft der Punkte, die an den Bone-Gelenken sitzen. Eine höhere Potenz von 1/r bewirkt einen stärkeren Knick.

Im Feld STÄRKE ist es möglich, die Stärke eines Bones im Vergleich zu den anderen zu verändern, auf Wunsch kann sich die Stärke auch durch eine Größenänderung verringern.

Die Parameter eines fixierten Bones hält der Bone-Dialog im Fixieren-Feld bereit.

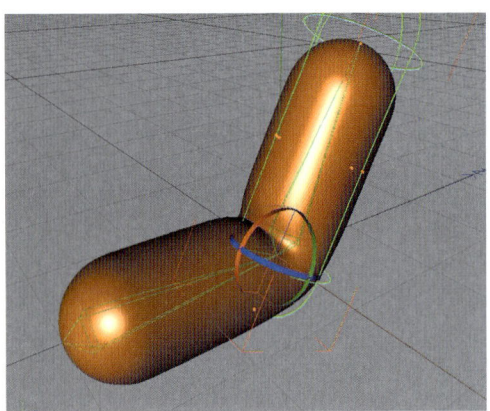

**▲ Abbildung 3**
Deformation einer Kapsel
mit Bones

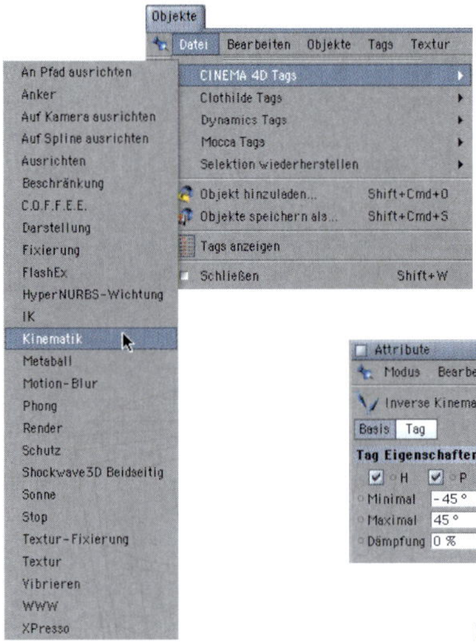

**◀ Abbildung 4**
Inverse-Kinematik-Tag

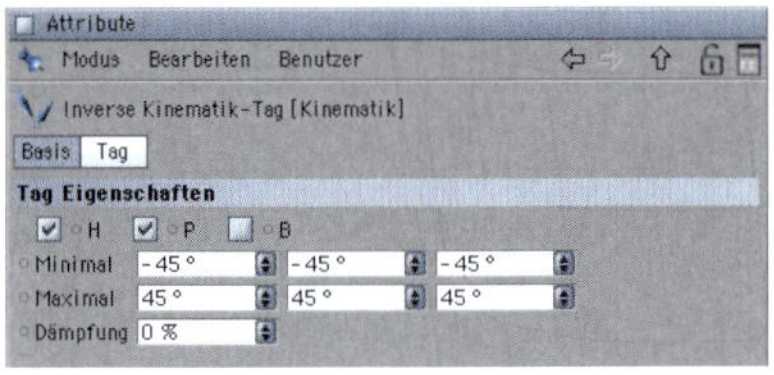

**Abbildung 5 ▲**
Inverse-Kinematik-Einstellungen

Im Feld ANZEIGE können Sie das Aussehen der Bones über eine Proxy-Darstellung ein wenig individualisieren.

Der erste Schritt bei der Animation mit Bones ist, die Bones in die für das Objekt richtige Stellung zu bringen. Wie alle Deformationsobjekte müssen auch die Bones dem verformenden Objekt untergeordnet sein. Die Kapsel in Abbildung 3 wird durch zwei Bones in der Mitte geknickt.

Um vorab sicherzustellen, dass bei der kinematischen Modifikation des Objektes keine ungewollten Verdrehungen oder Zerrungen entstehen, lassen sich mit dem Inverse-Kinematik-Tag aus dem Objekt-Manager-Menü DATEI · CINEMA 4D TAGS · KINEMATIK (Abbildung 4) Winkelbeschränkungen für die einzel-

nen Bones festlegen. Im zugehörigen Einstellungsdialog (Abbildung 5) geben Sie die minimalen und maximalen Winkel für Heading, Pitch und Bank (also X-, Y- und Z-Achse) an. Die korrekten Werte ermitteln Sie in der Regel durch Ausprobieren der benötigten Bein- bzw. Körperstellungen, wenn die Bones fixiert sind.

Damit die Bones nun auch wirklich zum Einsatz kommen, müssen sie fixiert werden. Der zuständige Befehl befindet sich im Objekt-Manager-Menü OBJEKTE · BONES FIXIEREN oder, noch praktischer, im Attribute-Manager-Dialog jedes Bones. Cinema 4D übernimmt daraufhin die Position und Einstellung der Bones und aktiviert sie.

Zum Ausgangszustand, der mit jeder Fixierung neu überschrieben wird, können Sie jederzeit mit dem Befehl BONES ZURÜCKSETZEN zurückkehren.

Die durch den Begrenzungsradius vorgegebenen Verformungsbereiche eignen sich nur sehr beschränkt für genaues Arbeiten. Allzu oft stören sich die Wirkungsradien durch Überlappung oder passen einfach nicht zur Form des

### Mehrere Ausgangszustände
Leider bietet die Basisversion von Cinema 4D nicht die Möglichkeit, mehrere Zustände zu speichern. Legen Sie stattdessen die Bone-Stadien im negativen Bereich der Zeitleiste ab, können Sie die Stadien jederzeit auswechseln.

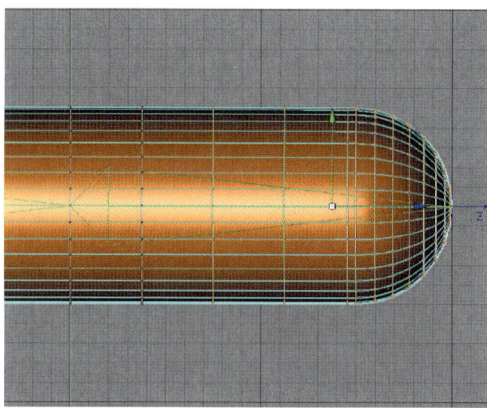

▲ **Abbildung 6**
Selektion des Wirkungsbereichs

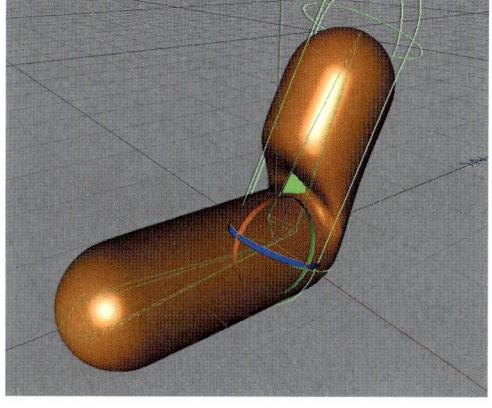

▲ **Abbildung 7**
Selektion des Wirkungsbereichs

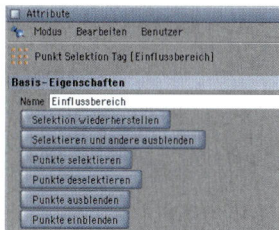

**Abbildung 8 ▶**
Benennung der
Selektion

◀ **Abbildung 9**
Beschränkungs-Tag-Dialog

Objekts. Um die Verformung besser aussteuern zu können, heißt es, Wirkungsbereiche zu
definieren.

Dafür eignen sich beispielsweise Selektionen (Abbildung 6) des Verformungsbereichs,
die Sie über den bekannten Befehl SELEKTION
EINFRIEREN aus dem Menü SELEKTION festhalten. Dieser gespeicherten Selektion geben Sie
einen adäquateren Namen als ich in Abbildung 8 und verwenden diese Punkt- oder
Polygon-Auswahl als Referenz für die spätere
Bone-Verformung. Dies geschieht über das
Beschränkungs-Tag, das Sie jedem Bone über

das Objekt-Manager-Menü DATEI · CINEMA 4D
TAGS · BESCHRÄNKUNG anhängen können.

Der Dialog des Beschränkungs-Tags (Abbildung 9) gibt Ihnen die Möglichkeit, bis zu
sechs Selektionen gleichzeitig als Limitierung
zu definieren. Zusätzlich kann für jede Selektion die STÄRKE der Deformationswirkung reguliert werden.

Abbildung 7 zeigt das bekannte Kapsel-
Objekt, als Einflussbereich für den oberen
Bone wurde die Selektion aus Abbildung 6
eingetragen. Die Bone-Verformung findet ausschließlich im vorgesehenen Bereich statt.

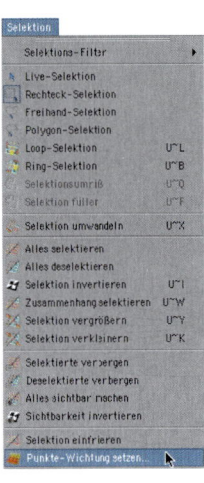

**Abbildung 10** ▶
Punkte-Wich-
tungs-Werkzeug

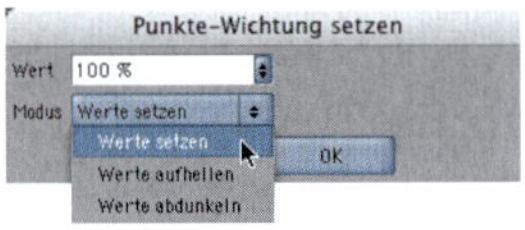

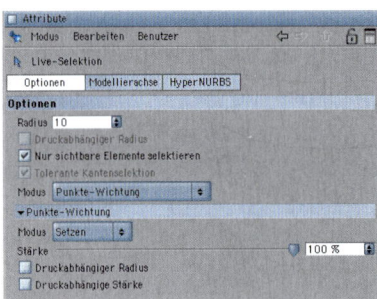

▲ **Abbildung 11**
Punkte-Wichtung setzen

**Abbildung 12** ▶
Vertex-Map-Wichtung
des oberen Bones

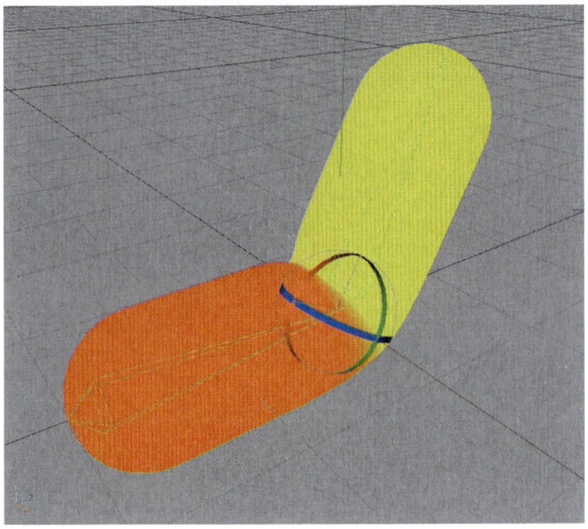

**Abbildung 13** ▶
Punkte-Wichtung
malen

**Abbildung 14** ▶
Wichtungs- und
Beschränkungs-Tags
im Objekt-Manager

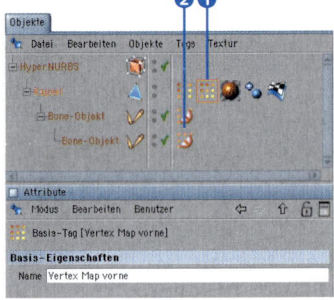

## Punkte-Wichtung/Vertex-Maps

Noch eleganter und vor allem wesentlich genauer können Sie die Wirkungsbereiche von
Bones und natürlich auch allen anderen Deformatoren durch Punkte-Wichtungen bzw.
Vertex-Maps bestimmen.

Mit dem Menü-Befehl SELEKTION · PUNKTE-
WICHTUNG SETZEN (Abbildung 10) weisen Sie
einer Auswahl von Punkten oder Polygonen
einen farblich im Editor sichtbaren Prozentwert zu (Abbildung 11), mit dem die Bones auf
diesen Bereich wirken sollen.

Alternativ können Sie die Punkte-Wichtung
(Vertex-Map) auch interaktiv auf das Objekt
malen. Dies geschieht im Punkte-bearbeiten-Modus mit der LIVE-SELEKTION. Im Attribute-Manager (Abbildung 13) stellen Sie die
gewünschte Wirkungsstärke ein und malen die
Vertex-Map auf das Objekt. Wie auch bei den
Punkte-Wichtungs-Optionen (Abbildung 11)
können Sie entscheiden, ob die Werte absolut
gesetzt, abgedunkelt oder aufgehellt werden
sollen.

Die gelben Stellen in der Vertex-Map (hohe
Prozentwerte) signalisieren starken Einfluss,
rote Stellen dagegen schalten den Einfluss
aus. Abbildung 12 zeigt die Vertex-Maps des
oberen Bones aus dem Kapsel-Beispiel. Genau
umgekehrt eingefärbt sieht die Vertex-Map des
unteren Bone-Objektes aus.

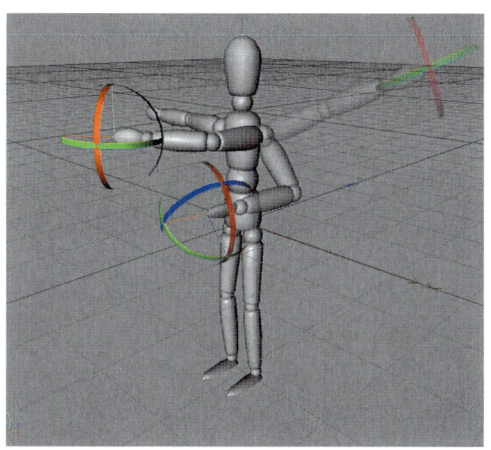

▲ **Abbildung 15**
Bewegung des Armes durch Inverse Kinematik

◄ **Abbildung 16**
Konvertiertes und aufgeklapptes
Figur-Objekt

▲ **Abbildung 17**
Inverse-Kinematik-Werkzeug

Diese Vertex-Maps bekommen Namen zugewiesen und liegen als Symbole im Objekt-Manager ❶. Den einzelnen Bones weisen Sie dann wie gehabt mit dem Beschränkungs-Tag ❷ die Wirkungsbereiche, in diesem Fall die Vertex-Maps, zu (Abbildung 14).

## Inverse Kinematik

Für die ersten Experimente mit der Inversen Kinematik eignet sich das Figur-Grundobjekt (Abbildung 15) hervorragend.

Wandeln Sie das Figur-Objekt mit dem Befehl GRUNDOBJEKTE KONVERTIEREN bzw. Taste C um, und klappen Sie die Hierarchie des Oberkörpers bis zur Hand auf (Abbildung 16). Unterstes Glied der Hand ist ein leeres Polygon-Objekt namens HAND IK-GREIFER, das als Greifer fungiert.

Um die Modifikation der zusammenhängenden Objektteile nach dem Prinzip der Inversen Kinematik ablaufen zu lassen, aktivieren Sie das Inverse-Kinematik-Werkzeug (Abbildung 17). Fassen Sie den Hand-IK-Greifer, und bewegen Sie die Hand – wie Sie merken, folgt der komplette Arm Ihrem IK-Greifer (Abbildung 15).

Der Grund, warum der Arm nur bis zu einer bestimmten Grenze abzuwinkeln ist, liegt in den bereits vorhandenen Inverse-Kinematik-Einstellungen der Körperteile. Hier ist für jedes Unterobjekt separat vermerkt, wie weit es minimal bzw. maximal abgewinkelt werden kann.

Die Bewegung endet am Oberkörper der Figur, da am obersten Glied der Oberkör-per-Gruppe ein Anker-Tag angebracht ist. Ein Anker-Tag verhindert die Fortsetzung der kine-matischen Funktion, mit ihm setzen Sie die starren, unbeweglichen Punkte des Objekts. Sie erzeugen ein Anker-Tag ❸ über den Objekt-Manager-Befehl DATEI · CINEMA 4D TAG · ANKER-TAG (Abbildung 18).

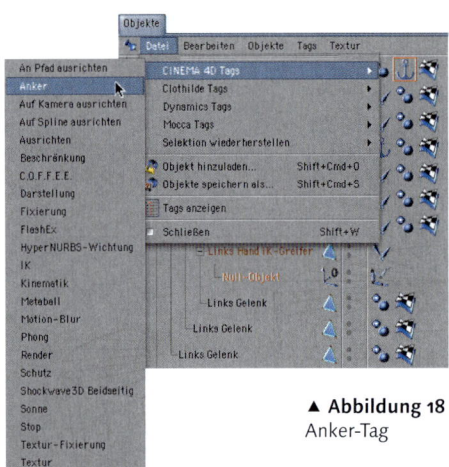

▲ Abbildung 18
Anker-Tag

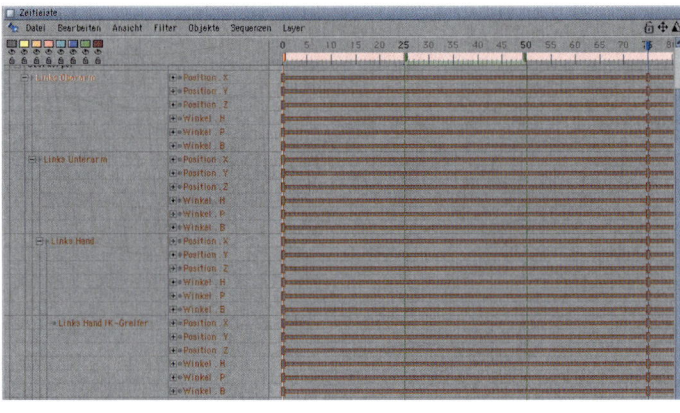

▲ Abbildung 19
IK-Animation des gesamten Objekts

## Animation

Die einfachste Möglichkeit, die kinematischen Veränderungen in einer Animation festzuhalten, ist, die Anfangs- und Endstadien des gesamten Bereichs, der von der Modifikation betroffen ist, in Positions- und Winkel-Keys aufzunehmen.

Abbildung 19 zeigt die animierte Handbewegung der Figur und auch gleich eine der Schwachstellen dieser Methode: Die Zeitleiste ist schnell mit Spuren überfrachtet und wird unübersichtlich. Jedes einzelne an der Animation beteiligte Element der Figur trägt Spuren, Sequenzen und Keys.

Eine wesentlich praktikablere Möglichkeit liegt in den IK-Expressions, die Sie den Objekten über den Objekt-Manager DATEI · CINEMA 4D TAGS · IK zuweisen (Abbildung 18).

In deren Dialogen und Keys geben Sie an, an welchem Führungsobjekt sich die IK-Kette ausrichten soll, die IK-Arbeit erledigt Cinema 4D dann für Sie.

## Multi-Target-Kinematik

Eine Weiterentwicklung der Idee, die IK-Kette an einem Ziel-Objekt auszurichten, ist die Multi-Target-Kinematik.

Es steht Ihnen schließlich frei, mehrere Elemente der IK-Kette durch beliebige Ziel-Objekte zu kontrollieren. Der Kontrollmechanismus ist in etwa vergleichbar mit einer Marionette – Sie versehen das Objekt mit übersichtlichen Steuerelementen und beschränken sich dann auf die Animation der Kontrollelemente.

Das Bone-Skelett in Abbildung 21 besitzt insgesamt vier Steuerungselemente (als Kugeln dargestellt), auf die sich die IK-Greif-Elemente an den Gelenken per IK-Expression ausrichten. Dem aktiven Objekt wird also ein Tag angehängt, in dem Sie bestimmen, an welchem Ziel-Objekt sich das IK-Element orientieren soll (Abbildung 20). Die Objekt- und IK-Hierarchie des Beins sehen Sie in Abbildung 22. Im oberen Teil stehen die vier Kontrollelemente, denen

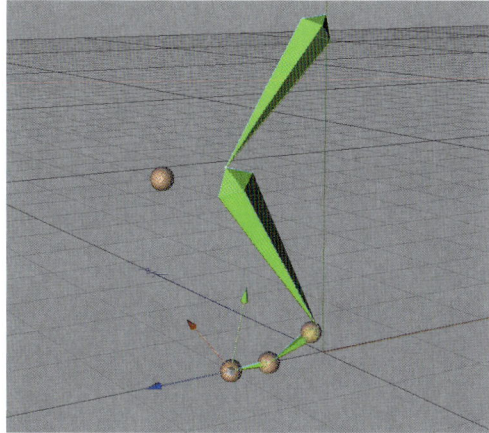

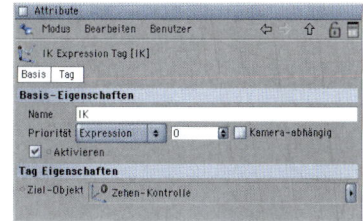

◀ **Abbildung 20**
IK-Expression

◀ **Abbildung 21**
Bein mit Multi-Target-
Kinematik

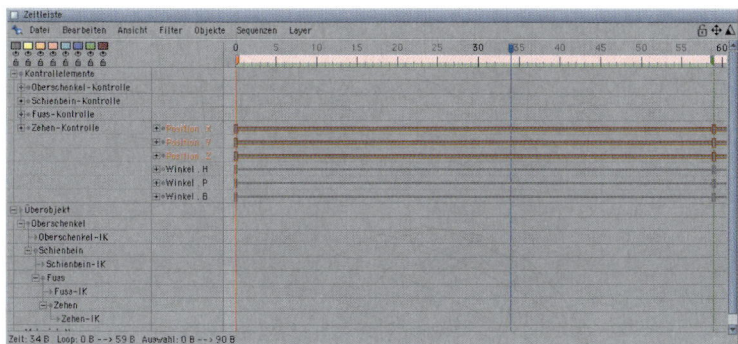

◀ **Abbildung 22**
Aufbau des Multi-
Target-Beins

◀ **Abbildung 23**
IK-Animation mit
Target-Kinematik

zur besseren Übersicht je eine Kugel untergeordnet ist. Zwischen jedem Bone-Gelenk sitzt
ein IK-Greifer mit je einer IK-Expression. In
den Expressions ist jeweils definiert, welches
Steuerelement für den IK-Greifer zuständig
ist. So richtet sich das ZEHEN-IK an der ZEHEN-
KONTROLLE aus, das FUSS-IK an der FUSS-KON-
TROLLE usw.

Ein Blick in die Zeitleiste (Abbildung 23)
zeigt die Vorteile dieser Methode sehr deutlich. Für eine einfache animierte Bewegung
des Beines genügt es, das Steuerelement in
den Ausgangs- und Endstadien der Bewegung

mit Position- und Winkel-Keys aufzunehmen.
Lediglich das animierte Steuerelement trägt die
Animationsspuren, was die gesamte Animation
wesentlich einfacher kontrollierbar macht.

Das Thema Multi-Target-Kinematik bildet
den perfekten Übergang zum Characteranimation-Modul MOCCA. MOCCA treibt die
Methodik von Bones, Beschränkungen, IK-
Expressions und Zielen (Targets) durch erweiterte Funktionen und Werkzeuge auf die
Spitze. Die Grundlagen dafür haben Sie nun
kennen gelernt, so dass einem Einstieg in die
Welt von MOCCA nichts im Wege steht.

# MOCCA 2

## Profifunktionen für die Characteranimation

*MOCCA ist das Akronym für MOtion Capture and Character Animation – ein Animationsmodul für Cinema 4D, das mit seinen Werkzeugen und Funktionen speziell für die Characteranimation ausgelegt ist.*

Professionelle Characteranimatoren stoßen mit den Werkzeugen und Funktionen des Basispakets früher oder später an die Grenzen des Machbaren bzw. auch des Zumutbaren.

MOCCA bietet zahlreiche Werkzeuge und Funktionen, die in Zusammenarbeit mit professionellen Animationsstudios erdacht und implementiert wurden. Es eignet sich nicht nur für die Highend-Anwender – gerade Einsteiger finden in MOCCA den idealen Start in die recht komplexe und etwas einschüchternde Welt der Characteranimation.

Das separat erhältliche Modul MOCCA ist Teil des XL- und Studio-Bundles und fügt sich, wie aus den anderen Modulen bekannt, nahtlos in die Cinema 4D-Oberfläche ein. Als Erweiterung im wörtlichen Sinne greift es auf die Standard-Bestandteile von Cinema 4D wie Bones und Null-Objekte zurück, bietet aber eine andere Inverse-Kinematik-Funktionalität (MOCCA IK), eine Vielzahl praktischer IK-Werkzeuge und Automatismen sowie seit MOCCA 2 die Möglichkeit, über Clothilde Stoffe und Textilien als Kleidung oder Überzug anzubringen und zu animieren. Sollten Sie das vorangegangene Kapitel über Bones

und IK ausgelassen haben, holen Sie dies bei Gelegenheit nach, vieles wird Ihnen klarer erscheinen.

Die mit Abstand schwierigste und zeitraubendste Aufgabe bei der Characteranimation ist die Erstellung eines passenden, funktionstüchtigen IK-Setups. MOCCA 2 enthält zwei verschiedene IK-Systeme (Hard IK und Soft IK), die je nach Eignung beliebig eingesetzt und sogar vermischt werden können.

Bones und Limitierungen müssen nicht zwangsläufig starre, unhandliche, aber eben unvermeidbare Elemente sein, sondern – je nach Definition – elastische, dynamische, exakt regelbare Steuerelemente (Zielobjekte und Up-Vektoren), die dem natürlichen Bewegungsverhalten sehr nahe kommen.

Neu in MOCCA 2 ist auch die Herangehensweise an die Kinematik. Nicht immer ist die Inverse Kinematik der Weisheit letzter Schluss, manchmal gelangen Sie mit Forward Kinematik schneller ans Ziel. Beide Methoden dürfen Sie nach Belieben einsetzen und auch vermischen. Je nachdem, wie Sie die Kontrollpunkte nutzen und animieren bzw. welche »Betriebsart« sich für die geforderte Bewegung besser eignet,

▲ **Abbildung 1**
MOCCA-Befehls- und
Werkzeug-Palette

**Abbildung 2 ▶**
MOCCA-Tags

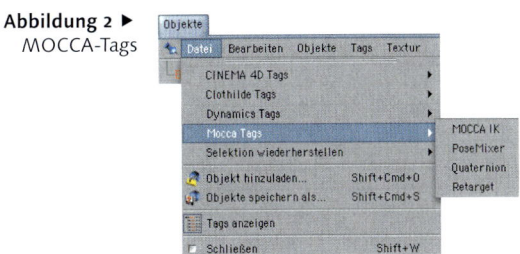

beschreiten Sie den Weg der Forward oder der Inversen Kinematik.

Ist die »Knochenarbeit« einmal erledigt, geht es zum nächsten Schritt, der Definition von Posen, Bewegungen und zur eigentlichen Animation. Natürlich hat MOCCA hier auch einiges anzubieten. Cappucino beispielsweise zeichnet beliebige Objektbewegungen, die Sie im Editor in Echtzeit ausführen, automatisch in Keyframes auf.

Drei Spezialfunktionen kümmern sich um das Morphing zwischen Posen und Bewegungen. Erstellen Sie einfach beliebige Körperhaltungen und Gesichtsausdrücke, und mischen Sie diese mit dem PoseMixer per Schieberegler! Das P2P-Objekt (Pose to Pose) und die zugehörige P2P-Bibliothek sorgen für eine übersichtliche Animation und Verwaltung von Posen, um wiederkehrende Bewegungsabläufe wie Walkcycles etc. komfortabel einsetzen zu können. Motion Blending und Motion Retargeting vereinfachen die Überblendung von Bewegungen und das Übertragen fertiger Bewegungsdaten auf andere Objekte.

In diesem Kapitel lernen Sie die Bestandteile von MOCCA 2 in der Theorie kennen, der spätere Animations-Workshop ist aber mit Sicherheit unumgänglich, um die Werkzeuge und Funktionen von MOCCA richtig einschätzen und einsetzen zu können.

Um an die MOCCA-Werkzeuge zu gelangen, schalten Sie entweder das komplette Layout über die bekannte Layout-Palette auf das zugehörige MOCCA.L4D oder erzeugen sich einfach eine neue MOCCA-Werkzeugleiste (Abbildung 1), die Sie ganz nach Wunsch in Ihre gewohnte Arbeitsumgebung einbauen. Dies geschieht über den Befehl MOCCA PALETTE im Menü PLUG-INS · MOCCA. Hier befinden sich übrigens auch alle anderen Elemente des MOCCA-Pakets.

Seit Version 9 herrscht auch bei den Modulen mehr Ordnung, alle für MOCCA verfügbaren Tags finden Sie nicht mehr in einem ellenlangen Menü verstreut, sondern komprimiert im Objekt-Manager unter DATEI · MOCCA TAGS (Abbildung 2). Sehen wir uns die Werkzeuge und Tags der Reihe nach an.

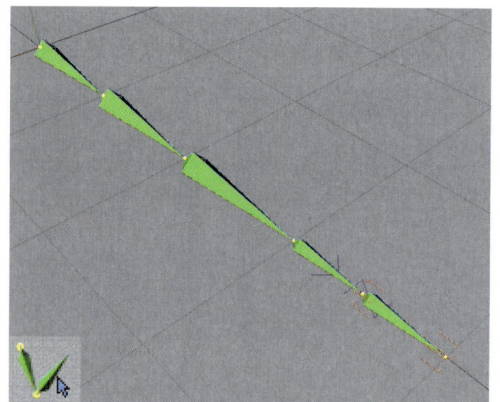

**Abbildung 3 ▶**
Bone-Erstellung
mit dem
Bone-Werkzeug

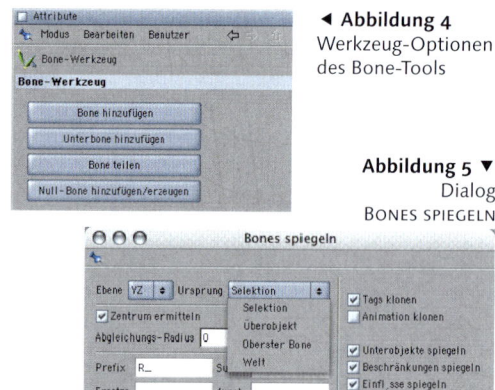

**◀ Abbildung 4**
Werkzeug-Optionen
des Bone-Tools

**Abbildung 5 ▼**
Dialog
BONES SPIEGELN

## Bones in MOCCA

Bei den MOCCA-Bones handelt es sich um
genau die gleichen Deformationsobjekte, mit
dem BONE-WERKZEUG (Abbildung 3) lassen sie
sich aber viel komfortabler erzeugen.

Nach Aktivierung des Bone-Werkzeugs
zeigt der Attribute-Manager (Abbildung 4) die
Befehle zur Bone-Erstellung. Mit dem Befehl
BONE HINZUFÜGEN platzieren Sie ein neues
Bone auf der obersten Objekt-Manager-Ebene
in die Szene. Benutzen Sie dagegen den Befehl
UNTERBONE HINZUFÜGEN, wird ein Unterbone
an die Spitze des ausgewählten Bones ange-
fügt, das dem Ursprungsbone hierarchisch
untergeordnet ist. Allein durch wiederholtes
Klicken dieses Buttons erstellt MOCCA also
automatisch eine komplette Bone-Hierarchie.

Die Möglichkeit, Bone-Hierarchien manuell
im Editor aufzubauen, bietet auch MOCCA
– mit einem kleinen Unterschied. Ziehen Sie
nicht wie mit dem Standard-Bone-Objekt neue
Bones mit gedrückt gehaltener [Strg]/[Ctrl]-
Taste aus der Bone-Spitze, sondern klicken Sie
mit der Tastenkombination an die Stelle, an
der die Spitze des Unterbones liegen soll.

Der Befehl BONE TEILEN teilt das selektierte
Bone-Objekt in der Mitte in zwei separate
Bones auf und gliedert sie korrekt in die Bone-
Hierarchie ein. So lässt sich ein fertiger Bone-
aufbau nachträglich noch feiner unterteilen.

Genau so, wie Sie sich mit einem Null-
Objekt ein beschränktes oder verdrehtes
System zurechtrücken können, erzeugen Sie
mit dem Null-Bone einen neuen Dreh- und
Angelpunkt, von dem Sie unbedarft mit frischen Rotationswerten weiterarbeiten können.
Ein einfaches Null-Objekt funktioniert hier
nicht, weil eine Bone-Hierarchie diese Objekte
nicht akzeptieren würde.

Ein wichtiger Tipp für die Arbeit mit Bone-
Objekten: Verwenden Sie für das Positionieren
und Rotieren der Bones das Bone-Werkzeug
und nicht die Standard-Verschieben- und Rota-
tions-Werkzeuge. Andernfalls springen die
Bones je nach gewähltem Werkzeug auf die
letzte mit diesem Werkzeug eingestellte Position bzw. Rotation. Um die Änderungen eines
mit den normalen Werkzeugen bearbeiteten
Bones trotzdem festzusetzen, fixieren Sie
die Bones über den gleichnamigen Befehl im
Objekt-Manager.

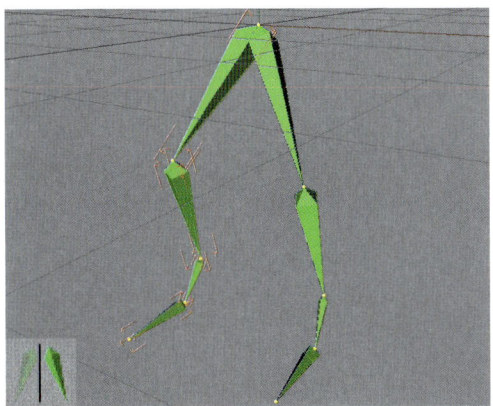

◀ **Abbildung 6**
Spiegelung von Bones

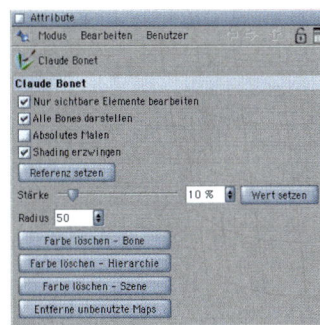

◀ **Abbildung 7**
Werkzeug-Dialog
CLAUDE BONET

## Bones spiegeln

Das Bones-spiegeln-Werkzeug gehört zu den echten Zeitsparfunktionen in MOCCA. Mit ihm spiegeln Sie alle Bone- und IK-Informationen einer fertigen Bone-Kette, ohne sich über gespiegelte Winkel oder Beschränkungen den Kopf zu zerbrechen.

Sobald eine Seite der Bone-Hierarchie fertig gestellt ist (inklusive Tags, Wichtungen, Beschränkungen etc.), wechseln Sie einfach zum Bones-spiegeln-Tool und spiegeln den Aufbau automatisch auf die andere Seite (Abbildung 6). Im Bones-spiegeln-Dialog (Abbildung 5) befinden sich alle maßgeblichen Spiegelungsparameter.

Hier teilen Sie dem Werkzeug zuerst mit, welche Spiegelungsebene ausgehend von welchem Ursprung verwendet werden soll. Bei aktivierter Option ZENTRUM ERMITTELN errechnet das Werkzeug die Mitte des übergeordneten Polygon- oder NURBS-Objektes, was in den meisten Fällen erwünscht ist. In der rechten Spalte geben Sie an, welche Zusatzdefinitionen mitgespiegelt werden. Dazu gehören die Tags, Animationsspuren, Unterobjekte,

Beschränkungen und Einflüsse (Selektionen, Vertex-Maps und Claude-Bonet-Maps).

Den gespiegelten Objekten setzt das Bones-spiegeln-Werkzeug auf Wunsch ein Präfix vor und ersetzt manuell erstellte Benennungen.

## Claude Bonet

Um die Einflussbereiche der Bones abzugrenzen, werden Wichtungen durch Vertex-Maps definiert und anschließend per Beschränkungs-Tag zugewiesen. Das Claude Bonet-Werkzeug aus MOCCA reduziert diese Vorarbeit auf einen Schritt, mit ihm wichten Sie nämlich gleich die Bones selbst.

Dazu muss die Bone-Hierarchie natürlich einem Objekt untergeordnet sein. Anschließend selektieren Sie das zu wichtende Bone, wählen das Claude Bonet-Tool aus, stellen die gewünschten Mal- bzw. Wichtungsparameter im Attribute-Manager (Abbildung 7) ein und malen nach Herzenslust Wichtungen auf das Objekt (Abbildung 8).

Für die filigrane Wichtung eines einzelnen Bones schalten Sie die anderen Bones einfach

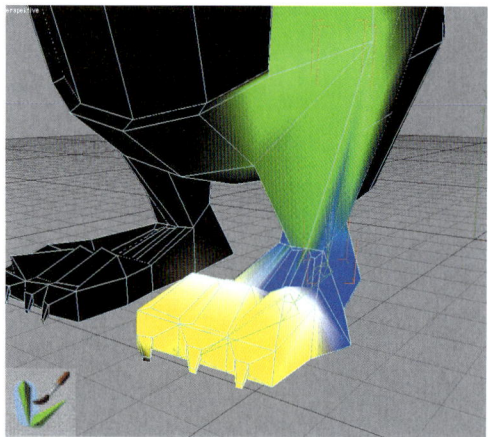

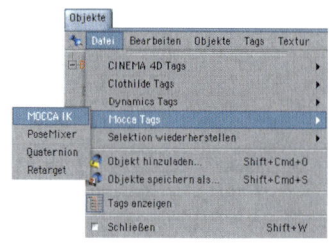

◀ **Abbildung 8**
Malen von Bone-Wichtungen

◀ **Abbildung 9**
MOCCA IK-Tag

**Abbildung 10** ▶
Ein-/Ausschalten
von MOCCA IK

unsichtbar und aktivieren die Option Nur sichtbare Elemente bearbeiten.

Wie in Abbildung 8 zu erkennen, stellt Cinema 4D Wichtungen an mehreren Bereichen als unterschiedliche Färbungen dar. Diese Farben weisen zwar eine sehr interessante Optik auf, verwirren aber unter Umständen etwas. Deswegen lässt sich diese Darstellungsart über die Option Alle Bones darstellen an- bzw. ausschalten. Noch weiter geht Shading erzwingen. Damit erzwingen Sie das Editor-Shading Ihres Objektes und können den Malbereich besser beurteilen.

In den Feldern Stärke und Radius definieren Sie den Radius und die Wichtungsstärke des Malpinsels. Ist zusätzlich die Option Absolutes Malen aktiviert, werden die aufgetragenen Wichtungen nicht addiert, sondern absolut gesetzt. Ein Klick auf den Button Wert setzen bewirkt, dass die komplette Objektgeometrie des selektierten Bones mit dem eingetragenen Wichtungswert versehen wird.

Bone-Wichtungen können Sie auch auf andere Bones kopieren. Dafür verwenden Sie den Befehl Referenz setzen und wählen die Struktur aus, welche die Wichtung zugewiesen

bekommen soll. Drei weitere Buttons erlauben Ihnen, die Bone-Wichtungen des aktiven Bones, der Hierarchie oder der ganzen Szene zu löschen. Entferne unbenutzte Maps löscht noch vorhandene Claude-Bonet-Maps von Objekten, die von gelöschten Bones stammen.

An dieser Stelle ist es nochmals wichtig zu erwähnen, dass ein Bone ohne Wichtungs-Map standardmäßig alle Objektbereiche beeinflusst. Die in Cinema 4D 8.5 eingeführten verbesserten Smart Bones erlauben die Nutzung einer absoluten Vertex Map, was Ihnen auf Wunsch ermöglicht, das Pferd von hinten aufzuzäumen. Bei einer absoluten Vertex Map werden nur die Bereiche verformt, die eine Wichtung besitzen.

## Hard IK und Soft IK

Die Inverse Kinematik (IK) in MOCCA unterscheidet sich stark von der Standardkinematik in Cinema 4D.

Sie kann starr und relativ unflexibel (Hard IK), aber auch weich und elastisch (Soft IK) ausfallen. Je nachdem, wie viel »Freiheiten«

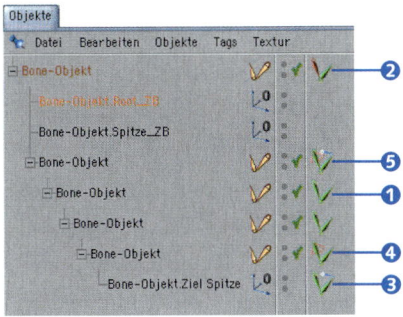

**▲ Abbildung 11**
Bone-Hierarchie mit MOCCA IK-Tags

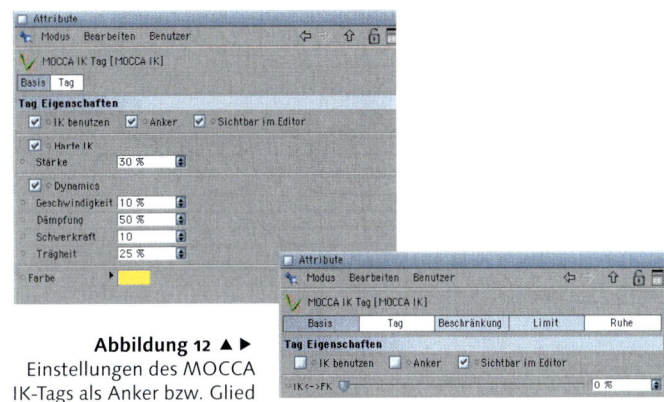

**Abbildung 12 ▲ ▶**
Einstellungen des MOCCA
IK-Tags als Anker bzw. Glied

Sie Ihrem Bone-Gerüst zugestehen möchten, können Sie beide IKs beliebig einsetzen. Zusammengefasst finden Sie Hard- und Soft-IK im mächtigen MOCCA IK-Tag im Menü Datei · MOCCA Tags des Objekt-Managers (Abbildung 9). Damit die Inverse Kinematik von MOCCA im Editor funktioniert, aktivieren Sie die IK-Simulation (Abbildung 10).

Das MOCCA IK-Tag ist ein wahrer Allrounder (Abbildung 11), es dient nicht nur als normales IK-Tag, sondern kann gleichzeitig auch als Anker-, Ziel-, Winkelbeschränkungs-Tag und im Prinzip sogar als IK-Expression fungieren. Seit MOCCA 2 besitzt das MOCCA IK-Tag unterschiedliche Icons im Objekt-Manager, damit Sie schnell erkennen, ob im jeweiligen Tag Beschränkungen oder Limits definiert sind (Abbildung 11). Das grüne Standardsymbol ❶ zeigt aktive IK, die Funktion als Anker zeigt Symbol ❷ an. Ein IK-Tag mit Beschränkungen erkennen Sie am Symbol ❸, Limits liegen beim Symbol ❹ vor, und Symbol ❺ deklariert gleichzeitige Beschränkungen und Limits.

In den Tag-Eigenschaften wählen Sie aus, ob das Objekt als IK-Glied oder Anker dienen soll. Im Ruhe-Abschnitt speichert das Soft IK-Tag Position, Winkel und jeweilige Stärken des Ruhezustands. Der Abschnitt Beschränkung und Limit widmet sich der gezielten Einschränkung der Bone-Bewegungsfreiheiten.

Über den Schieberegler (Abbildung 12 unten) können Sie bei der Aufnahme der Keyframes bestimmen, ob die Steuerelemente (IK) oder die Bones (FK) berücksichtigt werden sollen. Der prozentuale Regler macht ein Überblenden beider Systeme möglich.

## Anker

Statt eines Extra-Anker-Tags weisen Sie einem Bone, der als Anker fungieren soll, lediglich ein MOCCA IK-Tag zu und aktivieren die Option Anker im Attribute-Manager (Abbildung 12).

Alternativ finden Sie in der MOCCA-Palette auch den Anker-Befehl (Abbildung 13 unten links), der dem selektierten Bone ein MOCCA IK-Tag mit aktivierter Anker-Funktion beschert.

Mit einem Anker setzen Sie nicht nur die Wurzel einer Bone-Kette, sondern legen auch fest, ob die gesamte Bone-Hierarchie dynamische Eigenschaften besitzt. Der Wert im Feld Stärke des Ankers bestimmt, wie fest die Bones der Kette zusammengehalten werden.

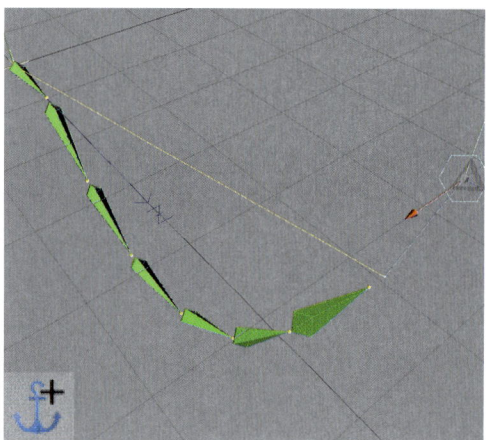

◀ **Abbildung 13**
Wirkung von Dynamics
auf die Bone-Kette

**Abbildung 14** ▼
Ruhe-Parameter des
MOCCA IK-Tags

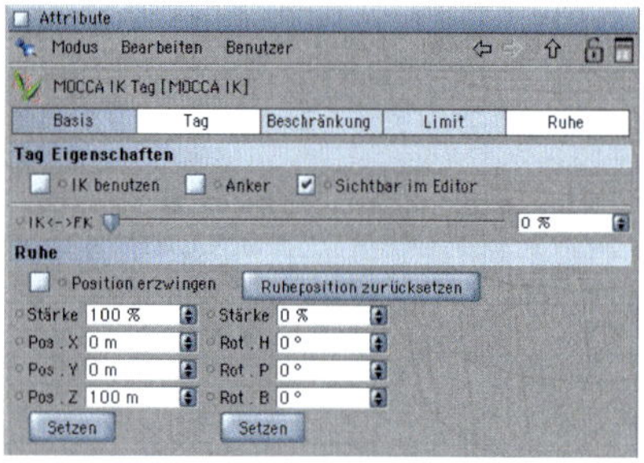

Sobald Sie der Bone-Kette über den Anker die Dynamics-Simulation gestattet haben, bewegen sich alle angeschlossenen Bones (bis zum nächsten Anker) nach den Dynamics-Vorgaben in der unteren Hälfte des Attribute-Managers. Abbildung 13 zeigt, dass Sie die dynamischen Eigenschaften bereits im Editor beurteilen können. Das Anfangsglied enthält das MOCCA IK-Tag mit dem aktivierten Anker, alle angeschlossenen Bones folgen der Schwerkraft nach unten. Damit dieser Effekt im Editor in Echtzeit abläuft, muss entweder der Zeitregler auf einem Wert über 0 stehen oder das automatische Redraw angeschaltet sein.

Über die vier Dynamics-Parameter definieren Sie die physikalischen Eigenschaften der Bones. An eventuell vorhandene Beschränkungen müssen sich die Bones natürlich weiterhin halten.

Je nachdem, ob die Bewegungen eines Characters eher leichtfüßig oder schwerfällig erscheinen sollen, setzen Sie den Geschwindigkeitswert auf einen hohen oder niedrigen Wert. Soll die Bone-Kette den Gesetzen der Gravitation folgend nach unten gezogen werden, um beispielsweise realitätsnahes Nach-

federn zu simulieren, definieren Sie dies über den Eintrag SCHWERKRAFT. DÄMPFUNG und TRÄGHEIT regulieren im Prinzip die Kraft- bzw. Bewegungsweitergabe vom Anker-Bone bis hin zum letzten Glied. Diese Parameter bestimmen also eine eher träge oder rege Reaktion der Bone-Kette auf Bewegungen des Anker-Bones.

### Ruhe

Jeder Bone besitzt eine so genannte Ruheposition und -rotation, in die er zurückkehrt, wenn keine dynamischen Kräfte oder Beschränkungen auf ihn wirken.

Diese Ruheeinstellungen speichert MOCCA ebenfalls im MOCCA IK-Tag ab (Abbildung 14). Die Ruhe-Parameter setzen Sie mit den beiden Ruhe-Werkzeugen (Abbildung 15) fest, wenn das Bone oder die Bone-Kette zu Ihrer Zufriedenheit positioniert bzw. rotiert sind. Sowohl Position als auch Rotation besitzen Stärke-Felder, welche die Kraft beschreiben, mit der die Bones versuchen, in die Ruheeinstellungen zurückzukehren. Je höher Sie diese Werte ansetzen, desto dominanter wirkt der Ruheeintrag gegenüber anderen Kräften.

◄ **Abbildung 15**
Festsetzen der Ruhe-
position und -rotation

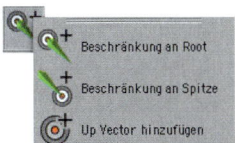

◄ **Abbildung 16**
Automatische
Beschränkungs-
Werkzeuge

**Abbildung 17** ►
Ziel- und Up Vector-
Beschränkungen
an Root

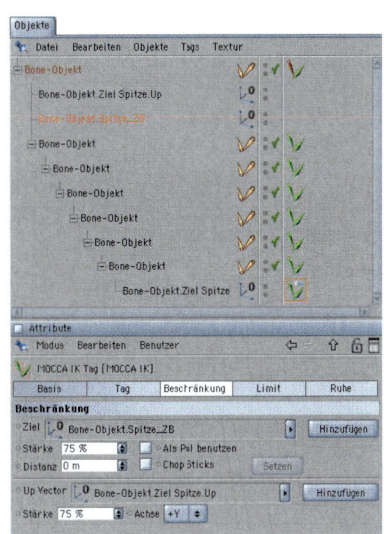

Wenn Sie Ihre erstellten Bones schnell wieder in den definierten Ausgangszustand zurücksetzen wollen, benutzen Sie die Schaltfläche RUHEPOSITION ZURÜCKSETZEN. Damit dies sicher gelingt (Beschränkungen und Kräfte könnten dies verhindern), schaltet MOCCA vorsorglich die MOCCA IK-Simulation aus.

Bei der Soft IK sitzen die Bones nicht starr aneinander, sondern haben Spielraum, um den Bewegungen zu folgen. Möchten Sie diese Toleranz ausschalten, so dass zwischen den Bones keinerlei Zwischenraum entsteht, aktivieren Sie die Option POSITION ERZWINGEN.

### Beschränkungen

Die Verwendung von Zielen und Beschränkungen ist in etwa vergleichbar mit einer Puppe, aus der Sie durch das Anbringen von Fäden und Griffen eine Marionette machen.

MOCCA gestaltet das Anfügen von Beschränkungen durch eine Befehle-Palette (Abbildung 16) sehr komfortabel. Per Mausklick weisen Sie so dem ausgewählten Bone entweder an der Spitze oder Wurzel (Root)

eine Zielbeschränkung oder einen stabilisierenden Up-Vektor zu.

Abbildung 17 zeigt das Ergebnis der Befehls BESCHRÄNKUNG AN SPITZE und UP VECTOR HINZUFÜGEN. Dem selektierten Bone wurde ein Null-Objekt untergeordnet, das sich an der Wurzel des Objektes befindet und ein MOCCA IK-Tag besitzt. Dieses MOCCA IK-Tag hat als Beschränkung das Ziel BONE-OBJEKT. SPITZE_ZB und als Up Vektor BONE-OBJEKT.ZIEL SPITZE_ZB eingetragen, es richtet sich auf das ebenfalls neu dazugekommene Null-Objekt dieses Namens außerhalb der Bone-Hierarchie aus und wird durch den Up Vektor stabilisiert. Wenn Sie dieses Ziel-Objekt nun bewegen, folgt das Gelenk dem Ziel nach.

Der Befehl BESCHRÄNKUNG AN ROOT unterscheidet sich lediglich durch die Positionierung des Zieles an der Bone-Wurzel statt an der Spitze. Zielbeschränkungen haben aber noch mehr zu bieten.

Jeder Zielbeschränkung können Sie einen Stärke-Wert zuordnen, der die Zugkraft bestimmt, die von den Ziel-Objekten aus-

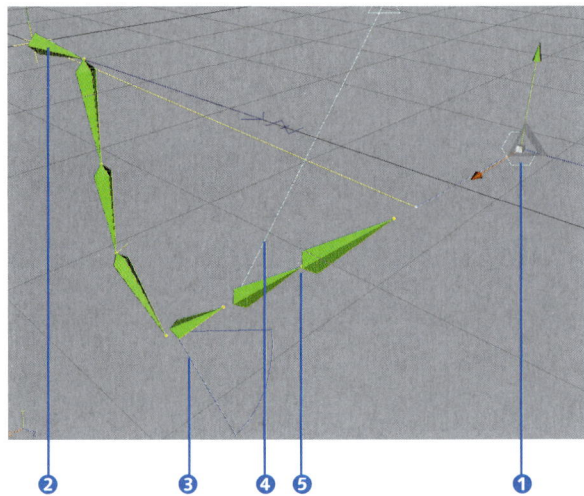

**Abbildung 19 ▶**
Beschränkungen und Limits an Bones

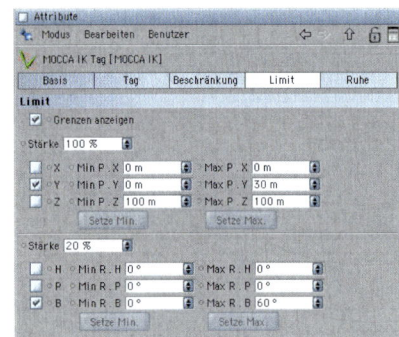

**Abbildung 18 ▶**
Position- und
Rotation-Limits

geht. Der Wert DISTANZ gibt die Entfernung von Bone-Spitze bzw. -Root zum Ziel-Objekt in der Ruhelage an. Wenn Sie zusätzlich die Option CHOP-STICKS aktivieren, halten Bone-Unterobjekt und Ziel-Objekt garantiert exakt die eingestellte Entfernung ein, was Sie in etwa mit der Funktionalität eines Pleuels oder einer Schubstange vergleichen können.

Up-Vektoren dienen zur Stabilisierung der Bone-Kette, indem sie die Rotation der Bone-Achse überwachen. Mit Up-Vektoren vermeiden Sie ungewollte Verdrehungen des Bone-Gerüstes bei extremen Posen. Bei der Erstellung eines Up-Vektors wird den Bones selbst im MOCCA IK-Tag ein Ziel-Objekt zugewiesen, an dessen Ausrichtung es sich mit seiner Achse orientiert. Auch Up-Vektoren folgen einem Stärke-Wert und können per Menü die Orientierungsachse wechseln.

Pol-Vektoren, die Sie über die Option ALS POL BENUTZEN aktivieren, spannen über den Vektor zwischen den anliegenden Bones eine Fläche und garantieren, dass sich beide Bones nur über den Pol-Vektor bewegen lassen.

**Limits**

Limits sind mit den Bone-Winkelbeschränkungen aus der Basisversion vergleichbar.

Im Feld LIMIT (Abbildung 18) definieren Sie Positions- bzw. Winkelbereiche, welche die Bones nicht verlassen dürfen, es sei denn, die Kraft des Ziel-Objekts erreicht oder überschreitet den aufzubringenden Widerstand (STÄRKE). Position-Limits erkennen Sie an gelben Linien bzw. Kästen im Editor, Rotation-Limits machen sich als blauer Winkel bemerkbar.

Abbildung 19 zeigt ein kleines Beispiel-IK-Setup. Das vorderste Bone besitzt an seiner Spitze eine Beschränkung auf das Ziel-Objekt ❶. Das hierarchisch oberste Bone-Objekt ❷ fungiert als Anker, aufgrund aktivierten Dynamics hängt die Kette nach unten. Limits begrenzen die Bewegungsfreiheit des fünften Bones ❸, während ein Up-Vektor ❹ an der Wurzel des sechsten Bones die Achse in Y-Richtung stabilisiert. Die Option POSITION ERZWINGEN am vordersten Bone ❺ bewirkt, dass – im Gegensatz zu den anderen Bones

◀ **Abbildung 20**
IK-Setup-Befehl

◀ **Abbildung 21**
Automatisch
erzeugtes IK-Setup

▲ **Abbildung 22**
Auto-IK-Verriegelung

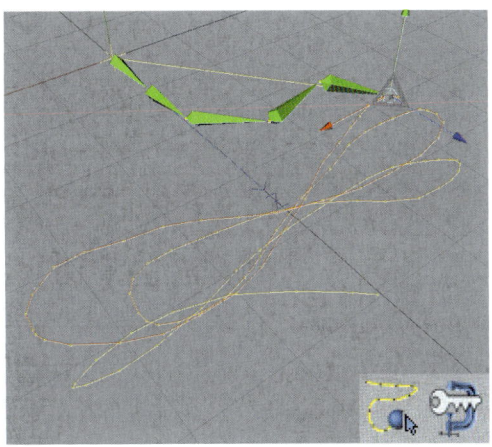

▲ **Abbildung 23**
Mit Cappucino aufgenommene Animationsspur

in der Kette zwischen Bone fünf und sechs – keine Lücke entsteht. Sie bleiben gezwungenermaßen exakt aneinander.

### IK-Setup

MOCCA kennt für das einfache Setup einer IK-Hierarchie eine Abkürzung.

Mit dem IK-Setup-Befehl (Abbildung 20) versieht MOCCA alle Bone-Glieder einschließlich des selektierten Bones mit MOCCA IK-Tags. Das in dieser Reihenfolge oberste Glied bekommt automatisch die Eigenschaft des Ankers verliehen, dem untersten Glied wird eine Zielbeschränkung inklusive Ziel-Objekt auf die Bone-Spitze zuteil.

Abbildung 21 zeigt das automatisch erzeugte IK-Setup im Objekt-Manager. Ihre Bone-Kette ist damit bei weitem noch nicht fertig konfiguriert, aber die zeitraubende Arbeit beim Zuweisen von Tags etc. entfällt.

### Auto-IK-Verriegelung

Wie eingangs erwähnt, erlaubt MOCCA die gemischte Verwendung von FK und IK bei der Animation. Die aktive Auto-IK-Verriegelung (Abbildung 22) gewährleistet, dass alle der Inversen Kinematik folgenden Steuerelemente (Up Vectoren, Ziel-Beschränkungen etc.) der MOCCA-Tags automatisch bei der Forward Kinematik mitbewegt werden.

## Cappucino und KeyReducer

Mit diesem Gespann (Abbildung 23 rechts unten) können Sie Bewegungen, die Sie im Editor mit Ihren Objekten vollführen, in Echtzeit als Animationsspur aufnehmen und optimieren. Abbildung 23 zeigt eine Bone-Kette, deren Zielspitze über ein manuell hin und her bewegtes Ziel-Objekt animiert wurde.

Die Anwendung dieses Motion-Capture-Werkzeugs gestaltet sich nicht weiter kompliziert. Rufen Sie einfach den Cappucino-Dialog (Abbildung 24) über das Cappucino-Werkzeug auf, und geben Sie im Bereich Wann an, in welchem Zeitraum (Dokument, Vorschau, Render-Einstellung) die Aufnahme statt-

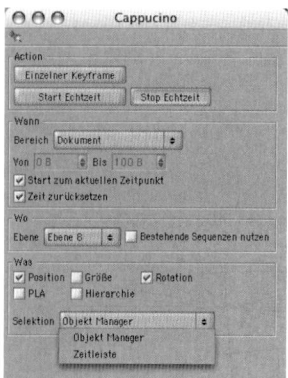

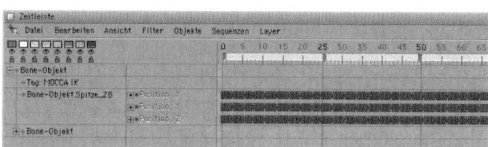

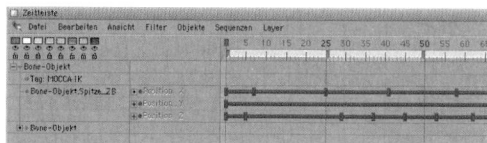

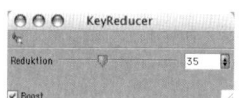

finden soll. Im Feld Wo ist vermerkt, ob die Aufzeichnung nur bestimmten Objekten einer Ebene gilt, und im Bereich WAS schließlich geben Sie an, welche Objekt-Eigenschaften bzw. Spuren der Bewegung (POSITION, GRÖSSE, WINKEL und PLA) Cappucino aufnimmt. Bei aktivierter Option HIERARCHIE bekommen auch alle vorhandenen Unterobjekte Keyframes verpasst.

Für das richtige »Recording« klicken Sie entweder auf den Button EINZELNER KEY-FRAME, um die aktuellen Werte des Objekts aufzuzeichnen, oder START ECHTZEIT, um alle Bewegungen ab dem nächsten Mausklick aufzunehmen. Sobald Sie die Maustaste wieder loslassen, stoppt die Aufnahme.

Um der drohenden Keyframe-Flut (Abbildung 25) Herr zu werden, bietet MOCCA den KEYREDUCER.

In dessen Dialog (Abbildung 26) bestimmen Sie die STÄRKE der Reduktion und können sofort beobachten, wie schnell die Keyframes weniger werden (Abbildung 27). Mit aktivierter Option BOOST optimiert der KeyReducer den Kurvenlauf an den Extremen.

## PoseMixer

Der PoseMixer ist ein geniales Instrument, um unterschiedliche Posen, sprich Mimik oder Gestik eines Characters, miteinander abzumischen, zu morphen und zu animieren.

Stellen Sie sich den PoseMixer als Deformationsobjekt vor, dem Sie unterschiedliche Objekte für das Morphing vorgeben: Polygon-Objekte, Bones, Splines etc. Im PoseMixer-Tag ist im Nu ein Reglerpult erstellt, mit dem Sie entspannt verschiedenste Posen abmischen. Seit MOCCA 2 ist der PoseMixer kein eigenes Objekt mehr, sondern ein hierarchisch unabhängig einsetzbares Tag, das Sie im Objekt-Manager unter DATEI · MOCCA TAGS finden.

Als einfaches Beispiel für den Einsatz des PoseMixers verwende ich die über den Spline-Deformer verformten Lippen. Die Formung der Lippen läuft ja über ein Spline-Objekt ab, für die Animation der Unterlippe genügen also verschiedene Versionen des duplizierten Unterlippen-Splines. Abbildung 28 zeigt die Ausgangspose des offenen Mundes. Um den Mund schließen und öffnen zu können, wurde

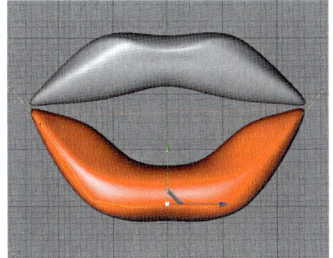

▲ **Abbildung 28**
Ausgangsbasis
offener Mund

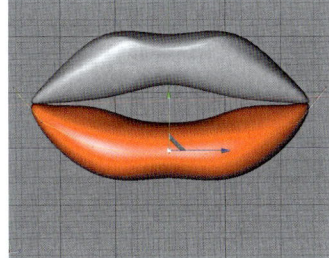

**Abbildung 29 ▲**
Zielpose
geschlossener
Mund

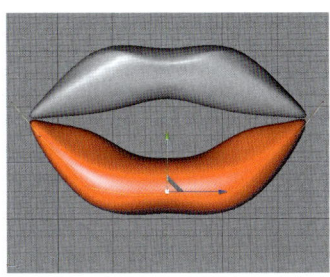

◄ **Abbildung 30**
Zwischenpose
bei 45%

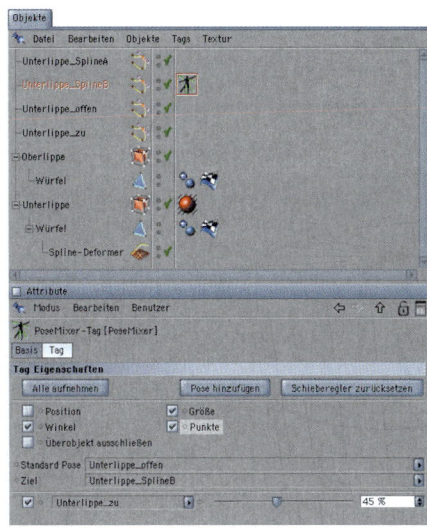

▲ **Abbildung 31**
Einsatz des PoseMixers und Abmischen der Posen

als Zielpose der geschlossene Mund (Abbildung 29) eingerichtet. Per Schieberegler kann zwischen den Posen beliebig gemischt (Abbildung 30) und animiert werden.

Sehen wir uns im Objekt-Manager und im PoseMixer-Tag an, wie die Posen eingerichtet sind (Abbildung 31). Der Spline UNTERLIPPE_ SPLINEB besitzt das PoseMixer-Tag und dient als Ziel – schließlich ist es für die Deformation zuständig. Als Standardpose dient das genaue Duplikat des Splines, UNTERLIPPE OFFEN, das per Drag and Drop in das zugehörige Feld gezogen wurde. Über den Button POSE HIN- ZUFÜGEN wurde die Pose des geschlossenen Mundes UNTERLIPPE ZU angelegt und integriert. Ein Zug am Schieberegler genügt, um die Unterlippe zu schließen, ein Klick auf den Auf- nahme-Button, um die Pose zu animieren.

Im Dialog des PoseMixers geben Sie für die Parameter POSITION, WINKEL, GRÖSSE und PUNKTE jeweils an, ob Änderungen bezüglich dieser Eigenschaften berücksichtigt werden

sollen. Die Option ÜBEROBJEKT AUSSCHLIESSEN ignoriert ein bestehendes Null-Objekt, das stö- rend auf die Koordinatenwerte wirken könnte.

## Pose-t(w)o-Pose (P2P)

Das P2P-Gespann besteht aus zwei Objekten: der P2P-Bibliothek und dem P2P-Manager. Über diesen großen Bruder des PoseMixers können Sie Character-Posen komplett auf- zeichnen und per Überblendung animieren. Die P2P-Objekte eignen sich beispielsweise hervorragend für die Erstellung wiederkehren- der Posen, Walkcycles etc.

Alles, was Sie dazu brauchen, ist eine P2P- Bibliothek, der Sie über den P2P-Manager Momentaufnahmen der Objektzustände per Drag and Drop zuweisen. Ihn erreichen Sie entweder über das Menü PLUG-INS · MOCCA (Abbildung 32) oder durch einfaches Doppel- klicken auf das P2P-Bibliothek-Symbol. Für

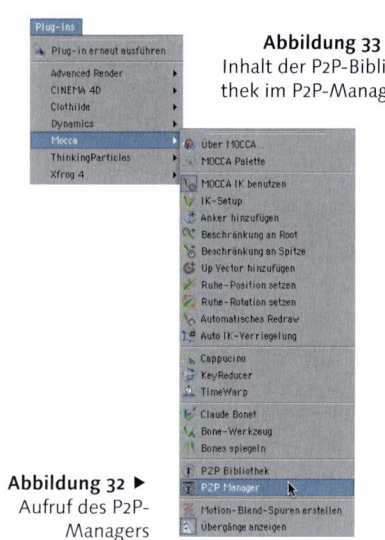

**Abbildung 32 ▶**
Aufruf des P2P-
Managers

**Abbildung 33 ▶**
Inhalt der P2P-Biblio-
thek im P2P-Manager

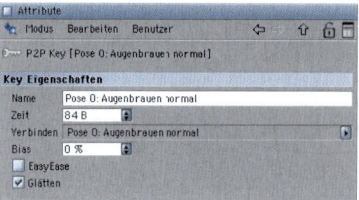

**◀ Abbildung 34**
P2P-Key-Dialog

**▲ Abbildung 35**
2 Bewegungen – 1 Zielobjekt

**▲ Abbildung 36**
Motion-Blend-Spuren erstellen
und Übergänge anzeigen

die Organisation der Posen bietet Ihnen der P2P-Manager (Abbildung 33) die Möglichkeit, Ordner zu erstellen. Natürlich können Sie Ihre erstellten Posen auch wieder überarbeiten. Mit dem Button Editieren fügt der P2P-Manager eine Kopie der Pose in die Szene ein, bei aktivierter Option Geometrie komplett mit eben dieser. Nach erfolgter Änderung schreiben Sie die Pose über den Sync-Befehl wieder zurück.

Sind erst einmal alle Posen erstellt, kann animiert werden. Schieben Sie den Zeitregler einfach an die Stelle, an der Sie eine Pose aufzeichnen wollen, und drücken Sie den Knopf Aufnahme. Im P2P-Key-Dialog (Abbildung 34) finden Sie die Aufnahme-Parameter, die Sie über den Attribute-Manager selbstredend auch verändern können.

## Motion Blending

Von der Grundidee ähnelt das Motion Blending in MOCCA 2 dem PoseMixer, nur werden hier keine Posen miteinander vermischt, sondern Motions, also Bewegungen. Das MoMix-Objekt aus der ersten MOCCA-Inkarnation fand unter den Anwendern wenig Anklang, weswegen Maxon das Motion-Blending komplett neu konzipiert hat.

Über Motion-Mixing vermischen Sie zwei Bewegungsabläufe miteinander – sei es der Übergang vom Stand in den Gang oder vom Gang in richtiges Laufen. Zum Mischen zweier Bewegungsstadien benötigen Sie die zwei animierten Objektversionen sowie ein Zielobjekt (Abbildung 35). Motion- und Überblendungsspuren weisen Sie per Paletten-Befehl (Abbildung 36) zu, die Übergänge lassen sich mit dem Gespenst-Icon ein- und ausblenden.

Sehen wir uns als Beispiel die Überblendung einer bewegten Bone-Kette an (Abbildung 37). Es handelt sich um zwei gleiche Ketten, von denen die lila Kette eine Bewegung von links nach rechts, die grüne Kette eine Bewegung von oben nach unten vollzieht. Beide Bewegungen sollen in ein Zielobjekt fließen (siehe auch Abbildung 35). Der Befehl Motion-Blend-Spuren erstellen verpasst dem Ziel-

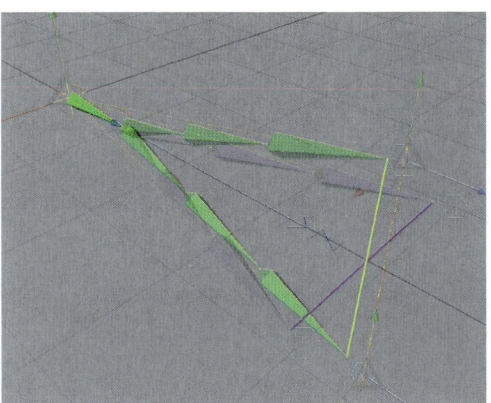

▲ **Abbildung 37**
Mischung zweier Objektbewegungen

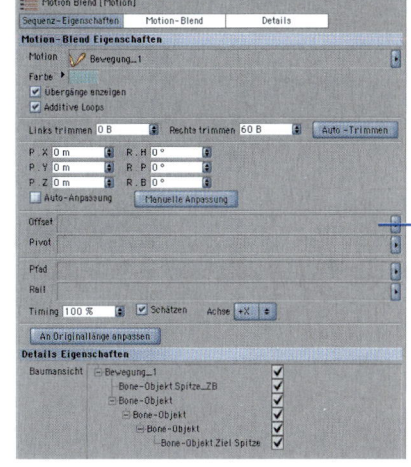

◀ **Abbildung 39**
Motion-Blend-
Eigenschaften der
animierten Sequenz

**Abbildung 38 ▼**
Überblendung der
Motion-Spuren

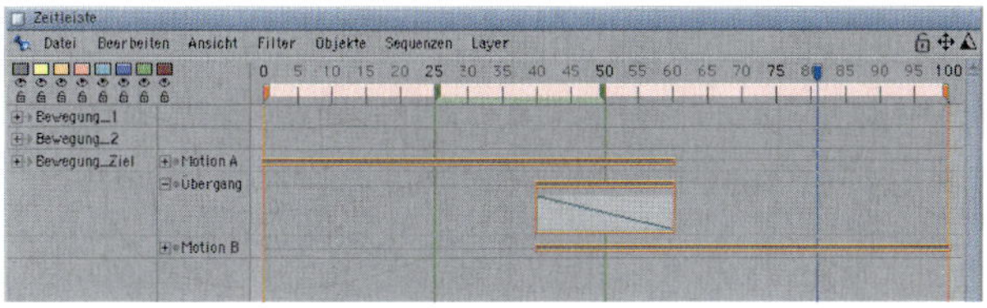

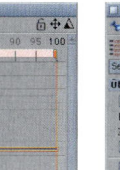

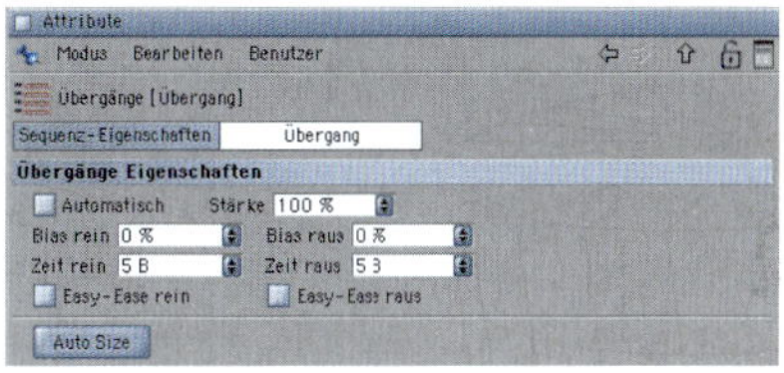

◀ **Abbildung 40**
Übergangs-
Eigenschaften

objekt Bewegung_Ziel zwei Motion- und eine Übergangsspur (Abbildung 38). Den Motion-Sequenzen sind die beiden zu mischenden bewegten Objekte zugewiesen (Abbildung 39), die Sequenz der Übergangsspur steuert den zeitlichen Rahmen der Überblendung (Abbildung 40).

Die Motion-Blend- und Übergangs-Eigenschaften in den Sequenz-Dialogen bieten zahlreiche Möglichkeiten, die Mischung nach Wunsch auszugestalten.

Wenn die gemischten Sequenzen als Loops angelegt wurden, erzeugt die Option ADDITIVE LOOPS ebenfalls eine Endlos-Bewegung.

Mit den Trimm-Funktionen schalten Sie Bewegungsbereiche der Sequenz, die nicht am Motion-Blending teilnehmen sollen, manuell oder per Autotrimming aus. Das automatische Trimming blendet den Bereich aus, der als Sequenz in der Übergangsspur liegt.

Sollte es bei der resultierenden Bewegung zu positions- oder rotationsbedingten Problemen wie Durchdringungen kommen, können Sie das Zielobjekt durch die Koordinaten- und Winkelfelder anpassen. Für die automatische Anpassung ist es sinnvoll, in der detaillierten Baumstruktur (Abbildung 39) festzulegen, welche Objektbereiche besonders bei der Adaption berücksichtigt werden sollen.

MOCCA erlaubt es Ihnen, die resultierende Bewegung an einem Pfad entlang und über Objekte gesteuert laufen zu lassen. OFFSET ❶ bestimmt dabei die Startposition, PIVOT die Richtung, PFAD den Animationspfad, RAIL einen gewünschten zweiten (beispielsweise Höhen-)Pfad und ACHSE die Animationsachse,

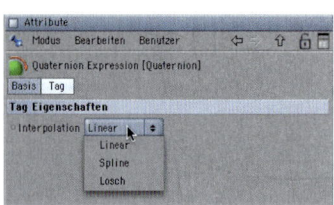

▲ **Abbildung 41**
Quaternion Expression-Dialog

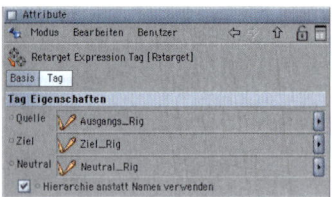

◄ **Abbildung 42**
Retarget Expression-Dialog

▲ **Abbildung 43**
TimeWarp und Auto-
matisches Redraw

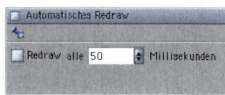

▲ **Abbildung 44**
Redraw-Dialog

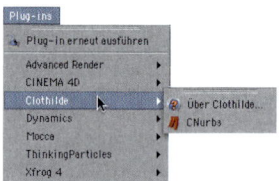

▲ **Abbildung 45**
Clothilde im Plug-ins-Menü

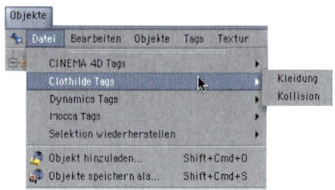

▲ **Abbildung 46**
Clothilde-Tags im Objekt-Manager

die entlang des Pfades laufen soll. Über TIMING und SCHÄTZEN kann die zeitliche Abstimmung der Pfad-Animation manuell oder von MOCCA geschätzt optimiert werden.

Auch für die Sequenz des Übergangs lassen sich Feinjustierungen vornehmen (Abbildung 40). Der automatische Übergang ist generell linear, sobald Sie diese Option deaktivieren, können Sie die Überblendungskurve über BIAS, ZEIT REIN bzw. RAUS und EASE per Parameter abändern.

## MOCCA-Hilfen

An dieser Stelle noch zwei sehr praktische Expressions und zwei kleine Helferlein, die nicht unerwähnt bleiben sollen.

Die Quaternion-Expression (zu finden unter den MOCCA-Tags im Objekt-Manager) verhindert das gefürchtete »Springen« eines Bones, auch »Gimbal Lock« genannt. Dies passiert immer, wenn eine Winkelkonstellation von

−90° bzw. +90° den dritten Rotationswinkel ausschaltet, damit verliert der Bone einen Winkel zur Orientierung und weiß nicht, wie er sich verhalten soll. Das Quaternion-Tag erzwingt den (in vielen Fällen richtigen) kürzesten Weg und unterbindet so eine falsche Winkelinterpretation.

Mit der RETARGET-Expression (Abbildung 42), auch unter den MOCCA-Tags zu finden, können Sie die Animation eines Characters auf einen anderen übertragen. Der Clou am Retargeting ist, dass Ausgangs- und Zielobjekt von unterschiedlicher Größe und Statur sein können, MOCCA passt die zugrunde liegenden Proportionen automatisch an.

TIMEWARP (auch Taste $\boxed{J}$, Abbildung 43) erspart Ihnen den Weg zum Zeitregler. Ist es aktiviert, genügt ein Ziehen bei gedrückter Maustaste im Editor.

AUTOMATISCHES REDRAW (Abbildung 44) frischt den Editor automatisch auf, ohne dass Sie ständig die Wiedergabe der Animation aktiviert lassen müssen.

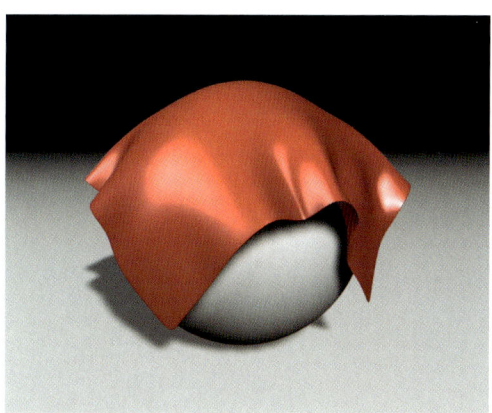

▲ **Abbildung 47**
Überwurf über Polygon-Kugel mit Clothilde

▲ **Abbildung 48**
Clothilde-NURBS und Clothilde-Tags

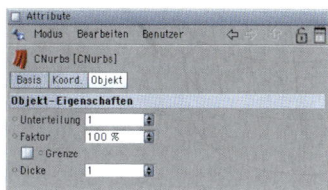

▲ **Abbildung 49**
CNURBS-Einstellungen

## Clothilde

Natürlich habe ich mir das Highlight von MOCCA 2 für den Schluss aufgehoben. Es ist die neu entwickelte Cloth-Engine zur naturgetreuen Erstellung und Animation von Kleidung, Überzügen oder Vorhängen – Clothilde.

Die Objekt- bzw. Tag-Anzahl von Clothilde ist mit deren drei recht überschaubar. Weil Clothilde nur mit Polygon-Objekten funktioniert und die korrekte Anpassung bzw. Annäherung an den Stoffträger das normale HyperNURBS-Objekt überfordert, besitzt Clothilde einen speziellen Glättungs-Käfig, das CNURBS-Objekt. Sie finden es im Menü PLUG-INS · CLOTHILDE (Abbildung 45).

Ansonsten bietet Clothilde noch zwei Tags zur Bestimmung vom Kleidungs- und Kollisions-Objekt, das Sie den beteiligten Objekten wie üblich über das Menü DATEI · CLOTHILDE TAGS zuweisen. Abbildung 48 zeigt die an der Cloth-Engine enthaltenen Objekte und Tags aus Abbildung 47. Alle weiteren Einstellungen werden über die Objekt- und Tag-Parameter vorgenommen.

## CNURBS

Die Clothilde-NURBS funktionieren so, wie Sie es von den HyperNURBS-Objekten kennen.

Das zu glättende Polygon-Objekt wird dem CNURBS-Käfig untergeordnet und über dessen Einstellungsdialog (Abbildung 49) eingerichtet.

Die Anzahl der Unterteilungen bestimmt auch hier den Glättungsgrad, wobei hohe Werte nicht unbedingt »glattere« Ergebnisse liefern. Das Objekt wird vielmehr öfter unterteilt und erhält so die Chance, ungewollt wellig auszusehen. Stellen Sie stattdessen lieber eine niedrigere CNURBS-Glättung ein und legen das CNURBS-Objekt in einen zusätzlichen HyperNURBS-Käfig.

Der Parameter FAKTOR steuert die Unterteilung der Oberflächen-Normalen. Auf Deutsch: Mit diesem Wert regeln Sie die Rundung, die durch die Unterteilung entsteht. Ein Faktor von 0 lässt einen Würfel so wie er ist, ein Faktor von 100 rundet den Würfel zu einer Kugel.

Wenn GRENZE aktiv ist, unterbricht Clothilde die Interpolation an der Grenze des Käfig-Objekts, um unerwünschte Durchdringungen zu vermeiden.

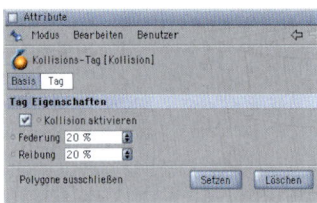

▲ **Abbildung 50**
Einstellungen Kollisions-Tag

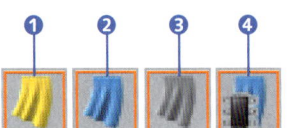

**①** **②** **③** **④**

▲ **Abbildung 51**
Icons Kleidungs-Tag

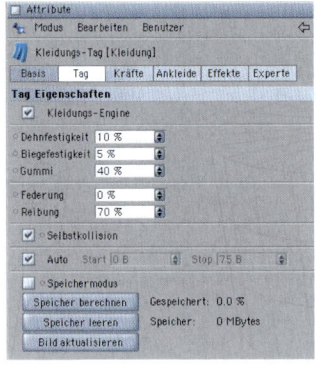

▲ **Abbildung 52**
Tag-Einstellungen Kleidungs-Tag

▲ **Abbildung 53**
Kleidungs-Tag Kräfte-Einstellungen

Über die DICKE verleihen Sie dem Stoffobjekt schließlich das nötige textile Volumen, um realistisch auszusehen.

### Kollisions-Tag

Alle Objekte, die Kleidung tragen, mit Stoffen überzogen oder damit in Berührung kommen sollen, erhalten ein Kollisions-Tag (Abbildung 50).

Das Verhalten der Attribute FEDERUNG und REIBUNG ergibt sich aus dem Zusammenspiel von Kollisions- und Stoffobjekt bzw. deren Parameter. Im Kollisions-Tag definieren Sie also nur die Eigenschaften der Trägerobjekte.

Objektbereiche, die nicht an der Kollision teilnehmen müssen oder dürfen, sparen Sie durch die Option POLYGONE AUSSCHLIESSEN gezielt aus.

### Kleidungs-Tag

Wie nicht anders zu erwarten, bekommen die Stoff-Objekte das Kleidungs-Tag zugewiesen. In diesem mächtigen Tag sind nicht nur die Stoffeigenschaften und physikalischen

Einflüsse und Effekte festgehalten, auch eine eigene Bekleidungsautomatik namens Dress-o-matic ist integriert.

Der Status des Kleidungs-Tag stellt sich, wie vom MOCCA IK-Tag bekannt, in unterschiedlichen Objekt-Manager-Icons dar (Abbildung 51). Das gelbe Vorhang-Symbol **①** zeigt an, dass sich der Stoff in der Anpassungs- und Ankleidephase befindet. Ein blauer Stoff **②** symbolisiert, dass der Stoff für die Simulation fertig und initialisiert vorliegt. Eine inaktive Kleidungs-Engine erkennen Sie am grauen Stoff-Icon **③**. Ist die Stoff-Simulation zu Ihrer Zufriedenheit ausgefallen, können Sie die Lösung im RAM speichern und sich eine stetige Neuberechnung sparen. Das Icon **④** steht für eine solche gespeicherte Simulation.

Die textilen Eigenschaften des Stoffes legen Sie in den Tag-Einstellungen des Kleidungs-Tags fest (Abbildung 52). Hier aktivieren Sie die KLEIDUNGS-ENGINE wahlweise für die gesamte Szene (AUTO) oder nur für einen bestimmten Bereich. Wie sehr bzw. wenig sich der Stoff dehnen oder biegen lassen soll, ist in den Para-

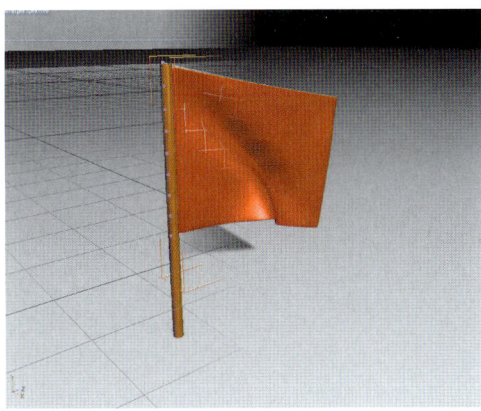

▲ **Abbildung 54**
Fahnen-Animation mit fixierten Stangenpunkten (lila)

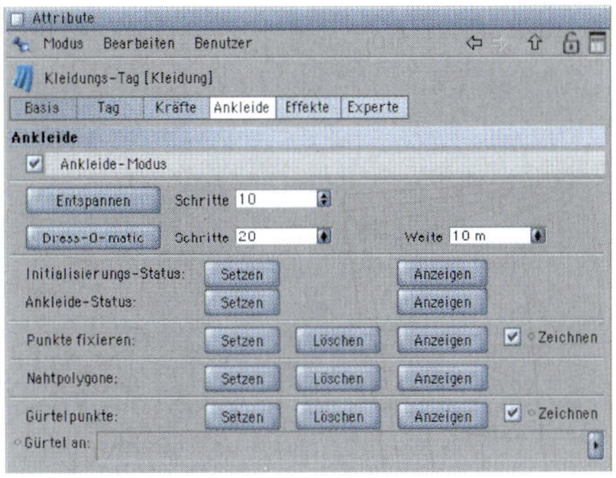

▲ **Abbildung 55**
Kleidungs-Tag Ankleide-Einstellungen

metern DEHN- und BIEGEFESTIGKEIT verzeichnet. Je höher die Prozentwerte, desto schwerer ist der Stoff zu dehnen oder falten.

Stellen Sie sich für den Wert GUMMI keinen Gummiball, sondern besser einen Kaugummi vor. Eben diese Fähigkeit des Auseinanderziehens bestimmen Sie dort prozentual.

Damit sich beispielsweise ein schwingender Vorhang im Wind nicht selbst durchdringt, muss der Stoff nicht nur mit anderen Objekten, sondern auch mit sich selbst kollidieren können. Aktivieren Sie SELBSTKOLLISION, wenn solche Durchdringungen entstehen.

Federungs- und Reibungswerte kennen Sie vom Kollisions-Tag, im Kleidungs-Tag geben Sie die Parameter separat für den Stoff an.

Äußere Einflüsse und physikalische Bedingungen sind in den Kräfte-Einstellungen (Abbildung 53) versammelt. So brauchen wir die GRAVITATION, damit Vorhänge, Tischdecken und Röcke natürlich nach unten hängen. Die globale Dämpfung sorgt für zusätzlichen Energieverlust, schwingende Vorhänge oder wallende Kleidung kommen so schneller zur Ruhe.

Beim späteren Ankleiden des Characters können Sie Gürtelpolygone bzw. ein Gürtelobjekt definieren. Die Parameter GÜRTELEINFLUSS und -SCHWEBE steuern, ob der Gürtel den Stoff überhaupt festhält und welchen Schwebeabstand der Stoff vom Gürtel haben soll.

Egal ob Lüftchen, Böe oder Sturm, mit zahlreichen Parametern wie Richtung, Stärke und Turbulenzen bringen Sie im wahrsten Sinne des Wortes frischen WIND in Ihre Szene.

Die SELBSTABSTOSSUNG unterstützt die Selbstkollision, indem den kollidierenden Punkten zusätzlich eine Distanz zur Reaktion, eine Kraft zur Abstoßung und wiederum eine Dämpfung zugestanden wird.

Clothilde wäre kein richtiges Clothing-Werkzeug, wenn es für das Ankleiden von Charactern und Anbringen von Vorhängen und Decken keine Unterstützung bieten würde. Die Tools dafür finden Sie unter den Ankleide-Einstellungen (Abbildung 55).

Im aktiven ANKLEIDE-MODUS passen Sie das Kleidungsstück oder Textil dem Träger an. Das Vorgehen beim ENTSPANNEN entspricht

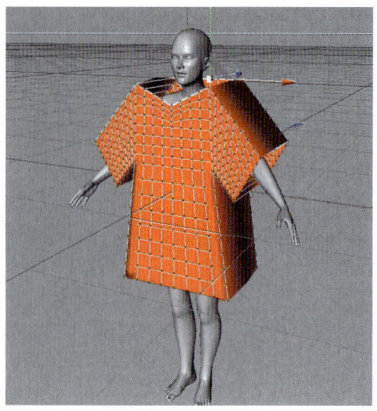

▲ **Abbildung 56**
Erstellung und Anpassung des groben
Kleidungsobjektes

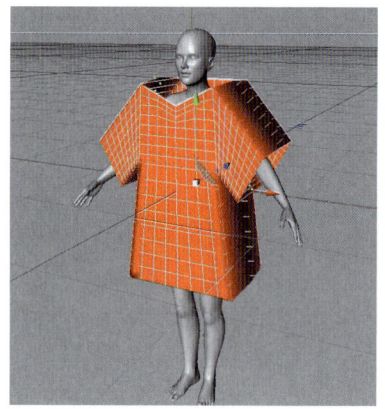

▲ **Abbildung 57**
Definition der Naht-Polygone

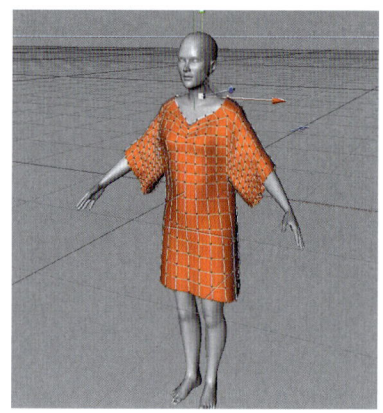

▲ **Abbildung 58**
Automatische Anpassung der Kleidung
über die Dress-o-matic-Funktion

im Prinzip einer Tischdecke, die Sie mit vollem Elan über Ihren Tisch geschwungen haben und die sich nun in Clothilde langsam bzw. in definierbarer SCHRITTANZAHL unter Einfluss von Schwerkraft und eventuell auch Wind auf dem Tisch niederlässt.

DRESS-O-MATIC dagegen hat sich auf das eigentliche Ankleiden eines Characters spezialisiert. Zunächst legt man ein grob aufgelöstes Polygonobjekt um den Character (Abbildung 56). Anschließend werden die Polygone definiert, die als Nähte dienen sollen. Die Option NAHTPOLYGONE SETZEN verwandelt alle ausgewählten Polygone (Abbildung 57) in zusammenschrumpfende Nähte. Nach Klick auf den Dress-o-matic-Button passt sich der Stoff dem Character schrittweise an. Weil das grobe Polygonobjekt selten sofort als Kleidungsstück taugt, kann die Dress-o-matik-Funktion beliebig zurückgenommen und nach etwas Feinarbeit wieder angewandt werden. Nach ein paar verschobenen Punkten und einem anschließenden Entspannen-Vorgang sitzt das Kleid wie angegossen (Abbildung 58).

Für andere Objekte wie der im Wind wehenden Fahne aus Abbildung 54 eignet sich die Option PUNKTE FIXIEREN. Damit die Fahne an den Stangenpunkten fest bleibt, wurden die Punkte am Fahnenrand ausgewählt und der Button zur Punktfixierung gesetzt. Die lila gekennzeichneten Punkte halten den Stoff und reagieren auf keine äußeren Einflüsse mehr.

Wenn der Character außerdem festsitzende Bereiche wie einen Gürtel besitzen soll, geben Sie entweder die Polygone oder eine Selektion als GÜRTEL an.

Um die Eigenschaften Ihres Stoff-Objekts noch genauer an das Objekt anpassen zu können, stehen in den Effekte-Einstellungen (Abbildung 58) weitere Felder bereit. Per Vertex-Map wichten Sie Parameter wie Dehn- und Biegefestigkeit, Gummi, Masse, Federung und Reibung an beliebige Stellen des Stoffobjekts. Besonders interessant ist dabei die Zerreißen-Option, die den Stoff ab einem Dehnfestigkeits-Grenzwert zum Zerreißen bringt. Einzige Voraussetzung: Der Stoff muss Unterobjekt eines CNURBS-Käfigs sein.

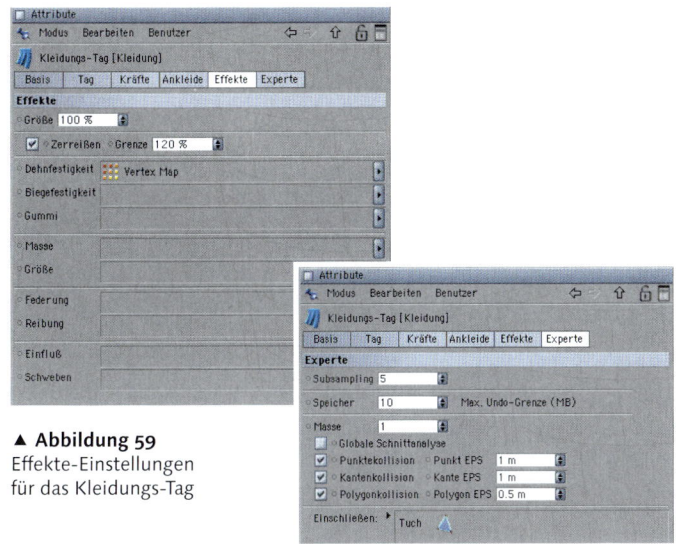

▲ **Abbildung 59**
Effekte-Einstellungen
für das Kleidungs-Tag

▲ **Abbildung 61**
Clothilde kann mehr als nur Kleidung und Stoffe.

◄ **Abbildung 60**
Experten-Einstellungen für das Kleidungs-Tag

Maxon hat bei der Realisierung der Cloth-Engine auf möglichst naturgetreuen Look und gute Performance geachtet. Simulationen wie Cloth, aber auch Radiosity und Dynamics brauchen bestimmte Grundparameter für Sampling, Speicherbedarf und Kollisionsschwellen, um in erträglicher Zeit auf dem Monitor erscheinen zu können. Diese Einstellungen beherbergt das Experte-Feld (Abbildung 60).

Der standardmäßig eingestellte Wert der Masse sollte für die meisten Belange genügen, eine höhere Masse macht den Stoff unempfindlicher gegenüber Kräften wie Wind und Kollisionen.

Wer bereits mit dem Modul Dynamics Erfahrungen gemacht hat, weiß, wie schnell sich eine Simulation ungewollt festfährt – mögliche Folgen: ein Polygonmeer oder ein Bummelstreik. Clothilde ist da sehr viel unempfindlicher und kann außerdem über die Option GLOBALE SCHNITTANALYSE dazu bewegt werden, selbst eine optimale Lösung für die gewünschte Simulation zu berechnen.

Für jeden Stoffbestandteil, also für Punkte, Kanten und Polygone, ist es möglich, die Kollision separat an- oder auszuschalten. Der EPS-Wert ist wiederum eine Art Grenzempfindlichkeit, ab der eine Kollision als solche gewertet wird.

In das Feld EINSCHLIESSEN ziehen Sie alle Objekte, die an der Cloth-Simulation teilnehmen sollen. So beschränken Sie aufwändige Kollisionsberechnungen auf die Szenenbestandteile, die auch in Frage kommen.

Clothilde ist ein faszinierendes Werkzeug, das Ihnen nicht nur eine Menge Arbeit abnehmen wird, sondern auch sehr viel Spaß garantiert. Nehmen Sie das Schlagwort »Cloth« aber nicht zu wörtlich. Clothilde ist eigentlich eine kleine Dynamics-Engine, mit der sich problemlos auch physikalische Animationen verwirklichen lassen.

Eine entsprechend hohe Dehn- und Biegefestigkeit vorausgesetzt, wird so eine Textilkugel schnell zum hüpfenden und rollenden Gummiball (Abbildung 61).

# Expressions

*Objekteigenschaften steuern*

*Expressions sind kleine Hilfsprogramme, mit denen Sie Abhängigkeiten zwischen Objekten und deren Eigenschaften knüpfen können, um den Funktionsumfang von Cinema 4D nach Ihren Bedürfnissen zu erweitern.*

Die Verknüpfung von Objekt-Eigenschaften mit anderen Objekten und deren Parametern kann Ihnen viel Arbeit abnehmen. Einmal geschickt geknüpft, halten sich die Objekte stets an die eingestellten »Vorarbeiter«, ohne dass Sie selbst noch einen Gedanken darüber verschwenden müssten.

Bei der Animation eines Characters beispielsweise sollten Sie Ihren Kopf für glaubwürdige und realistische Bewegungen frei haben und sich nicht auch noch um »Nebensächlichkeiten« wie die Muskelverformung eines Armes, die Ausrichtung zweier Augen auf ein Objekt oder den unwillkürlichen Lidschlag eines Characters kümmern müssen. So unterschiedlich zwei Objekte wie Pupille und Lichtquelle sind, hängen Sie doch über die Vergrößerung bzw. Verkleinerung der Pupillengröße bei wenig bzw. viel Lichteinstrahlung zusammen.

◄ 288
Bones und
Inverse
Kinematik

Mit Expressions können Sie Abhängigkeiten dieser und noch wesentlich komplexerer Art erstellen. Dabei treten Expressions in Cinema 4D in dreierlei Form auf. Gemeinsam ist ihnen allen, dass sie über den Objekt-Manager-Befehl DATEI · CINEMA 4D TAGS (Abbildung

1) erzeugt werden können. Zunächst bietet Cinema 4D einige oft gebrauchte, hausgemachte Expressions an, die viele unter Ihnen vielleicht als Zeitleisten-Spuren in Erinnerung haben. So finden Sie die Möglichkeit, Objekte aller Art auf Pfade, Kameras, Splines und andere Objekte auszurichten, allesamt unter den Expressions (Abbildung 2).

Die FIXIERUNGS-EXPRESSION weisen Sie Objekten zu, die keinesfalls versehentlich verschoben werden sollen. Was die IK-EXPRESSION zu leisten vermag, wissen Sie bereits aus dem Kapitel »Bones und Inverse Kinematik«. Über die SONNE-EXPRESSION erreichen Sie eine orts- und tageszeitbedingte Sonneneinstrahlung (Abbildung 3).

Die VIBRIEREN-EXPRESSION schließlich ist die letzte Standard-Expression und entstand aus der früheren Zittern-Spur der Zeitleiste. Mit ihr bringen Sie Objekte frequenzgenau zum Beben und Zittern.

In die zweite Kategorie von Expressions fallen die so genannten C.O.F.F.E.E.-Expressions. Sie sind eigentlich kleine, in der Cinema 4D-Programmiersprache C.O.F.F.E.E. geschriebene Skripte, in denen Sie per Zeilencode

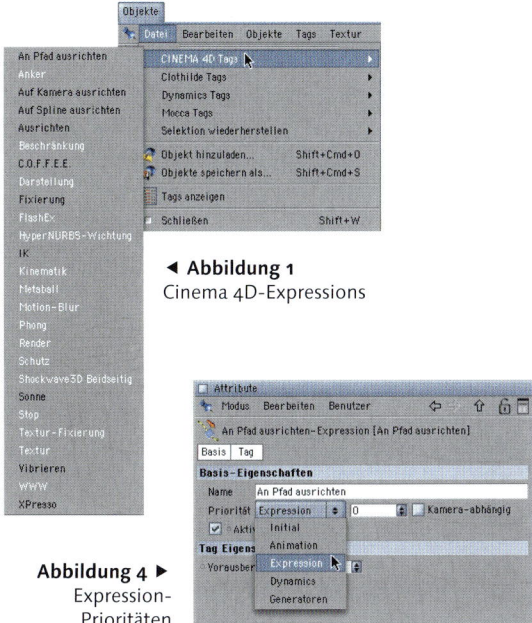

**◄ Abbildung 1**
Cinema 4D-Expressions

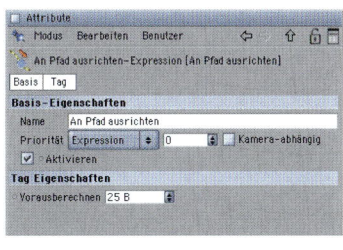

**◄ Abbildung 2**
An Pfad ausrichten-
Expression

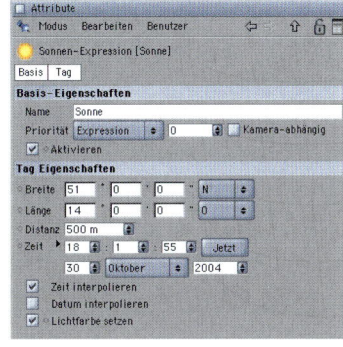

**◄ Abbildung 3**
Sonnen-Expression

**Abbildung 4 ►**
Expression-
Prioritäten

beliebige Abhängigkeiten und Abläufe knüpfen können. Dabei steht Ihnen der gesamte Objekt-, Befehls- und Funktionsumfang von Cinema 4D zur Verfügung. Mehr zum Thema C.O.F.F.E.E.-Programmierung erfahren Sie auf den nächsten Seiten.

Allen Anwendern, die sich mit dem Schreiben von Programmcode noch nie so richtig anfreunden konnten, kommt Cinema 4D mit den XPRESSO-EXPRESSIONS ein großes Stück entgegen. XPresso ist ein grafischer Expression-Editor, der Sie komplexe Expressions erstellen lässt, ohne dabei eine einzige Zeile Programmcode zu schreiben.

Dem Thema XPresso ist in diesem Buch ein eigenes Kapitel gewidmet. Lesen Sie mehr über dieses faszinierende Werkzeug im gleichnamigen Kapitel.

Genauso wie Tags werden Expressions den Objekten im Objekt-Manager zugewiesen.

Dabei müssen sich aber nur die Standard-Expressions auch auf das jeweilige Objekt beziehen. Die Einstellungen der Expressions zeigen sich nach Auswahl der Expression im Attribute-Manager (Abbildung 2, 3 und 4).

Neben den spezifischen Eigenschaften der Expressions sollten Sie stets einen Blick auf die Priorität der Expression haben. Prioritäten bestimmen die zeitliche Rangfolge der Ausführung in Cinema 4D (Abbildung 4). Soll beispielsweise eine Dynamics-Animation auf das Verhalten einer Expression reagieren, ist unumgänglich, dass die Expression zeitlich vor der Dynamics-Berechnung ausgeführt wird. Im Priorität-Feld legen Sie diese Reihenfolge fest und bestimmen auch unter den Expressions selbst eine nummerische Abfolge.

Das Beispiel in Abbildung 5 zeigt, wie Sie über zwei schnell platzierte Expressions eine automatische Kamerafahrt mit konstant ein-

**322 ►**
XPresso

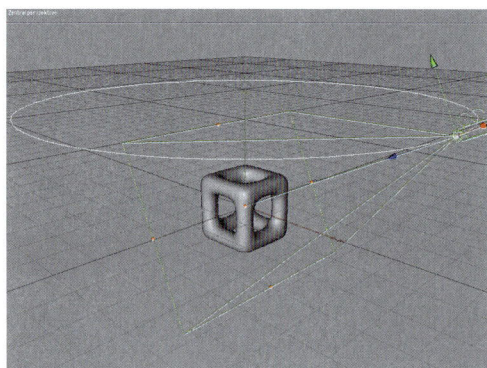

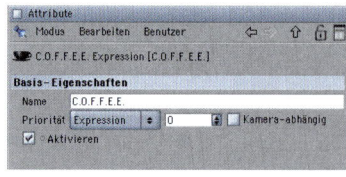

◀ Abbildung 6
C.O.F.F.E.E.-
Expression

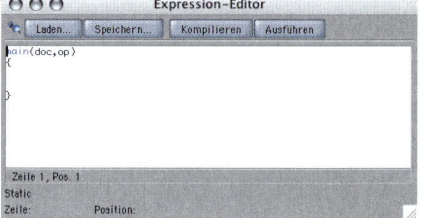

▲ **Abbildung 5**
Ausrichten der Kamera entlang
eines Splines auf ein Zielobjekt

**Abbildung 7 ▶**
Expression-Editor

gestelltem Blickpunkt erstellen können. Dazu wurde die Kamera über eine AN SPLINE AUS-RICHTEN-EXPRESSION auf den darüber liegenden Spline gesetzt. Eine zusätzliche AUSRICHTEN-EXPRESSION stellt sicher, dass sich die Kamera stets auf das Würfel-Objekt ausrichtet.

## C.O.F.F.E.E.-Expressions

C.O.F.F.E.E.-Expressions sind in der in Cinema 4D integrierten Sprache C.O.F.F.E.E. geschrie-bene Programme (Skripte), mit denen Sie Objekte bearbeiten und ihnen Abhängigkeiten zuweisen können.

Der grafische Expression-Editor XPresso verfolgt das gleiche Ziel und ist vielen Anwen-dern, die mit der Programmierung auf Kriegs-fuß stehen, eine sehr willkommene Alterna-tive. C.O.F.F.E.E.-Expressions bieten allerdings einige entscheidende Vorteile gegenüber der XPresso-Methode.

Zum einen werden C.O.F.F.E.E.-Expressi-ons schneller ausgeführt als grafisch erstellter »Code«, zum anderen besitzt XPresso einen

wesentlich geringeren Funktionsumfang, und schließlich ist der Weg über ein paar Zeilen C.O.F.F.E.E.-Code in vielen Fällen erheblich kürzer als über die Verknüpfung von XPresso-Nodes. Wo XPresso überfordert ist, darf C.O.F.F.E.E. sogar innerhalb von XPresso zum Einsatz kommen.

In C.O.F.F.E.E. steht Ihnen der komplette Funktions- und Objektumfang von Cinema 4D zur Verfügung. Mit C.O.F.F.E.E. werden auch einige Plug-ins realisiert, eine externe Variante der Expressions, mit denen Sie Cinema 4D unter anderem im Funktions- und Shader-Umfang erweitern. Wir konzentrieren uns auf die Expressions und bleiben innerhalb von Cinema 4D. Auf der Cinema 4D-Original-CD finden Sie im Ordner GOODIES · EXPRESSIONS eine Vielzahl an Beispiel-Expressions, die Sie sich ansehen und durcharbeiten können, um die – nicht gerade kurze – Einarbeitungszeit zu verringern.

So mächtig die C.O.F.F.E.E.-Schnittstelle mit all ihren Möglichkeiten auch ist – gerade das riesige Potenzial macht es eben schwierig, den geeigneten Einstieg zu finden.

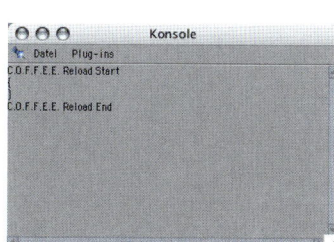

◄ **Abbildung 8**
Konsole

◄ **Abbildung 9**
Website des
Plugin Cafe

## C.O.F.F.E.E.

»Cinema's Object oriented Fery Fast Environment Enhancer« ist stark an die Programmiersprache C/C++ angelehnt, was die Sache für viele Anwender nicht unbedingt sympathischer erscheinen lässt. Dennoch müssen Sie die Sprache C/C++ nicht beherrschen, um Expressions schreiben zu können. Etwas Programmiererfahrung – egal in welcher Sprache – ist aber sehr hilfreich.

Sehen Sie sich Beispiel-Expressions an, und versuchen Sie, den Code nachzuvollziehen, vielleicht sogar für andere Zwecke umzuprogrammieren. Gewöhnen Sie sich langsam an die Befehlslogik und -vielfalt, prägen Sie sich wiederkehrende Strukturen ein.

## Handwerkszeug

Eigentlich halten Sie bereits alles in Händen, was Sie zum Programmieren von Expressions brauchen.

Sobald Sie einem Objekt eine C.O.F.F.E.E.-Expression (Abbildung 6) zugewiesen haben, besitzt es das Kaffeetassen-Symbol, mit dem Sie per Doppelklick in die Programmierumgebung

für die Expression gelangen (Abbildung 7). Hier schreiben, verwalten, kompilieren und testen Sie die Expression. Netterweise erzeugt Cinema 4D gleich die für alle Expressions nötige Kopfzeile main (doc,op), so dass Sie sofort beginnen könnten, die auszuführenden Befehle in die geschweiften Klammern zu schreiben. Zum Debuggen des Codes kann auch die Konsole (Abbildung 8) hilfreich sein, die Sie über das Menü FENSTER aufrufen.

Das C.O.F.F.E.E.-SDK (Software Developer Kit), das Sie sich im Internet herunterladen können (Abbildung 9 und 10), dokumentiert die Funktionen bzw. Befehle, die über C.O.F.F.E.E. ansprechbar und verwendbar sind, und wird ständig verbessert.

Da C.O.F.F.E.E. natürlich stetig mit der Software Cinema 4D mitwächst, sollten Sie auch immer wieder nach Updates des SDK Ausschau halten. Das SDK und viele andere Informationen zur C.O.F.F.E.E.-Schnittstelle, zu Plug-ins und Expressions, Tutorials, ein reges Anwenderforum und viele praktische Helferlein für Cinema 4D finden Sie im Internet unter der Adresse www.plugincafe.com.

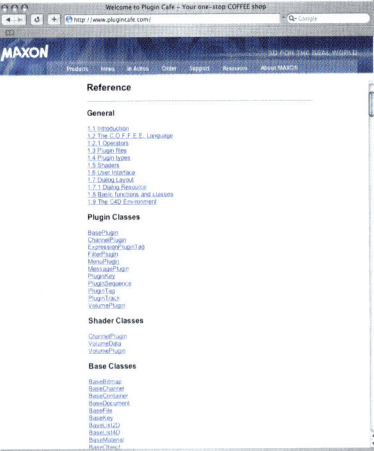

◀ **Abbildung 10**
C.O.F.F.E.E.-SDK-
Referenz

## C.O.F.F.E.E.-Scripting

Hier ein kleiner Überblick über das, was beim Schreiben von Expression unter anderem auf Sie zukommen könnte. Wer schon ein wenig Programmiererfahrung hat, erkennt mit Sicherheit einiges wieder.

Jede Befehlszeile schließt mit einem Semikolon ; ab, jede Funktion wird von zwei geschweiften Klammern umrahmt { }.

### Konstanten, Variablen
Konstanten und Variablen deklarieren Sie am häufigsten über

```
const meineKonstante; bzw.
var meineVariable;
```

oder auch zusammen mit einer Zuweisung

```
var Variable = op->GetPosition();
```

### Berechnungen und Zuweisungen
Für Berechnungen genügt eine einfache Funktionsschreibweise

```
Variable1 = Variable2 * 2;
Variable3 = Variable1 + Variable2;
```

Zuweisungen aus Objekt- oder Dokumentinformationen erledigt die Schreibweise

```
Variable = op->GetPosition();
Variable = doc->FindObject(»Name«);
```

### Arrays / Listen
Auch wenn Sie selbst kein Array angelegt haben, kommt es vor, dass Sie auf bestimmte Werte eines Objekts oder beispielsweise einer Punkteliste zugreifen müssen. Haben Sie beispielsweise die Positionswerte eines Objekts in einer Variablen ObjKoord abgespeichert,

```
ObjKoord = op->GetPosition();
```

so gelangen Sie über

```
ObjY = ObjKoord.y;
```

an die für Sie relevante Y-Koordinate des Objekts.

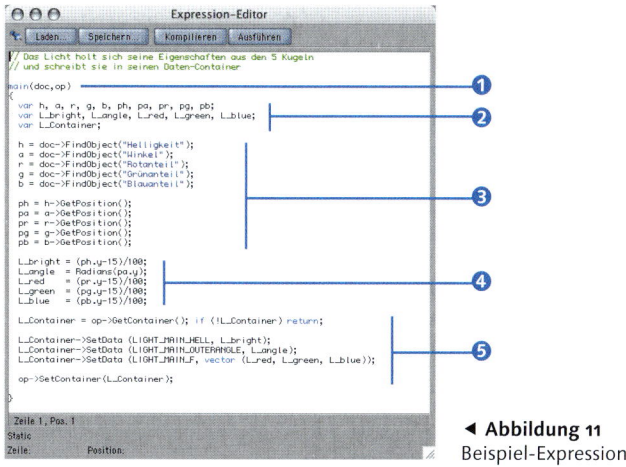

**◄ Abbildung 11**
Beispiel-Expression

Für den Zugriff auf eine bestimmte Datenposition eines Arrays (Feld) verwenden Sie

```
ObjY = ArrayName[Position].y;
```

### Konditionierungen und Schleifen

Als Beispiel für eine Konditionierung hier ein if/then/else-Statement in C.O.F.F.E.E.

```
if (Variable1 < Variable2)
        Variable3 = FALSE;
else
        Variable3 = TRUE;
```

… und eine for-Schleife:

```
for (i = 0; i < Maximum; i++)
        {
        auszuführende Operation;
        }
```

Die Schleife zählt vom Minimum (i = 0) hoch zum Maximum und erhöht sich bei jedem Durchlauf um den Wert 1 (i++, eventuell auch bekannt als i = i + 1).

### Kommentare

Ein gut geschriebenes Programm erkennt man unter anderem an der schlüssigen Kommentierung. Kommentare können Sie innerhalb der Expression über zwei Querstriche // oder innerhalb der in C üblichen Einrahmung /* bzw. */ setzen.

### Struktur

In Abbildung 11 sehen Sie eine Beispiel-Expression von der Cinema 4D-CD, die für eine Wellenbewegung der Punktmenge sorgt. Für uns ist jetzt in erster Linie die Struktur der Expression interessant.

Am Anfang jeder Expression steht die main-Funktion ❶. Diese Funktion wird als Erstes ausgeführt und fehlt in keinem C-Programm. Es folgen die Variablendeklaration ❷ und ein paar Zuweisungen von Variablenwerten ❸. Es folgt die Verarbeitung und Berechnung der Daten ❹, aus den ausgelesenen Positionswerten wird ein Farbreglerwert ermittelt. Nach erfolgreicher Berechnung werden die Daten der neuen Punktmenge in das Objekt zurückgeschrieben ❺.

# XPresso

*Programmieren (fast) ohne Code*

*XPresso ist ein grafischer Expression-Editor, der auch Nichtprogrammierern auf einfache und logische Weise den Weg zu eigenen Expressions frei macht.*

XPresso ist ein unverzichtbares Werkzeug für professionelle Anwender, die sich den Funktionsumfang von Cinema 4D an die eigenen Bedürfnisse anpassen möchten, dabei aber auf den Umgang mit Skripten und Programmiersprachen gut und gern verzichten können. Außerdem liegt XPresso dem Partikelsystem-Modul Thinking Particles zugrunde. Damit Sie den Umgang mit den neuen Partikeln möglichst schnell erlernen, sollten Sie sich ebenfalls mit XPresso auseinander gesetzt haben.

XPresso ist im gewissen Sinne die grafische Bedienoberfläche, während C.O.F.F.E.E. das Kommandozeilen-Interface ist. XPresso ist zwar recht mächtig und wird mit jedem Update durch weitere Nodes und Anbindungen verbessert, einige Elemente sind allerdings (noch) nicht implementiert oder auch (noch) nicht vorgesehen, wie beispielsweise die Erstellung von Materialien oder neuen Objekten. Hier bleibt einem immer noch der Umweg über C.O.F.F.E.E.-Scripts, die separat oder auch innerhalb XPresso zum Einsatz kommen können. Trotzdem bietet XPresso eine überaus komplexe Funktionsvielfalt, die den Großteil der Anwender gar nicht an seine Grenzen

stoßen lässt. Hat man sich erst einmal an das Schalter-Interface und an die Idee der Nodes (Knoten) und Ports gewöhnt, erahnt man die unzähligen Möglichkeiten, die sich einem mit diesem relativ einfach durchschaubaren Werkzeug erschließen.

In diesem Kapitel geht es nicht um die Aufzählung aller Nodes und Ports, denen Sie bei der Arbeit mit XPresso begegnen könnten. Diese Informationen finden Sie im Cinema 4D-Handbuch in aller Ausführlichkeit. Ziel dieses Kapitels ist vielmehr, Ihnen einen Überblick über die grundlegende Funktions- und Arbeitsweise von XPresso zu geben und Sie zum eigenen Experimentieren zu animieren. Sehen wir uns aber zunächst an, was XPresso eigentlich ist und wie wir es für uns arbeiten lassen können.

## XPresso-Editor

Wie jede andere Expression erzeugen Sie eine XPresso-Expression über das Menü DATEI · CINEMA 4D TAGS im Objekt-Manager (Abbildung 1).

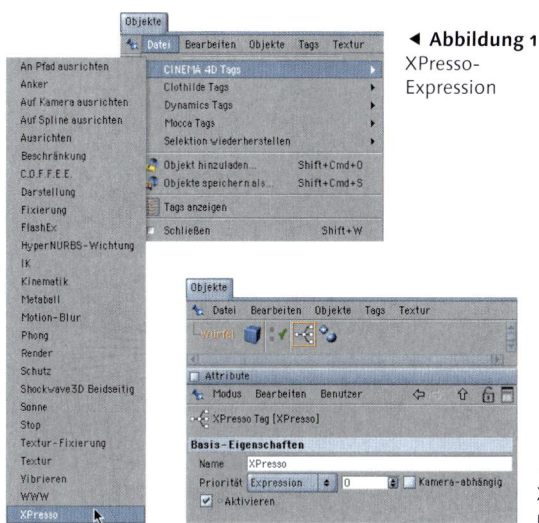

◄ **Abbildung 1**
XPresso-
Expression

◄ **Abbildung 2**
XPresso-Expression im Objekt-
und Attribute-Manager

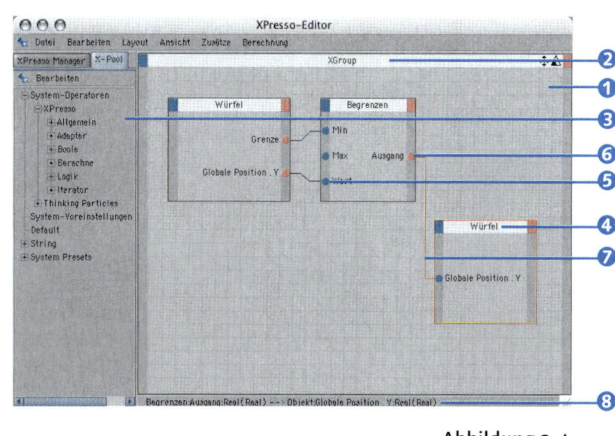

**Abbildung 3** ▲
XPresso-Editor

Das zu diesem Zeitpunkt ausgewählte Objekt trägt fortan das für diese Expression typische Tag (Abbildung 2). Weil XPresso-Expressions wie auch C.O.F.F.E.E.-Expressions keiner objektweiten Begrenzung unterliegen, ist es genau genommen egal, welches Objekt nun die Expression zugewiesen bekommt. Aus organisatorischen Gründen ist es natürlich ratsam, die Expression einem direkt betroffenen Objekt zuzuordnen oder – bei komplexeren Projekten – eine Reihe von Null-Objekten anzuhängen. Auf diese Weise können Sie über den Objekt-Manager die gesuchte Expression noch leichter finden.

Ein Doppelklick auf das XPresso-Tag im Objekt-Manager genügt, und der XPresso-Editor öffnet sich (Abbildung 3). Der XPresso-Editor teilt sich im Wesentlichen in zwei Arbeitsbereiche auf:

Die rechte Hälfte ❶ kümmert sich um die grafische Aufbereitung aller Elemente der XPresso-Expression. Sobald Sie anfangen, dort zu arbeiten, befinden Sie sich in einer Ausgangs-XGroup ❷, die Sie zusammenfassen und weiterverwenden können. In der linken Hälfte ❸ finden Sie den XPresso-Manager und den XPresso-Pool. Sie listen Ihnen die in der Expression vorhandenen Elemente auf und stellen Ihnen alle weiteren programmweit verfügbaren Nodes bereit.

Nodes (Knotenpunkte) ❹ sind grafische Repräsentanten von Objekten, Tags, Materialien etc. Ihrer Szene oder auch Operatoren, die sich über wählbare blaue Eingangs- ❺ und rote Ausgangsports ❻ abfragen lassen. Die Abfrage bzw. Verschaltung der Ports erfolgt über Verbindungen ❼, die per Drag and Drop vom Ausgangsport zum Eingangsport des anderen Nodes geknüpft werden.

Die obligatorische Statuszeile ❽ gibt über die momentan aktiven Node- bzw. Datentypen Auskunft.

So viel zum grundsätzlichen Aufbau der Elemente einer XPresso-Expression. Gehen wir im Folgenden der Frage nach, was Nodes eigentlich sind, wie sie entstehen und auf welche Art und Weise wir sie miteinander in Verbindung bringen können.

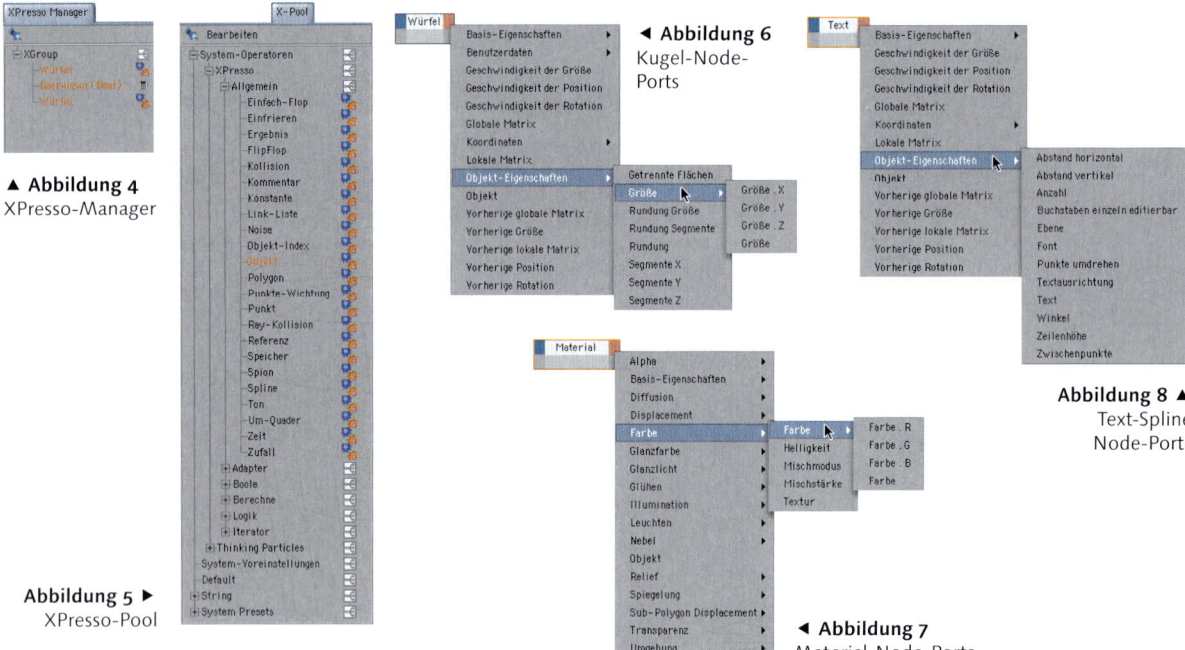

▲ **Abbildung 4**
XPresso-Manager

**Abbildung 5 ▶**
XPresso-Pool

◀ **Abbildung 6**
Kugel-Node-
Ports

**Abbildung 8 ▲**
Text-Spline
Node-Ports

◀ **Abbildung 7**
Material-Node-Ports

## Nodes und Ports

Um die Eigenschaften eines oder mehrerer
Objekte in XPresso steuern zu können, muss
es im XPresso-Editor als Node (Knoten) enthalten sein. Dazu ziehen Sie das Objekt, Tag,
Material etc. Ihrer Wahl per Drag and Drop in
das Editor-Fenster. Alternativ klicken Sie mit
gedrückter rechter Maustaste (bzw. Ctrl-
Taste) in den XPresso-Editor und suchen sich
das Node Ihrer Wahl aus der Liste aus.

Alle in der XPresso-Expression enthaltenen Nodes zeigt Ihnen der XPresso-Manager
(Abbildung 4) an. Im XPresso-Pool (Abbildung
5) finden Sie eine Vielzahl weiterer Nodes
(System-Operatoren, eventuell Thinking-Particles-Nodes und Voreinstellungen, die Sie für
die Bearbeitung der an den Ports fließenden
Daten benötigen. Werfen wir aber zunächst
einen Blick auf die Ports, die wir bei unseren

Standardelementen antreffen. Klicken wir
beispielsweise auf das rote Ausgangsfeld eines
Kugel-Nodes (Abbildung 6), zeigt uns das
Menü neben einigen lokalen und globalen
Datenports auch Basiseigenschaften, die wir
vom Attribute-Manager kennen. Ähnliches
beim Material-Node (Abbildung 7), diese Para-
meter gleichen den Einträgen eines Materials.
Sogar der Zeichensatz (Font) eines Text-Splines
(Abbildung 8) lässt sich im XPresso-Editor als
Port des Text-Spline-Nodes auswählen.

Wir können also sehr komfortabel auf die
Eigenschaften zugreifen und ebendiese Attribute über das Anlegen eines Ports »anzapfen«.
Nun ist es eher die Ausnahme, dass die an
den Ein- bzw. Ausgangsports liegenden Daten
zweier Nodes zueinander passen. In vielen
Fällen ist eine Umrechnung der Daten erforderlich, bevor sie in das Node zurückgeschrieben werden kann. Dafür gibt es die Operato-

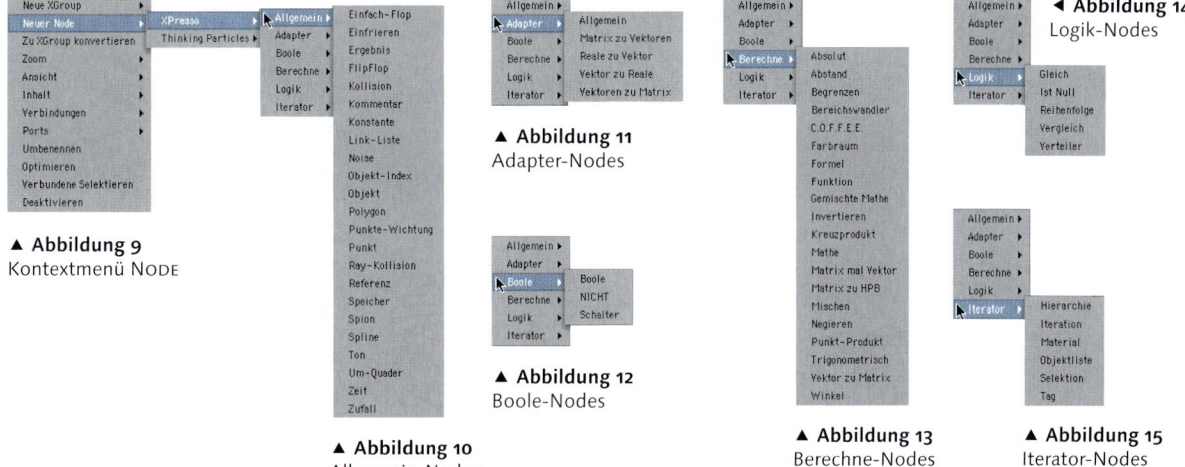

▲ **Abbildung 9**
Kontextmenü NODE

▲ **Abbildung 10**
Allgemein-Nodes

▲ **Abbildung 11**
Adapter-Nodes

▲ **Abbildung 12**
Boole-Nodes

▲ **Abbildung 13**
Berechne-Nodes

◀ **Abbildung 14**
Logik-Nodes

▲ **Abbildung 15**
Iterator-Nodes

ren-Nodes, die Sie über den XPresso-Pool oder das Kontextmenü (Abbildung 9) erreichen. Sie teilen sich in die Bereiche ALLGEMEIN, ADAPTER, BOOLE, BERECHNE, LOGIK und ITERATOR auf. Die Feineinstellungen dieser Nodes zeigt Ihnen stets der Attribute-Manager.

## Allgemein

In dieser Klasse (Abbildung 10) finden Sie Cinema 4D-Basis-Nodes, um z. B. die Punkt- und Polygon-Menge eines Objektes zu erfragen, Konstanten oder Zufallszahlen zu erzeugen oder einen Kommentar zu setzen.

## Adapter

Zu dieser Kategorie (Abbildung 11) gehören Nodes, die unterschiedliche Datentypen (Vektoren, Real-Zahlen, Matrizen etc.) zueinander kompatibel machen. Verwenden Sie diese Nodes, um unterschiedliche Datentypen auf einen gemeinsamen Nenner zu bringen.

## Boole

Der Boole-Node (Abbildung 12) kennt als Ergebnis nur die Zustände TRUE (1) oder FALSE (0). Über diverse Boole-Abfragen stellen Sie Abfragen an und treffen Entscheidungen.

## Berechne

Die lange Liste der Berechnen-Nodes (Abbildung 13) enthält alle mathematischen Werkzeuge, die Sie zum Ver- und Berechnen von Daten brauchen. Insbesondere den Bereichs-wandler werden Sie oft benötigen, um Werte-bereiche miteinander abzugleichen.

## Logik

Vergleiche aller Art bietet das Logik-Node (Abbildung 14), von dessen Ergebnis Sie weitere Abfolgen abhängig machen können.

## Iterator

Zur Abarbeitung wiederkehrender Aufgaben bieten sich Wiederholungsschleifen (Iterationen) an. Iteratoren-Nodes (Abbildung 15) bieten komfortablen Zugriff, um an den Elementen Ihrer Szene eine Stapelverarbeitung ablaufen zu lassen.

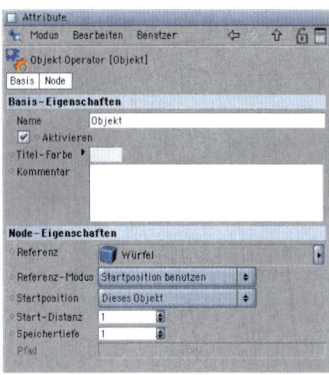

▲ **Abbildung 16**
Node-Eigenschaften

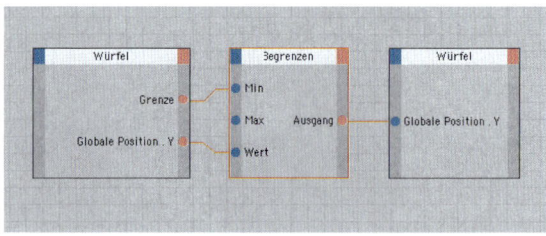

▲ **Abbildung 17**
Begrenzen-Node im
XPresso-Editor

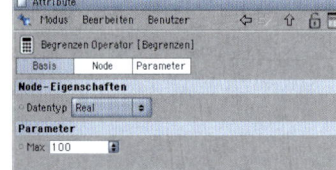

**Abbildung 18** ▶
Eigenschaften
Begrenzen-Node

So weit ein kleiner Überblick über die Nodes, im Handbuch finden Sie die einzelnen Parameter in aller Ausführlichkeit vorgestellt. Jedes Node besitzt für sich ebenfalls individuelle Node-Eigenschaften, um ihm die Fähigkeit zu verleihen, nicht nur das Wirtsobjekt der XPresso-Expression, sondern auch alle anderen Objekte der Hierarchie oder der Szene allein durch die Vorgabe eines logischen Pfades anzusprechen.

Nodes können sich objektspezifisch verhalten, aber auch über eine relative Referenz anderen Objekten zugeteilt werden. Diese Einstellung finden Sie unter diesem Namen in den Node-Eigenschaften (Abbildung 16). Über die STARTPOSITION marschieren Sie ausgehend vom Träger der XPresso-Expression hierarchisch aufwärts, abwärts oder szenenweit in einstellbarer Schrittweite zum eigentlich betroffenen Objekt.

Sind schließlich alle Nodes so weit platziert und eingestellt, müssen die Port-Aus- und Eingänge eigentlich nur noch verbunden werden

(Abbildung 17). Dazu genügt es, mit gedrückt gehaltener Maustaste im Editor vom einen Port zum anderen Ort zu ziehen. Der XPresso-Editor legt sofort eine Linie von Port zu Port, wenn die Datentypen der Ports zueinander passen. Eine Verbindung des Ergebnisses einer Addition mit dem Font eines Text-Splines lehnt XPresso natürlich kategorisch ab. Sollten innerhalb eines Nodes Probleme entstehen (Division durch 0 bei falschem Werteumfang etc.), meldet der XPresso-Editor dies durch eine gelb markierte Titelleiste an.

Wie bereits erwähnt, zeigt Ihnen der Attribute-Manager die Einstellungen des jeweils selektierten Nodes (Abbildung 18) an. Im obigen Fall ist der Maximalwert einer Y-Koordinate auf den Wert 100 festgesetzt. Dabei sind Sie natürlich weder auf nummerische Werte oder Konstanten angewiesen. Über die Verknüpfung und das Abfragen von Abhängigkeiten setzen Sie sich vom »Hardcoding« ab und lassen die Objekte selbst ihre Grenzen und Eigenschaften zuweisen.

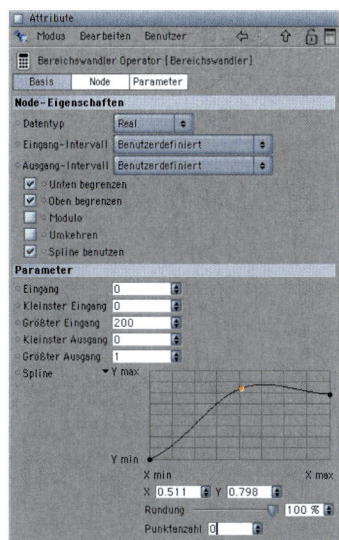

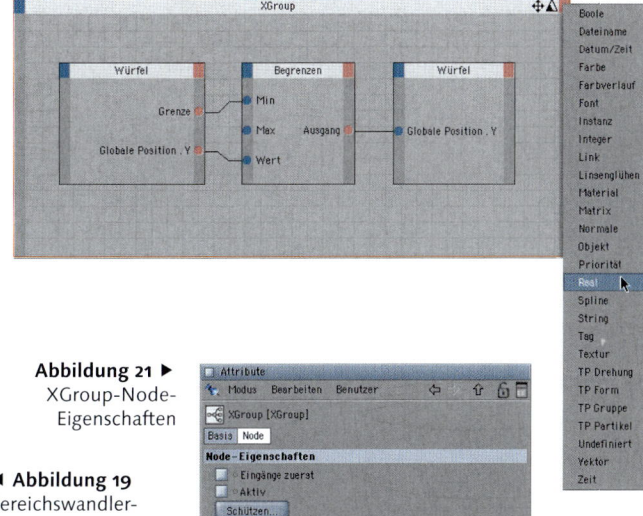

**Abbildung 21 ▶**
XGroup-Node-
Eigenschaften

**◀ Abbildung 19**
Bereichswandler-
Node

**◀ Abbildung 20**
XGroup-
Datentypen

Mit der Möglichkeit, selbst das Eingabe-Werkzeug über die Option BENUTZERDATEN des Attribute-Managers zu bestimmen, haben Sie zudem alle Mittel in der Hand, die Eingabe so komfortabel und fehlerfrei wie möglich zu gestalten.

## XGroups

Damit Sie das Rad nicht immer wieder neu erfinden müssen, sollten Sie fertige XPresso-Schaltungen aufheben, um sie weiterverwenden zu können.

Den Schlüssel dazu bieten XGroups, mit denen Sie eine beliebig komplexe Schaltung zu einer Gruppe zusammenfassen. Sobald Sie im XPresso-Editor anfangen, Schaltungen zu bauen, bewegen Sie sich bereits innerhalb einer XGroup. Wie Sie am blauen und roten Dock im oberen Bereich dieses Fensters (Abbildung 20) erkennen, besitzen auch XGroups Ein- und Ausgänge, damit die inner-

halb dieses Schaltungscontainers entstandenen Daten auch ausgetauscht werden können.

Auch XGroups besitzen gruppenspezifische Eigenschaften, die sich im Attribute-Manager (Abbildung 21) einsehen lassen. Die Option FINGÄNGE ZUERST bewirkt, dass zunächst alle Schaltungen außerhalb der XGroup berechnet werden. Über AKTIV können Sie die XGroup an- bzw. ausschalten, und mit dem Button SCHÜTZEN verpassen Sie der XGroup ein Passwort, so dass Unbefugte keinen Zugang zu Ihren geistigen Höhenflügen haben.

XGroups dienen aber auch der Überschaubarkeit, mit ihnen gruppieren Sie fertige Node-Schaltungen, um einen besseren Überblick zu bekommen. Wer einmal ein bisschen tiefer in die Materie eingestiegen ist, muss leider allzu schnell erkennen, dass auch relativ einfache Sachverhalte und Verknüpfungen in ein ziemliches Node-Chaos ausarten. Wenn man eine unbekannte oder ältere Schaltung dann noch überarbeiten muss, findet man sich ohne XGroups nur noch schwer zurecht.

**Abbildung 22 ▶**
XPresso-Editor
Datei-Menü

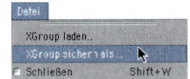

**Abbildung 24 ▶**
XPresso-Editor
Ansicht-Menü

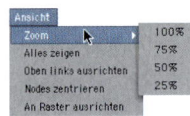

**Abbildung 23 ▶**
XPresso-Editor
Layout-Menü

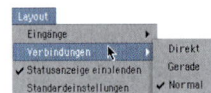

**Abbildung 25 ▶**
XPresso-Editor
Zusätze-Menü

**Abbildung 26 ▶**
XPresso-Editor
Berechnung-Menü

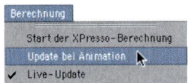

Womit wir beim Thema Austausch angelangt wären. Hierfür eignen sich die XGroups nämlich auch hervorragend. XGroups lassen sich exportieren, importieren und auf diese Weise weitergeben und austauschen.

## XPresso-Menüs

Der XPresso-Editor besitzt eine eigene Menüleiste, in der Sie wesentliche Befehle und Einstellungen für den Import und Export, die Node-Darstellung und die Berechnung finden.

### Datei

Den Anfang macht wie immer das Menü DATEI (Abbildung 22), über das Sie XGroups laden und exportieren können. Cinema 4D speichert Ihre XGroups mit dem Suffix .xma ab.

### Layout

Im Menü LAYOUT (Abbildung 23) befinden sich die Voreinstellungen für die Darstellung bzw. Anordnung der Nodes und Verbindungen. Hier stellen Sie außerdem ein, ob Sie die Statusanzeige eingeblendet haben möchten.

Die grafischen Interface-Voreinstellungen sind dagegen bei den PROGRAMM-VOREINSTELLUNGEN · XPRESSO anzutreffen.

### Ansicht

Das Menü ANSICHT (Abbildung 24) beherbergt einige praktische Ansichtsoptionen für das schnelle Zoomen bzw. Konzentrieren auf die wichtigen Elemente im XPresso-Editor.

### Zusätze

Im Menü ZUSÄTZE (Abbildung 25) liegen die normalerweise voreingestellt sichtbaren Manager XPresso-Pool und XPresso-Manager. Außerdem legen hier Drittanbieter bzw. Plugins wie beispielsweise das Partikelsystem THINKING PARTICLES ihre Voreinstellungsmenüs ab.

### Berechnung

Ist die Option LIVE-UPDATE im Menü BERECHNUNG (Abbildung 26) angewählt, fließen Änderungen in den Nodes oder im Editor sofort in die Berechnung der Expression ein. Alternativ können Sie die Neuberechnung manuell (START DER XPRESSO-BERECHNUNG) oder auf die Animation bezogen erfolgen lassen.

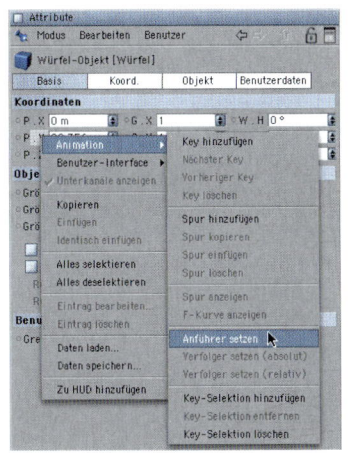

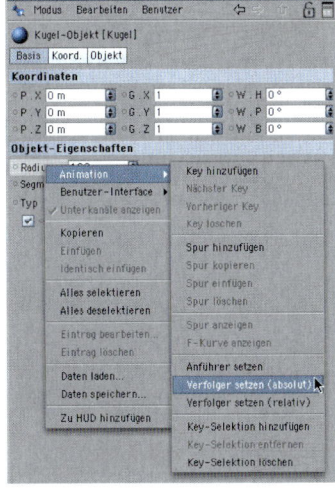

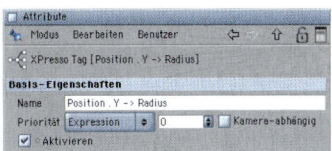

**▲ Abbildung 29**
Eigenschaften XPresso-Tag

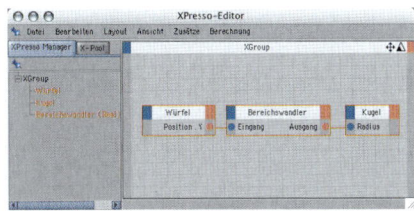

**▲ Abbildung 27**
Anführer setzen

**Abbildung 28 ▶**
Verfolger setzen

**▲ Abbildung 30**
Expression im XPresso-Editor

# Anführer und Verfolger

Hinter dieser spannend klingenden Schlag-
wörtern steckt die Möglichkeit, über den Attribute-Manager kleinere XPresso-Expressions zu
erstellen.

Dabei spielen wiederum zwei Objekteigenschaften die Hauptrollen – eine Eigenschaft
bzw. ein Parameter, der den Ton angeben soll
(Anführer), und ein zweiter Parameter des
gleichen oder eines anderen Objektes, der die
Veränderung des ersten Parameters aufnehmen und sich entsprechend anpassen soll (Verfolger).

Dafür brauchen Sie im Vorfeld nicht einmal
eine XPresso-Expression zu erstellen und sich
in den XPresso-Editor zu bemühen – all dies
erledigt die Anführer-/Verfolger-Option des
Attribute-Managers automatisch. Wählen
Sie einfach einen Parameter-Eintrag einer
Objekteigenschaft aus (Abbildung 27), und
klicken Sie bei gedrückter rechter Maustaste
(Ctrl-Taste) auf das Parameter-Feld. Im

aufgesprungenen Kontextmenü Parameter
verwenden Sie den Befehl Anführer setzen,
um den aktiven Darsteller zu bestimmen. Auf
die gleiche Weise suchen Sie sich den passiven
Darsteller aus (Abbildung 28), hier wählen Sie
aber die Option Verfolger setzen (absolut)
bzw. Verfolger setzen (relativ).

Im Hintergrund ist nun Folgendes passiert:
Dem Verfolger-Objekt wurde eine XPresso-
Expression mit eindeutigem Namen zugewie-
sen (Abbildung 29). Nach Doppelklick auf das
XPresso-Icon offenbart sich, was innerhalb der
Expression selbsttätig zusammengeschaltet
wurde (Abbildung 30).

Das Anführer-Objekt wurde mit einem Ausgangsport der gewählten Eigenschaft versehen
und über ein Bereichswandler-Node mit Null-
bis Hundert-Intervall an den Eingang der Ver-
folger-Eigenschaft geschaltet.

Mit diesem Anführer-/Verfolgerprinzip
lassen sich zwar keine richtig komplexen
XPresso-Expressions erstellen, aber doch sehr
elegant vorbereiten.

# Partikel in Cinema 4D

## Das Standard-Partikelsystem

*Das Partikelsystem der Basisversion von Cinema 4D mag zwar gegenüber den Möglichkeiten von Thinking Particles ziemlich blass aussehen, dennoch eignet es sich für das schnelle und intuitive Erzeugen von einfachen Partikelströmen.*

Partikelsysteme bestehen immer aus zwei, eher aber drei Teilen: einem Emitter, den Partikeln und den Modifikatoren.

Der Emitter sorgt für den Ausstoß der Partikel. Als Partikel können Sie jedes Objekt in Cinema 4D verwenden – auch mehrere, sogar animierte Objekte. Um den Partikelstrom dadurch zu beeinflussen, platzieren Sie so genannte Modifikatoren in die Szene. Alle drei Objektarten finden Sie im Menü OBJEKTE · PARTIKELSYSTEM (Abbildung 1).

Sobald Sie einem Emitter ein Objekt als Partikel untergeordnet haben (Abbildung 2) und in der Zeitleiste auf den Start-Button klicken, sehen Sie die Partikel aus dem Emitter strömen (Abbildung 3). In der Standardeinstellung des Emitters und auch solange kein Partikel definiert ist, wird der Partikelstrom durch weiße Linienstücke angedeutet.

### Emitter

Im Einstellungsdialog des Emitter-Objekts, den Sie nach Auswahl des Symbols im Attribute-Manager sehen (Abbildung 4), bestimmen Sie

den Partikelstrom. Hier ist Ihre Experimentierfreude gefragt, denn viele der Parameter lassen sich ohne Ausprobieren einfach schlecht abschätzen.

Mit der GEBURTSRATE für den Editor bzw. das Rendern stellen Sie ein, wie viele Partikel der Emitter in der Sekunde produzieren soll. Bei hohem Partikelausstoß (Rauch-Effekte) ist es ratsam, den Editor-Wert zugunsten der Performance im Editor herunterzusetzen.

Für die Steuerung des Partikelausstoßes über die Zeitleiste bietet sich das Feld SICHTBARKEIT an. Dies können Sie über die Parameterspur der Zeitleiste kontrollieren. Zu welchen Zeitpunkten Partikel emittiert werden sollen, geben Sie in den Feldern EMISSION STARTEN/STOPPEN an. Bedenken Sie, dass ein Stopp der Emission nicht gleichzeitig alle Partikel verschwinden lässt – hinzuzurechnen ist noch die Lebensdauer der Partikel.

Jedes Partikel besitzt eine eigene LEBENSDAUER, die im Moment der Emission des Partikels beginnt und die Sie über das Variationsfeld anteilig dem Zufall überlassen können.

In den Feldern GESCHWINDIGKEIT, ROTATION und ENDGRÖSSE legen Sie fest, wie schnell sich

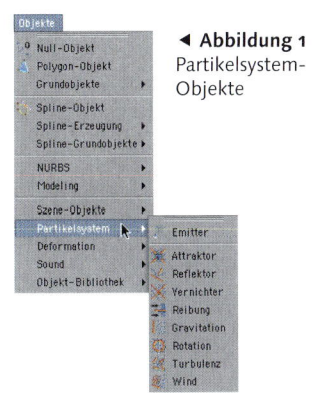

◀ **Abbildung 1**
Partikelsystem-
Objekte

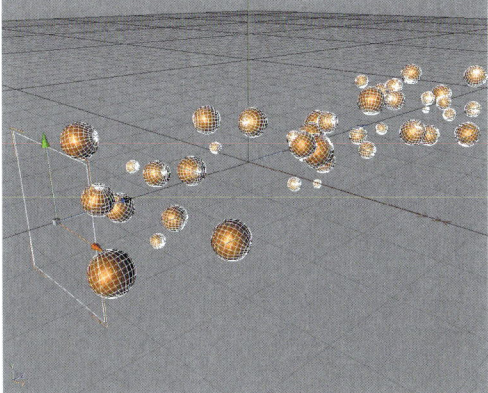

▲ **Abbildung 3**
Einfache Partikel-Emission

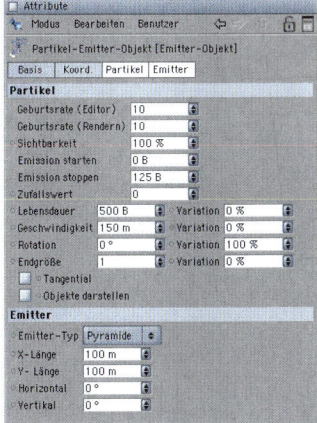

▲ **Abbildung 4**
Emitter-Einstellungsdialog

◀ **Abbildung 2**
Emitter und Partikel

die Partikel bewegen, ob und um welchen Winkel sie rotiert bzw. um welchen Faktor sie vergrößert werden sollen. Zu jedem der drei Parameter können Sie einen Variationswert angeben. Durch abweichende Werte im jeweiligen Zufallswert-Feld individualisieren Sie mehrere in einer Szene benutzte Emitter. Damit sich Objekt-Schwärme (Vögel, Fische) tangential zur Flugbahn bewegen, schalten Sie die gleichnamige Option an. Wenn die Partikel nicht nur angedeutet, sondern als Objekte dargestellt werden sollen, aktivieren Sie OBJEKTE DARSTELLEN.

Im Emitter-Feld definieren Sie die Abstrahlungsart, die Ausmaße und den horizontalen und vertikalen Winkel des Emitters.

## Modifikatoren

Die Modifikatoren dienen zur Veränderung und Beeinflussung des Partikelstroms. Sie funktionieren global, müssen also nicht mit einem Emitter gruppiert oder diesem untergeordnet werden.

### Attraktor

Ein Attraktor besitzt eine radiale Anziehungskraft, die auf die heranströmenden Partikel wirkt. Abbildung 5 zeigt einen Attraktor (rote Box), der einen Teil des Partikelstroms nach unten lenkt. Nach Verlassen des Attraktors bewegen sich die Teilchen normal fort. Im Einstellungsdialog des Attraktors (Abbildung 6) lassen sich die Stärke der wirkenden Anziehungskraft, die Höchstgeschwindigkeit der austretenden Partikel und die Ausmaße des gelben Attraktor-Kastens festlegen.

### Reflektor

Durch das Platzieren von Reflektoren schaffen Sie mehr oder weniger elastische Wände, an denen die Partikel abprallen und weitergeleitet werden. In Abbildung 5 prallen die Partikel nur wenig ab, der Reflektor (blaue Linie) dient mehr zur Umlenkung des Teilchenstroms. Dazu

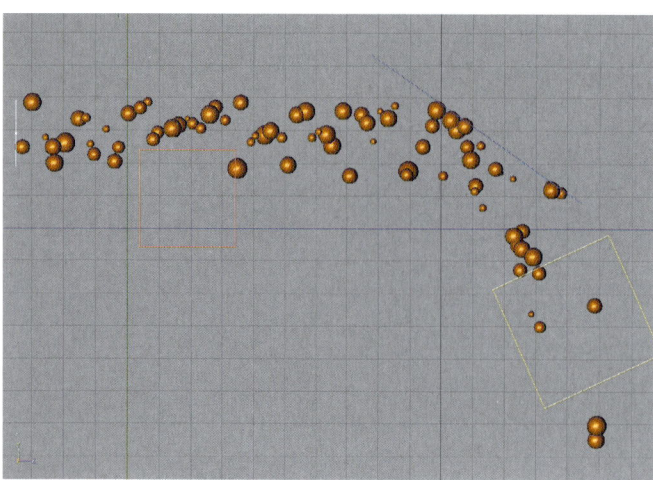

**▲ Abbildung 5**
Attraktor, Reflektor und Vernichter

**Abbildung 6 ▶**
Attraktor-Ein-
stellungsdialog

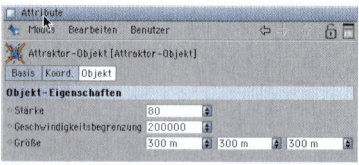

**Abbildung 7 ▶**
Reflektor-Ein-
stellungsdialog

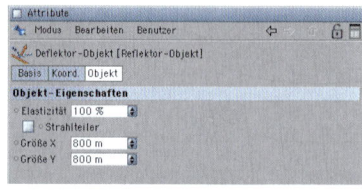

**Abbildung 8 ▶**
Vernichter-Ein-
stellungsdialog

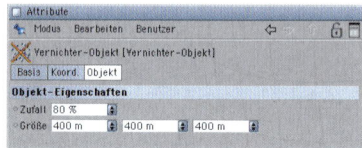

ist im Einstellungsdialog des Reflektor-Objekts (Abbildung 7) ein geringer Elastizitätswert eingestellt. Die Option STRAHLTEILER lässt den Reflektor nur auf jedes zweite Teilchen wirken, alle anderen passieren den Reflektor.

Der Reflektor ist logischerweise ein Flächen-Objekt, dessen X- und Y-Ausmaße Sie in den Feldern eintragen.

### Vernichter

Mit dem Vernichter-Objekt bekommen Sie zum einen die Anzahl der Partikel wieder in den Griff, zum anderen ist es mit ihm möglich, alle Partikel an einer bestimmten Stelle auszuschalten. Der Vernichter in Abbildung 5 (gelbe Box) lässt nur eine sehr geringe Zahl von Partikeln durch. Wie viel Prozent der Partikel den Vernichter ungeschoren verlassen dürfen, stellen Sie im Einstellungsdialog (Abbildung 8) ein. Je schneller sich die Teilchen fortbewegen, desto größer sollte der Kasten gewählt sein. Um vernichtet zu werden, muss ein Partikel ein Bild lang den Vernichter-Kasten durchlaufen.

### Reibung

Die in der Realität stets vorherrschende Reibung steht auch für die Partikelsysteme zur Verfügung.

Die in Abbildung 12 auftretende Reibung (grüne Box) reduziert die Geschwindigkeit der Teilchen. Wie Sie sehen, ist auch hier Ausprobieren angesagt, damit es nicht zu einem Partikelstau und zur Überschneidung von Teilchen kommt. Positive Reibungskoeffizienten im Einstellungsdialog (Abbildung 9) verursachen eine Verlangsamung, negative Koeffizienten eine Beschleunigung der Partikel. Auch ein kompletter Stillstand der Teilchen ist möglich.

### Gravitation

Sobald Ihre Partikel nicht in einer gravitationsfreien Weltraumszene herumschwirren dürfen, sondern sich den auf der Erde üblichen Gepflogenheiten der Erdanziehung unterwerfen müssen, brauchen Sie relativ häufig das Gravitations-Objekt. In der weißen Box des Gravitationsmodifikators (Abbildung

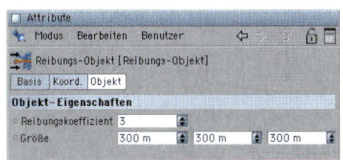

◄ **Abbildung 9**
Reibung-Ein-
stellungsdialog

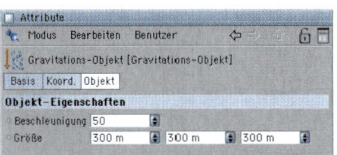

◄ **Abbildung 10**
Gravitation-Ein-
stellungsdialog

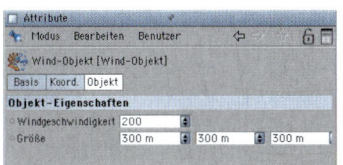

◄ **Abbildung 11**
Wind-Einstel-
lungsdialog

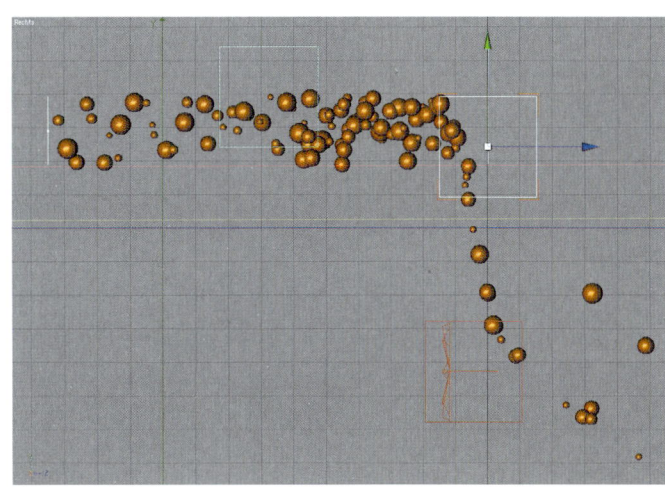

▲ **Abbildung 12**
Reibung, Gravitation und Wind

12) werden die Partikel in Y-Richtung nach unten gelenkt. Wie stark die Anziehungskraft innerhalb des Kastens wirken soll, bestimmen Sie anhand des Beschleunigungswertes im Einstellungsdialog (Abbildung 10) des Gravitationsmodifikators. Je höher der Wert, desto stärker die Anziehungsbeschleunigung.

## Wind

Der Wind-Modifikator sorgt wiederum für eine Umlenkung des Partikelstroms. Wie Abbildung 12 zeigt, ist das Wind-Objekt nicht nur durch eine lila Box, sondern auch durch ein Windrad kenntlich gemacht. Insbesondere die Größe des Modifikationskastens ist entscheidend für die Beeinflussung der Teilchen.

Wenn Sie die Animation durch Klick auf den Start-Button ablaufen lassen, erkennen Sie an der Drehgeschwindigkeit des Windrads die Stärke des Windes. Dieser Effekt ist zwar ganz nett, im Regelfall aber nicht sehr aussagekräftig. Mit dem Einstellungsdialog des Wind-Modifikators (Abbildung 11) bestimmen

Sie genau die Windgeschwindigkeit und die Ausmaße des Wind-Objekts.

## Rotation

Innerhalb des Rotationsmodifikators werden die Partikel um die Z-Achse des Emitters gedreht. In Abbildung 13 ist ein Rotationsmodifikator (rote Box) parallel zum Emitter-Objekt aufgestellt. Die Partikel rotieren im Rotationskasten und wandern in einer schraubenförmigen Spur durch das Rotations-Objekt.

Die Geschwindigkeit der Rotation geben Sie im Einstellungsdialog des Rotationsmodifikators (Abbildung 14) an.

## Turbulenz

Mit dem Turbulenz-Objekt erlangen Sie eine beliebig starke Verwirbelung des Partikelstromes, wie sie zur realistischen Erzeugung von Rauch- und Feuer-Effekten gebraucht wird.

Die gelbe Box des Turbulenz-Objekts in Abbildung 13 verwirbelt alle einströmenden Partikel und verstreut sie in alle Richtungen.

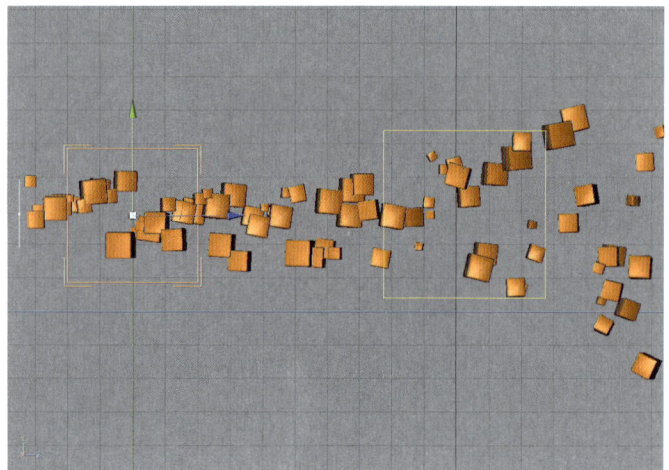

▲ **Abbildung 13**
Rotation und Turbulenz

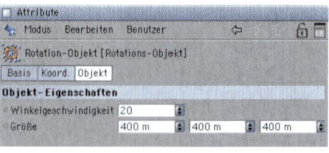

**Abbildung 14** ▶
Rotation-
Einstellungsdialog

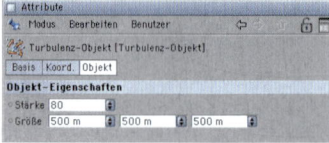

**Abbildung 15** ▶
Turbulenz-
Einstellungsdialog

**Abbildung 16** ▶
Hierarchischer Aufbau des Partikelsystems im Objekt-Manager

Je nachdem, welchen Verwirbelungseffekt Sie erreichen wollen, verwenden Sie das Rotations- oder Turbulenz-Objekt. Natürlich spricht auch nichts dagegen, beide Modifikatoren zu kombinieren.

Im Einstellungsdialog des Turbulenz-Modifikators (Abbildung 15) legen Sie die Stärke der Verwirbelung der Teilchen fest.

## Meta-Partikel

In Verbindung mit den Metaball-Objekten können Sie Partikelsysteme zur Erzeugung von animierten Flüssigkeiten aller Art nutzen.

Im Beispiel aus Abbildung 18 quillt aus einer fatalerweise offen gelassenen Klebstofftube Klebstoff heraus. Die komplett modellierte und animierte Szene finden Sie zusammen mit einem gerenderten Beispielfilm auf der beiliegenden CD, so können Sie die Parameter sämtlicher Objekte nachvollziehen. Wenn Sie möchten, texturieren Sie die Tube noch aus, für unsere Zwecke genügt dieses Rohmodell aber vollauf.

Abbildung 17 zeigt den Aufbau des Partikelsystems. In der Tubenspitze sitzt der Emitter, von dort ausgehend erstreckt sich zur Unterstützung der fadenähnlichen Fließweise ein Spline-Objekt bis zum Boden. Damit die Partikel durch die Erdanziehung nach unten fallen, befindet sich die Tube in einem Gravitationsmodifikator. Die auf der Platte auftreffenden Partikel prallen an einem Reflektor-Objekt ab – sonst würden Sie einfach durch die Glasplatte durchprasseln.

Den klebrigen, pfropfenden Charakter der Flüssigkeit übernimmt ein Reibungs-Objekt, dessen Kasten dort platziert ist, wo die Tropfen auftreffen. Hier sammeln sie sich und bilden

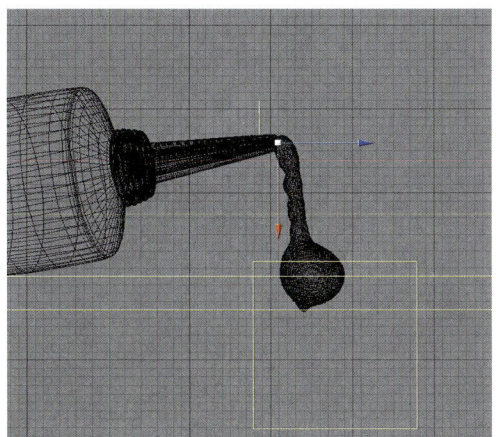

▲ **Abbildung 17**
Aufbau des Partikelsystems im Editor

▲ **Abbildung 18**
Standbild des Meta-Partikel-Beispiels

eine zähe, immer größer werdende Masse. Den hierarchischen Aufbau der Szene entnehmen Sie Abbildung 16. Wenden wir uns zuerst dem Emitter-Objekt zu. Als Partikel dient ein einfaches Kugel-Grundobjekt. Der Emitter selbst liegt innerhalb eines Metaball-Objekts – dies ist das ganze Geheimnis der Meta-Partikel. Alle Objekte, die der Emitter ausstößt, sind automatisch Metabälle, die zu einer (je nach Geschwindigkeit der Emission) dünn- oder zähflüssigen Masse verschmelzen.

Experimentieren Sie ein wenig mit der Geschwindigkeit des Teilchen-Ausstoßes. Das Tempo der Flüssigkeit im Beispielfilm entspricht in etwa dem Ausstoß, wenn Druck auf die Tube ausgeübt wird (oder vor dem Öffnen Druck ausgeübt wurde).

Die drei Modifikatoren Gravitation, Reflektor und Reibung befinden sich außerhalb des eigentlichen Systems. Auch hier bieten sich einige Variationsmöglichkeiten. Probieren Sie ruhig verschiedenste Einstellungen aus, wundern Sie sich aber nicht, wenn der Klebstoff plötzlich wild durch die Szene fliegt!

Auch mit dem Standard-Partikelsystem aus Cinema 4D lässt sich einiges bewerkstelligen. Entscheiden Sie anhand Ihres Projektes, welche Funktionen Sie dem Partikelsystem abverlangen. Nicht jeder kleine Partikelstrom schreit nach Thinking Particles.

## Mit dem Partikelsystem in der Zeitleiste arbeiten

Bei Partikelsystemen ist zu beachten, dass die Positionen der Partikel stets von den vorhergehenden Positionen der Partikel abhängig sind.

Beim Überspringen von Bildern oder bei Rückwärtsschritten mit dem Zeitschieber in der Zeitleiste kann es demzufolge passieren, dass die Positionen nicht exakt berechnet werden. Dies kann zu extremen Darstellungsfehlern führen.

Springen Sie daher, bevor Sie den Start-Button drücken, an den Anfang der Partikel-Emission, und geben Sie dem Emitter die Möglichkeit, seine Emission ohne ungeduldiges Verschieben des Zeitreglers zu verrichten.

# Thinking Particles

## Professionelle Partikelströme

*Thinking Particles bietet alles, was man sich von einem modernen Partikelsystem erwartet: modularer Aufbau, beliebige Komplexität, Kollisionen, Simulation physikalischer Eigenschaften und vieles mehr.*

Thinking Particles ist ein node- bzw. regelbasiertes Partikelsystem, das auf XPresso von Cinema 4D aufsetzt. Die denkenden Partikel der Programmschmiede Cebas sind bereits seit längerem für andere 3D-Programme erhältlich und haben sich schon in einigen Filmproduktionen bewährt.

Als Besitzer des XL- und Studio-Pakets von Cinema 4D kommen Sie automatisch in den Genuss des Partikel-Multitalents, das Modul ist aber auch separat erhältlich.

Wer bereits seine Erfahrungen mit dem Basis-Partikelsystem von Cinema 4D gemacht hat, weiß, dass darin professionelle Anforderungen wie Partikel- und Objekt-Kollisionen, ereignisbasierter Partikelausstoß sowie gruppen- und partikelgenaue Steuerung nur mit sehr hohem Aufwand machbar oder überhaupt nicht möglich sind.

Der Ansatz von Thinking Particles geht in eine vollkommen andere Richtung. Ich hoffe, Sie haben sich das XPresso-Kapitel gut durchgelesen und sind auch mit dessen Arbeitsweise einigermaßen vertraut. Denn Thinking Particles benutzt den XPresso-Unterbau von Cinema 4D, um Emitter, Modifikatoren und viele weitere Elemente auf das Genaueste miteinander abzustimmen und auszusteuern. So wie Sie in XPresso die Eigenschaften zweier Objekte miteinander verschalten, verknüpfen Sie in Thinking Particles die Eigenschaften von Emittern, Partikeln und Modifikatoren.

Dieser Ansatz mag vielleicht nicht gerade der intuitivste Weg mit dem schnellsten Ergebnis sein, durch den modularen Aufbau mit einer Vielzahl an speziellen Thinking Particles-Nodes und den immer verfügbaren XPresso-Nodes ergibt sich aber ein unglaublich vielseitiges und mächtiges Partikelsystem, das sich beliebig ausgestalten lässt.

Nehmen Sie sich also Zeit für das Erlernen von Thinking Particles (und auch XPresso), fangen Sie mit kleineren Projekten an, die Sie Stück für Stück erweitern.

In diesem Kapitel möchte ich Ihnen den Aufbau und die Funktionsweise der Thinking Particles nahebringen. Nach der Lektüre dieses Abschnittes haben Sie bereits alle nötigen Informationen, um Ihre eigenen Thinking Particles-Systeme aufzubauen, und wissen zudem, wo Sie weitere Nodes finden, um diese zu erweitern.

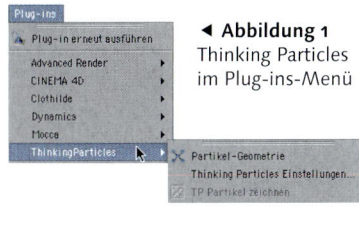

◀ **Abbildung 1**
Thinking Particles
im Plug-ins-Menü

**Abbildung 2 ▶**
Einstellungen
Thinking Particles

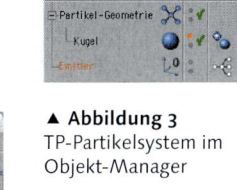

▲ **Abbildung 3**
TP-Partikelsystem im
Objekt-Manager

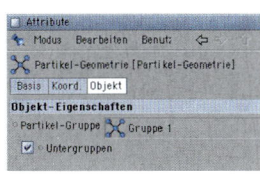

▲ **Abbildung 4**
Geometrische Definition
einer Partikelgruppe

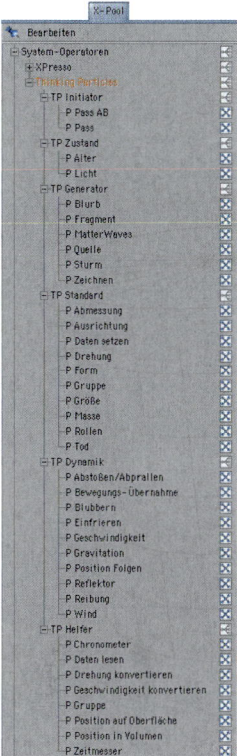

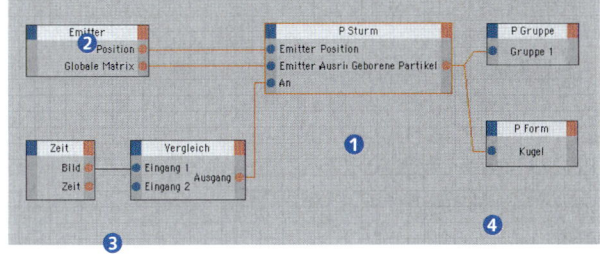

◀ **Abbildung 5**
Partikelsystem im
XPresso-Editor

**Abbildung 6 ▲**
Thinking Particles-
Nodes

# Allgemeines

Von der Existenz der Thinking Particles merken
Sie lediglich im XPresso-Pool bzw. im Menü
PLUG-INS · THINKINGPARTICLES (Abbildung 1)
etwas. Dort rufen Sie den Thinking-Particles-
Manager (Abbildung 2) auf, der Ihnen stets
Informationen über die momentan in der
Szene befindlichen Partikel (TOTAL) bzw. über
einen Gruppenstamm (AST) oder eine separate
Gruppe zeigt.

Wie sieht nun ein normales Partikelsystem,
wie es uns die Standardversion von Cinema
4D bietet, mit Thinking Particles aus? Ein Emitter ist in Thinking Particles nichts weiter als
ein Objekt (im Normalfall ein Null-Objekt),
dem eine XPresso-Expression zugewiesen

ist (Abbildung 3). Objekte, deren Geometrie
am Partikelsystem teilnehmen soll, liegen im
PARTIKEL-GEOMETRIE-Objekt, das Sie über das
Menü PLUG-INS · THINKINGPARTICLES (Abbildung 1) erreichen.

In Abbildung 5 sehen Sie ein einfaches
Partikelsystem mit allen Zutaten, die Sie von
den Basispartikeln her kennen. Der eigentliche
Emitter-Node ❶ bezieht seine Parameter aus
weiteren Nodes, die ihm sagen, wo er sich
genau befindet ❷, in welchem Zeitraum der
Partikelausstoß stattfindet ❸ und welche Form
seine Partikel haben ❹. So viel Aufwand für
ein einfaches Partikelsystem? Nein, Sie sollen
nicht mit Kanonen auf Spatzen schießen, aber
für manche Anforderungen werden Sie um die
denkenden Partikel nicht herumkommen.

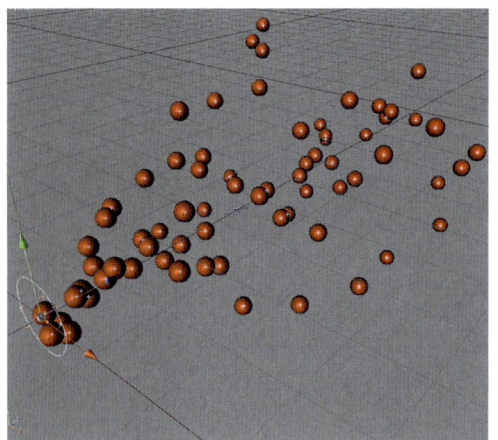

**▲ Abbildung 7**
Partikelsystem im Editor

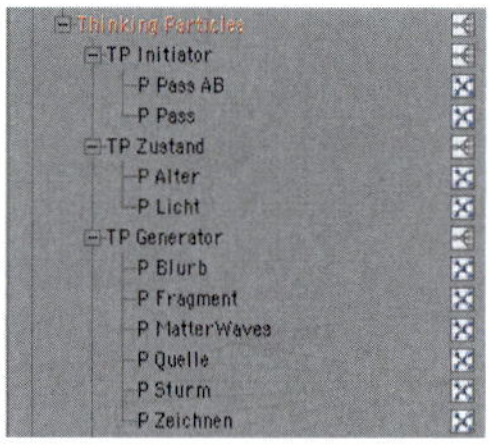

**▲ Abbildung 8**
Initiator-, Zustand- und
Generator-Nodes

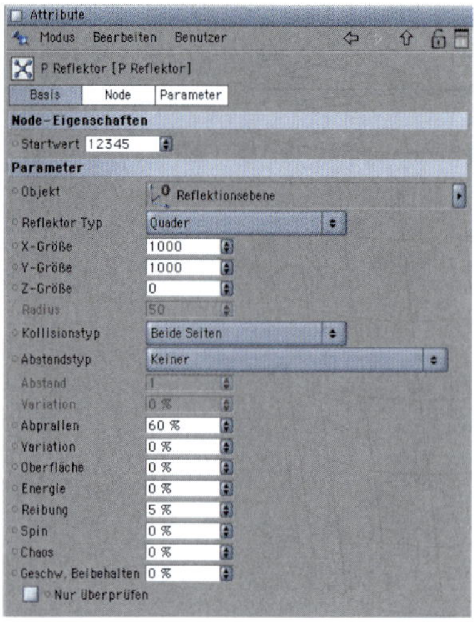

Abbildung 9 ▶
P Sturm-Parameter

Im XPresso-Pool in Abbildung 6 sind alle Thinking-Particles-Nodes ausgeklappt. Die Initiator- und Generator-Nodes generieren bzw. stellen Partikel zur Verfügung, Zustand-Nodes fragen die Partikelzustände ab, die Standard-Nodes kümmern sich um Aussehen und Charakter der Partikel, Dynamik-Nodes verleihen den Partikeln physikalische Eigenschaften, und Helfer-Nodes unterstützen Sie bei der Arbeit mit den anderen Nodes.

Dazu kommen natürlich noch alle XPresso-Nodes, die Sie für Umwandlungen, Umrechnungen, Vergleiche etc. brauchen.

## Generator- und Initiator-Nodes

Mit den Generator-Nodes (Abbildung 8) erzeugen Sie die eigentlichen Partikelströme (P Sturm bzw. P Quelle).

Ein Klick auf den P Sturm-Node im XPresso-Editor offenbart im Attribute-Manager die Fülle der Einstellungsmöglichkeiten für den Partikelsturm (Abbildung 9). Viele Parameter

wie Lebenszeit, Geschwindigkeit und Grösse kommen Ihnen sicherlich bekannt vor. Punkte wie Modus und Abmessung dagegen enthält nur der Thinking-Particles-Emitter. Über den Modus bestimmen Sie, ob eine Anzahl von Partikeln pro Bild (Shot), pro Sekunde (Rate) oder als Gesamtanzahl ausgestoßen wird.

All diese Parameter lassen sich sowohl manuell als auch über den entsprechenden Port fremdbestimmen. Im Falle des Emitters ist dies sogar zwingend notwendig, denn er kennt weder seine Koordinatenposition noch seinen zeitlichen Anfangs- oder Endpunkt, geschweige denn, welche Partikel er überhaupt ausstoßen soll.

P Blurb ist ein Node, mit dem Sie ein beliebiges polygonales Ausgangsobjekt in Partikel zerlegen und animiert in ein anderes Objekt transferieren können.

Das Fragment-Node dient zur gezielten Aufspaltung der Partikel in weitere Partikelstämme bis hin zu deren physikalischem Zerfall.

P MatterWaves macht Partikeleigenschaften wie Erzeugung, Lebenszeit, Geschwindig-

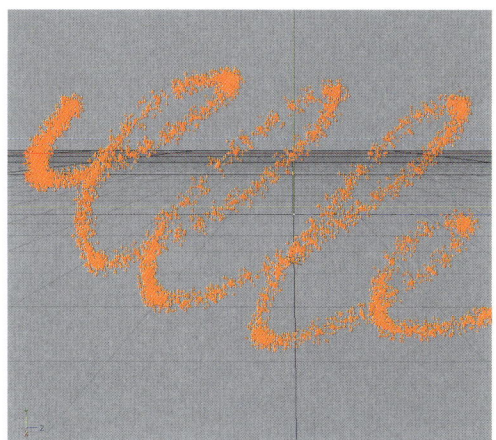

▲ **Abbildung 10**
Mit dem P Zeichnen-Node gezeichnete Partikel

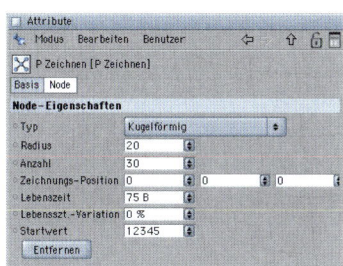

▲ **Abbildung 11**
P Zeichnen-Parameter

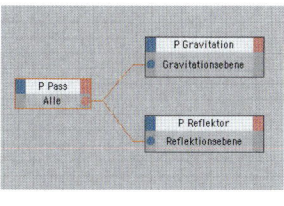

▲ **Abbildung 12**
P Pass-Node

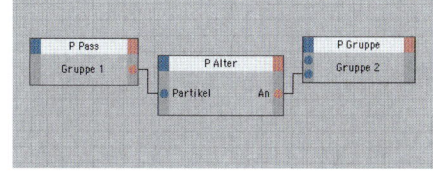

**Abbildung 13 ▶**
P Alter-Node

keit, Größe, Abstand und Flugrichtung von Texturen und Lichtquellen abhängig.

Mit dem P Zeichnen-Node dürfen Sie selbst die Partikel im Editor zeichnen und animieren (Abbildung 10). Im zugehörigen Node-Dialog (Abbildung 11) stellen Sie die gewünschte Partikelerzeugung ein und malen mit gedrückter `Strg`/`Ctrl`-Taste die Partikel in den Editor.

Die Liste der Initiatoren-Nodes beschränkt sich auf ein P Pass-Node mit einfachem bzw. doppeltem Partikelanschluss (P Pass AB).

Pass-Nodes stellen an ihrem Ausgang Partikel-Gruppen bereit, die Sie dann gezielt beispielsweise physikalischen Eigenschaften (Abbildung 12) unterwerfen. Stellen Sie sich die Pass-Nodes nicht als Emitter, sondern als deren Stellvertreter vor. An P Pass-Nodes definieren Sie nicht die Eigenschaften des Emitters oder der Partikel, an diesem Node greifen Sie Partikel ab, um ihnen Gravitation beizubringen oder um ihre Position oder Lebenszeit (Abbildung 13) zu testen, damit sie in andere Gruppen verschoben und dort wiederum weitergereicht werden können.

Der P Pass AB-Node funktioniert in der gleichen Weise, nur haben Sie hier zwei unterschiedliche Partikelausgänge.

## Zustand-Nodes

Zwei Zustand-Nodes (Abbildung 8), P Alter und P Licht, gewähren Ihnen sehr bequemen Zugriff auf die Lebenszeit der Partikel sowie die Lichtintensität einer Lichtquelle.

Üblicherweise werden Sie den P Alter-Node dazu verwenden, um die absolute oder relative Lebenszeit der Partikel zu messen, um sie gegebenenfalls in eine andere Gruppe zu verschieben. Abbildung 13 zeigt einen Beispielaufbau dazu.

Mit dem P Licht-Node können Sie Partikel von den Eigenschaften einer Lichtquelle abhängig machen. Im Node-Dialog wählen Sie dazu eine Lichtquelle Ihrer Szene aus und definieren den gewünschten Auslöser für die weitere Aktion, die Sie logischerweise als folgenden Node anhängen.

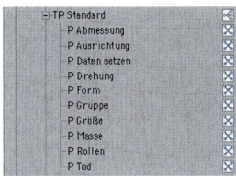

▲ **Abbildung 14**
Standard-Nodes

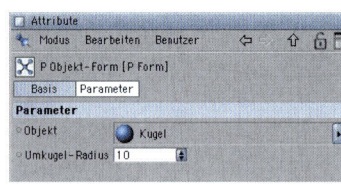

▲ **Abbildung 16**
P Form-Parameter

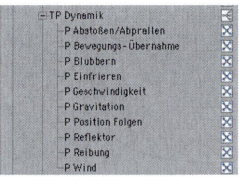

▲ **Abbildung 17**
Dynamik-Nodes

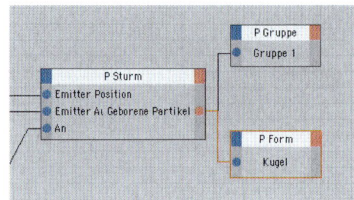

◄ **Abbildung 15**
P Form-Node

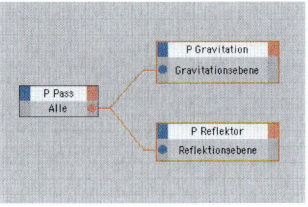

**Abbildung 18 ▶**
Dynamik-Nodes am
P Pass-Node

## Standard-Nodes

Recht vielsagend ist der Name dieser Node-Kategorie nicht, aber merken Sie sich einfach, dass Sie hier (Abbildung 14) alles finden, um die Eigenschaften der abgegebenen Partikel festzulegen.

Darunter fallen unter anderem die FORM, die DREHUNG, die MASSE (wichtig für Dynamik) und die GRUPPE, zu der Partikel gehören.

In Abbildung 15 finden Sie eine Beispielkonfiguration für zwei Standard-Nodes, die Sie häufig verwenden werden. Am Partikelausgang des P Sturm-Emitters liegen die beiden Standard-Nodes P GRUPPE und P FORM. Um die von einem Emitter ausgestoßenen Partikel in eine Gruppe einreihen zu lassen, schließen Sie einfach einen Gruppe-Node mit eingestellter Gruppe an den Ausgang GEBORENE PARTIKEL an.

Der rot umrandete P Form-Node kümmert sich um die Form der abgegebenen Partikel. In dessen Node-Dialog (Abbildung 16) liegt als Form-Objekt eine parametrische Kugel. Beachten Sie, dass Objekte, die als Partikel fungieren sollen, zwingend im Partikel-Geometrie-Objekt liegen müssen. Andernfalls akzeptiert Thinking Particles das Partikel-Objekt nicht.

## Dynamik-Nodes

Erst durch die Dynamik-Nodes (Abbildung 17) folgen Partikel physikalischen Kräften wie GRAVITATION, REIBUNG, WIND und ABSTOSSEN/ABPRALLEN.

Für den Anschluss der physikalischen Nodes eignen sich die P Pass-Nodes hervorragend. In der Beispielschaltung von Abbildung 18 sind sowohl Gravitations- als auch ein Reflektor-Node am P Pass-Node angehängt. Auf diese Weise schränken Sie die Auswirkungen der physikalischen Kräfte sehr gezielt auf bestimmte Gruppen ein.

Dynamische Nodes ähneln hinsichtlich ihrer Arbeitslogik stark einem Emitter-Node (P

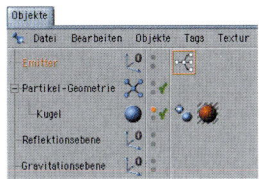

**▲ Abbildung 19**
Dynamik-Partikelsystem im
Objekt-Manager

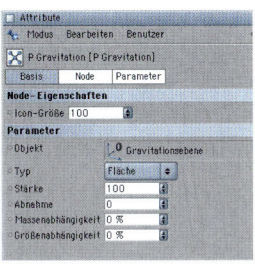

**◀ Abbildung 20**
P Gravitation Parameter

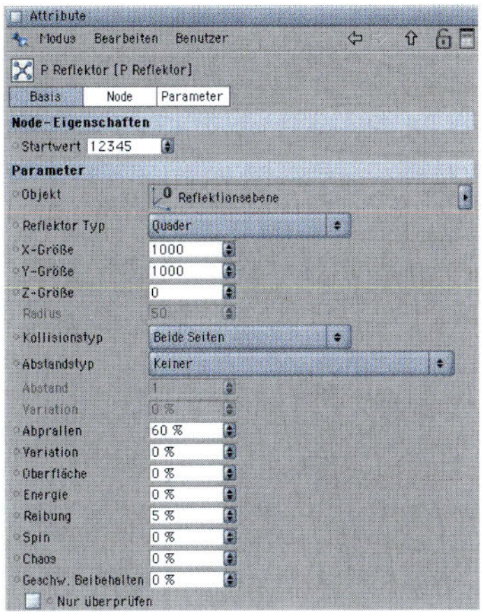

**Abbildung 21 ▲**
P Reflektor
Parameter

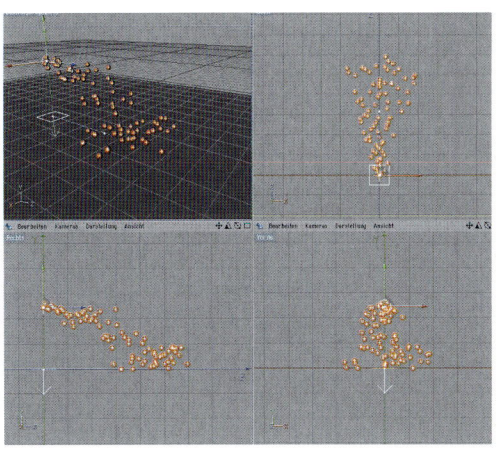

**Abbildung 22 ▲**
Dynamik-Partikelsystem im Editor

Sturm). Sehen wir uns dazu den Partikelaufbau mit den beiden Dynamik-Nodes einmal im Objekt-Manager (Abbildung 19) an. Sowohl Reflexions- als auch Gravitationsebene sind im herkömmlichen Sinne lediglich Null-Objekte, deren Position und Achsenausrichtung in den zugehörigen Nodes als Objektinformation weiterverwendet werden.

Abbildung 20 zeigt den Inhalt des P Gravitations-Nodes im Attribute-Manager. Neben den üblichen Gravitationsparametern wie TYP, STÄRKE, ABNAHME, MASSEN- und GRÖSSENABHÄNGIGKEIT hält sich der Node für die Gravitationsrichtung (–Y) an die Achse des Null-Objektes, das er per Drag and Drop erhalten hat.

Auch das Reflektor-Node (Abbildung 21) greift zur Orientierung auf ein Null-Objekt zurück. Dabei geht es wiederum nur um Position und Achsenausrichtung, denn Reflektor-Typ und Reflektor-Größe befinden sich unter den Node-Parametern. Das Null-Objekt in unserem Fall ist natürlich ein relativ harmlo-

ses und alltägliches Beispiel (Abbildung 22). Reflektor-Objekt und Reflektor-Typ bieten weitaus raffiniertere Anwendungsfälle. Sie können beispielsweise ein beliebig gestaltetes Polygon-Objekt verwenden, um die Partikel davon abprallen zu lassen. Mit der Kollisionstyp-Option bestimmen Sie, ob die Partikel an der Vorder- oder Rückseite des Objektes im Sinne der Normalen-Richtung kollidieren. Damit schicken Sie Ihre Partikel problemlos durch Rohre und Schläuche – stellen Sie sich vor, Sie müssten dies mit dem Basis-Partikelsystem verwirklichen! Für die genaue Definition der Reflexion haben Sie mit Abprall-, Oberflächen-, Energie-, Reibungs-Parametern etc. jede Menge Spielraum.

Die Funktionalität der Dynamik-Nodes P REIBUNG und P WIND entspricht im Wesentlichen dem, was Sie bereits aus dem Basis-Partikelsystem kennen – mit den zusätzlichen Möglichkeiten der Thinking Particles, versteht sich. Wenden wir uns deshalb einem interessanteren Node-Beispiel zu.

**Abbildung 23 ▶**
Partikelsystem
und Ziel-Objekt

**Abbildung 25 ▶**
Partikelsystem mit
Position-Folgen-Node
im Editor

**Abbildung 24 ▶**
P Position-
Folgen-Node

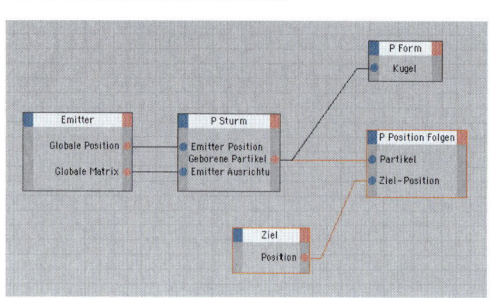

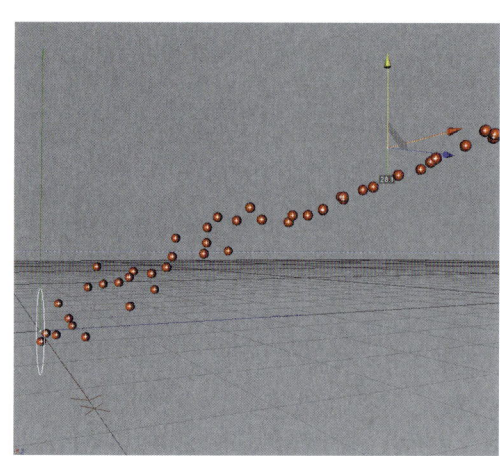

Im nächsten Beispiel geht es um den Node P POSITION FOLGEN in der Dynamik-Kategorie. Wie Sie am Objekt-Aufbau im Objekt-Manager (Abbildung 23) sehen, ist außer einem Emitter mit XPresso-Expression und dem Partikel-Geometrie-Objekt mit Kugel lediglich ein weiteres Null-Objekt namens »Ziel« enthalten. Durch den Position-Folgen-Node folgen die abgestoßenen Partikel des Emitters dem Ziel-Objekt.

Im XPresso-Editor des Partikelsystems (Abbildung 24) finden wir die drei Standard-Nodes des Null-Objekts, des Emitters (P Sturm) und des Partikel-Objekts (P Form). Am Geborene-Partikel-Port des P Sturm-Nodes hängt der P Position-Folgen-Node mit seinem Partikeleingang. Damit wissen die Partikel bereits, dass sie einem Ziel folgen sollen. Als Zielposition dient der Positionsport des Ziel-Null-Objekts.

Egal, wohin wir das Ziel-Objekt verschieben oder animieren, der Partikelstrom richtet sich stets nach der Position dieses Objektes aus. In Abbildung 25 sehen Sie das fertige Partikelsystem im Editor, rechts unten der Emitter, links oben das Ziel-Objekt.

Die weiteren Nodes der Dynamikreihe funktionieren in etwa in der gleichen Art. Mit dem P Geschwindigkeits-Node setzen Sie eine definitive Geschwindigkeit oder/und Richtung, die während der Laufzeit dieses Nodes unbeeinflusst bleibt.

Der P Blubbern-Node versetzt die emittierten Partikel in Schwingung, ähnlich der Vibrieren-Expression.

Partikel können sich auch hervorragend anpassen. Mit dem P Bewegungs-Node bestimmen Sie ein Objekt, dessen Positions- und Rotationsänderung die Partikel zu einem einstellbaren Grad übernehmen.

Freunde des Kinohits »Matrix« werden ihre wahre Freude am P Einfrieren-Node haben. Er friert die Partikel während ihres Fluges auf Wunsch bis zum völligen Stillstand ein. Nach Aufhebung des Effekts fliegen die Partikel unbeeindruckt weiter, da Sie die Parameter vor dem Einfrieren zurückerhalten.

Zu guter Letzt dient der P Abstoßen-/Abprallen-Node der Partikelkollision bzw. -abstoßung. Ähnlich dem P Reflektor-Node definieren Sie Abprallelastizität und Masseabhängigkeit.

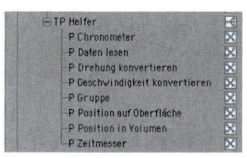

◀ **Abbildung 26**
Helfer-Nodes

**Abbildung 27** ▶
P Position auf
Oberfläche-Parameter

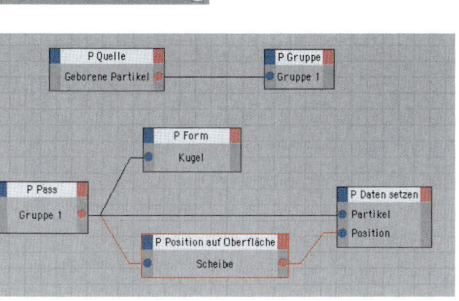

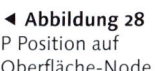

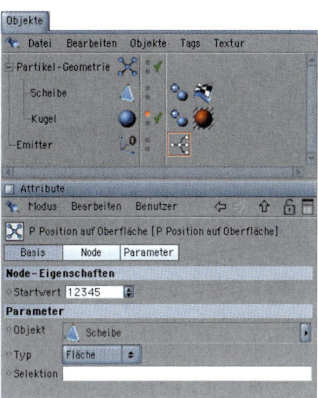

◀ **Abbildung 28**
P Position auf
Oberfläche-Node

## Helfer-Nodes

Helfer-Nodes machen ihrem Namen alle Ehre: Sie helfen Ihnen beim Umgang mit den anderen Nodes, besonders wenn es um Standardtätigkeiten wie Auslesen von Parametern, Zeiten und insbesondere Positionen geht.

So dient der P Daten-lesen-Node zum Auslesen von Informationen aller Art, um sie schließlich auf andere Nodes bzw. Objekte zu übertragen.

Die Nodes P DREHUNG KONVERTIEREN sowie P GESCHWINDIGKEIT KONVERTIEREN ermitteln einen Wert bzw. Vektor für die Übermittlung an ein Drehungs- bzw. Geschwindigkeits-Node.

Der P Gruppe-Node aus der Helfer-Kategorie unterscheidet sich vom P Gruppe-Node aus der Standardriege leider nicht in Namen und Aussehen, sondern lediglich in der Funktion. Statt eines Gruppen-Eingangsports liegt ein Ausgangsport an, der eine Gruppe als solche zur Veränderung über weitere Nodes zur Verfügung stellt.

Um das Thema Zeitmanagement kümmern sich der Node P ZEITMESSER sowie der Node

P CHRONOMETER. Dabei funktioniert der Zeitmesser-Node wie eine Art Eieruhr. Sie stellen eine gewünschte Zeitspanne ein, bei deren Erreichen sich ein Ereignis anschließt. Der Chronometer-Node ist eine Stoppuhr im wahrsten Sinne des Wortes. Mit ihm setzen Sie zu einem beliebigen Zeitpunkt die Ausgangszeit, die Sie stets zurücksetzen oder addieren können.

Für schöne Effekte sorgen die Nodes P POSITION AUF OBERFLÄCHE bzw. POSITION IN VOLUMEN. Beide Nodes errechnen aus den ihnen untergeordneten Objekten wahlweise Polygone, Kanten oder Punkte, die als Partikel- oder sogar Emitter-Positionen fungieren können.

Abbildung 27 zeigt einen kleinen Aufbau mit einem Scheibe-Polygon-Objekt als Ziel-Oberfläche. Die restlichen Bestandteile des Partikelsystems entsprechen den vorangegangenen Beispielen.

Im Einstellungsdialog des Position auf Oberfläche-Nodes (Abbildung 27 unten) ist das Scheibe-Objekt als Basisobjekt eingesetzt. Der Verwendungstyp FLÄCHE sorgt dafür, dass die Polygone als potenzielle Positionskandidaten herangezogen werden. Wie das Position-auf-

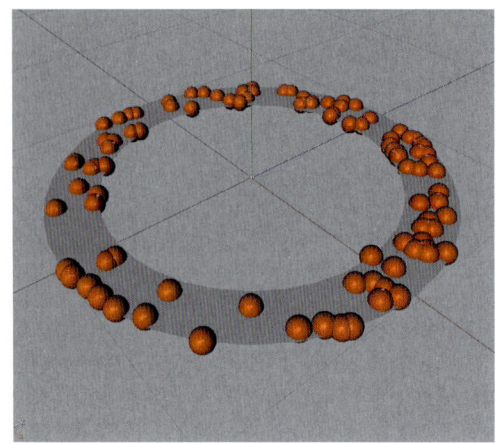

**◀ Abbildung 29**
Partikelsystem mit Position auf Oberfläche im Editor

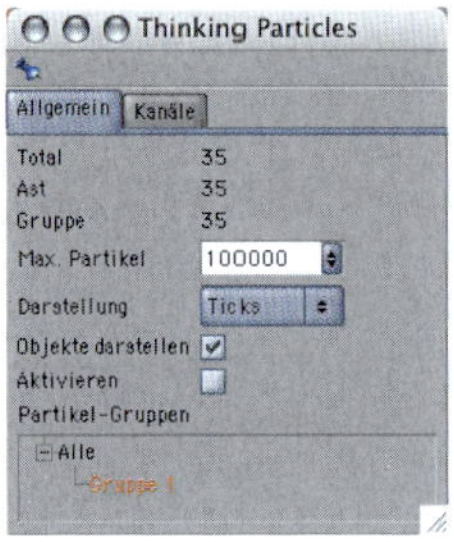

**▲ Abbildung 30**
Einrichten von Partikel-Gruppen

**▲ Abbildung 31**
Gruppeneinstellungen

Oberfläche-Node in das Partikelsystem eingegliedert ist, zeigt Abbildung 28. Die geborenen Partikel aus der Partikelquelle P Quelle werden in der Gruppe 1 zugewiesen. Aus dem P Pass-Node der Gruppe 1 durchlaufen die Partikel den Position-auf-Oberfläche-Node mit dem Scheibe-Objekt, der die eigentliche Position der Partikel ermittelt. Diese Positionsdaten gelangen in ein P Daten-setzen-Node, das die Partikelstrom-Parameter wieder in den P Pass-Node der Gruppe 1 zurückleitet.

Wie dieses Partikelsystem nun in der Realität aussieht, zeigt Abbildung 29. Die Partikelaussendung bleibt auf beliebige Polygone des Scheiben-Objektes beschränkt.

## Partikel-Gruppen

Die Partikel-Gruppen sind das A und O in Thinking Particles. Ohne die Aufgliederung in unterschiedliche Gruppen würde die gezielte Ansteuerung und Manipulation von Partikeln in ein undurchschaubares Chaos ausarten.

Dank der Aufteilung in beliebige Funktions- oder Eigenschaftsgruppen behalten Sie die

Übersicht und können parametrische Veränderungen gruppen-, im Prinzip sogar partikelgenau anbringen. Aber das Warum brauche ich Ihnen bestimmt nicht näher zu erläutern, eher das Wie.

Um eine Gruppe anzulegen, verwenden Sie den Thinking-Particles-Manager (Abbildung 30). Im Partikel-Gruppen-Fenster ist die Alle-Gruppe bereits als Standardgruppe vordefiniert. Weitere Gruppen fügen Sie dem System durch Klick auf die Gruppe mit der rechten Maustaste (⌃Ctrl-Taste) und der Bestätigung des Befehls HINZUFÜGEN hinzu. Auf diese Weise können Sie Gruppen auch löschen oder bearbeiten.

Nach Bestätigung dieses Befehls landen Sie nämlich in den gruppenspezifischen Einstellungen (Abbildung 31). Hier bestimmen Sie den Gruppennamen, die Farbe der Gruppenpartikel im Editor sowie deren Aussehen. In den meisten Fällen werden Sie einen Gruppenwechsel wohl am ehesten über einen Farbwechsel ausmachen, weswegen ich Ihnen die überlegte Definition der Gruppen sehr ans Herz lege. Überhaupt sollten Sie bei der Arbeit mit Thinking Particles nicht vorschnell

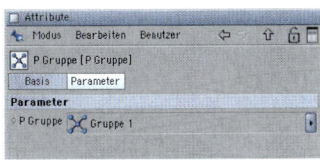

◀ **Abbildung 32**
Parameter
P Gruppe-Node

**Abbildung 34** ▶
Gruppenwechsel
im Editor

**Abbildung 33** ▼
Gruppenwechsel-Überprüfung

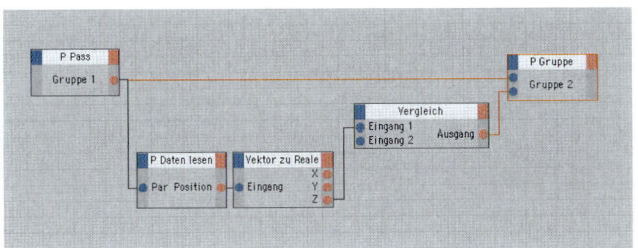

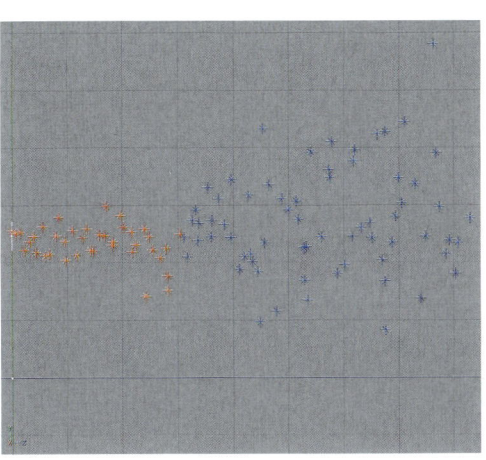

ein Ergebnis heraufbeschwören, sondern sich Zeit für den durchdachten Aufbau des Partikelsystems nehmen. Spätere Änderungen lassen sich so viel leichter anbringen, ohne dass Sie sich die logische Struktur noch einmal zu Gemüte führen müssen.

Zurück zu unseren Partikel-Gruppen. Wie Partikel in eine Gruppe geleitet werden, wissen Sie bereits: über einen Partikelausgang (P Sturm oder P Pass etc.), der in einen P Gruppe-Node (Abbildung 32) mündet.

Am häufigsten tritt der Fall auf, dass Sie für eine Partikel-Gruppe einen Gruppenwechsel beim Erreichen eines bestimmten Wertes anordnen. Sei es nun eine gewisse Y-Koordinate, ein Abstand oder auch ein bestimmtes Alter, das die Partikel zu diesem Zeitpunkt innehaben sollen.

Ein einfaches Beispiel zeigt, wie Sie dabei vorgehen. Der Partikelaufbau in Abbildung 33 zeigt einen Emitter-Vertreter P Pass, welcher Partikel der Gruppe 1 bereitstellt. Im unteren Zweig wird zunächst die Position der Partikel über den P Daten-lesen-Node ausgelesen. Weil die Positionsdaten üblicherweise als Vektor vorliegen, wir aber lediglich den

Z-Wert abfragen wollen, sorgt ein Vektor zu Reale-Node aus dem Standardportfolio von XPresso für die Aufspaltung in X-, Y- und Z-Wert. Der abgefragte Z-Wert wird zu einem Vergleich herangezogen, er ist mit dem Eingangsport eines Vergleichs-Nodes verknüpft. Im Vergleich-Node ist festgelegt, dass bei Überschreitung des Wertes in Eingang 2 ein TRUE-Signal (»1«) am Ausgangsport anliegt. Dieses TRUE-Signal ist an den An-Port des rechten P Gruppe-Nodes angelegt, der aufgrund des positiven Bescheids die Umsortierung in Gruppe 2 vornimmt.

In Abbildung 34 sehen Sie das Ergebnis unserer Umgruppierung im Editor. Die anfangs rot gefärbten Partikel der Gruppe 1 erreichen einen vorgegebenen Z-Wert und wechseln automatisch in die Gruppe 2, deren Partikel eine blaue Farbe aufweisen.

Soweit ein Überblick über die Funktionsweise und den Aufbau der Thinking Particles. Vielleicht haben Sie ja während des Lesens schon einige Experimente mit dem System gemacht, im abschließenden Workshop-Teil dieses Abschnitts bekommen die denkenden Partikel dann ihren großen Auftritt.

# Dynamics

## Physikalisch-dynamische Animation

*Cinema 4D Dynamics ermöglicht die physikalische Simulation von Eigenschaften und Bewegungsvorgängen, die über Keyframe-Animation und Deformationen nur mit sehr hohem Aufwand realisierbar wären.*

Zu den Aufgaben des Dynamics-Moduls zählen die dynamische Physik fester (rigid) und weicher (soft) Körper, die Simulation von Kräften wie Gravitation und Reibung, die Berechnung von Kollisionen sowie die Koppelung von Objekten durch Federn und Constraints.

Dynamics ist schon seit längerem als separates Modul zu erstehen, wer das Studio-Paket von Cinema 4D sein Eigen nennt, findet Dynamics vorinstalliert im Plug-ins-Menü.

Ich persönlich habe das Fach Physik stets als Voyeurismus unter dem Deckmantel der Wissenschaft verstanden. Während meine Mitschüler gebannt auf ein Holzklötzchen starren konnten, das auf einer Eisenschiene bergab glitt, habe ich mich gefragt, was wohl passiert wäre, wenn Isaac Newton nicht von einem herabfallenden Apfel inspiriert, sondern von einer Kokosnuss erschlagen worden wäre. Die Gravitation gäbe es trotzdem – ohne Dynamics aber nicht in Cinema 4D.

Mittlerweile bedauere ich, dass Cinema 4D und Dynamics noch nicht zu meiner Schulzeit verfügbar waren. In Dynamics sind Sie als Anwender Herr über Kraftfelder und Massen, über Geschwindigkeit und Federhärte. Sie müssen Ihre Szene selbst mit Gravitations- und Reibungskräften ausstatten und Ihre Objekte mit physikalisch-dynamischen Eigenschaften versehen.

## Allgemeines

Aufgrund der Tatsache, dass eine physikalisch korrekte Animation trotz Dynamics nicht ohne adäquate Ausstattung mit Kräften und Körpern entstehen kann, sind Sie als Anwender natürlich auch gefordert, für passende Kräfte und Massen zu sorgen. Ohne Gravitationskraft werden Sie kein Objekt zum Herabfallen bewegen können, egal wie hoch seine Masse sein mag.

Rechnen Sie in jedem Fall mit einer gewissen Einarbeitungszeit, bis Sie ein Gefühl für Kräfte, Massen und Federn entwickelt haben. Es ist während der ersten Gehversuche mit Soft Bodies nicht ungewöhnlich, dass Objekte aufgrund falscher Federparameter oder ungenügender Integrationsmethode einfach explodieren. Die ersten Erfolgserlebnisse stellen sich aber schnell ein und verleiten zu aben-

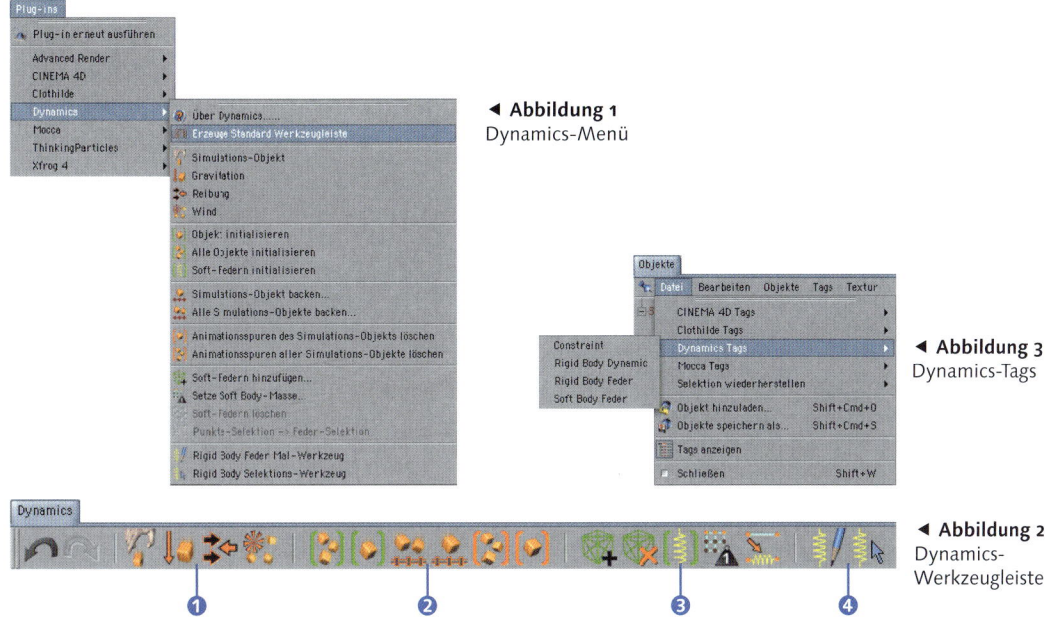

◄ **Abbildung 1**
Dynamics-Menü

◄ **Abbildung 3**
Dynamics-Tags

◄ **Abbildung 2**
Dynamics-
Werkzeugleiste

teuerlichen Experimenten – Dynamics macht nämlich richtig Spaß.

Bei der Arbeit mit Dynamics ist zudem oft Umdenken gefragt. Die Kollisionserkennung erfolgt zwar relativ flott, dennoch stößt auch der schnellste Rechner bei komplexen Szenen an seine Grenzen. In solchen Fällen hilft das Ausweichen von der bequemen, prozessorintensiven automatischen Kollision zur stark gegengesetzten Gravitationskraft, die schnell berechnet wird und gleich gute Ergebnisse liefern kann.

Als Modul befindet sich der komplette Dynamics-Befehlssatz im Bereich DYNAMICS des Menüs PLUG-INS (Abbildung 1). Hier liegt auch der Befehl zur Erzeugung einer Dynamics-Werkzeugleiste, die Sie sich unbedingt in Ihr Cinema 4D-Layout z.B. als Tab integrieren sollten (Abbildung 2).

Die Werkzeugleiste gliedert sich grob in vier Bereiche auf. Den Anfang machen das Simulations-Objekt und die Kraftfelder Gravitation, Reibung und Wind ❶. Daran schließen die Initialisierungs- und Backen-Funktionen ❷ an, mit denen Sie Ausgangszustände zuweisen und dynamische Animationen in Keyframes umwandeln. Der dritte Bereich enthält Werkzeuge für die Arbeit mit Soft Body-Federn und -Massen ❸, während die letzten beiden Befehle sich dem Anbringen und Bearbeiten von Festkörper-Federn widmen ❹.

Als Körper bzw. Objekte, die physikalische Eigenschaften besitzen sollen, akzeptiert Dynamics lediglich Polygon-Objekte und Splines. Parametrische Grundobjekte und NURBS bleiben außen vor, weil ihre Formung durch Berechnung stattfindet und keine verwendbaren Punkte aufweist. Dynamische Eigenschaften erhalten Objekte durch insgesamt vier Tags, die sich allesamt im Menü DATEI · DYNAMICS TAGS des Objekt-Managers aufhalten (Abbildung 3).

▲ **Abbildung 4**
Simulations-Objekt mit
untergeordnetem Objekt
und Kräften

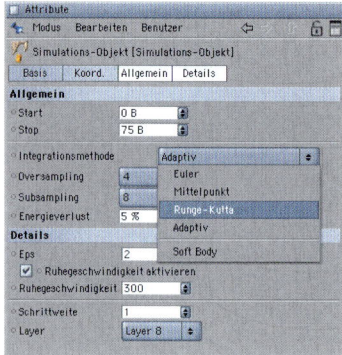

◄ **Abbildung 5**
Simulations-Objekt
Einstellungsdialog

**Abbildung 6** ▲
Initialisierungs- und
Backen-Befehle

## Simulations-Objekt

Innerhalb des Simulations-Objektes müssen
sich alle Objekte (Kräfte und Körper) befinden,
die an der physikalischen Simulation teilnehmen sollen (Abbildung 4). Es übernimmt die
Berechnung der dynamischen Animation nach
angegebenem Zeitraum und Genauigkeit.

Im Einstellungsdialog des Simulations-
Objektes (Abbildung 5) definieren Sie über die
Einträge START und STOP zuerst den Zeitraum
der Simulation. Dabei ist es ratsam, sich auf
die Zeitspanne zu beschränken, in der die
dynamische Animation sichtbar ist.

Die eigentliche Berechnung basiert auf ver-
schiedenen Integrationsmethoden, welche die
Art der Annäherung an die eigentliche Bewe-
gungsfunktion beschreiben. EULER und MIT-
TELPUNKT simulieren flott, aber in den meisten
Fällen zu ungenau, RUNGE-KUTTA ist wohl der
goldene Mittelweg mit höherer Exaktheit und
ADAPTIV die präziseste, aber auch langsamste
Berechnungsmethode. Mit OVERSAMPLING und
SUBSAMPLING können Sie die Berechnungsfein-
heit noch weiter aufsplitten. SOFT BODY wurde
an die speziellen Bedürfnisse von Soft Body-

Objekten angepasst und bringt für diesen
Einsatzzweck die schnellsten und besten
Ergebnisse. Generell sei gesagt, dass es sich
hier um die Achillesferse der Dynamics-Engine
handelt. Sollte die Simulation nicht zufrieden
stellend ausfallen oder gar in ein explodiertes
Polygonmeer ausarten, verändern Sie als Erstes
die Integrationsmethode. Arbeiten Sie sich am
besten von moderater Methode und Sampling
aus nach oben, bis Sie den optimalen Kompro-
miss aus Schnelligkeit und Genauigkeit gefun-
den haben.

Damit die Objekte zum Stillstand kommen
können, muss während der Simulation ein
ENERGIEVERLUST auftreten. Der Wert EPS im
Details-Feld gibt die Pixeltoleranz an, innerhalb der Kollisionen berücksichtigt werden.
Dieser Wert ist essenziell, um Durchdringungen zu verhindern bzw. um Zusammenstöße
erst dann zu gestatten, wenn sich die Objekte
auch wirklich berühren. Der Tatbestand der
Kollision ist schon erfüllt, wenn ein Objekt auf
einem anderen (Würfel/Boden etc.) liegt. Richtig zur Ruhe kommt dieses Objekt dann, wenn
seine Geschwindigkeit unter die angegebene
Ruhegeschwindigkeit sinkt. Diese Option sollte

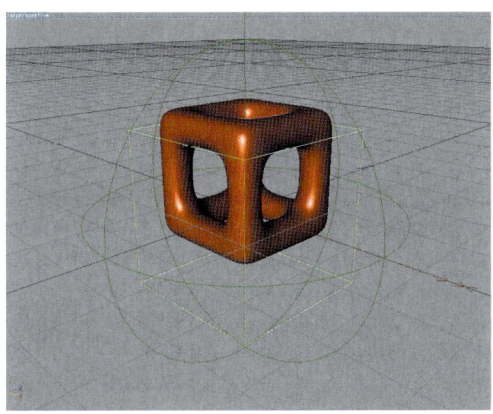

▲ **Abbildung 7**
Objekt innerhalb eines Gravitations-Kraftfeldes

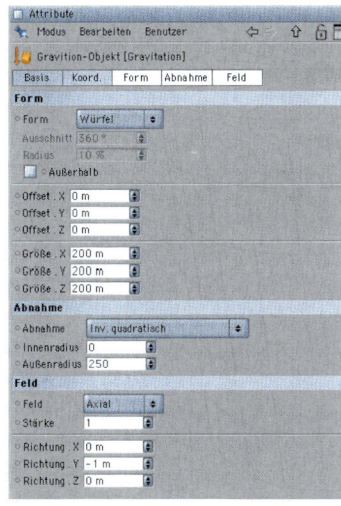

◄ **Abbildung 8**
Einstellungsdialog
Gravitations-Objekt

unbedingt aktiviert sein, damit Objekte zur Ruhe kommen. Alternativ (und bewährt) bringen Sie Körper zum Stillstand, indem Sie die Simulation über den Wert STOP beenden.

Damit Sie den Zustand eines Objektes im Simulations-Objekt nachträglich verändern können, müssen Sie die Simulation über den Objekt-Manager ausschalten. Mit den beiden grün umrahmten Initialisierungsbefehlen (Abbildung 6) setzen Sie den neuen Zustand der Szene bzw. des Objektes als Ausgangszustand fest. Über die beiden mittleren Befehle können Sie eine Dynamics-Animation in eine Keyframe-Animation umwandeln, auch »Backen« genannt. Deren Parameter SCHRITTWEITE und LAYER finden Sie auf der Details-Seite (Abbildung 5). Mit den beiden rot umrahmten Befehlen löschen Sie die durch das Backen entstandenen Keyframes wieder.

Das Backen einer fertigen dynamischen Animation entlässt Dynamics aus der prozessorintensiven Simulationsarbeit und ist insbesondere beim NET-Rendering Voraussetzung für korrekte Berechnungen.

## Kräfte und Kraftfelder

Dynamics enthält drei Kräftetypen zur Einwirkung auf die Körper: Gravitation, Reibung und Wind. Alle Kräfte lassen sich in Stärke, Form und Abnahmeradius ähnlich definieren.

Die Form des Kraftfeldes sehen Sie im Editor stets hellgrün, den Abnahmeradius dunkelgrün eingezeichnet (Abbildung 7). Relevant für die Einwirkung einer Kraft auf ein Objekt ist stets der Schwerpunkt des Körpers.

Alle Kraftfelder können wie normale Objekte behandelt werden – beispielsweise als Unterobjekte von Körpern, um Rechenzeit bei Kollisionen zu sparen.

### Gravitation

Die Gravitationskraft wirkt sich mit der eingestellten Stärke auf die Masse der Körper aus (Abbildung 8). Körper oder Punkte ohne Masse ignorieren dieses Kraftfeld vollkommen.

Die Gravitation kann über die Feld-Option wahlweise achsengerichtet (AXIAL), mittelpunktgerichtet (RADIAL) oder als Newton-Kraft

**Abbildung 9 ▶**
Reibung-Objekt
Einstellungsdialog

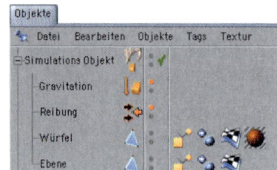

**Abbildung 11 ▶**
Objekte mit Rigid
Body Dynamic-Tags

**▲ Abbildung 10**
Wind-Objekt
Einstellungsdialog

**▲ Abbildung 12**
Rigid Body Dynamic-Tag
Masse- und Kollision-Seite

ausfallen. Im letzteren Fall wird die Gravitation praktisch jedem Körper der Szene »injiziert«. Je nach Stärke und Richtung stoßen sich damit alle Körper ab oder ziehen sich an.

Über die Form-Seite geben Sie der wirkenden Kraft auf Wunsch eine erkennbare Form. Dynamics stellt Ihnen die Formen Würfel, Kugel, Zylinder, Kegel und Torus zur Verfügung. Damit die Krafteinwirkung nicht abrupt einsetzt oder endet, lassen sich im Feld Abnahme Grenzbereiche und Abnahmeregeln bestimmen.

### Reibung

Für eine natürlich wirkende physikalische Bewegung ist der Einsatz von Reibungskräften unabdingbar. Reibung tritt in der Natur in vielen Variationen (Luftreibung, Haftreibung) auf und sorgt für realistisches Abbremsen bewegter Körper.

Auf der Feld-Seite des Reibung-Dialoges (Abbildung 9) lässt sich neben linearer und axialer Reibung auch Reibungskraft mit Wirkung auf drehende Objekte aktivieren.

### Wind

Der Dialog der Wind-Kraft (Abbildung 10) bietet wesentlich mehr Parameter, schließlich ist dessen realistische Simulation von zahlreichen Faktoren abhängig.

Neben den mittlerweile bekannten Größen wie Feld, Stärke und Richtung hängt die Windsimulation auch von der Aerodynamik und der Objektbewegung ab. Bei der Wind-Kraft spielt die Form des Objektes eine entscheidende Rolle. Über die eingetragenen Werte und die Wind-Parameter des Körpers im Rigid Body-Tag zeigt sich das Verhalten des Körpers unter Einfluss des Wind-Kraftfeldes.

## Rigid Body Dynamics

Kommen wir endlich zu den Hauptdarstellern der physikalischen Animation, den Objekten. Als Festkörper, im Dynamics-Jargon Rigid Bodies, bezeichnet man alle Körper, auf die Kräfte wirken dürfen, deren Form sich aber nicht verändert.

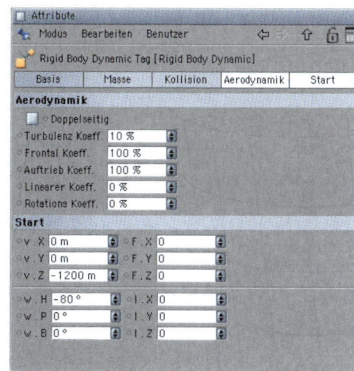

▲ **Abbildung 13**
Rigid Body Dynamic-Tag
Aerodynamik- und Start-Seite

▲ **Abbildung 14**
Beispiel für Rigid Body Dynamics

Damit Objekte überhaupt als Rigid Bodies akzeptiert werden, benötigen sie ein Rigid Body Dynamic-Tag (Abbildung 11). Dessen Einstellungsdialog (Abbildung 12–13) beherbergt die Masse, das Kollisions- und Windverhalten sowie den Anfangszustand des Körpers.

Die MASSE (Abbildung 12) eines Körpers ist zum einen wichtig für das Verhalten bei Krafteinwirkung (Gravitation etc.), zum anderen für das wechselseitige Verhalten zweier Körper. Je größer die Masse eines Körpers, desto mehr Kraft muss für dessen Bewegung aufgewendet werden. Die DREHMASSE bestimmt im gleichen Sinne, wie viel Kraft für die Rotation eines Körpers aufzubringen ist. Jedes Rigid Body-Objekt besitzt einen Massenschwerpunkt, der als Angriffspunkt für die Krafteinwirkung dient. Sie können ihn automatisch berechnen lassen oder manuell setzen.

Die automatische Kollisionsabfrage aktivieren Sie unter KOLLISION. Kollisionsberechnungen sind grundsätzlich sehr aufwändig und prozessorlastig. Wenn Sie sich für die selbstständige Kollisionsabfrage entscheiden, versuchen Sie, die Abfrage im zugehörigen Feld auf den Box- oder Ellipsen-Modus zu beschränken. Volle Abfrage arbeitet zwar am genauesten, dafür ist es aber die langsamste Methode. Verwenden Sie in diesem Fall am besten einen ähnlich geformten Polygon-Körper als unsichtbares Proxy-Objekt. Der Wert ELASTIZITÄT gibt an, wie viel Energie nach der Kollision noch im Objekt verbleibt. Je höher dieser Wert, desto höher springt beispielsweise ein Ball vom Boden zurück nach oben. Die Haft- und Gleitreibungen definieren das Rutschverhalten der Objekte auf schrägen Oberflächen.

Im Aerodynamik-Feld (Abbildung 13) ergänzen die verschiedenen Koeffizienten die Einträge des Wind-Kraftfeldes. Hier liegen also die Feineinstellungen für die Reaktion auf Windeinfluss.

Das Feld START erlaubt es, ein Objekt nicht nur einfach den Kräften auszusetzen, sondern ihm eine Anfangsgeschwindigkeit und -rotation mitzugeben. Auf diese Weise simulieren Sie zum Beispiel den Wurf eines Festkörpers (Abbildung 14).

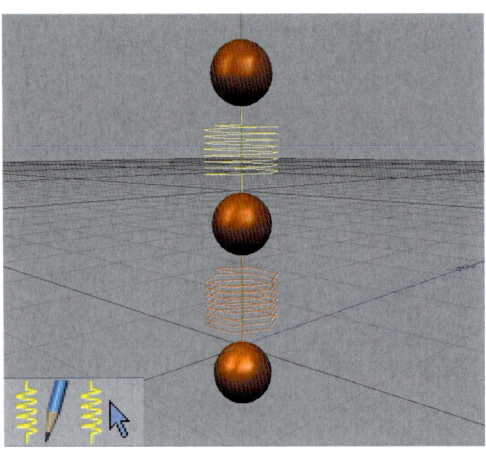

▲ **Abbildung 15**
Objekte mit Rigid Body-Federn

◄ **Abbildung 16**
Rigid Body Feder-Tag

**Abbildung 17** ▼
Rigid Body
Federn-Dialog

Rigid Bodies können über so genannte RIGID BODY-FEDERN mit anderen Objekten verbunden werden (Abbildung 15). Je nachdem, wie straff oder lose die Feder eingestellt ist, reagiert das angehängte Objekt stark oder eher träge auf Bewegungen der Gegenseite.

Um Federn zwischen zwei Objekten zu spannen, verwenden Sie entweder das Federnzeichnen-Werkzeug (Abbildung 15 unten), mit dem Sie beliebige Punkte zweier Körper durch Federn verbinden, oder weisen dem Simulations-Objekt ein Rigid Body-Feder-Tag zu (Abbildung 16), in dessen Einstellungsdialog (Abbildung 17) Sie die Verknüpfungen dann komfortabel vor sich haben. Im linken Menü dieses Dialogs sehen Sie alle installierten Federn aufgelistet, deren Parameter Sie für jede Feder separat bearbeiten können.

Jede Dynamics-Feder besitzt, wie es auch bei echten Federn zutrifft, einen elastischen, einen plastischen und einen Bruchbereich. Solange sich die Feder im elastischen Dehnbereich befindet, kann sie ihren Ursprungszustand wiederherstellen. Hat sich eine Feder

einmal im plastischen Bereich befunden, ist sie irreversibel verspannt, also verformt, und kehrt nicht wieder in die ursprüngliche Form zurück. Gerät eine Feder in den Bruchbereich, reißt sie ab, und die Verbindung zwischen den Körpern ist gelöst. Für jede dieser Stationen besteht eine RUHELÄNGE, bei deren Wert keine Kraftausübung bzw. -übertragung stattfindet. Die Ruhelänge wird bei der Erstellung der Feder automatisch berechnet.

In den weiteren Feldern legen Sie die HÄRTE (Federkonstante) und DÄMPFUNG (Reibung) für jede Feder fest. Harte Federn erkennen Sie im Editor an größeren Radien, sie reagieren sehr schnell auf Bewegungen eines angehängten Körpers. Damit Dynamics die Feder-Werte in den Feldern ausführt, muss die Option VERRIEGELN aktiviert sein. Federn werden grundsätzlich erst dann tätig, wenn ihre Ruhelänge nicht mehr Bestand hat, sei es nun durch Quetschung (UNTER RUHELÄNGE) oder Dehnung (ÜBER RUHELÄNGE). Für beide Zustände lassen sich unterschiedliche Härten und Dämpfungen anbringen.

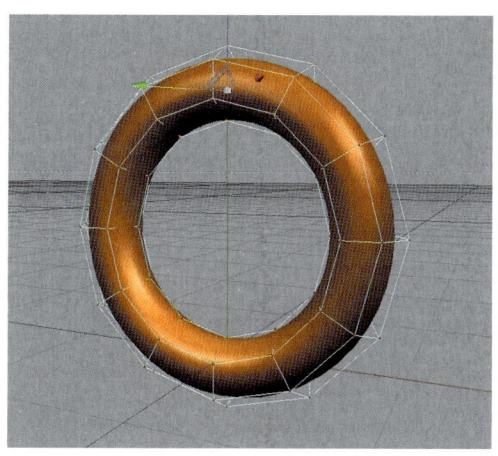

▲ **Abbildung 19**
Soft Body-Feder-Tag

▲ **Abbildung 21**
Soft-Federn hinzufügen

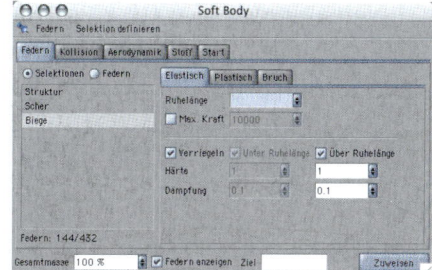

◄ **Abbildung 18**
Polygon-Objekt für
Soft Body-Federn

**Abbildung 20** ►
Soft Body-Werkzeuge

**Abbildung 22** ►
Soft Body-Feder-Tag
Federn-Seite

# Soft Body Dynamics

Federn stehen bei den weichen, biegsamen Objekten im Mittelpunkt. Sie spannen sich zwischen die Objektpunkte und ermöglichen so die Simulation der Eigenschaften weicher Körper, der so genannten Soft Bodies.

Soft Bodies sind per definitionem Körper, deren Form sich ändern kann, seien es nun Gummibären, Stoffe oder Flüssigkeiten. Auf Dynamics-Sichtweise transferiert können Sie sich einen Soft Body als eine Ansammlung von Punkten vorstellen, deren Zusammenhalt durch viele Federn gewährleistet ist.

Zur Veranschaulichung ein Beispiel. Das Ring-Objekt in Abbildung 18 soll eine gummi-artige Konsistenz über Soft Body Dynamics erhalten. Bevor es mit Federn ausgerüstet wer-den kann, braucht es ein Soft Body Feder-Tag (Abbildung 19). Über den Befehl SOFT BODY-FEDERN HINZUFÜGEN (Menü DYNAMICS oder Abbildung 20 links) bekommt der Körper seine Feder-Ausstattung. Sollten nur bestimmte Punkte ausgewählt sein, werden Federn nur an diesen selektierten Punkten angebracht. In welcher Menge und auf welche Weise die Federn geknüpft werden, wählen Sie im Dialog SOFT-FEDERN HINZUFÜGEN (Abbildung 21) aus.

MINMAX verbindet alle Punkte, die sich innerhalb der angegebenen Werte befinden. Die Knüpfart ALLE schließt alle Punkte mit Federn zusammen und ist in den seltensten Fällen ratsam. Struktur-Federn werden ent-lang der Polygon-Kanten gespannt, sorgen also für die Form des Objekts und sind stets angebracht. Nicht minder wichtig sind die Scher-Federn, die ein Zusammenklappen der Polygon-Struktur verhindern. Biege-Federn verhelfen der Struktur zu noch mehr Stabili-tät, sie vermeiden ein Umknicken innerhalb des Netzes. Eine Kombination von Struktur-, Scher- und Biege-Federn erstellt das Stoff-Knüpfmodell, das wohl in den meisten Fällen zum Einsatz kommt.

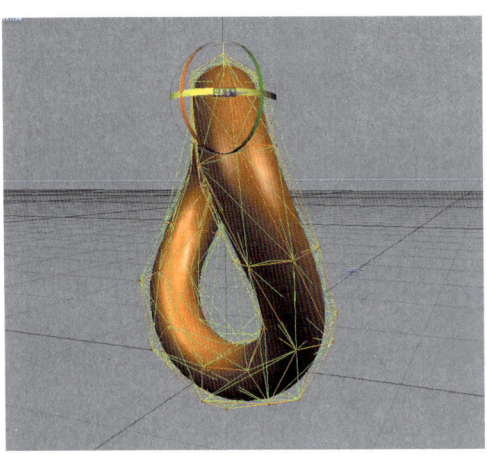

▲ **Abbildung 23**
Bewegung des Soft Body-
Objekts in Echtzeit

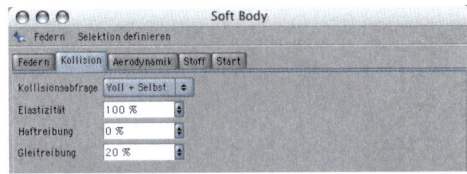

**Abbildung 24** ▶
Soft Body-Feder-Tag
Kollision-Seite

**Abbildung 25** ▶
Soft Body-Feder-Tag
Aerodynamik-Seite

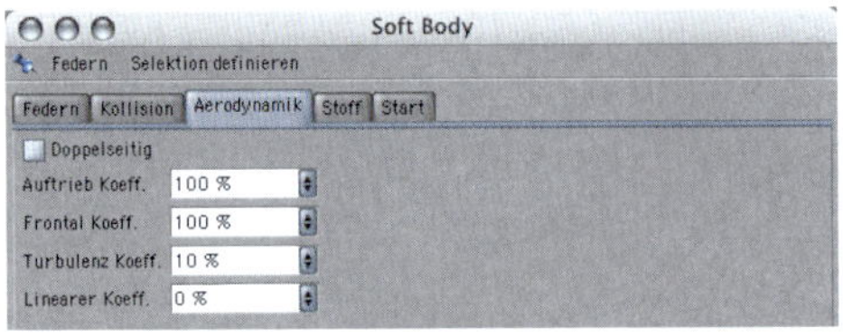

**Abbildung 26** ▶
Soft Body-Feder-Tag
Stoff-Seite

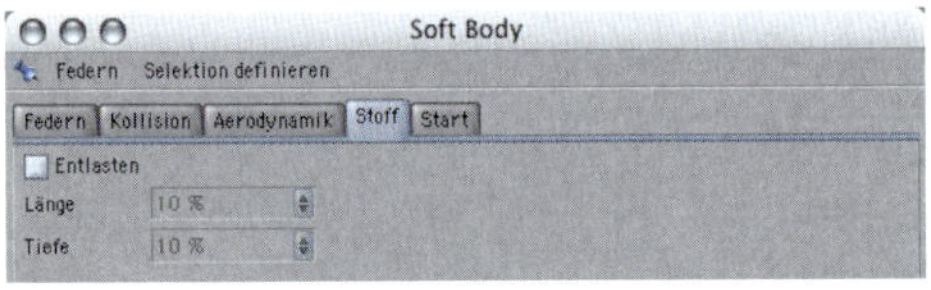

**Abbildung 27** ▶
Soft Body-Feder-Tag
Start-Seite

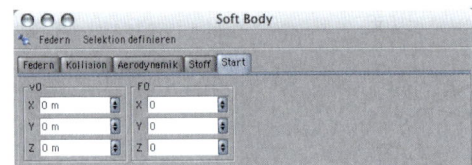

Für unseren Beispiel-Ring habe ich den Stoff-Modus verwendet. Ein Blick in den Dialog des Soft Body-Feder-Tags (Abbildung 22) zeigt, dass drei Feder-Arten verbaut wurden. Damit der Ring aufgrund seiner Masse und der anliegenden Gravitation nicht einfach nach unten fällt, haben die in Abbildung 18 aktiven Punkte über den Befehl SETZE SOFT BODY-MASSE die Masse 0 zugewiesen bekommen. Bei aktiviertem Abspielknopf zeigt der Ring bereits sein gummiähnliches Verhalten, eine Rotation entlang der Y-Achse stellt der Editor sogar in Echtzeit dar (Abbildung 23). Die farbigen Linien am Objekt repräsentieren die Soft Body-Federn.

Wenn wir uns die Federn-Seite des Soft Body-Feder-Tags (Abbildung 22) noch einmal zu Gemüte führen, erinnern uns die gebote-

nen Parameter doch sehr stark an die Rigid Body-Federn. Der Eindruck täuscht nicht, die Funktionalität ist wirklich dieselbe. Auch die anderen Seiten wirken nicht fremd. Auf der Kollisionsseite (Abbildung 24) bestimmen Sie die Elastizität und das Reibungsverhalten des Soft Bodies (nicht der Federn!). Die Kollisionsabfrage beschränkt sich auf die Optionen KEINE, VOLL und SELBST sowie VOLL UND SELBST. Selbstkollisionen können beispielsweise bei Fahnen unter starkem Windgang stattfinden.

Die Aerodynamik-Seite (Abbildung 25) birgt ebenfalls nicht Unbekanntes. Damit eine Fahne, die ja zumeist nur aus einem flachen Polygonobjekt ohne »echte« Rückseite besteht, auch vernünftig flattern kann, wird die doppelseitige Option benötigt. Sie

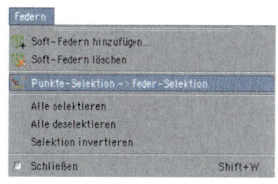

▲ **Abbildung 28**
Soft Body-Feder-Tag
Federn-Menü

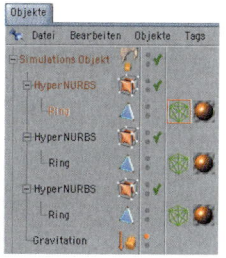

▲ **Abbildung 30**
Soft Body-Objekte

▲ **Abbildung 29**
Soft Body-Feder-Tag
Selektion-definieren-Menü

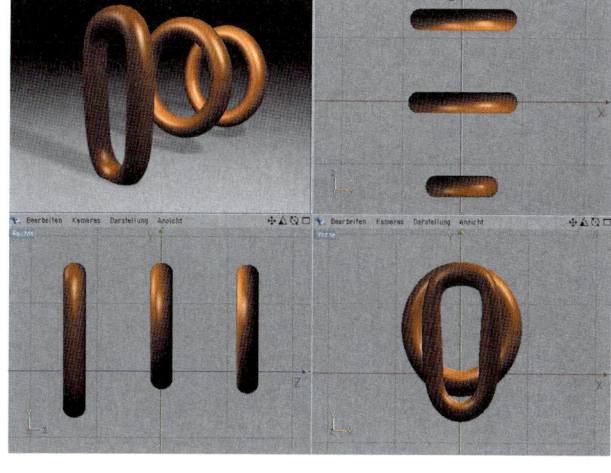

**Abbildung 31** ▶
Soft Body Objekte mit unterschiedlichen Federhärten

bewirkt, dass nicht nur die Flächennormalen des Polygons, sondern auch deren Rückseiten als Angriffsfläche angesehen werden. Koeffizienten geben grundsätzlich an, in welchem Umfang die Umsetzung von Werten stattfindet. Die vier Aerodynamik-Koeffizienten schreiben also vor, wie eine Fahne oder ein Blatt auf Windeinfluss reagiert.

Der Name der Stoff-Seite (Abbildung 26) sagt bereits aus, wofür sich diese Einstellungen bestens eignen. Die Soft Body-Federn textiler Stoffe werden meist stark durch große anliegende Massenunterschiede beansprucht. Um ein allzu starkes »Durchhängen« zu vermeiden, verteilt die Option ENTLASTEN die Belastung besser, die Verformung wirkt stoffähnlicher. Ab welcher Länge die Entlastung stattfindet, geben Sie mit dem Wert LÄNGE an, der Wert TIEFE regelt die Verteilung auf das gesamte Federnetz.

Auch einem Soft Body-Objekt können Sie eine Anfangsgeschwindigkeit und Anfangsschubkraft mit auf den Weg geben. Dies geschieht folgerichtig über die Start-Seite (Abbildung 27) des Soft Body-Feder-Tags.

Soft Body-Federn beschreiben die Konsistenz eines weichen Körpers. Je mehr Federn ein Soft Body-Objekt besitzt, desto weniger Freiheiten hat es bei der Verformung. Für die komfortable Arbeit mit den Federn bietet das Menü FEDERN des Soft Body-Feder-Tags (Abbildung 28) einige Werkzeuge. Unter anderem lassen sich ausgewählte Punkte in eine Feder-Auswahl übertragen. Sogar richtiges Feder-Management ist möglich. Über das Menü SELEKTION DEFINIEREN (Abbildung 29) lassen sich Selektionen speichern, umbenennen und gezielt löschen.

Der zweite entscheidende Punkt für die Soft Body-Konsistenz ist die Federhärte. Je härter die Federn, desto starrer wirkt das Objekt. Dazu ein kleines Experiment: Abbildung 30 zeigt drei Kopien des orangen Rings mit Soft Body-Feder-Tags. Einziger Unterschied der Ringe sind die verwendeten Federhärten. In Abbildung 31 sehen Sie, wie sich die verschiedenen Federhärten auswirken. Die Federhärte des vorderen Rings beträgt 0,2 – die Konsistenz ähnelt der eines Fahrradschlauchs. Der hintere Ring weist die Standard-Federhärte von

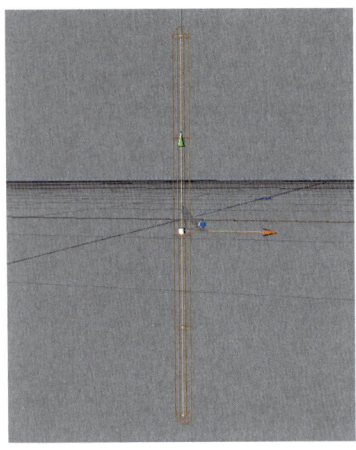

▲ **Abbildung 32**
Spline in Sweep-
NURBS-Objekt
mit Soft Body-
Federn

▲ **Abbildung 33**
Sweep-NURBS-Objekt mit
Soft Body-Spline

**Abbildung 34** ▶
Animation der
Soft-Splines

1 auf, er ist wesentlich straffer, die Gravitation genügt aber, um ihn zu verzerren. Die Federn des mittleren Rings sorgen dafür, dass nur wenig Verformung stattfindet, die Federhärte von 2 verleiht dem Objekt einen gummiartigen Materialeindruck.

## Soft Body-Splines

Bleiben wir doch gleich beim Experimentieren, damit ich Ihnen die Soft Body-Splines vorstellen kann. Wie anfangs erwähnt, ist Dynamics den Polygonen und Splines vorbehalten. Splines mit Soft Body-Federn – Soft Body-Splines – eignen sich hervorragend für Seile, Schnüre, Haare oder lange Blätter.

Abbildung 32 zeigt ein Sweep-NURBS-Objekt mit dessen Rail-Spline. Wohlgemerkt bekommt nicht das Sweep-NURBS-Objekt das Soft Body-Feder-Tag verpasst, sondern ausschließlich das Spline (Abbildung 33). Als Federart kommen wiederum Stoff-Federn zum Einsatz. Weil alle Objektpunkte im Soft Body-Feder-Tag standardmäßig die Masse 1

besitzen, würde unser Spline aufgrund der wirkenden Gravitationskraft relativ sang- und klanglos nach unten fallen. Als eine Art Aufhänger fungiert der oberste Spline-Punkt, der über den Befehl SETZE SOFT BODY-MASSE die Masse 0 erhalten hat. Zur weiteren Entlastung der Spline-Schnur (am obersten Punkt hängen schließlich vier Spline-Punkte der Masse 1) trägt die Funktion ENTLASTEN auf der Stoff-Seite des Soft Body-Feder-Tags bei.

Schon das alleinige Bewegen des Sweep-NURBS-Objekts bringt bereits den gewünschten Erfolg, die Schnur schlackert von ihrer Aufhängung ausgehend in alle Richtungen. Zur Befestigung des Seils genügt es, das komplette Sweep-NURBS-Objekt einem anderen Objekt unterzuordnen.

Für die Realisierung des Rings mit den roten Seilen in Abbildung 34 wurden lediglich etliche Kopien des Soft-Spline-Seils einem parametrischen Ring-Objekt untergeordnet. Die Nullmassen-Spline-Punkte sind der Angriffspunkt für jede Bewegung und animieren beispielsweise bei einer Rotation oder Verschiebung alle Spline- bzw. Seil-Punkte.

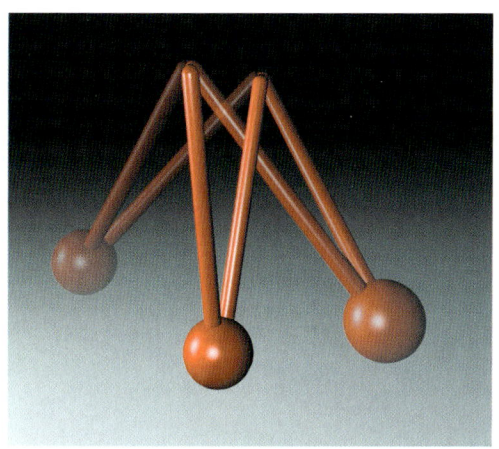

▲ **Abbildung 35**
Aufhängung mit Gelenk-Constraint

▲ **Abbildung 36**
Objekt mit Constraint-Tag

**Abbildung 37 ▶**
Gelenk-Constraint

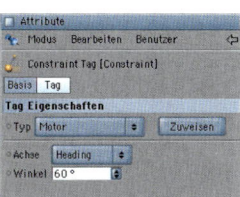

◀ **Abbildung 38**
Objekt mit
Constraint-Tag

**Abbildung 39 ▶**
Gelenk-Constraint

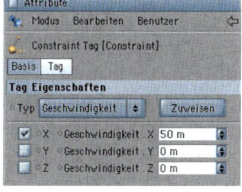

## Constraints

Wenn wir das Thema Aufhängungen schon angefangen haben, machen wir gleich mit den Constraints weiter.

In vielen Fällen sind Objekte an anderen befestigt, um daran schwingen zu können (Pendel), um ausklappbar zu sein (Scharnier) oder auch um in einem System eine Funktion zu erfüllen (Kolben- oder Pleuelstange). In Abbildung 35 schwingt die rote Kugel an einem zwischen den beiden Stäben positionierten Constraint.

Sobald ein Objekt durch das Rigid Body Dynamic-Tag in die Dynamics-Simulation aufgenommen worden ist, besitzt es eine Masse und einen dazugehörigen Schwerpunkt. Um eine Beschränkung (Constraint) hinzuzufügen, weisen Sie dem Objekt ein Constraint-Tag (Abbildung 36) zu.

In dessen Einstellungsdialog (Abbildung 37) wählen Sie über das Typ-Feld zunächst die Art der gewünschten Beschränkung (GELENK, GESCHWINDIGKEIT oder MOTOR) aus.

Das Gelenk-Constraint befestigt das Objekt an einem beliebig wählbaren Punkt oder einer Ebene im Raum – je nach aktivierter Achse bzw. Punktkoordinate. Zusätzlich können Sie für jede Richtung Winkelbeschränkungen definieren, um beispielsweise einen ungewollten Überschlag zu vermeiden. Hängen mehrere Objekte aneinander, kommt die Option DREHMOMENT ÜBERTRAGEN ins Spiel, die unbedingt aktiviert sein sollte.

Ein Constraint GESCHWINDIGKEIT (Abbildung 38) verleiht dem Körper eine konstante Geschwindigkeit, die auch durch Kraftfelder nicht abgebremst wird. Auch hier können Sie für eine oder auch mehrere Richtungen Geschwindigkeitsvorgaben setzen.

Während der Geschwindigkeits-Constraint das zugeordnete Objekt nach einem Vektor verschiebt, rotiert das Constraint MOTOR (Abbildung 39) das Objekt unbeirrt entlang der angegebenen Achse. Die Winkelangabe ist das Maß für den Winkel, um den das Motor-Constraint das Objekt innerhalb einer Sekunde rotiert.

# Workshop Teil IV
## Animation in Cinema 4D, MOCCA, XPresso, Dynamics…

*Jetzt sind Sie bestens gerüstet für den Animationsteil unseres Projekts. In diesem vierten Workshop-Abschnitt wird nicht nur Griso, sondern auch der Vulkan richtig lebendig.*

In den vergangenen Workshops haben wir uns eine wirklich ansehnliche Landschaft und einen sympathischen Hauptakteur kreiert, die wir nun als Höhepunkt in einem kleinen Film agieren lassen.

Natürlich ist der bevorstehende Kurzfilm weder abendfüllend noch oscarverdächtig, zeigt Ihnen aber anschaulich die Vorgehensweise bei der Animation von Objekten und Charakteren in Cinema 4D.

Zur Umsetzung von Qualm und Rauch bedarf es nicht unbedingt eines teuren Moduls, als Beweis werden wir die rauchenden Nebenkrater des Vulkans mit dem Standard-Partikelsystem und Lichtquellen als Partikel realisieren.

Für den Rauch des Hauptvulkans setzen wir dann PyroCluster in Verbindung mit Thinking Particles ein, um uns die Arbeitsweise dieser Module genauer anzusehen.

Dynamics darf selbstverständlich auch nicht fehlen. Die beim Vulkanausbruch herausgeschleuderten Steinbrocken werden wir über dieses Simulationsmodul richtig in Schwung versetzen und mit der Vulkanlandschaft kollidieren lassen.

Richtig in die Vollen gehen wir dann bei der Lavaeruption. Metaball-Partikel werden über ein Thinking Particles-System aus dem Vulkan geworfen und fließen langsam den Vulkan herab.

Nachdem wir die Naturgewalten unter Dach und Fach gebracht haben, darf endlich unser Dinosaurier Griso zeigen, was in ihm steckt. Momentan noch nicht viel, denn bevor wir mit dem Animieren anfangen können, braucht Griso noch ein Knochengerüst und Steuerelemente, um überhaupt vom Fleck zu kommen.

Dieses so genannte »Rig« soll zwei Ansprüchen genügen: Zum einen soll es Griso zu einem glaubwürdigen Bewegungsverhalten verhelfen, zum anderen aber möglichst flexibel und leicht animierbar sein. Wir verleihen Griso ein für unsere Zwecke absolut ausreichendes Bone-Skelett mit genügend Anfassern, welches Sie später jederzeit im Funktionsumfang erweitern und an Ihre bzw. Grisos Bedürfnisse anpassen können.

Die in unserem Workshop gezeigte kurze Story können Sie nach Belieben abwandeln, erweitern oder neu erfinden. Sie sollen in

▲ **Abbildung 1**
Griso und der Vulkanausbruch

▲ **Abbildung 2**
Pflanzenfreund Griso in brenzliger Situation

erster Linie einen Vorgeschmack auf die Arbeit mit den Animationswerkzeugen von Cinema 4D und dessen Characteranimations-Modul MOCCA bekommen.

MOCCA bietet komfortable Werkzeuge für die Erstellung des Bone-Rigs, der Mischung von Posen für Gesichtsausdrücke und Extremitäten und der Animation von Characters im Allgemeinen. An dieser Stelle gleich ein paar einführende Tipps zum MOCCA-Workshop. Bones sind manchmal eigensinnig. Speichern Sie die Stationen Ihrer Arbeit regelmäßig ab, und kehren Sie im Problemfall zu diesen Versionen zurück. Der Befehl RÜCKGÄNGIG kann im Extremfall und bei aktivierter IK-Simulation zu anatomisch fragwürdigen Ergebnissen führen. Wenn Sie ein fertig mit Bones und IK versehenes Objekt verschieben möchten, deaktivieren Sie sicherheitshalber für die Kette die Berechnung der Inversen Kinematik, und schalten Sie die MOCCA IK nach erfolgtem Versatz wieder ein.

Auch dieser letzte Workshop-Teil ist modular angelegt. Sollten Sie also eines der verwendeten Module nicht besitzen, verzichten Sie

einfach auf diesen Schritt, oder vollziehen Sie ihn mit der Demo-Version. Die einzelnen Abschnitte sind voneinander unabhängig, so dass Sie den Umfang Ihrer Animation selbst zusammenstellen können. Der Animations-Workshop steigert sich, wie gewohnt, langsam im Schwierigkeitsgrad, weil Schritte, die sich stets wiederholen, später nicht mehr so ausführlich dargestellt werden. Auf diese Weise langweile ich Sie nicht mit dauernden Wiederholungen und kann Ihnen eine richtige Charakteranimation als Endergebnis bieten.

Dass Charakteranimation zu den kompliziertesten Kapiteln der Animation gehört, ist weitläufig bekannt. Leider bietet dieses Buch nicht den nötigen Rahmen, um Character-Animation richtig ausführlich zu beleuchten. Wer mit diesem Workshop auf den Geschmack kommt, dem empfehle ich das Buch »Character-Animation mit Cinema 4D 9« von Chris Debski von Galileo Press.

Sowohl die komplett animierte Cinema 4D-Datei des Projekts als auch wichtige Einzelschritte finden Sie zusammen mit dem gerenderten Film auf der CD-ROM zu diesem Buch.

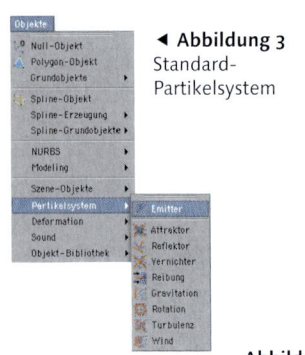

◀ **Abbildung 3**
Standard-
Partikelsystem

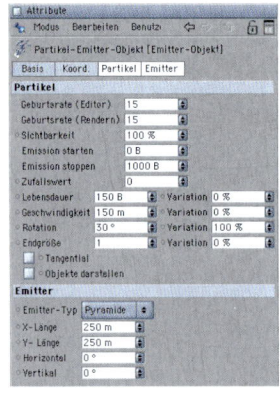

**Abbildung 4** ▶
Emitter
Einstellungsdialog

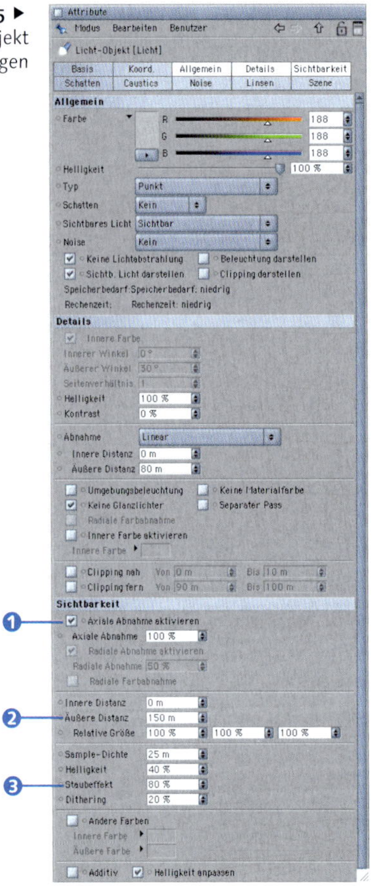

**Abbildung 5** ▶
Licht-Objekt
Einstellungen

◀ **Abbildung 6**
Licht-Objekt als Partikel

## 1. Animation des Vulkanrauchs mit dem Basis-Partikelsystem und Licht-Objekten

Auch wenn Sie stolzer Besitzer des Studio-Bundles mit dem Partikelprimus Thinking Particles und PyroCluster sind – viele Aufgaben können auch mit dem Standard-Partikelsystem bewältigt werden.

Zum Beweis nehmen wir uns die Realisierung der rauchenden Nebenkrater der Vulkanlandschaft mit Bordmitteln vor.

Die Elemente des Partikelsystems finden Sie im Menü OBJEKTE · PARTIKELSYSTEM (Abbildung 3) vereint. Holen Sie sich einen Emitter aus dem Aufklappmenü, und übertragen Sie die Parameter aus Abbildung 4 in dessen Einstellungsdialog.

Die Start- und Stopp-Einträge sind momentan noch nicht wichtig – wir werden sie bei der richtigen Gelegenheit anpassen.

Als Lebensdauer reicht die Anzahl Bilder, die ein Partikel benötigt, um etwa auf die halbe Höhe des Hauptvulkans zu kommen. Die Nebenkrater sollen schließlich eher dampfen als rauchen.

Als Partikel verwenden wir ein Licht-Objekt. Holen Sie sich eine Lichtquelle aus der Palette der Szene-Objekte, und klappen Sie die Seiten ALLGEMEIN, DETAILS und SICHTBARKEIT (Abbildung 5) im Attribute-Manager auf.

Wir benötigen ein Punkt-Licht mit sichtbarem Lichtschein, das allerdings weder Schatten noch echte Beleuchtung von sich gibt.

Aktivieren Sie die AXIALE ABNAHME ❶ des sichtbaren Lichts auf der Sichtbarkeits-Seite bei einer äußeren Distanz von 150 m ❷. Diese Einstellungen bestimmen die Größe der Rauchpartikel. Die Färbung der Partikel legen Sie über die Parameter HELLIGKEIT und STAUBEFFEKT fest ❸.

*Ordnen Sie das Licht-Objekt dem Emitter unter (Abbildung 6). Damit ist das Licht als Partikel definiert und wird nach Klick auf den Startknopf emittiert.*

*Positionieren Sie das Partikelsystem mit dem Verschieben-Werkzeug im Modell-bearbeiten-Modus über die Ansichten in einen der beiden Nebenkrater, etwa auf halber Kraterhöhe (Abbildung 7).*

*Wechseln Sie in die Draufsicht (Taste F2), selektieren Sie den Emitter, und vergrößern Sie dessen Ausmaß mit dem Skalieren-Werkzeug oder den Werten im Attribute-Manager, bis er gut in die Krateröffnung passt (Abbildung 8).*

*Damit der Kraterrauch nicht zu gleichförmig aus dem Krater aufsteigt, verwirbeln wir die austretenden Partikel mit einem Turbulenz-Objekt. Holen Sie dieses aus dem Menü des Basis-Partikelsystems (Abbildung 3), und vergeben Sie für die Turbulenz die Abmessungen aus Abbildung 9.*

*Platzieren Sie die Turbulenz mittig über dem Ausgang des Nebenkraters, und gruppieren Sie die nun vollständigen Elemente des Partikelsystems über den Objekt-Manager im Menü* Objekte · Objekte gruppieren.

*Duplizieren Sie das Partikelsystem des ersten Kraters im Objekt-Manager, und verschieben Sie es über die Ansichten zum zweiten Nebenkrater (Abbildung 10).*

*Die Nebenkrater sind nun fertig animiert. Für den Hauptkrater setzen wir jetzt zum Vergleich das Thinking Particles-System ein.*

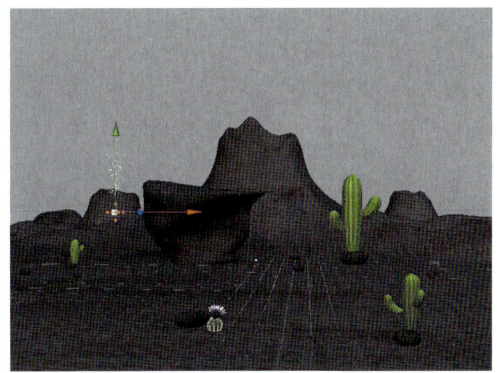

◄ **Abbildung 7**
Positionieren des
Partikel-Emitters

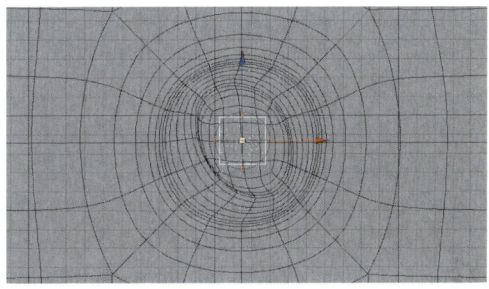

◄ **Abbildung 8**
Anpassen der
Emitter-Größe

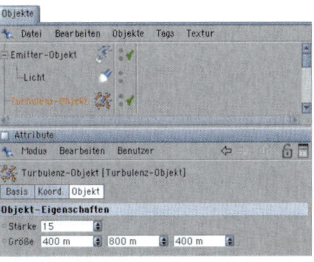

◄ **Abbildung 9**
Turbulenz-Objekt
Einstellungen

◄ **Abbildung 10**
Positionieren der
Partikelsysteme

**Abbildung 11 ▶**
Animierter Rauch
durch Licht-Partikel

Testen Sie zuvor das Partikelsystem, indem Sie den Abspielbutton drücken und etwa 150 Bilder durchlaufen lassen.

Das anschließende Rendering sollte Abbildung 11 entsprechen.

### 2. Animation des Vulkanrauchs mit XPresso, Thinking Particles und PyroCluster

Setzen wir als Einstieg in Thinking Particles den Vulkanrauch des Hauptkraters um. Für die Rauchpartikel kommt das darauf spezialisierte Modul PyroCluster zum Einsatz.

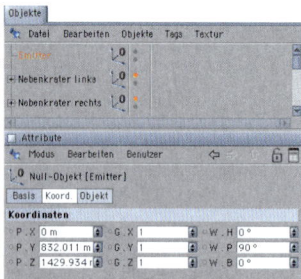

**Abbildung 12 ▶**
Null-Objekt als
Emitterbasis

Damit wir Thinking Particles die Position und Ausrichtung eines Emitters vermitteln können, benötigen wir ein Null-Objekt.

Benennen Sie es als EMITTER (Abbildung 12), und verschieben Sie es mit dem Verschieben-Werkzeug über die Aufsicht und Seitenansicht (Tasten [F2] sowie [F3]) in die Mitte des Hauptkraters (Abbildung 13).

Weisen Sie dem Emitter-Objekt über das Objekt-Manager-Menü DATEI · CINEMA 4D TAGS eine XPresso-Expression zu (Abbildung 14).

In dessen Einstellungsdialog im Attribute-Manager sehen Sie die Option AKTIVIEREN. Über diesen unscheinbaren Button können Sie das im Aufbau befindliche Partikelsystem jederzeit an- und ausschalten.

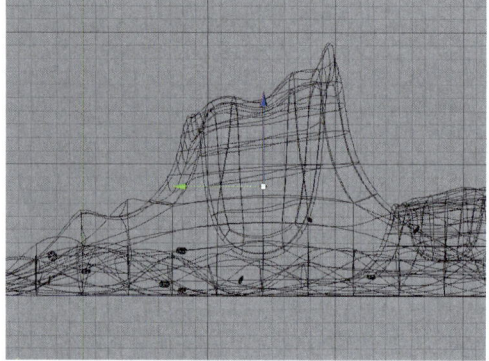

**Abbildung 13 ▶**
Platzierung des
Emitters im Vullkan

Öffnen Sie den XPresso-Editor per Doppelklick auf das XPresso-Tag im Objekt-Manager, und ziehen Sie das Emitter-Objekt per Drag and Drop in die Arbeitsfläche.

Bringen Sie die XPool-Palette im XPresso-Editor in den Vordergrund, und holen Sie ein P Sturm-Node aus der Thinking Particles-Kategorie TP GENERATOR.

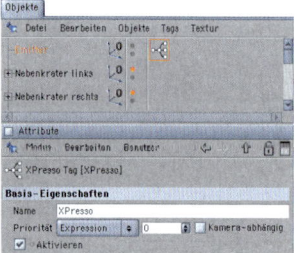

**Abbildung 14 ▶**
Zuweisen des
XPresso-Tags

Wir weisen nun die Position und Ausrichtung unseres Emitter-Objekts dem P Sturm-Node zu. Öffnen Sie dazu das rote Ausgangsmenü am Emitter-Node, und generieren Sie die Anschlüsse GLOBALE POSITION und GLOBALE MATRIX. Aus dem blauen Eingangsmenü des P Sturm-Nodes erzeugen Sie die Ports EMITTER POSITION und EMITTER AUSRICHTUNG.

Verbinden Sie Ein- und Ausgangsports der beiden Nodes gemäß Abbildung 15.

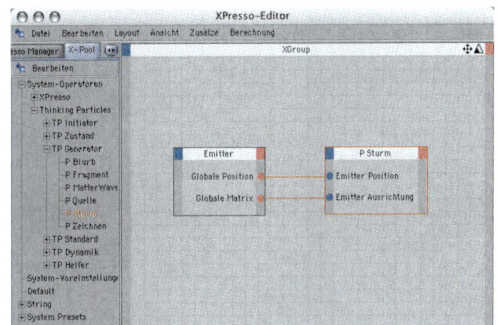

◄ Abbildung 15
Position und Ausrichtung des Emitters am P Sturm-Node

Weil wir Thinking Particles auch für den späteren Vulkanausbruch verwenden werden, erzeugen wir in den Thinking Particles-Einstellungen (Menü PLUG-INS · THINKINGPARTICLES) per Kontextmenü-Klick auf die Gruppe ALLE eine neue Gruppe und benennen sie VULKANRAUCH (Abbildung 16).

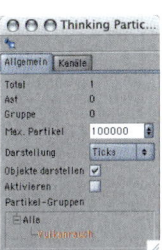

◄ Abbildung 16
Anlegen einer Partikelgruppe für den Vulkanrauch

Ziehen Sie diese Gruppe per Drag and Drop in den XPresso-Editor, und verbinden Sie das Node über den Port GEBORENE PARTIKEL am P Sturm-Node mit dem Emitter. Alle aus dem P Sturm-emitter ausströmenden Partikel gehören nun zur Vulkanrauchgruppe (Abbildung 17).

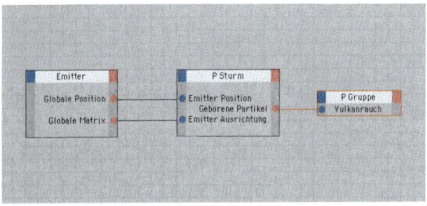

◄ Abbildung 17
Zuweisen der ausströmenden Partikel in die Vulkanrauch-Gruppe

Die Art der Partikel wird in Thinking Particles durch ein Partikel-Geometrie-Objekt bestimmt. Holen Sie dieses aus dem Menü PLUG-INS · THINKING PARTICLES und weisen Sie ihm per Drag and Drop in den Attribute-Manager die Gruppe VULKANRAUCH zu (Abbildung 18).

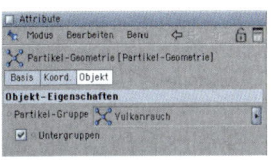

◄ Abbildung 18
Partikel-Geometrie Einstellungen

Bleiben wir gleich bei den Partikeln, die wir ja über PyroCluster realisieren wollen. Zur Berechnung des Raucheffekts benötigt PyroCluster ein Umgebung-Objekt mit Volumen-Tracer-Material.

Erzeugen Sie über die Palette der Szene-Objekte ein Umgebung-Objekt mit dunkelroter Umgebungsfarbe und niedrigem Helligkeitswert (Abbildung 19).

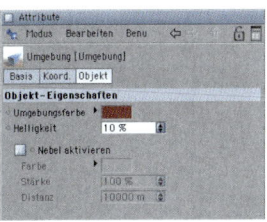

◄ Abbildung 19
Umgebung-Objekt für den PyroCluster-Volumen-Tracer

Abbildung 20 ▶
PyroCluster
Volumen-Tracer
Material

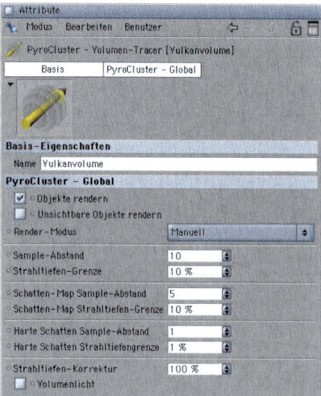

Das zugehörige Material erstellen Sie über den Material-Manager. Im dortigen Menü DATEI finden Sie unter NEUES MATERIAL · PYROCLUSTER den VOLUMEN-TRACER.

Im Einstellungsdialog des Volumen-Tracers übertragen Sie die Angaben aus Abbildung 20. Weisen Sie dieses Material dem Umgebung-Objekt per Drag & Drop zu.

Nun steht noch die Definition des eigentlichen Rauchmaterials aus. Dazu verwenden Sie im Material-Manager unter DATEI · NEUES MATERIAL · PYROCLUSTER denselben.

Nehmen Sie sich den überbordenden Einstellungsdialog des PyroCluster-Materials im Attribute-Manager vor.

Auf der Seite GLOBAL (Abbildung 21) reduzieren Sie den Dichte-Wert auf ca. 70 %, schließlich wollen wir von der später austretenden Lava frühzeitig etwas sehen.

Über die Farbverlaufsregler bestimmen Sie die Färbung des Rauches. Hier dürfen Sie ruhig etwas Farbe ins Spiel bringen.

Die Optionen auf der Alter-Seite können Sie für den für uns interessanten Rauchbereich beibehalten.

Mit dem Radius-Wert auf der Seite FORM regulieren Sie die Größe der einzelnen Rauchpartikel. Der hier angegebene Wert passt zu meinen Kratermassen, ansonsten können Sie die Partikel natürlich passend angleichen.

Auf den Seiten BELEUCHTUNG und SCHATTEN (Abbildung 22) aktivieren Sie beide Parameter.

Welche Lichter den PyroCluster-Rauch beleuchten, bestimmen Sie auf der Szene-Seite des jeweiligen Licht-Objekts. Entscheiden Sie

◀ Abbildung 21
PyroCluster
Vulkanrauch-Material

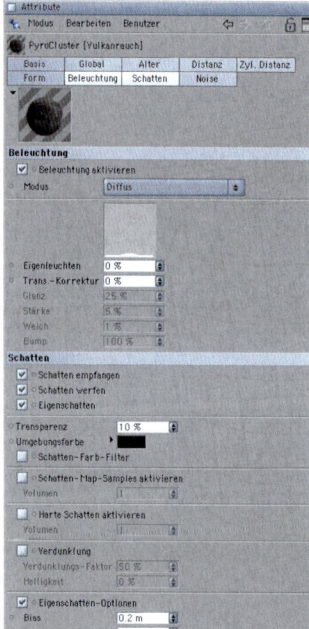

Abbildung 22 ▶
PyroCluster
Vulkanrauch-
Material

hier gemäß Ihrer Rechnerausstattung. PyroCluster-Schatten muss nur das Key-Licht werfen, und auch bei der Beleuchtung könnte dieses Licht für den Vulkanrauch reichen.

Auf der Noise-Seite (Abbildung 23) aktivieren Sie die fraktale Ausfransung und wählen den Typ FRAKTAL aus.

Steigern Sie den Größe-Wert wie gezeigt, und schalten Sie STATISCHE POSITION an. Schließlich haben wir es mit einem Vulkan zu tun.

Das Rauch-Material ist nun vorbereitet und kann dem Partikelsystem zugewiesen werden. Ziehen Sie es dazu aus dem Material-Manager auf das Partikel-Geometrie-Objekt im Objekt-Manager.

Gruppieren Sie die Elemente des Thinking Particles-Systems der Ordnung halber (Abbildung 24).

Nun gilt es abschließend, die Emission der Partikel festzulegen. Öffnen Sie dazu den XPresso-Editor per Doppelklick auf das XPresso-Tag, und selektieren Sie den P Sturm-Node.

Im zugehörigen Einstellungsdialog (Abbildung 25) sollte eine Anzahl von 30 bei einer Geschwindigkeit von 400 aufgrund der Partikelgröße genügen.

Die X- und Y-Größe sollte kleiner als die Krateröffnung sein, damit die wachsenden Partikel bis zur Kante keine Durchdringungen verursachen. Ein Winkel von ca. 25° verteilt die Partikel passend zum Krater.

Um den fertigen Vulkanrauch am besten beurteilen zu können, eignet sich natürlich das Testrendering eines Bereichs von ca. 200 Bildern (Abbildung 26).

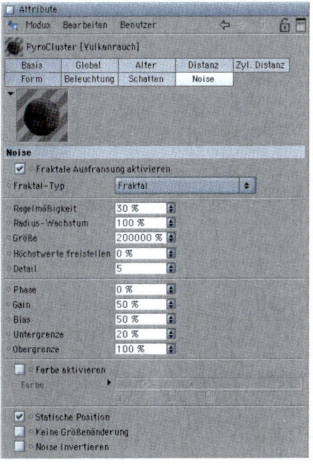

◄ **Abbildung 23**
PyroCluster
Vulkanrauch-Material

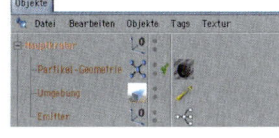

**Abbildung 24** ▲
Gruppieren des Thinking
Particles-Partikelsystems

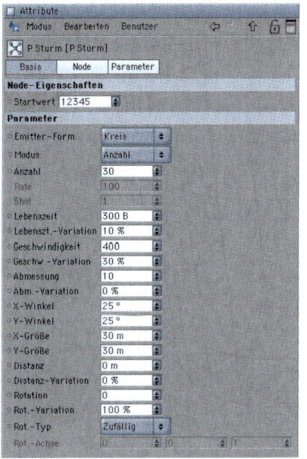

◄ **Abbildung 25**
P Sturm-Node
Einstellungen

◄ **Abbildung 26**
Fertiger
Vulkanrauch

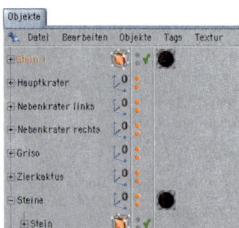

**Abbildung 27 ▶**
Stein-Objekt für
Vulkaneruption

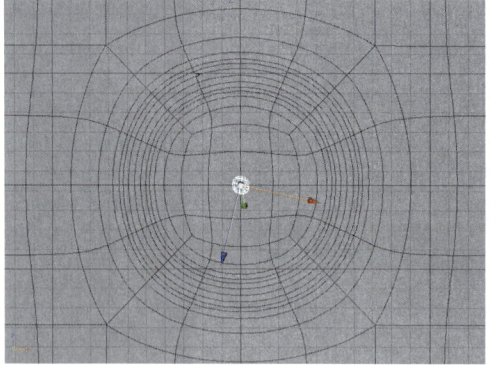

**Abbildung 28 ▶**
Positionierung des
Stein-Objekts

**Abbildung 29 ▶**
Polygonebene der
Vulkanlandschaft
für Kollision

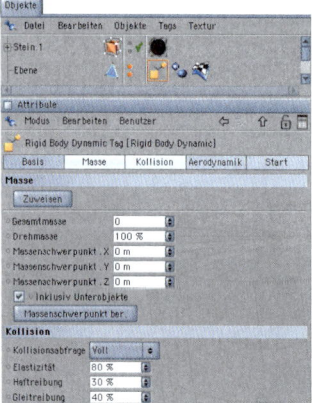

**Abbildung 30 ▶**
Rigid Body Dynamic Tag
Einstellungen der Ebene

### 3. Animation der Steineruption mit Dynamics

*Bevor die Eruption der Lava auftritt, sollen einige Gesteinsbrocken aus dem Vulkan geschleudert werden und im für die Kamera sichtbaren Bereich aufschlagen. Den Ausstoß der Steine und die Kollision mit der Vulkanlandschaft übernimmt das Dynamics-Modul.*

*Als Basis duplizieren Sie einen der in der Landschaft verteilten Steine und weisen ihm nachträglich das Material für die Steine zu (Abbildung 27).*

*Positionieren Sie den einzelnen Stein in die Mitte des Vulkan-Hauptkraters, kurz oberhalb des Kraterbodens (Abbildung 28).*

*Für die Kollision mit der Vulkanlandschaft duplizieren Sie auch das Polygon-Objekt der Ebene und schalten es über den Objekt-Manager auf unsichtbar. Wir brauchen es lediglich für die Berechnung der Kollision – deswegen kann auch der HyperNURBS-Käfig unberücksichtigt bleiben.*
*Weisen Sie der Ebene über das Objekt-Manager-Menü DATEI · DYNAMICS TAGS ein Rigid Body Dynamic Tag zu (Abbildung 29).*

*Im Attribute-Manager stellen Sie bei den Tag-Parametern die Masse der Ebene auf 0. Andernfalls würde die Ebene später aufgrund der Gravitation ins Nichts fallen.*
*Auf der Kollision-Seite legen Sie die volle Kollisionsabfrage fest, damit unsere stark geformte Landschaft überall korrekt in die Berechnung einfließt.*
*Für die Kollision empfiehlt sich aufgrund des harten Bodens eine Elastizität von 80 %, die Reibungswerte befinden sich auf mittlerem Niveau (Abbildung 30).*

Nun ist natürlich noch der Stein an der Reihe. Klappen Sie das HyperNURBS-Objekt auf, und vergeben Sie an das Polygon-Objekt des Steins ebenfalls ein Rigid Body Dynamic Tag (Abbildung 31).

Lassen Sie in dessen Einstellungsdialog (Abbildung 31 unten) zunächst den Massenschwerpunkt für den Stein berechnen. Weil der Stein auf die einwirkenden Kräfte wie Gravitation reagieren soll, muss er Masse besitzen.

Für die Kollisionsabfrage des Steins genügt aufgrund seiner Form die Option Box.

Die Angaben in den Kollisionsfeldern werden bei einer Kollision mit den Werten aus dem kollidierenden Objekt verrechnet. Bleiben Sie daher mit der Elastizität auf 100 %, die Reibungswerte können Sie in etwa dem Landschaftsobjekt angleichen.

Damit der Stein mit Schwung »aus den Startlöchern« kommt, verpassen wir ihm eine Anfangsgeschwindigkeit und -rotation über die Start-Seite.

Holen Sie ein Simulations-Objekt aus dem Menü PLUG-INS · DYNAMICS, und legen Sie die beiden an der Animation beteiligten Objekte hinein (Abbildung 32).

Die Start- und Stopp-Werte sind wie gehabt provisorisch, als Integrationsmethode reicht RUNGE-KUTTA. Auf der Details-Seite stellen Sie ein kleines EPS von ca. 3 ein, damit die Kollision erst beim echten Kontakt der Körper gewertet wird. Aktivieren Sie die Option RUHEGESCHWIN-DIGKEIT AKTIVIEREN, damit sich der Stein nicht zu lange bewegt.

Ein Gravitation-Objekt wird sicherstellen, dass der Stein nach seinem Ausstoß auf die Erde zurückprallt. Holen Sie es aus der Dynamics-

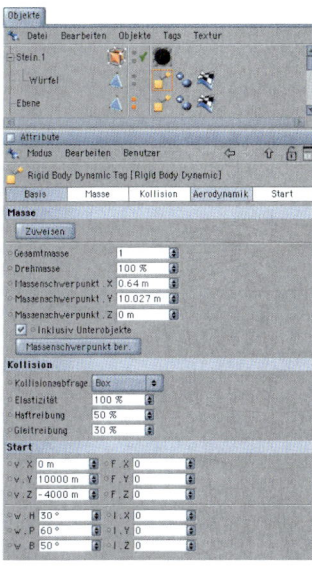

◀ **Abbildung 31**
Rigid Body Dynamic Tag
Einstellungen des Steins

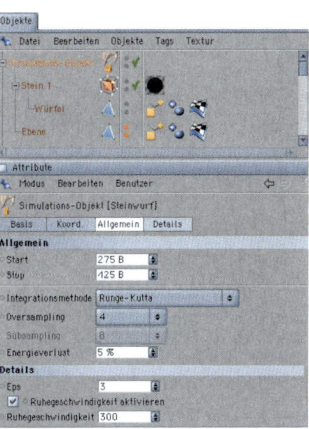

◀ **Abbildung 32**
Simulations-Objekt
Einstellungen

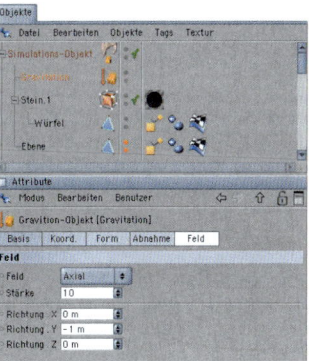

◀ **Abbildung 33**
Gravitation-Objekt
Einstellungen

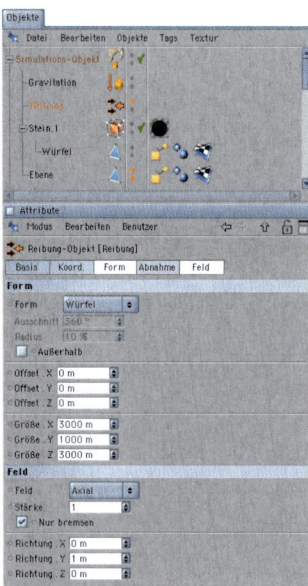

**Abbildung 34 ▶**
Reibung-Objekt
Einstellungen

Palette, und ordnen Sie es dem Simulations-Objekt unter (Abbildung 33). Bei seinen Parametern orientieren wir uns an der Natur – die Kraft wirkt in Y-Richtung axial nach unten, als Stärke sollte ein Wert von 10 genügen.

Durch ein räumlich begrenztes Reibung-Objekt werden wir den am Boden angekommenen Stein gezielt verlangsamen.

Erzeugen Sie ein Reibung-Objekt über das Menü PLUG-INS · DYNAMICS, und legen Sie es ebenfalls in das Simulations-Objekt (Abbildung 34).

Im Einstellungsdialog des Reibung-Objekts wählen Sie die Form WÜRFEL.

Übertragen Sie die Größenangaben aus Abbildung 34 auf Ihr Reibung-Objekt. Die Höhe fällt flacher aus, damit die Reibung erst kurz vor dem Boden einsetzt.

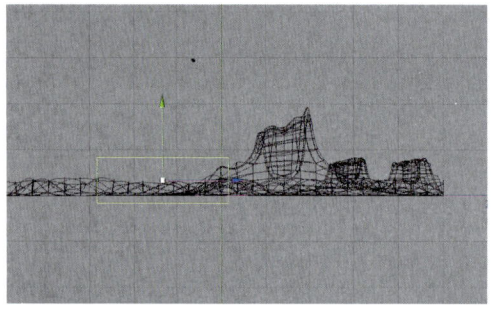

**Abbildung 35 ▶**
Positionierung des
Reibung-Objekts

Wechseln Sie in die Seitenansicht (Taste F3 ), und platzieren Sie das Reibung-Objekt in den Bereich vor den Hauptkrater.

Um die Position besser abzuschätzen, können Sie den Stein natürlich über den Abspielbutton testweise ausstoßen lassen (Abbildung 35).

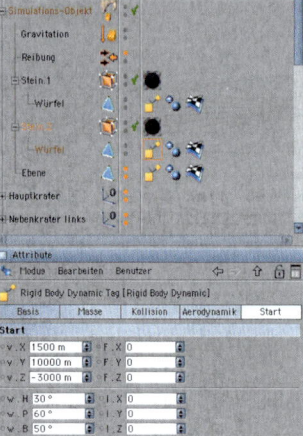

**Abbildung 36 ▶**
Anfügen weiterer
Steine

Ein einzelner fliegender Stein wäre für einen Vulkanausbruch natürlich etwas langweilig. Machen Sie daher ein paar Kopien des Stein-Objektes, und löschen Sie deren Rigid Body Dynamic Tags.

Platzieren Sie die Duplikate etwas versetzt zum ersten Stein, und weisen Sie jedem Stein ein neues Rigid Body Dynamic Tag zu.

Lassen Sie für jeden Stein den Schwerpunkt berechnen, stellen Sie die identischen Kollisionsparameter ein, variieren Sie aber die Startwerte im X-Wert der Geschwindigkeit, damit die Steine in verschiedene Richtungen geschleudert werden (Abbildung 36).

Initialisieren Sie die Ausgangsposition der Steine durch den Befehl PLUG-INS · DYNAMICS · ALLE OBJEKTE INITIALISIEREN, und testen Sie die Steineruption (Abbildung 37).

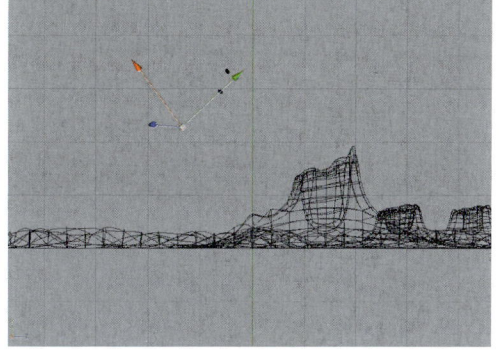

◀ **Abbildung 37**
Test der Dynamics-Simulation

Justieren Sie gegebenenfalls die Werte für den Steinausstoß etwas nach, damit die Steine gut verteilt im Vordergrund aufschlagen.

Danach ist die Steineruption unseres Vulkans fertig gestellt.

◀ **Abbildung 38**
Fertige Vulkan-eruption von Steinen

## 4. Animation der Lavaeruption mit XPresso und Thinking Particles

Für die Umsetzung des Lavastroms ist der Einsatz von Thinking Particles nicht Kür, sondern Pflicht. Schließlich sollen die Lavapartikel mit der Vulkan-oberfläche kollidieren und auf ihr nach unten fließen.

Wir schreiben Recycling groß und duplizieren uns den Emitter des Vulkanrauchs im Objekt-Manager (Abbildung 39). Positions- und Aus-richtungs-Abhängigkeit bleiben gleich, damit können wir die vorhandenen Nodes komplett übernehmen.

Allerdings brauchen wir für den Lavastrom eine neue Partikel-Gruppe, die Sie im Menü PLUG-INS · THINKINGPARTICLES unter den Thinking Particles-Einstellungen per Kontextmenü-Klick hinzufügen (Abbildung 40).

Benennen Sie die neue Gruppe am besten »LAVA« oder ähnlich.

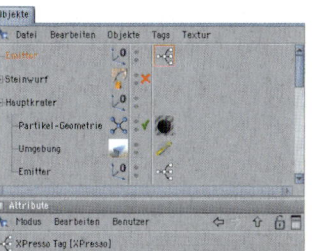

◀ **Abbildung 39**
Thinking Particles-Emitter für Lavaeruption

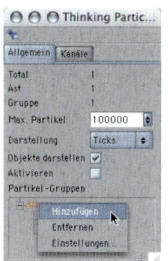
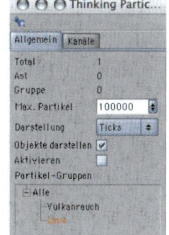

◀ **Abbildung 40**
Hinzufügen einer Partikel-Gruppe für die Lava

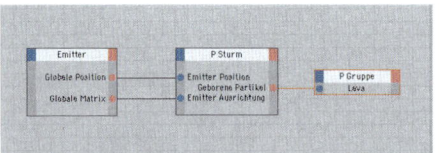

**Abbildung 41▶**
Zuweisen der aus-
strömenden Partikel
in die Lava-Gruppe

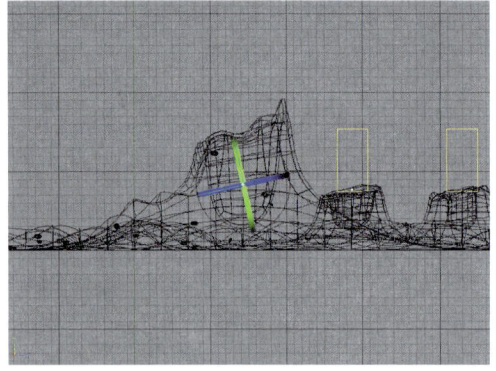

**Abbildung 42 ▶**
Anpassen der Aus-
richtung des
Emitter-Objekts

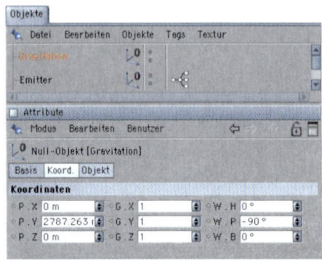

**Abbildung 43 ▶**
Null-Objekt für
Gravitation

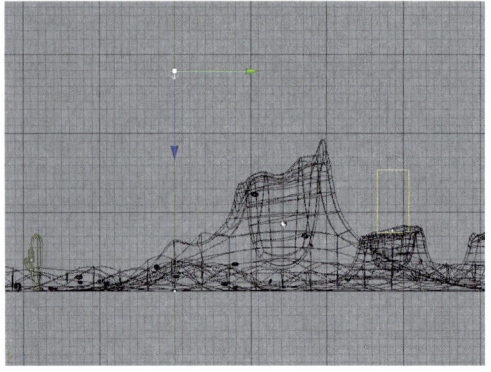

**Abbildung 44 ▶**
Positionierung
des Gravitations-
Objekts

**Abbildung 45 ▶**
Polygonebene für
die Partikelkollision

Hier kommt die erste Abweichung ins Spiel,
denn die erzeugten Partikel sollen in die Lava-
Gruppe fließen.

Öffnen Sie den XPresso-Editor per Doppelklick auf die XPresso-Expression und ziehen Sie
die Lava-Gruppe aus den Thinking Particles-Einstellungen in den P Gruppe-Node (Abbildung
41).

Die Lavaeruption soll kamerafreundlich in die
negative Z-Richtung erfolgen.

Selektieren Sie deshalb das Emitter-Null-
Objekt, und rotieren Sie es im Modell-bearbei-
ten-Modus mit dem Rotations-Werkzeug ein
Stück nach vorne (Abbildung 42).

Auf die ausströmende Lava muss natürlich
Gravitation wirken, sonst verteilen sich die Partikel wild gen Horizont.

Erstellen Sie ein neues Null-Objekt namens
GRAVITATION, dessen Z-Achse Sie über den Pitch-
Winkel −90° nach unten drehen. Die Richtung
der Gravitationskraft wird sich später an der
Z-Achse dieses Trägerobjekts orientieren (Abbil-
dung 43).

Positionieren Sie das Gravitationsobjekt der
Übersichtlichkeit halber in den Aktionsraum
(Abbildung 44).

Die Gravitation bewirkt den Fall der Lava-
Partikel nach unten. Dort sollen sie mit der Vul-
kanoberfläche kollidieren und weiterfließen.

Duplizieren Sie dazu ein weiteres Mal das
Polygon-Objekt der Vulkan-Ebene im Objekt-
Manager, und schalten Sie die Sichtbarkeit für
Editor und Rendering aus. Es genügt, wenn
die Partikel brav mit der Oberfläche kollidieren
(Abbildung 45).

*Damit die Partikel von Gravitation und der vulkanischen Kollisionsebene überhaupt Notiz nehmen, müssen wir der Partikel-Gruppe die beiden Elemente vorstellen.*

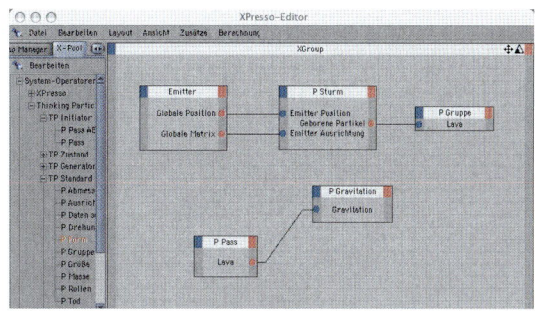

◀ **Abbildung 46**
P Gravitation-
Node und
P Pass-Node

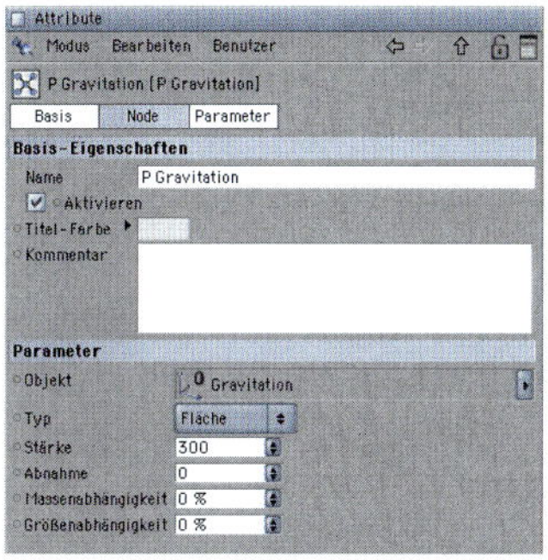

*Dies geschieht über ein P Pass-Node, das uns die Partikel-Gruppe zur Verfügung stellt und an dessen Ausgang wir die betreffenden Elemente einfach per Node anhängen.*

*Holen Sie also ein P Pass-Node aus der TP Initiator-Kategorie des XPools, und ziehen Sie es in den XPresso-Editor.*

*Fangen wir mit der Gravitation an. Entnehmen Sie ein P Gravitation-Node aus der Kategorie TP DYNAMIK, und ziehen Sie es rechts neben das P Pass-Node. Verbinden Sie Aus- und Eingang der Nodes gemäß Abbildung 46.*

*Im Einstellungsdialog des P Gravitations-Nodes (Abbildung 47) geben Sie nun das vorbereitete Gravitation-Null-Objekt im Feld OBJEKT an. Als TYP wählen Sie FLÄCHE bei einer STÄRKE von 300.*

◀ **Abbildung 47**
P Gravitation-Node
Einstellungen

*Um die Vulkanebene als Kollisionsobjekt zu integrieren, benötigen wir ein P Reflektor-Node aus der TP Dynamik-Kategorie.*

*Schließen Sie auch dieses Node an den P Pass-Ausgang an (Abbildung 48).*

*Im Einstellungsdialog des P Reflektor-Nodes geben Sie als reflektierendes Objekt das Polygon-Objekt der Vulkanlandschaft an (Abbildung 49). Als Reflektor-Typ wählen Sie OBJEKT und reduzieren den Wert ABPRALLEN auf ca. 60 %.*

*Nun akzeptieren die Thinking Particles der Lava-Gruppe die beiden physikalischen Gegebenheiten bei ihrem Partikelflug.*

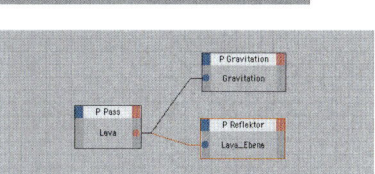

◀ **Abbildung 48**
P Reflektor-Node am
P Pass-Node

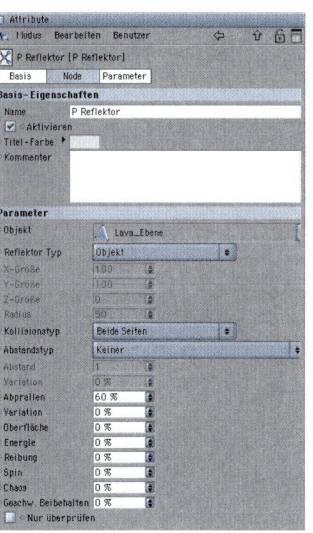

◀ **Abbildung 49**
P Reflektor-Node
Einstellungen

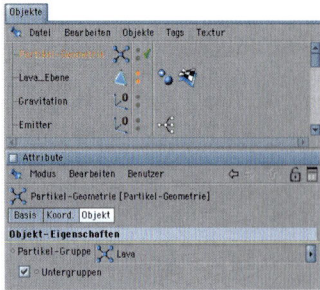

**Abbildung 50** ▶
Partikel-
Geometrie mit
Lava-Gruppe

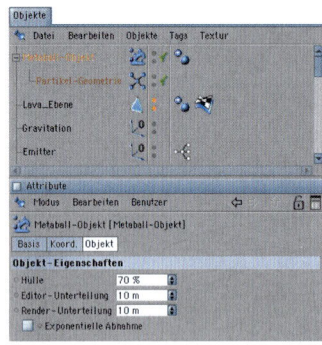

**Abbildung 51** ▶
Metaballs-Objekt
mit Partikel-
Geometrie

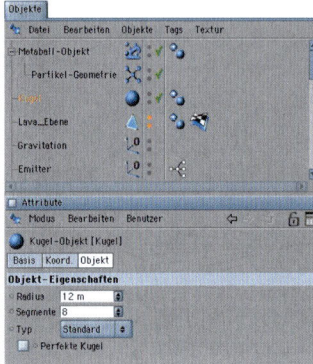

**Abbildung 52** ▶
Kugel-Objekt als
Lava-Partikel

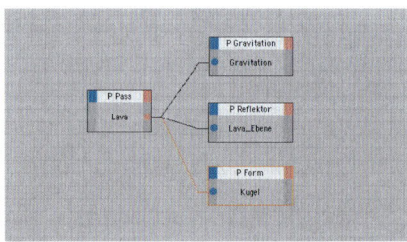

**Abbildung 53** ▶
P Form-Node am
P Pass-Node zur
Partikelbestimmung

*Zur Animation der flüssigen Lava verwenden wir Metaballs mit Kugel-Objekten als Partikel. Dabei wird nicht etwa das Metaballs-Objekt als Partikel definiert, sondern das Kugel-Objekt. Stattdessen wird das mittlerweile bekannte Partikel-Geometrie-Objekt dem Metaballs-Objekt untergeordnet.*

*Holen Sie also als Erstes ein Partikel-Geometrie-Objekt aus dem Menü PLUG-INS · THINKING PARTICLES, und weisen Sie diesem die Partikel-Gruppe Lava zu (Abbildung 50).*

*In der Palette der Szene-Objekte finden Sie das Metaballs-Objekt, dem Sie die Partikel-Geometrie unterordnen.*

*Im zugehörigen Einstellungsdialog definieren Sie eine Hüllengenauigkeit von 70 %. Als EDITOR- und RENDER-UNTERTEILUNG reicht ein Wert von 10 m, niedrigere Werte kosten nur unnötig viel Rechenzeit (Abbildung 51).*

*Wie bereits erwähnt, werden wir ein parametrisches Kugel-Objekt als Partikel verwenden.*

*Erstellen Sie dazu ein neues Kugel-Objekt, und stellen Sie einen Radius von etwa 10–12 m ein (Abbildung 52).*

*Um unserem Partikelsystem die Partikelart nahe zu bringen, verwenden Sie ein P Form-Node aus der Kategorie TP Standard.*

*Schließen Sie auch dieses Node an das bestehende P Pass-Node an (Abbildung 53).*

Über diesen P Form-Node wird das als Partikel zu verwendende Objekt definiert.

Ziehen Sie dazu einfach das Kugel-Objekt in das dafür vorgesehene Feld Objekt im Einstellungsdialog des P Form-Nodes (Abbildung 54).

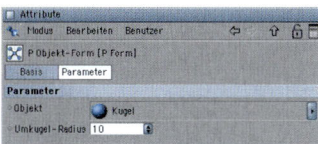

◄ **Abbildung 54**
P Form-Node
Einstellungen

Erstellen wir nun ein passendes Material, um dem Partikelstrom nach Lava aussehen zu lassen.

Aktivieren Sie im Attribute-Manager eines neuen Materials die Kanäle FARBE, RELIEF und GLÜHEN (Abbildung 55).

Verwenden Sie im Farbe-Kanal den Noise-Shader Voronoi 3, und nehmen Sie ein kräftiges Orange und Rot als die beiden Noise-Farben (Abbildung 56).

Erhöhen Sie die globale Größe auf 150 %, und kopieren Sie den Noise-Shader über das Textur-Button-Menü über SHADER/BILD KOPIEREN in die Zwischenablage.

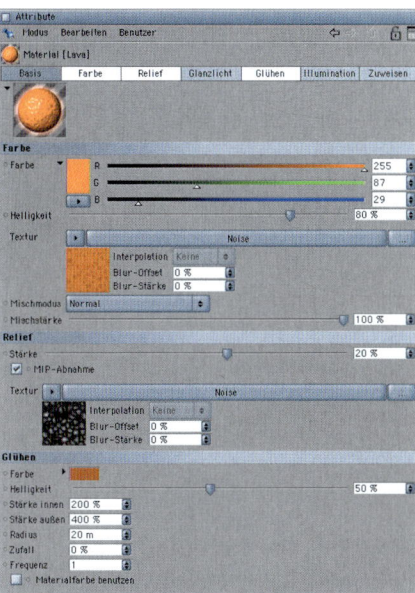

◄ **Abbildung 55**
Material für Lavamasse

Wechseln Sie in den Relief-Kanal, und setzen Sie den kopierten Noise-Shader über den Textur-Button und SHADER/BILD EINFÜGEN als Relief-Textur ein.

Ändern Sie die Shader-Farben im Noise-Shader des Relief-Kanals in Schwarz-Weiß ab, die Stärke des Reliefs sollte etwa 20 % betragen.

Das Glühen der flüssigen Lava simulieren wir über den Glühen-Kanal des Materials.

Nehmen Sie ein dunkles Rot als Glühfarbe, eine mittlere Helligkeit reicht aus.

Für die Stärke des Glühens übertragen Sie die angegebenen Werte, ein Radius von 20 m – also dem doppelten Radius der Partikel genügt ebenfalls.

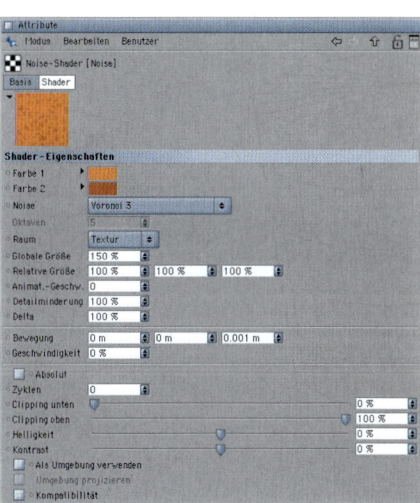

◄ **Abbildung 56**
Farbe-Kanal
Noise-Shader

Schließlich weisen Sie das Lava-Material dem Metaballs-Objekt zu (Abbildung 57).

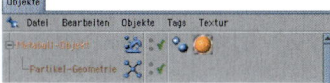

◄ **Abbildung 57**
Zuweisen des
Lava-Materials

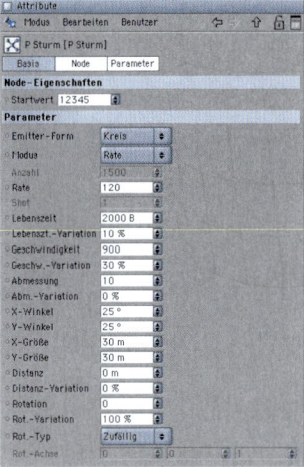

**Abbildung 58 ▶**
P Sturm
Einstellungsdialog

**Abbildung 59 ▶**
Test des Lava-
Partikelsystems

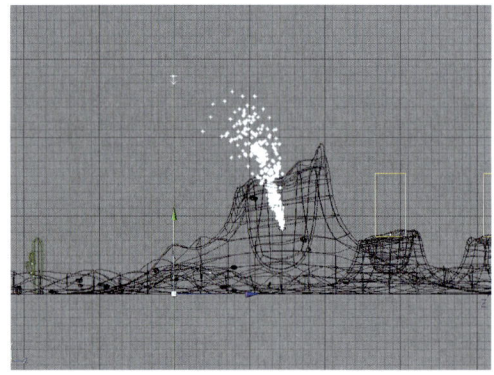

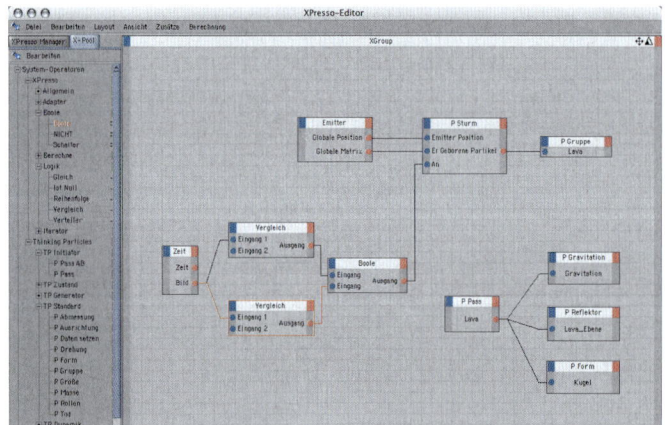

**▲ Abbildung 60**
Durch weitere Nodes hinzugefügte Start- und Stoppfunktionalität

Jetzt sind alle Bereiche des Lava-Partikelsystems vorbereitet, und wir können uns endlich wieder der Entstehung der Partikel widmen. Ich habe mir die Einstellung der Emitter-Parameter absichtlich aufgehoben, weil die dort einzutragenden Werte stark mit der Größe bzw. Höhe des Vulkans und der Größe der Partikel zusammenhängen.

Nehmen Sie meine Werte aus Abbildung 58 also zunächst als Anhaltspunkt.

Erhöhen Sie die Anzahl der ausgestoßenen Partikel, oder verringern Sie die Ausstoßgeschwindigkeit, wenn Sie bemerken, dass der Lavastrom nicht flüssig wirkt.

Erhöhen Sie stattdessen die Ausstoßgeschwindigkeit, wenn Ihre Partikel es nicht über den Kraterrand schaffen.

Verwenden Sie in jedem Fall den Modus RATE für den konstanten Partikelausstoß, als LEBENSZEIT der Partikel benötigen wir je nach Kameraeinstellung die komplette Dauer unseres späteren Films. Die restlichen Parameter entsprechen denen des Vulkanrauchs, was bestens passt.

Testen Sie das Partikelsystem durch Klick auf den Abspielbutton, und regulieren Sie gegebenenfalls die angesprochenen Werte, um einen brauchbaren Lavastrom zu gewährleisten (Abbildung 59).

Um Start und Ende der Partikelproduktion zu steuern, ist noch etwas XPresso nötig.

Holen Sie sich dazu ein Zeit-Node aus der Kategorie XPRESSO · ALLGEMEIN, zwei Vergleich-Nodes aus XPRESSO · LOGIK und ein Boole-Node aus XPRESSO · BOOLE (Abbildung 60).

Erzeugen Sie den Port BILD am Ausgang des Zeit-Nodes sowie den Port AN am Eingang des P Sturm-Nodes, und verbinden Sie die Ports der Nodes wie in der Abbildung 60 dargestellt.

Zur Funktionsweise: Die beiden Vergleich-Nodes bekommen das aktuelle Bild an ihren EINGANG 1 geliefert, das mit dem Eintrag in EINGANG 2 verglichen wird. Befindet sich das aktuelle Bild im vorgesehenen Bereich, wird die Vergleichsaussage wahr, was das Boole-Node dazu veranlasst, den Partikelausstoß per An-Port zu aktivieren.

In den zweiten Eingängen der Vergleich-Nodes bestimmen Sie selbst im Attribute-Manager (Abbildung 61) die gewünschten Grenzen. Um den Bereich zwischen den Unter- und Obergrenzen abzudecken, tragen Sie beim unteren Limit die Funktion >= (größer oder gleich), beim oberen Limit die Funktion <= (kleiner oder gleich) ein.

Weil beide Vergleichsaussagen wahr sein müssen, damit sich das aktuelle Bild innerhalb der Grenzen befindet, vergeben Sie im Boole-Node (Abbildung 62) die Funktion AND.

Damit ist unser Thinking Particles-Vulkan fertig und wartet nur darauf, dass er ausbrechen darf (Abbildung 63).

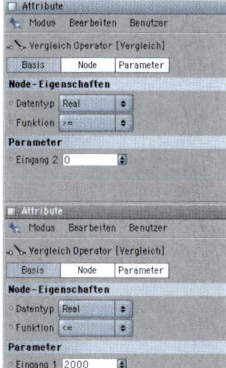

◀ **Abbildung 61**
Vergleichs-Operatoren
Einstellungen

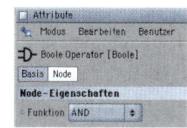

◀ **Abbildung 62**
Boole-Operator
Einstellungen

◀ **Abbildung 63**
Fertiger
Thinking Particles-
Vulkanausbruch

## 5. Erstellung des Bone-Rigs mit MOCCA

Um Griso animieren zu können, müssen wir ihm zunächst ein Knochengerüst (»Rig«) verpassen.

Die nötigen Werkzeuge bietet uns das Characteranimation-Modul MOCCA, in das Sie schnell über die Layout-Palette (Abbildung 64) wechseln können.

Damit die Bone-Deformatoren auch alle Elemente des Dinosauriers erfassen, müssen zudem alle parametrischen Objekte, in unserem Fall die Augen-Objekte (Abbildung 65), in polygonale Objekte umgewandelt werden (Taste C ). Beschränken Sie sich außerdem auf ein übergeordnetes HyperNURBS-Objekt, und gruppieren

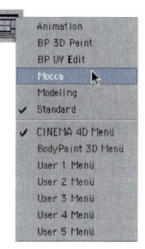

▲ **Abbildung 64**
Wechsel ins
MOCCA-Layout

**Abbildung 65** ▶
Konvertierung der
Augen-Objekte in
Polygon-Objekte

Abbildung 66 ▶
Bone-Werkzeug
Optionen

Sie alle Elemente des Dinosauriers zu einer Geo-
metrie-Gruppe zusammen.

Oberstes Element so gut wie jeder Bone-Hierarchie eines Characters ist das Hüft-Bone, das
wir als Erstes unserem Dinosaurier zukommen
lassen.

Aktivieren Sie dazu das Bone-Werkzeug aus
der MOCCA-Palette, und fügen Sie über den
gleichnamigen Befehl einen neuen Bone hinzu
(Abbildung 66).

Abbildung 67 ▶
Platzierung des
Hüft-Bones

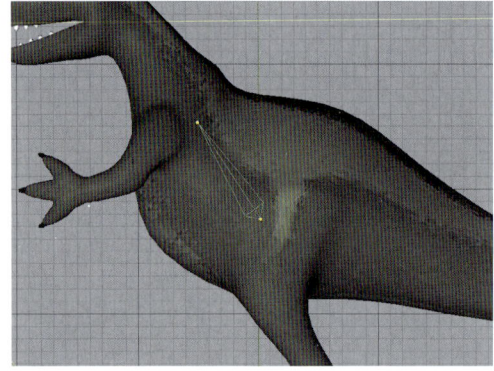

Wechseln Sie in die Seitenansicht, und verschieben Sie das Bone in die Mitte des Dinosauriers. Dafür brauchen Sie nicht das Verschieben-
Werkzeug zu aktivieren, ziehen Sie das Bone
einfach bei gedrückt gehaltener Maustaste in die
Mitte. Auf die gleiche Weise drehen Sie das Bone
wie in Abbildung 67 gezeigt Richtung Kopf.

Würden Sie diese Modifikationen mit den
herkömmlichen Werkzeugen vornehmen, müssten Sie die Änderungen stets über den Befehl
BONES FIXIEREN im Objekt-Manager festschrei-
ben. Für diese kleinen Arbeiten verwenden wir
also lieber das Bone-Werkzeug.

Abbildung 68 ▶
Bone für den
Schwanzansatz

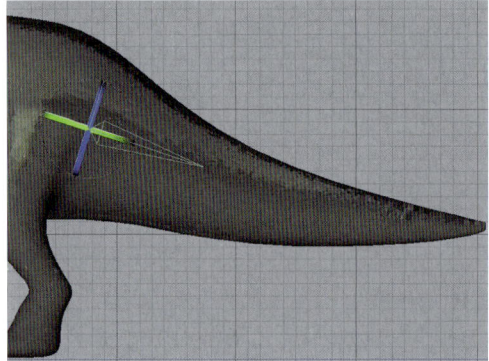

Um gleich etwas in die Fähigkeiten von
MOCCA hineinschmecken zu können, nehmen
wir uns als Erstes den Dinosaurierschwanz vor.

Erstellen Sie dazu per Bone-Werkzeug ein
Unterbone des Hüft-Bones, und drehen Sie ihn
wie in Abbildung 68 gezeigt Richtung Schwanzende.

Mit gedrückt gehaltener Strg/Ctrl-Taste
können Sie nun bequem neue Unterbones aus
dem ersten Schwanzbone ziehen und so den
kompletten Schwanz mit Knochen versehen
(Abbildung 69).

Abbildung 69 ▶
Bone-Kette für
den Schwanz

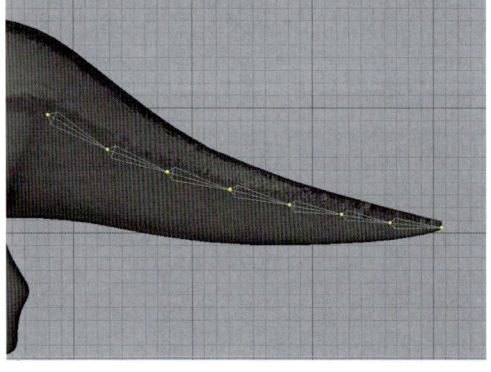

Achten Sie dabei darauf, dass die Bones nicht
zu groß ausfallen, damit sich der Dinosaurierschwanz gut biegen lässt.

Höchste Zeit, sich die entstandenen Objekte im Objekt-Manager näher anzusehen.

Benennen Sie die Bone-Hierarchie von der Hüfte bis zur Schwanzspitze entsprechend, und gehen Sie sicher, dass sich Dinosaurier-Geometrie und -Knochengerüst auf der gleichen hierarchischen Ebene befinden (Abbildung 70).

◀ **Abbildung 70**
Am Hüft-Bone angehängte Bone-Kette des Schwanzes

Für den Schwanz wird ein automatisches IK-Setup für die Animationskontrolle sorgen. Selektieren Sie den obersten Schwanzbone, und wenden Sie den Befehl IK-SETUP aus der MOCCA-Palette an.

Alle Schwanzbones weisen nun das MOCCA IK-Tag auf (Abbildung 71), außerdem besitzt das Bone an der Schwanzspitze eine Zielbeschränkung auf das Null-Objekt DINOSCHWANZ.SPITZE_ZB, mit dem wir den Schwanz an dessen Spitze hervorragend animieren können.

Die Bone-Kette ließe sich nun schon prächtig animieren, sie ist allerdings noch nicht auf den Dinosaurierkörper fixiert worden. Dies erledigt der Befehl BONES FIXIEREN im Objekt-Manager-Menü OBJEKTE (Abbildung 72).

▲ **Abbildung 71**
Zielbeschränkung für die Schwanzanimation

▲ **Abbildung 72**
Fixieren der Bones

Aktivieren Sie den obersten Schwanz-Bone, der durch das IK-Setup als Anker für die anliegende Bone-Kette fungiert. In dessen MOCCA IK-Tag (Abbildung 73) schalten Sie auf die softe IK um, indem Sie die harte IK-Option ausschalten. Um auch Kräfte wie Gravitation und Trägheit auf den Dinosaurierschwanz wirken zu lassen, aktivieren Sie die Dynamics und übernehmen die angegebenen Werte. Soft IK und Dynamics wirken nun auf diese Bone-Hierarchie, was die Animation des Schwanzes automatisch weicher und natürlicher ausfallen lässt.

Mit dem Werkzeug CLAUDE BONET gilt es abschließend, die Wirkungsbereiche der Bones einzuschränken (Abbildung 74).

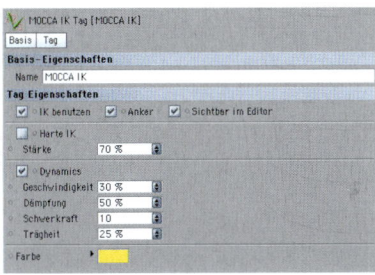

◀ **Abbildung 73**
Soft-IK Dynamics für den Dinosaurierschwanz

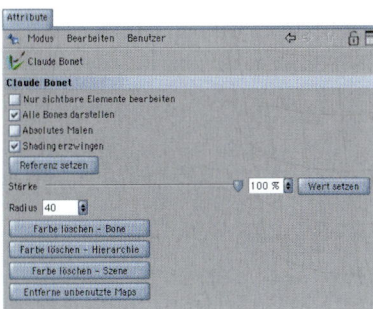

◀ **Abbildung 74**
Wichtung der Bone-Einflüsse mit Claude Bonet

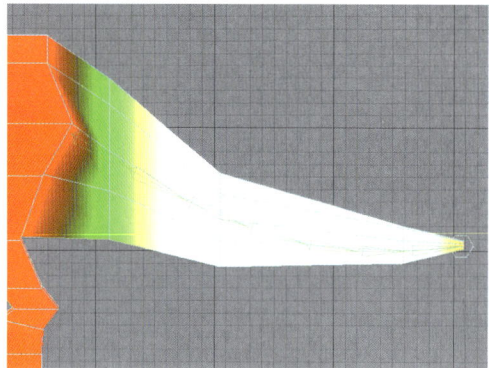

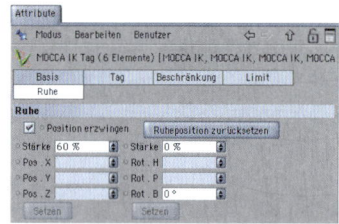

**Abbildung 75 ▶**
Wichtung der
Schwanz-Bone-
Kette

**Abbildung 76 ▶**
MOCCA IK-Tag
Ruhe-Einstellungen

**Abbildung 77 ▶**
Test der dynami-
schen Bone-Kette

**Abbildung 78 ▶**
Hals- und Kopf-
Bones

*Wählen Sie in den Werkzeug-Einstellungen eine adäquate Pinselgröße, deaktivieren Sie die Option* Nur sichtbare Elemente bearbeiten *und malen Sie mit Claude Bonet die Wichtungen für jedes Bone auf.*

*Beginnen Sie mit dem Hüft-Bone, das auf den kompletten Dinosaurierkörper einschließlich der Augen-Objekte wirkt.*

*Für die Schwanz-Bones aktivieren Sie nach der Reihe jedes Bone und malen die zugehörigen Bereiche des Schwanzes mit voller Wichtung auf (Abbildung 75).*

*Damit die Bone-Kette nicht völlig haltlos animierbar ist, integrieren wir eine zusätzliche Kraft zwischen den Bones, die dem Zug Widerstand bietet.*

*Selektieren Sie dazu die MOCCA IK-Tags der Schwanzglieder ohne das Anker-Bone, schalten Sie die Option* Position erzwingen *an, und vergeben Sie eine Stärke von ca. 60% für den Zusammenhalt der Bones (Abbildung 76).*

*Jetzt können Sie das Knochengerüst einem ersten Test unterziehen.*

*Ziehen Sie das Zielbeschränkungs-Objekt der Bone-Kette außerhalb der kompletten Bone-Hierarchie, und stellen Sie den Zeitleisten-Regler auf Bild 1.*

*Verschieben Sie im Modell-bearbeiten-Modus das Ziel-Objekt im Editor, und die Spitze des Dinosaurierschwanzes folgt dem Ziel unter Einwirkung von Schwerkraft und Trägheit (Abbildung 77).*

*Damit wir ohne Performanceeinbußen mit dem Rigging von Griso weitermachen können, schalten Sie die IK-Berechnung am Anker der Schwanz-Bone-Kette aus.*

*Fahren wir bei Hals und Kopf des Dinosauriers fort. Wählen Sie das Hüft-Bone aus, akti-*

vieren Sie das Bone-Werkzeug, und erstellen Sie insgesamt drei Unterbones, die Sie entlang des Halses bis zum Kopf aufbauen (Abbildung 78).

Vergeben Sie eindeutige Namen an die drei neuen Bones (Abbildung 79).

◄ **Abbildung 79**
Benennung der Hals- und Kopf-Bones

Lassen Sie ein automatisches IK-Setup auf die Bone-Kette vom Hals bis zum Kopf auftragen, und deaktivieren Sie die Option ANKER für den obersten Hals-Bone (Abbildung 80).

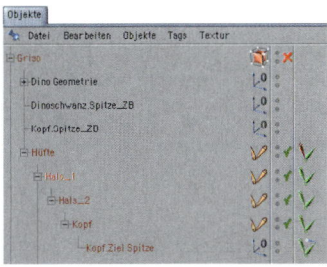
◄ **Abbildung 80**
Fixierte Hals- und Kopf-Bones mit Zielbeschränkung durch IK-Setup

Ziehen Sie das Ziel-Objekt der durch das IK-Setup entstandenen Zielbeschränkung aus der Bone-Hierarchie, und setzen Sie es auf eine Ebene mit dem Dinosaurierschwanz-Ziel-Objekt.

Mit dem Claude-Bonet-Werkzeug malen Sie auch für diese Bone-Kette Glied für Glied die zugehörigen Wichtungen auf (Abbildung 81).

Achten Sie bei der Wichtung des Kopf-Bones darauf, dass alle Augen- und Zahn-Objekte mit in die Wichtung fallen, sonst gibt es bei der Animation des Kopfes böse Überraschungen.

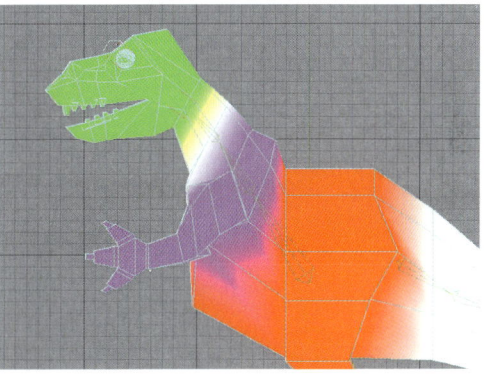
◄ **Abbildung 81**
Wichtung der Hals- und Kopf-Bones

Legen wir nun die IK-Eigenschaften für die Hals- und Kopf-Bones fest.

Aktivieren Sie die MOCCA IK-Tags der drei Bones, und schalten Sie auf der Ruhe-Seite des Einstellungsdialogs (Abbildung 82) die Option RUHEPOSITION ERZWINGEN ein. Eine STÄRKE von 100 % verhindert neben der im Hüft-Bone festgelegten harten IK das ungewollte Auseinanderdriften der Bones.

◄ **Abbildung 82**
IK-Tag Einstellungen der Hals- und Kopf-Bones

Um die Bone-Kette zusätzlich zu stabilisieren und auch ein Drehen des Kopfes zu vereinfachen, fügen wir am Kopf-Bone einen Up Vector hinzu. Markieren Sie das Bone dazu, und rufen Sie den Befehl UP VECTOR HINZUFÜGEN aus der MOCCA-Befehlspalette auf (Abbildung 83).

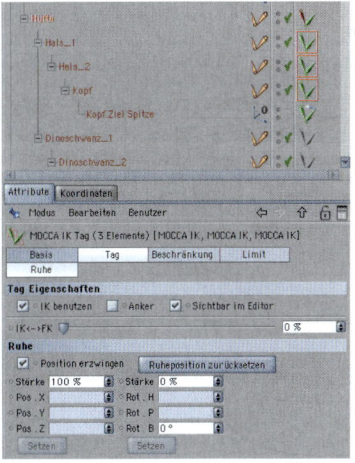

▲ **Abbildung 83**
Anbringen eines Up Vectors

**Abbildung 84 ▶**
Anpassen des Up
Vectors

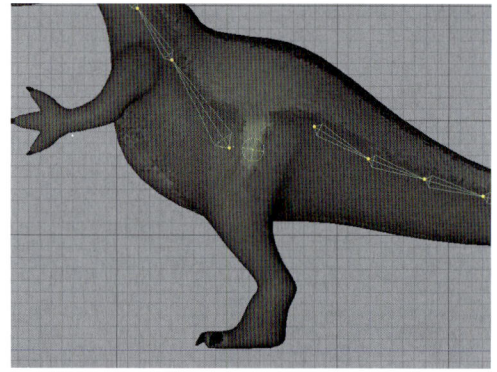

**Abbildung 85 ▶**
Null-Bone als Basis
für das Bein

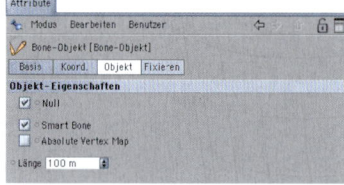

**Abbildung 86 ▶**
Definition des
Null-Bones

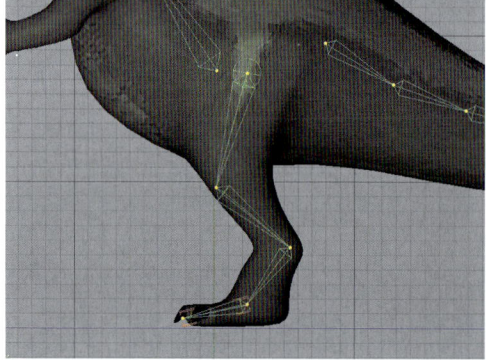

**Abbildung 87 ▶**
Bone-Kette des
Beines

Am Nacken des Dinosauriers finden Sie nun eine weitere Beschränkung vor, die allerdings noch relativ weit vom Dinosaurier entfernt liegt.

Selektieren Sie das Up Vector-Null-Objekt im Objekt-Manager, und verschieben Sie es am besten in der Seitenansicht entlang seiner Achse näher an den Dinosaurierkopf heran (Abbildung 84).

Probieren Sie die Bone-Kette zwischendurch aus, indem Sie das Ziel-Objekt des Kopfes ein wenig verschieben und beobachten, wie Kopf und Hals des Dinosauriers der Bewegung folgen.

Weiter geht es mit den asymmetrischen Körperteilen des Dinosauriers, beginnend bei den Beinen.

Um für den weiteren Verlauf eine saubere, gut spiegelbare Winkelgeometrie zu haben, setzen wir als Anker des Beins am obersten Punkt des Oberschenkels ein Null-Bone (Abbildung 85).

Ein Null-Bone definieren Sie im Einstellungsdialog des Bone-Objekts (Abbildung 86).

Platzieren Sie das Null-Bone von allen Seiten korrekt ausgerichtet in den Oberschenkel, und fügen Sie mit dem Bone-Werkzeug weitere Unterbones hinzu, die Sie Schritt für Schritt bzw. Bone für Bone entlang des Beines positionieren und ausrichten (Abbildung 87).

An den Gelenken des Beines setzen Sie die Bone-Gelenke etwas näher an die polygonale Kante des Dinosaurierbeins, damit Griso sein Bein später sauber abknicken und abwinkeln kann.

Wechseln Sie in den Objekt-Manager, und vergeben Sie wieder sinnvolle Namen an die Bestandteile der Bein-Hierarchie (Abbildung 88).

Bringen wir zunächst die Wichtung der Bones hinter uns, bevor wir uns um die Kontrollelemente des Beines kümmern.

Aktivieren Sie das Claude-Bonet-Werkzeug, wählen Sie eine passende Pinselgröße, und schalten Sie diesmal die Option NUR SICHTBARE ELEMENTE BEARBEITEN an.

Die von uns aufgemalten Wichtungen gelten schließlich nur für die Seite, wo auch die Bones liegen.

Bemalen Sie wieder für jedes Bone-Segment den zugehörigen Polygon-Abschnitt, wobei Sie für das oberste Oberschenkel-Bone hauptsächlich die äußeren Partien des Schenkels, weniger den Rumpf des Dinosauriers berücksichtigen müssen (Abbildung 89).

Selektieren Sie anschließend im Objekt-Manager das Null-Bone als Ausgangsobjekt und Anker für das automatische IK-Setup. Wenden Sie es auf die anhängende Bone-Kette an, und stellen Sie wie gewohnt das Ziel-Objekt der Zielbeschränkung an der Zehenspitze außerhalb der Bone-Hierarchie (Abbildung 90).

Für die MOCCA IK-Tags der Kette ohne den Anker-Bone stellen Sie wieder die Erzwingung der Ruheposition unter voller Kraft ein (Abbildung 91).

Drei weitere Beschränkungen werden uns die Animation des Beines erleichtern.

Als Erstes fügen wir zur Kontrolle des Knies eine Zielbeschränkung am Oberschenkel-Bone an. Dazu wählen Sie das Bone aus und wenden den Befehl BESCHRÄNKUNG AN SPITZE aus der MOCCA-Palette an.

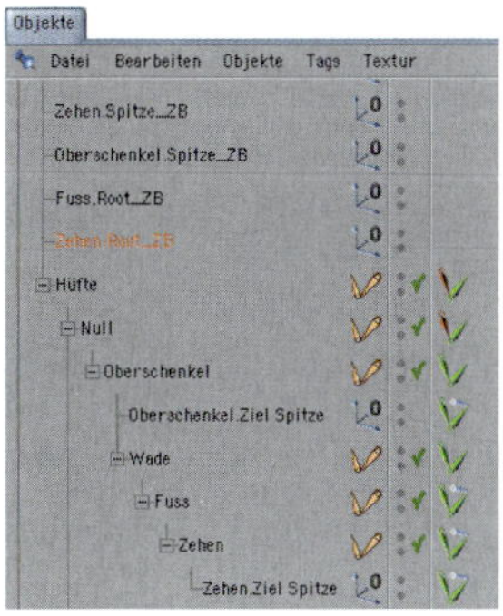

◀ **Abbildung 88**
Hierarchie der Bein-Bones

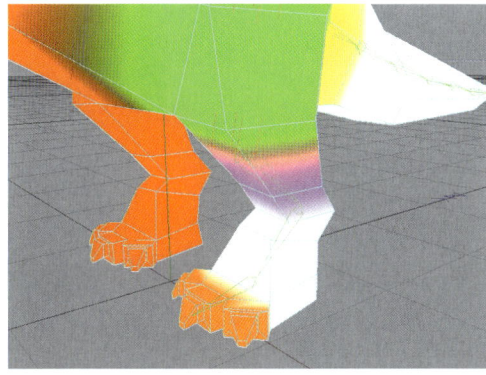

◀ **Abbildung 89**
Wichtung der Bein-Bone-Einflüsse

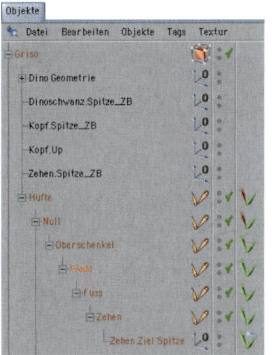

◀ **Abbildung 90**
Zielbeschränkung am Zehen-Bone

**Abbildung 91** ▲
MOCCA IK-Tag Einstellungen
für die Bein-Bones

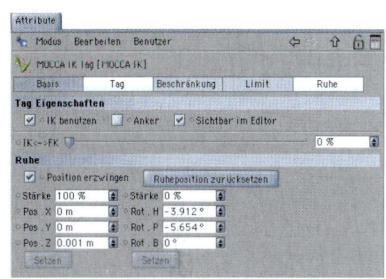

◀ **Abbildung 92**
Root-Beschränkung
am Zehen-Bone

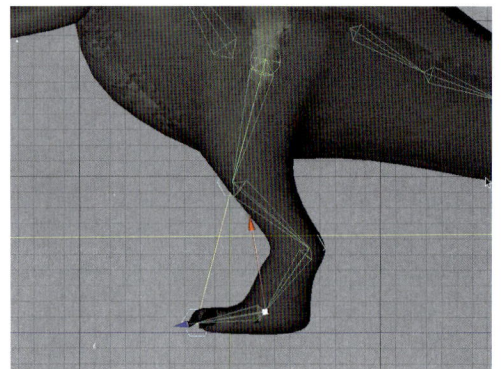

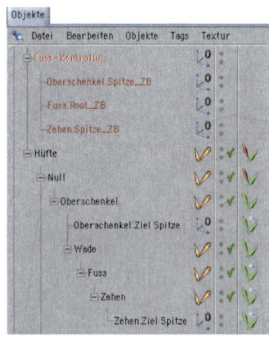

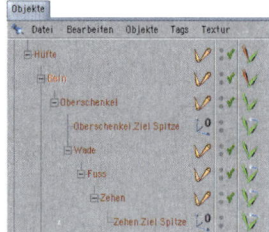

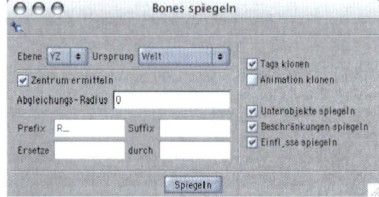

**Abbildung 93** ▶
Beschränkungen am
Oberschenkel- und
Fuß-Bone

**Abbildung 94** ▶
Gruppieren der
Beschränkungen

**Abbildung 95** ▶
Auswahl des
Ausgangsbones für
die Spiegelung

**Abbildung 96** ▶
Einstellungen des
Bones-spiegeln-
Befehls

**Abbildung 97** ▶
Gespiegelte Bone-
Hierarchie

Wählen Sie anschließend das Fuß- und Zehen-Bone aus, und weisen Sie beiden Bones über den Befehl BESCHRÄNKUNG AN ROOT aus der MOCCA-Palette eine Root-Beschränkung zu (Abbildung 92).

Das Bein besitzt nun genügend Kontrollelemente, damit es an allen Gelenken gut abgeknickt werden kann (Abbildung 93).

Unser bzw. Grisos Bein weist jetzt insgesamt vier Steuerungen auf, die einzeln relativ kompliziert zu handhaben sind. Um das Bein trotzdem als Ganzes bewegen zu können, gruppieren wir die vier Kontrollelemente so, dass wir im Idealfall nur das übergeordnete Objekt bewegen müssen.

Als unterster Punkt des Fußes bietet sich dazu das Ziel-Objekt der Root-Beschränkung am Dinosaurier-Zeh an.

Benennen Sie es in »Fuß-Kontrolle« um, und ordnen Sie die anderen drei Kontrollobjekte diesem Null-Objekt unter (Abbildung 94).

Sie können das komplette Bein fortan allein durch die Animation der Fuß-Kontrolle dirigieren.

Das Bein ist jetzt fertig ausgestattet und kann über die praktische Funktion BONES SPIEGELN komplett mit allen Wichtungen und Kontrollelementen auf die andere Seite gespiegelt werden.

Rufen Sie diese Funktion über die MOCCA-Palette auf, nachdem Sie die Bein-Hierarchie selektiert haben, und spiegeln Sie die Bone-Kette mit den Einstellungen aus Abbildung 96 auf die andere Seite.

Bei der gespiegelten Kopie steht nun ein R_ vor allen enthaltenen Elementen, übernehmen Sie diese Nomenklatur als L_ auch für die Ausgangsseite der Spiegelung (Abbildung 97).

*Überprüfen Sie auch im Editor, ob die Spiegelung der Bones und Kontrollelemente korrekt vonstatten gegangen ist (Abbildung 98).*

*Einen kontrollierenden Blick sollten Sie unbedingt auf die Wichtungen der gespiegelten Bones werfen, hier schleicht sich oftmals ein kleiner Fehler ein. Solch ein Ausrutscher wird angesichts der großen Zeitersparnis beim Spiegeln aber gern in Kauf genommen.*

*Auf die mittlerweile bekannte Weise können Sie Arme und Hände des Dinosauriers mit Bones versehen. Dabei verwenden Sie an Schulter und Handgelenk wieder Null-Bones, die eine saubere Winkelgeometrie gestatten (Abbildung 99).*

*Die Schulter ist wieder direktes Unterobjekt der Hüfte, die drei Finger-Hierarchien befinden sich auf der gleichen Ebene unterhalb des Hand-Null-Bones.*

*An die jeweiligen Bone-Segmente vergeben Sie mit dem Claude-Bonet-Werkzeug die zugehörigen Bereiche von Arm, Hand und Finger.*

*Schulter, Arm und Hand-Bones weisen Sie über das Objekt-Manager-Menü DATEI · MOCCA TAGS das MOCCA IK-Tag zu. Die Schulter fungiert als Anker, die Finger-Bones kommen ohne IK-Tag aus, da wir sie über den PoseMixer animieren werden (Abbildung 100).*

*Zur Steuerung von Hand und Arm weisen Sie dem Unterarm-Bone je eine Ziel- und Root-Beschränkung zu, ziehen die beiden Ziel-Objekte außerhalb der Hierarchie und ordnen das Root-Ziel dem Spitze-Ziel unter (Abbildung 101).*

*Selektieren Sie die Schulter-Hierarchie, und spiegeln Sie den kompletten Aufbau mit dem Bones-spiegeln-Werkzeug (Abbildung 96). Anschließend ist wieder Gelegenheit zu Aufräumarbeiten. Benennen Sie die Hierarchien gemäß ihrer Position und Funktion (Abbildung 102).*

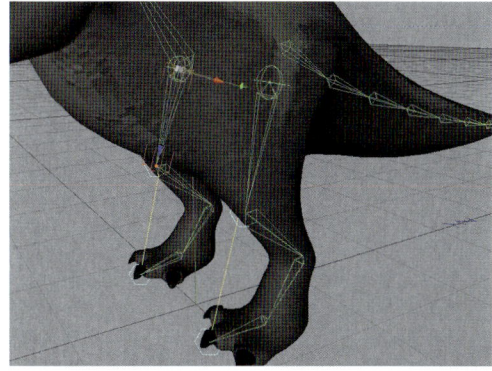

◀ **Abbildung 98**
Gespiegelte Bone-Kette im Editor

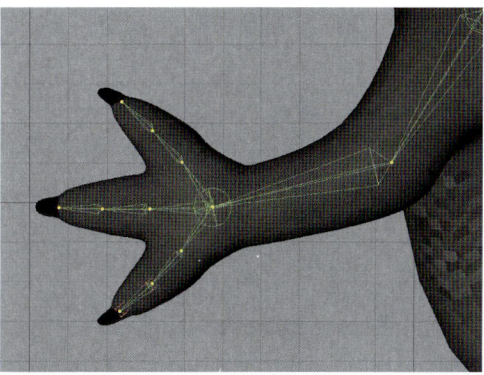

◀ **Abbildung 99**
Bones für Arm und Hand

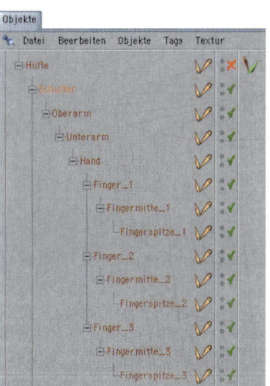

◀ **Abbildung 100**
Bones für Arm und Hand

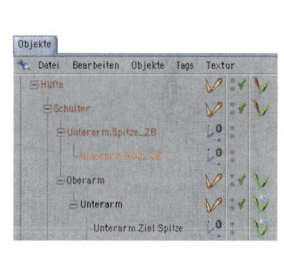

**Abbildung 101** ▲
Beschränkungen zur Steuerung des Armes

◀ **Abbildung 102**
Gruppieren der Steuerelemente

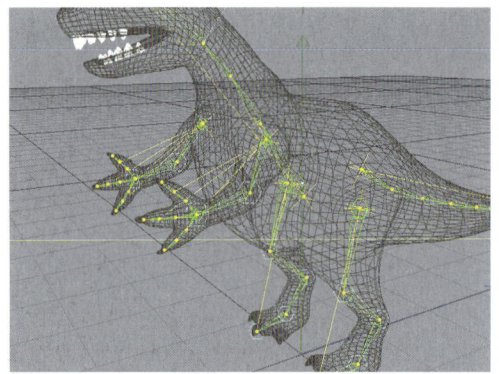

**Abbildung 103** ▶
Gespiegelte Arm-
und Hand-Bones

**Abbildung 104** ▶
Bone zur Öffnung
des Mundes

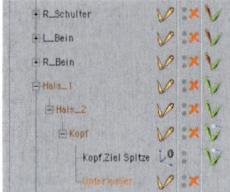

**Abbildung 105** ▶
Platzierung des
Unterkiefer-Bones
in die Hierarchie

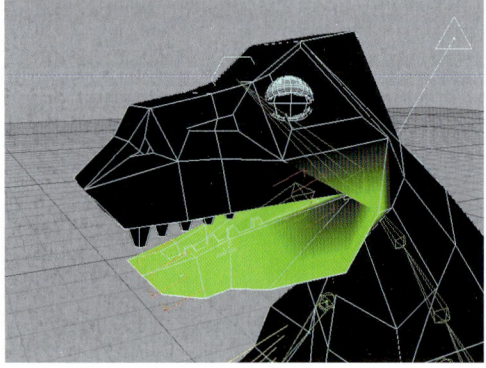

**Abbildung 106** ▶
Wichtung des
Unterkiefer-Bones

Leider spiegelt das Bones-spiegeln-Werkzeug keine PoseMixer-Funktionalität, deswegen müssen wir die Steuerung der Finger nach ihrer Fertigstellung nochmals spiegeln und per Pose-Mixer definieren.

Vergessen Sie nicht, die gespiegelten Bones nach ihren Wichtungsbereichen zu überprüfen. Die Extremitäten unseres Dinosauriers sind jetzt bestens mit Bones versorgt (Abbildung 103).

Kümmern wir uns zwischenzeitlich um den Unterkiefer des Dinos, damit Griso seinen Mund richtig öffnen kann.

Fügen Sie über das Bone-Werkzeug ein neues Bone hinzu, das Sie, wie in Abbildung 104 gezeigt, etwas hinterhalb des Mundwinkels positionieren.

Dieses Bone wird sich separat um die Öffnung des Unterkiefers kümmern, gleichzeitig muss es aber bei jeder Kopfbewegung mitbewegt werden.

Ordnen Sie das Unterkiefer-Bone dazu einfach dem Kopf-Bone unter (Abbildung 105).

Mit dem Claude-Bonet-Werkzeug bringen Sie für das Unterkiefer-Bone die korrekten Einflussbereiche an (Abbildung 106).

Achten Sie darauf, dass Sie symmetrische Wichtungen malen und außerdem keine Bereiche des Oberkiefers erwischen.

Als Aufwärmübung für den PoseMixer realisieren wir Öffnen und Schließen der Augen über dieses Allround-Werkzeug. Fertigen Sie dazu als Erstes ein Duplikat der Augenlider, das Sie mit _zu benennen (Abbildung 107).

Öffnen Sie die Hierarchie der _zu-Pose, und rotieren Sie die Lid-Polygone so, dass das innere Augen-Objekt vollständig verdeckt wird (Abbildung 108). Dabei sollte das obere Lid ca. 80 %, das untere Lid die restlichen 20 % des Auges umhüllen. Grisos Augen sollen standardmäßig geschlossen sein. Duplizieren Sie die fertige _zu-Pose, und versehen Sie die Gruppe mit dem Zusatz _DEF.

Die übrig gebliebene Augenlid-Gruppe öffnen Sie noch etwas weiter als ursprünglich modelliert, damit der Dinosaurier seine Augen auch weit aufreißen kann. Weisen Sie dieser Augenlid-Gruppe den Zusatz _OFFEN zu.

Seit MOCCA 2 ist der PoseMixer ein hierarchisch unabhängiges Tag. Sie können das Tag also jedem beliebigen Objekt (beispielsweise dem Überobjekt des Auges) verpassen (Abbildung 109). Sie finden es, wie üblich, im Objekt-Manager-Menü DATEI · MOCCA TAGS · POSEMIXER.

Im Einstellungsdialog des PoseMixer-Tags aktivieren Sie die Winkel-Parameter und weisen Standard-, Ziel- und Pose-Objekte wie angegeben zu. Die gleiche Vorgehensweise wenden Sie auch für das andere Auge an. Jetzt können Sie die Augen des Dinosauriers bequem per Schieberegler öffnen und schließen.

Um auch die Blickrichtung der Augen genau steuern zu können, werden wir die Iriden der Augen-Objekte mit einer Ausrichten-Expression ausstatten. Erstellen Sie aber zunächst für jedes Auge ein Null-Objekt mit passender Benennung (Abbildung 110), das Sie über die Funktion ÜBERNEHMEN exakt auf die gleiche Position und Ausrichtung des Iris-Objekts abstimmen.

Die Iris-Objekte bekommen anschließend über den Objekt-Manager (Abbildung 111) eine Ausrichten-Expression zugewiesen.

Ziehen Sie jedes der beiden Blickziel-Objekte entlang der Objekt-Z-Achse vom Auge weg.

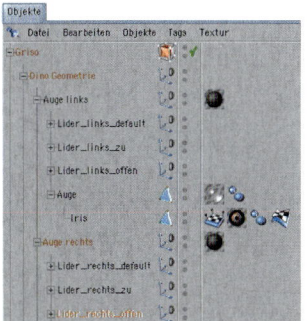

◀ **Abbildung 107**
Duplikate der
Augenlider

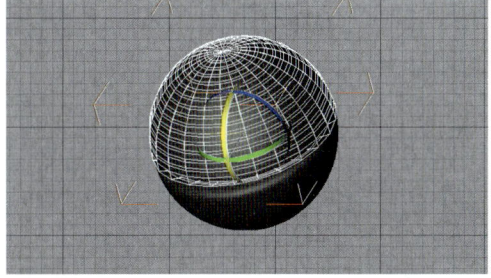

◀ **Abbildung 108**
Geschlossene
Augen

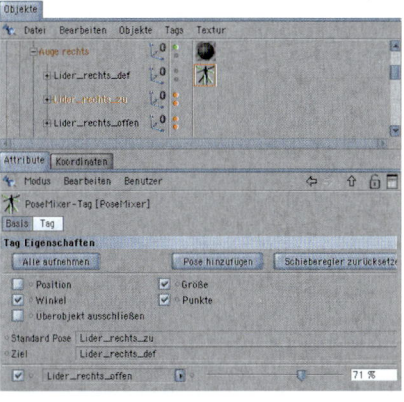

◀ **Abbildung 109**
MOCCA PoseMixer-Tag für
die Augenlider

◀ **Abbildung 110**
Ziel-Objekt für die Blickrichtung

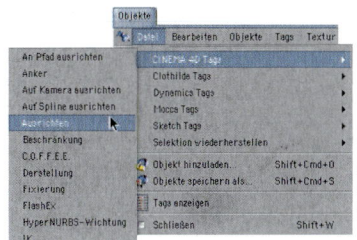

**Abbildung 111** ▶
Ausrichten-Expression

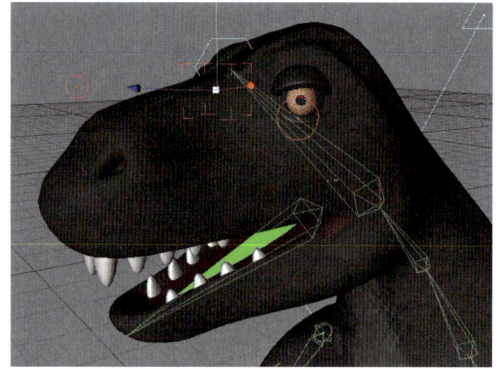

**Abbildung 112** ▶
Steuerung der
Augen über die
Ziel-Objekte

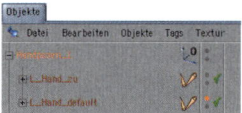

**Abbildung 113** ▶
Duplikate der
Hand-Bone-
Hierarchie

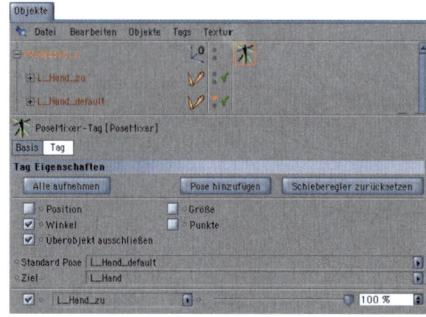

**Abbildung 114** ▶
PoseMixer-Tag zur
Steuerung
der Finger

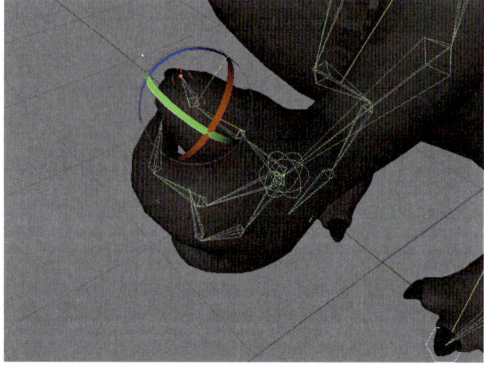

**Abbildung 115** ▶
Schließen der Hand
durch veränderte
Finger-Bones

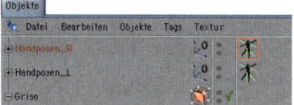

**Abbildung 116** ▶
Gespiegelte Hand-
Bone-Hierarchie

So haben Sie die Zielobjekte im Blickfeld und können die Blickrichtung der Augen über das Verschieben der Ziel-Objekte steuern.

Zur besseren Unterscheidbarkeit vergeben Sie den Ziel-Objekten über deren Einstellungsdialog eine andere Farbe bzw. Form (Abbildung 112).

Seinen ersten Einsatz hatte der PoseMixer bei der Mischung von rotierten Objekten am Augenlid. Für das Greifen der Hände werden wir eine ganze Bone-Kette morphen lassen.

Die Finger der Hand haben wir ja bereits mit Bones versehen. Erstellen Sie als Behältnis für die Handposen ein neues Null-Objekt HAND-POSEN_L, und weisen Sie dem Objekt über die Übernehmen-Funktion die Position und Ausrichtung des Hand-Null-Bones zu. Ordnen Sie dem Handposen-Objekt zwei Kopien der Hand-Bone-Kette unter (Abbildung 113).

Ausgangszustand ist diesmal die offene Hand. Um uns die Arbeit mit den Posen so leicht wie möglich zu machen, versorgen wir zuerst den PoseMixer und können uns anschließend ausführlich der geschlossenen Handpose widmen.

Weisen Sie der Handposen-Gruppe das Pose-Mixer-Tag zu, und definieren Sie Parameter und Posen-Objekte wie in Abbildung 114) gezeigt im Einstellungsdialog. Stellen Sie den Posenregler auf 100%, so dass die Pose der geschlossenen Hand voll zum Tragen kommt. Nun können Sie die Bone-Kette der geschlossenen Hand bequem per Rotation der Bones zu einer Faust formen (Abbildung 115).

Wenn Sie mit der geschlossenen Hand zufrieden sind, erstellen Sie ein neues Null-Objekt für die gegenüberliegenden Handposen und passen Position und Ausrichtung über die Übernehmen-Funktion an das Hand-Null-Bone an. Spiegeln Sie die drei Handposen der linken Hand jeweils mit dem Bones-spiegeln-Werkzeug, und ersetzen

Sie die bereits vorhandene rechte Hand-Bone-Kette mit dem gespiegelten Resultat. Die beiden anderen Posen legen Sie wie gehabt in das Handposen-Objekt. Nun vergeben Sie nur noch ein PoseMixer-Tag für die rechte Handposen-Gruppe (Abbildung 116) und richten es mit den von der linken Hand bekannten Parametern ein.

Für unsere Zwecke ist Griso jetzt mit genug Animationsmöglichkeiten ausgestattet, so dass wir in die Animation einsteigen können.

◀ **Abbildung 117**
Fertiges Bone-Rig des Dinosauriers

## 6. Vorbereitungen für die Animation

Richten wir uns jetzt die Objekte und Cinema 4D für die Animation ein.

Ordnen Sie die Elemente im Objekt-Manager in der anatomischen Reihenfolge (Abbildung 118). Weil dem PoseMixer-Tag vollkommen egal ist, welchem Objekt es zugeordnet ist, können Sie sich das Tag auch für besseren Zugriff nach oben holen. Für das Öffnen und Schließen der Augen per PoseMixer habe ich zwei Null-Objekte als Träger verwendet.

Das Head Up Display (HUD) aus Cinema 4D 9 haben Sie im Grundlagen-Kapitel bereits kennen gelernt. In den Ansichts-Voreinstellungen (Abbildung 119) legen Sie fest, welche Parameter Sie im Editor kontrollieren möchten.

Eigene HUD-Einträge erstellen Sie über das Kontextmenü bei Ctrl-Klick bzw. Klick mit der rechte Maustaste auf den oder die jeweiligen Parameter (Abbildung 120). Diese individuellen HUD-Parameter können Sie sich an beliebige Stellen im Editor schieben (Befehls- und Maus-Taste festhalten), um den Überblick nicht zu verlieren (Abbildung 121).

Auf den folgenden Abbildungen habe ich mein HUD ausgeblendet, um Sie nicht zu verwirren.

◀ **Abbildung 118**
Vorbereitung der Animation

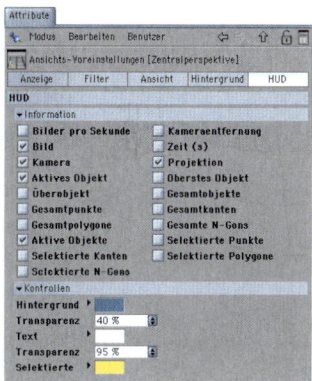

**Abbildung 119** ▲
Head Up Display Ansichts-Voreinstellungen

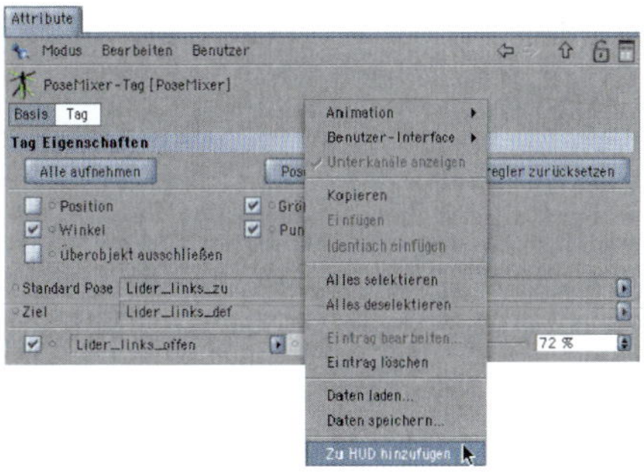

◀ **Abbildung 120**
Hinzufügen eigener HUD-Elemente

◀ **Abbildung 121**
Einrichten der HUD-Elemente

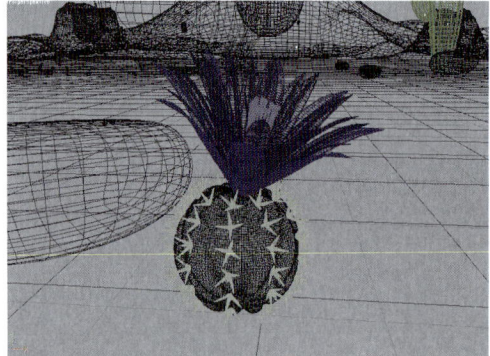

**Abbildung 122 ▶**
Ausgangs-
einstellung für
Kamera_1

**▲ Abbildung 123**
Übernehmen von Kamera_1

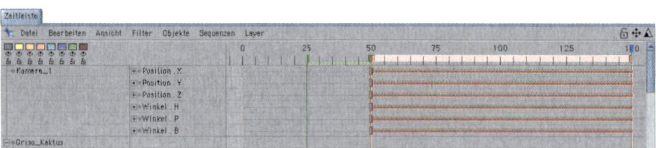

**▲ Abbildung 124**
Aufnahme von
Positions- und
Winkelspuren

**▲ Abbildung 125**
Anpassen der
Sequenzlänge

**Abbildung 126 ▶**
Endeinstellung für
Kamera_1

**▼ Abbildung 127**
Optimieren der
Animationskurven

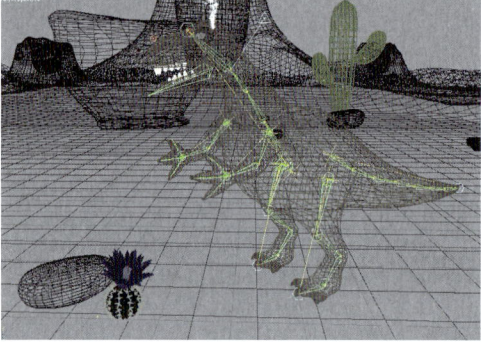

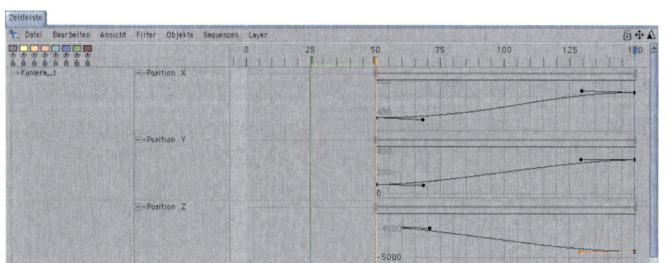

## 7. Kamerafahrt vom Zierkaktus zu Griso

*Für die anfängliche Kamerafahrt benötigen wir natürlich als Erstes eine Kamera, die wir über Keyframes bewegen werden.*

*Richten Sie den Fokus Ihrer Editor-Kamera auf den Zierkaktus aus (Abbildung 122), und erzeugen Sie eine neue Kamera aus der Palette der Szene-Objekte. Übernehmen Sie diese Kamera als Szenen-Kamera (Abbildung 123), aktivieren Sie die Aufnahmeoptionen für Position und Winkel in der Zeitmanager-Palette (Abbildung 124), und schieben Sie den blauen Zeitregler auf Bild 50.*

*Nehmen Sie die aktuelle Position und Winkel der Kamera über den Aufnahmebutton auf.*

*Selektieren Sie die sechs Sequenzen der Kamera in der Zeitleiste, und geben Sie als Start- und Endzeitpunkt der Sequenz Bild 50 bzw. Bild 150 an (Abbildung 125). Schieben Sie anschließend den blauen Zeitregler auf Bild 150, und richten Sie Position und Winkel der Kamera über die Ansichtswerkzeuge am oberen rechten Bildrand so ein, dass Zierkaktus und Dinosaurier gut im Blickfeld sind (Abbildung 126).*

*Die Positions- und Winkelwerte dieser Kameraeinstellung nehmen Sie wieder über den Aufnahmebutton auf.*

*Die Kamerafahrt wäre damit animiert, ein bisschen Feinarbeit muss aber noch sein, sonst wirken die Übergänge von der stehenden zur sich bewegenden Kamera zu abrupt und unnatürlich.*

*Optimieren wir die Animationskurven der Kamera direkt in der Zeitleiste. Klappen Sie die Spuren der Animation auf, selektieren Sie das zu bearbeitende Keyframe, und wählen Sie im Attribute-Manager MANUELL als Interpolationsart. Nun haben Sie Greifer zur Verfügung, mit denen Sie die Kurven nach Wunsch abflachen können.*

Nachdem wir nun zeitlich abschätzen können, wann der Vulkanausbruch stattfinden wird, tragen Sie im Vergleichs-Node des Lava-Emitters (Abbildung 128) Bild 250 als Eruptionsbeginn ein.

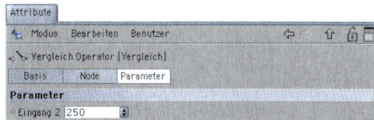

◀ **Abbildung 128**
Startzeitpunkt des
Lava-Emitters

## 8. Characteranimation

Bei der Animation mit MOCCA und Bones im Allgemeinen empfiehlt es sich immer, den unbearbeiteten Ausgangszustand mindestens im Bild 0 festzuhalten.

Gehen Sie also zurück zum Bild 0, selektieren Sie alle Kontrollobjekte, die wir für die Animation vorbereitet haben, und nehmen Sie deren Positionswerte per Aufnahmebutton auf (Abbildung 129). Verschieben Sie den Zeitregler auf Bild 150, und erzeugen Sie abermals Keys als Ausgangsbasis für die bevorstehende Dinosaurier-Animation.

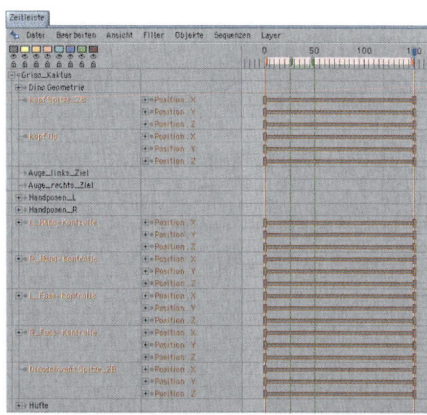

◀ **Abbildung 129**
Aufnahme des
Dinosauriers im
Ausgangszustand

Griso soll zunächst einen vorsichtigen Schritt nach vorne tun. Stellen Sie den Zeitpunkt auf Bild 175, und aktivieren Sie das Objekt der linken Fuß-Kontrolle.

Ziehen Sie das Kontrollobjekt entlang der Z-Achse ein Stück nach vorne (Abbildung 128). Erzeugen Sie Positionskeys für das Fuß-Kontroll-Objekt (Abbildung 131).

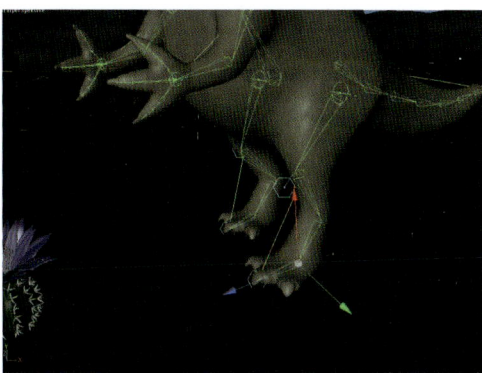

◀ **Abbildung 130**
Animation des
Fußes

Nun schiebt Griso seinen Fuß bereits nach vorne, er hebt ihn allerdings dabei nicht an. Dies bewerkstelligen wir über die F-Kurven, die zweite Möglichkeit zur Optimierung von Animationskurven.

Wechseln Sie von der Zeitleiste in den F-Kurven-Manager, selektieren Sie das Y-Positions-Key der Ausgangs-Fußposition, und setzen Sie die Interpolationsart im Attribute-Manager auf MANUELL (Abbildung 132).

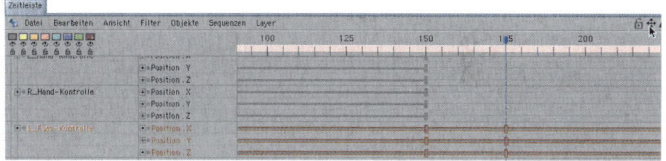

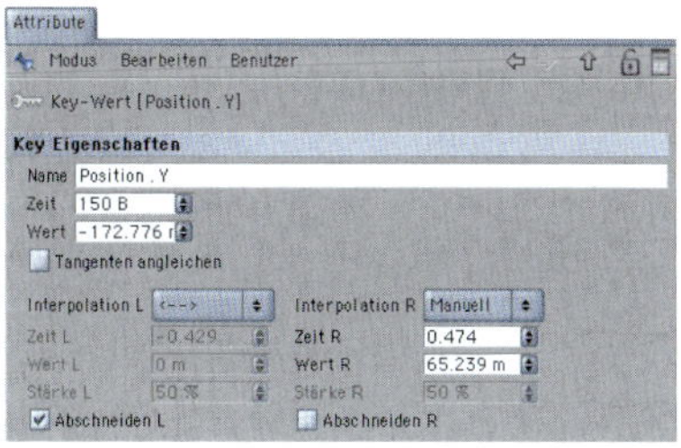

**Abbildung 131** ▲
Aufnahme der Fuß-
Animation

◀ **Abbildung 132**
Key-Eigenschaften der
Y-Position

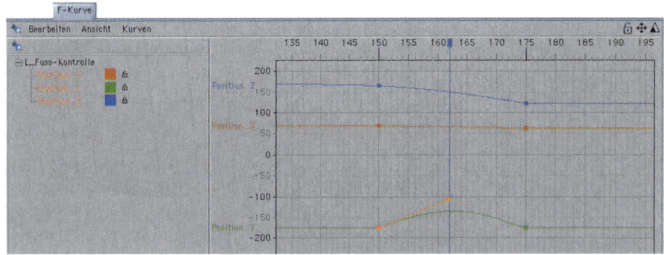

▲ **Abbildung 133**
Optimierung der
F-Kurven

**Abbildung 134 ▶**
Griso bückt sich
zum Zierkaktus.

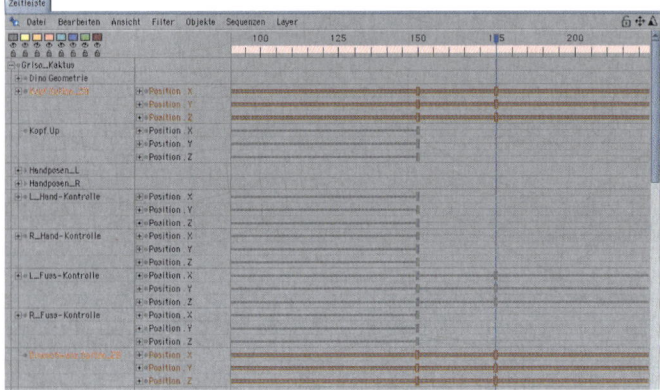

▲ **Abbildung 135**
Aufnahme des
Hinunterbückens

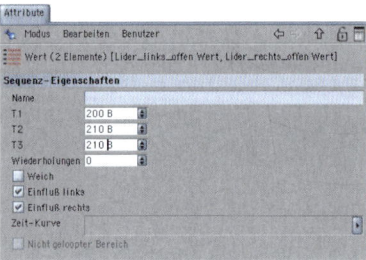

**Abbildung 136 ▶**
Sequenz für das
Blinzeln

Das Heben und Senken des Fußes drückt sich durch den Y-Wert der Animationskurve aus. Weil wir die Kurve nur im inneren Bereich bearbeiten wollen, halten Sie beim Verschieben des Greifers die `Shift`-Taste gedrückt.

Ziehen Sie den Greifer ein Stück nach oben (Abbildung 133), und prüfen Sie außerdem, ob die Übergänge an den anderen Kurven fließend sind.

Weil sich Griso für den Kaktus interessiert, möchte er ihn sich natürlich auch etwas genauer ansehen.

Um das Hinunterbücken zu animieren, nehmen Sie für Bild 150 zunächst die Ausgangspositionen von Kopf-Zielspitze und Dinoschwanz-Zielspitze in Positionskeys auf.

Für das Bücken geben wir Griso eine Sekunde Zeit, stellen Sie den Zeitregler also anschließend auf Bild 175.

Ziehen Sie nun den Dinosaurierkopf am Ziel-Objekt des Kopfes zum Kaktus nach unten und außerdem die Schwanzspitze von Griso anhand der zugehörigen Zielspitze nach unten (Abbildung 134).

Wenn Sie mit Grisos Körperhaltung zufrieden sind, klicken Sie auf den Aufnahmebutton, um die Positionsänderungen der Zielobjekte in Keyframes zu speichern.

Wie Sie die Animationskurven der Dinosaurierbewegung feinjustieren können, haben wir bereits auf den letzten Seiten besprochen. Gewöhnen Sie sich an, jede Bewegung auf allzu technischen, ruckartigen Fluss zu überprüfen und etwas nachzubessern.

Griso blinzelt zweimal, wenn er den Zierkaktus unter die Lupe nimmt. Dazu müssen wir den Prozentwert der Augenlider im PoseMixer-Tag animieren. Suchen Sie sich die PoseMixer-Tags in der Zeitleiste, und weisen Sie beiden Einträgen über das Kontextmenü eine Sequenz von Bild 200 bis Bild 210 zu (Abbildung 136).

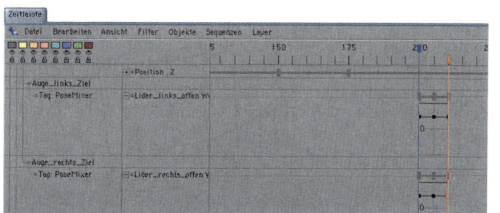

◀ **Abbildung 137**
Aufnahme der Stadien mit offenen Augen

An den beiden Sequenzgrenzen und in der Mitte der Sequenz können Sie per Klick auf die Sequenz mit gedrückter Strg/Ctrl-Taste ein neues Key hinzufügen. Bei den Werten brauchen Sie nichts zu verändern.

Für die beiden Mitten kopieren Sie sich am einfachsten je eines der beiden Keys durch Verschieben mit gedrückt gehaltener Strg/Ctrl-Taste. Diesen beiden mittleren Keyframes weisen Sie über den Attribute-Manager (Abbildung 137) den Prozentwert 0 zu. Hier sollen die Augen also geschlossen sein.

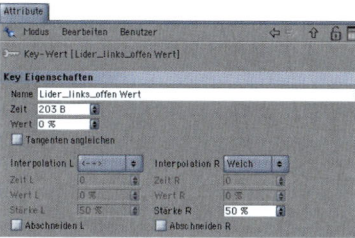

◀ **Abbildung 138**
Parameter-Key mit geschlossenen Augen

Abbildung 138 zeigt die fertige blinzelnde Augenbewegung. Hier darf die Animationskurve ruhig etwas abgehackter ausfallen.

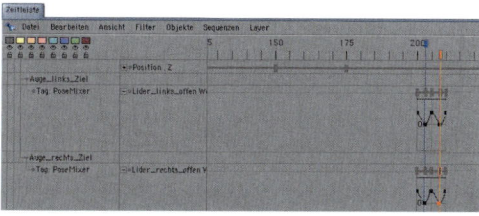

◀ **Abbildung 139**
Die fertigen Blinzel-Sequenzen

Ab Bild 250 wird der Vulkanausbruch stattfinden. Griso soll von dem Geräusch aufschrecken und mit Kopf und Schwanz nach oben schnellen (Abbildung 140).

Nehmen Sie Grisos Positionskeys der Kopf- und Schwanz-Zielobjekte in der Ausgangsposition am Bild 255 auf, schieben Sie den blauen Zeitregler auf Bild 260, und modifizieren Sie die Kontrollelemente von Griso so, bis der Dinosaurier einen wirklich erschrockenen Eindruck macht.

◀ **Abbildung 140**
Griso erschrickt.

▼ **Abbildung 141**
Aufnahme des Aufschreckens

Die relativ kurze Zeit von fünf Bildern bewirkt zusätzlich, dass Griso nicht gelangweilt aufsieht, sondern sich schnell aufrichtet.

Die Positionskeys der erschrockenen Pose nehmen Sie wieder über den Aufnahmebutton auf (Abbildung 141).

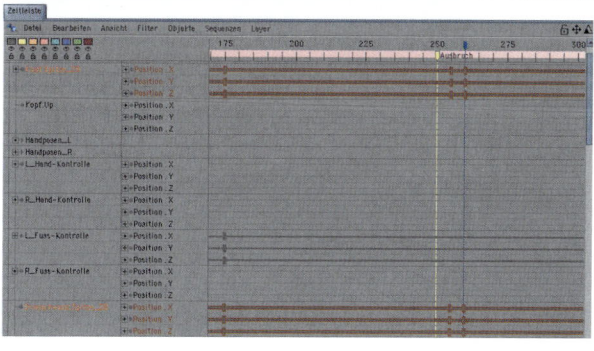

**Abbildung 142** ▶
Ausgangs-
einstellung für
Kamera_2

Während Griso sich einfach nur umdreht, nutzen wir eine zweite Kamera, um uns den Vulkanausbruch aus sicherer Distanz anzusehen.

Erzeugen Sie eine neue Kamera aus der Palette der Szene-Objekte, und wählen Sie diese Kamera als Editor-Kamera aus.

Suchen Sie sich über die Ansichtswerkzeuge eine gute Kameraposition aus (Abbildung 142). Wenn Sie möchten, schauen Sie unserem Dinosaurier doch einfach über die Schulter.

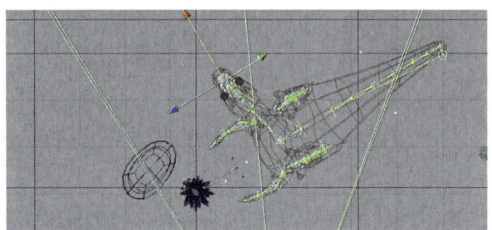

**Abbildung 143** ▶
Herüberziehen
von Kopf und Hals

Der Kamerawechsel wird ab Bild 275 stattfinden. Speichern Sie die Kopfposition des Dinosauriers über dessen Zielobjekt in diesem Bild ab, schieben Sie den Zeitregler auf Bild 300, und manövrieren Sie Grisos Kopf über das Zielobjekt Richtung Vulkan (Abbildung 143). Achten Sie darauf, dass die Bone-Kette nicht abknickt.

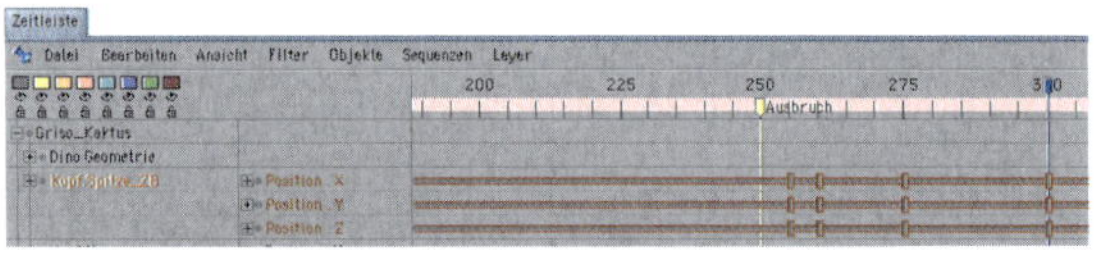

Nehmen Sie diese Kopfposition wieder in neue Keyframes auf (Abbildung 144).

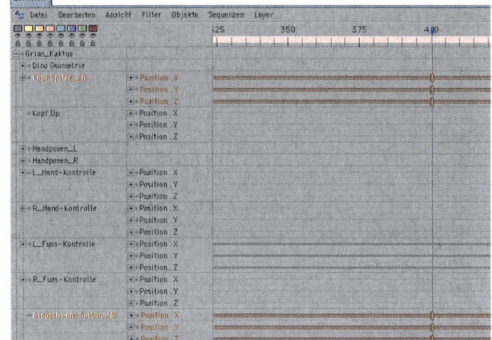

**Abbildung 144** ▲
Aufnahme der
Halsdrehung

Griso wird sich den Vulkanausbruch über insgesamt 100 Bilder mit uns ansehen, bevor er sich um den Zierkaktus kümmert.

Nehmen Sie deswegen die Positionen der Kopf- und Schwanz-Zielobjekte an der entsprechenden Zeit in Bild 400 ein weiteres Mal auf (Abbildung 145).

**Abbildung 145** ▶
Beibehalten der
Kopfhaltung

Für das Zurückdrehen des Halses und Kopfes geben wir Griso insgesamt zwei Sekunden Zeit. Stellen Sie dazu den Zeitregler auf Bild 450, und ziehen Sie den Kopf über die Zielobjekte wieder an die vorangegangene Stelle zurück (Abbildung 146). Das Kopieren der ursprünglichen Keyframes kann, muss aber nicht funktionieren. Sollte es Probleme mit den Bones geben, kann ein zwischengeschobenes Key für Abhilfe sorgen.

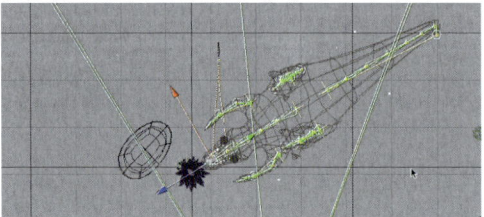

**Abbildung 146** ▶
Zurückdrehen des
Kopfes

Lassen Sie Griso zwei Sekunden (also bis Bild 500) verharren, bis er sich wieder zum Kaktus hinunterbeugt.

Griso soll sein Haupt, die Arme und den Dinosaurierschwanz jetzt etwas deprimiert nach unten senken, seine Augen langsam schließen und seine Hände zu Fäusten ballen. Die zugehörigen Kontrollelemente kennen Sie ja nun bestens, so dass Sie das Absenken der Körperteile von Bild 500 nach Bild 550 selbst realisieren können (Abbildung 148). Für die Arme benutzen Sie die Hand-Kontrollen der beiden Seiten.

Das Ballen der Fäuste nehmen wir uns im Attribute-Manager vor. Schieben Sie den Zeitregler an die entsprechende Stelle, und vergeben Sie über das Kontextmenü (Abbildung 149) ein Keyframe bei anfangs offener (Bild 500) und schließlich geschlossener Hand (Bild 550).

Schließlich hat Griso doch eine Idee und öffnet seine Augen kurz vor Bild 600 (Abbildung 150).

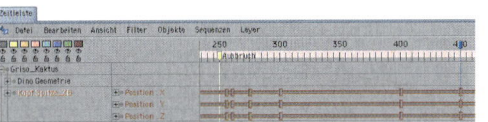

◀ **Abbildung 147**
Aufnahme der
Halsdrehung

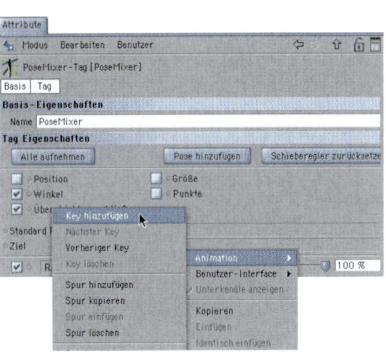

◀ **Abbildung 148**
Absenken der Arme
und des Kopfes

◀ **Abbildung 149**
Ballen der Fäuste

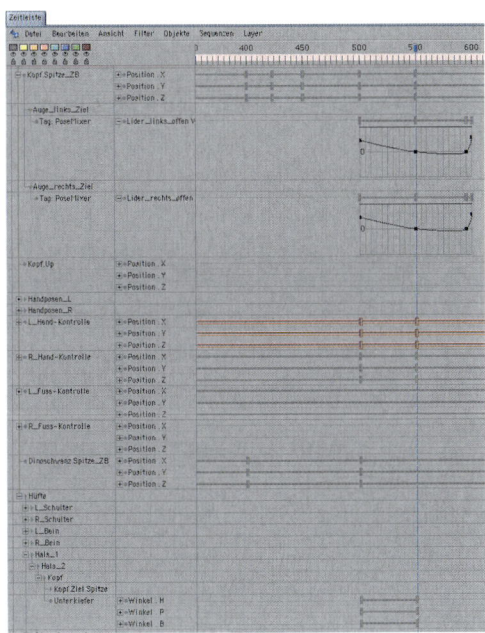

◀ **Abbildung 150**
Schließen der Augen
und des Mundes

◀ **Abbildung 151**
Griso ist
deprimiert.

Abbildung 152 ▶
Ausgangs-
einstellung für
Kamera_3

Wer fasst schon gerne Kakteen an? Unter diesem Aspekt ist es verständlich, dass Griso ein geringeres Übel vorzieht, um den Kaktus vor der Lava zu schützen: Er verschiebt den Felsen.

Erzeugen Sie für die Animation des Felsens (Griso befindet sich dahinter und kann deshalb unsichtbar geschaltet werden) eine dritte Kamera, die das benötigte Blickfeld gut einschließt (Abbildung 152).

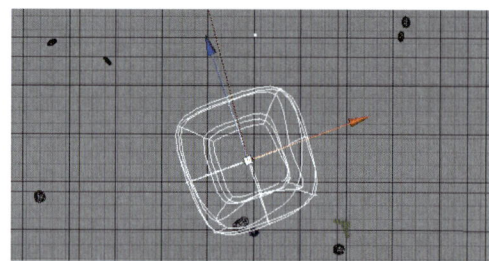

Abbildung 153 ▶
Animation des
Felsens

Nehmen Sie die Position des Felsens bei Bild 650 in Keyframes auf, wandern Sie mit dem Zeitregler auf Bild 850, und verschieben Sie den Felsen kurz vor den Kaktus (Abbildung 153). Auch die Endposition des Felsens bekommt Keyframes, bevor Sie die Sequenz auf die Keygrenzen kürzen.

Aufgrund des schweren Felsens muss Griso einige Male absetzen. Dazu fügen Sie der Sequenz per Kontextmenü einfach ein paar Keyframes hinzu, die Sie in der Zeitleiste durch Verschieben mit gedrückter ⎡Strg⎤/⎡Ctrl⎤-Taste duplizieren (Abbildung 154).

Die Animationskurven des Felsens können Sie wie gehabt über die F-Kurven oder die Zeitleiste nachbessern.

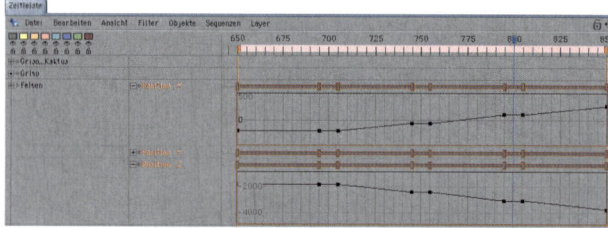

Abbildung 154 ▲
Stop and Go beim
Verschieben des
Felsens

Abbildung 155 ▶
Griso überprüft
die Position
des Felsens.

Zu guter Letzt hat Griso noch einen kurzen Auftritt. Er überprüft, ob der verschobene Felsen auch wirklich vor der drohenden Lava schützt.

Positionieren Sie eine Kopie des Dinosauriers hinter den verschobenen Felsen, und erstellen Sie eine etwa 50 Bilder umfassende Sequenz für das Zielobjekt der Kopfspitze, die den Dinosaurierkopf neugierig seitlich hervorlugen lässt (Abbildungen 155 und 156). Verwenden Sie dabei wieder die erste Kamera, damit wir danach zum Schluß überleiten können. Dieser Schluss wird eine Kamerafahrt sein, die KAMERA_1 wieder zum Ausgangspunkt unserer Animation führt.

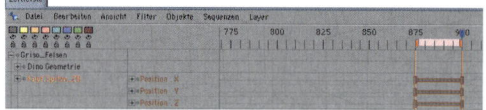

Abbildung 156 ▶
Animation des
Um-die-Ecke-
Schauens

Erstellen Sie dazu einfach eine neue Sequenz für die Ausgangskamera, und kopieren Sie die Keyframes der ersten Kameraanimation auf das letzte Bild der Animation (Abbildung 157).

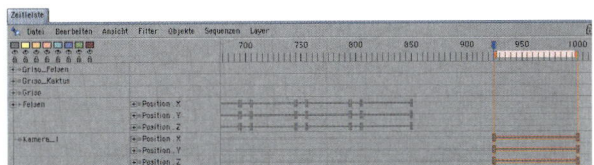

## 9. Vertonung und Szenenwechsel

Auf der beiliegenden CD finden Sie im Ordner Sounds einige passende Geräusche, die wir zur Vertonung verwenden. Um die Töne einzubinden, weisen Sie vorzugsweise den Verursachern über die Zeitleiste eine Soundspur zu. Nach Anpassen der Sequenzposition und -länge können Sie im Sequenzdialog den jeweiligen Sound hinzuladen (Abbildungen 158–160).

Den Sound schreiben Sie später separat über das 2D-Rendering heraus und legen ihn über ein externes Programm dem fertigen Film unter.

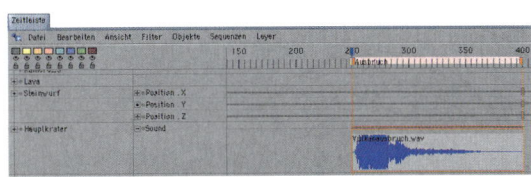

◄ **Abbildung 158**
Soundspur mit
Vulkanausbruch

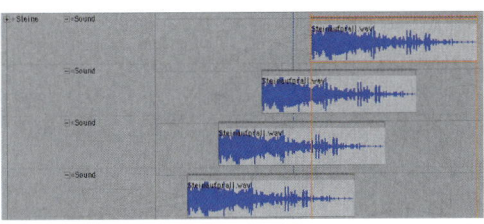

◄ **Abbildung 159**
Soundspuren für
die aufprallenden
Steine

▼ **Abbildung 160**
Soundspur für das
Verschieben des
Felsens

Weil wir mit insgesamt zwei Dinosauriern gearbeitet haben, blenden wir einen der beiden (beim Verschieben des Felsens beide) jeweils aus. Dies geschieht über die Parameter-Spur SICHTBARKEIT, die Sie den Überobjekten der Dinosaurier zuweisen und wobei Sie in den Keyframes die Zeiten der Sichtbarkeit bzw. Unsichtbarkeit festsetzen (Abbildung 161).

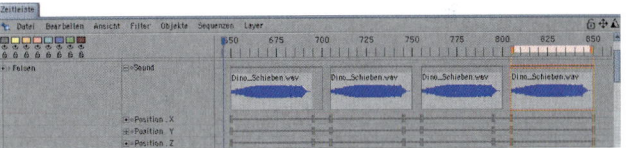

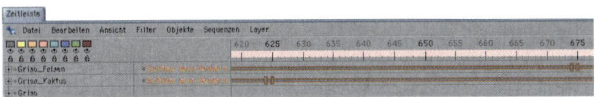

▲ **Abbildung 161**
Ein- und Ausschalten der beiden animierten Dinosaurier

Insgesamt drei Kameras erzählen unsere Geschichte. Der Szenenwechsel erfolgt über ein Stage-Objekt, das Sie in der Palette der Szene-Objekte vorfinden.

In einer neuen Parameter-Spur Kamera (Abbildung 162) definieren Sie über Keyframes (Abbildung 163) die momentan aktive Kamera.

KAMERA_1 war in meiner Animation ab Bild 1 aktiv, KAMERA_2 ab Bild 425, KAMERA_3 ab Bild 625 und schließlich wieder Kamera_1 ab Bild 875.

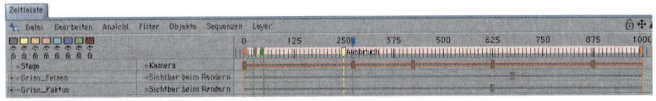

**Abbildung 162** ▲
Kamerawechsel über das
Stage-Objekt

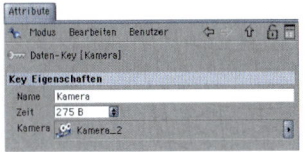

◄ **Abbildung 163**
Stage-Objekt
Kamera-Key

# Rendering

# Rendering in Cinema 4D
## Digitale Berechnung der Bilder

*Die modulare Gestaltung setzt sich auch für die Render-Engine fort. Das Profi-Paket Advanced Render besticht durch High-End-Features wie Radiosity, Caustics, Sub Poly Displacement und Tiefenunschärfe.*

◄ 430
NET Render

Während sich für andere 3D-Programme wie 3ds Max oder Maya eine Vielzahl von externen Renderern am Markt tummelt, stellt sich für Cinema 4D-Anwender eigentlich nur die Frage, ob Advanced Render mit im Einkaufskorb landet. Dies bedeutet aber lediglich, dass Sie mit Cinema 4D in puncto Renderqualität auf das richtige Pferd gesetzt haben, denn nicht nur die Qualität der Ergebnisse, auch die Ausführungsgeschwindigkeit beim Rendering kann wirklich überzeugen.

Das Rendering – die digitale Berechnung von Bildern – ist eine der Aufgaben, welche die Prozessorleistung eines Rechners am meisten beansprucht. Beide Formen des Renderers sind nahtlos in das Programm implementiert, dabei aber multitaskingfähig, was bedeutet, dass die Berechnung des Renderauftrags im Bild-Manager abläuft und Sie getrost weiterarbeiten können.

Wer für die Berechnung seiner Bilder und Filme auf die Kraft mehrerer Rechner zurückgreifen möchte, bekommt ab dem XL-Paket eine wertvolle Zugabe in Form einer Dreierlizenz des Netzwerkrenderers NET Render spendiert. Die wichtigsten Informationen

darüber erhalten Sie ein paar Seiten weiter im Kapitel »NET Render«.

Ein paar Dinge sind vor jedem Rendern stets zu beachten: Zum einen braucht Cinema 4D alle in der Szene verwendeten Texturen. Sind die Texturen weder direkt bei der Szene, im Verzeichnis »tex« des Programms, im Verzeichnis »tex« der Szene noch in den voreingestellten Pfaden auffindbar, erscheint eine Fehlermeldung. Zwar kann die Berechnung fortgesetzt werden, es wird aber lediglich eine angepasste Materialfarbe als Textur verwendet.

Große Szenen mit vielen – eventuell sichtbaren – Lichtquellen, Transparenzen und rechenintensiven Schatteneinstellungen sind immens arbeitsspeicherhungrig. In solchen Fällen sollten Sie Cinema 4D so viel Arbeitsspeicher wie möglich zugestehen. Erhöhen Sie beim Mac OS 9 die Speicherzuteilung, bzw. beenden Sie unter Windows unnötige Programme. Je mehr physikalischen Speicher Sie Ihrem Rechner gönnen, desto weniger nervt er Sie mit Arbeitsspeichermangel-Meldungen.

Es empfiehlt sich, bereits beim Bau der Szene auf ressourcenschonende Elemente zu achten. Sind wirklich alle Lichtquellen notwen-

▲ **Abbildung 1**
Render-Palette

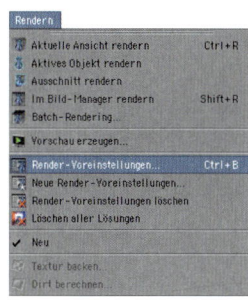

▲ **Abbildung 2**
Rendern-Menü

◀ **Abbildung 3**
Render-Auswahl

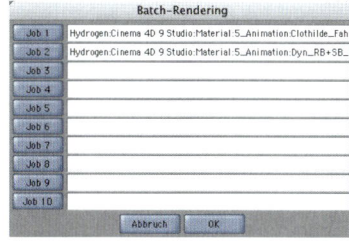

◀ **Abbildung 4**
Batch-Rendering

dig? Reicht statt eines Flächenschattens nicht auch ein weicher Schatten? Ist volumetrisches Licht unbedingt notwendig, oder genügt vielleicht einfaches, sichtbares Licht? Sind die Texturen unnötig hoch aufgelöst und groß?

Der nächste Blick gilt den Render-Einstellungen. Zu den größten Belastungen gehören Radiosity, Caustics, Reflexion und Transparenz. Wer noch weitergehen will, verzichtet auf Antialiasing und rendert dafür in doppelter Größe aus. Anschließend wird das Rendering in einem anderen Programm zurückskaliert. Smells like Almonds-Shader brauchen ebenfalls viel Rechenpower. Hier könnte das Backen des SLA-Shaders über den Befehl TEXTUR BACKEN… Abhilfe schaffen.

Die Befehle zum Rendern sind sowohl in der Render-Palette (Abbildung 1) als auch – mit etwas mehr Optionen – im Rendern-Menü (Abbildung 2) vorhanden.

Durch Klick auf den mittleren Render-Paletten-Button entscheiden Sie, ob ein bestimmter Bildbereich, das ausgewählte Objekt, extern im Bild-Manager oder die gerade aktuelle Ansicht gerendert werden soll (Abbildung 3). Vorher sollten Sie natürlich die Render-Vorein-

stellungen festgelegt haben, die Sie selbstverständlich für den weiteren Gebrauch abspeichern können. Für die schnelle Überprüfung der Arbeit ohne aufwändige Render-Voreinstellungen bietet sich die Funktion VORSCHAU ERZEUGEN an, die Ihnen einen abgespeckten Render-Dialog für reine Zwischenrenderings bereitstellt.

Als Arbeitstier benutzt zu werden, ist für die Rechner eigentlich ein ziemlich undankbarer Job. Tagsüber arbeitet der Mensch mit, abends lässt er die Maschine alleine werkeln. Hierfür ist das Batch-Rendering im Rendern-Menü gedacht (Abbildung 2). Nach Aufruf des Batch-Rendering-Befehls öffnet sich das Job-Fenster (Abbildung 4) mit Platz für zehn Renderjobs.

Da Cinema 4D beim Batch-Rendering die eingestellten Render-Parameter verwendet, sollten Sie natürlich vorher alle Einstellungen, Pfade und Texturen überprüfen, um unliebsame Überraschungen zu vermeiden. Schließlich sind Sie während der Stapelverarbeitung in den seltensten Fällen anwesend.

Auf Wunsch können Sie eine Protokolldatei des Rendering-Prozesses anlegen lassen, um aufgetretene Fehler nachzuvollziehen.

# Basisrenderer

*Rendern mit den Basisfunktionen*

*In den Render-Einstellungen geben Sie an, wie Cinema 4D den Inhalt Ihrer Szene berechnen soll. In diesen Momenten sind Sie nur ein paar Mausklicks vom zufriedenen Zurücklehnen entfernt …*

Der Renderer des Basispakets von Cinema 4D bietet bereits eine sehr gute Qualität. Die Abwesenheit absoluter High-End-Funktionen wie Radiosity und Caustics lässt sich in vielen Fällen verschmerzen. Einziger Wermutstropfen ist das Fehlen der Tiefenunschärfe, die beim Basisrenderer lediglich als Kanal über das Multi-Pass-Rendering und unter Zuhilfenahme eines Programms wie Adobe Photoshop bzw. After Effects zu erzielen ist.

Im Dialog-Feld der Render-Voreinstellungen definieren Sie Aussehen, Qualität und Art des Rendererergebnisses. Trotz der vielen Einstellungsmöglichkeiten ist die Gefahr von fehlerhaften Eingaben gering: Cinema 4D Renderer ist so intelligent und berechnet beispielsweise volumetrisches Licht nur dann, wenn auch wirklich volumetrisches Licht in der Szene verwendet wird.

## Allgemein

In Abbildung 1 sehen Sie die für die Zwischen-Renderings wichtigste Seite des Dialogs: die Allgemein-Seite.

Um die Render-Voreinstellungen für spätere Zwecke aufzuheben oder zwischen verschiedenen Voreinstellungen je nach Renderzweck zu wechseln, können Sie im Feld NAME die Render-Einstellungen benennen.

Der Begriff ANTIALIASING spielt nicht nur im 2D-Grafikbereich, sondern auch beim 3D-Design eine große Rolle. Hinter dem Antialiasing steht immer die Glättung eines so genannten »Treppcheneffekts«, der durch die bitmap-bedingte feste Auflösung des Bildes in Pixel entsteht. Im Antialiasing-Feld des Dialogs bestimmen Sie, welche Bereiche beim Antialiasing berücksichtigt werden. Der Eintrag GEOMETRIE entspricht dem, was Sie aus früheren Versionen vielleicht als KANTE kennen gelernt haben. Für das qualitativ hochwertige adaptive Antialiasing steht zur Feinregelung der Antialiasing-Eigenschaften im Rendering-Dialog ein eigener Reiter zur Verfügung. Zusätzlich bietet das Feld FILTER die Möglichkeit, das Antialiasing in puncto Schärfe individuell für das Endergebnis vorzubereiten. Je nach gewünschtem Endprodukt wählen Sie hier STANDBILD, ANIMATION oder eine der anderen Optionen (Mischen, Catmull etc.) aus.

▲ **Abbildung 1**
Render-Voreinstellungen
Allgemein-Seite

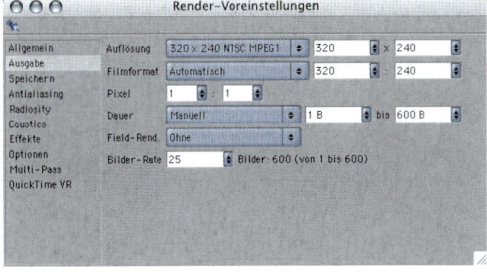

▲ **Abbildung 2**
Render-Voreinstellungen
Ausgabe-Seite

In den nächsten drei Feldern TRANSPA-RENZ, SPIEGELUNG und SCHATTEN geben Sie an, mit welcher Exaktheit diese in den Material-Dialogen und Lichteinstellungen festgelegten Objekteigenschaften beim Rendern Berücksichtigung finden.

Bei transparenten Materialien spielt hier die Brechung eine Rolle, die Sie im Material-Editor als Brechungsindex definiert haben. Die Brechung kostet zusätzliche Rechenzeit, fließt aber, dank intelligentem Cinema 4D, nur dann mit ein, wenn transparente, lichtbrechende Materialien auch wirklich in der Szene auftauchen.

Ähnlich verhält es sich mit den spiegelnden Objekten. Über die Option NUR BODEN UND HIMMEL erreichen Sie, dass sich der Renderer auf die in den meisten Fällen vollkommen ausreichenden Boden- und Himmelsspiegelungen beschränkt.

Auch die Schatten lassen sich im Renderer unabhängig von den Einstellungen in den Lichtquellen an- bzw. ausschalten. NUR WEICH legt dabei die schnellste Rechenzeit vor, die Berechnung aller Schattenarten kann deutlich höhere Zeiten verursachen.

## Ausgabe

Die Ausgabe-Seite (Abbildung 2) beinhaltet unter anderem die GRÖSSE, DAUER und BILDER-RATE des Filmes.

Dabei haben Sie in den Feldern AUFLÖSUNG und FILMFORMAT bereits einige beliebte Standardgrößen zur Hand. Für bestimmte Ausgabegeräte lässt sich sogar das Seitenverhältnis der Pixel regulieren.

Bei Render-Tests von Animationen ist die Option DAUER wichtig. Hier stellen Sie ein, welcher Bereich der Zeitleiste gerendert wird. Sehr elegant: Mit der Einstellung VORSCHAU-BEREICH können Sie den Renderbereich über die Vorschauregler der Zeitleiste festlegen, ohne ständig in die Render-Voreinstellungen wechseln zu müssen.

Die Option FIELD-RENDERING orientiert sich an der in der Video- und Fernsehwelt üblichen Bildauffrischung der »Halbbilder«.

Wie viele Bilder Cinema 4D für eine Filmsekunde rendert, bestimmt die BILDER-RATE. Mindestens 24 Bilder in der Sekunde ergeben ein sicher ruckelfreies Bild, schlagen sich aber entsprechend in der Dateigröße nieder.

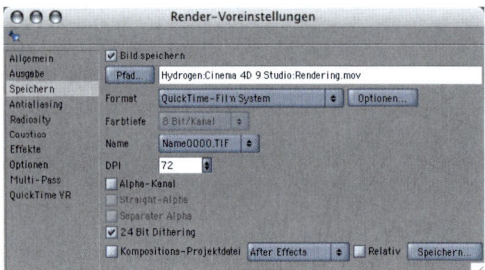

▲ **Abbildung 3**
Render-Voreinstellungen
Speichern-Seite

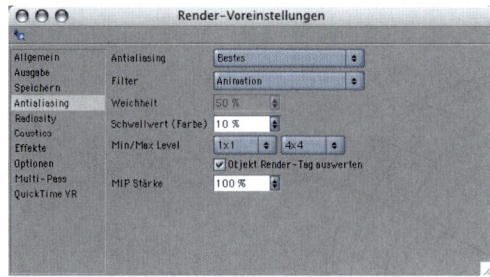

▲ **Abbildung 4**
Render-Voreinstellungen
Antialiasing-Seite

## Speichern

Auf der Speichern-Seite (Abbildung 3) legen Sie Speicherpfad und Dateiformat des Bildes oder des Films fest.

Cinema 4D bietet neben den gängigen Bild- und Film-Dateiformaten auch Formate wie RLA und RPF, die speziell in Video- bzw. Compositing-Programmen Verwendung finden. Auf die Zusammenarbeit mit Compositing-Programmen hat Maxon besonderen Wert gelegt. Über die Option KOMPOSITIONS-PROJEKTDATEI exportiert Cinema 4D eine Datei, die Sie direkt in Ihrem Compositingprogramm öffnen und weiterbearbeiten können. Wie Sie dabei vorgehen, und was dabei zu beachten ist, erfahren Sie im Kapitel »Compositing« des Teamwork-Abschnitts.

◀ 438
Compositing

Namenskonventionen, wie sie einige Programme für den Import von Bildsequenzen verlangen, können Sie ebenfalls vorab über das Feld NAME einstellen. Neben der Speicherung des gerenderten Bildes stehen Ihnen außerdem noch Optionen für die Erstellung von Alpha- und Tiefen-Kanälen zur Verfügung. Alphakanäle kennen Sie als Maske für die Abde-

ckung von Bildbereichen. Die Alphakanäle von Cinema 4D finden Verwendung bei der Montage von Bildern und Filmen beim Videoschnitt. Tiefen-Kanäle drücken die dreidimensionale Tiefe eines Objekts in Grauwerten aus.

## Antialiasing

Die bereits getätigten Antialiasing-Einstellungen können Sie im Reiter ANTIALIASING (Abbildung 4) noch verfeinern.

Der SCHWELLWERT drückt aus, ab welcher Farbdifferenz zweier Pixel ein Antialiasing stattfinden soll, der minimale und maximale Level steht für das Oversampling, also den Antialiasing-Bereich. Experimentieren Sie mit den Filtern, verwenden Sie aber im Zweifelsfall die Standardeinstellungen.

## Effekte

Viele Effekte, die Sie in Kameras, Lichtquellen und anderen Objekten definiert haben, können Sie auf der Effekte-Seite (Abbildung 5)

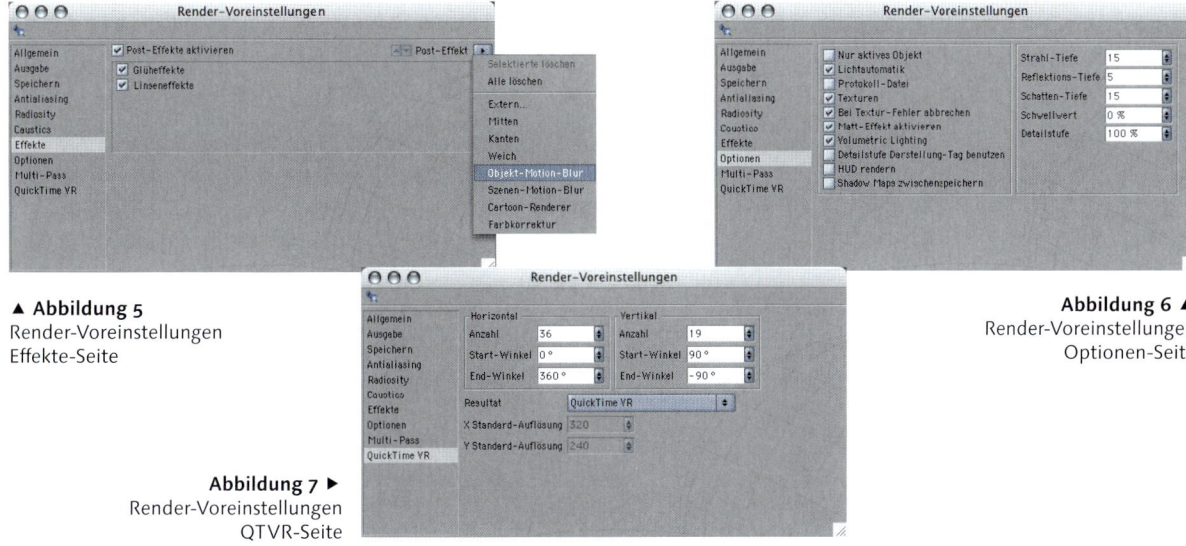

▲ **Abbildung 5**
Render-Voreinstellungen
Effekte-Seite

**Abbildung 6** ▲
Render-Voreinstellungen
Optionen-Seite

**Abbildung 7** ▶
Render-Voreinstellungen
QTVR-Seite

auf Wunsch nochmals global aktivieren oder deaktivieren.

So lässt sich neben Glüh- und Linsen-Effekten sowie volumetrischem Licht auch die Render-Detailstufe kontrollieren. Mit MOTION-BLUR verleihen Sie animierten Objekten eine natürliche Unschärfe. Szenen-Motion-Blur definieren Sie auf der Effekte-Seite, Objekt-Motion-Blur weisen Sie dem Objekt per Motion-Blur-Tag zu.

## Optionen

Die Optionen-Seite (Abbildung 6) beherbergt allerlei Nützliches während des Renderings. So geben Sie hier unter anderem an, ob eine Protokolldatei erstellt und ob bei Texturfehlern das Rendern abgebrochen werden soll.

Ein Extra-Feld kümmert sich um die Einstellungen für den Cartoon-Rendering-Modus. STRAHL-, REFLEKTIONS- und SCHATTEN-TIEFE teilen dem Renderer mit, wie exakt Strahlen,

Reflexionen und Schatten beim Rendern nachverfolgt, also berechnet werden. Die maximale Strahltiefe von 500 Strahlen in Cinema 4D 9 werden Sie wohl nie benötigen. Gehen Sie am besten von den Standards aus, und erhöhen Sie die Strahltiefe, wenn Probleme auftreten.

Neu seit Version 9 ist auch die Option, das Head-Up-Display zur Kontrolle mitzurendern. Um die für weiche Schatten nötige Berechnung der Shadow-Maps zu verkürzen, können Sie einmal berechnete Maps speichern lassen. Dies macht aber nur bei unbewegten schattenwerfenden Objekten Sinn.

## QuickTime VR

In der QTVR-Seite geben Sie die Parameter für QuickTime-VR-Panoramas und -Objekte an. Cinema 4D kann diese Filme fertig ausgeben.

Achten Sie bei Objekt-VRs darauf, dass sich das Objekt im Ursprung (Koordinaten 0, 0, 0) befindet.

# Advanced Render

## Rendern mit den High-End-Funktionen

*Seit Maxons Profi-Renderer als separates Modul ausgegliedert wurde, wächst sein Funktionsumfang mit jedem Cinema-Update. Zu den neusten Features gehören das Sub-Polygon Displacement, Subsurface Scattering und Vektor-Motion-Blur.*

Wer fotorealistische Ergebnisse erwartet, braucht eine Rendering-Engine, die auch physikalische Besonderheiten des Lichts und besonderer Materialien berechnen kann. Viele von uns gar nicht bewusst wahrgenommene Effekte wie Lichtreflexionen oberhalb und unterhalb von Objektoberflächen sind für einen Renderer besondere Herausforderungen.

Das Modul Advanced Render ist für diese Aufgaben bestens gerüstet und gehört zum Umfang des XL- und Studio-Pakets. Nach und nach hat sich das Advanced Render-Portfolio gefüllt und bedient neben klassischen Anforderungen wie Radiosity, Caustics und Tiefenunschärfe auch Spezialwünsche wie Subsurface Scattering, Sub-Polygon Displacement und Vektor-Motion-Blur. Was sich hinter den Begriffen verbirgt und wie sie zum Einsatz kommen, lesen Sie auf den folgenden Seiten.

## Radiosity

Als globale Illumination (kurz: GI) bezeichnet man die indirekte Beleuchtung einer Szene durch die Lichtreflexion von Körpern.

Licht, das nur von einem Fenster oder einer einzelnen Lampe in die Szene eingebracht wird, reflektiert jedes im Raum vorhandene Objekt – je nach Beschaffenheit des Objektes mit höheren oder niedrigeren Lichtwerten, Diffusionen und Farben.

Radiosity ist das Verfahren zur Berechnung der globalen Illumination. Es erschließt eine wesentlich bessere Bildqualität, leider auf Kosten von wertvoller Renderzeit. Schließlich muss neben dem eigentlichen Raytracing auch die Lichtreflexion der im Raum befindlichen Objekte berücksichtigt werden. Viele Anwender simulierten lange Zeit den Radiosity-Effekt – durch zahlreiche Punkt-Lichter oder Verwendung von Flächen-Lichtern. Diese Beleuchtungstechnik ist durch Radiosity keineswegs überflüssig geworden, gerade in den Punkten Renderzeit und Feintuning sticht die Radiosity-Simulation den »echten« Renderer aus – trotz hoher Render-Geschwindigkeit.

Die Szene in Abbildung 1 wird durch eine einzige Lichtquelle ohne Zuhilfenahme von Radiosity ausgeleuchtet. Weder die umliegenden Wände noch der rote Boden nehmen auf die weiße Würfelfarbe Einfluss, was die

▲ **Abbildung 1**
Gerenderte Szene ohne Radiosity

▲ **Abbildung 2**
Gerenderte Szene mit Radiosity

gesamte Szene doch sehr unecht wirken lässt. Der Lichteinfall ist zwar so gesetzt, dass eine relativ große Fläche des Objekts getroffen wird, der hintere Würfelbereich ist aber gänzlich im Dunklen. Für das Rendering von Abbildung 2 wurde lediglich Radiosity eingeschaltet. Die Farbe der Wände findet sich im Würfel wieder, und auch die vom Licht nicht direkt bestrahlten Bereiche werden ausgeleuchtet.

Natürlich erfolgt die »perfekte« Radiosity-Berechnung keineswegs auf Knopfdruck. Eine Fülle von Einstellungsoptionen sorgt zwar für hohe individuelle Einflussnahme, aber auch für eine gewisse Einarbeitungszeit. Nehmen Sie sich etwas Zeit, Gefühl dafür zu bekommen, wie bestimmte Parameteränderungen auf das spätere Aussehen der Szene wirken.

Wie funktioniert nun die Berechnung von Radiosity? Cinema 4D setzt dafür Photonen ein, welche die Kamera in die Szene »schießt«. Wände, Böden und Gegenstände einer Szene lenken die Photonen ab bzw. reflektieren sie – je nach eingestellter Strahltiefe – mehrmals in Form von Sammelstrahlen kreisförmig weiter. Die Farb- und Helligkeitsinformationen für die

Shading-Punkte erlangt Cinema 4D durch die Auswertung der weitergesandten Strahlen. Mit jedem Aufprall verlieren die Photonen an Energie, an Intensität.

**Vorbereitung**

Radiosity-Eigenschaften lassen sich für jedes Material einzeln bestimmen. Dafür besitzt der Material-Editor (Abbildung 3) den Kanal ILLUMINATION, den Sie schon von den Shading- bzw. Illuminations-Modellen her kennen. Hier legen Sie für jedes Material fest, ob und wie stark die Radiosity-Strahlen generiert und empfangen werden sollen. Je nach eingestelltem Wert strahlt das Material dann mehr oder weniger stark in die Szene.

Damit Sie Radiosity-Einstellungen für jedes Objekt separat definieren können, hat Maxon das RENDER-TAG im Menü DATEI des Objekt-Managers vorgesehen. Vorteile ergeben sich daraus in erster Linie für die Renderzeit, denn so lassen sich auf elegante Weise unrelevante Objekte von der Radiosity-Berechnung (SICHTBAR FÜR GI) ausnehmen. Hier ist es möglich, die in den globalen Radiosity-Einstellungen

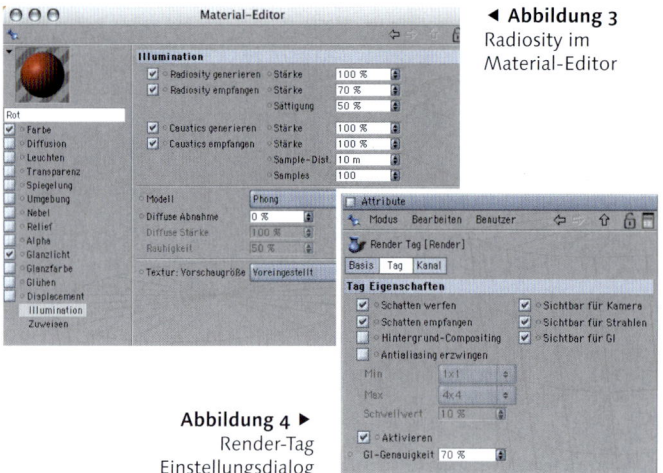

◄ **Abbildung 3**
Radiosity im
Material-Editor

**Abbildung 4** ▶
Render-Tag
Einstellungsdialog

▲ **Abbildung 5**
Image-based Lighting

festgelegte GI-GENAUIGKEIT objektorientiert zu
erhöhen (Abbildung 4).

Beim Spiel mit den Radiosity-Parametern
sollten Sie nicht zu viele Einstellungen auf einmal verändern, sondern die Modifikationen
schrittweise durch bereichsweises Rendering
prüfen. Die Parameter der Dialoge arbeiten in
hohem Maße zusammen, so dass Sie eine perfekt ausgeleuchtete Szene durch allzu eifriges
Nachbessern unter Umständen plötzlich gar
nicht mehr wiedererkennen.

## Image-based Lighting

Hinter diesem spannenden Begriff steckt eine
Beleuchtungstechnik, die durch Radiosity und
den Leuchten-Kanal ermöglicht wird.

Bei der »bildbasierten Beleuchtung« sorgt
ein Bild für die Ausleuchtung der in der Szene
befindlichen Objekte. Dabei wird das Umge-
bungsbild (in unserem Fall ein Wolkenhimmel)
in den Leuchten-Kanal des Materials geladen.
Je nach Beleuchtungstextur definieren Sie das
Leuchten stärker oder schwächer. Als Träger-
objekte beim Image-based Lighting eignen sich
Boden- und Himmel-Objekte sehr gut.

Sind Radiosity-Parameter definiert und aktiviert sowie die Lichtautomatik ausgeschaltet,
steht dem Rendering nichts im Wege – Abbildung 5 kommt ohne echte Lichtquelle aus.

## Rendering

In Radiosity-Feld des Rendering-Dialogs
(Abbildung 6) schalten Sie die Radiosity-
Berechnung ein und steuern global die Radio-
sity-Eigenschaften beim Rendern.

Der stochastische Modus simuliert einen
schnellen, aber körnigen Render-Modus, auch
als ARNOLD-Renderer bekannt. Die Animati-
onsmodi verhindern ein Flackern bei Animationen, wobei sich der Kamera-Modus lediglich
für Kamerafahrten eignet, alle anderen Animationen sollten im Objekt-Animation-Modus
berechnet werden.

STÄRKE reguliert den globalen Radiosity-
Effekt. Übertreiben Sie diesen Parameter, um
spezielle Überbelichtungseffekte zu erzielen.

Einerseits ist es wünschenswert, Radiosity
möglichst genau zu berechnen, andererseits
ergeben sich oft viel zu hohe Rechenzeiten,
ohne dass ein Plus an Qualität erreicht wür-

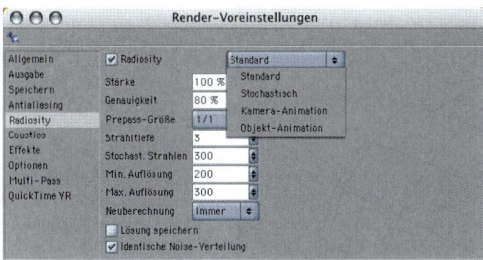

▲ **Abbildung 6**
Render-Voreinstellungen
Radiosity-Seite

**Abbildung 7 ▶**
Lösungen löschen

▲ **Abbildung 8**
Shading-Punkte mit hohen (links) und niedrigen (rechts)
Minimal- und Maximalwerten

de. Im Feld GENAUIGKEIT steuern Sie diesen Wert, der sich zum Beispiel durch die Menge an Shading-Punkten beim Prepass bemerkbar macht. Mit der minimalen und maximalen Auflösung haben Sie zusätzlich noch die Möglichkeit, diese Genauigkeit für kritische bzw. unkritische Bereiche anzupassen. Wenn Sie also beim Prepass-Rendering feststellen, dass diffizile Bereiche zu wenige Shading-Punkte erhalten, so erhöhen Sie den Maximalwert (Abbildung 8). Sind unkritische Bereiche wie Wandflächen zu großzügig mit Shading-Punkten belegt, verringern Sie den Minimalwert.

Die PREPASS-GRÖSSE sollten Sie nur für kleine Zwischen-Renderings von der Standardeinstellung 1/1 abweichen lassen, da das Rendererergebnis sehr von einer hohen Prepassgröße profitiert.

Die STRAHLTIEFE sagt aus, wie oft ein Radiosity-Strahl weiter reflektiert wird. Bei einer stark verwinkelten Szenerie empfiehlt es sich, auch höhere Strahltiefen auszuprobieren. In der Regel reichen Werte von 3 bis 5 aber vollkommen aus.

Mit der Anzahl der Sammelstrahlen (STOCHAST. STRAHLEN) decken Sie die Bereiche ab, die einen Radiosity-Strahl umgeben. Je weniger Sammelstrahlen verfügbar sind, desto ungenauer kann Cinema 4D die Szene bestimmen. Auch hier können Sie sich in den meisten Fällen auf den Standardwert verlassen.

Da die Berechnung des Radiosity-Algorithmus eine sehr zeitintensive Sache ist, bietet es sich an, eine einmal berechnete Lösung abzuspeichern. Dies geschieht über die Option LÖSUNG SPEICHERN. Beim Rendern legt Cinema 4D eine entsprechende Datei in den Ordner Illum im Cinema 4D-Verzeichnis. Im Feld NEUBERECHNUNG geben Sie an, ob eine Neuberechnung stattfinden soll. EINMAL kommt dabei bei der Erstberechnung zum Einsatz, NIE dagegen verlässt sich immer auf eine adäquate Datei im Illum-Ordner. Mit der Option IMMER teilen Sie Cinema 4D mit, dass in jedem Fall eine Neuberechnung stattfindet.

Diese Lösungen sind natürlich nur korrekt, solange Sie die Szene nicht maßgeblich verändern. Je nach Komplexität der Szene verbrau-

▲ **Abbildung 9**
Ausleuchtung durch HDRI

◀ **Abbildung 10**
Himmel-Objekt mit
HDRI-Material

**Abbildung 11** ▶
HDRI im Farbe-Kanal

chen die Lösungen kostbaren Speicherplatz.
Mit dem Befehl LÖSCHEN ALLER LÖSUNGEN im
Menü RENDERN (Abbildung 7) entledigen Sie
sich bei Bedarf von diesem Datenballast.

Radiosity ist kein Garant für ein atemberau-
bendes Resultat, sondern vielmehr das gewisse
Tüpfelchen auf dem i.

## HDRI

High Dynamic Range Images (HDRI) besitzen,
wie der Name bereits verrät, einen äußerst
hohen Dynamikumfang. Da bei normalen
RGB-Bildern das ultimative Weiß bei einem
24-Bit-RGB (255/255/255) angesiedelt ist, sind
ab dieser Stufe keine weiteren Steigerungen
bzw. Nuancierungen mehr möglich. HDR-
Bilder überschreiten diese Grenze, indem sie
weitere 8 Bit für die Helligkeitsregulierung
mitbringen.

HDR-Bilder eignen sich deshalb vorzüg-
lich für die bildbasierte Ausleuchtung von
3D-Szenen (Abbildung 9). Dabei dient das

HDR-Bild nicht nur als Hintergrund, sondern
gleichzeitig als Informationsträger für das auf
die Szene von allen Seiten einfallende Licht.

HDR-Bilder können nicht nur problemlos
importiert und passend umkonvertiert (Menü
PLUG-INS · ADVANCED RENDER), sondern auch
unter Zuhilfenahme von Radiosity als komplette Szenenausleuchtung benutzt werden,
was sich in wesentlich knackigeren Spiegelungen und Glanzlichtern bei den Renderings
zeigt.

Abbildung 10 zeigt die Szenenbestandteile
mit dem ausleuchtenden Himmel-Objekt, das
als Träger des HDR-Images fungiert. Im Material-Editor des HDRI-Materials (Abbildung
11) liegt im Farbe-Kanal das HDR-Bild. Über
Farbe, Helligkeit und Mischstärke kann das
Renderergebnis weiter beeinflusst werden. In
manchen Fällen bewirken starke Spitzlichter in
den Bildern eine Art Überbelichtung.

Zur Erstellung von HDR-Bildern sind Spezi-
alprogramme erforderlich. Fertige Bilder sind
auf CD-Kollektionen und auch im Internet
verfügbar.

▲ Abbildung 12
Sub-Polygon Displacement an einer parametrischen Kugel

▲ Abbildung 13
SPD-Einstellungen im Displacement-Kanal

## Sub-Polygon Displacement

Der Displacement-Kanal in Cinema 4D hat
einen entscheidenden Nachteil: Damit die
Höhen- und Tiefeninformationen der Map
umgesetzt werden können, wird polygonale
Geometrie benötigt. Dies führt in den meisten
Fällen zu sehr hohen Polygonzahlen und leider
auch zu starken Performanceverlusten beim
Rendern und im Editor.

Sub-Polygon Displacement (SPD) setzt
hier an und glänzt durch exzellent scharfe
Reliefstrukturen auf den Objektoberflächen
– genau dort, wo eigentlich keine Punkte oder
Polygone zum Bilden einer Struktur vorhanden
wären (Abbildung 12).

Beim Sub-Polygon Displacement wird die
Objektunterteilung virtuell vor dem Rendern
durchgeführt, was zwar eine Erhöhung der
Renderzeit nach sich zieht, stattdessen aber
keinerlei echte geometrische Unterteilungen
am Objekt verlangt.

Die Einstellungen für das SPD finden Sie als
Unterebene im Displacement-Kanal des Material-Editors (Abbildung 13).

Je höher Sie die Zahl der Unterteilungen
ansetzen, desto filigraner kann die Oberflächenstruktur aufgetragen werden. Gleichzeitig
steigt allerdings auch die Renderzeit mit jeder
Unterteilungsstufe an.

Zur Rundung bzw. Glättung der Kanten
bzw. Konturen tragen die beiden Optionen
Geometrie runden bzw. Konturen runden
bei. Die Glättung wird intern durch eine
Unterteilung ähnlich dem HyperNURBS-Käfig
erreicht, deshalb vervielfachen sich gleichzeitige Anwendung von SPD und HyperNURBS.

Ob die Textur auf die von SPD gerundete
Geometrie angewendet oder zuvor aufgetragen und im Zweifelsfall gequetscht wird,
können Sie über die Option Auf gerundete
Geometrie projizieren bestimmen.

Originalkanten erhalten schützt durch
sequenzielles Phong-Shading manuell erstellte
Phong-Kanten vor deren Glättung durch SPD.

Beste Verteilung sorgt für weiche Übergänge der Displacements an den Objekt- bzw.
Phong-Kanten, indem die Nähe des Displacements zur nächsten Kante ausgewertet und
optisch bzw. räumlich angepasst wird.

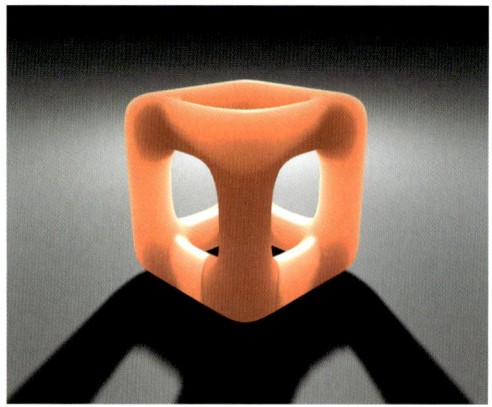

▲ **Abbildung 14**
Subsurface Scattering

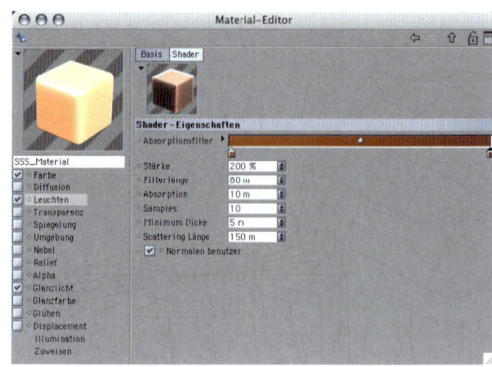

▲ **Abbildung 15**
Subsurface Scattering-Shader im Leuchten-Kanal

## Subsurface Scattering

Materialien wie Haut, Wachs, Milch oder Porzellan haben eine Besonderheit, die es schwer macht, sie mit herkömmlichen Shadern realistisch nachzubilden: Sie sind leicht transparent und leiten, verteilen und absorbieren das eindringende Licht unterhalb der Oberfläche weiter.

Durch den Subsurface Scattering (SSS) genannten Effekt erhalten leicht durchscheinende Materialien (Abbildung 14) ein farbliches Leuchten, besonders wenn sie von der Rückseite beleuchtet werden. Der Advanced Renderer für Cinema 4D kann diesen Materialeffekt simulieren. Besitzer des Moduls finden im Shader-Menü unter den Effekten den Shader Subsurface Scattering, der im Leuchten-Kanal zum Einsatz kommt (Abbildung 15).

Um die optimalen Einstellungen für das SSS zu finden, ist nicht nur etwas Experimentierfreude, sondern auch ein wenig Augenmaß bzw. wirkliches Maßnehmen im Objekt-Manager und Editor gefragt. Viele Angaben des Shaders werden nämlich in der Einheit Meter abgefragt und hängen dadurch stark von der Größe des Objekts ab.

Mit dem Farbverlauf des Absorptionsfilters bestimmen Sie die Farben des Scattering-Effekts. Von links nach rechts zieht sich der Verlauf von der Materialoberfläche bis zur Eigenfarbe des Materials.

Die Stärke des Subsurface Scattering-Effekts stellen Sie über den gleichnamigen Parameter ein. Beginnen Sie mit diesem Wert, damit Sie bei der Feinjustierung schon einen ersten Eindruck vom Ergebnis haben. Die Genauigkeit des SSS-Effekts wird, wie üblich, über den Sample-Wert ermittelt.

Die Filterlänge legt fest, wie weit sich der Farbverlauf des Absorptionsfilters in die Tiefe des Materials fortsetzt. Damit nehmen Sie zusätzlichen Einfluss auf die Weichheit des Verlaufs am Objekt.

Der Parameter Absorption bestimmt die Transparenz der Oberfläche. Je größer dieser Wert, desto weniger Licht wird durch das Material verschluckt. Minimum Dicke behält sich einen Mindestweg vor, den das Licht zurücklegen darf.

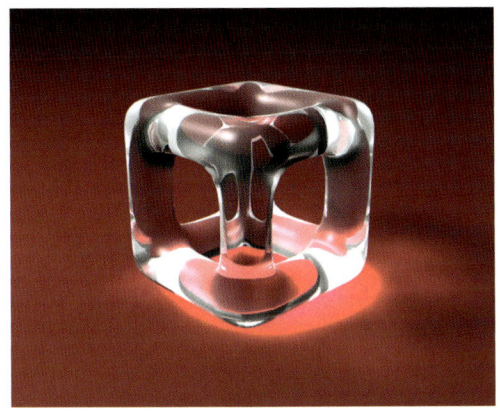

▲ **Abbildung 16**
Caustics-Effekte bei transparentem Material

▲ **Abbildung 17**
Caustics-Effekte bei spiegelnden Oberflächen

Die SCATTERING-LÄNGE sagt aus, wie weit das Licht in das Material eindringen darf, deswegen machen hier nur Werte Sinn, die kleiner als das Objekt selbst sind.

NORMALEN BENUTZEN erlaubt dem Shader, sich bei der Ermittlung der Objektoberflächen an die Normalenausrichtung zu halten, führt aber zu Problemen, wenn unsaubere Geometrie oder Überschneidungen vorliegen.

## Caustics

Caustics sind Lichtmuster, die durch Interferenzen bei gebrochenen oder reflektierten Lichtstrahlen beim Ein- und Austritt aus transparenten oder spiegelnden Materialien entstehen. Typische Beispiele sind die Lichtbrechung bei Objekten aus Glas (Abbildung 16) und spiegelnden Oberflächen (Abbildung 17) oder auch die bekannten bewegten Lichtspiele in jedem Schwimmbecken.

Das Advanced Render-Modul von Cinema 4D ist in der Lage, diese Oberflächen-Lichtspiele zu berechnen. Doch damit nicht genug,

auch spektakuläre Volumen-Caustics, die den Weg der Caustics in volumetrischem Licht sichtbar machen, sind möglich (Abbildung 18). Die Berechnung geschieht wiederum über Photonen, im Unterschied zur Radiosity aber nicht von der Kamera, sondern von der Lichtquelle aus.

### Vorbereitung

Im Illuminations-Kanal des transparenten Materials (Abbildung 19) bestimmen Sie, wie stark das Material Caustics-Effekte generieren bzw. empfangen soll. Zusätzlich geben Sie hier die SAMPLE-DISTANZ, also die Größe des Bereichs, der zur Berechnung der Caustic jeweils herangezogen werden soll, und die Sample- bzw. Photonen-Anzahl für den Bereich an.

Bei einer zu klein angelegten Sample-Distanz kann Advanced Render keine benachbarten Photonen erreichen und zwischen ihnen interpolieren. Dies führt zu einzeln gerenderten Photonen, die sich in einem unansehnlichen Sprenkel-Effekt äußern. Bei zu großer Distanz dagegen steigt die Rechenzeit merklich

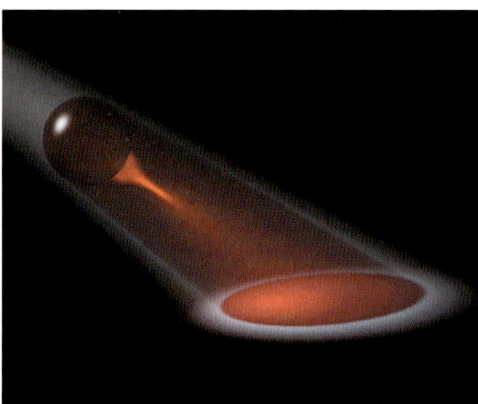

▲ **Abbildung 18**
Volumetrische Caustics

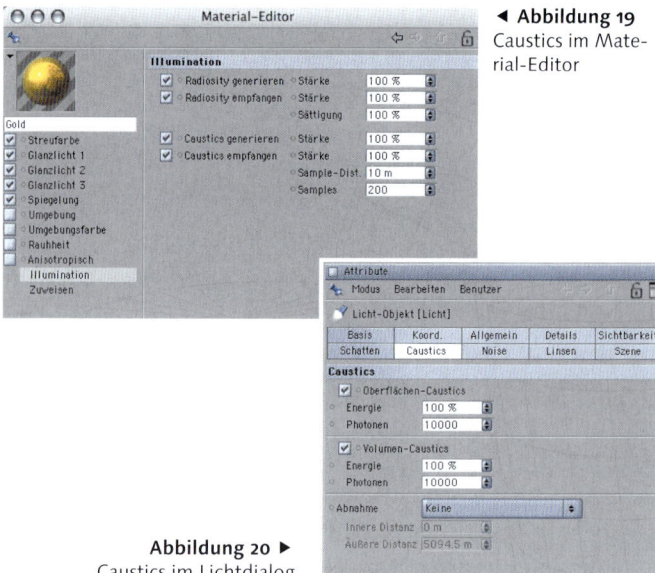

◀ **Abbildung 19**
Caustics im Mate-
rial-Editor

**Abbildung 20** ▶
Caustics im Lichtdialog

an, das Ergebnis wird zusehends verschwom-
men und unscharf.

Da die Lichtquelle für die Aussendung der
Caustics-Photonen verantwortlich ist, befinden sich hier die zugehörigen Einstellungen
(Abbildung 20). An die Oberflächen- und Volumen-Caustics vergeben Sie eine Anfangsener-
gie, die, ähnlich den Radiosity-Photonen, bei
jeder Reflexion an Stärke verliert.

Mit der Photonen-Anzahl regeln Sie die
Auflösung des Caustics-Effektes. Ein Zuviel an
Photonen erhöht die Renderzeit wesentlich,
ohne ein besseres Ergebnis zustande zu brin-
gen, ein Zuwenig an Photonen unterbindet die
Möglichkeit der Interpolation – die einzelnen
Photonen werden sichtbar. Im Feld ABNAHME
steuern Sie die räumliche Ausdehnung der
Caustics.

Auch die Caustics-Effekte verlangen nach
Experimentierlust, im Gegenzug verleihen sie
Ihren Renderings aber ein bedeutendes Maß
an Realismus. Setzen Sie Caustics deswegen

unbedingt auch bei spiegelnden Materialien
ein (Abbildung 10). Wichtigste Anlaufstellen
bei unbefriedigenden Ergebnissen sind die
Sample-Distanz und die Photonen-Anzahl.
Behalten Sie im Auge, wo Caustics-Effekte in
Ihrer Szene zu erwarten sind. Steht die Licht-
quelle zu hoch, überdeckt möglicherweise
Ihr Objekt die interessantesten Effekte. Das
Übertreiben oder Untertreiben der Parameter
hilft zum einen bei der Analyse des Caustics-
Effekts und erzielt oftmals Aufsehen erregende
Renderings, wenn auch vielleicht nicht allzu
realitätsnah.

## Rendering

Damit Sie Caustics-Effekte rendern können, ist
es natürlich zwingend erforderlich, die Caustics
in den Render-Voreinstellungen zu aktivieren
(Abbildung 20).

Analog zu Radiosity gibt es auch für die
Caustics globale Parameter in den Render-Voreinstellungen (Abbildung 21). Allen voran legen

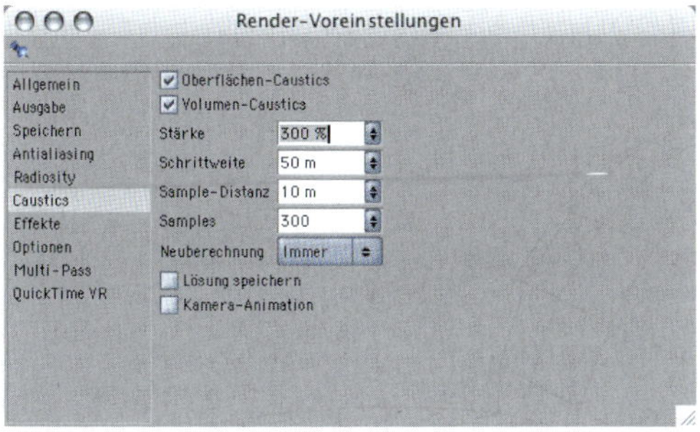

▲ **Abbildung 21**
Render-Voreinstellungen
Caustics-Seite

▲ **Abbildung 22**
Photonen-Flecken

Sie hier die Aktivierung der OBERFLÄCHEN- und VOLUMEN-CAUSTICS für das Rendering fest. Natürlich gilt auch hier, dass Volumen-Caustics nur dann berechnet werden, wenn diese in der Lichtquelle angelegt wurden (Abbildung 20).

Die Stärke bzw. Helligkeit der Caustics lässt sich durch den Stärke-Wert einstellen. Fällt der Caustics-Effekt nach Ihrem Geschmack zu schwach aus, können Sie hier eine globale Aufhellung erreichen. Die Optionen SCHRITTWEITE, SAMPLE-DISTANZ und die SAMPLES beziehen sich ausschließlich auf die Volumen-Caustics.

Anhand der SCHRITTWEITE definieren Sie die Auflösung des Volumen-Caustics entlang der Caustics-Achse. Niedrigere Schrittweiten lösen das Caustic feiner auf, benötigen aber auch höhere Renderzeiten.

SAMPLE-DISTANZ und SAMPLES sind stark voneinander abhängig. Die Sample-Distanz gibt an, in welchem Umkreis Cinema 4D bei der Caustics-Berechnung nach benachbarten Photonen sucht. Ist die Distanz zu klein oder auch die Photonen-Anzahl zu gering, entstehen beim Rendering kleine Flecken bis hin zu Photonen-Punkten (Abbildung 22).

## Tiefenunschärfe

Der sehr zum realistischen Eindruck der Renderings beitragende Effekt der Tiefenunschärfe, auch »Depth of Field« genannt (Abbildung 23), bleibt zum Leidwesen vieler seit Version 8 den Besitzern des Advanced Render-Moduls vorbehalten.

Im Inszenierungs-Kapitel »Kamera« haben wir die nötigen Einstellungen für die Kamera bereits behandelt, kümmern wir uns also jetzt um die Rendering-Parameter, die auf der Effekte-Seite der Render-Voreinstellungen zu finden sind (Abbildung 24).

Im Basisteil der Parameter definieren Sie die Stärke der Unschärfe, die sich auf die einzeln konfigurierbaren Werte der eigentlichen TIEFENUNSCHÄRFE bzw. der RADIALEN UNSCHÄRFE auswirkt.

Weil Hintergrund-Objekte schwer durch Meterangaben zu erfassen sind, lässt sich die HINTERGRUND-UNSCHÄRFE separat einstellen. Die Option AUTOFOKUS bewirkt, dass die Unschärfe ausgehend von einem scharf gezeichneten Zentrum (Fokus) stetig zunimmt.

230 ▶
Kamera

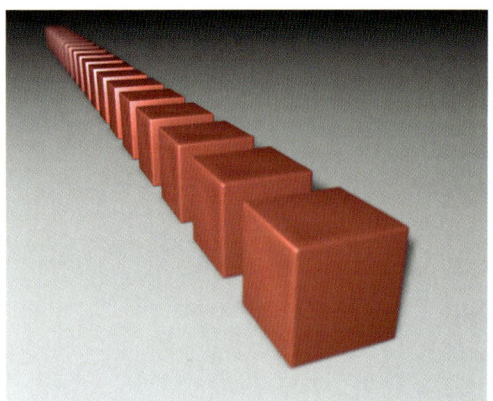

▲ **Abbildung 23**
Tiefenunschärfe

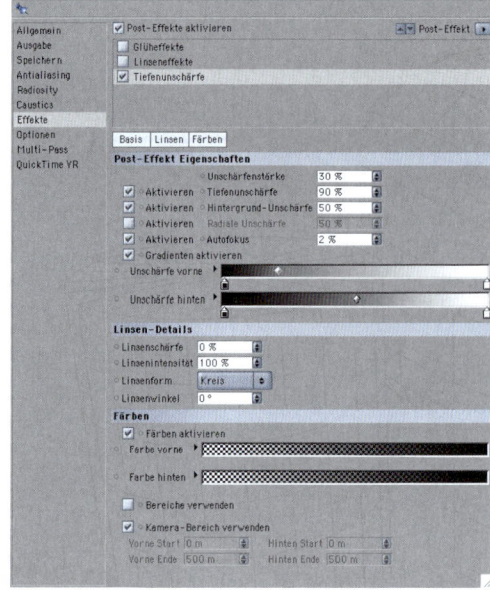

**Abbildung 24** ▶
Render-Voreinstellun-
gen Effekte-Seite

Bei der Kamerakonfiguration haben Sie für die Unschärfe Bereiche festgelegt, für vorne, hinten oder vorne und hinten. Der Übergang vom scharfen zum unscharfen Bereich erfolgt stufenlos, was Sie durch die Gradienten (Farbverläufe) schnell abändern können. Mit einem Verlauf legen Sie fest, wo und wie schnell die Tiefenunschärfe von der scharfen (schwarz) in die unscharfe (weiß) Zone übergeht.

Der Bereich LINSEN ist unabhängig von den Linsen-Effekten des Licht-Objekts. Besonders hell glänzende Stellen eines Objektes werden durch Kameras oft weichgezeichnet. Um diesen Effekt zu erzielen, können Sie hier Schärfe, Intensität, Form und Winkel der Linsenunschärfe konfigurieren.

Wenn Sie möchten, dass mit der Tiefenunschärfe gleichzeitig auch eine Färbung der Unschärfe stattfindet, wählen Sie über die Farbverläufe im Bereich FÄRBEN eine passende Farbe für vorne und hinten aus. Außerdem steht Ihnen frei, entweder eine automatische Färbung (BEREICHE VERWENDEN deaktiviert), den eingestellten Bereich des Kamera-Objekts oder einen völlig anderen Wertebereich für die Färbung zu verwenden (KAMERA-BEREICH VERWENDEN).

## Vektor-Motion-Blur

Natürliche Unschärfe entsteht auch bei bewegten Objekten. Cinema 4D bietet in seiner Standardversion zwei dieser Bewegungsunschärfen an, das Objekt-Motion-Blur sowie Szenen-Motion-Blur.

Beide Unschärfen sind Post-Effekte, die Sie über die Render-Voreinstellungen auf der Effekte-Seite aktivieren bzw. per Motion-Blur-Tag im Objekt-Manager-Menü DATEI · CINEMA

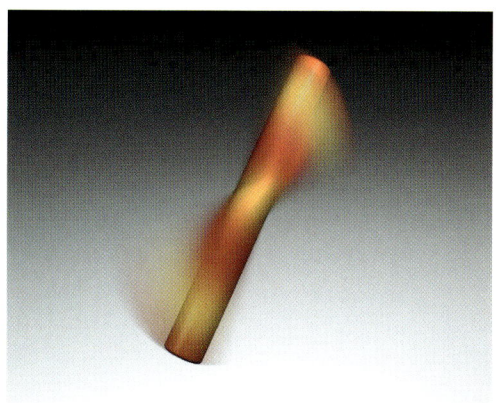

▲ **Abbildung 25**
Vektor-Motion-Blur

◄ **Abbildung 26**
Zylinder-Objekt mit
Motion-Blur-Tag

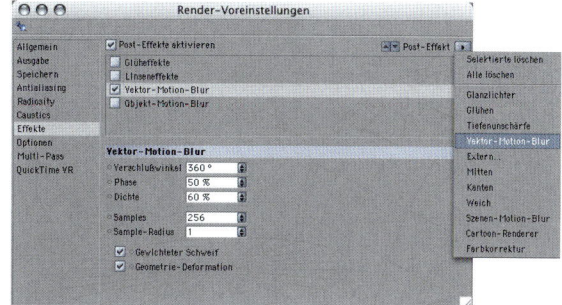

**Abbildung 27** ►
Vektor-Motion-Blur
auf der Effekte-Seite

4D TAGS zuweisen. Vektor-Motion-Blur (VMB) ist eine weitere Unschärfeart, die in Advanced Render enthalten ist und auch auf die gleiche Weise integriert wird. Im Gegensatz zu den Standardbewegungsunschärfen berücksichtigt Vektor-Motion-Blur sowohl die Bewegungsgeschwindigkeit als auch die Verschlusszeit der virtuellen Kamera. Wie der Name schon sagt, verfolgt VMB den vektorbasierten Ansatz, indem es zur Berechnung der Unschärfe den Vektorpfad zwischen Ausgangs- und Endbild heranzieht. Gerade mit rotierenden Objekten hatte das Standard-Motion-Blur in Cinema 4D arge Probleme.

Für den Unschärfeffekt in Abbildung 25 wurde dem animierten Zylinderobjekt ein Motion-Blur-Tag zugewiesen (Abbildung 26).

Alle weiteren Einstellungen finden sich in den Render-Voreinstellungen auf der Effekte-Seite (Abbildung 27). Über das Aufklappmenü wird die gewünschte Unschärfeart ausgewählt und aktiviert.

Der VERSCHLUSSWINKEL bestimmt, wie lang die Unschärfe gezogen wird. Der Winkel von 360° entspricht der Dauer eines Bildes, maximal lassen sich bis zu drei Bilder, also 1080° als Verschlusswinkel verwenden.

Ob der Unschärfeffekt vor, hinter oder mittig zum animierten Objekt liegt, entscheidet die PHASE. Ein Wert von 0% setzt die Unschärfe vor, ein Wert von 100% hinter das Objekt.

Wenn die Unschärfezeichnung zu körnig wirkt, erhöhen Sie die Anzahl der SAMPLES. Ein höherer SAMPLE-RADIUS resultiert in einer weicher gezeichneten Bewegungsunschärfe. Zu hoch sollten Sie die Samplezahl nicht ansetzen, sonst steigt die Renderzeit zu sehr an.

Die Option GEWICHTETER SCHWEIF bewirkt, dass der Unschärfeschweif mit zunehmender Länge durchsichtiger wird.

Um durch Deformatoren verformte Objekte ebenfalls mit Motion-Blur zu versehen, aktivieren Sie GEOMETRIE-DEFORMATION.

▲ **Abbildung 28**
Glanzlicht-Effekte

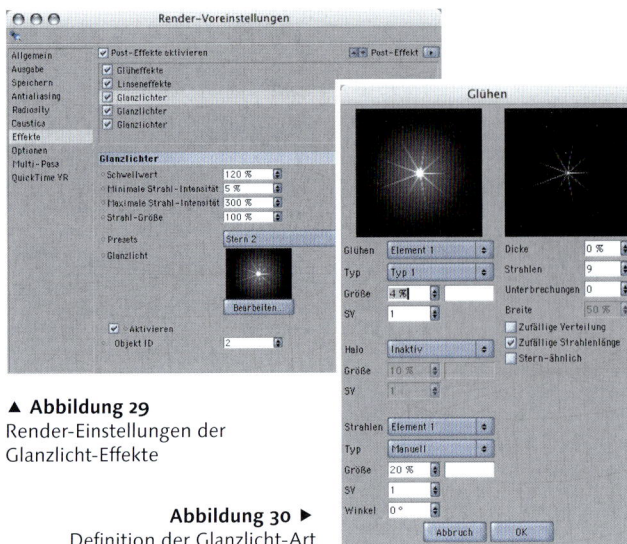

▲ **Abbildung 29**
Render-Einstellungen der
Glanzlicht-Effekte

Abbildung 30 ▶
Definition der Glanzlicht-Art

## Glanzlicht

Besonders spektakuläre Render-Effekte lassen
sich mit dem neuen Glanzlicht-Post-Effekt
kreieren (Abbildung 28). Er arbeitet nicht mit
den Glanzlicht-Parametern im Material-Editor
zusammen, sondern richtet sich rein nach der
gerenderten Helligkeit und legt danach seinen
Glanzlicht-Effekt darüber.

Diese Helligkeitsschwelle orientiert sich am
eingestellten Schwellwert auf der Effekt-Seite
der Glanzlichter (Abbildung 29). Für jedes
Glanzlicht kann neben der STRAHLGRÖSSE ein
minimaler und maximaler Intensitätswert definiert werden. Wenn Sie sich schon einmal die
Linsen- und Glühen-Effekte der Lichtquellen
genauer angesehen haben, kommen Sie mit
der Glanzlicht-Konfiguration (Abbildung 30)
schnell zurecht. Hier darf wieder Ihr Spieltrieb
walten.

Damit Ihr mühsam gebastelter Glanzlicht-
Effekt nur auf den Objekten Ihrer Wahl zum
Tragen kommt, geben Sie auf der Effekt-Seite

eine Objekt-ID an, die Sie dem Objekt über
ein Render-Tag (Objekt-Manager Menü DATEI
· NEUES TAG) mitteilen. Jeder der Würfel in
Abbildung 28 besitzt ein Render-Tag mit einer
anderen ID, für die verschiedenen Glanzlichter
wurden drei Post-Effekte angelegt.

## Glühen

Das Advanced Render-Modul nimmt sich auch
des Themas Glühen-Effekte an. Hier handelt es
sich ebenfalls um Post-Effekte, die unabhängig
von eventuellen Glühen-Einstellungen in den
Lichtquellen arbeiten.

Die Vielzahl an Einstellungsmöglichkeiten
des Glühen-Effektes (Abbildung 32 und 33)
ist wieder einmal überwältigend, aber schnell
einzuschätzen, deswegen möchte ich mich auf
die wichtigsten Bestandteile konzentrieren.

Im Bereich GLÜHEN aktivieren Sie den
Glühen-Effekt, das gleich nebenan platzierte
Objekt-ID-Feld erinnert Sie daran, den glü-

**▲ Abbildung 31**
Glühen-Effekte

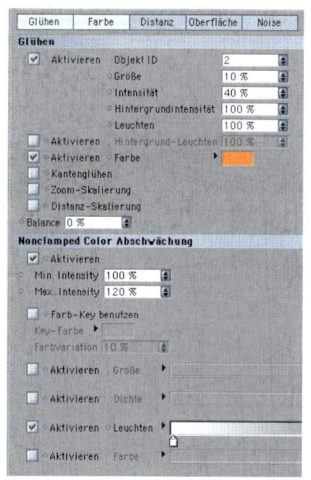
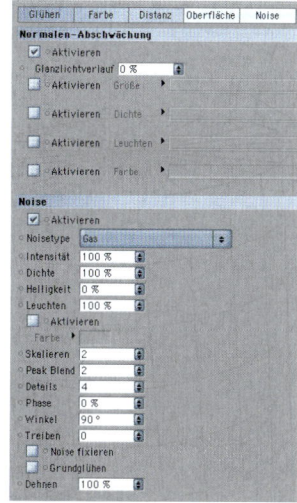

**Abbildung 32 + 33 ▲ ▶**
Render-Einstellungen der Glühen-Effekte

henden Objekten über das Render-Tag IDs zuzuweisen. Neben den üblichen Werten zu GRÖSSE und INTENSITÄT können Sie auch den HINTERGRUND in die Berechnung einbeziehen, um den Glühen-Effekt besser zu betonen.

Um statt der Materialfarbe des Objekts eine andere Farbe für das Glühen zu verwenden, aktivieren Sie die Option FARBE und wählen über das Farbe-Feld eine geeignete Farbe aus. Je gleichmäßiger der Glühen-Effekt aufgetragen werden soll, desto höher legen Sie den Balance-Wert. Zum Vergleich: Der mittlere Würfel besitzt eine Balance von 0, das Kantenglühen des rechten Würfels dagegen volle 100 %.

Weil auch das Glühen ein Post-Effekt ist, der nachträglich in die Szene eingerechnet wird, entstehen schnell übertriebene Farbwerte. Dem können Sie über die so genannte NONCLAMPED COLOR-ABSCHWÄCHUNG entgegentreten, in der Sie die Grenzwerte des gerenderten Ausgangsbildes als

Schwellenwert für die Glühen-Einrechnung festlegen. Auch der Ausschluss bestimmter Farben vom Glühen ist über die Option FARB-KEY möglich.

Für die Abschwächung des Glühen-Effekts in die Tiefe oder um das Objekt selbst bietet der Distanz-Bereich Regler für GRÖSSE, DICHTE, LEUCHTEN und FARBE des Glühens.

Das Glühen kann zudem an der Normalen-Richtung des Objektes orientiert werden. Dafür ist der Abschnitt OBERFLÄCHE (Abbildung 33) mit den bekannten Reglern zuständig.

Richtig Eindruck können Sie mit den Noise-Effekten machen (linker Würfel). Dabei wird das Glühen wahlweise auf einen Gas-, Feuer- oder elektrischen Noise-Typ beschränkt.

Außer dem gewohnten Feintuning von INTENSITÄT, HELLIGKEIT und LEUCHTEN fehlt auch eine alternative Farbe nicht. Der besondere Clou: Mit den Phase- und Winkel-/Treiben-Parametern animieren Sie das Noise-Gebilde sogar.

# Sketch and Toon

## Skizzen, Zeichnungen und Cartoons aus Cinema 4D

*Sketch and Toon verleiht Cinema 4D die Fähigkeit, nichtfotorealistische Renderings (NPRs) zu generieren. Das Shading- und Rendering-Modul bietet nahezu unbegrenzte Möglichkeiten bei der Erstellung von Zeichnungen und Illustrationen aus 3D.*

Lange Zeit war es das erklärte Ziel vieler 3D-Softwarehersteller, mit den Renderergebnissen ihrer Programme so nahe wie möglich an den Fotorealismus heranzurücken. Kaum ist diese Hürde genommen, verkehrt sich die Vorgabe praktisch ins Gegenteil. Handskizzen, technische Illustrationen und Bilder in verschiedensten Malstilen versprühen nicht nur einen besonderen individuellen Charme, sondern lenken den Blick auch schneller auf das Wesentliche: den Inhalt eines Werkes.

Sketch and Toon ist ein Shading- und Rendering-Modul, das Ihnen alle Möglichkeiten bietet, Ihre dreidimensionalen Szenen als Zeichnungen oder cartoonartige Animationen auszugeben. Wie alle anderen Cinema 4D-Module ist es separat erhältlich, gehört aber zum Umfang des Studio-Bundles.

Die Fähigkeiten von Sketch and Toon heben sich von der Konkurrenz deutlich ab. Sketch and Toon bereichert Cinema 4D in Form von Shadern, Tags und als Post-Effekt an den dafür vorgesehenen Stellen. Dies mag zunächst etwas unübersichtlich erscheinen, unterliegt aber einer konsequenten Arbeitslogik und zahlt sich durch flexible, bis ins Detail

justierbare Ergebnisse aus. Hat man nach der Einarbeitungszeit die Arbeitsweise des Moduls erst einmal verinnerlicht, steht dem uneingeschränkten Experimentieren und dem Spiel mit den unzähligen Parametern nichts mehr im Wege. Um Einsteiger mit dieser Parameterflut nicht zu überfordern, lassen sich drei verschiedene Kontrollebenen auswählen und nach der Einarbeitungsphase oder bei Bedarf schrittweise erhöhen.

In diesem Kapitel möchte ich Sie mit der Arbeitsweise von Sketch and Toon vertraut machen. Sobald Sie die Logik des Shading- und Rendering-Moduls verinnerlicht haben, steht ausführlichen Experimenten nichts mehr im Wege. Die Entdeckungsreise durch die unzähligen Skizzier- und Zeichnungsparameter überlasse ich ganz Ihnen.

## Sketch-Shader

Sketch-Shader sind keine eigenen Materialien, sondern Kanal-Shader und sorgen vorzugsweise im Leuchten-Kanal normaler Cinema 4D-Materialien für spezielle Mal- und Shading-

**▲ Abbildung 1**
Sketch and Toon-Shader

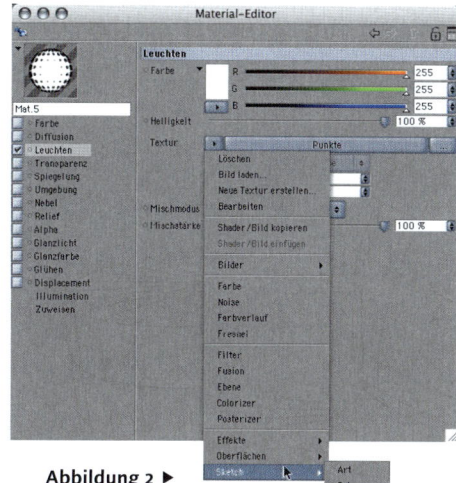

**Abbildung 2 ▶**
Sketch and Toon-Shader im Leuchten-Kanal

Effekte. Dabei stehen mit dem Art-, dem Cel-, dem Schraffur- und dem Punkte-Shader insgesamt vier Shading-Effekte zur Verfügung (Abbildung 1). Sie finden die vier Shader im Shader-Menü des Material-Kanals in der Gruppe SKETCH (Abbildung 2).

### Art-Shader

Der Art-Shader (linker Würfel in Abbildung 1) erzielt seinen Mal-Effekt mit Hilfe eines ihm zugewiesenen Bildes. Ganz ohne zusätzliche Lichtquelle erhalten die Objekte einen aus der Textur-Information erzeugten Mal- und Beleuchtungseffekt.

### Cel-Shader

Für den bekannten Cartoon-Look sorgt der Cel-Shader (gelb-roter Würfel in Abbildung 2). Im zugehörigen Shader-Dialog lassen sich für Farbe (Diffus), Schatten, Glanzlicht und Beleuchtung beliebige farbliche Abstufungen schaffen, die beim Rendering entsprechend umgesetzt werden.

### Schraffur-Shader

Der Schraffur-Shader (grüner Würfel in Abbildung 1) verwendet eine beliebige Strich-Textur, um den Objekten ein schraffiert gezeichnetes Aussehen zu verleihen. Neben Winkel und Streuung lassen sich wiederum Farbe und Beleuchtungsumsetzung exakt regulieren.

### Punkte-Shader

Über den Punkte-Shader (kleine Würfel in Abbildung 1) erhalten die gerenderten Objekte ein anhand von Kreis-, Karo-, Linien- oder anderen Basiselementen generiertes Material, das sich an der Helligkeit der Oberfläche orientiert.

Selbstverständlich können alle Shader-Arten aus Sketch and Toon beliebig miteinander kombiniert und verrechnet werden. Bis auf die Auswahl der passenden Texturgeometrie kommt auf Sie bei den Sketch-Shadern sonst keine weitere Arbeit zu. Das sieht bei den Sketch-Materialien etwas anders aus…

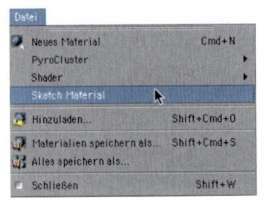

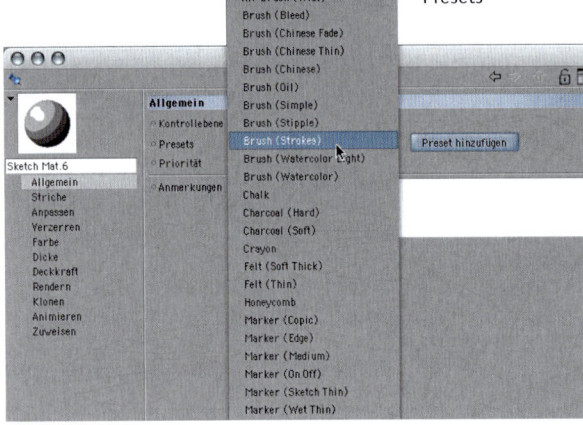

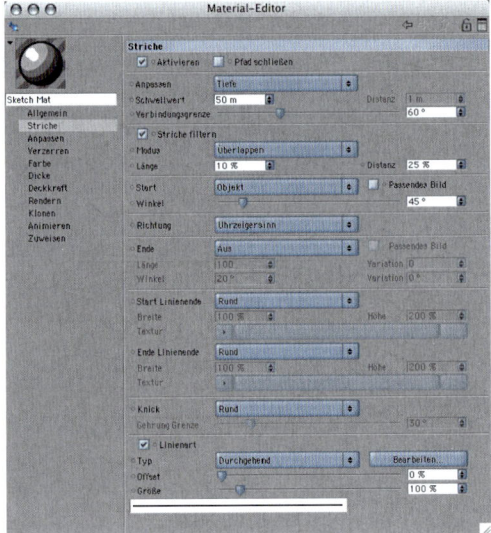

◀ **Abbildung 3**
Erstellen eines Sketch-
Materials über den
Material-Manager

**Abbildung 5** ▶
Sketch-Material
Striche-Seite

◀ **Abbildung 4**
Sketch-Material-
Presets

## Sketch-Materialien

Im Prinzip gibt es verschiedene Herangehens-
weisen bei der Vorbereitung und Arbeit mit
Sketch-Materialien und Stilen. Analog zu den
Materialien in Cinema 4D fange ich bei der
Erstellung der Sketch-Materialien an.

Über den Befehl SKETCH MATERIAL im Menü
DATEI des Material-Managers (Abbildung 3)
legen Sie ein neues Sketch-Material an. Von
diesem Moment an ist in den Render-Einstellungen bereits der nötige Sketch-Post-Effekt
aktiviert und dieses Material als Standard zugewiesen.

Das Sketch-Material ist für die Form und
das Aussehen der gezeichneten Striche zuständig. Der Kreativität sind dabei keine Grenzen
gesetzt. Zum Einstieg finden Sie auf der Allgemein-Seite (Abbildung 4) eine große Zahl an
vorgefertigten Material-Presets, die Sie nach
Belieben verwenden oder auch weiterbearbeiten. Ihre Eigenkreationen können Sie natürlich
auch als Presets abspeichern.

Auf der Striche-Seite (Abbildung 5) legen
Sie fest, ob und welche Striche statt der normalen Linien gezeichnet werden. Dabei geht
es noch nicht um die künstlerische Umsetzung,
sondern um Faktoren wie Strichanfang bzw.
-ende, Strichtyp, Knicke, Linienart und wie die
Striche vom Zeichenablauf auf das »Papier«
gebracht werden. Die Berechnung von Strichen schlägt sich deutlich auf die Renderzeit
nieder.

Wenn Ihre Entscheidung zugunsten von
Strichen ausgefallen ist, gilt es, das Aussehen
der Striche festzulegen. Im Anpassen-Bereich
(Abbildung 6) finden Sie die erste Anlaufstelle,
um die Striche individuell zu gestalten. Hier
definieren Sie neben Skalierungen bzw. Transformationen unter anderem auch die beliebten
Overshoots, also an den Ecken überstehende
Linienenden.

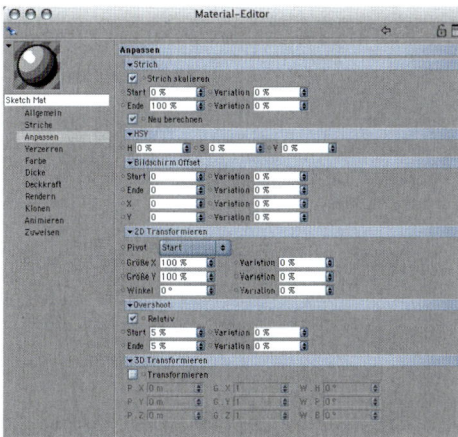

◀ Abbildung 6
Sketch-Material
Anpassen-Seite

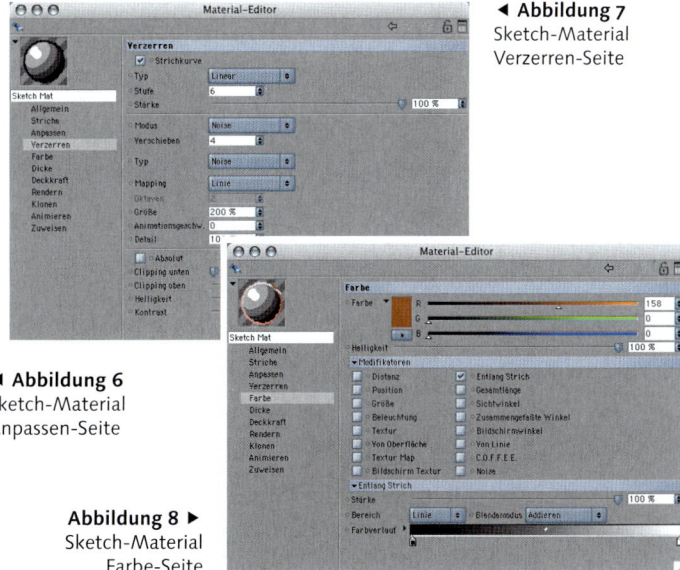

◀ Abbildung 7
Sketch-Material
Verzerren-Seite

Abbildung 8 ▶
Sketch-Material
Farbe-Seite

Die Verzerren-Seite (Abbildung 7) kümmert sich um spezielle Strichverzerrungen, die das natürliche Muster einer Handzeichnung nachahmen. Dabei definieren Sie zunächst, wie die Verzerrung entlang des Striches angelegt sein soll, und anschließend, welche Art von Verzerrung vorliegt. Sinuskurven, Noise und Splines erlauben alle erdenklichen gewünschten Ungenauigkeiten.

Die Faktoren Farbe, Dicke und Deckkraft sind auf drei unterschiedlichen Seiten untergebracht, besitzen aber den gleichen Aufbau (Abbildung 8). Hier gilt es, jeweils für Farbe, Dicke und Deckkraft der Striche Abhängigkeiten festzulegen.

Schließlich wirkt nichts technischer als ein linearer Farbauftrag mit konstanter Farbtiefe und Strichbreite. Es wirkt viel realistischer, wenn Striche sich verjüngen und die Sättigung der Farbe mit zunehmender Linienlänge verblasst. Insgesamt 16 Modifikatoren wie Distanz, Größe, Beleuchtung, Entlang Linie,

Bildschirmwinkel usw. lassen sich aktivieren. Sogar ein C.O.F.F.E.E.-Skript kann zur gezielten Manipulation des Strichauftrags herangezogen werden.

Bei einer schnell gezeichneten Skizze gibt es keine auf Anhieb perfekt gezeichneten Linien. Zeichner nähern sich der gewünschten Ideallinie durch leichtes Vorzeichnen und sukzessives Verstärken durch kräftigeren Auftrag und wiederholte, nebeneinander liegende Linien. Diesen Look ahmt die Klonen-Funktion auf der gleichnamigen Seite (Abbildung 9) nach. Auch hier lassen sich wieder beliebige Variationen, Overshoots und Verfremdungen berücksichtigen, damit die Skizze nur nicht zu steril und technisch wirkt.

Als besonderen Augenschmaus wartet das Sketch-Material mit der Option auf, die Zeichnung der einzelnen Striche in einer Animation ablaufen und ausgeben zu lassen. Die Zeichnung entsteht also angefangen bei einem leeren »Blatt« vor Ihren Augen, Strich für Strich

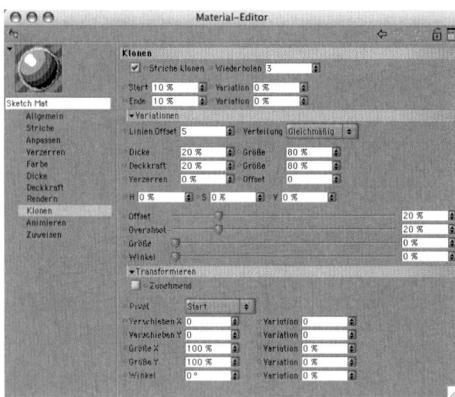

◀ **Abbildung 10**
Sketch-Material
Animieren-Seite

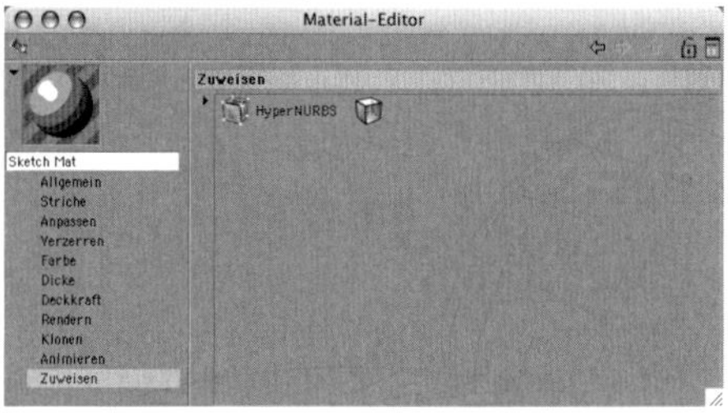

**Abbildung 9** ▲
Sketch-Material Klonen-Seite

**Abbildung 11** ▶
Sketch-Material
Zuweisen-Seite

oder Linie für Linie. Auf der zugehörigen Seite ANIMIEREN (Abbildung 10) aktivieren Sie den Malprozess und bestimmen darüber hinaus, in welchem Zeitraum, welcher Reihenfolge und in welcher Geschwindigkeit die Striche gezeichnet werden.

Zu guter Letzt können Sie auf der Zuweisen-Seite (Abbildung 11) schon frühzeitig bestimmen, welche Objekte das eben erstellte Material tragen sollen.

Abbildung 12 zeigt einige Sketch-Material-Beispiele an den bekannten Würfeln. Wenn Sie mit der Erstellung des Materials fertig sind, genügt es, wie von den herkömmlichen Materialien gewohnt, das Sketch-Material per Drag and Drop auf das Objekt im Editor oder Objekt-Manager zu ziehen.

## Sketch-Tags

Nach dieser Zuweisung trägt das Objekt im Objekt-Manager das Sketch Stil Tag, in dem festgehalten wird, welche Elemente des Objektes mit dem vorliegenden Material über-

haupt gezeichnet werden sollen. Zusammen mit dem Sketch Render Tag kann das Stil Tag natürlich auch über das Objekt-Manager-Menü DATEI · SKETCH TAGS (Abbildung 13) abgerufen werden.

### Sketch Render Tag

Sehen wir uns zunächst den Dialog des Sketch Render Tags an (Abbildung 14). Sinn und Zweck dieses Tags ist es, die Render- und Shading-Eigenschaften eines Objektes lokal (also am Objekt im Objekt-Manager) und separat zu bestimmen.

Es kommt in der Regel dann zum Einsatz, wenn Sie Sketch and Toon-Elemente mit Cinema 4D-Renderings kombinieren oder Parameter des Post-Effekts Sketch and Toon gezielt ausschalten möchten. Dies funktioniert sowohl für das Zeichnen der LINIEN als auch für das SHADING.

RENDER-CULLING bewirkt, dass die in der Liste aufgenommenen Stil Tags wahlweise ausschließlich oder erzwungen ge»cullt«, also als verdeckte Kanten ausgewertet und gerendert werden.

▲ **Abbildung 12**
Sketch-Materialien

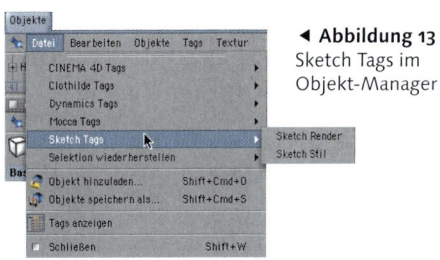

◀ **Abbildung 13**
Sketch Tags im
Objekt-Manager

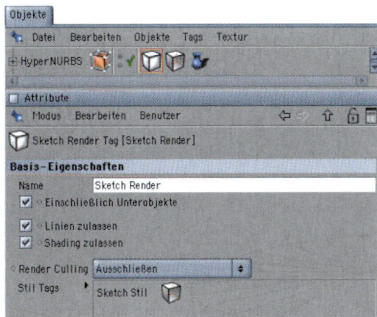

**Abbildung 14** ▶
Sketch Render-Tag im
Attribute-Manager

## Sketch Stil Tag

Mit dem Sketch Stil Tag definieren Sie, welche
Elemente eines Objekts als Linien oder Shader
mit welchem Sketch and Toon-Material wie-
dergegeben werden sollen. Das Sketch Stil Tag
überschreibt außerdem alle im Post-Effekt eingestellten Standards für das Trägerobjekt.

Die Einstellungen in diesem Tag entscheiden darüber, welche Linien der Post-Effekt
zeichnet und welche er ignoriert. Sinnvol-
lerweise fangen Sie mit einer bescheidenen
Kombination an Linien an und erweitern diese,
wenn nötig.

Auf der Allgemein-Seite des Sketch Stil Tags
(Abbildung 15) finden Sie, wie auch im Sketch-
Material und Post-Effekt, die Möglichkeit, zwischen drei unterschiedlichen Kontrollebenen
zu wählen. Nutzen Sie diese Option während
der Anfangsphase, um nicht von zu vielen
Parametern erdrückt zu werden. Wie erwähnt,
steht Ihnen diese Kontrolloption überall zur

Verfügung, ohne dass Sie das aktuelle Material oder Tag zum Umschalten verlassen und
wieder zurückspringen müssten.

Die Linien-Seite des Sketch Stil Tags
(Abbildung 16) vereint die Einstellungen für
den Umgang mit sichtbaren und verdeckten
Linien. Zur Auswahl stehen übliche Linien-
typen wie Falten, Kanten, Grenzen, Umriss,
Schnittpunkte und viele mehr. Für die meisten
Anforderungen sollte eine Kombination aus
drei bis fünf dieser Typen genügen, dies hängt
aber natürlich auch von dem zu zeichnenden
Objekt ab. Darüber hinaus lassen sich sogar
speziell für die Animation gedachte Typen wie
Bewegungslinien und Partikel umsetzen.

Die Felder VOREINGESTELLT SICHTBAR sowie
VOREINGESTELLT VERDECKT erlauben es, unterschiedliche Sketch-Materialien für sichtbare
und unsichtbare verdeckte Linien (unverzicht-
bar für Bau- bzw. Werkzeichnungen) einzustellen.

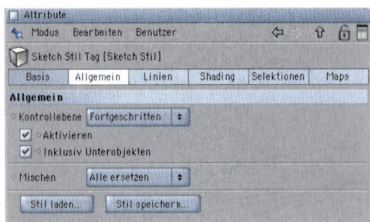

▲ **Abbildung 15**
Sketch Stil Tag
Allgemein-Seite

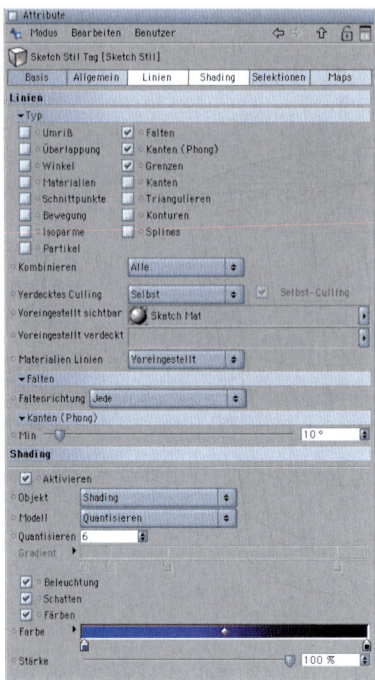

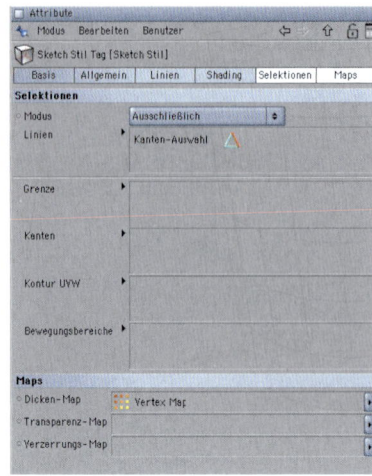

▲ **Abbildung 17**
Sketch Stil Tag
Selektionen und Maps-Seite

◀ **Abbildung 16**
Sketch Stil Tag
Linien- und Shading-Seite

Auf der Shading-Seite (Abbildung 16) legen Sie fest, ob und wie das Objektinnere per Shading umgesetzt wird. Eine cartoonartige Stufung erreichen Sie über die Quantisierung der Verlaufsstufen. Neben einer Einfärbung des Shadings können Sie auch die Einflüsse von Beleuchtung und Schatten zur Shading-Umsetzung heranziehen.

Leider lassen sich über die Justierung auf der Linien-Seite nicht immer alle störenden Kanten oder Polygone ausschalten. Besonders komplexe Objekte wie Character besitzen Schnittkanten und Überschneidungen, die Sie über die normale Linien-Definition nicht erreichen. Wesentlich genauer arbeitet das Ein- bzw. Ausschlussverfahren über Selektionen und Maps, das Sie auf den gleichnamigen Seiten im Sketch Stil Tag finden (Abbildung 17). Für Selektionen stehen Einschränkungen

auf Linien, Grenzen, Kanten und Bewegungsbereiche zur Verfügung, über Maps lassen sich Dicke, Transparenz und Verzerrung regulieren.

## Sketch-Post-Effekt

Das Rendering der Zeichnungen läuft über den Post-Effekt Sketch and Toon ab (Abbildung 18). Hier finden sich auch die globalen Einstellungen für die Linien und Shader, was auch erklärt, warum sie größtenteils dem Render Stil Tag entsprechen.

Auf der Rendern-Seite stehen Optionen für das Antialiasing der Linien, die Umsetzung des Hintergrunds sowie der auflösungsunabhängigen Zeichnung der Linien bereit.

Zur besseren Kontrolle der Linien-Wiedergabe ohne wiederkehrendes Testrendern

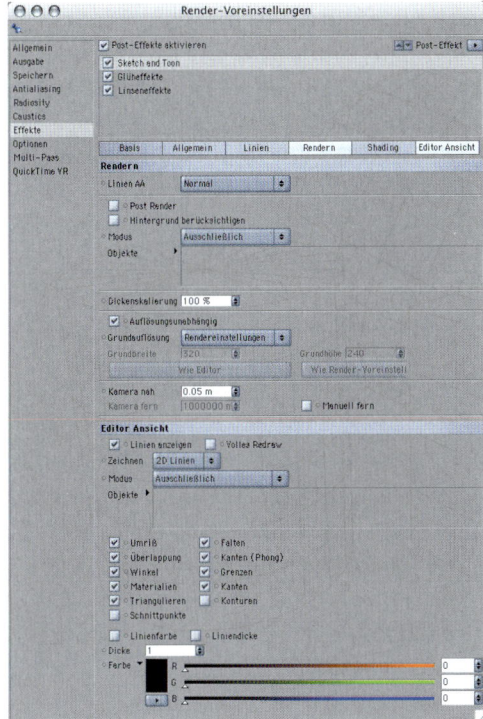

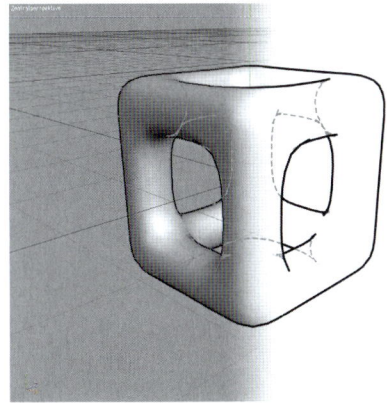

▲ **Abbildung 19**
Sketch-Vorschau in der Editor-Ansicht

◄ **Abbildung 18**
Sketch and Toon Post-Effekt in den
Render-Voreinstellungen

lassen sich die Sketch-Linien im Editor über die Seite EDITOR ANSICHT sehr exakt anzeigen und anpassen. Abbildung 19 zeigt links die Linien-Vorschau im Editor, rechts die gerenderte Version mit sichtbaren und verdeckten Linien.

## Sketch-Ausgabe

Die fertigen Werke lassen sich als Stills oder als Animation ausgeben, wobei sich einige Linien- bzw. Shader-Typen aufgrund ihrer optischen Beschaffenheit weniger für Bewegtbilder eignen.

Die Renderzeit einer Sketch and Toon-Kreation hängt stark von den gewählten Zeichnungsparametern ab. Je mehr Polygone und

Striche die Szene enthält und je komplexer man die Stricharten definiert, umso länger auch das Warten auf das Ergebnis. Insgesamt geht der Sketch-Renderer aber flott ans Werk.

Besonderes Augenmerk verdient der Illustrator-Export. Soweit es aus den gegebenen Strichen und Texturen möglich ist, verwandelt Sketch and Toon die Szene in eine auflösungsunabhängige Illustrator-Vektordatei. Die Parameter hierfür legen Sie im Bereich ILLUSTRATOR-EXPORT unter den Programm-Voreinstellungen fest.

Außerdem unterstützt Sketch and Toon die Ausgabe in separate Ebenen (Multipass-Rendering), so dass einer Nachbearbeitung, beispielsweise in Photoshop, nichts im Wege steht.

# Multi-Pass-Rendering
## Ausgabe in Bildkanäle

*Beim Multi-Pass-Rendering spaltet Cinema 4D die Szene in unterschiedliche Bildkanäle auf, welche dann problemlos in der Postproduktion weiterbearbeitet werden können.*

Der große Nutzen des Multi-Pass-Renderings wird dem unbedarften Anwender meist erst auf den zweiten Blick klar.

Beim Multi-Pass-Rendering wird das Bild in einem speziellen Bitmap-Format wie RLA/RPF, Photoshop (.psd) oder BodyPaint 3D (.b3d) abgespeichert , damit die Aufgliederung in verschiedene Bildkanäle stattfinden kann.

Hintergrund der Formate ist die Weitergabe des Render-Resultats an die Postproduktion und Bildbearbeitung. Einer Multi-Pass-Szene können dann ohne erneutes Rendering eine neue Färbung, ein stärkerer Schatten, spitzere Glanzlichter, eine andere Ausleuchtung und vieles mehr verpasst werden, von den Möglichkeiten für das Compositing im Videobereich mit Programmen wie Combustion und After Effects ganz zu schweigen.

Womit wir auch schon bei der Software wären, die, um das Multi-Kanal-Format verarbeiten zu können, dieses Format natürlich auch unterstützen muss. Außer den bereits genannten Compositing-Programmen eignen sich in der Bildverarbeitung Adobe Photoshop ab Version 6 und seit jeher Maxons 3D-Painting-Software BodyPaint 3D.

Das Multi-Pass-Rendering benötigt keinen Extra-Render-Durchgang, sondern geschieht innerhalb des eigentlichen Render-Vorgangs.

Die Einstellungen für das Multi-Pass-Rendering finden Sie unter den Render-Voreinstellungen im Unterpunkt MULTI-PASS. Über die Option MULTI-PASS-RENDERING AKTIVIEREN schalten Sie die Mehr-Kanal-Berechnung an bzw. ab. Im Feld FORMAT wählen Sie das gewünschte Bildformat aus (Abbildung 1). Beachten Sie, dass nur die Formate RLA, RPF, Photoshop und BodyPaint 3D multiple Kanäle verarbeiten.

Alle Kanäle, die im Endergebnis separiert vorliegen sollen, wählen Sie im Menü KANAL (Abbildung 2) aus. Zu den Bildkanälen zählen TRANSPARENZ, SPIEGELUNG, DIFFUSION, UMGEBUNG, GLANZLICHT, SCHATTEN, RADIOSITY, CAUSTICS, ATMOSPHÄRE und ATMOSPHÄRE (MULTIPLIZIERT). Außerdem stehen die Material-Kanäle inklusive ILLUMINATION zur Verfügung. Über den Menüpunkt GEMISCHTE KANÄLE ist es möglich, mehrere zusammengehörige Kanäle als Set zusammenzufassen, die auch in Photoshop als Set erkannt werden. Ein Set erstellen Sie auch über die Option SEPARATE LICHTER.

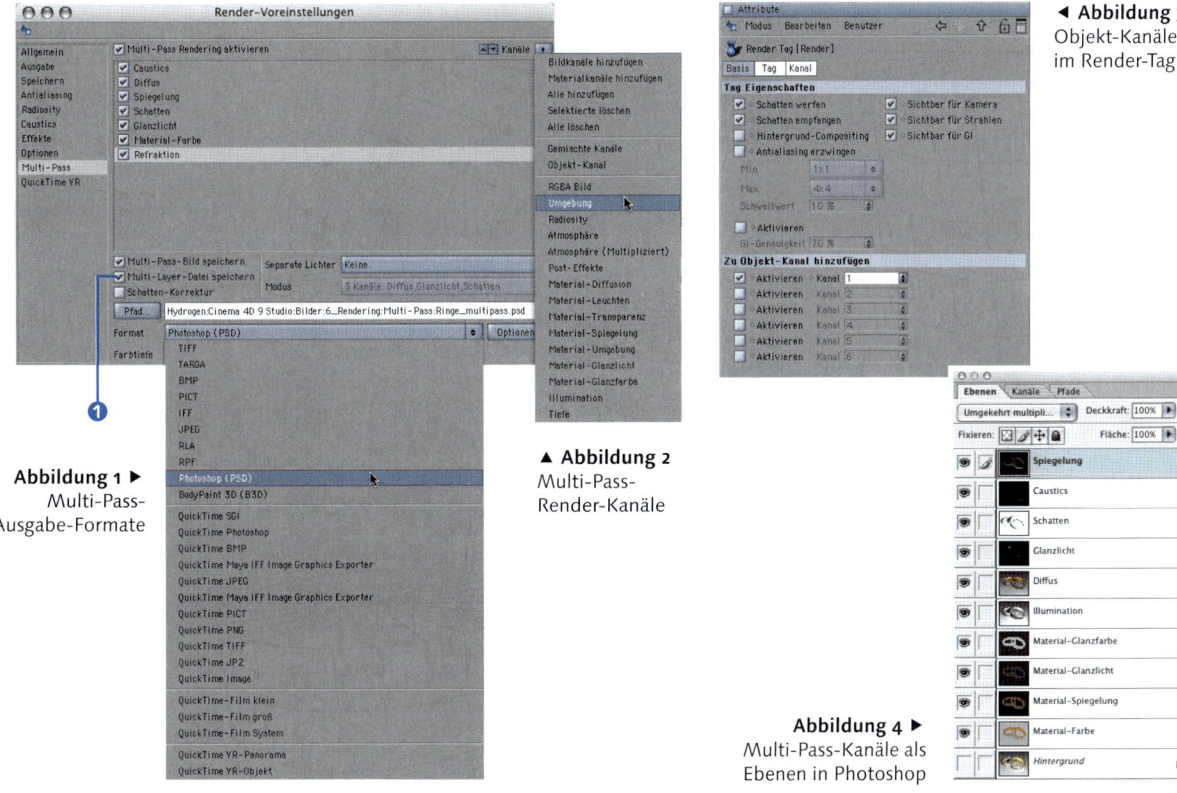

**◀ Abbildung 1**
Multi-Pass-
Ausgabe-Formate

**▲ Abbildung 2**
Multi-Pass-
Render-Kanäle

**◀ Abbildung 3**
Objekt-Kanäle
im Render-Tag

**Abbildung 4 ▶**
Multi-Pass-Kanäle als
Ebenen in Photoshop

Dabei legt Cinema 4D für alle oder nur speziell gewählte Lichter separate Sets mit eigenem Schatten-, Diffus- und Glanzlicht-Kanal an. Auf diese Weise können Sie auch bei der späteren Bearbeitung in Photoshop noch zwischen verschiedenen Lichtquellen wechseln. Die Selektion der Lichter erfolgt über den Lichtquellen-Dialog auf der Allgemein-Seite.

Ein weiterer Sonderfall sind die Objekt-Kanäle. Wenn Sie die Separation nicht nur auf Bildkanäle, sondern auch auf Objekte ausweiten wollen, weisen Sie diesen Objekten per Render-Tag (Abbildung 3) eine Objekt-ID zu. Beim Multi-Pass-Rendering exportiert Cinema 4D dann für jede Objekt-ID (mit den darin befindlichen Objekten) eine eigene Ebene mit

Alpha-Kanal. Einfacher können Sie wirklich keine Objekte freistellen.

Für die Speicherung der Datei(en) wählen Sie einen Pfad und ein Format Ihrer Wahl aus. Eine gesammelte Multi-Layer-Datei ❶ benötigt zur Weiterbearbeitung zwingend die Multi-Layer-Formate. Alternativ können über die Option MULTI-PASS-BILD SPEICHERN in Verbindung mit einem anderen Bildformat auch für jeden Kanal einzelne Dateien angelegt werden.

Wie kommt unsere Multi-Layer-Datei nun in Photoshop an? Abbildung 4 zeigt die offene Ebenen-Palette mit den separierten Bildkanälen. Jeder gewählte Kanal hat eine eigene Ebene mit adäquater Benennung und passendem Verrechnungsmodus (Normal, Umgekehrt

▲ **Abbildung 5**
Spiegelung-Kanal

▲ **Abbildung 6**
Caustics-Kanal

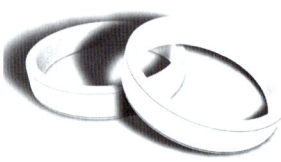

▲ **Abbildung 7**
Schatten-Kanal

▲ **Abbildung 8**
Glanzlicht-Kanal

▲ **Abbildung 9**
Farbe-Kanal

▲ **Abbildung 10**
Diffus-Kanal

multiplizieren etc.) zugewiesen bekommen. Sowohl die Multi-Pass-Datei als auch die native Photoshop-Datei finden Sie auf der beiliegenden CD-ROM.

Die Abbildungen 5 bis 10 zeigen eine Auswahl der einzeln vorliegenden Kanäle der Ringe-Szene aus Abbildung 11.

Im Spiegelung-Kanal sind alle Stellen der Ringe enthalten, die eine Spiegelung hervorrufen. Der Caustics-Kanal beschränkt sich auf alle Bildteile, die Caustics-Effekte, also Lichtbrechungen durch transparente oder spiegelnde Objekte, enthalten.

Alle Objekt-Schatten, die unsere Lichtquelle wirft, stehen im Schatten-Kanal zur Verfügung. Im Glanzlicht-Kanal sehen Sie die Glanzlichter, die durch unser Licht hervorgerufen werden, der Farbe-Kanal zeigt die vorliegende Basisfarbinformation und der Diffus-Kanal alle diffusen Stellen, die in unserer Szene auftreten.

Die einzelnen Photoshop-Ebenen unterscheiden sich da etwas im Ebenen-Kopiermodus. So arbeitet der Schatten-Kanal (Abbildung 7) beispielsweise im Multiplizieren-, Glanzlicht- und Diffus-Kanal arbeiten dagegen im Modus UMGEKEHRT MULTIPLIZIEREN. Berücksichtigen Sie dies bei der Bearbeitung der Ebenen, damit Sie das zu erwartende Ergebnis etwas besser abschätzen können.

Was lässt sich mit den separierten Bildkanälen nun alles anstellen? Im Folgenden finden Sie in den Abbildungen 12 bis 14 nur eine kleine Auswahl der Möglichkeiten, die Ihnen allein Photoshop bietet, jede Veränderung bedurfte nur ein paar Mausklicks und – am wichtigsten – keines erneuten, langwierigen Render-Durchgangs.

Eine Modifikation des Caustics-Effektes (Abbildung 12) lässt sich leicht über eine Änderung der Ebenen-Deckkraft, über eine Ver-

▲ **Abbildung 11**
Original Rendering

▲ **Abbildung 12**
Geänderte Caustics

▲ **Abbildung 13**
Verstärkte Schattenzeichnung

▲ **Abbildung 14**
Geänderte Glanzlichter

größerung der hellen Bildbereiche, über die Gradationskurve oder auch über den Dialog FARBTON/SÄTTIGUNG erreichen.

In der Abbildung 13 kommt der Schatten der Ringe prägnanter zum Ausdruck. Für diese Modifikation genügte die Anpassung der Gradationskurve dieser Ebene.

Um die Glanzlichter der Ringe (Abbildung 14) stärker hervorzuheben, wurde die Gradationskurve der Glanzlicht-Ebene steil nach oben gezogen.

Welche Bearbeitungsmethode Sie in Photoshop für die jeweilige Ebene verwenden, hängt zum einen vom Verrechnungsmodus der Ebene und zum anderen vom Inhalt der Ebene ab.

Für jede der gezeigten Änderungen – egal wie leicht und schnell sie in Cinema 4D vorzunehmen gewesen wäre – wäre ein komplettes Neurendering der Szene nötig geworden, was uns in diesem Fall dank Multi-Pass-Rendering erspart geblieben ist.

# NET Render

## Rendern mit vereinten Kräften

*Cinema 4D NET ist Maxons Netzwerk-Ren-*
*dering-Modul und gehört zum Lieferumfang*
*des XL- (als Dreier-Lizenz) und Studio-Pakets*
*(als unlimitierte Lizenz).*

Auch der schnellste Rechner ist für knifflige Renderaufgaben wie Radiosity und Caustics nie schnell genug.

Was liegt näher, als die Render-Belastung auf mehrere Rechner aufzuteilen? Dank des Netz-Renderers NET können Sie Ihre eigene kleine Renderfarm aus bis zu drei (bei einer Dreier-Lizenz) oder beliebig vielen (bei einer Unlimited-Lizenz) Client-Rechnern aufbauen.

Einzige Voraussetzung – neben dem Vorhandensein der nötigen Rechneranzahl – ist die Verbindung der Rechner via TCP/IP. Dabei sollte der Server eine feste IP-Adresse zugewiesen bekommen, die Sie in den Client-Präferenzen eintragen.

Fangen wir aber bei der Installation der nötigen Software an. Auf dem Rechner, den Sie als Server benutzen möchten, installieren Sie die Cinema 4D NET-Server-Version (Abbildung 1). Zur Verwaltung der Jobs brauchen Sie einen beliebigen Webbrowser, den Sie mit Sicherheit bereits auf Ihrem Rechner haben. Für den Client-Rechner genügt die NET-Client-Version.

Nachdem Sie die Client-Version gestartet und die IP-Adresse des Servers in die Client-Präferenzen eingetragen haben, sollte die Kon-sole des NET-Servers auf dem Server-Rechner in etwa wie in Abbildung 2 gezeigt aussehen. Sie sehen die IP-Adressen des Servers und der Clients – die Verbindung steht. Sollten Sie in diesem Stadium bereits auf Probleme gestoßen sein, überprüfen Sie das Netzwerk und die Einträge der IP-Adressen.

Die Kontrolle und Verwaltung der Render-Jobs geschieht über einen Browser. Dies gewährt zum einen Plattformunabhängigkeit und zum anderen die Steuerung von jedem beliebigen Rechner aus. In die Adresszeile tragen Sie die IP-Adresse des Servers ein.

Als User sind Sie vorerst als ADMINISTRATOR unter dem Passwort MAXON bekannt, dies können Sie natürlich in den NET-Präferenzen ändern bzw. anpassen. Sie befinden sich nun auf der Start-Seite des NET-Browsers (Abbildung 3). Nach Klick auf ⏎ gelangen Sie auf die zentrale Steuerungsseite des NET-Renderers (Abbildung 4).

Auf dieser Seite sehen Sie generell alle momentan anstehenden Render-Jobs (RENDER QUEUE) mit den aktuellen Zwischenständen sowie die momentan inaktiven Projekte (INACTIVE JOBS). Über diese Seite können Sie Ihre

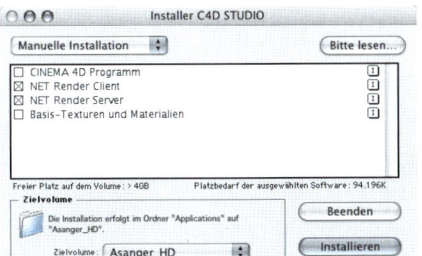

◀ **Abbildung 1**
Installation des
NET-Servers und
des NET-Clients

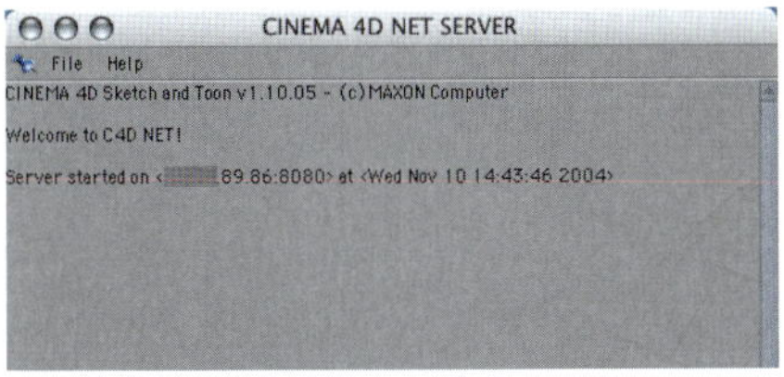

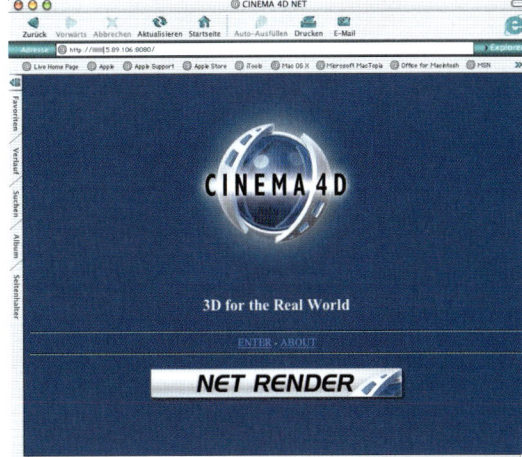

◀ **Abbildung 2**
Server-Konsole

**Abbildung 3** ▲
Start-Screen des
NET-Browsers

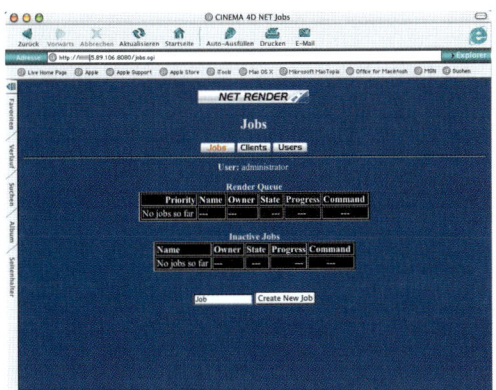

▲ **Abbildung 4**
Jobs-Seite des NET-Renderers

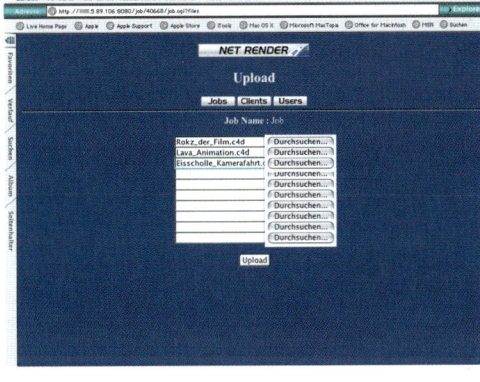

▲ **Abbildung 5**
Jobs-Upload

Jobs jederzeit anhalten, starten, löschen und in der Priorität verändern.

Über den Button CREATE NEW JOB erstellen wir nun ein neues Projekt und weisen ihm neben einem Job-Namen (hier der Einfachheit halber: Job) auch gleich die zu verarbeitenden Render-Aufträge zu. Selbstverständlich sollten alle Cinema 4D-Dateien mit den gewünschten Render-Voreinstellungen ausgestattet sein.

So kennen Sie es auch vom Batch-Rendering. Prüfen Sie diese, wenn Sie sich unsicher sind. Über die Buttons DURCHSUCHEN auf der Jobs-Upload-Seite weisen Sie dem Projekt die zu berechnenden Aufgaben zu (Abbildung 5). Nach Klick auf den Button UPLOAD befinden Sie sich auf der Details-Seite des Render-Jobs (Abbildung 6). Wenn alle zum Projekt gehörigen Dateien und Texturen geladen sind, haben

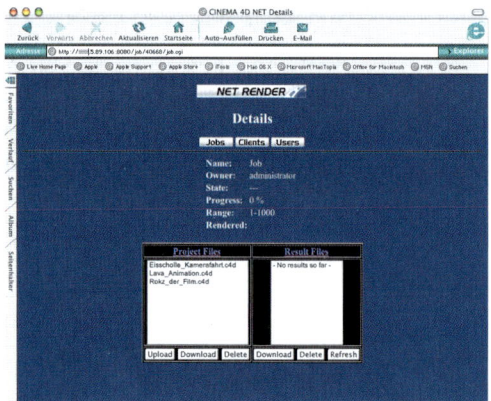

▲ **Abbildung 6**
Upload der Cinema 4D-Daten

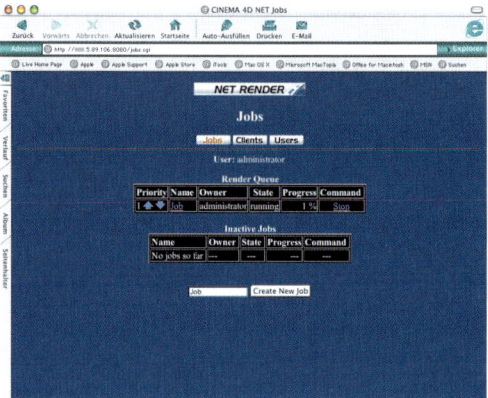

▲ **Abbildung 7**
Kontrolle der Jobs

Sie hier alle Projektdaten in der linken Spalte im Überblick. Über die Buttons UPLOAD und DELETE können Sie beispielsweise nachträglich Texturen hinzufügen oder zwischenzeitlich geänderte Dateien herausnehmen und neu ins Projekt integrieren. In der rechten Spalte finden sich die bereits fertig gerenderten Daten.

Damit sich diese Spalte nun endlich füllen kann, springen wir im Browser zurück zur Jobs-Seite und geben dem inaktiven Projekt »Job« das Startsignal in der Tabellenspalte »Command«.

Unser Projekt befindet sich nun in der RENDER QUEUE (Abbildung 7) und wird selbstständig abgearbeitet. Die Job-Tabelle zeigt Ihnen stets den aktuellen Status und den noch zu berechnenden Anteil an. Wenn Ihnen nun nachträglich ein anderes Projekt wichtiger erscheint, ändern Sie die Reihenfolge der Prioritäten einfach mit den blauen Pfeil-Buttons. Cinema 4D hält daraufhin den Job an und verschiebt die Projekte an die neuen Positionen. Sollte bei einem Ihrer Renderprojekte ein Fehler auftreten, sehen Sie diesen unter den

inaktiven Jobs mit dem Vermerk »Error«. Ursachen dafür könnten Netzwerkprobleme oder Arbeitsspeichermangel auf Seiten der Clients sein.

Auch die Clients lassen sich über den NET-Browser bestens kontrollieren. Mit Klick auf den Button CLIENTS springen Sie zur Clients-Seite (Abbildung 8), wo Sie alle momentan verfügbaren Clients aufgelistet sehen. In unserem Fall arbeiten gerade zwei Client-Rechner das Projekt ab, in den Spalten TO DO, FRAME und IMAGE können Sie jederzeit ablesen, welcher Rechner noch an welchen Aufgaben zu beißen hat und welches Frame er gerade bearbeitet.

Für den Fall, dass Sie einen Client-Rechner nach einer gewissen Zeit für andere Zwecke verwenden möchten, beenden Sie einfach den NET-Client auf dem Rechner. Die noch ausstehenden Aufgaben werden dann von den restlichen zur Verfügung stehenden Rechnern übernommen.

Die Ergebnisse des Netz-Renderers können Sie jederzeit auf der Details-Seite (Abbildung 9) des NET-Browsers beobachten. Mit dem

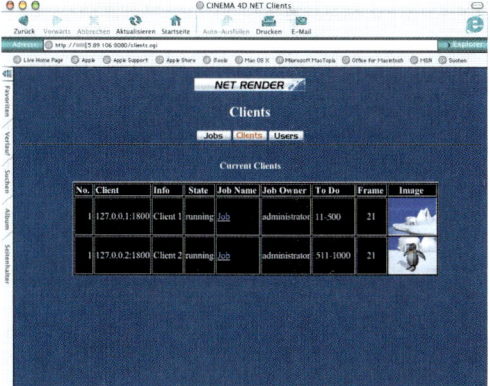

◀ **Abbildung 8**
Kontrolle der
Clients

▲ **Abbildung 10**
Render-Ergebnisse
im Results-Ordner

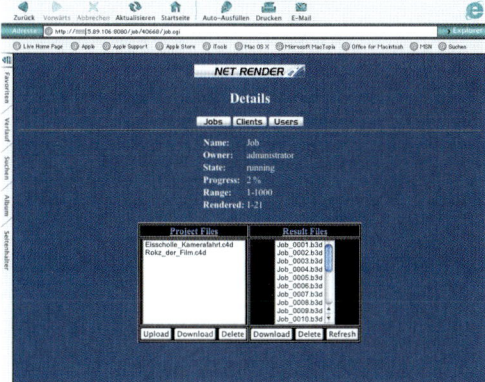

◀ **Abbildung 9**
Kontrolle der Render-
ergebnisse

Button DOWNLOAD haben Sie stets Zugriff auf die aktuellen Resultate.

Außerdem finden Sie die Ergebnisse Ihrer Render-Jobs natürlich auf Ihrer Festplatte. Im Cinema 4D-Ordner, wo sich auch Ihre NET-Version befindet, liegt ein Ordner »user« mit allen bis dato angelegten Benutzern (Abbildung 10). Die Renderprojekte sind dort als Ordner unter ihrem Job-Namen abgespeichert, inklusive der für das Rendering nötigen Dateien. Im Ordner »results« finden Sie schließlich Ihre Render-Ergebnisse.

Filme werden übrigens stets als Einzelbild-Sequenzen gerendert. Dadurch werden Probleme mit Alphakanälen, Kompressionsverluste und Datenverluste bei eventuellem Rechnerabsturz vermieden.

Viel können Sie also beim Einrichten Ihrer Renderfarm nicht falsch machen. Da besteht eher die Gefahr, die Szene schlecht auf das Netzwerk-Rendern vorbereitet zu haben. Weil es besonders bei unterschiedlichen Prozessoren zu minimalen Genauigkeitsabweichungen kommt, die sich über das NET-Rendering multiplizieren, sollten Sie Szenen, in denen SOFT IK, PARTIKEL, DYNAMICS oder PYROCLUSTER verwendet werden, vorher grundsätzlich in eine Keyframe-Animation umwandeln (»BACKEN«).

# Teamwork mit Cinema 4D

# Import und Export
## *Kompatibilität von Cinema 4D*

*Für die Zusammenarbeit mit anderen 2D- oder 3D-Programmen bietet Cinema 4D eine Vielzahl an Import- und Exportformaten an.*

Grafikprogramme und 3D-Software unterscheiden sich nicht nur in Menüs und Paletten, sondern meist durch gänzlich andere Arbeitsphilosophien, obwohl sie eigentlich der gleichen Kategorie zugehören.

Dadurch wird klar, dass beim Import und Export von Dateien zwischen verschiedenen Programmen stets Zugeständnisse gemacht werden müssen. Im Idealfall genügt eine Prüfung und Nachbearbeitung der Materialien und Lichtquellen. Es kann aber auch passieren, dass – je nach Weiterbearbeitungswunsch – ein kompletter Neuaufbau im Zielprogramm die sinnvollere Lösung ist.

Den 3D-Programmen muss man zugute halten, dass viele Anbieter den Wunsch der Anwender nach freier Softwarewahl respektieren und nach Lösungen für den komfortablen Datenaustausch suchen.

## Import

Vor dem Import von Dateien in Cinema 4D sind grundsätzlich zwei Dinge sicherzustellen: Zum einen sollte die Fremddatei im bestmög-lichen Zustand (Unterteilung, Qualitätsstufe) abgespeichert sein. Viele Programme bieten diese Möglichkeit etwas versteckt beim Export an.

Zum anderen sollten Sie vor dem Import auch die Import-/Export-Einstellungen von Cinema 4D (Abbildung 1) kontrollieren. Hier sehen Sie aufgelistet, welche Dateiformate Cinema 4D importieren kann. Neben einigen programmspezifischen Formaten wie 3D Studio, Illustrator, Lightwave 3D, Monzoom und Wavefront unterstützt Cinema 4D Standard-3D-Formate wie DXF und VRML 1 + 2 sowie Direct 3D, QuickDraw 3D, DEM und schließlich per Plug-in das Bewegungsdatenformat Biovision BVH. Die Ausgabe für Rapid Prototyping ist über das STL-Format möglich. Seit Version 8.5 unterstützt Cinema 4D Kaydaras 3D-und Animations-Austauschformat FBX.

Die Import-Optionen zu jedem dieser Formate stellen Sie in den Einstellungsdialogen der Dateiformate ein (Beispiele: Abbildungen 1 und 2). Dabei ist es möglich, während des Imports unter anderem den Skalierungsfaktor, den Umgang mit den enthaltenen Texturen, Lichtquellen und Polygonen festzulegen.

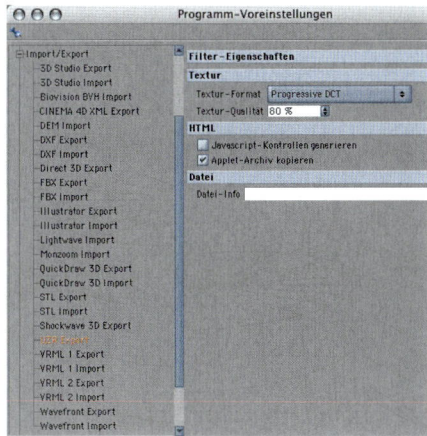

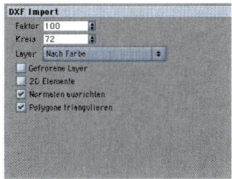

▲ **Abbildung 2**
DXF-Import-
Voreinstellungen

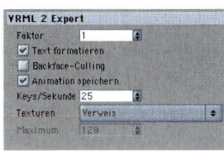

▲ **Abbildung 1**
Import-/Export-Voreinstellungen und Formate

▲ **Abbildung 3**
VRML-2-Export-Voreinstellungen

**Abbildung 4** ▲
Pinguin als Kunst(stoff)-Objekt

Trotzdem sind Sie auch auf die Exportqualitäten des anderen Programmes angewiesen, um einen gemeinsamen Nenner zu finden. Auch exotischere Formate, die beispielsweise von CAD-Software geschrieben werden, bieten zumindest DXF oder VRML an.

Sollten Sie das Glück haben, mehrere Formatüberschneidungen zu entdecken, testen Sie die Qualität der ankommenden Dateien unbedingt durch.

## Export

Viele der angebotenen Importformate kann Cinema 4D ebenso exportieren (Abbildung 1).

Ein möglicher Grund für den Export in ein anderes Format besteht zum Beispiel in der Weiterverarbeitung zur Flash-Datei. So benötigt Swift 3D als Austauschformat das 3D-Studio-Format.

Schon seit längerem beherrscht Cinema 4D den Export in das Shockwave 3D-Format. Dieses Format ermöglicht die hochkompri-

mierte Verarbeitung von 3D-Inhalten in Zusammenarbeit mit Multimedia-Primus Macromedia Director für Internet und CD-ROM. Mehr darüber lesen Sie im Kapitel »Flash und Shockwave 3D«.

STL kommt häufig als 3D-Format für die Herstellung von Prototypen und Gießformen zum Einsatz. Wer kann da schon widerstehen? Abbildung 4 zeigt den Pinguin aus dem Vorgängerbuch als gelasertes Kunststoff-Objekt. Bevor Sie mit Ihren Kreationen zum nächsten Prototyping-Anbieter laufen, achten Sie auf ein sauberes, sich nicht überschneidendes Polygonmesh, sonst kommt Sie der Spaß wortwörtlich teuer zu stehen.

UZR ist ein 3D-Datenformat, mit dem Sie Ihre 3D-Szene streaming-fähig ohne zusätzliches Browser-Plug-in in eine normale HTML-Seite integrieren können. Einzige Voraussetzung sind neben der exportierten UZR-Datei das Java-Applet »uzrviewer.jar« und eine HTML-Datei mit Java-Fenster. Alle drei Elemente werden automatisch beim Export in das UZR-Format generiert (Abbildung 1).

442 ▶
Flash und
Shockwave 3D

# Compositing
## After Effects, Combustion und Final Cut Pro

*Post-Produktion in Compositing-Programmen
ist ein bewährtes Mittel, um 3D-Animationen
zu korrigieren, den letzten Feinschliff zu geben
oder in einen anderen Film zu integrieren.*

Die Anbindung an Compositing-Programme hat in Cinema 4D bereits Tradition. Damit die Übergabe der Daten aus Cinema 4D möglichst komfortabel abläuft, lassen sich für After Effects, Combustion und Final Cut Pro (nur Macintosh) Projektdateien ausgeben, welche die Multi-Pass-Files fertig konfektioniert im Zielprogramm bereitstellen.

Sehen wir uns den Weg von Cinema 4D nach »Extern« am besten an einer einfachen Beispielszene an. Abbildung 1 zeigt den bekannten Würfel, der sich innerhalb von 100 Bildern einmal um seine Heading-Achse dreht. In der Szene befinden sich insgesamt zwei Lichtquellen und eine Kamera.

Diese Szene soll nun für die Postproduktion als Projekt mit zugehörigen Multi-Pass-Kanälen exportiert werden. Die Einstellungen für das Multi-Pass-Rendering nehmen Sie wie üblich in den Render-Voreinstellungen auf der Multi-Pass-Seite vor (Abbildung 2). Über die aufklappbare Kanäle-Palette auf der rechten Seite wählen Sie alle Multi-Pass-Kanäle aus, die Cinema 4D als separate Passes berechnen soll. Um den Würfel separat behandeln zu können, habe ich dem Objekt per Render-Tag

eine Objekt-ID zugewiesen und diesen Objekt-Kanal als auszugebenden Pass definiert.

Dem starken Einfluss der Lichtquellen auf das Aussehen der Szene schenkt Cinema 4D dabei besondere Aufmerksamkeit. Über das Feld SEPARATE LICHTER definieren Sie, ob die Lichtquellen als einzelne Kanäle vorliegen sollen, der zugehörige MODUS legt fest, in wie viele Unterkanäle der Lichteinfluss aufgespalten wird. Da es sich bei unserer Beispielszene nicht um ein Standbild, sondern um eine Animation handelt, wählen wir auch als Multi-Pass-Format ein Filmformat aus.

Auf der Ausgabe-Seite der Render-Voreinstellungen ist bereits die korrekte Dauer der Animation eingetragen, auf der Speichern-Seite (Abbildung 3) aktivieren Sie zusätzlich die gewünschte Ziel-Projektdatei.

Ein Klick auf den Button SPEICHERN bewirkt, dass Cinema 4D eine Projekt-Datei mit dem entsprechenden Suffix des Zielprogramms abspeichert, die alle Informationen über die Animation wie Länge, Bilderrate und Auflösung enthält. Anschließend fehlt nur noch das eigentliche Rendering der gewählten Multi-Pass-Kanäle.

▲ **Abbildung 1**
Beispielszene

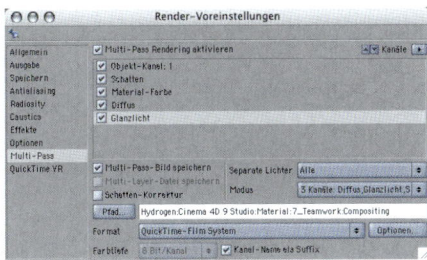

▲ **Abbildung 2**
Render-Einstellungen Multi-Pass-Seite

Abbildung 3 ▶
Render-Einstellungen
Speichern-Seite

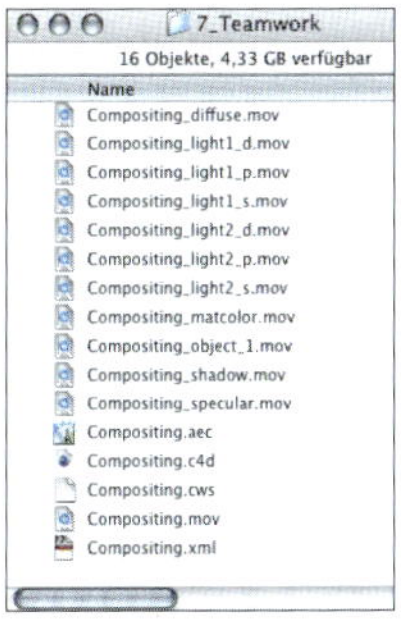

▲ **Abbildung 4**
Gerenderte Multi-
Pass-Dateien und After
Effects-Projekt (.aec)

Nach diesem Schritt liegen alle für die weitere Bearbeitung vorgesehenen Dateien im gewählten Ziel-Ordner (Abbildung 4). Die relativ schlanke Dateigröße der Projektdatei verrät, dass es sich um ein Dokument handelt, das lediglich den Aufbau und zahlreiche Verknüpfungen enthält. Die in diesem Dokument verbauten Dateien sollten auch auf der Dokumentebene verbleiben, damit keine fehlenden Verknüpfungen entstehen, die das empfangende Programm anmahnt.

## After Effects

Die Kooperation des 3D-Programms Cinema 4D mit dem Compositing-Veteran Adobe After Effects funktioniert bereits seit Cinema 4D Version 7.3.

Einzige Voraussetzung für den Austausch der Animationsdaten ist ein Plug-in für After Effects, das versionsspezifisch von der Maxon-Homepage kostenfrei heruntergeladen werden kann. Dies platzieren Sie im Plug-ins- bzw. Zusatzmodule-Ordner von After Effects und sind fortan in der Lage, BodyPaint 3D-Dateien und aus Cinema 4D exportierte After Effects-Projekte (.aec) zu importieren.

Weil After Effects keine 3D-Objekte im eigentlichen Sinn, sondern lediglich programminterne 3D-Ebenen verarbeitet, entspricht das exportierte Gut im Prinzip einem Multi-Pass-Rendering, das durch den Export in ein After Effects-Paket mit integrierten Kompositionen gepackt wurde.

Von diesem Moment an sind Ihrer Kreativität in After Effects keine Grenzen gesetzt. Dieser Weg über After Effects bietet sich insbesondere für alle an, die nicht auf den Advanced Renderer zurückgreifen können, den Multi-Pass-Tiefe-Kanal aber trotzdem zum Anbringen von Tiefenunschärfe nutzen möchten.

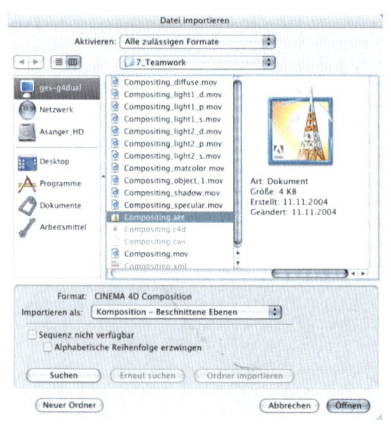

▲ **Abbildung 5**
Import der After Effects-Projektdatei

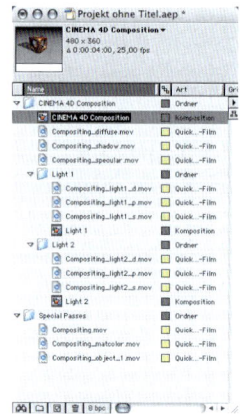

▲ **Abbildung 6**
Importiertes Projekt

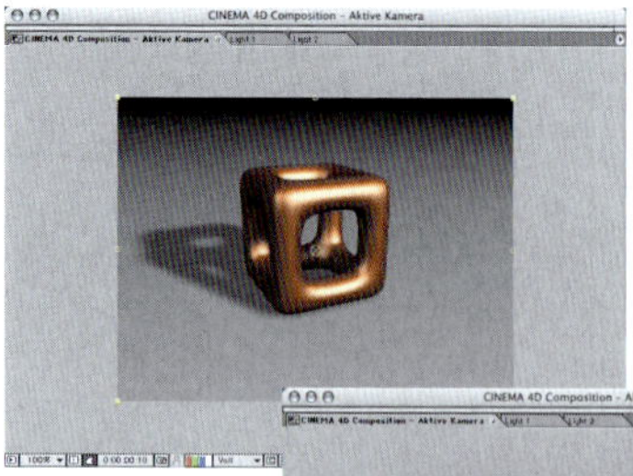

◄ **Abbildung 8**
Importierte Szene
im Kompositions-
Fenster

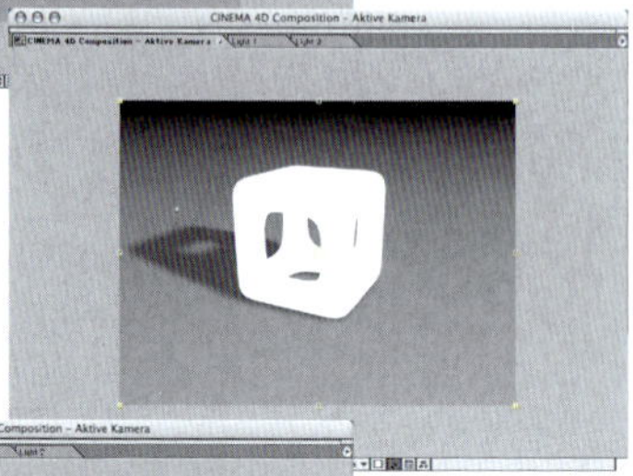

**Abbildung 9** ►
Maskieren des
Würfels durch
Objekt-Kanal

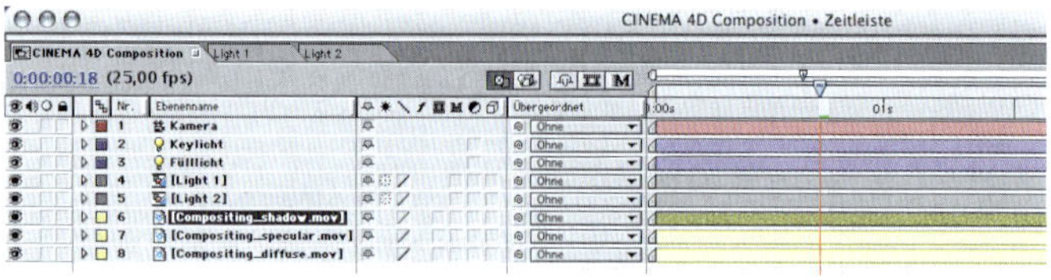

▲ **Abbildung 7**
Zeitleiste der Szene in After Effects

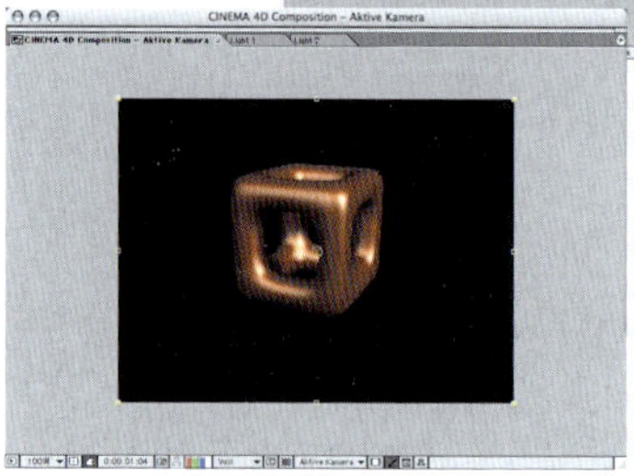

▲ **Abbildung 10**
Freistellen des Würfels durch Objekt-Kanal

After Effects bietet eine Fülle an Möglich-keiten, Ihre Animation mit Effekten aller Art aufzuwerten. Der Clou an der aufgewerteten Programmkombination ist aber, dass auch die in der Szene befindlichen Lichter und Kame-ras als Objekte mit in die Komposition über-nommen werden.

Über den Befehl DATEI · IMPORTIEREN · DATEI oder MEHRERE DATEIEN in After Effects öffnen Sie den Import-Dialog (Abbildung 5), in dem Sie die .aec-Datei auswählen. Sollte die .aec-Datei ausgegraut erscheinen, ist vermutlich das Plug-in nicht oder eine veraltete Version installiert.

Im After Effects-Projektfenster (Abbil-dung 6) sehen Sie alle Dateien, Ordner und Kompositionen des Projektes aufgelistet.

Die wichtigste Datei steht gleich ganz oben: unsere Cinema 4D-Komposition. Des Weiteren wurden alle Lichtquellen als separate Komposi-tionen mit den jeweils zugehörigen Filmdaten abgelegt. Die Verquickung von Kompositionen ineinander (»Nesting«) gehört in After Effects zur üblichen Arbeitsweise und trägt zur Über-sichtlichkeit bei der Arbeit bei. Im Ordner Spe-cial Passes befindet sich die Maskierungsdatei des Würfels.

Nach Doppelklick auf die Cinema 4D-Kom-position öffnen sich die Zeitleiste (Abbildung 7) und das Kamerafenster der importierten Komposition (Abbildung 8). Wie Sie sehen, sind beim Import nicht nur alle Kanäle, son-dern auch die Kamera und die Lichtquellen erhalten geblieben. Für die Übernahme von

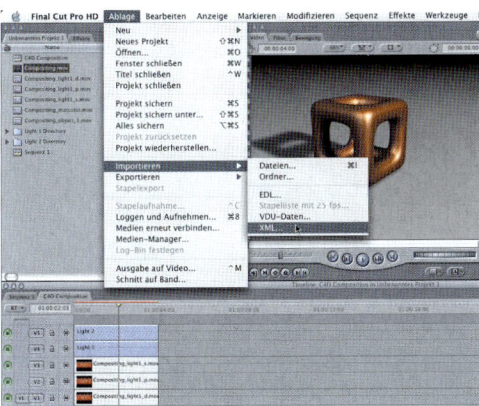

▲ **Abbildung 11**
Import der Szene in Final Cut Pro

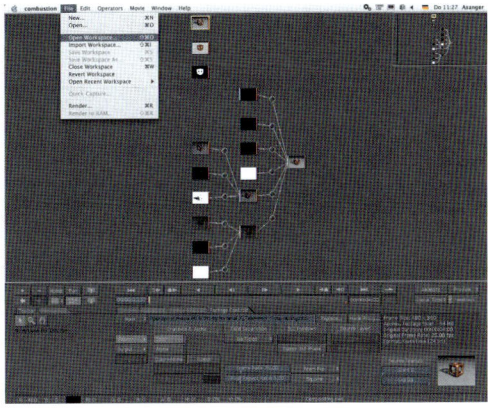

▲ **Abbildung 12**
Import der Szene in Combustion

Kameras und Lichtern (Punkt-, Parallel- und Spot-Lichttyp) ist übrigens mindestens After Effects 5.5 erforderlich. In After Effects haben Sie nun die Möglichkeit, alle Kanäle einzeln zu bearbeiten, mit Effekten zu versehen und natürlich zu animieren.

Für die Kamera böten sich beispielsweise Position, Richtung und Brennweite an. Jedes in der Zeitleiste von After Effects enthaltene Objekt bzw. jede Ebene besitzt einige Grundparameter wie Ankerpunkt, Skalierung, Position und Deckkraft, die Sie durch Aufklappen des Eintrags Transformieren erreichen und über Keyframes animieren können.

Mit dem entsprechenden Transfermodus Negativ multiplizieren wurde aus der hinzugezogenen Maskendatei des Würfels im Nu eine Negativmaske (Abbildung 9), um das Würfelinnere beispielsweise mit einer anderen (animierten) Füllung jede Art zu versehen.

Der Transfermodus Multiplizieren dagegen hat den Würfel sauber freigestellt, so dass er problemlos in einen anderen Film integriert werden kann.

## Final Cut Pro

Um eine Projektdatei für Final Cut Pro auszugeben, wählen Sie die entsprechende Option auf der Speichern-Seite (Abbildung 3) aus. Cinema 4D exportiert für Final Cut Pro (ab Version HD bzw. 4.5) eine .xml-Datei, in der die Multi-Pass-Kanäle implementiert sind (Abbildung 11). Kamera- oder Licht-Objekte werden allerdings nicht übernommen.

## Combustion

Die gleiche Vorgehensweise gilt für den Export als Combustion-Workspace, mit der Ausnahme, dass Sie hier eben Combustion als Projektdatei (Abbildung 3) angeben.

Um das Projekt mit der Endung .cws in Combustion zu öffnen, wählen Sie den Befehl File · Open Workspace (Abbildung 12), und das komplette Projekt steht zur Weiterbearbeitung bereit. Auch Combustion ignoriert Kameras und Lichtquellen beim Import.

# Flash und Shockwave 3D
## Internet und Multimedia mit Cinema 4D

*Flash und Shockwave sind die beliebtesten Formate, wenn es darum geht, interaktive oder einfach nur bandbreitenschonende Inhalte für das Internet zu generieren. Cinema 4D bietet für beide Technologien Lösungen an.*

Als Standard für bewegte Internet-Seiten hat sich das vektororientierte Flash-Format fest etabliert. Die Animation beschränkt sich dabei auf zwei Dimensionen und besticht dank des Vektorformats durch äußerst kleine Dateigrößen und Skalierbarkeit. FlashEx kümmert sich um den Export in das Flash-Format.

Das von Macromedia und Intel ins Leben gerufene Shockwave 3D-Format ermöglicht, 3D-Inhalte vom einfachen 3D-Panorama bis hin zur komplexen Spieleprogrammierung ins Internet zu bringen. Für die Übergabe an Macromedia Director bietet Cinema 4D den Shockwave-3D-Exporter.

## Flash

Der Export nach Flash bedarf etwas Vorarbeit und bringt prinzip- bzw. formatbedingt einige Einschränkungen mit sich.

Vor der Umwandlung sollten Sie die Objekte Ihrer Szene für den Export optimieren, andernfalls kann es nicht nur zu unerwarteten Ergebnissen oder langwierigen Renderzeiten, sondern sogar zum Renderabbruch kommen.

Zur Optimierung gehört, die Szene um die Objekte bzw. Materialien zu erleichtern, die FlashEx nicht übertragen kann, dazu gehören Szene-Objekte wie das Himmel-Objekt, Materialien mit Bitmap-Texturen, Transparenzen und Relief-Kanälen, 2D- und 3D-Shader sowie andere Kameraeinstellungen als die Zentralperspektive.

Ist die Szene so weit vorbereitet, läuft das eigentliche Rendering über das FlashEx-Plug-in im Menü PLUG-INS · CINEMA 4D ab. Auf der Allgemein-Seite des FlashEx-Dialogs (Abbildung 1) tragen Sie die Animationslänge, die Bilderrate und die vorgesehene Idealgröße der Flash-Datei ein. Im Feld MODUS wählen Sie den gewünschten Rendermodus aus, eine Übersicht dazu sehen Sie auf der nächsten Seite.

Die Hintergrund-Seite (Abbildung 2) lässt Sie über die gewohnten Schieberegler einen Fond für das Flash-Rendering festlegen.

Auf die gleiche Weise bestimmen Sie auf der Linien-Seite des Dialogs die Farbe bzw. Transparenz der Umrisslinien der Objekte. Sollen Linien gezeichnet werden, aktivieren Sie die Option UMRISS und geben eine LINIEN-BREITE Ihrer Wahl an. Der KANTEN-WINKEL

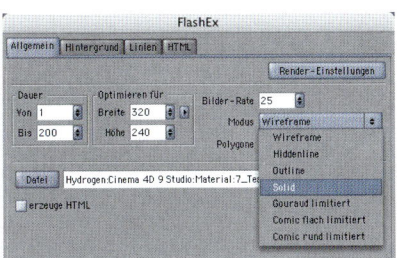

▲ **Abbildung 1**
FlashEx-Einstellungen ALLGEMEIN

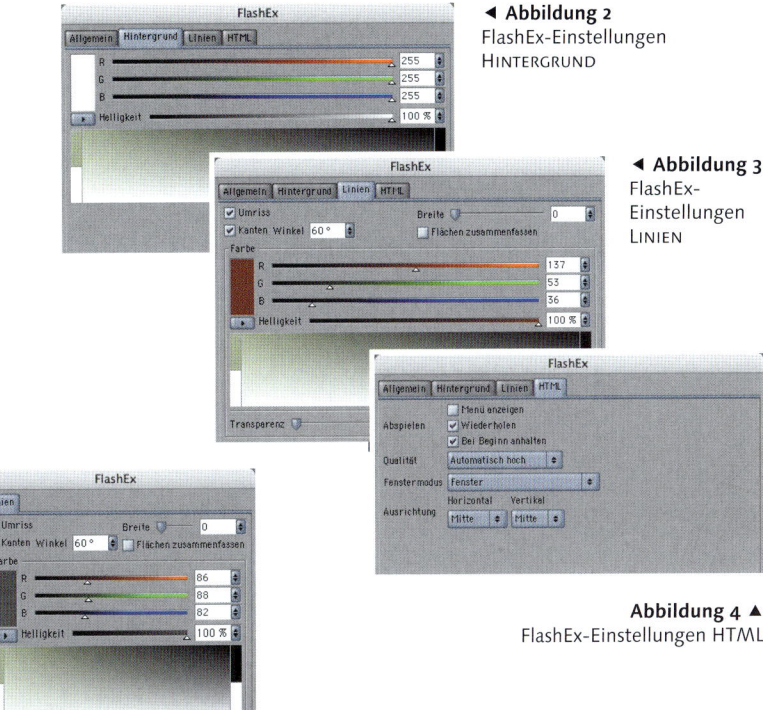

◀ **Abbildung 2**
FlashEx-Einstellungen
HINTERGRUND

◀ **Abbildung 3**
FlashEx-
Einstellungen
LINIEN

**Abbildung 4** ▲
FlashEx-Einstellungen HTML

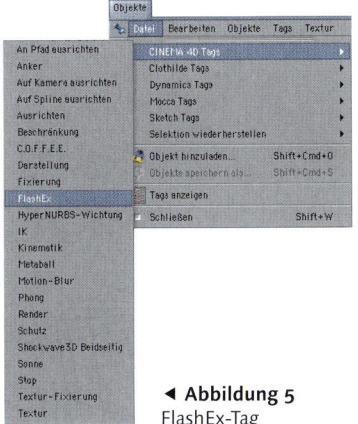

◀ **Abbildung 5**
FlashEx-Tag

◀ **Abbildung 6**
FlashEx-Tag
Einstellungen

sagt aus, ab welchem Winkel aneinander liegende Polygone als Kanten gelten. Mit der Option FLÄCHEN ZUSAMMENFASSEN schalten Sie unschöne Polygonlinien bei NURBS- oder Boole-Objekten aus, die im Wireframe-Modus störend wirken würden.

Auf Wunsch kann FlashEx mit dem Export eine HTML-Datei erzeugen, in welche die entstandene SWF-Datei gleich eingebettet ist (Abbildung 1). Die Parameter für die Einbettung finden Sie auf der HTML-Seite des FlashEx-Dialogs (Abbildung 4).

Die bisher behandelten Optionen galten als globale Flash-Renderparameter. Natürlich können auch objektspezifische Renderkriterien verliehen werden. Dafür ist das FlashEx-Tag

zuständig, das Sie dem jeweiligen Objekt im Objekt-Manager über DATEI · CINEMA 4D TAG (Abbildung 5) zuweisen. In dessen Einstellungsdialog (Abbildung 6) finden Sie objekteigene Linienparameter, in denen Sie Farbe, Transparenz, Stärke, Kanten-Winkel etc. für speziell dieses Objekt abstimmen.

So weit zu den Einstellmöglichkeiten, die Ihnen das FlashEx-Plug-in anbietet. Kommen wir noch einmal auf die Rendermodi zurück, die Sie auf der Allgemein-Seite des FlashEx-Dialogs auswählen. In den Abbildungen 7–13 sind alle angebotenen Rendermodi aufgereiht.

Im Wireframe-Modus (Abbildung 7) erscheinen die Objekte als Drahtgitter, wahlweise mit oder ohne Objektrückseiten. Der Hiddenline-

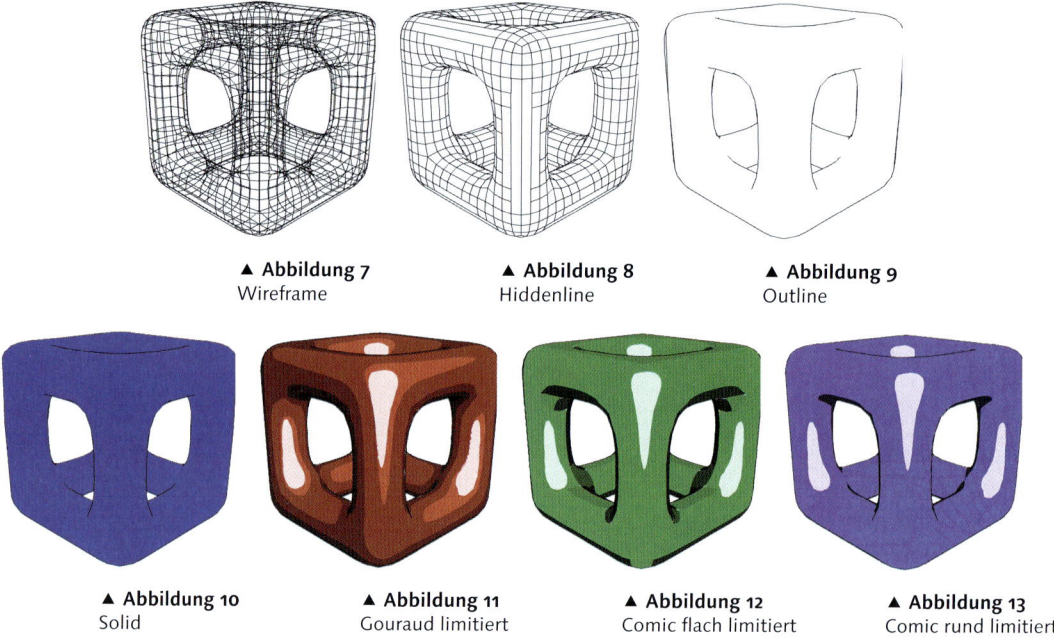

▲ **Abbildung 7**
Wireframe

▲ **Abbildung 8**
Hiddenline

▲ **Abbildung 9**
Outline

▲ **Abbildung 10**
Solid

▲ **Abbildung 11**
Gouraud limitiert

▲ **Abbildung 12**
Comic flach limitiert

▲ **Abbildung 13**
Comic rund limitiert

Modus (Abbildung 8) unterscheidet sich lediglich durch die Undurchsichtigkeit der Objekte, der Outline-Modus (Abbildung 9) zeichnet ausschließlich die Objektumrandungen nach. Eine Füllung des Objektes mit der Materialfarbe bewirkt der Solid-Modus (Abbildung 10). Diese vier Rendermodi gibt FlashEx komplett vektorbasiert und damit voll skalierbar aus.

Die restlichen Rendermodi (Abbildungen 11–13) greifen dagegen auf Bitmap-Pixel zurück und empfehlen sich daher eher zur Simulation eines bestimmten Zeichentrick-Stils als zum Flash-Export in Hinsicht auf Dateigrößen- bzw. Bandbreitenschonung und Skalierbarkeit.

## Shockwave 3D

Beim Shockwave 3D spielt Cinema 4D eine anders gelagerte Rolle – diesmal als Zubringer für die Verarbeitung in Macromedia Director.

Zwar ist es auch in Director möglich, einfache Modelle in die Szene zu bauen und mit Texturen zu belegen, für aufwändigere Modelle ist der Griff zur 3D-Software aber unumgänglich. Leider ist auch die Programmierung von interaktiven 3D-Elementen nicht ganz ohne Tücken. Director beinhaltet zwar eine große Menge dreidimensionaler Funktionalitäten – ebenso unüberschaubar ist aber auch die Anzahl der neuen Lingo-Befehle, die auf den Anwender hereinbricht.

In diesem Kapitel möchte ich auf Grundlagen eingehen: Wie bringen Sie Ihre 3D-Inhalte wohlbehalten zu Director hinüber? Leider ist es nicht so, dass Sie Ihre Szenen und Animationen eins zu eins in das Shockwave 3D-Format umwandeln könnten. Um den Umfang der 3D-Daten möglichst gering zu halten, werden speicherintensive Elemente wie volumetrisches Licht oder Nebel nicht implementiert.

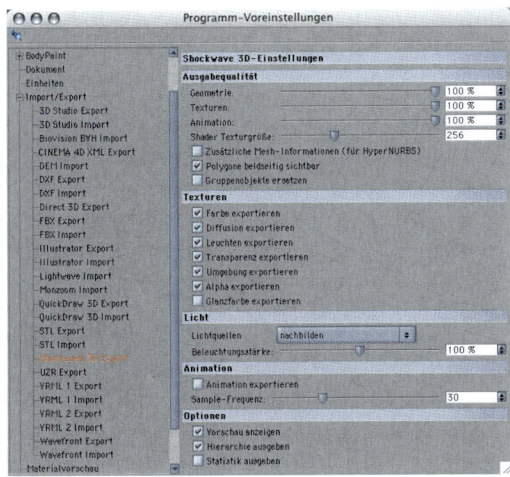

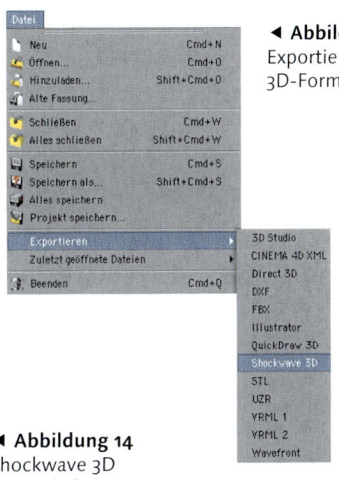

◄ **Abbildung 15**
Exportieren im Shockwave
3D-Format

◄ **Abbildung 14**
Shockwave 3D
Exportdialog

**Abbildung 16** ▲
Shockwave 3D-
Exportvorschau

Wenn Sie zeitig wissen, dass Sie Ihre Szene in das Shockwave-Format bringen müssen, berücksichtigen Sie dies bereits beim Modelling.

### Export

Der Export einer Cinema 4D-Szene für Shockwave 3D ist nicht weiter schwierig.

Mit den EXPORT-EINSTELLUNGEN für Shockwave 3D in den Render-Voreinstellungen (Abbildung 14) definieren Sie, welche Bestandteile der Cinema 4D-Szene Berücksichtigung finden. Da es sich bei Shockwave 3D um ein Kompressionsverfahren handelt, müssen Sie im Feld AUSGABEQUALITÄT die Stärke der Kompression für GEOMETRIEN, TEXTUREN und ANIMATIONEN angeben.

Außerdem legen Sie hier fest, welche Textur- und Animations-Eigenschaften sowie Lichtquellen beim Export erhalten bleiben oder nachgebildet werden. Je komplexer die Modelle sind, desto höher sollten Sie den Geometrie-Wert ansetzen, bei den Texturen reicht ein Wert von 40–60%. Prozedurale Shader können über den Regler SHADER TEXTURGRÖSSE in Texturen der angegebenen Pixelgröße umgewandelt werden.

Damit Sie sich bereits frühzeitig einen Eindruck vom exportierten Ergebnis machen können, ermöglicht Cinema 4D die Erstellung einer oder mehrerer Exportvorschauen (Abbildung 16).

### Modelling

In Shockwave 3D herrscht ausschließlich polygonale Geometrie. Director kennt weder NURBS noch parametrische Objekte.

Wandeln Sie diese Modelle daher vor dem Export mit dem Befehl GRUNDOBJEKT KONVERTIEREN (Taste C) um. Das Prinzip von HyperNURBS (Subdivision Surfaces) ist Shockwave 3D zwar auch ein Begriff, nicht jedoch in der Arbeitsweise von Cinema 4D. Nehmen Sie diese Polygon-Modelle aus dem HyperNURBS-Käfig, und regeln Sie die Kantenrundung in Director. Achten Sie auf die Polygonanzahl Ihrer Objekte, verwenden Sie zur Reduzierung doch das neue Polygonreduktions-Objekt.

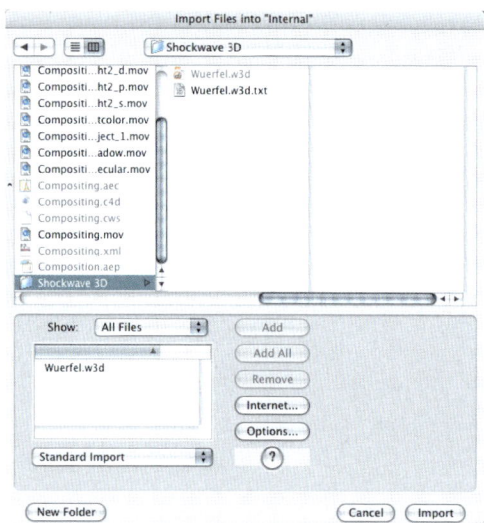

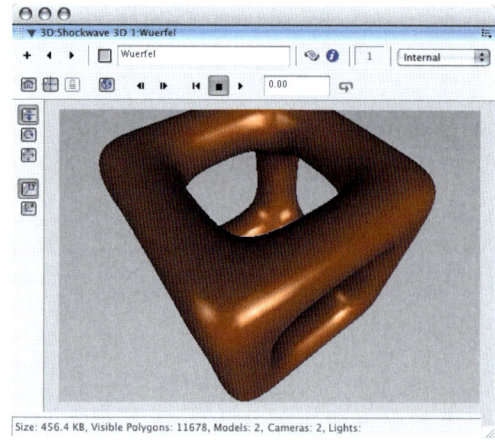

◀ **Abbildung 17**
Shockwave 3D-Importdialog

**Abbildung 18** ▲
Director Shockwave 3D-
Darstellerfenster

## Texturing

Die Mittel für die Texturierung in Director sind – gelinde gesagt – eingeschränkt. Shockwave 3D kennt keine Relief-, Spiegelung-, Nebel-, Glühen-, Displacement- und Illumination-Kanäle und unterstützt lediglich das Gouraud-Shading-Modell.

Alle Texturen werden bei der Konvertierung in 24-Bit-JPEG-Bilder umgewandelt. Verwenden Sie bei der Texturierung besser TIFF-Bilder statt JPEG, da sie nur eine JPEG-Konvertierung durchlaufen. Selektive Texturierung wird allerdings erfolgreich durch den Exporter umgesetzt.

Es ist möglich, die Texturierung in Director fein abzustimmen, insbesondere was Transparenz und Spiegelung anbelangt. Transparenzen werden in Shockwave 3D lediglich simuliert, aber nicht echt umgesetzt.

## Kamera und Licht

Besondere Einschränkungen gelten für Kameras und Lichter. Hier sollten Sie sich gleich beim Ausleuchten der Szene mit den Shockwave-Bedingungen vertraut machen.

Als Standardkamera wird in Shockwave 3D die in Cinema 4D aktive Kamera verwendet. Zusätzliche Kameras sollten über Director oder über unterschiedliche Shockwave-Dateien integriert werden.

Shockwave 3D kennt nur vier verschiedene Lichtquellen: Ambientes Licht, Punktlichter, runde Spotlichter und Richtungslichter (also Punktlichter, die ähnlich den Distanzlichtern nur in eine Richtung strahlen). Eckige und parallele Spotlichter wandelt der Konverter in runde Spotlichter um, Distanz- und Parallel-licht wird zum Richtungslicht, alle anderen unbekannten Lichttypen werden in ambientes Licht umgewandelt. Shockwave 3D erkennt nicht mehr als acht Lichtquellen, im Export-dialog lässt sich global eine Beleuchtungsstärke angeben.

Auch Lichteffekte wie volumetrisches Licht oder Noise fallen beim Export nach Shockwave 3D unter den Tisch.

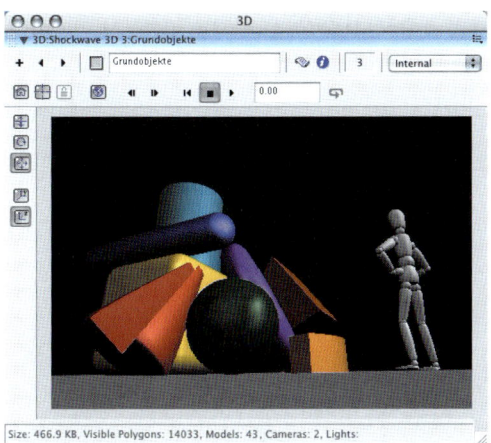

▲ **Abbildung 19**
Shockwave-Szene aus dem
Grundlagen-Teil

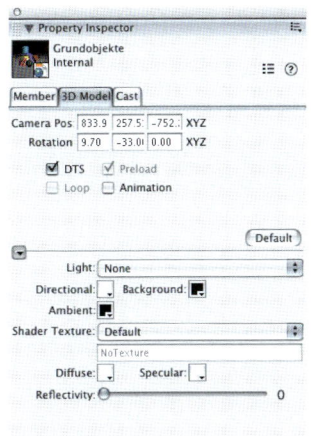

▲ **Abbildung 20**
Property-Inspektor
in Director MX

## Animation

Einfache Keyframe-Animationen werden
problemlos in das Shockwave-Format übernommen, komplexere Animationen bzw.
Objekte mit Bones sind auf die maximale
Anzahl von neun Bones (acht zuzüglich ein
Root-Bone) beschränkt. Die Shockwave-Tech-
nologie wirkt in dieser Hinsicht leider noch
etwas rudimentär. Zwar erkennt und verarbeitet Director Bones, jedoch scheint ihm deren
Eigenherstellung und -verarbeitung besser zu
schmecken.

## Import

Über den Befehl IMPORTIEREN in Director
gelangen Sie in den Auswahl-Dialog (Abbildung 17), mit dem Sie alle gewünschten Shockwave-Dateien in die Multimedia-Anwendung
einbinden.

Im Shockwave 3D-Fenster (Abbildung 18
und 19), das Sie durch Doppelklick auf das
Asset-Icon in der Besetzung aufrufen, sehen
Sie das Resultat Ihres Exports. In diesem Fenster finden Sie Informationen über die Szene
und einfache Navigations-Werkzeuge, um die
Shockwave-Datei auszuprobieren.

Noch mehr Informationen und viele Einstellungsmöglichkeiten zu Texturen und Licht
finden Sie im Property- bzw. Eigenschafts-
Inspektor (Abbildung 20).

Die in Director mitgelieferten 3D-Behaviors
ermöglichen es auch dem relativ ungeübten
Anwender, per Maus oder Tastendruck durch
die Szene zu navigieren. Für kompliziertere
Aufgaben ist die ausgiebige Lektüre des relativ
Furcht erregenden 3D-Lingo-Handbuchs oder
spezieller Fachliteratur unumgänglich.

Dort werden Sie auch über die weiteren
Einschränkungen und Probleme aufgeklärt.
Das Shockwave 3D-Format ist noch relativ
jung, die installierte Basis an aktuellen Shock-
wave-Playern gering und die Dokumentation
des Formates dürftig.

Shockwave 3D hat jedoch großes Potenzial,
und die Unterstützung durch den Export aus
Maxon Cinema 4D ist sehr erfreulich.

# PyroCluster

## Wo Rauch ist, ist nicht immer Feuer

*Mit dem PyroCluster-Modul können Sie Ihre Szenen mit realistischen Wolken, Atmosphären, Rauch-, Feuer- und Explosions-Effekten versehen.*

PyroCluster ist der 3D-Gemeinde bereits seit langem ein Begriff. Das Plug-in für Rauch-, Feuer- und Explosionseffekte in Cinema 4D ist mittlerweile in die zweite Runde gegangen und liegt dem XL- und Studio-Paket als besondere Zugabe bei.

Die PyroCluster-Shader werden über die Plug-in-Schnittstelle von Cinema 4D integriert und stehen auf diese Weise gleich an Ort und Stelle zur Verfügung.

Bei den PyroCluster-Effekten handelt es sich um animierbare Shader, die ihre atmosphärischen Effekte über das Cinema 4D Partikelsystem realisieren. Sehen wir uns die Funktionsweise von PyroCluster etwas genauer an.

Nach der Installation des PyroCluster-Pakets finden Sie in Ihrem Shader-Menü des Material-Managers einen neuen Eintrag PyroCluster (Abbildung 1) mit zwei Shadern.

Der so genannte VolumeTracer-Shader ist für die realistische Darstellung von volumetrischen Effekten zuständig. Er wird einem Umgebung-Objekt zugewiesen (Abbildung 2). Der PyroCluster-Shader ist das Material für den Emitter des Partikelsystems. Hier definieren Sie die Art des Effekts wie Rauch, Dampf, Feuer

etc. Beide Objekte zusammen ergeben das Grundgerüst für den PyroCluster. Auch im Feld SZENE des Licht-Dialogs (Abbildung 3) haben sich PyroCluster-Einträge eingefunden. Sie geben Ihnen die Möglichkeit, PyroCluster-Elemente von der Beleuchtung bzw. vom Schattenwurf auszuschließen.

Nun geht es an die Definition und Modifikation der Materialien und Partikel. Bleiben wir dafür noch einmal kurz innerhalb von Cinema 4D.

Ein wichtiges Werkzeug zur Steuerung des Partikelausstoßes ist selbstredend der Einstellungsdialog des Emitter-Objektes (Abbildung 4). Hier regeln Sie unter anderem die GEBURTSRATE, die LEBENSDAUER und die GESCHWINDIGKEIT der Emission – wichtig für das spätere Aussehen des PyroCluster-Effektes.

Wie Sie schon im Animationsteil bei den Partikelsystemen erfahren haben, steht Ihnen eine große Auswahl an Modifikatoren zur Verfügung, um die Partikel wunschgemäß zu verwirbeln, abzulenken, aufzulösen etc. Damit haben Sie auch bei PyroCluster eine weitere Methode in der Hand, die Rauch-, Feuer- und Wolken-Effekte noch genauer an Ihre

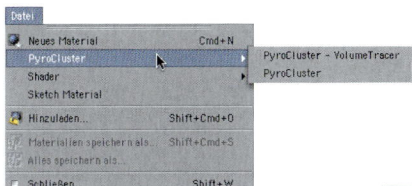

▲ **Abbildung 1**
PyroCluster-Shader

◄ **Abbildung 2**
PyroCluster-Gruppe

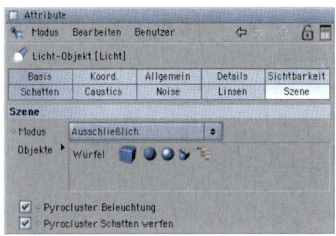

▲ **Abbildung 3**
Licht-Exklusion

▲ **Abbildung 4**
Emitter-Einstellungsdialog

▲ **Abbildung 5**
VolumeTracer-Dialog

Vorstellungen anzupassen. Natürlich arbeitet PyroCluster auch hervorragend mit Thinking Particles zusammen. Mit dieser Kombination haben Sie alle Mittel in der Hand, um atemberaubende pyroklastische Effekte zu erzielen.

Die Vielfalt der Parameter in den PyroCluster-Shadern wirkt, wie so oft, ziemlich einschüchternd. Es ist aber sehr schnell möglich, ansehnliche Ergebnisse zu erzielen – der Spaß am Probieren und Experimentieren lässt die Parameter-Flut schnell übersichtlich erscheinen. Ich möchte im Folgenden auf die wichtigsten Einstellungen hinweisen, damit Sie so schnell wie möglich die ersten Erfahrungen sammeln können. Die Bearbeitung der Shader erfolgt – wie das bei den Materialien so üblich ist – über den Attribute-Manager.

Im Dialog VolumeTracer (Abbildung 5) deklarieren Sie die volumetrischen Eigen-schaften des PyroCluster-Effektes. Der Sample-Abstand reguliert grundsätzlich die Genauigkeit, mit der PyroCluster im dreidimensionalen Raum nach PyroCluster-Objekten sucht. Je niedriger Sie den Wert ansetzen, desto höher liegen die Render-Zeiten. Diese Werte lassen sich auch gezielt für die Schatten und Schatten-Maps festlegen.

Des Weiteren definieren Sie hier, ob die Objekte vom volumetrischen Licht von Cinema 4D beeinflusst werden, und können im Feld Render-Modus auf ein paar voreingestellte Tracer-Werte für unterschiedliche atmosphärische Effekte zugreifen.

Die PyroCluster-Partikel selbst bestimmen Sie über den PyroCluster-Shader Pyrocluster (Abbildung 1), den Sie dem Cinema 4D-Emitter (Abbildung 2) oder in XPresso einem Thinking Particles P Storm-Node zugewiesen haben.

**▲ Abbildung 6**
PyroCluster-
Dialog
Global- und
Alter-Seite

**Abbildung 7 ▲**
PyroCluster-
Dialog
Distanz-Seiten

**Abbildung 8 ▲**
PyroCluster-
Dialog
Form- und
Beleuchtung-
Seite

**Abbildung 9 ▶**
PyroCluster-
Dialog
Schatten-Seite

**Abbildung 10 ▶**
PyroCluster-Dialog
Fraktale-Seite

Dreh- und Angelpunkt des Shaders ist dabei die Global-Seite (Abbildung 6), wo Sie die globalen Parameter für die PyroCluster-Partikel finden. Damit Sie nicht jede Änderung der Parameter rendern müssen, besitzt die Settings-Seite einen Vorschau-Button, in der Sie Ihre Modifikationen beurteilen können.

Außerdem lassen sich in den weiteren Feldern Volumen, Luminanz, Dichte und Farbe der Partikel definieren. Für die unerfahrenen Anwender stehen bereits vorgefertigte EIN-STELLUNGEN mit Standardwerten für Feuer-, Vulkan-, Wolken-, Dampf-, Feuerball- (Explosionen) und Rauch-Effekte bereit. Sie eignen sich gut als Ausgangspunkt für die ersten Schritte.

Auf der Alter-Seite beeinflussen Sie die Änderungen der PyroCluster-Partikel, die diese während ihrer Lebenszeit durchlaufen. Der rechte PyroCluster-Effekt in Abbildung 11 beispielsweise färbt sich ausgehend vom satten Gelb kurzzeitig rot und nimmt schließlich ein rußiges Schwarz an.

Die Distance-Seite (Abbildung 7) kümmert sich um das Verhalten der Wolken- und Rauch-Effekte über die Distanz zum Emitter hin. Hier können Sie genau bestimmen, wie sich die Partikel über die Distanz hin verhalten.

Wie Ihnen vielleicht schon aufgefallen ist, benutzt der Emitter des Partikelsystems gar kein Objekt, das ausgesendet wird. Dieses zu emittierende Objekt definieren Sie dafür auf der Form-Seite (Abbildung 8) des PyroCluster-Shaders. Die Ausdehnung und Art des volumetrischen Effektes richtet sich nach dem Typus und der Größe der ausgestoßenen Form. Neben diesen üblichen Parametern können Sie der Form auch schon eine Rotation, Skalierung und Dehnung mit auf den Weg geben.

Wie jedes normale Objekt haben auch volumetrische Effekte wie PyroCluster-Partikel die Eigenschaft, Licht zu empfangen und Schatten

zu werfen. Die Einstellungen dafür finden Sie auf der Schatten-Seite des PyroCluster-Dialogs.

Um die Anzahl der verwendeten Partikel in Grenzen zu halten, gibt es die Option FRAKTALE AUSFRANSUNG auf der Fraktale-Seite (Abbildung 10). Die Fraktale basieren auf einem prozeduralen volumetrischen Algorithmus, mit dem Sie den PyroCluster-Effekt statt mit einer Vielzahl kleinerer Partikel mit einer relativ geringen Anzahl größerer Partikel berechnen können.

Ich hoffe, ich habe Sie ein wenig neugierig auf die PyroCluster-Effekte gemacht und kann Ihnen nur empfehlen, selbst mit diesem faszinierenden Werkzeug zu spielen.

Bei der Animation des Vulkanrauchs und des Vulkanausbruchs werden Sie PyroCluster in Verbindung mit Thinking Particles in der Praxis einsetzen.

# Anhang

# Wo finde ich mehr?

*Hier eine Zusammenstellung der wichtigsten Informationsquellen zu Cinema 4D und allem, was damit zu tun hat.*

## Maxon

Auf der Internet-Seite finden Sie neben aktuellen Informationen zu Cinema 4D und den Modulen viele Links, eine FAQ-Liste, Support zu Problemen und vieles mehr.
*www.maxon.net · support@maxon.de*

## Zeitschriften

Ein paar deutsche und internationale Zeitschriften mit Informationen und Workshops zu Cinema 4D und 3D im Allgemeinen.

- 3D Attack
  Cinema 4D-Magazin im PDF-Format
  *www.3dattack.net*
- Creative Live
  *www.creative-live.com*
- DigitalProduction
  *www.digitalproduction.com*
- 3D World
  *www.3dworldmag.com*
- Computer Arts
  *www.computerarts.co.uk*

## Software

Einige wichtige Software-Adressen, mit denen Cinema 4D direkt oder auch indirekt zusammenarbeitet.

- Flash/Shockwave 3D
  *www.macromedia.com (Flash/Shockwave)*
  *www.erain.com (Swift 3D)*
  *www.beatware.com (E-Picture Pro)*
- Motion Builder
  Characteranimation-Werkzeug, Anbindung an Cinema 4D über FBX-Format
  *www.kaydara.com*
- Poser
  3D-Software für die Character-Animation, auch mit Flash-Export
  *www.curiouslabs.com*
- XFrog
  Organisches Modelling, insbesondere für Bäume und Pflanzen
  *www.greenworks.com*
- RealFlow
  Simulation von Flüssigkeiten, Wasseroberflächen und schwimmenden Objekten
  *www.nextlimit.com*

- ▶ Ozone
  Atmosphärische Effekte wie Wolken und
  Himmel
  *www.e-onsoftware.com*

## Plug-ins und Expressions

- ▶ PyroCluster
  Explosions-, Feuer- und Rauch-Effekte
  *www.cebas.de*
- ▶ Shave and a Haircut
  Haar- und Fell-Plug-in für Cinema 4D
  *www.joealter.com*
- ▶ Storm Tracer, Mesh Surgery,
  Surface Painter, Visual Selector
  *www.tools4d.com*
- ▶ Add-the-Sea/Hair-or-What
  Wellendeformer, Shader und vieles mehr
  *www.motion-gimmick.de*
- ▶ Jenna/RALF/Vixol
  Shader und vieles mehr für Cinema 4D
  *www.corearsenal.com*
- ▶ Translucent Pro, Edge Extrude etc.
  *www.vreel-3d.de*
- ▶ DP Instant Tree und andere Plug-ins
  *www.katachi.de, www.dpit2.de*
- ▶ DiTools/TDEM
  Praktische Werkzeuge als Plug-ins
  *www.remotion.de.vu*
- ▶ Plugincafe
  Außer dem aktuellen C.O.F.F.E.E.-Software-
  Development-KIT gibt es hier Plug-ins,
  Expressions, Tutorials und ein Forum
  *www.plugincafe.com*
- ▶ Tipps und Tricks zu C.O.F.F.E.E., XPresso
  und Thinking Particles etc.
  *www.bonkers.de, www.peranders.com/c4d8/
  www.jeremyw.com/C4D_Stuff/C4D_Links.
  html*

## Modelle, Texturen, Tutorials, Links

- ▶ C4D-Treff
  News, Tutorials, Galerie und vieles mehr
  *www.c4d-treff.de*
- ▶ 3d-Arena
  Forum, Galerie und mehr zu Cinema 4D
  *www.3darena.de*
- ▶ C4D-Network
  Tutorials, Galerie und Tipps zu Cinema 4D
  *www.c4dnetwork.com*
- ▶ 3D-Worxx
  Berichte, Tutorials und Links zu CG
  *www.3d-worxx.com*
- ▶ 3D-Cafe
  Modellen, Texturen, Tutorials etc.
  *www.3dcafe.com*
- ▶ 3D-Luvr
  Wettbewerbe mit tollen Ergebnissen und
  vielen Foren rund um das Thema CG/3D
  *www.3dcafe.com*
- ▶ Deepshade
  Viele Shader sowie Tipps und Tricks
  *www.maxon-computer.com/deepshade*
- ▶ Modelle, Texturen, HDR-Images etc.
  *www.doschdesign.de,
  www.noctua-graphics.de, www.sachform.de*

## Anwender-Foren

- ▶ C4D-Forum
  DAS Cinema 4D-User-Forum schlechthin.
  *www.c4d-forum.de*
- ▶ CG-Talk
  Allgemeines, sehr interessantes 3D-Forum
  *www.cgtalk.com*
- ▶ Foren für CG-Programme aller Art
  *www.postforum.com*

# Die CD-ROM zum Buch

Damit Sie die Beispiele und Workshops in diesem Buch selbst nachvollziehen können, finden Sie auf der beiliegenden CD alle benötigten Programme und Beispieldateien aus den Kapiteln.

## Programme
In diesem Ordner liegen die Demo-Versionen der behandelten Programme:
- ▶ Cinema 4D R9 Studio (inkl. aller Module)
- ▶ GraphicConverter

## Beispiele
In diesem Ordner haben Sie kapitelweise strukturiert alle Ausgangs- und Zwischenstadien der Beispiele und Workshops zur Verfügung.

So können Sie sich bei eventuellen Problemen stets an der fertigen Cinema 4D-Datei orientieren oder selbst entscheiden, wo Sie einsteigen möchten.

Zu den Animationsdateien sind außerdem fertig gerenderte QuickTime-Filme zur Ansicht beigelegt.

- ▶ 1_Modelling
- ▶ 2_Texturing
- ▶ 3_Szenen
- ▶ 4_Animation
- ▶ 5_Rendering
- ▶ 6_Teamwork

## Utilities
Hier sind noch ein paar nützliche Hilfsprogramme zusammengestellt:
- ▶ Adobe Acrobat Reader

An dieser Stelle herzlichen Dank an alle Firmen für die freundliche Bereitstellung der Demo-Versionen ihrer Software und speziell an die Firma SACHFORM für die Genehmigung der HDRI-Sampledateien auf dieser CD-ROM.

# Index

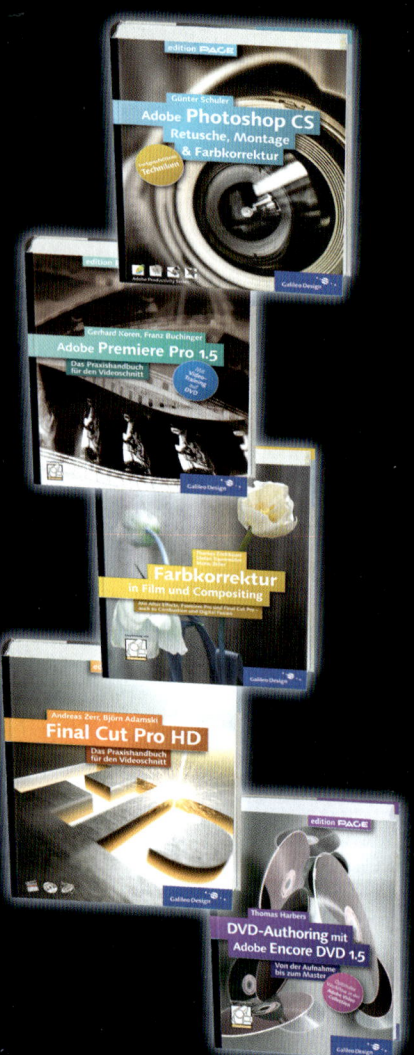

**Hat Ihnen dieses Buch gefallen?**
**Hat das Buch einen hohen Nutzwert?**

Wir informieren Sie gern über alle
Neuerscheinungen von Galileo Design.
Abonnieren Sie doch einfach unseren
monatlichen Newsletter:

**www.galileodesign.de**

**Galileo Design**

Die Marke für Kreative.